Reclams Universal-Bibliothek 1947–1992

Reclams Universal-Bibliothek
Stuttgart 1947–1992

Eine Bibliographie

Bearbeitet von Dieter Meier

Philipp Reclam jun. Stuttgart

Die Deutsche Bibliothek – CIP-Einheitsaufnahme

Meier, Dieter:
Reclams Universal-Bibliothek, Stuttgart 1947–1992 :
eine Bibliographie / bearb. von Dieter Meier. –
Stuttgart : Reclam, 1992
   ISBN 3-15-010379-7
NE: HST

Alle Rechte vorbehalten
© 1992 Philipp Reclam jun. GmbH & Co., Stuttgart
Gesamtherstellung: Kösel, Kempten
Printed in Germany 1992
RECLAM und UNIVERSAL-BIBLIOTHEK sind eingetragene Warenzeichen
der Philipp Reclam jun. GmbH & Co., Stuttgart
ISBN 3-15-010379-7

Inhalt

Vorwort 7
Zur Benutzung 9

Bibliographie 1947–1992 13
Werkmonographien zur bildenden Kunst 439
Anhang: Autobiographische Nachworte 449

Chronologisches Verzeichnis 455
Nummernverzeichnis 583

Vorwort

Fünfundvierzig Jahre sind vergangen, seitdem 1947 mit dem Wiederaufbau von Reclams Universal-Bibliothek nach dem Zweiten Weltkrieg begonnen wurde, zugleich feiert die Universal-Bibliothek 1992 ihr 125jähriges Jubiläum. Die bibliographische Aufarbeitung der ältesten deutschsprachigen Taschenbuchreihe ist seit langem ein Desiderat, für den Zeitraum von 1947 bis 1992 will die vorliegende Bibliographie einen Beitrag dazu leisten.[1] Sie enthält sämtliche im Verlag Philipp Reclam jun. Stuttgart in der Universal-Bibliothek erschienenen Titel, kartonierte wie gebundene einschließlich der Musik-, Kunst- und Theaterführer: nahezu 3000 Titel, von den Vorsokratikern bis zur Lyrik der jüngsten Gegenwart.

Die Bibliographie dokumentiert damit auch die Vielfalt der in der Universal-Bibliothek publizierten literarischen, philosophischen und wissenschaftlichen Texte (der Inhalt von Sammelbänden und Anthologien wird aufgeschlüsselt) und macht darüber hinaus ein Stück alltäglicher Verlagsarbeit sichtbar: stets hat sich der Verlag die Pflege seiner Ausgaben ein besonderes Anliegen sein lassen, jeder Nachdruck gibt die Möglichkeit zur Fortschreibung biographischer und bibliographischer Daten, jeder Neusatz ist Anlaß für eine kritische Durchsicht von Text, Übersetzung, Kommentaren. Das hier Geleistete ist außergewöhnlich, für einen Taschenbuchverlag singulär. Die Bibliographie versucht dem Rechnung zu tragen, indem sie neben der Erstauflage eines Titels alle signifikanten Veränderungen verzeichnet sowie sämtliche Neuausgaben und Neuübersetzungen, die ältere Editionen ablösen. Allerdings war es schon aus Umfangsgründen nicht möglich, sämtliche Nachauflagen anzugeben – die fast 3000 Titel der Universal-Bibliothek haben zusammen bis 1992 annähernd 15000 Auflagen erlebt. Dahinter steht ein weiteres Prinzip der verlegerischen Arbeit: das Bestreben, einen einmal aufgenommenen Titel nach Möglichkeit lieferbar zu halten. So sind denn nur etwa

---

1 Die von 1946 bis 1990 unter der Reihenbezeichnung »Universal-Bibliothek« im Reclam-Verlag Leipzig erschienene Produktion (deren Vertrieb nach der Enteignung des Leipziger Hauses seit 1952 aus warenzeichenrechtlichen Gründen in der Bundesrepublik Deutschland untersagt war) ist bis 1975 dokumentiert in: Reclams Universal-Bibliothek. Gesamtverzeichnis 1945–1963. Hrsg. von Udo Braun und Lothar Kretschmar. Leipzig 1969, und: Reclams Universal-Bibliothek. Gesamtverzeichnis 1963–1975. Leipzig 1978.

450 Titel im Jubiläumsjahr als nicht mehr lieferbar zu verzeichnen, doch haben gerade die letzten Jahre gezeigt, daß einzelne Titel sich überlebt hatten und nicht länger am Lager gehalten werden konnten; auch hierüber informiert die Bibliographie.

Ein besonderes Kapitel in der jüngeren Geschichte der Universal-Bibliothek bilden die von 1956 bis 1971 erschienenen Werkmonographien zur bildenden Kunst; sie sind im Anschluß an den Hauptteil in einem eigenen Abschnitt zusammengestellt. Ihm folgt ein kurzes Verzeichnis jener Titel, denen ein autobiographischer Essay des Verfassers beigegeben ist.

Den Abschluß bilden zwei umfangreiche Register, die das alphabetisch angelegte Titelverzeichnis erschließen und ergänzen: Das Chronologische Verzeichnis zeichnet die inhaltliche Gestaltung und kontinuierliche Entwicklung des Programms über fünfundvierzig Jahre nach und läßt darin ein Stück Verlags- und auch Kulturgeschichte greifbar werden. Ein Nummernverzeichnis schließlich gibt Auskunft über Weiterführung und Modifikationen des seit ihrer Gründung bestehenden Nummernsystems der Universal-Bibliothek, das zu den wesentlichen Traditionen des Verlags gehört und in dem der Bibliothekscharakter der Reihe seinen Ausdruck findet.

Die sich über mehr als ein Jahr hinziehende, oft mühevolle Arbeit an der Bibliographie wäre wohl nicht begonnen worden ohne die Möglichkeiten der PC-Technik mit leistungsfähigen Datenbank- und Textverarbeitungsprogrammen. Sie wäre nicht beendet worden ohne die Mithilfe und verständnisvolle Unterstützung der Kollegen und Freunde, denen ich zum Schluß danken möchte. Dietrich Bode als Verleger hat diese Bibliographie gewollt, und er hat sie möglich gemacht. Den Einstieg in die Arbeit mit der Datenbank verdanke ich Günther Cyffka. Marianne Diehl stand mir auf vielfältige Weise mit Rat und Tat zur Seite, ihr danke ich besonders, ebenso Brigitte Reclam für manchen wertvollen Hinweis sowie Hannelore Lensch und Werner Rösch, die mir die Herstellungsarchive geöffnet und geduldig viele Fragen beantwortet haben. Ich danke Christina Thomé für ihre engagierte Mithilfe in der Schlußphase, ich danke allen, die mich begleitet haben, und ich danke Elisabeth.

Stuttgart, im Februar 1992 *Dieter Meier*

Zur Benutzung

Die Bibliographie verzeichnet sämtliche Titel, die seit 1947 in Reclams Universal-Bibliothek erschienen sind, einschließlich der gebundenen Titel, der nur gebunden erschienenen Titel und einiger weniger im Format der UB erschienenen Titel, die keine UB-Nummer tragen (verlagsgeschichtliche Publikationen zumeist, s. S. 458); die Produktion des Jahres 1992 wurde vollständig mit erfaßt. Die Reihenfolge der Titel richtet sich nach dem Alphabet, Artikel bleiben am Beginn des Titels unberücksichtigt, *ä*, *ö* und *ü* werden wie *ae*, *oe*, *ue* behandelt. Unterschiedliche Namensformen eines Autors (etwa Terenz / Terentius Afer, Lesskow/Leskow) werden gleich behandelt und ineinander geordnet, Doppelnamen folgen direkt auf die einfache Namensform (also: Meyer-Wehlack v o r Meyerbeer), *Mc* wird als *Mac* behandelt. Die bibliographische Aufnahme folgt genau dem Wortlaut der Titelei, Zusätze des Bearbeiters und Auslassungen stehen in eckigen Klammern.

Die Unterreihen »Arbeitstexte für den Unterricht« und »Erläuterungen und Dokumente« (s. dazu S. 456 f.) stehen als Arbeitsbücher für Schule und Universität mit ausgeprägtem Reihencharakter nicht einzeln unter dem Sachtitel, sondern sind geschlossen unter dem Reihentitel verzeichnet, innerhalb dessen wiederum nach dem Alphabet. Zu beachten ist dabei, daß, beispielsweise, der Titel »Erläuterungen und Dokumente: Gotthold Ephraim Lessing, ›Nathan der Weise‹« innerhalb des Abschnitts »Erläuterungen und Dokumente« unter *L* (wie »Lessing«) zu suchen ist. Auch sonst bleiben Vornamen als Bestandteil eines Sachtitels für die alphabetische Einordnung unberücksichtigt, »Simon Dach und der Königsberger Dichterkreis« ist also unter *D* zu finden.

Soweit nicht anders angegeben, sind die Titel kartoniert erschienen (zur Umschlaggestaltung s. S. 457 ff.). Titel, die n u r gebunden erschienen sind, tragen den Zusatz »*GEB.*«, Titel, die a u c h gebunden (und ansonsten unverändert) erschienen sind, tragen den Zusatz »*Auch GEB.*« mit Erscheinungsjahr sowie, wo erforderlich, weiteren Hinweisen.

Zusätze zum Haupteintrag stehen in kleinerem Schriftgrad. Dabei handelt es sich:

1. um Inhaltsübersichten zu Anthologien und Sammelbänden – genannt werden, wiederum in alphabetischer Reihenfolge, Autor und Titel, bei Gedichtbänden nur die Autoren; die Reihe »Reclam Lese-

buch« wird, als nicht im eigentlichen Sinne zur UB gehörig, inhaltlich nicht aufgeschlüsselt.

2. um zusätzliche Hinweise, inbesondere solche, die die weitere Ausgabengeschichte betreffen. Hier ist verzeichnet, wenn ein Titel neu gesetzt wurde (als »durchgesehene Ausgabe« mit zumeist veränderter Seitenzahl), wenn bei Gelegenheit eines Nachdrucks umfangreichere Korrekturen vorgenommen, ein Nachwort ergänzt, eine Bibliographie aktualisiert wurde usw.; nicht alle aufgeführten Änderungen sind in den betreffenden Bänden (in der Regel: auf der Impressumseite) auch vermerkt, die Bibliographie gibt hier gelegentlich ein Mehr an Information.

Nicht möglich war es, sämtliche Nachdrucke eines Titels zu nennen (s. Vorwort; ausgenommen davon sind Handbücher und Führer), hingegen wird versucht, alle Veränderungen – ganz gleich, ob Folge technisch bedingten Neusatzes oder inhaltlicher Revision – nachzuzeichnen. Unberücksichtigt bleiben lediglich geringfügige Änderungen im Titeleiwortlaut (»Lustspiel in fünf Akten« zu »Komödie«, »Mit einem Nachwort von . . .« zu »Nachwort von . . .« u. ä.). Bei Herausgeber- und Übersetzerwechsel erfolgt stets ein Neueintrag.

In aller Regel ist zum Zeitpunkt des Erscheinens dieser Bibliographie nicht mehr der im Haupteintrag beschriebene Erstdruck eines Titels lieferbar, sondern ein späterer Nachdruck, oft in neugesetzter Auflage. Aus den vorgenannten Bearbeitungsprinzipien ergibt sich, daß – wo Abweichungen existieren – auch die aktuell lieferbaren Titel mit Umfang und Neusatzdatum verzeichnet sind. Gelegentlich kommt es zu Schwankungen um nur eine Seite in der Paginierung, sie bleiben unberücksichtigt; zu erklären sind sie zumeist dadurch, daß beim Nachdruck eine Nachbemerkung, ein Inhaltsverzeichnis um eine Seite nach vorn gerückt wurde, um Platz für Verlagsanzeigen zu gewinnen. Sämtliche Titel, die Mitte 1992 nicht mehr lieferbar sind, tragen einen entsprechenden Vermerk; angegeben ist dabei stets das Jahr, in dem der betreffende Titel verlagsseitig erstmals nicht mehr am Lager war. Dies gilt für die gesamte kartonierte UB ebenso wie für die n u r gebunden erschienenen Titel und Handbücher:

Eich, Günter: Festianus, Märtyrer. Hörspiel. Mit einem Nachw. von Heinz Schwitzke. 62 S. UB 8733. 1966 [recte: 1967].
Nicht mehr lieferbar seit 1992.

Bei den nicht mehr lieferbaren gebundenen T e i l auflagen der kartonierten UB wird auf die Datierung generell verzichtet; hier steht, in Klammern, lediglich der Vermerk »nicht mehr lieferbar«:

Eichendorff, Joseph von: Gedichte. Eine Auswahl. Mit einem Nachw. von Konrad Nußbächer. 183 S. UB 7925/25a. 1957.
Auch GEB. 1957. (Nicht mehr lieferbar.)

Dieser Titel ist also in der UB nach wie vor lieferbar, lediglich die gebundene Ausgabe ist vergriffen. Auch wo eine neue Ausgabe/ Übersetzung eine ältere Edition ablöst, steht in der Regel keine weitere Datierung; sie ergibt sich zumeist aus dem Erscheinungsjahr der Neuausgabe – Abweichungen sind verzeichnet.

Die folgenden Abkürzungen werden verwendet:

Abb.	Abbildung(en)	Faks.	Faksimile
abgeschl.	abgeschlossen	Fass.	Fassung
Abschn.	Abschnitt	finn.	finnisch
amerikan.	amerikanisch	fläm.	flämisch
angelsächs.	angelsächsisch	frz.	französisch
Anh.	Anhang	geb.	gebunden
Anm.	Anmerkungen	ges.	gesammelt
arab.	arabisch	griech.	griechisch
Aufl.	Auflage	hrsg.	herausgegeben
Ausg.	Ausgabe	Hrsg.	Herausgeber(in)
ausgew.	ausgewählt	ill.	illustriert
Ausw.	Auswahl	Ill.	Illustration(en)
Ausz.	Auszug; Auszüge	ind.	indisch
Bd.	Band	isländ.	isländisch
Bde.	Bände	ital.	italienisch
bearb.	bearbeitet	japan.	japanisch
Bearb.	Bearbeitung	komm.	kommentiert
Beisp.	Beispiel(e)	Komm.	Kommentar
bengal.	bengalisch	krit.	kritisch
Bibl.	Bibliographie	lat.	lateinisch
bibliogr.	bibliographisch	Literaturhinw.	Literaturhinweise
biogr.	biographisch	Mitarb.	Mitarbeit
chin.	chinesisch	Mitw.	Mitwirkung
dän.	dänisch	Nachbem.	Nachbemerkung
dt.	deutsch	Nachw.	Nachwort
durchges.	durchgesehen	norweg.	norwegisch
Einf.	Einführung	pers.	persisch
eingel.	eingeleitet	poln.	polnisch
Einl.	Einleitung	portugies.	portugiesisch
engl.	englisch	prov.	provenzalisch
erg.	ergänzt	Red.	Redaktion
Erkl.	Erklärung	revid.	revidiert
erl.	erläutert	russ.	russisch
Erl.	Erläuterungen	S.	Seite(n)
erw.	erweitert	serbokroat.	serbokroatisch

schwed.	schwedisch	Verb.	Verbindung
span.	spanisch	Verf.	Verfasser(in)
Taf.	Tafel(n)	vers.	versehen
Tl.	Teil	Verz.	Verzeichnis
u.d.T.	unter dem Titel	Vorbem.	Vorbemerkung
UB	Universal-Bibliothek	Vorw.	Vorwort
übers.	übersetzt	zahlr.	zahlreiche
Übers.	Übersetzer(in); Übersetzung	Zeichn.	Zeichnung(en)
übertr.	übertragen	Zsarb.	Zusammenarbeit
Übertr.	Übertragung	zsgest.	zusammengestellt
verb.	verbessert		

Als Verweiszeichen dient der → Pfeil.

Bibliographie 1947–1992

A

Abaelard: Der Briefwechsel mit Heloisa. Übers. und mit einem Anh. hrsg. von Hans-Wolfgang Krautz. 419 S. UB 3288 [5]. 1989.

Abraham a Sancta Clara: Wunderlicher Traum von einem großen Narrennest. Hrsg. von Alois Haas. 77 S. UB 6399. 1969.

Absichten und Einsichten. Texte zum Selbstverständnis zeitgenössischer Autoren. Hrsg. von Markus Krause und Stephan Speicher. 335 S. UB 8640 [4]. 1990.

Autoren: I. Bachmann – T. Bernhard – H. Böll – N. Born – H. Burger – E. Canetti – F. Dürrenmatt – H. M. Enzensberger – M. Frisch – Z. Gahse – G. Grass – P. Handke – H. Heißenbüttel – W. Hildesheimer – R. Hochhuth – E. Jandl – U. Johnson – G. Köpf – S. Lenz – H. Loetscher – F. Mon – A. Muschg – P. Nizon – H. E. Nossack – P. Rosei – P. Rühmkorf – P. Schneider – G. Wallraff – M. Walser – P. Weiss – D. Wellershoff; Dortmunder Gruppe 61 – Werkkreis Literatur der Arbeitswelt.

Der Ackermann aus Böhmen → Johannes von Tepl

Adorno, Theodor W.: Philosophie und Gesellschaft. Fünf Essays. Ausw. und Nachw. von Rolf Tiedemann. [Mit einer biogr. Notiz.] 196 S. UB 8005 [2]. 1984.

Inhalt: Der Essay als Form – Fortschritt – Kritik der Ursprungsphilosophie – Meditationen zur Metaphysik – Zu Subjekt und Objekt.

Afrikanische Lyrik aus zwei Kontinenten. [Übers. von Janheinz Jahn u. a.] Ausgew. von Franz-Josef Klemisch. Mit einer Einl. von Janheinz Jahn. 95 S. UB 8724. 1966.

Autoren: R. E. G. Armattoe – J. J. Arrascaeta – A.-R. Bolamba – G. Casely-Hayford – A. Césaire – L. M. Collins – C. Cullen – B. B. Dadié – L.-G. Damas – M. F. Dei-Anang – T. Dent – B. Diop – D. Diop – J. Ekwere – E. Epanya Yondo – N. Guillén – L. Hughes – J. W. Johnson – E. Jones – A. Kagame – J. G. A. Koenders – L. Laleau – O. Martins – L. P. Matos – A. D. Mbeba – W. A. McAndrew – I. B. Nkonde – J.-P. Nyunaï – J. Rabemananjara – M. Segun – L. S. Senghor – E. T. Sutherland – H. C. Thomas – G. Tirolien – S. Trindade – P. Vesey – G. R. Victor – M. Yesufu-Giwa; anonyme Texte.

Nicht mehr lieferbar seit 1989.

Afro-American Short Stories. Richard Wright – James Baldwin – William Melvin Kelley – Langston Hughes – LeRoi Jones – Alice Walker. Hrsg. von Barbara Puschmann-Nalenz. 168 S. UB 9276. 1991. (Fremdsprachentexte.)

Inhalt: J. Baldwin: The Outing – L. Hughes: Early Autumn – L. Jones: Salute – W. M. Kelley: The Poker Party – A. Walker: Strong Horse Tea – R. Wright: Bright and Morning Star.

Ahlsen, Leopold: Philemon und Baukis. Hörspiel. [Mit einer biobibliogr. Notiz.] 48 S. UB 8591. 1969.

Aichinger, Ilse: Dialoge – Erzählungen – Gedichte. Ausgew. und hrsg. von Heinz F. Schafroth. 110 S. UB 7939. 1971.

Inhalt: Ajax – Algebra – Auf verlorenem Posten – Der Bastard – Bauernregel – Chrigina – Erinnerungen für Samuel Greenberg – Fünf Vorschläge – Herodes – Hohe Warte – Mein Vater aus Stroh – Meine Sprache und ich – Das Milchmädchen von St. Louis – Nicht vor Mailand – Port Sing – Der Querbalken – Die Rampenmaler – Schweres Wasser – Die Schwestern Jouet; Gedichte.

Aischylos: Agamemnon (Orestie I). Dt. von Emil Staiger. Mit einem Nachw. des Übers. [und Anm.]. 71 S. UB 1059. 1958.

Durchgesehene Ausgabe. 64 S. 1972.

Nicht mehr lieferbar; ersetzt durch: → Aischylos: Die Orestie

Aischylos: Die Eumeniden (Orestie III). Dt. von Emil Staiger. Mit einem Nachw. des Übers. [und Anm.]. 47 S. UB 1097. 1959.

Nicht mehr lieferbar; ersetzt durch: → Aischylos: Die Orestie

Aischylos: Der gefesselte Prometheus. Übers. und Nachw. von Walther Kraus. 64 S. UB 988. 1965.

Aischylos: Orestie. Agamemnon. Die Totenspende. Die Eumeniden. Dt. von Emil Staiger. Mit Nachworten des Übers. 184 S. UB 1059/1063/1097. 1959. *GEB.*

Gebundene Ausgabe der drei zugrundeliegenden UB-Bände in 1 Bd. (Nicht mehr lieferbar.)

Aischylos: Die Orestie: Agamemnon. Die Totenspende. Die Eumeniden. Dt. von Emil Staiger. Mit einem Nachw. des Übers. [und Anm.]. 165 S. UB 508 [2]. 1987.

Aischylos: Die Perser. In den Versmaßen der Urschrift ins Dt. übertr. und mit Anm. und Nachw. vers. von Curt Woyte. 64 S. UB 1008. 1951.

Durchgesehene Ausgabe. 64 S. 1968.

Nicht mehr lieferbar; ersetzt durch:

Aischylos: Die Perser. Übers. und Nachw. von Emil Staiger [mit Anm.]. 48 S. UB 1008. 1970 [recte: 1971].

Aischylos: Die Schutzsuchenden. Übers.[, Anm.] und Nachw. von Walther Kraus. 80 S. UB 1038. 1966.

Nicht mehr lieferbar seit 1988.

Aischylos: Sieben gegen Theben. Übers. und Nachw. von Emil Staiger. [Mit Anm.] 46 S. UB 1025. 1974.

Aischylos: Die Totenspende (Orestie II). Dt. von Emil Staiger. Mit einem Nachw. des Übers. [und Anm.]. 47 S. UB 1063. 1959.

Nicht mehr lieferbar; ersetzt durch: → Aischylos: Die Orestie

Aksakow, Sergej: Familienchronik. Übers. von Eva Schäfer-Luther. Nachw. von Gudrun Ziegler. 301 S. UB 7743 [4]. 1982.

Alarcón, Pedro Antonio de: Der Dreispitz. [Novelle.] Nach der Übers. von Hulda Meister hrsg. von Erna Brandenberger. 126 S. UB 2144 [2]. 1981.

Albert, Hans: Kritische Vernunft und menschliche Praxis. [Aufsätze.] Mit einer autobiogr. Einl. [und einem Werkverz.]. 214 S. UB 9874 [2]. 1977.

Inhalt: Aufklärung und Steuerung. Gesellschaft, Wissenschaft und Politik in der Perspektive des kritischen Rationalismus – Erkenntnis und Entscheidung. Die Wertproblematik in kritizistischer Sicht – Erkenntnis, Sprache und Wirklichkeit. Der kritische Realismus und das Problem der Erkenntnis – Hermeneutik und Realwissenschaft. Die Sinnproblematik und die Frage der theoretischen Erkenntnis – Kritizismus und Naturalismus. Die Überwindung des klassischen Rationalitätsmodells und das Überbrückungsproblem.

Durchgesehene und bibliographisch ergänzte Ausgabe. 214 S. 1984.

Allen, Woody: Hannah and Her Sisters. [Filmscript. Mit 4 Abb.] Hrsg. von Herbert Geisen. 208 S. UB 9277 [2]. 1991. (Fremdsprachentexte.)

Altenberg, Peter: Sonnenuntergang im Prater. Fünfundfünfzig Prosastücke. Ausw. und Nachw. von Hans Dieter Schäfer. [Mit einem Werkverz.] 96 S. UB 8560. 1968.

Inhalt: Der Abend – Akolés Gesang, Akolés süßes Lied – Am Lande – At Home – Beja Flor – Der Besuch – Blumen-Korso – Der Brand – Ein Brief aus Akkra (Westküste, Goldküste) – Café de L'Opéra (im Prater) – Erinnerung – Es geht zu Ende – Fleiß – Friede [Ausz.] – Fünfundzwanzig – Grammophonplatte – Große Prater-Schaukel – Herbstabend – Herrensitz in U. – Die Hütten (abends) – Ich trinke Tee – Idylle – Im Jänner, auf dem Semmering – Im Stadtpark – Im Volksgarten – Die Kinderzeit – La Zarina – Landpartie – Der Landungssteg – Lift – Die Maus – Meine Ideale – Mitzi von der Lamingson-Truppe – Musik – Die Natur – Onkel Emmerich – Onkel

Max – Paradies – Parfüm – Quartett-Soirée – Reminiszenzen – Der Schloßherr – Schubert – Siebzehn bis dreißig – [Sommer in der Stadt] – Sonnenuntergang im Prater – Spätherbst-Abend – Spätsommer-Nachmittag – Der Tag des Reichtums – Der Trommler Belín – Vergnügungslokal – Verkehr zwischen Menschen – Vöslau – Wie einst im Mai – Zwölf.

Altendorf, Wolfgang: Das dunkle Wasser. Tanzstundengeschichten. [Zwei] Erzählungen. Mit einer autobiogr. Notiz. 72 S. UB 8288. 1959.

Altenglische Lyrik. Engl. und dt. Ausgew.[, übers.] und hrsg. von Rolf Breuer und Rainer Schöwerling. 180 S. UB 7995–97. 1972.

Inhalt: Cædmon's Hymn – Charms – Deor – Dream of the Rood – Grave – Husband's Message – Riddles – Riming Poem – Ruin – Seafarer – Wanderer – Whale – Wife's Lament – Wulf and Eadwacer.

2., durchgesehene und bibliographisch erweiterte Auflage. 183 S. 1981.

Althochdeutsche Literatur I → Althochdeutsche poetische Texte

Althochdeutsche Literatur II *in Vorbereitung*

Althochdeutsche Literatur III → Otfrid von Weißenburg: Evangelienbuch

Althochdeutsche poetische Texte. Althochdt./Neuhochdt. Ausgew., übers. und komm. von Karl A. Wipf. 359 S. UB 8709. 1992. (Althochdeutsche Literatur I.)

Inhalt: Carmen ad deum – Christus und die Samariterin – De Heinrico – Ezzolied – Georgslied – Hildebrandslied – Himmel und Hölle – Ludwigslied – Memento mori – Merigarto – Murbacher Hymnen – Muspilli – Psalm 138 – Wessobrunner Gebet; Gebete – Inschriften – Minnelieder – Reime – Runen – Sprüche – Zaubersprüche.

Alverdes, Paul: Die Pfeiferstube. Erzählung. Mit einem autobiogr. Nachw. 63 S. UB 7706. 1951.

Durchgesehene Ausgabe. 63 S. 1960.

Nicht mehr lieferbar seit 1977.

American Crime Stories. John Collier, Stanley Ellin, John D. MacDonald, James M. Cain, Henry Slesar, Margaret Millar. Hrsg. von Armin Arnold und Ingrid Schuster. 167 S. UB 9268 [2]. 1991. (Fremdsprachentexte.)

Inhalt: J. M. Cain: The Baby in the Icebox – J. Collier: Wet Saturday – S. Ellin: The Blessington Method – J. D. MacDonald: Man in a Trap – M. Millar: McGowney's Miracle – H. Slesar: Thicker than Water.

Amerikanische Erzähler. Short Stories. Eine Anthologie. Hrsg. und eingel. von Helmut M. Braem. 618 S. UB 8918–25. 1964.

Inhalt: C. P. Aiken: Ein Wikingerpaar – S. Anderson: Die Andere – S. V. Benét: Der Frühling kam zu früh – A. Bierce: Die Brücke über den Eulenfluß – T. Capote: Miriam – W. Cather: Vor dem Frühstück – S. Crane: Die Braut kommt nach Yellow Sky – W. Faulkner: Schwüler September – F. S. Fitzgerald: Ausweg ins Nichts – W. Goyen: Geist und Fleisch, Wasser und Erde – S. A. Grau: Die Fieberblume – B. Harte: Das Glück von Roaring Camp – N. Hawthorne: Das große Steingesicht – E. Hemingway: Alter Mann an der Brücke – O. Henry: Die Probe aufs Exempel – W. Irving: Die Sage von der schläfrigen Schlucht – H. James: Die zwei Gesichter – C. Kentfield: Chip Canary – R. Lardner: Lächeln konnte sie – J. London: Ein Bekenntnis – B. Malamud: Das Zauberfaß – C. McCullers: Madame Zilensky und der König von Finnland – H. Melville: Bartleby – F. O'Connor: Ein letztes Treffen mit dem Feind – D. Parker: Aber wirklich nur einen ganz kleinen – E. A. Poe: Grube und Pendel – K. A. Porter: Oma Weatherall, die man sitzenließ – J. Purdy: Warum können sie einem nicht sagen warum – J. Stafford: Die Befreiung – W. Stegner: Abschied von der Jugend – J. Thurber: Ein Herr in den besten Jahren – M. Twain: Kannibalismus in der Eisenbahn – J. Updike: Zähne und Zweifel – E. Welty: Der gewohnte Weg – W. C. Williams: Die guten alten Sitten.

Auch GEB. 1964. (Nicht mehr lieferbar.)
Nicht mehr lieferbar seit 1989.

Amerikanische Lyrik. Vom 17. Jahrhundert bis zur Gegenwart. Zweisprachig. Ausgew., hrsg. und komm. von Franz Link. Übers. von Annemarie und Franz Link. 512 S. UB 9759–64. 1974.

Autoren: C. Aiken – J. Berryman – A. Bradstreet – W. C. Bryant – H. Crane – R. Creeley – E. E. Cummings – J. Dickey – E. Dickinson – H. Doolittle – P. L. Dunbar – R. Eberhart – T. S. Eliot – R. W. Emerson – P. Freneau – R. Frost – A. Ginsberg – O. W. Holmes – L. Hughes – R. Jarrell – R. Jeffers – J. W. Johnson – S. Lanier – D. Levertov – V. Lindsay – H. W. Longfellow – J. R. Lowell – R. Lowell – A. MacLeish – E. L. Masters – C. McKay – W. S. Merwin – M. Moore – E. A. Poe – E. Pound – J. C. Ransom – E. A. Robinson – T. Roethke – C. Sandburg – K. Shapiro – W. Stafford – W. Stevens – A. Tate – F. Taylor – H. D. Thoreau – R. P. Warren – P. Wheatley – W. Whitman – J. G. Whittier – R. Wilbur – W. C. Williams.

Auch GEB. 1974. (Nicht mehr lieferbar.)
2., ergänzte Auflage. 519 S. 1984.

Andersch, Alfred: Fahrerflucht. Hörspiel. Ein Liebhaber des Halbschattens. Erzählung. [Mit einer biogr. Notiz.] 95 S. UB 9892. 1978.

Andersch, Alfred: Die Kirschen der Freiheit. Ein Bericht. [Mit einer biogr. Notiz.] 95 S. UB 8756. 1967.

Nicht mehr lieferbar seit 1980.

Andersen, Hans Christian: Des Kaisers neue Kleider. Sieben Märchen. Mit Ill. von Theodor Hosemann, Graf Pocci, Otto Speckter. Übers. von Heinrich Denhardt. [Mit einer Nachbem.] 72 S. UB 691. 1987.

Inhalt: Der fliegende Koffer – Das häßliche junge Entlein – Des Kaisers neue Kleider – Das kleine Mädchen mit den Schwefelhölzern – Die kleine Seejungfrau – Die Prinzessin auf der Erbse – Der standhafte Zinnsoldat.

Andersen, Hans Christian: Märchen. Mit Ill. von Theodor Hosemann, Graf Pocci, Raymond de Baux, Ludwig Richter, Otto Speckter. Übers. von Heinrich Denhardt. Ausw. und Nachw. von Leif Ludwig Albertsen. 452 S. UB 690 [5]. 1986.

Inhalt: Die Blumen der kleinen Ida – Die Brautleute – Der Buchweizen – Der Däne Holger – Däumelieschen – Das eherne Schwein – Elfenhügel – Der Engel – Es ist ganz gewiß – Das Feuerzeug – Fliedermütterchen – Der fliegende Koffer – Der Freundschaftsbund – Das Gänseblümchen – Die Galoschen des Glücks – Der Garten des Paradieses – Die Geschichte einer Mutter – Die Glocke – Großmutter – Das häßliche junge Entlein – Die Hirtin und der Schornsteinfeger – Des Kaisers neue Kleider – Der kleine Klaus und der große Klaus – Das kleine Mädchen mit den Schwefelhölzern – Die kleine Seejungfrau – Die Nachtigall – Die Prinzessin auf der Erbse – Der Reisekamerad – Eine Rose von Homers Grab – Der Rosenelf – Die roten Schuhe – Der Schlafgott – Die Schneekönigin – Der Schweinehirt – Die Springprobe – Der standhafte Zinnsoldat – Die Störche – Die Stopfnadel – Der Tannenbaum – Tante – Tölpelhans – Der unartige Knabe – Was Vater tut, das ist immer recht – Die wilden Schwäne.

Auch GEB. 1986.

Andersen, Hans Christian: Der Reisekamerad und andere Märchennovellen. Übers. von H[einrich] Denhardt. 71 S. UB 6707. 1950.

Inhalt: Das Meerweibchen – Die Nachtigall – Der Reisekamerad.

Durchgesehene Ausgabe. 85 S. 1959.

Andreae, Bernard → Reclams Kunstführer Italien III,2

Andreae, Johann Valentin: Christianopolis. Aus dem Lat. übers., komm. und mit einem Nachw. hrsg. von Wolfgang Biesterfeld. 168 S. UB 9786 [2]. 1975.

Andrejew, Leonid: Der große Schlemm. Es waren einmal ... [Zwei Erzählungen.] Russ./Dt. Übers. und Nachw. von Kay Borowsky. 112 S. UB 7689 [2]. 1981.

Andres, Stefan: Die Vermummten. Novelle. Mit einem biogr. Nachw. [und Anm.]. 142 S. UB 7703/04. 1951.
Auch GEB. 1951. (Nicht mehr lieferbar.)
Auch als Sonderausgabe zum 125jährigen Bestehen des Verlags (Reclams Jubiläums-Bände). 1955. (Nicht mehr lieferbar.)
Vom Autor revidierte Fassung. 135 S. 1963.

Andrić, Ivo: Die Geliebte des Veli Pascha. Erzählung. Aus dem Serbokroat. übertr. von Alois Schmaus. [Mit einer biogr. Notiz.] 85 S. UB 8499. 1961.

Nicht mehr lieferbar seit 1976.

Angelus Silesius: Aus dem Cherubinischen Wandersmann und anderen geistlichen Dichtungen. Ausw. und Einl. von Erich Haring. [Mit Anm.] 77 S. UB 7623. 1950.
Durchgesehene Ausgabe. 76 S. 1960.

Angelus Silesius (Johannes Scheffler): Cherubinischer Wandersmann. Kritische Ausgabe. Hrsg. von Louise Gnädinger. 415 S. UB 8006 [5]. 1984.
Auch GEB. 1984.

Das Annolied. Mittelhochdt. und neuhochdt. Hrsg., übers. und komm. von Eberhard Nellmann. 184 S. UB 1416 [3]. 1975.
Verbesserte und erweiterte Ausgabe. 192 S. 1979.
3., bibliographisch ergänzte Auflage. 192 S. 1986.

Anouilh, Jean: Antigone. [Drama.] Hrsg. von Dieter Meier. 118 S. UB 9227 [2]. 1988. (Fremdsprachentexte.)

Anouilh, Jean: Jeanne oder Die Lerche. Schauspiel in zwei Teilen. Aus dem Frz. übertr. von Franz Geiger. [Mit einer biogr. Notiz.] 101 S. UB 8970. 1965.

Antike Zaubersprüche. Zweisprachig. Hrsg. [und übers.] von Alf Önnerfors. 72 S. UB 8686. 1991.

Anzengruber, Ludwig: Der Gwissenswurm. Bauernkomödie mit Gesang in drei Akten. 64 S. UB 215. 1969.

Anzengruber, Ludwig: Die Märchen des Steinklopferhanns. Nachw. von Karlheinz Rossbacher. 72 S. UB 504. 1980.

Anzengruber, Ludwig: Der Meineidbauer. Volksstück mit Gesang in drei Akten. Musik von Adolf Müller. Hrsg. und eingel. von Wilhelm Zentner. 88 S. UB 133. 1959.

Anzengruber, Ludwig: Das vierte Gebot. Volksstück in vier Akten. Nachw. von Mechthild Keller. [Mit einer Zeittaf.] 103 S. UB 418. 1979.

Apicius, Marcus Gavius: De re coquinaria / Über die Kochkunst. Lat./Dt. Hrsg., übers. und komm. von Robert Maier. 262 S. UB 8710 [4]. 1991.

Apollinaire, Guillaume: Les Mamelles de Tirésias. Drame surréaliste en deux actes et un prologue / Die Brüste des Tiresias. Surrealistisches Drama in zwei Akten und einem Prolog. Frz./Dt. Übers. und hrsg. von Renate Kroll. 128 S. UB 8396 [2]. 1987.

Apuleius: Das Märchen von Amor und Psyche [Metamorphosen IV 28 – VI 24]. Lat./Dt. Übers. und hrsg. von Kurt Steinmann. 151 S. UB 486 [2]. 1978.

Bibliographisch ergänzte Ausgabe. 152 S. 1983.

Arbeitsgerichtsgesetz. Vom 3. September 1953. Nebst AHK-Gesetz Nr. A-35, Auszug aus dem Gerichtsverfassungsgesetz, Richterwahlgesetz, Tarifvertragsgesetz. Hrsg. von Dr. Joachim Knapp. 111 S. UB 7258. 1954.

Nicht mehr lieferbar seit 1960; ab 1960 enthalten in: → Betriebsverfassungsgesetz

Arbeitstexte für den Unterricht: Ästhetik. Für die Sekundarstufe II. Hrsg. von Thomas H. Macho, Manfred Moser und Christof Šubik. 180 S. UB 9592 [2]. 1986.

Arbeitstexte für den Unterricht: Anekdoten. Für die Sekundarstufe. Hrsg. von Rudolf Schäfer. 96 S. UB 15004. 1988.

Arbeitstexte für den Unterricht: Anleitung zur Abfassung literaturwissenschaftlicher Arbeiten. [Rückentitel: Die Abfassung literaturwissenschaftlicher Arbeiten.] Für die Sekundarstufe. Zsgest. und hrsg. von Kurt Rothmann. 93 S. UB 9504. 1973.

Neu bearbeitete Ausgabe. 99 S. 1991.

Arbeitstexte für den Unterricht: Antike Mythen in moderner Prosa. Für die Sekundarstufe. Hrsg. von Wilfried Olbrich. 83 S. UB 9593. 1986.

Autoren: J. L. Borges – B. Brecht – C. Brückner – A. Camus – G. Eich – M. Ende – F. Kafka – G. Kunert – C. Pavese – B. Strauß – W. Vogt – R. Walser – C. Wolf.

Arbeitstexte für den Unterricht: Arbeitslosigkeit. Für die Sekundarstufe. Hrsg. von Brigitte Arend, Gunter Hesse und Hans-Werner Prahl. 158 S. UB 9574 [2]. 1983.

Veränderte Ausgabe. 158 S. 1986.

Arbeitstexte für den Unterricht: Argumente und Parolen. Politische Propaganda im 20. Jahrhundert. Für die Sekundarstufe. Hrsg. von Wolfgang Günther. 112 S. UB 9518 [2]. 1975.

Arbeitstexte für den Unterricht: Autobiographische Texte. Für die Sekundarstufe. Hrsg. von Klaus G. Imgenberg und Heribert Seifert. 192 S. UB 9589 [2]. 1985.

Arbeitstexte für den Unterricht: Begriffsanalyse. Eine Einführung von John Wilson. Übers. und hrsg. von Karin Guth. 155 S. UB 9580 [2]. 1984.

Arbeitstexte für den Unterricht: Behinderte. Für die Sekundarstufe. Hrsg. von Helmut Bernsmeier. 181 S. UB 9577 [2]. 1983.

Arbeitstexte für den Unterricht: Chansons. Für die Sekundarstufe. Hrsg. von Gerald H. Seufert. 134 S. UB 9527 [2]. 1976.

Autoren: G. Bécaud – H. F. Beckmann – A. Brauer – B. Brecht – G. Bronner – M. Colpet – F. J. Degenhardt – H. J. Degenhardt – B. Granichstaedten – G. Gründgens – A. Grünwald – P. Günther – O. Hassenkamp – F. Hollaender – Joana – E. Kästner – Klabund – H. Knef – G. Kreisler – W. Mehring – R. Mey – F. Mühsam – O. Neumann – J. Niessen – C. Porter – P. Rada – O. Reutter – M. Schiffer – P. Seeger – B. Strömberger – K. Tucholsky – L. v. Versen – H. Wader – F. Wedekind – T. Weden – A. C. Weiland – H. Wiener – H. Witt – W. Wolff – F. v. Wolzogen – H. Zerlett.

Arbeitstexte für den Unterricht: Comics. Für die Sekundarstufe. Hrsg. von Rudolf Greiner. 166 S. UB 9513/13a. 1974.

Arbeitstexte für den Unterricht: Detektivgeschichten für Kinder. Für die Sekundarstufe I. Hrsg. von Peter Hasubek. 96 S. UB 9556. 1980.

Inhalt: W. Ecke: Zwischenfall an der Grenze – C. Hare: Ein perfekter Mord – A. Hitchcock: Das Rätsel der sieben verdrehten Uhren [Ausz.] – H. Kemelman: Ein Fußmarsch von neun Meilen – R. Sams: Flucht auf die Alm – D. L. Sayers: Spürnasen.

Arbeitstexte für den Unterricht: Deutsche Balladen. Für die Sekundarstufe. Hrsg. von Winfried Freund. 144 S. UB 9571 [2]. 1982.

Autoren: H. C. Artmann – B. Brecht – C. Brentano – G. A. Bürger – A. v. Chamisso – A. v. Droste-Hülshoff – H. Erhardt – T. Fontane – F. Freiligrath – J. W. Goethe – H. v. Gumppenberg – F. Hebbel – H. Heine – G. Heym – L. C. H. Hölty – M. L. Kaschnitz – J. Kerner – G. Kunert – N. Lenau – D. v. Liliencron – C. Meckel – C. F. Meyer – E. Mörike – B. v. Münchhausen – R. Neumann – F. Schiller – G. Schwab – M. v. Strachwitz – L. v. Strauß u. Torney – G. Trakl – L. Uhland – G. Weerth.

Arbeitstexte für den Unterricht: Deutsche Essays des 20. Jahrhunderts. Für die Sekundarstufe. Hrsg. von Ulrich Heimrath. 120 S. UB 9559 [2]. 1980.

Autoren: T. W. Adorno – W. Benjamin – G. Benn – E. Bloch – R. Borchardt – B. Brecht – A. Döblin – A. Einstein – H. M. Enzensberger – S. Freud – G. Grass – W. Heisenberg – H. v. Hofmannsthal – E. Jünger – K. Kraus – H. Mann – T. Mann – A. Mitscherlich – R. Musil – A. Portmann – K. Tucholsky.

Arbeitstexte für den Unterricht: Deutsche Gegenwartslyrik. Eine poetologische Einführung. Für die Sekundarstufe. Von Hans-Joachim Willberg. 142 S. UB 15010 [2]. 1989.

Enthält Texte von: F. Achleitner – I. Bachmann – K. Bartsch – H. Bender – G. Benn – M. Bense – J. Bobrowski – E. Borchers – N. Born – R. Brambach – V. Braun – C. Bremer – R. D. Brinkmann – P. Celan – F. J. Degenhardt – H. Döhl – G. Eich – H. M. Enzensberger – E. Fried – G. B. Fuchs – E. Gomringer – G. Guben – U. Hahn – G. Hausemer – H.-J. Heise – E. Jandl – H. Jandl – M. Jürgens – Y. Karsunke – M. L. Kaschnitz – K. Kiwus – U. Krechel – K. Krolow – G. Kunert – R. Kunze – H. Lamprecht – W. Lehmann – R. Malkowski – C. Meckel – F. Mon – V. W. Moßmann – D. Nick – H. M. Novak – C. Reinig – R. M. Rilke – G. Rühm – P. Rühmkorf – N. Sachs – K. B. Schäuffelen – R. Thenior – J. Theobaldy – V. v. Törne – T. Ulrichs – D. v. Westernhagen – W. Wondratschek.

Arbeitstexte für den Unterricht: Deutsche Kriegsliteratur zu zwei Weltkriegen. Für die Sekundarstufe. Hrsg. von Werner Klose. 192 S. UB 9581 [2]. 1984.

Arbeitstexte für den Unterricht: Deutsche Kriminalgeschichten der Gegenwart. Für die Sekundarstufe hrsg. von Günter Lange. 192 S. UB 15019 [2]. 1990.

Inhalt: C. Cerio: Alter Haß rostet nicht – M. v. d. Grün: Die Absturzstelle – G. Kunert: Vermißtenmeldung – -ky: Herr Dühring stirbt nicht gern allein – H. Martin: Mit Hut und Haaren – M. Molsner: Der Tod eines Spitzels – I. Rodrian: Marmor für kleine Mädchen – W. Schnurre: Ein Mord – P. Zeindler: Die Meisterpartie.

Arbeitstexte für den Unterricht: Deutsche Kurzgeschichten. 2.–3. Schuljahr. Für die Primarstufe. Hrsg. von Winfried Ulrich. Zeichn. von Franz Josef Tripp. 71 S. UB 9528. 1976.

Inhalt: H. Baumann: Einer dümmer als der andere – I. Brender: Vom Jungen, der auszog, die Angst zu verlernen – H. Hanisch: Vielleicht wird alles noch einmal gut – H. Hannover: Herr Böse und Herr Streit – P. Härtling: Die Möhre – E. Hasler: Der Ha-Ha – F. Hetmann: Das kältere Eis – I. Kurschunow: Das Unugunu – E. Kroll: Du sollst sagen, wie du heißt! – F. Mettenleiter: Zeuge Dieter – B. Pludra: Die Schwäne auf dem Wasser – H. P. Richter: Der Mann – G. Stiller / S. Kilian: Vater will nicht gestört werden – G. Stiller / S. Kilian: Wenn wir Besuch haben – I. Wendt: Diese Sache nimmt kein Ende – I. Wendt: Die Nase – I. Wendt: Uli und ich – U. Wölfel: Das Balg – U. Wölfel: Der Nachtvogel.

Arbeitstexte für den Unterricht: Deutsche Kurzgeschichten. 4.–5. Schuljahr. Für die Primarstufe. Hrsg. von Winfried Ulrich. Zeichn. von Franz Josef Tripp. 80 S. UB 9529. 1976.

Inhalt: I. Brender: Als sie es ihm sagten – F. Deppert: Vier Sätze an die Tafel geschrieben – H. Erdmann: Georg soll springen – A. Gelbhaar: Wo ist Baganan? – F. Hetmann: Antonella – F. Hetmann: Das Klick-Klack – C. Jacobsen: Abenteuerspielplatz – S. Kilian: Der Brief – G. Pausewang: Der Kloß – H. P. Richter: Der Osterhase – H. P. Richter: Taschentücher – G. Ruck-Pauquèt: Neu in der Klasse – G. Stiller / S. Kilian: Zwei Mark – I. Wendt: Das Leutehaus – H. Wohlgemuth: Würstchen mit Senf – U. Wölfel: Die anderen Kinder.

Arbeitstexte für den Unterricht: Deutsche Kurzgeschichten. 5.–6. Schuljahr. Für die Sekundarstufe I. Hrsg. von Winfried Ulrich. 79 S. UB 9505. 1973.

Inhalt: P. Bichsel: Jodok läßt grüßen – P. Bichsel: Ein Tisch ist ein Tisch – W. Diermann: Das Märchen vom kleinen Herrn Moritz, der eine Glatze kriegt – W. Borchert: Nachts schlafen die Ratten doch – L. Fetscher: Die Geiß und die sieben Wölflein – P. Hacks: Der Bär auf dem Försterball – P. Hacks: Die Geschichte vom König Laurin – F. Hetmann: Eine ziemlich haarige Geschichte – H. Holthaus: Wie die Stadt Zachzarach gesucht, aber nicht gefunden wurde, und wie die Zachurische Bundespost sie finden kann, ohne zu wissen, wo sie liegt – E. Kästner: Das Märchen vom Glück – E. Kreuder: Was der Kolkrabe den Tieren riet – E. Kuby: Hasenmanöver – K. Kusenberg: Die Fliege – S. Lenz: Die Kunst, einen Hahn zu fangen – S. v. Radecki: Mein Zeuge ist Don Gasparro – J. Reding: Ein kleiner bebrillter Ömmes – W. Schnurre: Der Brötchenclou – W. Schnurre: Veitel und seine Gäste – U. Wölfel: Nur für Weiße!

Arbeitstexte für den Unterricht: Deutsche Kurzgeschichten. 7.–8. Schuljahr. Für die Sekundarstufe I. Hrsg. von Winfried Ulrich. 80 S. UB 9506. 1973.

Inhalt: H. Bender: Der Brotholer – H. Eisenreich: Der Weg hinaus – M. L. Kaschnitz: Popp und Mingel – W. Klose: Am Roten Forst – K. Kusenberg: Nihilit – H. Malecha: Die Probe – J. Reding: Generalvertreter Ellebracht begeht Fahrerflucht – H. P. Richter: Im Schwimmbad – M. Roda Becher: Tod im Stadion – O. Storz: Finale eines Stürmers – R. O. Wiemer: Der Vater.

Arbeitstexte für den Unterricht: Deutsche Kurzgeschichten. 9.–10. Schuljahr. Für die Sekundarstufe I. Hrsg. von Winfried Ulrich. 80 S. UB 9507. 1973.

Inhalt: I. Aichinger: Die geöffnete Order – H. Bender: Felix – H. Böll: Anekdote zur Senkung der Arbeitsmoral – R. Brambach: Besuch bei Franz – F. Dürrenmatt: A's Sturz – H. Eisenreich: Am Ziel – H. Jaeger: Die Henker – K. Kusenberg: Ein verächtlicher Blick – S. Lenz: Ein Freund der Regierung – C. Meckel: Mein König – J. Reding: Fenzens Platzwechsel – G. Wallraff: Am Band – G. Weisenborn: Die Aussage – G. Weisenborn: Ein gleichgültiger Mittwoch – T. Weißenborn: Der Hund im Thyssenkanal – G. Zwerenz: Auch ein Gebet wollte ich sprechen ...

Arbeitstexte für den Unterricht: Deutsche Kurzgeschichten. 11.–13. Schuljahr. Für die Sekundarstufe II. Hrsg. von Winfried Ulrich. 87 S. UB 9508. 1973.

Inhalt: I. Aichinger: Das Fenster-Theater – P. Bichsel: San Salvador – H. Böll: Es wird etwas geschehen – W. Borchert: Das Brot – R. Brambach: Känsterle – G. Grass: Die Linkshänder – M. L. Kaschnitz: Eisbären – G. Kunert: Lieferung frei Haus – K. Kusenberg: Herr G. steigt aus – S. Lenz: Der große Wildenberg – C. Meckel: Die Vampire – C. Reinig: Skorpion – W. Schnurre: Auf der Flucht – G. Seuren: Das Experiment – O. Storz: Lokaltermin – M. Walser: Die Klagen über meine Methoden häufen sich.

Arbeitstexte für den Unterricht: Deutsche Kurzgeschichten II. 5.–6. Schuljahr. Für die Sekundarstufe I. Hrsg. von Günter Lange. 93 S. UB 15007. 1988.

Inhalt: P. Bichsel: Der Mann mit dem Gedächtnis – K. Bolte: Ich sehe mich – K. Bolte: Ein Versager – H. Domenego: Gib acht, auf wen du schießt! – S. Lenz: Das unterbrochene Schweigen – P. Maar: Der Mann, der nie zu spät kam – M. Pressler: Die Veilchentasse – J. Reding: Jerry in Harlem – H. P. Richter: Der Ball – L. Rinser: Die rote Katze – G. Ruck-Pauquèt: Ich bin Simmy – G. Ruck-Pauquèt: Der Krebs – W. Schnurre: Das Geschenk –

W. Schnurre: Jenö war mein Freund – G. Weisenborn: Zwei Männer – U. Wölfel: In einem solchen Land.

Arbeitstexte für den Unterricht: Deutsche Kurzgeschichten II. 7.–8. Schuljahr. Für die Sekundarstufe I. Hrsg. von Günter Lange. 92 S. UB 15008. 1988.

Inhalt: M. Bollinger: Sonntag – W. Borchert: Die Kirschen – G. E. Hoffmann: Fehler, Fehler über alles – I. Kötter: Nasen kann man so und so sehen – E. Loest: Eine Falte, spinnwebfein – J. Reding: Jeden Tag ein Brief aus Windworth – J. Reding: Neben dem blauen Seepferdchen – I. Rodrian: Liebe, Stiefel und ein Kuß – G. Ruck-Pauquèt: Arbeitslos – T. Weißenborn: Die Mutprobe – G. Wohmann: Der Knurrhahn-Stil – G. Zwerenz: nicht alles gefallen lassen.

Arbeitstexte für den Unterricht: Deutsche Kurzgeschichten II. 9.–10. Schuljahr. Für die Sekundarstufe I. Hrsg. von Günter Lange. 77 S. UB 15011. 1989.

Inhalt: I. Drewitz: Der eine, der andere – I. Drewitz: Straßentheater – P. Handke: Als ich fünfzehn war – R. Kunze: Element – S. Lenz: Die Strafe – E. Loest: Haare – J. Reding: Während des Films – K. H. Roehricht: Leben – M. Steenfatt: Im Spiegel – B. Wagner: Das Treffen – W. Wondratschek: Mittagspause.

Arbeitstexte für den Unterricht: Deutsche Kurzgeschichten II. 11.–13. Schuljahr. Für die Sekundarstufe. Hrsg. von Günter Lange. 95 S. UB 15013. 1989.

Inhalt: J. Becker: Der Verdächtige – H. Böll: Du fährst zu oft nach Heidelberg – I. Drewitz: Erlenholz – S. Lenz: Tote Briefe – K. Marti: Charlie Mingus ist tot – A. Mechtel: Katrin – J. Reding: Zum Runterschlucken für Grabner – K. Schlesinger: Neun – R. Schneider: Einen Schnaps trinken – G. Wohmann: Schöne Ferien.

Arbeitstexte für den Unterricht: Deutsche Liebesgedichte. Für die Sekundarstufe. Hrsg. von Siegfried Braun und Hans Lobentanzer. 94 S. UB 9590. 1985.

Autoren: R. Ausländer – I. Bachmann – G. Benn – B. Brecht – C. Brentano – W. Busch – P. Celan – A. v. Chamisso – Dietmar von Eist – G. Eich – J. v. Eichendorff – H. M. Enzensberger – G. Falke – M. Frances – F. Fried – W. H. Fritz – E. Geibel – S. George – K.-H. Gießen – J. W. Goethe – K. v. Günderode – F. v. Hagedorn – U. Hahn – F. Hebbel – H. Heine – Heinrich von Morungen – K. F. Herrosée – G. Heym – P. Heyse – C. Hofmann von Hofmannswaldau – H. v. Hofmannsthal – J. G. Jacobi – E. Kästner – S. Kirsch – K. Kiwus – F. G. Klopstock – R. Kunze – C. Lavant – G. E. Lessing – H. Löns – C. F. Meyer – E. Mörike – M. Opitz – H. Piontek – A. v. Platen – R. M. Rilke – J. Ringelnatz – F. Rückert – N. Sachs – J. E. Schlegel – C. F. D. Schubart

– E. Stadler – A. Stramm – J. Theobaldy – J. C. Unzer – J. P. Uz – R. Volkmann-Leander – Walther von der Vogelweide – C. F. Weiße – M. Willemer – H. Zimmermann.

Arbeitstexte für den Unterricht: Deutsche Literatur des Mittelalters. Für die Sekundarstufe. Hrsg. von Rüdiger Brandt. 208 S. UB 9568 [2]. 1982.

Autoren und Texte (in Auszügen): Albrecht von Johansdorf – Der arme Hartmann – Dietmar von Eist – H. Folz – Gottfried von Straßburg – Hartmann von Aue – Kaiser Heinrich – Heinrich von Melk – Heinrich von Morungen – Heinrich von Rugge – Heinrich von Veldecke – H. Kaufringer – Pfaffe Konrad – Konrad von Würzburg – Meinloh von Sevelingen – Otfried von Weißenburg – Reinmar von Hagenau – Rudolf von Fenis – Der Stricker – Thomasin von Zirclaria – Walther von der Vogelweide – Wernher der Gartenaere – H. Wittenwiler – Wolfram von Eschenbach; Herzog Ernst – Innsbrucker Osterspiel – Nibelungenlied – Vom Babst, Cardinal und von Bischoffen – Wolfdietrich.

Veränderte und bibliographisch ergänzte Ausgabe. 208 S. 1986.

Arbeitstexte für den Unterricht: Deutsche Naturgedichte. Für die Sekundarstufe. Hrsg. von Elisabeth Lobentanzer und Hans Lobentanzer. 88 S. UB 15001. 1987.

Autoren: I. Bachmann – E. Barth – J. Becker – G. Benn – J. Bobrowski – G. Britting – B. H. Brockes – A. v. Droste-Hülshoff – G. Eich – J. v. Eichendorff – E. Fried – P. Gan – C. F. Gellert – S. George – J. W. Goethe – A. Gryphius – F. v. Hagedorn – H. Heine – H.-J. Heise – F. Hölderlin – P. Huchel – P. Jokostra – M. L. Kaschnitz – E. Kästner – G. Keller – S. Kirsch – J. Klaj – F. G. Klopstock – K. Krolow – G. Kunert – H. Lange – C. G. Lappe – G. Laschen – W. Lehmann – N. Lenau – D. v. Liliencron – O. Loerke – H. Löns – C. F. Meyer – A. Mombert – E. Mörike – H. Piontek – R. M. Rilke – P. Rühmkorf – F. L. v. Stolberg – G. Trakl – L. Uhland – G. v. d. Vring – Walther von der Vogelweide – J. Weinheber.

Arbeitstexte für den Unterricht: Deutsche Sagen. Für die Sekundarstufe. Hrsg. von Leander Petzoldt. 183 S. UB 9535 [2]. 1977.

Arbeitstexte für den Unterricht: Deutsche Sprache der Gegenwart. Entwicklungen und Tendenzen. Für die Sekundarstufe. Hrsg. von Karl Hotz. 166 S. UB 9531 [2]. 1977.

Bibliographisch ergänzte Ausgabe. 166 S. 1986.

Arbeitstexte für den Unterricht: Deutsche Sprachgeschichte. Für die Sekundarstufe. Hrsg. von Gerhart Wolff. 190 S. UB 9582 [2]. 1984.

Bibliographisch ergänzte Ausgabe. 190 S. 1989.

Arbeitstexte für den Unterricht: Deutsche Sprichwörter und Redensarten. Für die Sekundarstufe. Hrsg. von Wolfgang Mieder. 199 S. UB 9550 [2]. 1979.

Arbeitstexte für den Unterricht: Deutsche Volkslieder. Texte, Variationen, Parodien. Für die Sekundarstufe. Hrsg. von Wolfgang Mieder. 164 S. UB 9560 [2]. 1980.

Arbeitstexte für den Unterricht: Entdeckungsberichte. Für die Sekundarstufe. Hrsg. von Heinrich Pleticha. 96 S. UB 9595. 1986.

Arbeitstexte für den Unterricht: Erfindungsberichte. Für die Sekundarstufe. Hrsg. von Heinrich Pleticha. 88 S. UB 15002. 1987.

Arbeitstexte für den Unterricht: Erkenntnis und Sein I. Epistemologie. Für die Sekundarstufe II. Hrsg. von Burkhard Wisser. 148 S. UB 9547 [2]. 1978.

Arbeitstexte für den Unterricht: Erkenntnis und Sein II. Ontologie. Für die Sekundarstufe II. Hrsg. von Burkhard Wisser. 239 S. UB 9548 [2]. 1978.

Arbeitstexte für den Unterricht: Erzählungen aus der DDR. Für die Sekundarstufe. Hrsg. von Werner Brettschneider. 168 S. UB 15014 [2]. 1989.

Inhalt: J. Bobrowski: Mäusefest – V. Braun: Die Leute von Hoywoy – W. Bredel: Harrick – E. Erb: Unterholz – C. Hein: Nachtfahrt und früher Morgen – S. Heym: Mein Richard – S. Heym: Ein sehr guter zweiter Mann – W. Hilbig: Er – H. Kant: Eine Übertretung – U. Kolbe: Der automatische Weg der Selbstbehauptung – U. Kolbe: Zwei gehen – G. Kunert: Bild – G. Kunert: Entdeckungen – G. Kunert: Die kleinen grünen Männer – G. Kunert: Die Maschine – G. Kunert: Der Spiegel – E. Neutsch: Akte Nora S. – L. Rathenow: Hänsel und Gretel – L. Rathenow: Die Idee – L. Rathenow: Die Veränderung – K. Schlesinger: Am Ende der Jugend – H. Schubert: Das verbotene Zimmer – A. Seghers: Das Schilfrohr.

Arbeitstexte für den Unterricht: Ethik. Für die Sekundarstufe II. Hrsg. von Ernst R. Sandvoss. 167 S. UB 9565 [2]. 1981.

Autoren: Aristoteles – Augustin – Cicero – Demokrit – N. Hartmann – I. Kant – Konfuzius – Laotse – G. W. Leibniz – G. E. Moore – Platon – Seneca – B. de Spinoza – Thomas von Aquin – B. Williams; Bhagavadgita.

Arbeitstexte für den Unterricht: Fabeln. Für die Sekundarstufe. Hrsg. von Therese Poser. 83 S. UB 9519. 1975.

Autoren: H. Arntzen – Äsop – Avianus – Babrios – G. Born – B. Brecht – G. W. Burmann – W. Busch – M. Claudius – C. A. Fischer – C. F. Gellert – F. Grillparzer – J. G. Herder – W. Hey – F. Kafka – R. Kunze – J. de La Fontaine – G. E. Lessing – M. G. Lichtwer – Livius – M. Luther – F. K. v. Moser – C. M. W. Petermann – G. K. Pfeffel – Phädrus – J. Ringelnatz – Romulus – W. Schnurre – J. Thurber.

Bibliographisch ergänzte Ausgabe. 84 S. 1985.

Arbeitstexte für den Unterricht: Fach- und Sondersprachen. Für die Sekundarstufe. Hrsg. von Norbert Feinäugle. 136 S. UB 9510/10a. 1974.

Arbeitstexte für den Unterricht: Familie und Gesellschaft. Für die Sekundarstufe. Hrsg. von Franz Filser. 87 S. UB 9511. 1974.

Bibliographisch ergänzte Ausgabe. 88 S. 1979.

Nicht mehr lieferbar seit 1991.

Arbeitstexte für den Unterricht: Fiktionale und nichtfiktionale Texte desselben Autors. Für die Sekundarstufe. Hrsg. von Peter Schaarschmidt. 80 S. UB 9515. 1974.

Autoren: H. Böll – H. Fallada – T. Fontane – G. Grass – H. Heine – F. Kafka – T. Mann – F. Schiller.

Arbeitstexte für den Unterricht: Formen oppositioneller Literatur in Deutschland. Für die Sekundarstufe. Hrsg. von Bernd Ogan. 168 S. UB 9520 [2]. 1975.

Arbeitstexte für den Unterricht: Die Frau in der Gesellschaft. Für die Sekundarstufe. Hrsg. von Franz Filser. 160 S. UB 9536 [2]. 1977.

Bibliographisch ergänzte Ausgabe. 160 S. 1988.

Arbeitstexte für den Unterricht: Frieden – Friedensstrategien. Für die Sekundarstufe. Hrsg. von Paul Ackermann. 63 S. UB 9523. 1976.

Arbeitstexte für den Unterricht: Funktionen der Sprache. Für die Sekundarstufe. Hrsg. von Otto Schober. 126 S. UB 9516/16a. 1974.

Arbeitstexte für den Unterricht: Gedichte der Romantik. Für die Sekundarstufe hrsg. von Wilhelm Große. 77 S. UB 15023. 1991.

Autoren: C. Brentano – J. v. Eichendorff – H. Heine – J. Kerner – O. H. v. Loeben – W. Müller – Novalis – L. Tieck – L. Uhland.

Arbeitstexte für den Unterricht: Gedichte des Expressionismus. Für die Sekundarstufe hrsg. von Peter Bekes. 86 S. UB 15024. 1991.

Autoren: H. Arp – H. Ball – J. R. Becher – G. Benn – E. Blass – P. Boldt – B. Brecht – A. Ehrenstein – C. Einstein – G. Engelke – Y. Goll – F. Hardekopf – W. Hasenclever – M. Hermann-Neisse – G. Heym – J. v. Hoddis – R. Huelsenbeck – Klabund – W. Klemm – E. Lasker-Schüler – A. Lichtenstein – E. W. Lotz – K. Schwitters – E. Stadler – A. Stramm – E. Toller – G. Trakl – F. Werfel – A. Wolfenstein – P. Zech.

Arbeitstexte für den Unterricht: Gedichte seit 1945. Für die Sekundarstufe. Hrsg. von Otto Knörrich. 88 S. UB 15016. 1990.

Autoren: H. C. Artmann – R. Ausländer – W. Bächler – I. Bachmann – J. Becker – G. Benn – W. Biermann – J. Bobrowski – N. Born – V. Braun – B. Brecht – R. D. Brinkmann – C. Busta – P. Celan – F. C. Delius – H. Domin – G. Eich – H. M. Enzensberger – E. Fried – W. H. Fritz – E. Gomringer – G. Grass – U. Hahn – P. Härtling – R. Haufs – H. Heißenbüttel – P. Huchel – E. Jandl – M. L. Kaschnitz – S. Kirsch – U. Krechel – K. Krolow – G. Kunert – R. Kunze – E. Langgässer – C. Lavant – W. Lehmann – D. Leisegang – F. Mayröcker – C. Meckel – E. Meister – H. Piontek – C. Reinig – R. Rothmann – P. Rühmkorf – N. Sachs – J. Theobaldy.

Arbeitstexte für den Unterricht: Geschichte in Karikaturen. Von 1848 bis zur Gegenwart. Für die Sekundarstufe. Hrsg. von Herbert Krüger und Werner Krüger. 220 S. UB 9566 [3]. 1981.

Arbeitstexte für den Unterricht: Geschichten vom Erwachsenwerden. Für die Sekundarstufe. Hrsg. von Theodor Karst. 78 S. UB 9598. 1987.

Inhalt: P. Bichsel: Erwachsenwerden – P. Bichsel: Die Tochter – G. und J. Braun: Thomas Bitterfisch und seine Familie – H. Doutiné: Man müßte jung sein – W. Fährmann: Irgendwie hat sich der Junge verändert – M. Hausmann: Zum ersten Male – E. Jelinek: was ist das, was da so leuchtet? – M. L. Kaschnitz: Lange Schatten – H. Kesten: Olaf – K. Kühl: Ich habe Arno gesehen – R. Kunze: Fünfzehn – K. Marti: Der schrumpfende Raum – H. M. Novak: Eis – C. Schnabel: Ich möchte gerne schreiben.

Arbeitstexte für den Unterricht: Geschichtliche Quellen. Eine Einführung mit Arbeitsbeispielen. Für die Sekundarstufe II. Von Karl Pellens. 164 S. UB 9553 [2]. 1979.

Arbeitstexte für den Unterricht: Glück. Für die Sekundarstufe I. Hrsg. von Dieter Birnbacher. 115 S. UB 9575 [2]. 1983.

Arbeitstexte für den Unterricht: Glück und Moral. Für die Sekundarstufe II. Hrsg. von Michael Baurmann und Hartmut Kliemt. 184 S. UB 9600 [2]. 1987.

Arbeitstexte für den Unterricht: Grimms Märchen – modern. Prosa, Gedichte, Karikaturen. Für die Sekundarstufe. Hrsg. von Wolfgang Mieder. 154 S. UB 9554 [2]. 1979.

Autoren: I. Aichinger – I. Brender – M. Ende – V. Ferra-Mikura – I. Fetscher – G. B. Fuchs – F. Fühmann – A. Goes – P. Hacks – R. Herlt – J. Jung – M. L. Kaschnitz – E. Kästner – M. Klumpe – W. Knape – R. Krenzer – G. Kunert – R. Kunze – A. Meinert – F. Mon – D. Mühringer – H. Preißler – W. Pribil – J. Reding – W. Retzer – J. Ringelnatz – R. Sanders – J. Schwedhelm – W. Siebeck – K. Struck – T. Troll – M. v. d. Grün – M. Walser – R. O. Wiemer – J. Wittmann.

Arbeitstexte für den Unterricht: »Heimat«. Gedichte und Prosa. Für die Sekundarstufe hrsg. von Klaus Lindemann. 174 S. UB 15025. 1992.

Autoren: P. Altenberg – H. Anacker – P. Bichsel – H. Bienek – W. Biermann – E. Bloch – H. Böll – W. Borchert – F. Braun – V. Braun – B. Brecht – G. v. d. Brincken – C. Brückner – G. A. Bürger – R. Dehmel – F. C. Delius – A. Döblin – J. v. Eichendorff – F. Freiligrath – M. Frisch – L. Ganghofer – S. George – H. Gerstner – Y. Goll – F. Grillparzer – W. Grimm – H. Heine – S. Hermlin – M. Herrmann-Neiße – G. Herwegh – R. Herzog – F. Hölderlin – Ö. v. Horváth – H. Kämpchen – F. Kafka – G. Keller – F. Kempner – A. Kerr – A. Koeppen – E. G. Kolbenheyer – F. P. Kreuzig – K. Krolow – Kuba – G. Kunert – E. Lasker-Schüler – N. Lenau – S. Lenz – H. Lingg – O. Ludwig – T. Mann – C. F. Meyer – A. Miegel – E. Mörike – E. Mühsam – F. Nietzsche – Novalis – Y. Pazarkaya – D. Peschanel – W. v. Polenz – F. Quinn – E. M. Remarque – E. Roth – J. V. v. Scheffel – M. v. Schenkendorf – R. Schlösser – R. A. Schröder – E. Schur – C. Siewert – M. Simon – T. Storm – L. Thoma – L. Tieck – A. Träger – G. Trakl – K. Tucholsky – B. Viertel – Walther von der Vogelweide – J. Weinheber – P. Weiss – F. Werfel – A. Winnig – J. Wolff – H. Zöberlein – C. Zuckmayer.

Arbeitstexte für den Unterricht: Herrschaft durch Sprache. Politische Reden. Für die Sekundarstufe. Hrsg. von Walter Schafarschik. 149 S. UB 9501/01a. 1973.

Bibliographisch ergänzte Ausgabe. 150 S. 1987.

Arbeitstexte für den Unterricht: Indianergeschichten. Für die Sekundarstufe. Hrsg. von Heinrich Pleticha. 96 S. UB 9561. 1980.

Autoren: Armand – A. v. Chamisso – J. F. Cooper – C. A. Eastman – J. Heckewelder – F. Hetmann – N. Mawatani – K. May – A. de Tocqueville.

Arbeitstexte für den Unterricht: Die Juden. Vorurteil und Verfolgung im Spiegel literarischer Texte. Für die Sekundarstufe. Hrsg. von Christhard Hoffmann und Bernd Passier. 155 S. UB 9596 [2]. 1986.

Arbeitstexte für den Unterricht: Jugend und Freizeit. Für die Sekundarstufe. Hrsg. von Hans-Werner Prahl und Albrecht Steinecke. 181 S. UB 9572 [2]. 1982.

Nicht mehr lieferbar seit 1991.

Arbeitstexte für den Unterricht: Kindergedichte. Für die Primarstufe. Hrsg. von Juliane Eckhardt. 83 S. UB 9557. 1980.

Autoren: H. Ball – H. Ballot – B. Brecht – B. H. Bull – W. Busch – M. Claudius – E. Fried – A. Gabriel – J. W. Goethe – J. Guggenmos – P. Hacks – A. H. Hoffmann von Fallersleben – E. Jandl – E. Kästner – G. Keller – I. Kleberger – W. Krumbach – M. Kruse – J. Krüss – G. Kunert – K. Leonhard – C. Morgenstern – G. K. Pfeffel – E. Rechlin – J. Ringelnatz – F. Schanz – G. Weerth.

Arbeitstexte für den Unterricht: Kleine Schule des philosophischen Fragens. Von Bernt Plickat. 108 S. UB 15027. 1992.

Arbeitstexte für den Unterricht: Kriminalgeschichten. Für die Sekundarstufe. Hrsg. von Eckhard Finckh. 88 S. UB 9517. 1974.

Inhalt: N. Blake: Der Meuchelmörder-Club – A. C. Doyle: Der Mann mit der Narbe – S. Ellin: Von allem das Beste – D. L. Sayers: Der Mann, der Bescheid wußte.

Arbeitstexte für den Unterricht: Kürzestgeschichten. Für die Sekundarstufe hrsg. von Hans-Christoph Graf von Nayhauss. 79 S. UB 9569. 1982.

Inhalt: J. Becker: Früher war das alles ganz anders – T. Bernhard: Der Diktator – T. Bernhard: Der junge Mann – P. Bichsel: Die Beamten – P. Bichsel: Das Kartenspiel – H. Bingel: Allez, Pinelli – H. Bingel: Die Mäusearmee – J. Bobrowski: Brief aus Amerika – J. Bobrowski: Interieur – H. v. Doderer: Ehrfurcht vor dem Alter – H. v. Doderer: Die Einschüchterung – G. Eich: Peter Posthorn – G. Elsner: Der Dumme – M. Frisch: Szene in Berlin, Sommer 1945 – W. H. Fritz: Augenblicke – G. B. Fuchs: Geschichte aus der Großstadt – G. B. Fuchs: Vor Redaktionsschluß – G. Gaiser: Ein Wespennest – H. Heckmann: Das Henkersmahl – H. Heißenbüttel: Rollenverteilung – H. Heißenbüttel: Der Wassermaler – H. Heißenbüttel: Ein Zimmer in meiner Wohnung – W. Jens: Bericht über Hattington – H. Kasack: Das unbekannte Ziel – G. Kunert: Ballade vom Ofensetzer – G. Kunert: Mann über Bord – G. Kunert: Memory – G. Kunert: Seit dem 42. Jahr des Jahrhunderts – R. Lettau: Auftritt – K. Marti: Neapel sehen – C. Meckel: Weltende – H. M. Novak: Eis – H. M. Novak: Schlittenfahren – C. Reinig: Fische – W. Schnurre: Die Prinzessin – W. Weyrauch: Das Unterseeboot – G. Wohmann: Die Klavierstunde – G. Wohmann: Muränenfang – W. Wondratschek: Hausaufgaben – W. Wondratschek: Papier.

Arbeitstexte für den Unterricht: Legenden. Für die Sekundarstufe. Hrsg. von Gerhard Haas. 160 S. UB 9597 [2]. 1986.

Arbeitstexte für den Unterricht: Lehrzeit. Erzählungen aus der Berufswelt. Für die Sekundarstufe. Hrsg. von Theodor Karst. 160 S. UB 9558 [2]. 1980.

Arbeitstexte für den Unterricht: Liebesgeschichten. Für die Sekundarstufe. Hrsg. von Gerhard Köpf. 88 S. UB 9573. 1982.

Inhalt: K. Behrens: Liebe – H. Bienek: Die Tugend der Penelope – G. Elsner: Remake – K. Frank: Die über Nacht gewachsene Liebe eines nichtemanzipierten Mannes – G. Herburger: Pipi le Grand – M. Inglin: Die entzauberte Insel – M. L. Kaschnitz: Lange Schatten.

Arbeitstexte für den Unterricht: Literarische Wertung. Für die Sekundarstufe. Hrsg. von Inge Degenhardt. 187 S. UB 9544 [2]. 1979.

Bibliographisch ergänzte Ausgabe. 188 S. 1985.

Arbeitstexte für den Unterricht: Literarisches Leben in der Bundesrepublik. Für die Sekundarstufe. Hrsg. von Ilsabe Dagmar Arnold-Dielewicz und Heinz Ludwig Arnold. 152 S. UB 9509/09a. 1974.

Völlig neu bearbeitete Ausgabe:

Arbeitstexte für den Unterricht: Literarisches Leben in der Bundesrepublik. Für die Sekundarstufe. Hrsg. von Heinz Ludwig Arnold und Manfred Lauffs. 190 S. UB 9509 [2]. 1986.

Arbeitstexte für den Unterricht: Literatur und Erkenntnis. Texte zum Streit zwischen Dichtung und Wissenschaft. Für die Sekundarstufe II. Hrsg. von Ulrich Charpa. 183 S. UB 15005 [2]. 1988.

Arbeitstexte für den Unterricht: Literatursoziologie. Für die Sekundarstufe. Hrsg. von Heinz Hanfland. 152 S. UB 9514 [2]. 1975.

Arbeitstexte für den Unterricht: Literaturzensur in Deutschland. Für die Sekundarstufe. Hrsg. von Bernd Ogan. 192 S. UB 15006 [2]. 1988.

Arbeitstexte für den Unterricht: Lügen, lauter Lügen ... Für die Sekundarstufe I. Hrsg. von Rainer Weller. 96 S. UB 9562. 1981.

Autoren: P. Bichsel – W. Blair – W. Busch – W. Huygen / R. Poortvliet – J. Krüss – C. Manzoni – A. Nekrassow – H. Traxler – K. Valentin – R. Zimnik.

Arbeitstexte für den Unterricht: Märchen. Für die Sekundarstufe. Hrsg. von Siegfried Schödel. 160 S. UB 15017 [2]. 1990.

Arbeitstexte für den Unterricht: Märchenanalysen. Für die Sekundarstufe. Hrsg. von Siegfried Schödel. 180 S. UB 9532 [2]. 1977.

Arbeitstexte für den Unterricht: Mensch und Technik. Für die Sekundarstufe hrsg. von Peter Bekes. 160 S. UB 15020 [2]. 1990.

Arbeitstexte für den Unterricht: Menschen im Dritten Reich. Leben unter der Diktatur. Für die Sekundarstufe. Hrsg. von Horst Kurberg. 84 S. UB 9583. 1984.

Inhalt: B. Brecht: Das Kreidekreuz – E. Langgässer: Saisonbeginn – M. Maschmann: Fazit – E. Rechlin: Vaterland – deine Kinder – H. P. Richter: Der Pogrom – P. Wapnewski: Es ist lange her und nie vorbei – C. Zuckmayer: Austreibung.

Arbeitstexte für den Unterricht: Metaphorischer Sprachgebrauch. Für die Sekundarstufe. Hrsg. von Gerhart Wolff. 111 S. UB 9570 [2]. 1982.

Arbeitstexte für den Unterricht: Methoden der Interpretation. Für die Sekundarstufe. Hrsg. von Carsten Schlingmann. 207 S. UB 9586 [2]. 1985.

Arbeitstexte für den Unterricht: Parabeln. Für die Sekundarstufe. Hrsg. von Therese Poser. 80 S. UB 9539. 1978.

Inhalt: B. Brecht: Maßnahmen gegen die Gewalt – B. Brecht: Vaterlandsliebe, der Haß gegen Vaterländer – F. Dürrenmatt: Der Tunnel – M. v. Ebner-Eschenbach: Die Nachbarn – M. Frisch: Der andorranische Jude – M. Frisch: Burleske – J. G. Herder: Das größte Übel des Staats, die Ratte in der Bildsäule – U. Johnson: Jonas zum Beispiel – F. Kafka: Gib's auf! – F. Kafka: Eine kaiserliche Botschaft – F. Kafka: Von den Gleichnissen – G. Kunert: Ninive – R. Musil: Das Märchen vom Schneider – F. Nietzsche: Vom Biß der Natter.

Arbeitstexte für den Unterricht: Parodie. Deutsche Literatur- und Gebrauchsparodien mit ihren Vorlagen. Für die Sekundarstufe. Hrsg. von Wolfgang Gast. 79 S. UB 9521. 1975.

Autoren: Balthasar – B. Brecht – G. A. Bürger – ›Jerry Cotton‹ – F. Dingelstedt – J. v. Eichendorff – A. Eichholz – T. Fontane – J. W. Goethe – G. Grass – H. v. Gumppenberg – U. Hahn – E. Kästner – F. Kempner – C. Manzoni – E. Marlitt – W. Müller – J. Neander – R. Neumann – P. Orloff – P. Rühmkorf – C. Schütze – K. Tucholsky – R. Wolf.

Bibliographisch ergänzte Ausgabe. 80 S. 1989.

Arbeitstexte für den Unterricht: Phantastische Geschichten. Für die Sekundarstufe. Hrsg. von Winfried Freund. 95 S. UB 9555. 1979.

Inhalt: I. Aichinger: Wo ich wohne – H. H. Ewers: Karneval in Cadiz – A. M. Frey: Verzweiflung – B. Frischmuth: Die unbekannte Hand – K. A. Hoffmann-Dachau: Im Nebenabteil – M. L. Kaschnitz: Schiffsgeschichte – G. Meyrink: Das verdunstete Gehirn – H. Rosendorfer: Der Bettler vor dem Café Hippodrom – W. Seidel: Die Rückkehr der Violante.

Bibliographisch ergänzte Ausgabe. 96 S. 1989.

Arbeitstexte für den Unterricht: Philosophie und Sprache. Für die Sekundarstufe II. Hrsg. von Joachim Schulte. 173 S. UB 9563 [2]. 1981.

Arbeitstexte für den Unterricht: Philosophische Anthropologie. Für die Sekundarstufe II. Hrsg. von Hans Dierkes. 168 S. UB 15012 [2]. 1989.

Arbeitstexte für den Unterricht: Politische Lyrik. Deutsche Zeitgedichte des 19. und 20. Jahrhunderts. Für die Sekundarstufe. Hrsg. von Wolfgang Gast. 88 S. UB 9502. 1973.

Autoren: H. Anacker – G. Anders – M. Barthel – W. Bauer – J. R. Becher – E. Bertram – W. Biermann – B. Brecht – B. Brendel – F. Brügel – F. J. Degenhardt – D. Eckart – G. Eich – H. M. Enzensberger – T. Fontane – E. Fried – E. Geibel – G. Grass – E. Hachfeld – H. Heine – G. Herwegh – K. Hoff – A. H. Hoffmann von Fallersleben – Y. Karsunke – E. Kästner – T. Körner – T. Kramer – H. Menzel – M. Schneckenburger – W. Schnurre – K. Tucholsky – K. E. Tyrann – G. Vesper – W. Vesper – G. Weerth – H. Wessel – C. Zuckmayer.

Bibliographisch ergänzte Ausgabe. 88 S. 1987.

Arbeitstexte für den Unterricht: Presse und Pressewesen. Für die Sekundarstufe. Hrsg. von Ottheinrich Hestermann. 165 S. UB 9545 [2]. 1978.

Veränderte und bibliographisch ergänzte Ausgabe. 157 S. 1988.

Arbeitstexte für den Unterricht: Reise- und Abenteuergeschichten. Für die Sekundarstufe. Hrsg. von Heinrich Pleticha. 96 S. UB 9537. 1977.

Autoren: F. Gerstäcker – T. Heyerdahl – H. Kaufmann – J. London – K. Lütgen – H. M. Stanley.

Arbeitstexte für den Unterricht: Religionskritik. Für die Sekundarstufe II. Hrsg. von Norbert Hoerster. 155 S. UB 9584 [2]. 1984.

Autoren: H. Albert – K. Deschner – A. C. Ewing – S. Freud – P. T. d'Holbach – J. Hospers – D. Hume – W. Kaufmann – J. L. Mackie – P. H. Nowell-Smith – B. Russell – J. J. C. Smart.

Arbeitstexte für den Unterricht: Rhetorik. Für die Sekundarstufe hrsg. von Michael F. Loebbert. 152 S. UB 15021 [2]. 1991.

Arbeitstexte für den Unterricht: Rundfunk und Fernsehen in Deutschland. Texte zur Rundfunkpolitik von der Weimarer Republik bis zur Gegenwart. Für die Sekundarstufe. Hrsg. von Ansgar Diller. 192 S. UB 9587 [2]. 1985.

Arbeitstexte für den Unterricht: Satirische Texte. Für die Sekundarstufe hrsg. von Norbert Feinäugle. 176 S. UB 9525 [2]. 1976.

Arbeitstexte für den Unterricht: Schelmen- und Gaunergeschichten. Für die Sekundarstufe I. Hrsg. von Karl Ernst Maier. 93 S. UB 9578. 1983.

Inhalt: Anon.: Eine Diebsgeschichte – A. N. Afanasjew: Der Rabe und der Krebs – H. Birken: Achmed, der Narr – H. Böll: Anekdote zur Senkung der Arbeitsmoral – Brüder Grimm: Der Wolf und der Fuchs – Brüder Grimm: Der Wolf und der Mensch – R. Hagelstange: Der Riese und das Marienkäferchen – J. P. Hebel: Das wohlfeile Mittagessen – J. P. Hebel: Der Zundelheiner und der Zundelfrieder – E. Kästner: Wie Eulenspiegel auf dem Seil tanzte – E. Kästner: Wie Eulenspiegel die Kranken heilte – E. Kishon: Wie rächt man sich an Verkehrspolizisten? – S. Lenz: Die große Konferenz – M. Luther: Der Rabe mit dem Käse und der Fuchs – S. v. Radecki: Mein Zeuge ist Don Gasparo – W. Rein: Reinecke Fuchs – A. Rogge: 180 Pfund Pfeffer – I. B. Singer: Todie der Gerissene und Lyzer der Knicker – L. Thoma: Besserung – M. Twain: Tom Sawyer – F. Wallisch: Streit im Autobus.

Arbeitstexte für den Unterricht: Schulgeschichten. Für die Sekundarstufe. Hrsg. von Klaus-Dieter Metz. 80 S. UB 9551. 1979.

Inhalt: H. Böll: Daniel, der Gerechte – B. Brecht: [Schule fürs Leben] – G. Grass: [Oskars erster Schultag] – H. Hesse: Unterbrochene Schulstunde

[Ausz.] – E. Kästner: Ansprache zum Schulbeginn – H. Mann: Abdankung – T. Mann: [Der Kandidat Modersohn] – J. Reding: Ein Schrank wird übergeben.

Arbeitstexte für den Unterricht: Schwarzer Humor. Für die Sekundarstufe. Hrsg. von Peter Nusser. 139 S. UB 9599 [2]. 1987.

Arbeitstexte für den Unterricht: Science Fiction. Für die Sekundarstufe. Hrsg. von Peter Nusser. 174 S. UB 15015 [2]. 1989.

Inhalt: I. Asimov: Geliebter Roboter – H. W. Franke: Gedankenkontrolle – S. Lem: Die Verhandlung – ›Perry Rhodan‹ – K. Steinmüller: Der Traum vom Großen Roten Fleck.

Arbeitstexte für den Unterricht: Spieltexte. 2.–4. Schuljahr. Für die Primarstufe. Hrsg. von Arnold Grömminger. 72 S. UB 9567. 1981.

Arbeitstexte für den Unterricht: Spieltexte. 5.–7. Schuljahr. Für die Sekundarstufe I. Hrsg. von Arnold Grömminger. 92 S. UB 9576. 1983.

Arbeitstexte für den Unterricht: Spieltexte. 8.–10. Schuljahr. Für die Sekundarstufe I. Hrsg. von Rudolf Denk. 96 S. UB 9585. 1984.

Arbeitstexte für den Unterricht: Sportgeschichten. Für die Sekundarstufe. Hrsg. von Klaus-Dieter Metz. 84 S. UB 9540. 1978.

Inhalt: H. Böll: [Beim 1. FC Köln zu Haus] – B. Brecht: Der Kinnhaken – H. Bulkowski: Die Sportgeschichte – R. Hagelstange: Der Schwarze und der Weiße – Ö. v. Horváth: Legende vom Fußballplatz – H. Kasack: [Der Ball spielte mit den Menschen] – S. Lenz: Der Läufer – K. Lundberg: Hasenjäger – S. v. Radecki: Internationales Ringkampf-Championat – J. Reding: Halbrechter Wawcziniak vom Platz – R. Wolf: 80 Runden im Schnee.

Arbeitstexte für den Unterricht: Sprachspiele. Für die Sekundarstufe. Hrsg. von Rainer Weller. 87 S. UB 9533. 1977.

Bibliographisch ergänzte Ausgabe. 87 S. 1986.

Arbeitstexte für den Unterricht: Ein Star wird gemacht. Film/Hörspiel/Bühnenstück. Spielübungen für die Sekundarstufe. Von Werner Klose. 86 S. UB 9526. 1976.

Arbeitstexte für den Unterricht: Text und Leser. Zur Rezeption von Literatur. Für die Sekundarstufe. Hrsg. von Otto Schober. 184 S. UB 9549 [2]. 1979.

Arbeitstexte für den Unterricht: Texte zur Poetik des Films. Für die Sekundarstufe. Hrsg. von Rudolf Denk. 187 S. UB 9541 [2]. 1978.

Bibliographisch ergänzte Ausgabe. 188 S. 1988.

Arbeitstexte für den Unterricht: Theater spielen. Anregungen, Übungen, Beispiele. Von Dieter Neuhaus. 160 S. UB 9588 [2]. 1985.

Arbeitstexte für den Unterricht: Theorie der Kurzgeschichte. Für die Sekundarstufe. Hrsg. von Hans-Christoph Graf von Nayhauss. 96 S. UB 9538. 1977.

Arbeitstexte für den Unterricht: Theorie der Lyrik. Für die Sekundarstufe. Hrsg. von Ludwig Völker. 147 S. UB 9594 [2]. 1986.

Arbeitstexte für den Unterricht: Theorie der Novelle. Für die Sekundarstufe. Hrsg. von Herbert Krämer. 75 S. UB 9524. 1976.

Arbeitstexte für den Unterricht: Theorie des Dramas. Für die Sekundarstufe. Hrsg. von Ulrich Staehle. 144 S. UB 9503/03a. 1973.

Arbeitstexte für den Unterricht: Theorie des Hörspiels. Für die Sekundarstufe. Hrsg. von Horst Scheffner. 123 S. UB 9546 [2]. 1978.

Nicht mehr lieferbar seit 1991.

Arbeitstexte für den Unterricht: Theorie des Kriminalromans. Für die Sekundarstufe. Hrsg. von Eckhard Finckh. 88 S. UB 9512. 1974.

Arbeitstexte für den Unterricht: Theorie des Romans. Für die Sekundarstufe. Hrsg. von Hans Ulrich Lindken. 149 S. UB 9534 [2]. 1977.

Bibliographisch ergänzte Ausgabe. 151 S. 1990.

Arbeitstexte für den Unterricht: Theorie und Praxis des Erzählens. Für die Sekundarstufe. Hrsg. von Gerhart Wolff. 192 S. UB 15009 [2]. 1988.

Arbeitstexte für den Unterricht: Tiergeschichten. Für die Sekundarstufe. Hrsg. von Widar Lehnemann. 88 S. UB 9530. 1976.

Inhalt: S. Fleuron: Das rote Gespenst – P. Haanpää: Eine Kranichgeschichte – A. L. Kielland: Der alte Rabe – M. Kyber: Heldentum – H. Löns:

Goldhals – E. T. Seton: Vixen, eine Fuchsmutter – C. Zuckmayer: Die Geschichte vom Tümpel.

Arbeitstexte für den Unterricht: Toleranz. Texte zur Theorie und politischen Praxis. Für die Sekundarstufe. Hrsg. von Claudia Herdtle und Thomas Leeb. 192 S. UB 15003 [2]. 1987.

Arbeitstexte für den Unterricht: Tourismus. Für die Sekundarstufe. Hrsg. von Hans-Werner Prahl und Albrecht Steinecke. 179 S. UB 9564 [2]. 1981.

Arbeitstexte für den Unterricht: Utopie. Für die Sekundarstufe. Hrsg. von Wolfgang Biesterfeld. 174 S. UB 9591 [2]. 1985.

Autoren: J. R. Becher – L. Bechstein – G. A. Bürger – E. Callenbach – T. Campanella – E. Canetti – F. Dürrenmatt – H. M. Enzensberger – E. Fried – G. Hauptmann – A. Huxley – F. G. Klopstock – J. Lennon – D. Lessing – Lukian von Samosata – L.-S. Mercier – C. Morgenstern – W. Morris – T. Morus – G. Orwell – Platon – J. Samjatin – W. Shakespeare – B. F. Skinner – J. Swift – D. Wellershoff – H. G. Wells – F. Werfel – U. Widmer.

Arbeitstexte für den Unterricht: Verantwortung. Für die Sekundarstufe II hrsg. von Monika Sänger. 175 S. UB 15022 [2]. 1991.

Arbeitstexte für den Unterricht: Vorurteile gegen Minderheiten. Die Anfänge des modernen Antisemitismus am Beispiel Deutschlands. Für die Sekundarstufe. Hrsg. von Hans-Gert Oomen und Hans-Dieter Schmid. 174 S. UB 9543 [2]. 1978.

Arbeitstexte für den Unterricht: Das Wahrheitsgebot oder: Muß man immer die Wahrheit sagen? Für die Sekundarstufe I. Hrsg. von Ekkehard Martens. 79 S. UB 9579. 1983.

Arbeitstexte für den Unterricht: Werbetexte / Texte zur Werbung. Für die Sekundarstufe. Hrsg. von Ingo Springmann. 87 S. UB 9522. 1975.

Veränderte und bibliographisch ergänzte Ausgabe. 87 S. 1986.

Arbeitstexte für den Unterricht: Wie interpretiert man ein Drama? Für die Sekundarstufe. Von Hans-Dieter Gelfert. 191 S. UB 15026. 1992.

Arbeitstexte für den Unterricht: Wie interpretiert man ein Gedicht? Für die Sekundarstufe. Von Hans-Dieter Gelfert. 191 S. UB 15018 [2]. 1990.

Arbeitstexte für den Unterricht: Wir erzählen Geschichten. Texte und Anleitungen. Für die Sekundarstufe I. Hrsg. von Werner Klose. 77 S. UB 9552. 1979.

Arbeitstexte für den Unterricht: Witz. Für die Sekundarstufe. Hrsg. von Hannjost Lixfeld. 72 S. UB 9542. 1978.
Bibliographisch ergänzte Ausgabe. 72 S. 1986.

[Archipoeta:] Die Lieder des Archipoeta. Lat. und dt. Übers. [, Anm.] und Nachw. von Karl Langosch. 87 S. UB 8942. 1965.

Aristophanes: Der Frieden (Eirene). Komödie. Übers. und hrsg. von Christoph Jungck. 96 S. UB 8521. 1989.

Aristophanes: Die Frösche. Komödie. Übers. und hrsg. von Dr. Heinz Heubner. 144 S. UB 1154/55. 1951.
Durchgesehene Ausgabe. Aus dem Griech. übertr. und hrsg. von Heinz Heubner. 139 S. 1963.

Aristophanes: Lysistrate. Komödie. Übers. von Ludwig Seeger. Anm. und Nachw. von Otto Seel. 79 S. UB 6890. 1969.

Aristophanes: Die Vögel. Komödie. Übers., Anm. und Nachw. von Christian Voigt. 112 S. UB 1379/80. 1971.

Aristophanes: Die Wolken. Komödie. Übers., Nachw. und Anm. von Otto Seel. 139 S. UB 6498/99. 1963.
Bibliographisch ergänzte Ausgabe. 142 S. 1978.

Aristoteles: Metaphysik. Schriften zur Ersten Philosophie. Übers. und hrsg. von Franz F. Schwarz. 440 S. UB 7913–18. 1970 [recte: 1971].
Bibliographisch ergänzte Ausgabe. 443 S. 1984.

Aristoteles: Nikomachische Ethik. Übers. und Nachw. von Franz Dirlmeier. Anm. von Ernst A. Schmidt. [Mit einer Zeittaf. und einer Bibl.] 383 S. UB 8586–90. 1969.
Bibliographisch ergänzte Ausgabe. 383 S. 1983.

Aristoteles: Poetik. Übers., Einl. und Anm. von Olof Gigon. 87 S. UB 2337. 1961.
Nicht mehr lieferbar; ersetzt durch:

Aristoteles: Poetik. Griech./Dt. Übers. und hrsg. von Manfred Fuhrmann. 181 S. UB 7828 [2]. 1982.

Aristoteles: Politik. Schriften zur Staatstheorie. Übers. und hrsg. von Franz F. Schwarz. 613 S. UB 8522 [7]. 1989.

Aristoteles: Der Staat der Athener. Übers. und hrsg. von Peter Dams. 93 S. UB 3010. 1970.

Aristoteles: Über die Welt. Übers. und komm. von Otto Schönberger. 64 S. UB 8713. 1991.

Arnim, Achim von: Erzählungen. Hrsg. von Gisela Henckmann. 384 S. UB 1505 [5]. 1991.

Inhalt: Isabella von Ägypten – Die Majoratsherren – Melück Maria Blainville – Mistris Lee – Owen Tudor – Raphael und seine Nachbarinnen – Der tolle Invalide auf dem Fort Ratonneau.

Arnim, Ludwig Achim von: Isabella von Ägypten, Kaiser Karl des Fünften erste Jugendliebe. Eine Erzählung. Mit einem Nachw. von Werner Vordtriede [und Anm.]. 143 S. UB 8894/95. 1964.

Arnim, Achim von: Die Kronenwächter. Roman. Nachw. von Paul Michael Lützeler. 420 S. UB 1504 [4]. 1983 [recte: 1982].

Arnim, Achim von: Die Majoratsherren. Erzählung. Nachw. von Gustav Beckers. 77 S. UB 9972. 1980.

Arnim, Achim von: Der tolle Invalide auf dem Fort Ratonneau. Owen Tudor. [Zwei Erzählungen.] Mit einem Nachw. von Kurt Weigand [und Anm.]. 85 S. UB 197. 1955.

Durchgesehene Ausgabe. 80 S. 1968.

Arnim, Bettina von: Ein Lesebuch. Mit 21 Abb. Hrsg. von Christa Bürger und Birgitt Diefenbach. 349 S. UB 2690 [4]. 1987.

Inhalt: Auszug aus der Breslauer Zeitung – Clemens Brentanos Frühlingskranz – Dies Buch gehört dem König – Gespräche mit Dämonen – Goethes Briefwechsel mit einem Kinde – Die Günderode – Der Heckebeutel – Der Königssohn – Über die Armut.

Auch GEB. 1987.

Artmann, H[ans] C[arl]: »wer dichten kann ist dichtersmann«. Eine Auswahl aus dem Werk. Hrsg. von Christina Weiss und Karl Riha. 101 S. UB 8264. 1986.

Auber, Daniel François: Fra Diavolo. Komische Oper in drei Aufzügen. Vollständiges Buch. Dichtung von E. Scribe. Nach der Übers. von C[arl] L[udwig] Blum revidiert hrsg. und eingel. von Wilhelm Zentner. 71 S. UB 2689. 1954.

Nicht mehr lieferbar seit 1992.

Auerbach, Berthold: Schwarzwälder Dorfgeschichten. Ausw. und Nachw. von Jürgen Hein. 311 S. UB 4656 [4]. 1984.

Inhalt: Die Frau Professorin – Des Schloßbauers Vefele – Sträflinge – Der Tolpatsch.

Aufrufe und Reden deutscher Professoren im Ersten Weltkrieg. Mit einer Einl. hrsg. von Klaus Böhme. 248 S. UB 9787 [3]. 1975.

Autoren: G. Anschütz – H. Delbrück – O. v. Gierke – W. Goetz – J. Haller – A. v. Harnack – E. Jung – E. Marcks – F. Meinecke – H. Oncken – D. Schäfer – G. v. Schulze-Gävernitz – R. Seeberg – E. Troeltsch – J. Unold – U. v. Wilamowitz-Moellendorff – M. Wundt.

Nicht mehr lieferbar seit 1989.

Augustin: Bekenntnisse. Eingel. und übertr. von Wilhelm Thimme. 501 S. UB 2791–94/94a/b. 1967.

Nicht mehr lieferbar seit 1982; ersetzt durch:

Augustinus, Aurelius: Bekenntnisse. Mit einer Einl. von Kurt Flasch. Übers., mit Anm. vers. und hrsg. von Kurt Flasch und Burkhard Mojsisch. 440 S. UB 2792 [6]. 1989.

Auch GEB. 1989.

Augustinus, Aurelius: De beata vita / Über das Glück. Lat./Dt. Übers., Anm. und Nachw. von Ingeborg Schwarz-Kirchenbauer und Willi Schwarz. 109 S. UB 7831 [2]. 1982.

Augustinus, Aurelius: De vera religione / Über die wahre Religion. Lat./Dt. Übers. und Anm. von Wilhelm Thimme. Nachw. von Kurt Flasch. 231 S. UB 7971 [3]. 1983.

Augustus: Res gestae / Tatenbericht (Monumentum Ancyranum). Lat., griech. und dt. Übers., komm. und hrsg. von Marion Giebel. 88 S. UB 9773/73a. 1975.

Ausgewählte Schachaufgaben. 350 Probleme und Studien aus den letzten 30 Jahren. Hrsg. von Rudolf Teschner. 261 S. UB 7736 [3]. 1981.

Austen, Jane: Emma. [Roman.] Aus dem Engl. übers. von Ursula und Christian Grawe. Nachw. und Anm. von Christian Grawe. 560 S. UB 7633 [5]. 1980.

Auch GEB. 1980. (Nicht mehr lieferbar.)
Auch GEB. in der Reihe »Reclam Lese-Klassiker«. 561 S. 1988.

Austen, Jane: Kloster Northanger. [Roman.] Aus dem Engl. übers. von Ursula und Christian Grawe. Nachw. und Anm. von Christian Grawe. [Mit 1 Karte.] 296 S. UB 7728 [4]. 1981.

Auch GEB. 1981.

Austen, Jane: Mansfield Park. [Roman.] Aus dem Engl. übers. von Ursula und Christian Grawe. Nachw. und Anm. von Christian Grawe. 572 S. UB 8007 [6]. 1984.

Auch GEB. 1984. (Nicht mehr lieferbar.)
Auch GEB. in der Reihe »Reclam Lese-Klassiker«. 573 S. 1988.

Austen, Jane: Das Romanwerk. (Emma. Kloster Northanger. Mansfield Park. Stolz und Vorurteil. Überredung. Verstand und Gefühl.). Aus dem Engl. übers. von Ursula und Christian Grawe. Nachw. und Anm. von Christian Grawe. 6 Bde. 1985.

Sonderausgabe (Leinenkarton) der zugrundeliegenden UB-Ausgaben in Kassette.

Austen, Jane: Stolz und Vorurteil. [Roman.] Aus dem Engl. übers. von Ursula und Christian Grawe. Nachw. und Anm. von Christian Grawe. 460 S. UB 9871 [5]. 1977.

Auch GEB. 1977. (Nicht mehr lieferbar.)

Austen, Jane: Überredung. [Roman.] Aus dem Engl. übers. von Ursula und Christian Grawe. Nachw. und Anm. von Christian Grawe. 320 S. UB 7972 [4]. 1983.

Auch GEB. 1983.

Austen, Jane: Verstand und Gefühl. [Roman.] Aus dem Engl. übers. von Ursula und Christian Grawe. Nachw. und Anm. von Christian Grawe. 431 S. UB 7836 [5]. 1982.

Auch GEB. 1982.

Austin, John L.: Gesammelte philosophische Aufsätze. Übers. und hrsg. von Joachim Schulte. 415 S. UB 8278 [5]. 1986.

Inhalt: Agathon und Eudaimonia in der »Ethik« des Aristoteles – Die Bedeutung eines Wortes – Drei Möglichkeiten, Tinte zu verschütten – »Falls« und »können« – Fremdseelisches – Gibt es Begriffe a priori? – Linie und Höhle in Platons »Staat« – Performative Äußerungen – Ein Plädoyer für Entschuldigungen – So tun als ob – Ungerecht gegen die Tatsachen – Wahrheit – Wie man spricht. Ein paar simple Verfahren.

Austin, John L.: Sinn und Sinneserfahrung (Sense and Sensibilia). Nach den Vorlesungsmanuskripten zsgest. und hrsg. von G. J. Warnock. Aus dem Engl. übers. von Eva Cassirer. 182 S. UB 9803 [3]. 1975.
Auch GEB. 1975. (Nicht mehr lieferbar.)

Austin, John Langshaw: Zur Theorie der Sprechakte (How to do things with Words). Dt. Bearb. von Eike von Savigny. 215 S. UB 9396–98. 1972.
Auch GEB. 1972. (Nicht mehr lieferbar.)
2., durchgesehene und bibliographisch ergänzte Auflage. 219 S. 1979.

Axton, Charles B.
→ Reclams Musicalführer
→ Reclams Operettenführer (1982)

Ayer, Alfred Jules: Sprache, Wahrheit und Logik. Aus dem Engl. übers. und hrsg. von Herbert Herring. 248 S. UB 7919–22. 1970.
Auch GEB. 1970. (Nicht mehr lieferbar.)

Aymé, Marcel: Le Passe-muraille et autres nouvelles. Hrsg. von Ernst Kemmner. 88 S. UB 9179. 1985. (Fremdsprachentexte.)
Inhalt: Les Clochards – Le Passe-muraille – Le Proverbe.

B

Babel, Isaak: So wurde es in Odessa gemacht. Geschichten. Übers. von Kay Borowsky und Erwin Honig. Nachw. von Horst Bienek. 96 S. UB 9952. 1979.

Inhalt: Argamak – Bei Sankt Valentin – Berestetschko – Dolguschows Tod – Gedali – Die Geschichte meines Taubenschlages – Die Kirche in Nowograd – Der König – Die Lehre vom Maschinengewehrwagen – Meine erste Liebe – Der Rabbi – So wurde es in Odessa gemacht – Der Sohn des Rabbi – Der Übergang über den Sbrutsch.

Bach, Johann Sebastian: Matthäus-Passion. Johannes-Passion. Weihnachts-Oratorium. h-moll-Messe. Hrsg. und eingel. von Joseph Müller-Blattau. 79 S. UB 5918. 1950.

Durchgesehene Ausgabe. 79 S. 1954.
Durchgesehene Ausgabe. 79 S. 1960.
Durchgesehene Ausgabe. 71 S. 1979.

Bachmann, Ingeborg: Der gute Gott von Manhattan. Hörspiel. Mit einem Nachw. von Otto F. Best. 85 S. UB 7906. 1970.

Nicht mehr lieferbar seit 1983.

Bachmann, Ingeborg: Undine geht. Das Gebell. Ein Wildermuth. Drei Erzählungen. [Mit einer Nachbem.] 76 S. UB 8008. 1984.

Bacon, Francis: Essays oder praktische und moralische Ratschläge. Übers. von Elisabeth Schücking. Hrsg. von Levin L. Schücking. 240 S. UB 8358–60. 1970.

Bacon, Francis: Neu-Atlantis. Übers. von Günther Bugge. Durchges. und neu hrsg. von Jürgen Klein. 80 S. UB 6645. 1982.

Bänkelsang. Texte – Bilder – Kommentare. Hrsg. von Wolfgang Braungart. 428 S. UB 8041 [5]. 1985.

Auch GEB. 1985. (Nicht mehr lieferbar.)

Bäume in Wald und Garten. Gezeichnet von Willi Harwerth. Erläuternder Text von Heinrich Lipser. 95 S. UB 7866. 1955.

Auch als Sonderausgabe zum 125jährigen Bestehen des Verlags (Reclams Jubiläums-Bände). 1955. (Nicht mehr lieferbar.)
Nicht mehr lieferbar seit 1973.

Bahr, Hermann: Das Konzert. Lustspiel in drei Akten. [Mit einem Nachw.] 143 S. UB 8646/47. 1961.

Balzac, Honoré de: Das Chagrinleder. [Roman.] Übers. und hrsg. von Michael Scheffel. 341 S. UB 2440 [4]. 1991.

Balzac, Honoré de: Le Colonel Chabert. [Roman.] Hrsg. von Wolfgang Orlich. 132 S. UB 9159 [2]. 1984. (Fremdsprachentexte.)

Balzac, Honoré de: Eugénie Grandet. [Roman.] Übers. und hrsg. von Michael Scheffel. 240 S. UB 2108 [3]. 1987.
Auch GEB. in der Reihe »Reclam Lese-Klassiker«. 240 S. 1987.

Balzac, Honoré de: Die Frau von dreißig Jahren. [Roman.] Übers. von Konrad Harrer. Nachw. von Dirk Hoeges. 263 S. UB 1963. 1992.

Balzac, Honoré de: Oberst Chabert. Novelle. Übers. und mit einem Nachw. vers. von Hildegard Blattmann. 120 S. UB 2107/08. 1950.
Auch GEB. 1951. (Nicht mehr lieferbar.)
Durchgesehene Ausgabe. 116 S. 1958.

Balzac, Honoré de: Vater Goriot. [Roman.] Übers. und hrsg. von Elisabeth Kuhs. 360 S. UB 2268 [4]. 1988.

Bang, Herman: Irene Holm. Ein herrlicher Tag. [Zwei] Erzählungen. Aus dem Dän. übers. von Elfriede Adelberg. Nachw. von Hanns Grössel. 71 S. UB 9855. 1977.

Barlach, Ernst: Der arme Vetter. Drama in fünf Akten [recte: in 12 Bildern]. Nachw. von Walter Muschg. 109 S. UB 8218. 1958.
Durchgesehene Ausgabe. Drama. Nachw. von Walter Muschg. [Mit einer biogr. Notiz.] 109 S. 1992.

Barnes, Jonathan: Aristoteles. Eine Einführung. Aus dem Engl. übers. von Christiana Goldmann. 152 S. UB 8773. 1992.

Baudelaire, Charles: Die Blumen des Bösen. Übers. von Monika Fahrenbach-Wachendorff. Nachw. von Hartmut Köhler. 137 S. UB 5076. 1992.

Baudelaire, Charles: Les Fleurs du Mal / Die Blumen des Bösen. Frz./Dt. Übers. von Monika Fahrenbach-Wachendorff. Anm. von Horst Hina. Nachw. und Zeittaf. von Kurt Kloocke. 512 S. UB 9973 [6]. 1980.
Auch GEB. 1980. (Nicht mehr lieferbar.)

Baudelaire/Rimbaud/Verlaine/Mallarmé: Poésies. Hrsg. von Klaus Ley. Ca. 88 S. UB 9286. 1992. (Fremdsprachentexte.)

Baumgärtner, Alfred Clemens → Reclams Romanführer III; IV (1976)

Bebel, Heinrich: Comoedia de optimo studio iuvenum / Über die beste Art des Studiums für junge Leute. Lat./Dt. Hrsg. und übers. von Wilfried Barner und Mitarbeitern. 176 S. UB 7837 [2]. 1982.

Becker, Friedrich: Astronomie unserer Zeit. Mit 4 Bildtaf. 68 S. UB 7868. 1955.
Überarbeitete Neuauflage. 80 S. 1970.
Nicht mehr lieferbar seit 1977.

Becker, Jürgen: Häuser. Hörspiel. Mit einem Nachw. des Autors [und einer biblio-biogr. Notiz]. 53 S. UB 9331. 1972.
Nicht mehr lieferbar seit 1992.

Becker, Werner: Elemente der Demokratie. [Aufsätze. Mit einem bio-bibliogr. Anh.] 142 S. UB 8009 [2]. 1985.

Inhalt: Der Begriff des Konsenses. Seine Mehrdeutigkeit und warum er als Maßstab demokratischer Legitimation untauglich ist – Demokratie und die dialektische Theorie der Geschichte. Über ein problematisches Erbe deutscher Geschichtsphilosophie – Gesellschaftliche und konstitutionelle Bedingungen demokratischer Legitimation – Gesetzesgehorsam und politischer Pluralismus – die Minimalbedingungen einer stabilen Demokratie – Die historische Entstehung der liberalen Freiheiten – Klassischer und demokratischer Liberalismus – Revolutionäre Aufgeregtheit unter nichtrevolutionären Bedingungen – ein unbequemes Element der Demokratie – Die rückwärtsgewandte Utopie. Eine kritische Bilanz der Gegenwartsbedeutung von Karl Marx.

Beckett, Samuel: Embers. [A play for radio.] / Aschenglut. [Ein Hörspiel.] Engl. und dt. Dt. Übertr. von Erika und Elmar Tophoven. Mit einem Nachw. von Heinrich Vormweg [und einer bio-bibliogr. Notiz]. 53 S. UB 7904. 1970.

Beckett, Samuel: Fin de partie. [Drama.] Hrsg. von Hubert Bausch. 80 S. UB 9213. 1987. (Fremdsprachentexte.)

Beckett, Samuel: Waiting for Godot. A Tragicomedy in Two Acts. Hrsg. von Manfred Pfister. 147 S. UB 9214 [2]. 1987. (Fremdsprachentexte.)

Bécquer, Gustavo Adolfo: La ajorca de oro. [Leyendas.] / Der goldene Armreif. Legenden. Span./Dt. Übers. und hrsg. von Fritz Vogelgsang. 189 S. UB 8398 [2]. 1987.

Inhalt: La ajorca de oro – Creed en Dios – Maese Pérez el organista – El Miserere – Los ojos verdes.

Beer-Hofmann, Richard: Der Tod Georgs. [Roman.] Nachw. von Hartmut Scheible. [Mit einer Zeittaf.] 160 S. UB 9989 [2]. 1980.

Beer, Johann: Printz Adimantus und der Königlichen Princeßin Ormizella Liebes-Geschicht. [Roman.] Hrsg. von Hans Pörnbacher. 80 S. UB 8757. 1967.

Nicht mehr lieferbar seit 1989.

Beer, Johannes → Reclams Romanführer

Ludwig van Beethoven in Briefen und Lebensdokumenten. Ausgew. und erl. von Anton Würz und Reinhold Schimkat. Mit 8 Bildtaf. und einer Einf. von Richard Benz. 223 S. UB 8648–50. 1961.

Auch GEB. 1961. (Nicht mehr lieferbar.)
Veränderte Ausgabe (ohne Abbildungen). 221 S. 1982.

Beethoven, Ludwig van: Fidelio. Oper in zwei Aufzügen. Dichtung nach Bouilly von J. Sonnleithner und G. F. Treitschke. Vollständiges Buch. Neu hrsg. und eingel. von Georg Richard Kruse. 59 S. UB 2555. 1949.

Nicht mehr lieferbar; ersetzt durch:

Beethoven, Ludwig van: Fidelio. Oper in zwei Aufzügen. Dichtung nach Bouilly von J. Sonnleithner und G. F. Treitschke. Vollständiges Buch. Neu hrsg. und eingel. von Wilhelm Zentner. 48 S. UB 2555. 1951.

Durchgesehene Ausgabe. 48 S. 1961.
Durchgesehene Ausgabe. 48 S. 1970.

Begegnung mit 125 Jahren Reclam. [Zum 1. Oktober 1953 den Freunden des Verlages gewidmet. Mit 8 Bildtaf.] 80+16 S. 1953, *GEB. (in der Art der Jubiläums-Bände).*

Inhalt: E. Ackerknecht: 125 Jahre Reclam – Daten aus der Geschichte des Verlages Reclam – H. Reclam: Begegnung mit meiner Familie – H. v. Hofmannsthal: Die Wege und Begegnungen; außerdem weitere Auszüge aus Texten der UB, ein Briefwechsel des Verlags mit Viktor von Scheffel, ein Text von F. Deich sowie im Anhang auf 16 S. ein Gesamtverzeichnis der UB und Verlagsanzeigen.

Nicht mehr lieferbar.

Behan, Brendan: The Hostage. [Drama in drei Akten.] Hrsg. von Nora Hage. 141 S. UB 9222 [2]. 1987. (Fremdsprachentexte.)

Bellamy, Edward: Ein Rückblick aus dem Jahre 2000 auf 1887. [Roman.] In der Übers. von Georg von Giżycki. Hrsg. von Wolfgang Biesterfeld. 304 S. UB 2660 [4]. 1983.

Bellini, Vincenzo: Norma. Tragedia lirica in due atti / Norma. Lyrische Tragödie in zwei Akten. Textbuch Ital./Dt. Libretto von Felice Romani. Übers. von Lothar Quandt. Nachw. von Christian Pyhrr. 85 S. UB 4019. 1985.

Bender, Hans: Das wiegende Haus. Erzählungen. Mit einem autobiogr. Nachw. 71 S. UB 8494. 1961.

Inhalt: Das Gasthaus – Die Klosterschule – Das Nachbarhaus – Die Wallfahrtskirche.

Bender, Hans: Die Wölfe kommen zurück. Kurzgeschichten. Mit einem Nachw. des Autors. 70 S. UB 9430. 1972.

Inhalt: Ein Bär wächst bis zum Dach – Der Brotholer – Fondue oder Der Freitisch – Forgive me – Iljas Tauben – Jurkas Jahre – Schafsblut – Die Wölfe kommen zurück – Zehn-Minuten-Rede.

Bengalische Erzählungen. Ausgew. und eingel. von Manfred Feldsieper [mit Anm., biogr. Anh. und Glossar]. Übers. aus dem Bengal. von Asit Datta und Manfred Feldsieper. 103 S. UB 9306. 1971. (UNESCO-Sammlung repräsentativer Werke. Asiatische Reihe.)

Inhalt: B. Basu: Das Haus des Glücks – B. Basu: Wie geht es Dir? – N. Gaṅgopādhyāy: Der Knochen – S. Ghosh: Ein Wiedersehen – B. Kar: Nīrajā – J. Nandī: Am blauen Firmament – Vanaphul: Nebeneinander – Vanaphul: Der Tod eines Lesers.

Benjamin, Walter: Sprache und Geschichte. Philosophische Essays. Ausgew. von Rolf Tiedemann. Mit einem Essay von Theodor W. Adorno. 176 S. UB 8775. 1992.

Inhalt: Die Aufgabe des Übersetzers – Erfahrung und Armut – Erkenntniskritische Vorrede zum »Ursprung des deutschen Trauerspiels« – Schicksal und Charakter – Theologisch-politisches Fragment – Über das mimetische Vermögen – Über den Begriff der Geschichte – Über Sprache überhaupt und über die Sprache des Menschen – Zur Kritik der Gewalt – Zwei Gedichte von Friedrich Hölderlin.

Benn, Gottfried: Gedichte. Ausw. und Nachw. Christoph Perels. 188 S. UB 8480 [2]. 1988.

Benn, Gottfried: Gehirne. Novellen. Textkritisch hrsg. von Jürgen Fackert. 85 S. UB 9750. 1974.
Inhalt: Die Eroberung – Der Geburtstag – Gehirne – Die Insel – Die Reise.

Benn, Gottfried: Weinhaus Wolf. Die Stimme hinter dem Vorhang. [Zwei Novellen.] Mit einem Nachw. von Hans Egon Holthusen. 71 S. UB 8888. 1964.

Benz, Richard: Bachs Passion. Vom Sinn der kultischen Tragödie. Dritte Auflage. 58 S. UB 7310. 1950.
3. Auflage des erstmals 1935 im Verlag Philipp Reclam jun. Leipzig erschienenen Titels.
Nicht mehr lieferbar seit 1972.

Benz, Richard: Goethe und Beethoven. 80 S. UB 7512. 1948 [recte: 1949].
Nicht mehr lieferbar seit 1971.

Beowulf und das Finnsburg-Bruchstück. Aus dem Angelsächs. übertr. [und hrsg.] von Felix Genzmer. 111 S. UB 430. 1953.
Durchgesehene Ausgabe. 117 S. 1962.

Bergengruen, Werner: Die Feuerprobe. Novelle. Mit einem autobiogr. Nachw. 76 S. UB 7214. 1951.
Auch als Sonderausgabe zum 125jährigen Bestehen des Verlags (Reclams Jubiläums-Bände). 1953. (Nicht mehr lieferbar.)
Durchgesehene Ausgabe. 72 S. 1954.
Durchgesehene Ausgabe. 64 S. 1963.
Durchgesehene Ausgabe. 55 S. 1970.

Bergengruen, Werner: Das Hornunger Heimweh. Erzählung. 79 S. UB 7530. 1948.
Durchgesehene Ausgabe. 71 S. 1949.
Durchgesehene Ausgabe. 76 S. 1951.
Erweiterte Ausgabe. [Mit einem Nachw. von Wilhelm Grenzmann.] 80 S. 1954.
Vom Autor durchgesehene Ausgabe. [Mit einem Nachw. von Wilhelm Grenzmann.] 78 S. 1959.
Durchgesehene Ausgabe. Mit einem Nachw. von Wilhelm Grenzmann. 72 S. 1970.
Nicht mehr lieferbar seit 1989.

[**Berlichingen:**] Lebensbeschreibung des Ritters Götz von Berlichingen. Ins Neuhochdt. übertr. von Karl Müller. Mit einem Nachw. von Hermann Missenharter. 104 S. UB 1556. 1962.

Berlin! Berlin! Eine Großstadt im Gedicht. Hrsg. von Hans-Michael Speier. 264 S. UB 8400 [3]. 1987.

Autoren: R. Alberti – R. Anders – M. Barthel – K. Bartsch – J. R. Becher – J. Becker – G. Benn – U. Berger – H. Bienek – W. Biermann – G. Bisinger – E. Blass – J. Bobrowski – P. Boldt – N. Born – P. Brasch – T. Brasch – V. Braun – B. Brecht – P. Celan – G. Deicke – F. C. Delius – G. Doehler – G. Eich – G. Falkner – L. Feuchtwanger – P. Friedrich – G. B. Fuchs – R. Glomb – Y. Goll – G. Grass – L. Greve – G. Grosz – A. Gustas – M. Hannsmann – J. Hart – H. Hartung – R. Haufs – A. Haushofer – H. Heißenbüttel – G. Henniger – M. Herrmann-Neisse – W. Heyder – G. Heym – P. Hille – H. U. Hirschfelder – J. v. Hoddis – W. Höllerer – A. Holz – P. Huchel – P. Huckauf – J. Hübner – B. Jentzsch – U. Johnson – E. Kästner – Y. Karsunke – H. Kern – S. Kirsch – K. Kiwus – Klabund – L. Klünner – M. Koeppel – U. Kolbe – G. Kolmar – U. Krechel – G. Kunert – R. Leising – R. Lenz – R. Leonhard – A. Lichtenstein – O. Loerke – R. Loewig – Lucebert – F. Lüdtke – W. Maier – D. P. Martz – F.-W. Matthies – U. Mauersberger – C. Meckel – W. Mehring – A. R. Meyer – D. Meyer – C. Morgenstern – B. Morshäuser – E. Mühsam – R. R. Müller – P. Neruda – W. Neuss – A. Ören – O. Pastior – C. Peri Rossi – H. Pieritz – G. Reicke – C. Reinig – W. Rheiner – R. M. Rilke – J. Ringelnatz – E. Sanguinetti – J. Schenk – R. Schickele – R. W. Schnell – K. Schönberg – J.-C. Schulz – E. Schur – I. Seidel – K. W. Straub – S. Techel – J. Theobaldy – J. Trojan – K. Tucholsky – J. Uhlmann – A. Wannicke – E. Weinert – G. Weisenborn – B. Wiengarn – G. Wohmann – A. Wolfenstein – P. P. Zahl – H. Zapf – P. Zech – H. Zerna – R. Zoozmann.

Die Berliner Moderne 1885–1914. Mit 60 Abb. Hrsg. von Jürgen Schutte und Peter Sprengel. 722 S. UB 8359 [8]. 1987.

Autoren: C. Alberti – J. Bab – E. Bauer – A. Behne – G. Benn – L. Berg – R. Bernauer – O. Bie – O. J. Bierbaum – E. Blass – H. Blüher – W. Bölsche – P. Boldt – R. Bosse – O. Brahm – H. Brennert – C. Busse – H. Busse – F. M. Cahén – R. Chotzen – L. Colze – H. Conradi – L. Corinth – R. Dehmel – A. Döblin – E. A. Edel – C. Einstein – R. Emil – H. H. Ewers – T. Fontane – E. T. Galli – F. Hardekopf – M. Harden – H. Hart – J. Hart – O. E. Hartleben – G. Hauptmann – F. Held – K. Henckell – H. Hentig – G. Hermann – W. Herzog – G. Heym – P. Hille – K. Hiller – J. v. Hoddis – F. Hollaender – A. Holz – S. Jacobsohn – F. Kayssler – A. Kerr – K. Kersten – M. Kretzer – R. Kurtz – H. Land – G. Landauer – E. Lasker-Schüler – L. Leipziger – A. Lichtenstein – M. Liebermann – K. Liebknecht – W. Liebknecht – F. Lienhard – E. Loewenson – S. Lublinski – R. Luxemburg – F. Mehring – C. Morgenstern – A. Moszkowski – Mynona – F. Naumann – V. Noack – H. Ostwald – R. Paulsen – S. Przybyszewski – W. Rathenau – M. Reinhardt – R. M. Rilke – H. Rosenhagen

– L. Rubiner – P. Scheerbart – P. Scher – J. Schlaf – H. E. Schmidt – F. Servaes – G. Simmel – R. J. Sorge – P. Stark – H. Stöcker – H. Sudermann – H. Walden – R. Walser – W. Wauer – H. Wetzel – R. Wilde – Wilhelm II. – B. Wille – A. Wolfenstein – C. Zwi.
Auch GEB. 1987.

Berliner Straßenecken-Literatur 1848/49. Humoristisch-satirische Flugschriften aus der Revolutionszeit. [Zsgest., eingel. und komm. von Gesine Abert u.a. Schlußredaktion: Horst Denkler in Zsarb. mit Claus Kittsteiner.] 342 S. UB 9856 [4]. 1977.

Bernanos, Georges: Eine Nacht. Drei Erzählungen. Übertr. und mit einem Nachw. von Hans Urs von Balthasar. 72 S. UB 8500. 1961.
Inhalt: Frau Dargent – Eine Nacht – Schattenzwiesprache.
Nicht mehr lieferbar seit 1988.

Bernhard, Thomas: An der Baumgrenze. Erzählungen. [Mit einer Nachbem.] 54 S. UB 8334. 1986.
Inhalt: An der Baumgrenze – Der Italiener – Der Kulterer.

Bernhard, Thomas: Der Wetterfleck. Erzählungen. Mit einem Nachw. von Otto F. Best. 77 S. UB 9818. 1976.
Inhalt: Jauregg – Der Wetterfleck – Der Zimmerer.

Berthold von Regensburg: Vier Predigten. Mittelhochdt./Neuhochdt. Übers. und hrsg. von Werner Röcke. 267 S. UB 7974 [3]. 1983.
Inhalt: Von dem Frieden (17. Predigt) – Von den drei Mauern (23. Predigt) – Von den fünf Pfunden (2. Predigt) – Von zehn Chören der Engel und der Christenheit (10. Predigt).

Betriebsverfassungsgesetz. Vom 11. Oktober 1952. Nebst AHK-Gesetz Nr. A-30, Gesetz über die Mitbestimmung der Arbeitnehmer in den Vorständen der Unternehmen des Bergbaus und der Eisen und Stahl erzeugenden Industrie, Auszügen aus dem Aktiengesetz und dem Arbeitsgerichtsgesetz vom 23. Dezember 1926, Kündigungsschutzgesetz, Verordnung gegen Bestechung und Geheimnisverrat nichtbeamteter Personen. Textausg. mit Sachregister. Hrsg. von Dr. Joachim Knapp. 112 S. UB 7781. 1952.
Auch GEB. 1952. (Nicht mehr lieferbar.)
2., ergänzte und erweiterte Auflage. 174 S. UB 7781/81a. 1960.
3., überarbeitete Auflage. 176 S. 1962.
4., ergänzte und erweiterte Auflage. 188 S. 1966.
Nicht mehr lieferbar seit 1969.

Beutler, Christian → Reclams Kunstführer Frankreich I

Bhagavadgita. Das Lied der Gottheit. Aus dem Sanskrit übers. von Robert Boxberger. Neu bearb. und hrsg. von Helmuth von Glasenapp. 103 S. UB 7874/75. 1955.

Bichsel, Peter: Stockwerke. Prosa. Ausgew. und hrsg. von Heinz F. Schafroth. 80 S. UB 9719. 1974.

Inhalt: Dem Bestehenden Schwierigkeiten machen – Erklärung – Die Jahreszeiten – Jodok läßt grüßen – Die Kunst des Anstreichens – Lesebuchgeschichte – Die Löwen – Der Mann, der nichts mehr wissen wollte – Mer hei e kei Angscht – Die Primarschule – Ein Geschäft ohne Partner – San Salvador – Stockwerke – Die Tochter – Und sie dürfen sagen, was sie wollen – Vom Fahnenstangenfallenlassen. Der Jura und die Idee der Schweiz.

Bidermann, Jakob: Cenodoxus. Dt. Übers. von Joachim Meichel (1635). Hrsg. von Rolf Tarot. 168 S. UB 8958/59. 1965.

Bibliographisch ergänzte Ausgabe. 172 S. 1986.

[Bidermann, Jakob / Heiseler, Bernt von:] Philemon, der fröhliche Martyrer. Nach der Komödie von Jakob Bidermann frei bearbeitet von Bernt von Heiseler. [Mit einem Nachw. von Bernt von Heiseler.] 70 S. UB 8216. 1958.

Durchgesehene Ausgabe. 70 S. 1962.

Nicht mehr lieferbar seit 1973.

Bieler, Manfred: Der Hausaufsatz. Hörspiel. [Mit einer biogr. Notiz.] 54 S. UB 9713. 1974.

Nicht mehr lieferbar seit 1992.

Bieler, Manfred: Vater und Lehrer. Hörspiel. Mit einem Nachw. von Werner Klippert [und einer biogr. Notiz]. 47 S. UB 8361. 1970.

Nicht mehr lieferbar seit 1989.

Bienek, Horst: Die Zelle. Roman. Mit einem autobiogr. Nachw. [und einem Werkverz.]. 150 S. UB 9930 [2]. 1979.

Nicht mehr lieferbar seit 1992.

Binding, Rudolf G.: Unvergängliche Erinnerung. Aus der Autobiographie »Erlebtes Leben«. Mit einem Nachw. von Rudolf K. Goldschmit-Jentner. 79 S. UB 7423. 1955.

Nicht mehr lieferbar seit 1975.

Birnbacher, Dieter: Verantwortung für zukünftige Generationen. 297 S. UB 8447 [4]. 1988.

Auch GEB. 1988.

Bischoff, Friedrich: Rübezahls Grab. Erzählungen. Mit einem Nachw. von Herbert Günther. 72 S. UB 7377. 1953 [recte: 1954].

Inhalt: Die Himmelfahrt des Stefan Lochner – Im Morgenrot – Rübezahls Grab.

Durchgesehene Ausgabe. 71 S. 1968.

Nicht mehr lieferbar seit 1976.

Bizet, Georges: Carmen. Oper in vier Aufzügen. Nach der Novelle von Prosper Mérimée. Von Henri Meilhac und Ludovic Halévy. Dt. Übers. von Julius Hopp. Übers. der Dialoge von Wilhelm Zentner. Vollständiges Buch. Eingel. und revidiert hrsg. von Wilhelm Zentner. 80 S. UB 8258. 1959.

Durchgesehene Ausgabe. Hrsg. und eingel. von Wilhelm Zentner. 79 S. 1970.

Björnson, Björnstjerne: Der Brautmarsch. [Novelle.] Dt. von Wilhelm Lange. 77 S. UB 950. 1949.

Nicht mehr lieferbar seit 1972.

Block, Alexander: Die Zwölf. Ausgewählte Dichtungen. Übertr. und Nachw. von Johannes von Guenther. 63 S. UB 8725. 1966.

Nicht mehr lieferbar seit 1989.

Blumenberg, Hans: Wirklichkeiten, in denen wir leben. Aufsätze und eine Rede. [Mit einer Einl. des Verf. und einem bio-bibliogr. Anh.] 176 S. UB 7715 [2]. 1981.

Inhalt: Anthropologische Annäherung an die Aktualität der Rhetorik – Ernst Cassirers gedenkend bei Entgegennahme des Kuno-Fischer-Preises der Universität Heidelberg – Lebenswelt und Technisierung unter Aspekten der Phänomenologie – »Nachahmung der Natur«, Zur Vorgeschichte der Idee des schöpferischen Menschen – Paradigma, grammatisch – Sprachsituation und immanente Poetik.

Blunck, Hans Friedrich: Bruder und Schwester. Novelle. Mit einem Nachw. von Ernst Sander. 64 S. UB 6831. 1952.

Nicht mehr lieferbar seit 1967.

Bobrowski, Johannes: Lipmanns Leib. Erzählungen. Ausw. und Nachw. von Wilhelm Dehn. [Mit Anm. und einer Bibl.] 80 S. UB 9447. 1973.

Inhalt: Betrachtung eines Bildes – Boehlendorff – Brief aus Amerika – Epitaph für Pinnau – Die ersten beiden Sätze für ein Deutschlandbuch – Fortgeführte Überlegungen – Im Verfolg städtebaulicher Erwägungen – Das Käuzchen – Lipmanns Leib – Litauische Geschichte – Der Mahner – Mäusefest – Rainfarn.

Boccaccio, Giovanni: Decameron. Zwanzig ausgewählte Novellen. Ital./Dt. Übers. und hrsg. von Peter Brockmeier. 431 S. UB 8449 [5]. 1988.

Enthält die Novellen I,1–I,10, II,2, II,3, III,5, IV,1, IV,7, V,8, VI,10, VII,4, IX,8, X,10.

Bodenheimer, Aron Ronald: Verstehen heißt antworten. 317 S. UB 8777. 1992.

Bodenheimer, Aron Ronald: WARUM? Von der Obszönität des Fragens. 302 S. UB 8010 [4]. 1984.

Auch GEB. 1984. (Nicht mehr lieferbar.)
2., veränderte Auflage. 302 S. 1985.

Bodin, Jean: Über den Staat. Ausw., Übers. und Nachw. von Gottfried Niedhart. [Mit einer Bibl.] 151 S. UB 9812 [2]. 1976.

Bodman, Emanuel von: Das hohe Seil. Vier Erzählungen. Nachw. von Albrecht Goes. 69 S. UB 7664. 1981.

Inhalt: Georg Candrian – Das hohe Seil – Die Sergeantin – Das unterbrochene Frühstück.

Bodmer, Johann Jakob / Breitinger, Johann Jakob: Schriften zur Literatur. Hrsg. von Volker Meid. 380 S. UB 9953 [5]. 1980.

Böhme, Jakob: Vom Geheimnis des Geistes. Eine Auswahl aus seinen Schriften. Auf Grund der K. W. Schieblerschen Ausgabe besorgt, neu durchges. und eingel. von Friedrich Alfred Schmid Noerr. 80 S. UB 7378. 1952.

Inhalt: Aurora oder Morgenröte im Aufgang – De signatura rerum – Die drei Prinzipien göttlichen Wesens – Mysterium magnum – Theosophische Sendbriefe [Ausz.] – Vom Beten – Vom dreifachen Leben des Menschen – Von der Menschwerdung Christi – Von sechs theosophischen Punkten – Der Weg zu Christo.
Durchgesehene Ausgabe. 80 S. 1960
Nicht mehr lieferbar seit 1973.

Böhme, Jakob: Von der Gnadenwahl. Hrsg. von Roland Pietsch. 269 S. UB 8481 [4]. 1988.

Böll, Heinrich: Bilanz. Klopfzeichen. Zwei Hörspiele. Mit einem Nachw. von Werner Klose. 67 S. UB 8846. 1963.

Nicht mehr lieferbar seit 1991.

Böll, Heinrich: Der Mann mit den Messern. Erzählungen. Mit einem autobiogr. Nachw. 79 S. UB 8287. 1959.

Inhalt: Damals in Odessa – Geschäft ist Geschäft – Lohengrins Tod – Der Mann mit den Messern – Trunk in Petöcki – Wanderer, kommst du nach Spa – Wiedersehen in der Allee.

Börne, Ludwig: Briefe aus Paris. Ausw., Anm. und Nachw. von Manfred Schneider. 264 S. UB 9850 [3]. 1977.

Börne, Ludwig: Monographie der deutschen Postschnecke. Skizzen, Aufsätze, Reisebilder. Ausw. und Nachw. von Jost Hermand. [Mit Anm. und einer Zeittaf.] 144 S. UB 11/11a. 1967.

Inhalt: Ankündigung der Zeitschwingen – Aus meinem Tagebuche – Bemerkungen über Sprache und Stil – Denkrede auf Jean Paul – Das englische Speisehaus – Der Eßkünstler – Gedanken über die Rechtmäßigkeit des sechsten Zinstalers in Deutschland – Gefrorenes – Geldschwindsucht – Die Karbonari und meine Ohren – Die Lesekabinette – Monographie der deutschen Postschnecke – Über das Schmollen der Weiber – Über den Umgang mit Menschen – Versailles – Zwangsgottesdienst.

Börsch-Supan, Eva → Reclams Kunstführer Deutschland VII

Börsch-Supan, Helmut → Reclams Kunstführer Deutschland VII

Boëthius: Trost der Philosophie. Aus dem Lat. übers., mit Einl. und Anm. vers. von Ernst Neitzke. 183 S. UB 3154/55. 1959.

Auch GEB. 1959. (Nicht mehr lieferbar.)
Nicht mehr lieferbar; ersetzt durch:

Boethius: Trost der Philosophie. Übers. und hrsg. von Karl Büchner. Mit einer Einf. von Friedrich Klingner. 189 S. UB 3154/55. 1971.

Bohländer, Carlo → Reclams Jazzführer

Boileau, Pierre / Narcejac, Thomas: Le Fusil à flêches. Contes policiers. Hrsg. von Klaus Sturm. 85 S. UB 9269. 1991. (Fremdsprachentexte.)

Inhalt: Le Corbeau – Un Coupable – Une Femme de tête – Le Fusil à flêches – Remords.

Boileau-Despréaux, Nicolas: L'Art poétique / Die Dichtkunst. Frz. und dt. [Frz. Text im Faks.-Druck nach der Ausg. von 1674.] Übers. und hrsg. von Ute und Heinz Ludwig Arnold. 117 S. UB 8523. 1967.

Nicht mehr lieferbar seit 1980.

Bolzano, Bernard: Philosophische Texte. Hrsg. von Ursula Neemann. 312 S. UB 8209 [4]. 1984.

Inhalt: Athanasia oder Gründe für die Unsterblichkeit der Seele [Ausz.] – Beiträge zu einer begründeteren Darstellung der Mathematik [Ausz.] – Paradoxien des Unendlichen [1–24] – Über die Kantische Lehre von der Konstruktion der Begriffe durch Anschauungen – Über Hegels und seiner Anhänger Begriff von der Geschichte überhaupt und insbesondere von der Geschichte der Philosophie – Was ist Philosophie? – Wissenschaftslehre [Ausz. aus Bd. 1].

Bonaventura: Nachtwachen. Im Anhang: Des Teufels Taschenbuch. Hrsg. von Wolfgang Paulsen. 180 S. UB 8926/27. 1964.

Bibliographisch ergänzte Ausgabe. 182 S. 1974.
Bibliographisch ergänzte Ausgabe. 182 S. 1984.
Bibliographisch ergänzte Ausgabe. 184 S. 1987.
Durchgesehene und bibliographisch ergänzte Ausgabe. Bonaventura (E. A. F. Klingemann): Nachtwachen. [...] 188 S. 1990.

Bond, Edward: Summer. A Play. Hrsg. von Kurt Herget. 104 S. UB 9197. 1986. (Fremdsprachentexte.)

Bongs, Rolf: Monolog eines Betroffenen. Erzählung. Mit einem autobiogr. Nachw. 63 S. UB 8486. 1961.

Nicht mehr lieferbar seit 1976.

Borges, Jorge Luis: Die Bibliothek von Babel. Erzählungen. Aus dem Span. übertr. von Karl August Horst und Curt Meyer-Clason. Mit einem Nachw. hrsg. von José A. Friedl Zapata. 85 S. UB 9497. 1974.

Inhalt: Die Begegnung – Die Bibliothek von Babel – Die kreisförmigen Ruinen – Der Süden – Tlön, Uqbar, Orbis Tertius – Der Unsterbliche.

Bott, Gerhard → Reclams Kunstführer Deutschland IV (1967)

Bradbury, Ray: Fahrenheit 451. [Roman.] Hrsg. von Norbert Köhn. 247 S. UB 9270 [3]. 1991. (Fremdsprachentexte.)

Bräker, Ulrich: Lebensgeschichte und natürliche Ebenteuer des Armen Mannes im Tockenburg. Mit einem Nachw. hrsg. von Werner Günther. 264 S. UB 2601/02/02a. 1965.

Brandstetter, Alois: Landessäure. Starke Stücke und schöne Geschichten. Hrsg. von Hans-Jürgen Schrader. 93 S. UB 8335. 1986.

Inhalt: Der 1. Neger meines Lebens – Einläßliche Beschreibung der Maulschelle – Der Eisstock – Essig – Das Gaußsche Prinzip. Erinnerungen eines Klagenfurters an Göttingen – Germ und Kren – Gerücht, oder: Anrufung des 18-Uhr-Autobusses – Gewissenserforschung – Der größte Feind des Österreichers ist der Borkenkäfer – Katzenpuffer – Königsberg und Innsbruck oder: Der Skilauf, von der hohen Warte des deutschen Idealismus gesehen – Leihbücherei – Sternsinger – Stille Größe – Theater im Bauernhof – Der Vater – Was Thomas Bernhard nicht lesen durfte – Weltkriege – Zechen.

Branner, Hans Christian: Die blauen Wellensittiche. Novellen. Aus dem Dän. übers. und mit einem Nachw. von Fritz Nothardt. 79 S. UB 7624. 1950.

Inhalt: Die blauen Wellensittiche – Die Maus – Das Schiff.

Nicht mehr lieferbar seit 1976.

Brant, Sebastian: Das Narrenschiff. [Mit 112 Holzschnitten.] Übertr. von H[ermann] A. Junghans. Durchges. und mit Anm. sowie einem Nachw. neu hrsg. von Hans-Joachim Mähl. 530 S. UB 899/900/900a-d. 1964.

Auch GEB. 1964. (Nicht mehr lieferbar.)

Brauchle, Alfred: Gekocht oder roh. Neuzeitliche Ernährungskunst. Zehnte, neubearbeitete Auflage. 71 S. UB 6994. 1949.

10. Auflage des erstmals 1929 im Verlag Philipp Reclam jun. Leipzig erschienenen Titels.

Durchgesehene Ausgabe. 72 S. 1957.

Nicht mehr lieferbar seit 1973.

Brauchle, Alfred: Hypnose und Autosuggestion. Zehnte Auflage. 72 S. UB 7028. 1949.

10. Auflage des erstmals 1929 im Verlag Philipp Reclam jun. Leipzig erschienenen Titels.

Durchgesehene Ausgabe. 80 S. 1954.

Durchgesehene Ausgabe. 80 S. 1961.

Brauchle, Alfred: Kleine Seelenheilkunde. [Hypnose und Autosuggestion. Psychoanalyse und Individualpsychologie. Von der Macht des Unbewußten.] 72/74/85 S. 1949. *GEB.*

Gebundene Ausgabe von UB 7028, 7085 und 7617 in 1 Bd. (Nicht mehr lieferbar.)

Brauchle, Alfred: Lexikon der Naturheilkunde. Sechste Auflage. 128 S. UB 7140/40a. 1951.

6. Auflage des erstmals 1931 im Verlag Philipp Reclam jun. Leipzig erschienenen Titels.
Nicht mehr lieferbar seit 1973.

Brauchle, Alfred: Naturgemäße Lebensweise. Zehnte Auflage. 75 S. UB 7052. 1949.

10. Auflage des erstmals 1930 im Verlag Philipp Reclam jun. Leipzig erschienenen Titels.
Durchgesehene Ausgabe. 79 S. 1956.
Nicht mehr lieferbar seit 1980.

Brauchle, Alfred: Neue Lebensformen. Mit 44 Abb. Naturgemäße Lebensweise. Gekocht oder roh. Lexikon der Naturheilkunde. 75/71/128 S. 1951. *GEB.*

Gebundene Ausgabe von UB 7052, 6994 und 7140/40a in 1 Bd. (Nicht mehr lieferbar.)

Brauchle, Alfred: Psychoanalyse und Individualpsychologie. Fünfte Auflage. 74 S. UB 7085. 1949.

5. Auflage des erstmals 1930 im Verlag Philipp Reclam jun. Leipzig erschienenen Titels.
Durchgesehene Ausgabe. 78 S. 1953.
Durchgesehene Ausgabe. 78 S. 1961.
Nicht mehr lieferbar seit 1987.

Brauchle, Alfred: Von der Macht des Unbewußten. Tiefenpsychologie. 85 S. UB 7617. 1949.

Durchgesehene Ausgabe. 98 S. 1954.
Durchgesehene Ausgabe. 88 S. 1962.

Breitinger, Johann Jakob → Bodmer, Johann Jakob / Breitinger, Johann Jakob

Brentano, Clemens: Die Chronika des fahrenden Schülers. [Erzählung.] Urfassung. Mit einem Nachw. von Elisabeth Stopp. 136 S. UB 9312/13. 1971.

Nicht mehr lieferbar seit 1988.

Brentano, Clemens: Der Dilldapp und andere Märchen. [Mit Anm. und einer Nachbem.] 63 S. UB 6805. 1969.

Inhalt: Das Märchen von dem Dilldapp – Das Märchen von dem Myrtenfräulein – Das Märchen von dem Witzenspitzel – Das Märchen von Rosenblättchen.

Nicht mehr lieferbar seit 1992.

Brentano, Clemens: Gedichte. Eine Auswahl. Mit einem Nachw. hrsg. von Paul Requadt. 80 S. UB 8669. 1962.

Brentano, Clemens: Geschichte vom braven Kasperl und dem schönen Annerl. [Erzählung. Mit einem Nachw. von Walther Schreiber.] 51 S. UB 411. 1949.

Durchgesehene Ausgabe. 48 S. 1954
Durchgesehene Ausgabe (ohne Nachwort). [Mit Anm.] 48 S. 1969.

Nicht mehr lieferbar; ersetzt durch:

Brentano, Clemens: Geschichte vom braven Kasperl und dem schönen Annerl. [Erzählung.] Hrsg. von Gerhard Schaub. 64 S. UB 411. 1990.

Brentano, Clemens: Das Märchen von Gockel, Hinkel und Gackeleia in seiner ursprünglichen Gestalt. 109 S. UB 450. 1950.

Durchgesehene Ausgabe. 104 S. 1954.
Durchgesehene Ausgabe. Gockel und Hinkel. Märchen. 109 S. 1963.
Erweiterte Ausgabe. Nachw. von Helmut Bachmaier. 112 S. 1986.

Brentano, Clemens: Die mehreren Wehmüller und ungarischen Nationalgesichter. Erzählung. Mit einem Nachw. von Detlev Lüders. 79 S. UB 8732. 1966 [recte: 1967].

Nicht mehr lieferbar seit 1990.

Brentano, Clemens: Ponce de Leon. Ein Lustspiel. Hrsg. von Siegfried Sudhof. 175 S. UB 8542/43. 1968.

Briner, Ermanno → Reclams Musikinstrumentenführer

Britting, Georg: Der Eisläufer. [Erzählungen.] Mit einem Nachw. von Armin Mohler [und einer Bibl.]. 80 S. UB 7829. 1956.

Inhalt: Der Eisläufer – Der Fisch – Der Sturz in die Wolfsschlucht – Das Waldhorn.

Durchgesehene Ausgabe. 69 S. 1971.

Britting, Georg: Die kleine Welt am Strom. Geschichten und Gedichte. Nachw. von Dietrich Bode. 62 S. UB 9965. 1980.

Inhalt: Brudermord im Altwasser – Das Ferkelgedicht – Fischfrevel an der Donau – Das Haus zur heiligen Dreifaltigkeit – Hochwasser – Lästerliche Tat – Der unflätige Hirte; Gedichte.

Broch, Hermann: Leutnant Jaretzki. Hanna Wendling. [Zwei Erzählungen.] Mit einem Nachw. von Paul Michael Lützeler [und einer Zeittaf.]. 85 S. UB 9828. 1976.

Brockes, Barthold Hinrich: Irdisches Vergnügen in Gott. Gedichte. Ausw. und Nachw. von Adalbert Elschenbroich. [Mit Anm.] 96 S. UB 2015. 1963.

Brontë, Anne: Agnes Grey. [Roman.] Übers., Anm. und Nachw. von Stefanie Kuhn-Werner. 285 S. UB 8627 [4]. 1990.

Auch GEB. 1990.

Brontë, Charlotte: Jane Eyre. Eine Autobiographie. [Roman.] Übers., Anm. und Nachw. von Ingrid Rein. 816 S. UB 8647 [9]. 1990.

Auch GEB. 1990.

Brontë, Emily: Sturmhöhe. [Roman.] Aus dem Engl. übers. und mit einem Nachw. von Ingrid Rein [mit Anm.]. 461 S. UB 8279 [5]. 1986.

Auch GEB. 1986. (Nicht mehr lieferbar.)
Auch GEB. in der Reihe »Reclam Lese-Klassiker«. 461 S. 1987.

Bruckner, Ferdinand: Elisabeth von England. Schauspiel in fünf Akten. Mit einem Nachw. von Fritz Schwiefert. 152 S. UB 8433/34. 1960.

Nicht mehr lieferbar seit 1989.

Brückner, Christine: Lewan, sieh zu! Überlebensgeschichten. Mit einem autobiogr. Nachw. 85 S. UB 9732. 1974.

Inhalt: Batschka – wo liegt das überhaupt – Ein Fest für die Augen – In stillem Gedenken – Lewan, sieh zu! – Mein Vater: Der Pfarrer – Meinleo und Franziska – »Nicht einer zuviel!« – Ein Pferd ist ein Pferd und ein Trecker ist ein Trecker – Schwierigkeiten beim Ausfüllen eines Meldezettels – Totalschaden – »Wir wollen einen anderen Lehrer!«.

Brües, Otto: Das Gastmahl am Wapper. Novelle. Mit einem autobiogr. Nachw. 93 S. UB 7705. 1951.

Nicht mehr lieferbar seit 1973.

Brundage, Avery / Coubertin, Pierre de / Curtius, Ernst / Diem, Carl: Die Olympischen Spiele. Mit einem Vorw. von Rudolf Hagelstange. [Ausw. und Red.: Dietrich Klose. Mit einer Übersicht: Olympische Spiele seit 1896.] 80 S. UB 9330. 1971.

Inhalt: A. Brundage: Rede vor dem Internationalen Olympischen Komitee in München – P. de Coubertin: Die philosophischen Grundlagen des modernen Olympismus – P. de Coubertin: VII. Olympiade Antwerpen – E. Curtius: Olympia – C. Diem: Erneuerung der Olympischen Spiele!
Nicht mehr lieferbar seit 1989.

Brunner, Herbert → Reclams Kunstführer Deutschland I; I,1; I,2; II; VI

Bruno, Giordano: Über die Ursache, das Prinzip und das Eine. Übers. und Anm. von Philipp Rippel. Zeittaf., Literaturhinw. und Nachw. von Alfred Schmidt. 200 S. UB 5113 [2]. 1986.

Bubner, Rüdiger: Zur Sache der Dialektik. [Aufsätze. Mit einem bio-bibliogr. Anh.] 165 S. UB 9974 [2]. 1980.

Inhalt: Dialog und Dialektik oder Plato und Hegel – Hegels Logik des Begriffs – Die »Sache selbst« in Hegels System – Strukturprobleme dialektischer Logik.

Buck, Pearl S.: Genug für ein Leben. Novellen. Übers. von Charlotte Kühner. Nachw. von Wolfgang von Einsiedel. 75 S. UB 7845. 1954.

Inhalt: Genug für ein Leben – Mutter und Söhne – Ein paar Leute.

Auch als Sonderausgabe zum 125jährigen Bestehen des Verlags (Reclams Jubiläums-Bände). 1954. (Nicht mehr lieferbar.)

Nicht mehr lieferbar seit 1976.

[Buddha:] Reden des Buddha. [Auswahl.] Aus dem Pâlikanon übers. von Ilse-Lore Gunsser. Mit einer Einl. von Helmuth von Glasenapp. 93 S. UB 6245. 1957.

Durchgesehene Ausgabe. 84 S. 1981.

Büchmann, [Georg]: Geflügelte Worte. Neu bearb. und hrsg. von Hanns Martin Elster. 631 S. UB 8020–27. 1956.

Auch GEB. 1956ff. (Nicht mehr lieferbar.)

2., überarbeitete und ergänzte Auflage. 639 S. 1964.

Nicht mehr lieferbar seit 1983.

Büchner, Georg: Dantons Tod. Drama. [Mit einer Vorbem.] 80 S. UB 6060. 1950.

Durchgesehene Ausgabe. [Mit einer Vorbem.] 79 S. 1952.
Durchgesehene Ausgabe. [Mit einer Vorbem.] 80 S. 1960.
Durchgesehene Ausgabe. [Mit einer Nachbem.] 79 S. 1970.

Büchner, Georg: Lenz. Studienausgabe. Im Anhang: Johann Friedrich Oberlins Bericht »Herr L. . . . . . .« in der Druckfassung »Der Dichter Lenz, im Steintale« durch August Stöber und Auszüge aus Goethes »Dichtung und Wahrheit« über J. M. R. Lenz. Hrsg. von Hubert Gersch. 80 S. UB 8210. 1984.

Büchner, Georg: Lenz. Der Hessische Landbote. Mit einem Nachw. von Martin Greiner. 72 S. UB 7955. 1957.

Durchgesehene Ausgabe. 62 S. 1977.

Büchner, Georg: Woyzeck. Kritische Lese- und Arbeitsausgabe. Hrsg. von Lothar Bornscheuer. 96 S. UB 9347. 1972.

Büchner, Georg: Woyzeck. Ein Fragment. Leonce und Lena. Lustspiel. Hrsg. und mit einem Nachw. vers. von Otto C. A. zur Nedden. 70 S. UB 7733. 1952.

Durchgesehene Ausgabe. 70 S. 1956.
Durchgesehene Ausgabe. 75 S. 1963.
Durchgesehene Ausgabe. 64 S. 1969.

Büchner, Karl: Römertum. Versuch einer Wesensbestimmung. [Mit einer biogr. Notiz und einem Werkverz.] 112 S. UB 7634 [2]. 1980.

Büchner-Preis-Reden 1951–1971. Mit einem Vorw. von Ernst Johann [und einem bibliogr. Anh.]. 248 S. UB 9332–34. 1972.

Reden der Preisträger: I. Bachmann (1964) – G. Benn (1951) – T. Bernhard (1970) – H. Böll (1967) – P. Celan (1960) – G. Eich (1959) – H. M. Enzensberger (1963) – M. Frisch (1958) – G. Grass (1965) – H. Heißenbüttel (1969) – W. Hildesheimer (1966) – U. Johnson (1971) – M. L. Kaschnitz (1955) – E. Kästner (1957) – M. Kessel (1954) – W. Koeppen (1962) – E. Kreuder (1953) – K. Krolow (1956) – G. Mann (1968) – H. E. Nossack (1961).

Büchner-Preis-Reden 1972–1983. Mit einem Vorw. von Herbert Heckmann. 229 S. UB 8011 [3]. 1984.

Reden der Preisträger und Laudatoren: H. Bienek (Laudatio auf E. Canetti) – H. Böll (Laudatio auf R. Kunze) – H. Böll (Laudatio auf M. Sperber) – E. Canetti (1972) – P. Hamm (Laudatio auf M. Walser) – P. Handke (1973) – H. Helbling (Laudatio auf C. Wolf) – E. Horst (Laudatio auf H. Piontek) – W. Jens (Laudatio auf P. Weiss) – H. Kesten (1974) – W. Koeppen (Laudatio auf H. Kesten) – K. Krolow (Laudatio auf W. Schnurre) – R. Kunze (1977) – H. Lenz (1978) – R. Michaelis (Laudatio auf P. Handke) – G. Palmstierna-Weiss (1982; für Peter Weiss) – H. Piontek (1976) – W. Schnurre (1983) – M. Sperber (1975) – D. Sternberger (Laudatio auf H. Lenz) – M. Walser (1981) – C. Wolf (1980) – E. Zeller (Laudatio auf E. Meister).

Bürgel, Bruno H.: Vom täglichen Ärger. Ein Lesebuch für Zornige, Eilige, Huschelpeter und lächelnde Philosophen. 77 S. UB 7484. 1955.

Auch als Sonderausgabe zum 125jährigen Bestehen des Verlags (Reclams Jubiläums-Bände). 1955. (Nicht mehr lieferbar.)

Nicht mehr lieferbar seit 1976.

Bürger, Gottfried August: Gedichte. Ausgew. und mit einem Nachw. von Jost Hermand. 92 S. UB 227. 1961.

Bürger, Gottfried August: Wunderbare Reisen zu Wasser und Lande, Feldzüge und lustige Abenteuer des Freiherrn von Münchhausen. Nach der Ausgabe von 1788. Mit einem Anhang älterer Lügendichtungen. [Mit 11 Kupferstichen.] Hrsg. von Irene Ruttmann. 173 S. UB 121/121a. 1969.

Enthält außerdem Texte von: H. Bebel – B. Castiglione – J. Frey – Brüder Grimm – B. Krüger – Lukian – H. Sachs – J. A. Stranitzky.

Bürgerliches Gesetzbuch vom 18. August 1896 nebst Einführungsgesetz, Vorschriften des Verschollenheitsrechts, Erbbaurechtsverordnung, Wohnungseigentumsgesetz, Ehegesetz und Hausratsverordnung. Textausgabe mit Sachverzeichnis. Hrsg. von Dr. Heinrich von Spreckelsen. 877 S. UB 3571–75/75a-d. 1956.

Auch GEB. 1956ff. (Nicht mehr lieferbar.)

Revidierte Ausgabe. [...] nebst Einführungsgesetz, [...] Ehegesetz, Hausratsverordnung und Vorschriften des Gleichberechtigungsgesetzes. 819 S. 1958.
Revidierte Ausgabe. 819 S. 1960.
Revidierte Ausgabe. [...] nebst Einführungsgesetz, Abzahlungsgesetz, Vorschriften des Verschollenheitsrechts [...]. 832 S. 1962.
Revidierte Ausgabe. 836 S. 1964.

Nicht mehr lieferbar seit 1968.

Bunin, Iwan: Der Herr aus San Francisco [Erzählung.] Russ. und dt. Übers. von Kay Borowsky. Nachw. von Horst Bienek. 80 S. UB 9788 [2]. 1975

Burckhardt, Jacob: Die Kultur der Renaissance in Italien. Ein Versuch. Mit 32 Bildtaf. [Bildausw.: Manfred Wundram.] Hrsg. und mit einer Einf. von Walther Rehm. 636 S. UB 6837–44/44a. 1960.

Auch GEB. 1960. (Nicht mehr lieferbar.)

Neuausgabe ohne Abb. 632 S. UB 6837 [7]. 1987.

Burger, Hermann: Der Puck. Erzählungen. Nachw. von Adolf Muschg. [Ausw.: Thomas Beckermann. Mit einem bio-bibliogr. Anh.] 92 S. UB 8580. 1989.

Inhalt: Als Glazionaut im Eiskanal – Das alte Kinderkarussell – Dichterin vertreibt Panzerkompanie – Der Eremitenkongreß – Ferrari humanum est – Keine Kadettenübungen bitte! Warum ich Pazifist wurde – Der Leser auf der Stör – Der Mann der nur aus Wörtern besteht – Der Puck – Schriftsteller vom Blitz heimgesucht – Die Wasserfallfinsternis von Badgastein – Zauberei und Sprache.

Burgess, Anthony: A Clockwork Orange. [Roman.] Hrsg. von Claus Melchior. 261 S. UB 9281. 1992. (Fremdsprachentexte.)

Busch, Wilhelm: Ausgewählte Werke. Hrsg. von Gert Ueding. 652 S. UB 7483 [7]. 1988.

Inhalt: Balduin Bählamm, der verhinderte Dichter – Briefe an Johanna Keßler – Diogenes und die bösen Buben von Korinth – Eduards Traum – Der Eispeter – Fipps, der Affe – Die fromme Helene – Hans Huckebein, der Unglücksrabe – Das harte Gelübde (Volksmärchen) – Der kluge Knecht (Volksmärchen) – Königin Isabelle (Volksmärchen) – Max und Moritz – Der Mordgraf (Volksmärchen) – Tobias Knopp. Abenteuer eines Junggesellen – Des Totengräbers Sohn (Volksmärchen) – Was mich betrifft; Gedichte – Zeichnungen und Gemälde.

Auch GEB. 1988.

Busch, Wilhelm: Eduards Traum. [Erzählung.] Mit einem Nachw. von Erwin Ackerknecht. 71 S. UB 8259. 1959.

Nicht mehr lieferbar seit 1976.

Busch, Wilhelm: Die Kirmes und andere Bildergeschichten. Mit einem Nachw. von Carl W. Neumann. 70 S. UB 7330. 1949.

Inhalt: Der Einsame – Es wird mit Recht ein guter Braten – Gemartert – Eine kalte Geschichte – Die Kirmes – Die Meise – Eine milde Geschichte – Sie war ein Blümlein – Summa summarum – Vierhändig – Wer möchte diesen Erdenball – Der Zylinder.

Durchgesehene Ausgabe. 69 S. 1972.

Titel ab 1981: Die Kirmes. Bildergeschichten und Gedichte. *(Sonst unverändert.)*

Nicht mehr lieferbar seit 1990.

Butor, Michel: Fluglinien. Hörspiel. Übertr. und Nachw. von Helmut Scheffel. [Mit einer biogr. Notiz und einem Werkverz.] 104 S. UB 9314. 1971.

Buzzati, Dino: Das alte Hotel. Erzählungen. Übers. von Ingrid Parigi. Mit einem Nachw. von Percy Eckstein. 79 S. UB 8219. 1958.

Inhalt: Das alte Hotel – Gerichtschronik – Der Hund, der Gott gesehen hatte – Der Schnellzug – Die Stimme.

Nicht mehr lieferbar seit 1974.

C

Caesar, Gaius Julius: Der Bürgerkrieg. Übers., Anm. und Nachw. von Marieluise Deißmann-Merten. [Mit einer Zeittaf. und einer Bibl.] 216 S. UB 1090–92. 1971.

Bibliographisch ergänzte Ausgabe. 216 S. 1983.
Bibliographisch ergänzte Ausgabe. 216 S. 1991.

Caesar, Gaius Iulius: De bello Gallico / Der Gallische Krieg. Lat./ Dt. Übers. und hrsg. von Marieluise Deißmann. [Mit 1 Karte.] 648 S. UB 9960 [8]. 1980.

Bibliographisch ergänzte Ausgabe. 648 S. 1991.

Cäsar, Gaius Julius: Der Gallische Krieg. Übers. und erl. [mit einem Nachw.] von Curt Woyte. 336 S. UB 1012–15. 1951.

Auch GEB. 1951. (Nicht mehr lieferbar.)
Durchgesehene Ausgabe. 343 S. 1961.
Erweiterte Ausgabe. Mit einem Nachw. von Karl Büchner. 343 S. 1968.
Nicht mehr lieferbar; ersetzt durch:

Caesar, Gaius Iulius: Der Gallische Krieg. Übers. und hrsg. von Marieluise Deißmann. [Mit 1 Karte.] 363 S. UB 1012 [4]. 1980.

Calderon de la Barca: Dame Kobold. Ein Lustspiel in drei Aufzügen. Dt. von Hans Schlegel. [Mit einer Nachbem.] 71 S. UB 6107. 1958.

Erweiterte Ausgabe. Nachw. von Helmut Bachmaier. 76 S. 1989.

Calderón de la Barca, Pedro: El gran teatro del mundo / Das große Welttheater. [Schauspiel.] Span./Dt. Übers. und hrsg. von Gerhard Poppenberg. 168 S. UB 8482 [2]. 1988.

Calderon de la Barca: Das große Welttheater. [Schauspiel.] In der Nachdichtung von Joseph von Eichendorff. Mit einem Nachw. von Fritz Schalk. 55 S. UB 7850. 1954 [recte: 1955].

Durchgesehene Ausgabe. 56 S. 1971.

Calderon de la Barca: Das Leben ist ein Traum. Schauspiel in drei Akten. Nachdichtung und Nachw. von Eugen Gürster. 96 S. UB 65. 1955.

Durchgesehene Ausgabe. 96 S. 1965.
Durchgesehene Ausgabe. 96 S. 1971.

Calderon de la Barca: Der Richter von Zalamea. Schauspiel in drei Aufzügen. Übers. von J[ohann] D[iederich] Gries. [Mit einer Nachbem.] 96 S. UB 1425. 1951.

Nicht mehr lieferbar; ersetzt durch:

Calderon de la Barca: Der Richter von Zalamea. Schauspiel in drei Akten. Neue Nachdichtung [mit einer Einl.] von Eugen Gürster. 88 S. UB 1425. 1957.

Durchgesehene Ausgabe. 86 S. 1973.

Calderon de la Barca: Der standhafte Prinz. Schauspiel in drei Akten. Neue Nachdichtung mit Nachw. von Eugen Gürster. 80 S. UB 1182. 1960.

Nicht mehr lieferbar seit 1983.

Calderon de la Barca: Über allem Zauber Liebe. Komödie in drei Akten. Ins Dt. übertr. von Franz Hui unter Benutzung der Fassung von August Wilhelm Schlegel. Mit einem Nachw. [von Franz Hui]. 106 S. UB 8847. 1962.

Nicht mehr lieferbar seit 1988.

Calderon de la Barca: Der wundertätige Magier. Schauspiel in drei Akten. Nachdichtung und Nachw. von Eugen Gürster. 96 S. UB 4112. 1962.

Nicht mehr lieferbar seit 1978.

Campe, Joachim Heinrich: Robinson der Jüngere, zur angenehmen und nützlichen Unterhaltung für Kinder. [Roman.] Nach dem Erstdruck hrsg. von Alwin Binder und Heinrich Richartz. 427 S. UB 7665 [5]. 1981.

Camus, Albert: L'Etranger. [Roman.] Hrsg. von Brigitte Salmer. 165 S. UB 9169 [2]. 1984. (Fremdsprachentexte.)

Canetti, Elias: Komödie der Eitelkeit. Drama in drei Teilen. Nachw. von Wolfgang Kraus. 139 S. UB 7678 [2]. 1981.

Cantate Latine. Lieder und Songs auf lateinisch. Übers. und hrsg. von Franz Schlosser. 102 S. UB 8802. 1992.

Capote, Truman: Breakfast at Tiffany's. [Roman.] Hrsg. von Herbert Geisen. 157 S. UB 9241 [2]. 1989. (Fremdsprachentexte.)

Carmina Burana. Lat./Dt. Ausgew., übers. und hrsg. von Günter Bernt. 348 S. UB 8785. 1992.

Carnap, Elisabeth → Christiansen, Broder / Carnap, Elisabeth

Carossa, Hans: Aus den Lebensbüchern. Eine Auswahl. Mit einem Nachw. von Albrecht Goes. 79 S. UB 7782. 1953.

Inhalt: Ankunft in München – Einstand in Landshut – Die Forelle – Der Garten – Der große fließende Magnet.

Auch als Sonderausgabe zum 125jährigen Bestehen des Verlags (Reclams Jubiläums-Bände). 1953. *(Nicht mehr lieferbar.)*

Durchgesehene Ausgabe. 79 S. 1963.

Carpentier, Alejo: El derecho de asilo / Asylrecht. Erzählung. Span./Dt. Übers. von Anneliese Botond. Nachw. von Wolfgang Eitel. 80 S. UB 9946. 1979.

Carr, Francis: Mozart und Constanze. Mit 28 Abb. Aus dem Engl. übers. und hrsg. von Dietrich Klose. 266 S. UB 8280 [3]. 1986.

Auch GEB. 1986.

Carroll, Lewis: Alice's Adventures in Wonderland. Mit den 42 Ill. von John Tenniel. Hrsg. von Dietrich Klose. 165 S. UB 9160 [2]. 1984. (Fremdsprachentexte.)

Casanova, Giacomo Girolamo, Chevalier de Seingalt: Aus meinem Leben. [Auswahl aus: Geschichte meines Lebens.] Aus dem Frz. übers. von Heinz von Sauter. Ausw. und Nachw. von Roger Willemsen. [Mit Anm.] 509 S. UB 687 [6]. 1989.

Auch GEB. in der Reihe »Reclam Lesebuch«. 1989.

Caspary, Hans → Reclams Kunstführer Deutschland VI

Catull: Gedichte. Eingel. und übers. [mit Anm.] von Rudolf Helm. 133 S. UB 6638/38a. 1965.

Cervantes Saavedra, Miguel de: Das Zigeunermädchen. Novelle. Aus dem Span. übers. von Anton M. Rothbauer. [Mit einer biogr. Notiz.] 92 S. UB 555. 1965.

Cesbron, Gilbert: Le Pays où l'on ne meurt pas. Nouvelles. Hrsg. von Heinz Tesche. 96 S. UB 9271. 1991. (Fremdsprachentexte.)

Inhalt: Ce Jour-là – Le Dernier Cheval de Paris – L'Etranger – Hommes de mauvaise volonté – Les Lunettes de sept lieues – Minuit douze – Le Mur de clôture – Le Pays où l'on ne meurt pas – Le Petit Paul – Président Brouardel – Vis pour moi ou meurs avec moi!

Chamfort, Nicolas: Früchte der vollendeten Zivilisation. Maximen, Gedanken, Charakterzüge. [Produits de la Civilisation perfectionnée. Maximes et Pensées, Caractères et Anecdotes]. Frz./Dt. Ausw., Übers. und Nachw. von Ralph-Rainer Wuthenow. 157 S. UB 9864 [2]. 1977.

Chamisso, Adelbert von: Gedichte und Versgeschichten. Ausw. und Nachw. von Peter von Matt. [Mit Anm. und einem Anh.] 160 S. UB 313/314. 1971.

Chamisso, Adelbert von: Peter Schlemihls wundersame Geschichte. [Erzählung.] 78 S. UB 93. 1949.

Durchgesehene Ausgabe. [Mit einer Vorbem.] 79 S. 1953.
Durchgesehene Ausgabe. [Mit einer Nachbem.] 79 S. 1964.
Durchgesehene und erweiterte Ausgabe. [Mit Anm. und einer Nachbem.] 85 S. 1980.

Chandler, Raymond: Killer in the Rain. [Erzählung.] Hrsg. von Bernd Neumeyer. 128 S. UB 9198 [2]. 1986. (Fremdsprachentexte.)

Die Charta der Vereinten Nationen und das Statut des Internationalen Gerichtshofs. Mit einer Einl. hrsg. von Hartmut Krüger. 70 S. UB 9801. 1975.

Chateaubriand, François-René de: Atala. René. [Zwei Erzählungen.] Aus dem Frz. übertr. von Trude Geißler. Mit einem Nachw. von Konrad Nußbächer. 131 S. UB 976/977. 1962.

Titel ab 1985: René. Atala. *(Sonst unverändert.)*

Chaucer, Geoffrey: The Canterbury Tales / Die Canterbury-Erzählungen. Mittelengl./Dt. Übers. und erl. von Heinz Bergner, Waltraud Böttcher, Günter Hagel und Hilmar Sperber. Ausgew. und hrsg. von Heinz Bergner. 560 S. UB 7744 [7]. 1982.

Inhalt. General Prologue [Ausz.] – The Franklin's Tale – The Knight's Tale – The Miller's Tale – The Nun's Priest's Tale – The Pardoner's Prologue and Tale – The Wife of Bath's Prologue and Tale.
Auch GEB. 1982. *(Nicht mehr lieferbar.)*
Durchgesehene Ausgabe. 560 S. 1985.

Chaucer, Geoffrey: Troilus and Criseyde. [Verserzählung.] Engl. und dt. Ausw. und Übers. von Ruth Schirmer. Anm. und Nachw. von Walter F. Schirmer. 213 S. UB 9697–99. 1974.

Chesterton, Gilbert Keith: Two Father Brown Stories: The Blue Cross. The Honour of Israel Gow. Hrsg. von Herbert Geisen. 80 S. UB 9223. 1987. (Fremdsprachentexte.)

Chinesische Dichter der Tang-Zeit. Übers., Einl. und Anm. von Günther Debon. 86 S. UB 8910. 1964. (UNESCO-Reihe repräsentativer Werke. Asiatische Reihe.)

Autoren: Bo Gü-i – Dschu Fang – Du Fu – Gau Sche – Gia Dsche – Gong We – Han-schan – Ho Dsche-dschang – Li Ho – Li Sche-dsche – Li Tai-bo – Ling Hu-tschu – Lu Dschuan – Lü Wen – Mong Giau – Mong Hau-jan – Taischang – Tschen Dse-ang – Tschu Guang-hi – Tsen Schen – Tsiu Hau – Wang Tschang-ling – Wang We – Wen Ting-yün – Yang Giung.

Nicht mehr lieferbar seit 1986.

Chinesische Lyrik der Gegenwart. Chin./Dt. Ausgew., komm. und hrsg. von Lü Yuan und Winfried Woesler unter Mitw. von Zhang Yushu. Ca. 312 S. UB 8803. 1992.

Autoren: Ah Long – Ai Qing – Bei Dao – Cai Qijiao – Cao Jian – Chang Yao – Chen Jingrong – Fang Jing – Feng Zhi – Fu Tianlin – Gong Liu – Gong Mu – Gu Cheng – Han Dong – Huang Yongyu – Ji Fang – Jiang He – Ke Yan – Lei – Shuyan – Li Gang – Li Lichun – Li Xiaoyu – Li Ying – Liang Xiaobin – Lin Xi – Liu Changyuan – Liu Shahe – Liu Zhanqiu – Lu Li – Lü Yuan – Luo Luo – Mang Ke – Niu Bo – Niu Han – Peng Yanjiao – Ren Hongyuan – Shao Yanxiang – Shu Ting – Su Jinsan – Sun – Jingxuan – Tang Shi – Tu An – Wang Jiaxin – Wang Xiaoni – Xin Di – Xu Demin – Yang Mu – Yang Shan – Ye Yanbin – Yu Jian – Zen Zhuo – Zheng Min – Zhou Tao – Zou Difan.

Chrétien de Troyes: Erec et Enide / Erec und Enide. [Versroman.] Altfrz./Dt. Übers. und hrsg. von Albert Gier. 453 S. UB 8360 [6]. 1987.

Chrétien de Troyes: Le Roman de Perceval ou Le Conte du Graal / Der Percevalroman oder Die Erzählung vom Gral. [Versroman.] Altfrz./Dt. Übers. und hrsg. von Felicitas Olef-Krafft. 683 S. UB 8649 [9]. 1991.

Christiansen, Broder: Kleine Prosaschule. 96 S. UB 7753. 1952.

Auch GEB. 1952. (Nicht mehr lieferbar.)
Durchgesehene Ausgabe. 96 S. 1960.
Nicht mehr lieferbar seit 1977.

Christiansen, Broder: Eine Prosaschule. Die Kunst des Schreibens. 35.–41. Tausend. 368 S. UB 8028–33. 1956.

Neuauflage des erstmals 1939 u. d. T. »Die Kunst des Schreibens« im Verlag Philipp Reclam jun. Leipzig erschienenen Titels.

Auch GEB. 1956. (Nicht mehr lieferbar.)
Durchgesehene Ausgabe. 368 S. 1958.
Durchgesehene Ausgabe. 384 S. 1966.
Nicht mehr lieferbar seit 1979.

Christiansen, Broder / Carnap, Elisabeth: Lehrbuch der Graphologie. Mit Schriftproben im Anhang. 136 S. UB 7876/77. 1955.
Auch GEB. 1955. (Nicht mehr lieferbar.)
Nicht mehr lieferbar seit 1979.

Ciafardone, Raffaele: Die Philosophie der deutschen Aufklärung. Texte und Darstellung. Dt. Bearb. von Norbert Hinske und Rainer Specht. 458 S. UB 8667 [6]. 1990.

Cicero, M. Tullius: Briefwechsel mit M. Brutus. Lat./Dt. Übers. und hrsg. von Marion Giebel. 144 S. UB 7745 [2]. 1982.

Cicero: Cato der Ältere oder Vom Greisenalter. Nach der Übers. von Raphael Kühner hrsg. von Curt Woyte. 79 S. UB 803. 1951.
Nicht mehr lieferbar; ersetzt durch:

Cicero: Cato der Ältere. Über das Greisenalter. Hrsg. [nach den Übersetzungen von Kühner und Woyte] von Ernst von Reusner. 64 S. UB 803. 1965.
Durchgesehene Ausgabe. 64 S. 1987.

Cicero, Marcus Tullius: De finibus bonorum et malorum / Über das höchste Gut und das größte Übel. Lat./Dt. Übers. und hrsg. von Harald Merklin. 543 S. UB 8593 [6]. 1989.

Cicero, M. Tullius: De imperio Cn. Pompei ad Quirites oratio / Rede über den Oberbefehl des Cn. Pompeius. Lat./Dt. Übers. und hrsg. von Otto Schönberger. 88 S. UB 9928. 1979.

Cicero, Marcus Tullius: De officiis / Vom pflichtgemäßen Handeln. Lat. und dt. Übers., komm. und hrsg. von Heinz Gunermann. 435 S. UB 1889 [5]. 1976.
Durchgesehene und verbesserte Ausgabe. 455 S. 1984.
Durchgesehene und bibliographisch ergänzte Ausgabe. 455 S. 1992.

Cicero, Marcus Tullius: De oratore / Über den Redner. Lat. und dt. Übers., komm. und mit einer Einl. hrsg. von Harald Merklin. 653 S. UB 6884 [8]. 1976.

Auch GEB. 1976. *(Nicht mehr lieferbar.)*

2., durchgesehene und bibliographisch ergänzte Auflage. 653 S. 1986.

Cicero, Marcus Tullius: De re publica / Vom Gemeinwesen. Lat./ Dt. Übers. und hrsg. von Karl Büchner. 416 S. UB 9909 [5]. 1979.

Cicero, Marcus Tullius: Drei Reden vor Caesar. Für Marcellus. Für Ligarius. Für den König Deiotarus. Übers., Anm. und Nachw. von Marion Giebel. 64 S. UB 7907. 1970.

Cicero, Marcus Tullius: Epistulae ad Atticum / Briefe an Atticus. Lat./Dt. Ausgew., übers. und hrsg. von Dietmar Schmitz. 279 S. UB 8786. 1992.

Cicero: Fragmente über die Rechtlichkeit (De legibus). Übers., Anm. und Nachw. von Karl Büchner. 149 S. UB 8319/20. 1969.

Titel ab 1977: Über die Rechtlichkeit. *(Sonst unverändert.)*

Bibliographisch ergänzte Ausgabe. 150 S. 1983.

Cicero, Marcus Tullius: Gespräche in Tusculum. Übers., Komm. und Nachw. von Olof Gigon. 400 S. UB 5027–31. 1973.

Bibliographisch ergänzte Ausgabe. 400 S. 1985.

Cicero, Marcus Tullius: Laelius. Über die Freundschaft. Übers., Anm. und Nachw. von Robert Feger. 87 S. UB 868. 1970.

Cicero, M. Tullius: Philippische Reden gegen M. Antonius. Erste und zweite Rede. Lat./Dt. Übers. und hrsg. von Marion Giebel. 200 S. UB 2233 [3]. 1983.

Cicero, M. Tullius: Pro A. Licinio Archia poeta oratio / Rede für den Dichter A. Licinius Archias. Lat./Dt. Übers. und hrsg. von Otto Schönberger. 56 S. UB 1268. 1979.

Bibliographisch ergänzte Ausgabe. 56 S. 1990.

Cicero, M. Tullius: Pro P. Sestio oratio / Rede für P. Sestius. Lat./ Dt. Übers. und hrsg. von Gerhard Krüger. 205 S. UB 6888 [3]. 1980.

Cicero, Marcus Tullius: Rede für Sextus Roscius aus Ameria [Pro Sex. Roscio Amerino oratio]. Lat. und dt. Übers. und hrsg. von Gerhard Krüger. 148 S. UB 1148 [2]. 1976.

Cicero, Marcus Tullius: Rede für Titus Annius Milo [Pro T. Annio Milone oratio]. Mit dem Kommentar des Asconius. Lat. und dt. Übers. und hrsg. von Marion Giebel. 160 S. UB 1170/71. 1972.

Cicero: Rede über den Oberbefehl des Cn. Pompeius. Rede für den Dichter A. Licinius Archias. Übers., Nachw. und Anm. von Otto Schönberger. 64 S. UB 8554. 1968.

Cicero, M. Tullius: Reden gegen Verres I. Rede im Vorverfahren gegen Q. Caecilius. Erste Rede gegen C. Verres. Lat./Dt. Übers. und hrsg. von Gerhard Krüger. 130 S. UB 4013 [2]. 1983.

Cicero, M. Tullius: Reden gegen Verres II. Zweite Rede gegen C. Verres. Erstes Buch. Lat./Dt. Übers. und hrsg. von Gerhard Krüger. 168 S. UB 4014 [2]. 1986.

Cicero, M. Tullius: Reden gegen Verres III. Zweite Rede gegen C. Verres. Zweites Buch. Lat./Dt. Übers. und hrsg. von Gerhard Krüger. 208 S. UB 4015 [2]. 1988.

Cicero, M. Tullius: Reden gegen Verres IV. Zweite Rede gegen C. Verres. Drittes Buch. [De frumento / Kornrede.] Lat./Dt. Übers. und hrsg. von Gerhard Krüger. 261 S. UB 4016 [3]. 1990.

Cicero: Über den Staat. Übers. [und hrsg.] von Walther Sontheimer. 192 S. UB 7479/80. 1956.

Auch GEB. 1956. *(Nicht mehr lieferbar.)*

Durchgesehene Ausgabe. 189 S. 1970.

Cicero: Über die Rechtlichkeit → Cicero: Fragmente über die Rechtlichkeit

Cicero: Vier Reden gegen Catilina. In dt. Übers. neu hrsg. von Curt Woyte. 78 S. UB 1236. 1951.

Durchgesehene Ausgabe. 79 S. 1956.

Nicht mehr lieferbar; ersetzt durch:

Cicero: Vier Reden gegen Catilina. Übers. und hrsg. von Dietrich Klose. Mit einem Nachw. von Karl Büchner. 88 S. UB 1236. 1970.

Cicero, Marcus Tullius: Vier Reden gegen Catilina. Lat. und dt. Übers. und hrsg. von Dietrich Klose. Mit einem Nachw. von Karl Büchner. 149 S. UB 9399/9400. 1972.

Der Cid. Das altspanische Heldenlied. Übers. von Fred Eggarter. Anm. und Nachw. von Alfred Thierbach. 232 S. UB 759 [3]. 1985.

Cimarosa, Domenico: Die heimliche Ehe. »Il matrimonio segreto«. Komische Oper in zwei Akten nach dem Italienischen des Giovanni Bertati. Mit neuem dt. Text vers. und musikalisch bearb. [mit einem Nachw.] von Hans Stüwe. Eingel. von Wilhelm Zentner. 104 S. UB 8670. 1962.

Nicht mehr lieferbar seit 1989.

Claes, Ernest: Die Dorfmusik. Erzählung. [Aus dem Fläm. übertr. von Peter Mertens.] Mit einer autobiogr. Skizze und einem Nachw. von Peter Mertens. Holzschnitte von Paul Dietrich. 72 S. UB 7427. 1953.

Auch als Sonderausgabe zum 125jährigen Bestehen des Verlags (Reclams Jubiläums-Bände). 1953. (Nicht mehr lieferbar.)

Durchgesehene Ausgabe. 79 S. 1961.

Nicht mehr lieferbar seit 1977.

Claudel, Paul: Das Buch von Christoph Columbus. Drama. Aus dem Frz. übertr. von Edwin Maria Landau. Mit einem Nachw. von Wilhelm Grenzmann. 79 S. UB 8495. 1961.

Nicht mehr lieferbar seit 1989.

Claudius, Matthias: Aus dem Wandsbecker Boten. Ausw., Zusammenstellung und Nachw. von Reinhold Bahmann. 80 S. UB 7550. 1949.

Nicht mehr lieferbar; ersetzt durch:

Claudius, Matthias: Aus dem Wandsbecker Boten. Ausw. und Nachw. von Konrad Nußbächer. 79 S. UB 7550. 1966.

Claudius, Matthias: Ausgewählte Werke. Hrsg. von Walter Münz. 488 S. UB 1691 [6]. 1990.

Auch GEB. 1990.

Clauren, H.: Mimili. Eine Erzählung. / Wilhelm Hauff: Kontrovers-Predigt über H. Clauren und den »Mann im Monde«. Hrsg. von Joachim Schöberl. 179 S. UB 2055 [2]. 1984.

Clausewitz, Carl von: Vom Kriege. Auswahl. Hrsg. von Ulrich Marwedel. 423 S. UB 9961 [5]. 1980.

Coleman, James A.: Relativitätslehre für jedermann. Mit Ill. des Verf. Ins Dt. übertr. von Werner Büdeler. 142 S. UB 8289/90. 1959.

Nicht mehr lieferbar seit 1980.

Coleridge, Samuel Taylor: Gedichte. Engl. und dt. Übers. und mit einer Einl. hrsg. von Edgar Mertner. 236 S. UB 9484–86. 1973.

2., bibliographisch ergänzte Auflage. 238 S. 1989.

Colette, Sidonie-Gabrielle: Le Blé en herbe. [Roman.] Hrsg. von Helmut Keil. 184 S. UB 9260 [2]. 1990. (Fremdsprachentexte.)

Collodi, Carlo: Pinocchios Abenteuer. Die Geschichte einer Holzpuppe. Mit 40 Ill. von Enrico Mazzanti. Übers. und Nachw. von Hubert Bausch. 212 S. UB 8336 [3]. 1986.

Auch GEB. 1987. (Nicht mehr lieferbar.)

Congreve, William: Liebe für Liebe. Komödie in vier Akten. Dt. Bühnenfassung von Robert Gillner. Mit einem Nachw. von Ivan Nagel. 102 S. UB 8781. 1967.

Nicht mehr lieferbar seit 1976.

Conrad, Joseph: Heart of Darkness. [Roman.] Hrsg. von Bernhard Reitz. 189 S. UB 9161 [2]. 1984. (Fremdsprachentexte.)

Conrad, Joseph: Herz der Finsternis. [Roman.] Übers. und hrsg. von Daniel Göske. 167 S. UB 8714 [2]. 1991.

Conrad, Joseph: Menschen am Strande. Erzählungen. Ins Dt. übertr. von Elise Eckert und Georg Goyert. Nachw. von Georg Goyert. 96 S. UB 7798. 1953.

Inhalt: Amy Foster – Morgen.

Auch als Sonderausgabe zum 125jährigen Bestehen des Verlags (Reclams Jubiläums-Bände). 1954. (Nicht mehr lieferbar.)

Titel ab 1965: Morgen. Amy Foster. Erzählungen. *(Sonst unverändert.)*

Nicht mehr lieferbar seit 1983.

Conrad, Joseph: Taifun. Roman. Aus dem Engl. übertr. von Elise Eckert. [Mit einem Glossar und einer Nachbem.] 111 S. UB 8701/02. 1966.

Constant, Benjamin: Adolphe. Eine Erzählung, gefunden in den Papieren eines Unbekannten. Übers. von Thomas Daldischwleler. Nachw. von Hartmut Stenzel. 141 S. UB 8452 [2]. 1988.

Constant, Benjamin: Über die Gewalt. Vom Geist der Eroberung und von der Anmaßung der Macht. Aus dem Frz. übertr. und hrsg. von Hans Zbinden. 182 S. UB 7618–20. 1948 [recte: 1949].

Auch GEB. 1951. (Nicht mehr lieferbar.)

Nicht mehr lieferbar seit 1975.

Contemporary American Short Stories. Vonnegut – Merwin – Barth – Barthelme – Updike – Godwin – Pynchon – Oates – Graham. Hrsg. von Hans-Heinrich Rudnick. 155 S. UB 9206 [2]. 1986. (Fremdsprachentexte.)

Inhalt: J. Barth: Autobiography: A Self-Recorded Fiction – D. Barthelme: The Glass Mountain – G. Godwin: His House – P. Graham: Light Bulbs – W. S. Merwin: Vanity – J. C. Oates: How I Contemplated the World from the Detroit House of Correction and Began My Life Over Again – T. Pynchon: Entropy – J. Updike: A & P – K. Vonnegut: The Manned Missiles.

Contemporary Canadian Short Stories. Atwood – Findley – MacLeod – Munro – Richler – Valgardson – Wiebe. Hrsg. von Klaus Peter Müller. 189 S. UB 9261 [2]. 1990. (Fremdsprachentexte.)

Inhalt: M. Atwood: Significant Moments in the Life of My Mother – T. Findley: War – A. MacLeod: The Return – A. Munro: Boys and Girls – M. Richler: Benny, the War in Europe, and Myerson's Daughter Bella – W. D. Valgardson: A Matter of Balance – R. Wiebe: Chinook Christmas.

Contemporary Irish Short Stories. Friel – Kelly – McGahern – Montague – Mac Mathúna – Daly – Healy – Devlin. Hrsg. von Hans-Christian Oeser. 184 S. UB 9250 [2]. 1989. (Fremdsprachentexte.)

Inhalt: I. Daly: The Lady with the Red Shoes – A. Devlin: Five Notes after a Visit – B. Friel: The Illusionists – D. Healy: The Curse – M. Kelly: Journey Home – J. McGahern: High Ground – S. Mac Mathúna: Prisoner of the Republic – J. Montague: An Occasion of Sin.

Corneille, Pierre: Der Cid. Tragische Komödie in fünf Aufzügen. Dt. von Arthur Luther. [Mit einer Nachbem.] 71 S. UB 487. 1957.

Durchgesehene Ausgabe. 64 S. 1974.

Corneille, Pierre: Der Lügner. Komödie. In dt. Verse übertr. von Hans Schiebelhuth. Mit einem Nachw. von Fritz Usinger. 72 S. UB 1217. 1963.

Nicht mehr lieferbar seit 1987.

Cornelius, Peter: Der Barbier von Bagdad. Komische Oper in zwei Aufzügen. Vollständiges Buch. Nach der Originalpartitur neu hrsg. und eingel. von Wilhelm Zentner. 46 S. UB 4643. 1952.

Durchgesehene Ausgabe. 47 S. 1963.
Durchgesehene Ausgabe. 53 S. 1980.

D

Simon Dach und der Königsberger Dichterkreis. [Textsammlung.] Mit 10 Abb. Hrsg. von Alfred Kelletat. 430 S. UB 8281 [5]. 1986.

Autoren: H. Albert – C. V. M. – S. Dach – C. Kaldenbach – J. D. Koschwitz – M. B. – G. Mylius – R. Robertin – J. Röling – J. P. Titz – C. Wilkow.

Dada Berlin. Texte, Manifeste, Aktionen. In Zsarb. mit Hanne Bergius hrsg. von Karl Riha. 184 S. UB 9857 [2]. 1977.

Autoren: J. Baader – J. Golyscheff – G. Grosz – R. Hausmann – W. Herzfelde – R. Huelsenbeck – W. Mehring – K. Tucholsky.

Dada Zürich. Texte, Manifeste, Dokumente. Hrsg. von Karl Riha und Waltraud Wende-Hohenberger. 176 S. UB 8650. 1992.

Autoren: H. Arp – H. Ball – E. Hennings – R. Huelsenbeck – M. Janco – H. Richter – W. Serner – T. Tzara.

Dänische Erzähler der Gegenwart. Eine Anthologie. Ausgew., übers. und eingel. von Hanns Grössel. 192 S. UB 7935–37. 1970.

Inhalt: B. Andersen: Die Hosen – C. Bødker: Die Treppen – A. Boertmann: Ziegelsteine – I. Christensen: Wassertreppen, ein Reisebrief – S. Holm: Boss – K. Holst: Der nasse Mann – C. Kampmann: Geborgenheit – S. Å. Madsen: Der Richter – H.-J. Nielsen: Unter jedem Stein ist ein Nest von Wörtern – L. Panduro: Das System – K. Rifbjerg: Die Badeanstalt – P. Ronild: Die Landschaft eines Mörders – U. Ryum: Der Stiefel – V. Sørensen: Die Pflegetochter – P. Seeberg: Rüst.

Auch GEB. 1970. (Nicht mehr lieferbar.)
Nicht mehr lieferbar seit 1983.

Däubler, Theodor: Gedichte. Ausw. und Nachw. von Werner Helwig. 70 S. UB 8933. 1965.

Nicht mehr lieferbar seit 1983.

Dahl, Roald: Three Tales of the Unexpected: William and Mary. The Wish. Pig. Hrsg. von Harald Beck. 96 S. UB 9215. 1987. (Fremdsprachentexte.)

Daninos, Pierre: Vacances à tous prix. Choix de textes. Hrsg. von Ernst Kemmner. 87 S. UB 9199. 1986. (Fremdsprachentexte.)

Inhalt: »C'est la première fois ...« – Comment prouver qu'on a voyagé – Farniente – La France-snack – »Jojo, mets ta laine!« – Mémento-ski – Mes pannes – Pochet aux toros – Pourquoi nous attendons – »Suspense« en altitude – Trois pas (dont un faux) dans la neige.

Dante Alighieri: Die Göttliche Komödie. Übers. von Hermann Gmelin. Mit Anm. und einem Nachw. von Rudolf Baehr. 595 S. UB 796–800/800a. 1954.

Auch GEB. 1954. (Nicht mehr lieferbar.)
Durchgesehene Ausgabe. 543 S. 1972.

Dante Alighieri: Die Göttliche Komödie. Auswahl. Unter Verwendung der Übers. von Hermann Gmelin hrsg. von Heinrich Naumann. 80 S. UB 9813. 1976.

Dante Alighieri: Monarchia. Lat./Dt. Studienausgabe. Einl., Übers. und Komm. von Ruedi Imbach und Christoph Flüeler. 371 S. UB 8531 [5]. 1989.

Darwin, Charles: Die Entstehung der Arten durch natürliche Zuchtwahl. Übers. von Carl W. Neumann. Nachw. von Gerhard Heberer. 693 S. UB 3071–80. 1963.

Auch GEB. 1963. (Nicht mehr lieferbar.)

Daten zur antiken Chronologie und Geschichte. Hrsg. von Marieluise Deißmann. 213 S. UB 8628 [3]. 1990. (Reclam Wissen.)

Daudet, Alphonse: Briefe aus meiner Mühle. [Erzählungen.] Übers. und Nachw. von Ilse Perker [mit Anm. und einer Bibl.] 208 S. UB 3227–29. 1971.

Inhalt: Die Alten – Die Arlesierin – Balladen in Prosa – Die beiden Wirtshäuser – Bixious Brieftasche – Der Dichter Mistral – Die drei stillen Messen – Einzug – Das Elixier des hochwürdigen Paters Gaucher – Heimweh nach der Kaserne – Herrn Seguins Ziege – Die Heuschrecken – In der Camargue – In Miliana – Die Legende von dem Mann mit dem Goldhirn – Der Leuchtturm der Sanguinaires-Inseln – Die Mauleselin des Papstes – Meister Cornilles Geheimnis – Die Orangen – Der Pfarrer von Cucugnan – Die Postkutsche von Beaucaire – Die Sterne – Der Todeskampf der »Semillante« – Die Zöllner.

Daudet, Alphonse: L'Enfant espion. Contes du lundi. [Auswahl.] Hrsg. von Irmgard Rauthe-Welsch. 87 S. UB 9188. 1985. (Fremdsprachentexte.)

Inhalt: La Défense de Tarascon – La dernière Classe – L'Enfant espion – Le Pape est mort – Les petits Pâtés – Les trois Sommations – Le Turco de la Commune.

Daudet, Alphonse: Die wunderbaren Abenteuer des Herrn Tartarin aus Tarascon. [Roman.] Dt. von Adolf Gerstmann mit einem Nachw. von Hildegard Blattmann. 163 S. UB 1707/07a. 1952.

Auch GEB. 1952. (Nicht mehr lieferbar.)

Durchgesehene Ausgabe. 156 S. 1960.

Durchgesehene Ausgabe. 148 S. 1983.

Dauthendey, Max: Exotische Novellen. Hrsg. und mit einem Nachw. vers. von Hermann Gerstner. 87 S. UB 8220. 1958.

Inhalt: Der Garten ohne Jahreszeiten – Himalajafinsternis – Den Nachtregen regnen hören in Karasaki – Von Ishiyama den Herbstmond aufgehen sehen.

Dauthendey, Max: Gedichte. Ausw. und Nachw. von Gerhard Hay. 71 S. UB 8325. 1969.

Nicht mehr lieferbar seit 1989.

Debussy, Claude: Monsieur Croche. Sämtliche Schriften und Interviews. Hrsg. von François Lesure. Aus dem Frz. übertr. von Josef Häusler. 356 S. UB 7757 [4]. 1982.

UB-Ausgabe des 1974 im Format 15 × 21,5 cm erschienenen Titels.

Dedecius, Karl: Deutsche und Polen in ihren literarischen Wechselbeziehungen. 85 S. UB 9464/64a. 1973.

Nicht mehr lieferbar seit 1986.

Defoe, Daniel: Glück und Unglück der berühmten Moll Flanders. [Roman.] Aus dem Engl. übers. von Martha Erler. Nachw. von Walter Pache. 407 S. UB 9939 [5]. 1979.

Auch GEB. 1979. (Nicht mehr lieferbar.)

Defoe, Daniel: Robinson Crusoe. [Roman.] Gekürzte Ausgabe von Bernhard Lamey. [Aus dem Engl. übers. von Anna Tuhten (nicht: Thuten).] 80 S. UB 7611. 1948 [recte: 1949].

Durchgesehene Ausgabe. 80 S. 1956.

Durchgesehene Ausgabe. 79 S. 1968.

Dehmel, Richard: Gedichte. Hrsg. von Jürgen Viering. 182 S. UB 8596 [2]. 1990.

Delius, Rudolf von: Kungfutse. Seine Persönlichkeit und seine Lehre. 76 S. UB 7065. 1948.

Nicht mehr lieferbar seit 1973.

Demosthenes: Politische Reden. Griech./Dt. Übers. und hrsg. von Wolfhart Unte. 307 S. UB 957 [4]. 1985.

Demosthenes: Rede über den Kranz. Übers., Anm. und Nachw. von Wilhelm Waldvogel. 136 S. UB 914/914a. 1968.

Nicht mehr lieferbar seit 1989.

Descartes, René: Abhandlung über die Methode des richtigen Vernunftgebrauchs und der wissenschaftlichen Wahrheitsforschung. Ins Dt. übertr. von Kuno Fischer. Erneuert und mit einem Nachw. vers. von Hermann Glockner. [Mit Anm.] 79 S. UB 3767. 1961.

Descartes, René: Meditationen über die Erste Philosophie. Aus dem Lat. übers. und hrsg. von Gerhart Schmidt. 119 S. UB 2887/88. 1971.

Nicht mehr lieferbar seit 1989.

Descartes, René: Meditationes de Prima Philosophia / Meditationen über die Erste Philosophie. Lat./Dt. Übers. und hrsg. von Gerhart Schmidt. 229 S. UB 2888 [3]. 1986.

Deuchler, Florens
→ Reclams Kunstführer Frankreich II
→ Reclams Kunstführer Schweiz und Liechtenstein

Deutsche Anekdoten. Hrsg. von Jürgen Hein. 400 S. UB 9825 [5]. 1976.

Autoren: J. Agricola – L. Anzengruber – J. W. v. Archenholtz – E. M. Arndt – B. Auerbach – L. Aurbacher – H. Bahr – J. R. Becher – W. Bergengruen – H. Bethge – H. Blank – H. Böll – B. Brecht – B. Brehm – G. Britting – O. Brües – W. Busch – E. C. C. Corti – P. Ernst – H. Eulenberg – W. Fehse – H. Fichte – T. Fontane – H. Franck – P. Frankfurter – G. Freytag – M. Frisch – G. Gaiser – L. Ganghofer – A. Glaßbrenner – A. v. Gleichen-Rußwurm – J. W. Goethe – J. Gotthelf – O. M. Graf – H. J. C. v. Grimmelshausen – J. P. Hebel – R. Hochhuth – E. T. A. Hoffmann – K. v. Holtei – M. Jelusich – H. Jhering – G. Keller – J. Kerner – H. v. Kleist – G. C. Lichtenberg – Liselotte von der Pfalz – T. Mann – M. Mell – W. v. Molo – M. Montanus – J. Möser – A. Polgar – H. v. Pückler-Muskau – S. v. Radecki – F. Reuter – Roda Roda – P. Rosegger – E. Sander – N. O. Scarpi – W. Schäfer – R. v. Schaukal – F. Schiller – W. v. Scholz – C. F. D. Schubart – A. Seghers – K. Simrock – W. Spohr – A. Stifter – E. Strittmatter – F. Syben – K. Tucholsky – A. Tünger – F. C. Weiskopf – E. Welk – G. Wickram – J. Winckler – E. G. Winkler – F. Wolf.

Auch GEB. im Format 12 × 19 cm. 402 S. 1976. (Nicht mehr lieferbar.)

Deutsche Aphorismen. Hrsg. von Gerhard Fieguth. 395 S. UB 9889 [5]. 1978.

Autoren: T. W. Adorno – P. Altenberg – H. Arndt – H. Arntzen – W. Benjamin – R. Benz – W. Bergengruen – B. Berkensträter – E. Beutelrock – L. Börne – E. Brock – W. Bukofzer – W. Busch – E. Canetti – H. v. Doderer – M. v. Ebner-Eschenbach – G. Eich – C. A. Emge – E. v. Feuchtersleben – E. Friedell – S. George – J. W. Goethe – E. Gött – F. Grillparzer – J. Günther – K. Gutzkow – G. Hauptmann – F. Hebbel – J. P. Hebel – M. Heimann – H. Heine – W. Heinse – P. Hille – H. v. Hofmannsthal – K. Immermann – F. H. Jacobi – Jean Paul – E. Jünger – F. G. Jünger – F. Kafka – G. Kaiser – H. Kasper – R. Kassner – H. P. Keller – M. Kessel – L. Klages – F. M. Klinger – K. Kraus – H. Kudszus – G. v. Le Fort – D. Leisegang – G. C. Lichtenberg – A. Mendelssohn – C. Morgenstern – R. Musil – F. Nietzsche – Novalis – A. v. Platen – W. Raabe – G. Radbruch – R. Schaukal – F. Schlegel – A. Schnitzler – W. v. Scholz – R. A. Schröder – H. Schweppenhäuser – J. G. Seume – K. Tucholsky – F. T. Vischer – K. H. Waggerl – H. Wiesner – K. Wolfskehl.
Auch GEB. 1978.

Deutsche Arbeiterdichtung 1910–1933. Hrsg. von Günter Heintz. 415 S. UB 9700–04. 1974.

Autoren: M. Barthel – K. Bröger – M. Dortu – G. Engelke – O. M. Graf – E. Grisar – O. Großjohann – K. Kläber – P. Klose – O. Krille – H. Lersch – L. Lessen – H. Mönch – W. G. Oschilewski – A. Petzold – F. Philipp – E. Preczang – F. Riebold – B. Schönlank – K. Vaupel – C. Wieprecht – O. Wohlgemuth – P. Zech.

Deutsche Arbeiterliteratur von den Anfängen bis 1914. Hrsg. von Bernd Witte. 424 S. UB 9840 [5]. 1977.

Autoren: J. Audorf – J. P. Becker – F. Bosse – F. W. Fritzsche – K. F. E. Frohme – E. Fuchs – W. L. A. Geib – H. Greulich – W. Hasenclever – G. Herwegh – L. Jacoby – K. Kaiser – H. Kämpchen – M. Kautsky – M. Kegel – E. Klaar – R. Lavant – A. Lepp – L. Märten – A. Otto-Walster – E. Preczang – A. Scheu – S. Schiller – R. Schweichel – J. B. v. Schweitzer – A. H. Strodtmann – K. Weiser.

Deutsche Balladen. [Ausw. und Nachw. von Konrad Nußbächer.] 552 S. UB 8501–07. 1967 [recte: 1968].

Autoren: I. Bachmann – W. Bergengruen – W. Biermann – J. Bobrowski – B. Brecht – C. Brentano – G. Britting – G. A. Bürger – A. v. Chamisso – M. Claudius – R. Dehmel – A. v. Droste-Hülshoff – J. v. Eichendorff – T. Fontane – F. Freiligrath – E. Geibel – S. George – J. W. Goethe – G. Grass – K. Groth – R. Hagelstange – F. Hebbel – H. Heine – S. Hermlin – H. v. Hofmannsthal – H. E. Holthusen – L. Hölty – A. Holz – R. Huch – P. Huchel – G. Kaiser – M. L. Kaschnitz – E. Kästner – G. Keller –

J. Kerner – G. Kolmar – A. Kopisch – T. Kramer – K. Krolow – H. Kurz – H. Lange – N. Lenau – D. v. Liliencron – M. Mell – C. F. Meyer – A. Miegel – E. Mörike – B. v. Münchhausen – H. Piontek – A. v. Platen – C. Reinig – R. M. Rilke – F. Rückert – F. Schiller – G. Schwab – I. Seidel – C. Spitteler – M. v. Strachwitz – L. v. Strauß u. Torney – G. Trakl – L. Uhland – G. v. d. Vring – F. Wedekind – J. Weinheber – F. Werfel; Volksballaden.

Auch GEB. 1967. (Nicht mehr lieferbar.)

Nicht mehr lieferbar; ersetzt durch:

Deutsche Balladen. Hrsg. von Hartmut Laufhütte. 647 S. UB 8501 [7]. 1991.

Autoren: H. Adler – H. C. Artmann – H. Ball – W. Bergengruen – W. Biermann – J. Bobrowski – R. Brambach – B. Brecht – C. Brentano – G. Britting – G. A. Bürger – C. Busta – A. v. Chamisso – F. J. Degenhardt – R. Dehmel – A. v. Droste-Hülshoff – J. v. Eichendorff – O. Ernst – G. Falke – T. Fontane – F. Freiligrath – G. B. Fuchs – E. Geibel – S. George – J. W. L. Gleim – J. W. Goethe – G. Grass – A. Grün – U. Hahn – F. Hebbel – H. Heine – J. G. Herder – G. Heym – P. Heyse – H. v. Hofmannsthal – L. H. C. Hölty – A. Holz – R. Huch – P. Huchel – G. Kaiser – M. L. Kaschnitz – E. Kästner – G. Keller – J. Kerner – S. Kirsch – G. Kolmar – A. Kopisch – G. Kunert – E. Lasker-Schüler – H. Lautensack – N. Lenau – D. v. Liliencron – O. Loerke – J. F. Löwen – K. Marti – C. Meckel – M. Mell – C. F. Meyer – A. Miegel – C. Morgenstern – E. Mörike – E. Mühsam – W. Müller – B. v. Münchhausen – H. M. Novak – G. K. Pfeffel – H. Piontek – A. v. Platen – C. Reinig – R. M. Rilke – E. Roth – F. Rückert – V. v. Scheffel – C. F. Scherenberg – D. Schiebler – F. Schiller – G. Schwab – C. Spitteler – T. Storm – M. v. Strachwitz – L. v. Strauß u. Torney – L. Thoma – L. Tieck – G. Trakl – L. Uhland – G. v. d. Vring – F. Wedekind – E. Weinert – J. Weinheber – F. Werfel – F. G. Wetzel.

Auch GEB. 1991.

Deutsche Barock-Lyrik. Krieg und Frieden – Natur – Liebe – Kunst – Menschensitten – Das Ich – Die Eitelkeit der Eitelkeiten – Die letzten Dinge – Glaube und Gott. Hrsg. und eingel. von Herbert Cysarz. 131 S. UB 7804/05. 1954.

Autoren: Abraham a Sancta Clara – H. A. v. Abschatz – G. Arnold – S. v. Birken – B. H. Brockes – D. v. Czepko – S. Dach – C. Eltester – P. Fleming – P. Gerhardt – J. Geuder – E. Gläser – G. Greflinger – C. R. v. Greiffenberg – H. J. C. v. Grimmelshausen – J. Grob – A. Gryphius – J. C. Günther – I. Habrecht – G. P. Harsdörffer – A. A. v. Haugwitz – J. Heermann – C. Hofmann von Hofmannswaldau – C. F. Hunold – J. Klaj – C. Knorr von Rosenroth – Q. Kuhlmann – Laurentius von Schnüffis – F. v. Logau – D. C. v. Lohenstein – B. Neukirch – M. Opitz – Procopius von Templin – J. Rist – J. Rompler von Löwenhalt – J. Scheffler – W. Scherffer von Scherffenstein – J. G. Schottel – D. Schrimer – J. W. Simler – F. v. Spee – K. Stieler – D. Stoppe – A. Tscherning – C. Warnecke – G. R. Weckherlin – C. Weise – P. v. Zesen – J. W. Zinkgref.

Auch als Sonderausgabe zum 125jährigen Bestehen des Verlags (Reclams Jubiläums-Bände). 1954. (Nicht mehr lieferbar.)

Durchgesehene und erweiterte Ausgabe. 155 S. 1960.

Auch GEB. 1961. (Nicht mehr lieferbar.)

Nicht mehr lieferbar; ersetzt durch: → Gedichte des Barock. UB 9975. 1980.

Deutsche Briefe aus einem Jahrtausend. Zsgest. und erl. von Mario Krammer. In veränderter und erweiterter Form neu hrsg. von Hermann Kunisch. 656 S. UB 8226–32. 1958. *GEB*.

Revidierte Neuausgabe des erstmals 1943 u. d. T. »Briefe der Deutschen aus einem Jahrtausend« im Verlag Philipp Reclam jun. Leipzig erschienenen Titels.

Nicht mehr lieferbar seit 1973.

Deutsche Dichter. Leben und Werk deutschsprachiger Autoren. Hrsg. von Gunter E. Grimm und Frank Rainer Max. Bd. 1: **Mittelalter.** 480 S. UB 8611 [6]. 1989.

Inhalt: Annolied (A. Holtorf) – Heliand / Altsächsische Genesis (B. Sowinski) – Hildebrandslied (K. Düwel) – Kaiserchronik (A. Holtorf) – Kudrun (R. Wisniewski) – Ludwigslied (H. D. Schlosser) – Nibelungenlied (U. Schulze); Albrecht, Dichter des »Jüngeren Titurel« (D. Huschenbett) – Berthold von Regensburg (W. Röcke) – Frühe Minnesänger (H. Tervooren) – Gottfried von Straßburg (R. Krohn) – Hartmann von Aue (V. Mertens) – Heinrich der Glichezare (K. Düwel) – Heinrich von Veldeke (D. Kartschoke) – Pfaffe Konrad (D. Kartschoke) – Konrad von Würzburg (H. Brunner) – Pfaffe Lambrecht (W. Schröder) – Neidhart (G. Schweikle) – Notker der Deutsche (H. Backes) – Otfrid von Weißenburg (G. Vollmann-Profe) – Rudolf von Ems (H.-J. Ziegeler) – J. v. Saaz (W. Schröder) – Der Stricker (M. Schilling) – Ulrich von Lichtenstein (J. D. Müller) – Walther von der Vogelweide (G. Schweikle) – Werner der Gartenaere (F. P. Knapp) – H. Wittenwiler (D. Sowinski) – Wolfram von Eschenbach (W. Schröder) – O. v. Wolkenstein (A. Schwob); Geistliche Spiele (R. Bergmann) – Lehrdichtung (W. Röcke) – Spielmannsepik (D. Sowinski) – Spruchdichtung (M. G. Scholz) – Volksbuch (J.-D. Müller).

Deutsche Dichter. [...] Bd. 2: **Reformation, Renaissance und Barock.** 471 S. UB 8612 [6]. 1989.

Inhalt: Abraham a Sancta Clara (M. Kastl) – Angelus Silesius (L. Gnädinger) – Anton Ulrich von Braunschweig (W. F. Bender) – J. Beer (H. Pörnbacher) – J. Bidermann (H. Pörnbacher) – S. Brant (F. J. Worstbrock) – S. Dach (A. Kelletat) – J. Fischart (B. Könneker) – P. Fleming (G. Hoffmeister) – N. Frischlin (R. E. Schade) – P. Gerhardt (G. Rödding) – C. R. v. Greiffenberg (F. v. Ingen) – J. J. C. v. Grimmelshausen (D. Breuer) – A. Gryphius (E. Mannack) – J. C. Günther (E. Osterkamp) – J. C. Hallmann (G. Spellerberg) – G. P. Harsdörffer / J. Klaj / S. v. Birken (F. v. Ingen) – C. Hofmann von Hofmannswaldau (E. Mannack) – U. v. Hutten (H. Scheuer) – Q. Kuhlmann (W. Kühlmann) – F. v. Logau (T. Verweyen) – D. C. v. Lohenstein (G. Spellerberg) – M. Luther (F. W. Kantzenbach) – J. M. Moscherosch (W. Harms) – T. Murner (B. Könneker) – M. Opitz (G. E. Grimm) – C. Reuter (C. Wiedemann) – H. Sachs (E. Kartschoke) – F. Spee (S. Rusterholz) – K. Stieler (F. v. Ingen) – G. R. Weckherlin (D. Breuer) – C. Weise (M. Beetz) – C. Wernicke (T. Verweyen) – J. Wickram (W. Beutin) – P. v. Zesen (W. Kühlmann).

Deutsche Dichter. [...] Bd. 3: **Aufklärung und Empfindsamkeit.** 418 S. UB 8613 [5]. 1988.

Inhalt: U. Bräker (W. Hinderer) – B. H. Brockes (U.-K. Ketelsen) – M. Claudius (W. Freund) – C. F. Gellert (B. Witte) – S. Gessner (M. Bircher) – J. W. L. Gleim (J. Stenzel) – L. A. V. Gottsched (I. Ruttmann) – J. C. Gottsched (G. Schäfer) – F. v. Hagedorn (A. Anger) – A. v. Haller (K. S. Guthke) – T. G. v. Hippel (J. Kohnen) – F. H. Jacobi (F. Vollhardt) – J. H. Jung(-Stilling) (U. Stadler) – A. L. Karschin (A. Anger) – E. C. v. Kleist (J. Stenzel) – F. G. Klopstock (K. Hurlebusch) – S. v. La Roche (B. Becker-Cantarino) – G. E. Lessing (N. Altenhofer) – G. C. Lichtenberg (U. Joost) – C. L. Liscow (G. E. Grimm) – J. G. Müller (von Itzehoe) (A. Ritter) – J. K. A. Musäus (B. Carvill) – F. Nicolai (B. Witte) – G. K. Pfeffel (W. E. Schäfer) – G. W. Rabener (J. Jacobs) – J. E. Schlegel (N. Altenhofer) – J. G. Schnabel (W. Voßkamp) – C. F. D. Schubart (H.-W. Jäger) – M. A. v. Thümmel (G. Sauder) – J. K. Wezel (G. Sauder) – C. M. Wieland (W. Hinderer) – J. F. W. Zachariä (A. Maler).

Deutsche Dichter. [...] Bd. 4: **Sturm und Drang, Klassik.** 437 S. UB 8614 [6]. 1989.

Inhalt: G. A. Bürger (G. Häntzschel) – G. Forster (R.-R. Wuthenow) – H. W. v. Gerstenberg (U. Karthaus) – J. W. Goethe (V. Lange) – J. G. Hamann (O. Bayer) – J. P. Hebel (W. Theiß) – W. Heinse (M. L. Baeumer) – J. G. Herder (M. Bollacher) – F. Hölderlin (G. Kurz) – L. C. Hölty (A. Kelletat) – A. W. Iffland (E. Buck) – Jean Paul (K. Wölfel) – F. M. Klinger (G. Ueding) – A. v. Kotzbue (S. Adamzik) – J. A. Leisewitz (N. Oellers) – J. M. R. Lenz (H. Boetius) – K. P. Moritz (L. Müller) – F. Müller (Maler Müller) (U. Leuschner) – F. Schiller (N. Oellers) – J. G. Seume (J. Drews) – F. L. zu Stolberg-Stolberg (J. Behrens) – J. H. Voß (G. Hay) – C. A. Vulpius (G. Dammann) – H. L. Wagner (H. Scheuer).

Deutsche Dichter. [...] Bd. 5: **Romantik, Biedermeier und Vormärz.** 624 S. UB 8615 [8]. 1989.

Inhalt: W. Alexis (W. Beutin) – A. v. Arnim (G. Häntzschel) – B. v. Arnim (S. v. Steinsdorff) – B. Auerbach (J. Hein) – Bonaventura (A. Klingemann) (M. Pötzsch) – L. Börne (W. Hinderer) – C. Brentano (H. Schultz) – G. Büchner (B. Dedner) – A. v. Chamisso (R.-M. Pille) – A. v. Droste-Hülshoff (B. Kortländer) – J. v. Eichendorff (W. Frühwald) – F. de la Motte Fouqué (F. R. Max) – F. Freiligrath (H. Kircher) – J. Gotthelf (H. P. Holl) – C. D. Grabbe (B. Kortländer) – F. Grillparzer (H. Bachmaier) – J. und W. Grimm (H. Rölleke) – K. v. Günderode (F. J. Görtz) – K. Gutzkow (H. Kaiser) – W. Hauff (F. Pfäfflin) – H. Heine (M. Werner) – G. Herwegh (H. Kircher) – E. T. A. Hoffmann (H. Steinecke) – K. Immermann (P. Hasubek) – J. Kerner (G. E. Grimm) – H. v. Kleist (G. Neumann) – N. Lenau (H. Steinecke) – E. Mörike (B. Zeller) – J. Nestroy (W. Schmidt-Dengler) – Novalis (G. Schulz) – A. v. Platen (K. Wölfel) – F. Raimund (W. Schmidt-Dengler) – F. Reuter (G. Schmidt-Henkel) – F. Rückert (W. Schmitz) – F. Schlegel (E. Behler) – A. W. Schlegel (E. Behler) – C. Sealsfield (W. Schmidt-Dengler) – A. Stifter (W. Wittkowski) – L. Tieck (W. Münz) – L. Uhland (H. Fröschle) – W. H. Wakkenroder (M. Bollacher) – W. Waiblinger (G. E. Grimm) – G. Weerth (H. Kircher) – Z. Werner (J. Krogoll).

Deutsche Dichter. [...] Bd. 6: **Realismus, Naturalismus und Jugendstil.** 495 S. UB 8616 [6]. 1989.

Inhalt: P. Altenberg (J. Viering) – L. Anzengruber (W. Schmidt-Dengler) – W. Busch (G. Ueding) – R. Dehmel (H. Scheuer) – M. v. Ebner-Eschenbach (I. Cella) – T. Fontane (C. Grawe) – L. v. François (T. C. Fox) – G. Freytag (D. Kafitz) – E. Geibel (J. Mahr) – S. George (M. Winkler) – F. Gerstäcker (B. Steinbrink) – M. Halbe (W. T. Rix) – G. Hauptmann (P. Sprengel) – F. Hebbel (H. Bachmaier) – P. Heyse (J. Mahr) – H. v. Hofmannsthal (G. Pickerodt) – A. Holz (G. Schulz) – R. Huch (R. Frommholz) – G. Keller (G. Sautermeister) – E. v. Keyserling (W. Nehring) – D. v. Liliencron (G. Häntzschel) – O. Ludwig (J. Schönert) – K. May (B. Steinbrink) – C. F. Meyer (H. Kaiser) – C. Morgenstern (J. Walter) – F. Nietzsche (H. Pfotenhauer) – O. Panizza (M. Bauer) – W. Raabe (D. Arendt) – R. M. Rilke (U.-K. Ketelsen) – P. Rosegger (W. Schober) – F. v. Saar (N. Gabriel) – J. V. v. Scheffel (G. Mahal) – A. Schnitzler (H. Nürnberger) – T. Storm (R. Frommholz) – H. Sudermann (W. T. Rix) – L. Thoma (W. Schmitz) – F. Wedekind (G. Hay).

Deutsche Dichter. [...] Bd. 7: **Vom Beginn bis zur Mitte des 20. Jahrhunderts.** 572 S. UB 8617 [7]. 1989.

Inhalt: G. Benn (J. Schröder) – W. Bergengruen (W. Haefs) – R. Borchardt (F. Kemp) – B. Brecht (J. Knopf) – G. Britting (W. Schmitz) – H. Broch (P. M. Lützeler) – T. Däubler (F. Kemp) – A. Döblin (H.-P. Bayerdörfer) – L. Feuchtwanger (W. Köpke) – O. Flake (G. Ueding) – M. Fleisser (G. Müller) – L. Frank (G. Hay) – O. M. Graf (G. Häntzschel) – H. Hesse (L. Völker) – G. Heym (G. Martens) – Ö. v. Horváth (T. Buck) – H. H. Jahnn (U. Schweikert) – E. Jünger (W. Kaempfer) – F. Kafka (G. Neumann) – G. Kaiser (H.-H. Ewers) – E. Kästner (H. Wagener) – G. Kolmar (R. Frommholz) – K. Kraus (J. M. Fischer) – E. Langgässer

(A. Vieregg) – E. Lasker-Schüler (S. Bauschinger) – W. Lehmann (A. Goodboy) – O. Loerke (R. Tgahrt) – H. Mann (H. Koopmann) – K. Mann (H. Häntzschel) – T. Mann (H. Lehnert) – R. Musil (H. Arntzen) – J. Roth (F. Hackert) – K. Schwitters (K. Riha) – A. Seghers (P. Beicken) – E. Stadler (G. Martens) – C. Sternheim (H.-H. Ewers) – A. Stramm (L. Jordan) – E. Toller (H. Rudloff) – G. Trakl (H.-G. Kemper) – K. Tucholsky (L. Köhn) – R. Walser (K.-P. Philippi) – J. Wassermann (M. Pazi) – J. Weinheber (F. Jenaczek) – F. Werfel (A. Kuchinke-Bach) – C. Zuckmayer (H. Wagener) – A. Zweig (M. Pazi) – S. Zweig (K. Beck).

Deutsche Dichter. [...] Bd. 8: **Gegenwart.** 576 S. UB 8618 [7]. 1990.

Inhalt: A. Andersch (W. Barner) – H. C. Artmann (K. Riha) – I. Bachmann (B. Witte) – H. Bender (V. Neuhaus) – T. Bernhard (B. Sorg) – J. Bobrowski (A. Kelletat) – H. Böll (K. Jeziorkowski) – W. Borchert (S. Kienzle) – R. D. Brinkmann (G. Schulz) – E. Canetti (M. Bollacher) – P. Celan (T. Buck) – H. v. Doderer (W. Schmidt-Dengler) – T. Dorst (R. Krohn) – F. Dürrenmatt (J. Knopf) – G. Eich (A. Vieregg) – H. M. Enzensberger (K. L. Schultz) – M. Frisch (K. Müller-Salget) – E. Gomringer (K. Riha) – G. Grass (F. J. Görtz) – M. v. d. Grün (I. Drewitz) – P. Handke (T. Elm) – P. Härtling (E. Hackenbracht) – S. Heym (M. Jäger) – W. Hildesheimer (H. Puknus) – R. Hochhuth (H. Kreuzer) – P. Huchel (A. Vieregg) – E. Jandl (R. Drux) – U. Johnson (T. Buck) – H. Kant (M. Jäger) – M. L. Kaschnitz (U. Schweikert) – W. Kempowski (M. Dierks) – W. Koeppen (M. Koch) – F. X. Kroetz (G. Müller) – K. Krolow (H. S. Daemmrich) – G. Kunert (U. Wittstock) – H. Lenz (K.-P. Philippi) – S. Lenz (H. Wagener) – Heiner Müller (U. Wittstock) – A. Muschg (S. Kienzle) – H. E. Nossack (J. Kraus) – P. Rühmkorf (H.-P. Bayerdörfer) – A. Schmidt (F. Rathjen) – R. Schneider (R. Kühn) – W. Schnurre (H. Gockel) – B. Strauß (U. Kapitza) – M. Walser (M. Lüdke) – P. Weiss (H. Vormweg) – G. Wohmann (H. Wagener) – C. Wolf (S. Hilzinger).

Deutsche Epigramme. Ausw. und Nachw. von Gerhard Neumann. 367 S. UB 8340–43. 1969.

Autoren: H. A. v. Abschatz – Angelus Silesius – E. v. Bauernfeld – O. Blumenthal – B. Brecht – G. A. Bürger – W. Busch – I. F. Castelli – D. v. Czepko – O. Ernst – J. J. Ewald – P. Fleming – T. Fontane – L. Fulda – E. Geibel – S. George – J. W. L. Gleim – L. F. G. v. Goekingk – J. W. Goethe – J. N. Götz – F. Grillparzer – J. Grob – A. Gryphius – F. v. Hagedorn – J. C. F. Haug – F. Hebbel – W. Heinse – P. W. Hensler d. J. – J. G. Herder – P. Heyse – C. Hofmann von Hofmannswaldau – H. v. Hofmannsthal – F. Hölderlin – K. L. Immermann – M. Kalbeck – A. G. Kästner – E. Kästner – E. C. v. Kleist – H. v. Kleist – F. G. Klopstock – K. Kraus – J. M. R. Lenz – G. E. Lessing – A. Lobwasser – F. v. Logau – D. C. v. Lohenstein – J. G. Meister – J. B. Michaelis – C. Morgenstern – E. Mörike – W. Müller – Novalis – M. Opitz – G. C. Pfeffel – A. v. Platen

– F. Rückert – F. Schiller – A. Schnitzler – C. F. D. Schubart – M. A. v. Thümmel – L. Uhland – J. H. Voß – G. R. Weckherlin – F. C. Weisser – C. Wernicke.
Auch GEB. 1969. (Nicht mehr lieferbar.)
Nicht mehr lieferbar seit 1991.

Deutsche Erzähler der Gegenwart. Eine Anthologie. Hrsg. und eingel. von Willi Fehse. 343 S. UB 8262–65/65a. 1959.

Inhalt: I. Aichinger: Die Silbermünze – W. Altendorf: Der Knecht Persenning – P. Alverdes: Die Schlittschuhe – A. Andersch: Blaue Rosen – S. Andres: Gastgeberin war Lisaweta Petrowna – W. Bauer: Die am schnellsten wachsende Stadt der Welt – U. Becher: Eine sehr baltische Geschichte – R. Becker: Die weiße Fahne – M. Beheim-Schwarzbach: Unser zweiter Satz – H. Bender: La Paloma oder Der Liebe Nahrung – W. Bergengruen: Die Charakterprobe – H. Bienek: Schuchhar – F. Bischoff: Die Bienen – H. Böll: Mein trauriges Gesicht – G. Britting: Nur der Schein trügt nicht – K. Edschmid: Sieger in Holmenkollen – H. Eisenreich: Jesus – W. Fehse: Martineau – G. Fussenegger: Fastnacht – G. Gaiser: Die weiße Amsel und der Neger – E. Glaeser: Sizilianische Vesper – A. Goes: Begegnung in Ungarn – H. Hartung: Gitte wartet auf der Brücke – M. Hausmann: Zum ersten Male – W. Hildesheimer: Eine größere Anschaffung – M. Inglin: Unglück im Glück – W. Jens: In Sachen Carlo Pedrini – H. Kasack: Mechanischer Doppelgänger – H. Kesten: Olaf – F. Knöller: Das Umfallspiel – W. Koeppen: Die Verlobung im alten Salon – W. Kramp: Was ein Mensch wert ist – E. Kreuder: Der Himmel vermißt uns nicht – K. Kusenberg: Wer ist man? – S. Lenz: Die Dicke der Haut – H. Lipinsky-Gottersdorf: Timofej will ein Herr sein – M. Mell: Die schönen Hände – B. Meyer-Wehlack: Eine Geschichte fängt an – J. Mühlberger: Die zerrissene Perlenkette – F. Nabl: Der photographierte Diebstahl – H. Piontek: Gibst du es noch nicht auf? – G. Pohl: Yannis letzter Schwur – L. Rinser: Ein alter Mann stirbt – H. Risse: Verkehrsunfall – P. Rosinski: Vom Sterben des Soldaten Nikita – W. Schmiele: Der Yogi mit der Kampfmütze – E. Schnabel: Die sehen den Marmor nicht – W. Schnurre: Jenö war mein Freund – A. Scholtis: Der Bilderhändler Roman Brimbora – R. Schroers: Eine Mark – H. Schumacher: Der Mann, der auf die Uhr schaute – I. Seidel: Jemand erwarb ein Empfangsgerät – H. Stahl: Als es geschehen war – F. Tumler: Die beiden Häuser – G. v. d. Vring: Das Spiel mit den Schneebeeren – K. H. Waggerl: Hans.

Auch GEB. 1959ff. (Nicht mehr lieferbar.)
Erweiterte Ausgabe. Enthält zusätzlich: H. Daiber: Plötzlich, mitten im Hauptverkehr – H. Krämer-Badoni: Der Alte glaubt an nichts – R. Lettau: Bestrafung eines Gastes – H. E. Nossack: Die Kostenrechnung – K. Roehler: Der sogenannte Hutbesitzersgruß – P. Schallück: Unser Eduard – A. Schmidt: Die Wasserlilie – M. Walser: Fingerübungen eines Mörders. 365 S. 1964.

Nicht mehr lieferbar seit 1989.

Deutsche Erzähler 1920–1960. Hrsg. von Hans Bender. 410 S. UB 8044 [5]. 1985.

Inhalt: I. Aichinger: Der Hauslehrer – A. Andersch: Blaue Rosen – W. Bauer: Wanderung in die Untätigkeit – U. Becher: Die Flieger – H. Bender: Die Hostie – H. Böll: Die Botschaft – W. Borchert: Mein bleicher Bruder – B. Brecht: Vier Männer und ein Pokerspiel – J. Breitbach: Education sentimentale – G. Britting: Flandrischer Fasching – H. Broch: Ein Abend Angst – H. v. Doderer: Bischof – tollgeworden – A. Döblin: Kleine Kriminalität – F. Dürrenmatt: Der Theaterdirektor – H. Eisenreich: Die Hochzeitsreise – L. Feuchtwanger: Höhenflugrekord – O. Flake: Sechzig Jahre später – M. Fleißer: Stunde der Magd – L. Frank: New Yorker Liebesgeschichte – F. Fühmann: Grenzstation – G. Grass: Die Linkshänder – F. Hartlaub: [Mond und Pferde] – H. Hesse: Bei den Massageten – W. Hildesheimer: Eine größere Anschaffung – Ö. v. Horváth: Das Fräulein wird bekehrt – H. H. Jahnn: Unser Zirkus – E. Jünger: Die Eberjagd – F. Kafka: Erstes Leid – M. L. Kaschnitz: Die Reise nach Jerusalem – H. Kesten: Musik – W. Koeppen: Zum ersten Mal in Rotterdam – E. Kreuder: Der Kapitän – K. Kusenberg: Eine ernste Geschichte – F. Lampe: Das dunkle Boot – E. Langgässer: Der Torso – H. Lenz: Das Oleanderblatt – S. Lenz: Ein Freund der Regierung – R. Lettau: Einladung zu Sommergewittern – H. Mann: Sterny – K. Mann: April, nutzlos vertan – K. Marti: Der schrumpfende Raum – R. Musil: Ein Mensch ohne Charakter – H. E. Nossack: Bericht eines fremden Wesens über die Menschen – L. Renn: Schlachtfeld – J. Roth: Heute früh kam ein Brief ... – A. Schmidt: Ich bin erst Sechzig – E. Schnabel: Sie sehen den Marmor nicht – W. Schnurre: Das Manöver – A. Seghers: Das Obdach – W. Serner: Der Saulump – M. Walser: Die Klagen über meine Methoden häufen sich – R. Walser: Herrin und Schoßhündchen – E. Weiß: Der Herznah – W. Weyrauch: Im Eisenbahnabteil – G. Wohmann: Grün ist schöner – H. Zand: Ein verschwiegener Mensch – A. Zollinger: Der Napolitaner – C. Zuckmayer: Die Geschichte von einer Entenjagd – A. Zweig: Ein bißchen Blut – S. Zweig: Episode vom Genfer See.
Auch GEB. 1985.

Deutsche Fabeln des 18. Jahrhunderts. Ausgew. und mit einem Nachw. von Manfred Windfuhr. [Mit Anm.] 136 S. UB 8429/30. 1960.

Autoren: G. A. Bürger – M. Claudius – C. F. Gellert – J. W. L. Gleim – F. v. Hagedorn – W. Heinse – A. G. Kästner – G. E. Lessing – M. G. Lichtwer – J. H. Merck – J. L. Meyer von Knonau – F. K. v. Moser – L. H. v. Nicolay – J. H. Pestalozzi – G. K. Pfeffel – J. A. Schlegel – D. Stoppe – D. W. Triller – F. W. Zachariae.
Auch GEB. 1960. *(Nicht mehr lieferbar.)*

Deutsche Flugschriften zur Reformation (1520–1525). Hrsg. von Karl Simon. 383 S. UB 9995 [5]. 1980.

Autoren: J. Eberlin von Günzburg – Erasmus von Rotterdam – C. Gerung von Memmingen – U. v. Hutten – A. Karlstadt – T. Murner.

Deutsche Gedichte. Eine Anthologie. Hrsg. von Dietrich Bode. 368 S. UB 8012 [4]. 1984.

Autoren: Angelus Silesius – I. Bachmann – J. R. Becher – R. Beer-Hofmann – G. Benn – J. Bobrowski – N. Born – B. Brecht – C. Brentano – R. D. Brinkmann – G. Britting – B. H. Brockes – G. A. Bürger – P. Celan – A. v. Chamisso – M. Claudius – D. v. Czepko – S. Dach – T. Däubler – R. Dehmel – A. v. Droste-Hülshoff – G. Eich – J. v. Eichendorff – H. M. Enzensberger – P. Fleming – T. Fontane – F. Freiligrath – C. F. Gellert – S. George – P. Gerhardt – J. W. Goethe – Y. Goll – E. Gomringer – G. Grass – F. Grillparzer – A. Gryphius – J. C. Günther – F. v. Hagedorn – F. Hebbel – H. Heine – Heinrich von Morungen – M. Herrmann-Neiße – G. Herwegh – H. Hesse – G. Heym – J. v. Hoddis – C. Hofmann von Hofmannswaldau – H. v. Hofmannsthal – F. Hölderlin – L. C. H. Hölty – A. Holz – R. Huch – P. Huchel – U. v. Hutten – E. Jandl – M. L. Kaschnitz – E. Kästner – G. Keller – J. Kerner – J. Klaj – E. C. v. Kleist – H. v. Kleist – F. G. Klopstock – J. Kolmar – T. Kramer – K. Krolow – G. Kunert – Der von Kürenberg – E. Lasker-Schüler – W. Lehmann – N. Lenau – J. M. R. Lenz – G. E. Lessing – A. Lichtenstein – D. v. Liliencron – O. Loerke – F. v. Logau – M. Luther – C. F. Meyer – A. Mombert – E. Mörike – W. Müller – F. Nietzsche – Novalis – M. Opitz – G. C. Pfeffel – A. v. Platen – J. Regnart – R. M. Rilke – F. Rückert – J. G. v. Salis-Seewis – F. Schiller – C. F. D. Schubart – F. Spee – E. Stadler – F. L. zu Stolberg – T. Storm – A. Stramm – L. Tieck – G. Trakl – L. Uhland – Walther von der Vogelweide – G. Weerth – Wolfram von Eschenbach; Carmina Burana – Wessobrunner Gebet.

Auch GEB. 1984 ff.

Durchgesehene Ausgabe. Enthält zusätzlich: U. Krechel. 368 S. 1988.

Deutsche Gedichte der sechziger Jahre. Eine Anthologie. Ges. und eingel. von Heinz Piontek. 294 S. UB 8211 [4]. 1984.

Neuausgabe von → Deutsche Gedichte seit 1960. *Mit geringfügigen Änderungen (E. W. Dahl für W. Wondratschek).*

Deutsche Gedichte des 18. Jahrhunderts. Hrsg. von Klaus Bohnen. 455 S. UB 8422 [5]. 1987.

Autoren: B. H. Brockes – S. C. F. Brun – G. A. Bürger – M. Claudius – J. F. v. Cronegk – C. F. Drollinger – C. F. Gellert – H. W. v. Gerstenberg – J. W. L. Gleim – L. F. G. v. Goeckingk – F. W. Gotter – J. N. Götz – J. C. Günther – F. v. Hagedorn – A. v. Haller – J. G. Herder – L. C. H. Hölty – A. L. Karschin – A. G. Kästner – E. C. v. Kleist – F. G. Klopstock – S. G. Lange – J. M. R. Lenz – G. E. Lessing – J. F. Löwen – F. v. Matthisson – J. M. Miller – F. Müller – J. F. v. Palthen – G. C. Pfeffel – I. J. Pyra –

K. W. Ramler – J. G. v. Salis-Seewis – C. F. D. Schubart – J. G. Seume – C. v. Stolberg – F. L. v. Stolberg – G. Tersteegen – J. P. Uz – J. H. Voß – C. F. Weiße – N. L. v. Zinzendorf.

Auch GEB. 1987.

Deutsche Gedichte 1930–1960. Hrsg. von Hans Bender. 463 S. UB 7914 [5]. 1983.

Autoren: P. P. Althaus – E. Arendt – H. Arp – H. C. Artmann – W. Bächler – I. Bachmann – W. Bauer – J. R. Becher – G. Benn – W. Bergengruen – H. Bienek – R. Billinger – J. Bobrowski – R. Borchardt – E. Borchers – R. Brambach – B. Brecht – G. Britting – C. Busta – H. Carossa – P. Celan – H. Domin – J. Eggebrecht – G. Eich – H. M. Enzensberger – E. Fried – W. H. Fritz – G. B. Fuchs – P. Gan – R. M. Gerhardt – A. Goes – C. Goll – Y. Goll – E. Gomringer – G. Grass – F. Grasshoff – C. Guesmer – A. X. Gwerder – R. Hagelstange – J. Haringer – P. Härtling – A. v. Hatzfeld – A. Haushofer – H. Heißenbüttel – S. Hermlin – M. Herrmann-Neiße – H. Hesse – D. Hoffmann – W. Höllerer – M. Hölzer – R. Huch – P. Huchel – R. Huelsenbeck – E. Jandl – F. G. Jünger – M. Kaléko – H. Kasack – M. L. Kaschnitz – E. Kästner – M. Kessel – G. Kolmar – H. Kräftner – T. Kramer – E. Kreuder – K. Krolow – G. Kunert – F. Lampe – H. Lange – E. Langgässer – E. Lasker-Schüler – C. Lavant – G. v. Le Fort – W. Lehmann – H. Leifhelm – H. Leip – J. Leitgeb – K. Leonhard – O. Loerke – P. Ludwig – C. Meckel – W. Mehring – E. Meister – A. Mombert – F. Mon – H. O. Münsterer – D. Nick – Dr. Owlglass – H. Piontek – J. Poethen – C. Reinig – W. Riegel – J. Ringelnatz – E. Roth – P. Rühmkorf – M. Saalfeld – N. Sachs – O. Schaefer – A. Schnack – F. Schnack – R. Schneider – W. Schnurre – R. A. Schröder – J. Thoor – F. Torberg – K. Tucholsky – B. Viertel – G. v. d. Vring – E. Waldinger – S. Walter – J. Weinheber – K. Weiß – W. Weyrauch – K. Wolfskehl – P. Zech – G. Zernatto – A. Zollinger – C. Zuckmayer.

Auch GEB. 1983. *(Nicht mehr lieferbar.)*

Deutsche Gedichte seit 1960. Eine Anthologie. Ges. und eingel. von Heinz Piontek. 294 S. UB 9401–04. 1972.

Autoren: H. C. Artmann – C. Atabay – R. Ausländer – W. Bächler – K. Bartsch – H. Bastian – J. Becker – H. Bienek – W. Biermann – E. G. Bleisch – J. Bobrowski – R. Bongs – E. Borchers – N. Born – R. Brambach – V. Braun – B. Brechbühl – R. D. Brinkmann – C. Busta – P. Celan – P. O. Chotjewitz – F. C. Delius – U. Dick – G. Dietz – H. Domin – G. Eich – H. M. Enzensberger – E. Fried – D. Fringeli – W. H. Fritz – G. B. Fuchs – G. Grass – H. Gröhler – C. Guesmer – M. Guttenbrunner – G. Haag – W. Hädecke – P. Handke – M. Hannsmann – R. Haufs – M. P. Hein – H.-J. Heise – H. Heißenbüttel – D. Hoffmann – W. Höllerer – M. Hölzer – P. Huchel – P.-G. Hübsch – K. v. Hutten – E. Jandl – E. Jansen – B. Jentzsch – N. Johannimloh – P. Jokostra – M. L. Kaschnitz – H. P.

Keller – W. Kirsten – S. Krauss – K. Krolow – G. Kunert – R. Kunze – C. Meckel – E. Meister – K. Mickel – W. Neumann – H. Piontek – C. Podewils – K. Raeber – C. Reinig – G. Rühm – P. Rühmkorf – G. Salvatore – H. D. Schäfer – K. B. Schäuffelen – H. D. Schmidt – K. Schwedhelm – W. Szabo – W. Thürmer – V. v. Törne – G. Vesper – W. Weyrauch – R. Wolf – K. A. Wolken – W. Wondratschek – E. Zeller – A. Zornack.

Auch im Format 12 × 19 cm. 1972. (Nicht mehr lieferbar.)

Veränderte Neuausgabe 1984 u. d. T. → Deutsche Gedichte der sechziger Jahre

Deutsche Großstadtlyrik vom Naturalismus bis zur Gegenwart.
Hrsg. von Wolfgang Rothe. 525 S. UB 9448–52/52a/b. 1973.

Autoren: H. Adler – F. Avenarius – W. Bächler – I. Bachmann – M. Barthel – W. Bartock – G. E. Bauer – W. Bauer – J. R. Becher – M. Beheim-Schwarzbach – E. Belzner – G. Benn – W. Bergengruen – W. Biermann – E. Blass – J. Bobrowski – P. Boldt – E. Borchers – W. Borchert – V. Braun – B. Brecht – M. Brod – K. Bröger – F. Brügel – J. Büscher – P. Celan – E. Claar – C. Corrinth – O. Damm – R. Dehmel – K. Edschmid – A. Ehrenstein – G. Eich – F. Engel – G. Engelke – H. M. Enzensberger – L. Feuchtwanger – E. Fried – W. H. Fritz – G. B. Fuchs – P. Gan – S. George – K. Gerold – G. A. Goldschlag – Y. Goll – A. Gong – O. M. Graf – G. Grass – L. Greve – E. Grisar – C. Guesmer – H. d. Haas – R. Habetin – S. Hamburger – M. Hannsmann – F. Hardekopf – J. Haringer – J. Hart – R. Haufs – A. Haushofer – H.-J. Heise – H. Heißenbüttel – K. Henckell – S. Hermlin – M. Herrmann-Neisse – G. Heym – K. Hiller – J. v. Hoddis – W. Höllerer – H. v. Hofmannsthal – H. E. Holthusen – A. Holz – P. Huchel – R. Huelsenbeck – L. Jacobowski – E. Jandl – E. Jonas – E. Kästner – H. Kahlau – G. Kaiser – W. v. Kalckreuth – O. Kalenter – Y. Karsunke – H. Kasack – M. L. Kaschnitz – H. Kern – H. Kesten – P. Kien – W. Kirsten – Klabund – K. Klaeber – W. Klemm – G. Kolmar – W. Kordt – T. Kramer – R. Kraushaar – H. Krist – K. Krolow – K. Küther – G. Kunert – R. Kunze – H. Lachmann – C. Lavant – B. Leon – R. Leonhard – L. Lessen – A. Lichtenstein – D. v. Liliencron – O. Loerke – H. Lorbeer – E. W. Lotz – H. Mader – C. Meckel – W. Mehring – L. Meidner – K. F. Meurer – A. R. Meyer – A. Mombert – C. Morgenstern – D. Mühringer – G. Neumann – D. Nick – E. Nicolai – H. M. Novak – B. Orth – K. Otten – A. Paquet – A. Petzold – H. Piontek – F. Rasche – A. Reinfrank – W. Rheiner – E. Rieble – F. Riebold – R. M. Rilke – J. Ringelnatz – M. Röden – H. Rossmann – L. Rubiner – M. Saalfeld – N. Sachs – G. Sack – H. Salus – R. Sanders – O. Schaefer – L. Scharf – J. Schenk – R. Schickele – W. Schirmeier – J. Schlaf – E. Schmidt – A. Schnack – R. Schneider – W. Schnurre – B. Schönlank – K. Schwedhelm – E. Stadler – K. W. Straub – M. Sturmann – W. E. Süskind – R. Syberberg – G. Tacchi – H. Tettenborn – J. Thoor – G. Trakl – K. Tucholsky – K. Vaupel – B. Viertel – H. Vogts – F. Warschauer – A. T. Wegner – H. K. Wehren – E. Weinert – J. Weinheber – F. Werfel – G. Westerhoff – W. Weyrauch – B. Wille – H. Wohlgemuth – F. Woike –

A. Wolfenstein – K. Wolfskehl – E. v. Wolzogen – P. Zech – E. Zeller – H. Zinner – F. v. Zollikofer – A. Zornack – H. Zucker – S. Zweig.

Auch GEB. 1973. *(Nicht mehr lieferbar.)*

Deutsche Liebeslyrik. Hrsg. von Hans Wagener. 429 S. UB 7759 [5]. 1982.

Autoren: H. Albert – A. v. Arnim – H. C. Artmann – I. Bachmann – J. Becker – G. Benn – O. J. Bierbaum – W. Biermann – J. Bobrowski – N. Born – T. Brasch – V. Braun – B. Brecht – C. Brentano – R. Bronikowski – G. A. Bürger – H. Carossa – P. Celan – C. Celtis – A. v. Chamisso – M. Claudius – S. Dach – R. Dehmel – Dietmar von Eist – H. Dittberner – H. Domin – A. v. Droste-Hülshoff – G. Eich – J. v. Eichendorff – H. M. Enzensberger – L. Fels – P. Fleming – T. Fontane – E. Fried – Friedrich von Hausen – W. H. Fritz – S. George – J. W. L. Gleim – J. W. Goethe – J. N. Götz – Y. Goll – G. Grass – A. Gryphius – G. Guben – J. C. Günther – P. Härtling – F. v. Hagedorn – U. Hahn – A. v. Haller – Hartmann von Aue – F. Hebbel – J. Heermann – H. Heine – Kaiser Heinrich – Heinrich von Morungen – Heinrich von Veldeke – H.-J. Heise – G. Herburger – M. Herrmann-Neisse – H. Hesse – G. Heym – F. Hölderlin – C. Hofmann von Hofmannswaldau – H. v. Hofmannsthal – R. Huch – K. Immermann – J. G. Jacobi – E. Jandl – E. Kästner – M. L. Kaschnitz – G. Keller – S. Kirsch – K. Kiwus – Klabund – E. C. v. Kleist – F. G. Klopstock – G. Kolmar – K. Kraus – U. Krechel – K. Krolow – M. Krüger – G. Kunert – Der von Kürenberg – E. Lasker-Schüler – C. Lavant – W. Lehmann – D. Leisegang – N. Lenau – J. M. R. Lenz – G. E. Lessing – D. v. Liliencron – O. Loerke – R. Malkowski – F. Mayröcker – C. Meckel – C. F. Meyer – K. Mickel – E. Mörike – D. Nick – H. M. Novak – Novalis – M. Opitz – A. G. v. Platen – R. Prutz – R. Rasp – Reinmar von Hagenau – R. M. Rilke – J. Ringelnatz – F. Rückert – P. Rühmkorf – N. Sachs – J. G. v. Salis-Seewis – J. H. Schein – D. Scherf-Deskau – F. Schiller – W. Schnurre – K. Schwitters – J. Secundus – D. Sölle – A. Sommer – E. Stadler – K. Stieler – T. Storm – A. Stramm – J. Theobaldy – J. Thomas – G. Trakl – K. Tucholsky – L. Uhland – J. P. Uz – J. H. Voß – G. v. d. Vring – Walther von der Vogelweide – G. R. Weckherlin – C. F. Weisse – D. Wellershoff – F. Werfel – W. Weyrauch – Wolfram von Eschenbach – O. v. Wolkenstein – P. v. Zesen – A. Zollinger – C. Zuckmayer; Carmina Burana – Aus: Des Minnesangs Frühling – Volkslieder.

Auch GEB. 1982.

Deutsche Literatur 1981. Ein Jahresüberblick. Hrsg. von Volker Hage in Zsarb. mit Adolf Fink. 260 S. UB 7760 [3]. 1982.

Deutsche Literatur 1982. Ein Jahresüberblick. Hrsg. von Volker Hage in Zsarb. mit Adolf Fink. 272 S. UB 7915 [3]. 1983.

Deutsche Literatur 1983. Ein Jahresüberblick. Hrsg. von Volker Hage in Zsarb. mit Adolf Fink. 253 S. UB 8212 [3]. 1984.

Deutsche Literatur 1984. Ein Jahresüberblick. Hrsg. von Volker Hage in Zsarb. mit Adolf Fink. 272 S. UB 8045 [3]. 1985.

Deutsche Literatur 1985. Jahresüberblick. Hrsg. von Volker Hage in Zsarb. mit Adolf Fink. [Redaktionelle Mitarb.: Jeanette Stickler.] 320 S. UB 8282 [4]. 1986.

Deutsche Literatur 1986. Jahresüberblick. Hrsg. von Volker Hage in Zsarb. mit Adolf Fink. [Redaktionelle Mitarb.: Jeanette Stickler.] 352 S. UB 8403 [4]. 1987.

Deutsche Literatur 1987. Jahresüberblick. Hrsg. von Franz Josef Görtz, Volker Hage und Uwe Wittstock. [Redaktionelle Mitarb.: Adolf Fink, Monika Kunz.] 344 S. UB 8404 [4]. 1988.

Deutsche Literatur 1988. Jahresüberblick. Hrsg. von Franz Josef Görtz, Volker Hage und Uwe Wittstock. 284 S. UB 8405 [4]. 1989.

Deutsche Literatur 1989. Jahresüberblick. Hrsg. von Franz Josef Görtz, Volker Hage und Uwe Wittstock. 327 S. UB 8406 [4]. 1990.

Deutsche Literatur 1990. Jahresüberblick. Hrsg. von Franz Josef Görtz, Volker Hage und Uwe Wittstock unter Mitarb. von Katharina Frühe. 322 S. UB 8407 [4]. 1991.

Deutsche Literatur 1991. Jahresüberblick. Hrsg. von Franz Josef Görtz, Volker Hage und Uwe Wittstock unter Mitarb. von Katharina Frühe. 309 S. UB 8408. 1992.

Deutsche Literatur im Exil 1933–1945. Texte und Dokumente. Hrsg. von Michael Winkler. 512 S. UB 9865 [6]. 1977.

Autoren: G. Anders – R.-O. Auernheimer – T. Balk – J. R. Becher – G. Bermann Fischer – E. Bloch – B. Brecht – C. Brinitzer – H. Broch – M. Brod – E. Canetti – F. T. Csokor – A. Döblin – L. Feuchtwanger – E. Fischer – L. Frank – S. Friedlaender – Y. Goll – O. M. Graf – Ö. v. Horváth – G. Kaiser – A. Kantorowicz – H. Kesten – E. E. Kisch – T. Kramer – L. Lania – E. Lasker-Schüler – R. Leonhard – G. Lukács – H. Mann – K. Mann – T. Mann – W. Mehring – A. Mombert – R. Musil – H. Natonek – A. Neumann – R. Neumann – R. Olden – H. Plievier – A. Polgar – L. Renn – J. Roth – N. Sachs – H. Sahl – R. Schickele – L. Schwarzschild – A. Seghers – E. Toller – K. Tucholsky – B. Viertel – E. Weinert – P. Weiss – F. Werfel – F. Wolf – A. Wolfenstein – K. Wolfskehl – G. W. Wronkow – O. Zoff – C. Zuckmayer – A. Zweig – S. Zweig.

Die deutsche Literatur. Ein Abriß in Text und Darstellung. Hrsg. von Otto F. Best und Hans-Jürgen Schmitt. Bd. 1: **Mittelalter I.** Hrsg. von Hans Jürgen Koch. 343 S. UB 9601 [4]. 1976.

Veränderte und bibliographisch ergänzte Ausgabe. 350 S. 1982.

Die deutsche Literatur. [...] Bd. 2: **Mittelalter II.** Hrsg. von Hans Jürgen Koch. 328 S. UB 9605 [4]. 1976.

Veränderte und bibliographisch ergänzte Ausgabe. 330 S. 1984.

Die deutsche Literatur. [...] Bd. 3: **Renaissance, Humanismus, Reformation.** Hrsg. von Josef Schmidt. 372 S. UB 9609 [4]. 1976.

Bibliographisch ergänzte Ausgabe. 372 S. 1983.

Die deutsche Literatur. [...] Bd. 4: **Barock.** Hrsg. von Renate Fischetti. 352 S. UB 9613 [4]. 1975.

Bibliographisch ergänzte Ausgabe. 366 S. 1980.

Die deutsche Literatur. [...] Bd. 5: **Aufklärung und Rokoko.** Hrsg. von Otto F. Best. 336 S. UB 9617 [4]. 1976.

Bibliographisch ergänzte Ausgabe. 336 S. 1980.
Bibliographisch ergänzte Ausgabe. 336 S. 1987.

Die deutsche Literatur. Bd. 6: **Sturm und Drang und Empfindsamkeit.** Hrsg. von Ulrich Karthaus. 333 S. UB 9621 [4]. 1976.

Bibliographisch ergänzte Ausgabe. 334 S. 1979.
Durchgesehene und bibliographisch ergänzte Ausgabe. 336 S. 1991 [recte: 1992].

Die deutsche Literatur. [...] Bd. 7: **Klassik.** Hrsg. von Gabriele Wirsich-Irwin. 328 S. UB 9625–28. 1974.

Durchgesehene und bibliographisch ergänzte Ausgabe. 331 S. 1987.

Die deutsche Literatur. [...] Bd. 8: **Romantik I.** Hrsg. von Hans-Jürgen Schmitt. 318 S. UB 9629–32. 1974.

Durchgesehene und bibliographisch ergänzte Ausgabe. 319 S. 1978.

Die deutsche Literatur. [...] Bd. 9: **Romantik II.** Hrsg. von Hans-Jürgen Schmitt. 304 S. UB 9633–36. 1974.

Durchgesehene und bibliographisch ergänzte Ausgabe. 307 S. 1978.

Die deutsche Literatur. [...] Bd. 10: **Restauration, Vormärz und 48er Revolution.** Hrsg. von Florian Vaßen. 324 S. UB 9637–40. 1975.

Veränderte und bibliographisch ergänzte Ausgabe. 335 S. 1979.

Die deutsche Literatur. [...] Bd. 11: **Bürgerlicher Realismus.** Hrsg. von Andreas Huyssen. 335 S. UB 9641–44. 1974.

Durchgesehene und bibliographisch ergänzte Ausgabe. 340 S. 1978.

Die deutsche Literatur. [...] Bd. 12: **Naturalismus.** Hrsg. von Walter Schmähling [unter Mitarb. von Christa Seibicke]. 336 S. UB 9645 [4]. 1977.

Bibliographisch ergänzte Ausgabe. 336 S. 1980.

Die deutsche Literatur. [...] Bd. 13: **Impressionismus, Symbolismus und Jugendstil.** Hrsg. von Ulrich Karthaus. 357 S. UB 9649 [4]. 1977.

Durchgesehene und bibliographisch ergänzte Ausgabe. 358 S. 1981.
Durchgesehene und bibliographisch ergänzte Ausgabe. 359 S. 1991.

Die deutsche Literatur. [...] Bd. 14: **Expressionismus und Dadaismus.** Hrsg. von Otto F. Best. 336 S. UB 9653–56. 1974.

Bibliographisch ergänzte Ausgabe. 336 S. 1986.

Die deutsche Literatur. [...] Bd. 15: **Neue Sachlichkeit, Literatur im ›Dritten Reich‹ und im Exil.** Hrsg. von Henri R. Paucker. 318 S. UB 9657–60. 1974.

Bibliographisch ergänzte Ausgabe. 319 S. 1979.

Die deutsche Literatur. [...] Bd. 16: **Gegenwart.** Hrsg. von Gerhard R. Kaiser. 342 S. UB 9661–64. 1975.

Durchgesehene und bibliographisch ergänzte Ausgabe. 346 S. 1978 [recte: 1979].
Erweiterte und überarbeitete Ausgabe. 400 S. 1983.

Deutsche Lyrik der Gegenwart. Eine Anthologie. Hrsg. und eingel. von Willi Fehse. 226 S. UB 7884–86. 1955.

Autoren: S. Andres – I. Bachmann – L. F. Barthel – G. Benn – W. Bergengruen – R. Billinger – F. Bischoff – B. Brecht – G. Britting – O. Brües – C. Busta – H. Carossa – P. Celan – F. Diettrich – J. Eggebrecht – G. Eich – S. Einstein – W. Fehse – P. Gan – O. Gillen – A. Goes – J. v. Guenther – R. Hagelstange – M. Hausmann – B. v. Heiseler – H. Hesse – W. Höllerer – H. E. Holthusen – P. Huchel – E. Jaeckle – F. G. Jünger – E. Kästner – H. Kasack – M. L. Kaschnitz – M. Kessel – K. Krolow – S. Lang – H. Lange – G. v. Le Fort – W. Lehmann – H. Leip – M. Mell – K. E. Meurer – A. Miegel – E. Mitterer – I. Molzahn – J. Mühlberger – E. Penzoldt – H. Piontek – F. Rasche – L. E. Reindl – E. Roth – M. Saalfeld – O. Schaefer – R. Schaumann – A. Schnack – F. Schnack – R. Schneider

W. Scholz – R. A. Schröder – G. Schwarz – K. Schwedhelm – I. Seidel – K. L. Skutsch – F. Usinger – G. v. d. Vring – W. Weyrauch – W. Zemp – C. Zuckmayer.

Auch als Sonderausgabe zum 125jährigen Bestehen des Verlags (Reclams Jubiläums-Bände). 1955. *(Nicht mehr lieferbar.)*

Zweite, erweiterte Auflage. 262 S. 1956. *Enthält zusätzlich:* W. Bächler – A. G. Bartels – E. Barth – W. Bauer – E. G. Bleisch – W. Bock – A. Ehrismann – H. Heißenbüttel – T. Kramer – C. Lavant – K. Leonhard – W. Meckauer – G. Schneider – E. Schönwiese – H. Schumacher – H. Stahl – U. M. Strub – S. Walter. *(Auch GEB.)*

Dritte, erweiterte Auflage. 269 S. 1960. *Enthält zusätzlich:* R. Brambach – H. M. Enzensberger – R. Felmayer – H. P. Keller – H.-W. Sabais – W. Schmiele. *(Auch GEB.)*

Nicht mehr lieferbar seit 1984.

Deutsche Lyrik-Parodien aus drei Jahrhunderten. Hrsg. von Theodor Verweyen und Gunther Witting. 335 S. UB 7975 [4]. 1983.

Autoren: J. I. Baggesen – J. R. Becher – G. Benn – M. Bieler – E. Bormann – B. Brecht – B. H. Brockes – G. A. Bürger – W. Buhl – A. v. Chamisso – M. Claudius – H. Conradi – R. Dehmel – W. Deneke – K. Döhmer – Eginhardt – J. v. Eichendorff – F. Eisenlohr – T. Fontane – F. C. Fulda – R. Gernhardt – J. W. Goethe – H. v. Gumppenberg – L. Hahn – G. Hauptmann – M. Hausmann – H. Heine – P. W. Hensler – G. Herwegh – H. Hesse – H. Hoffmann – A. H. Hoffmann von Fallersleben – H. v. Hofmannsthal – L. C. H. Hölty – Horaz – P. Huchel – J. G. Jacobi – A. G. Kästner – E. Kästner – F. Kempner – Klabund – F. G. Klopstock – G. L. T. Kosegarten – K. Kraus – Z. Kresse – E. Lasker-Schüler – R. Lenz – Ludwig I. von Bayern – R. H. Markowsky – F. Matthisson – F. Mauthner – E. Meister – F. E. Moll – C. Morgenstern – K. Müchler – Mynona – J. Neander – R. Neumann – F. Nicolai – F. Nietzsche – O. v. Redwitz – H. Reimann – C.-H. Riboutté – J. Ringelnatz – R. Rodt – G. G. Röller – L. Rubiner – P. Rühmkorf – A. Ruge – D. Saupe – F. Schiller – A. W. Schlegel – R. Schneider – C. O. v. Schönaich – G. Schwab – K. Schwitters – S. Steen – F. L. zu Stolberg – M. Strachwitz – A. Stramm – L. Thoma – L. Tieck – C. F. Timme – F. Torberg – D. W. Triller – K. Tucholsky – G. T. Tunnwig – H. H. v. Twardowski – F. T. Vischer – Von Miris – J. H. Voß – F. K. Waechter – R. Wagner – B. Wegner – E. Weinert – F. G. Wetzel – M. Wulff; anonyme Texte.

Auch GEB. 1983.

Der deutsche Michel. Revolutionskomödien der Achtundvierziger. Hrsg. von Horst Denkler. 527 S. UB 9300–05. 1971.

Inhalt: E. v. Bauernfeld: Großjährig – L. Feldmann: Der deutsche Michel, oder Familien-Unruhen – A. Hopf: Nante als National-Versammelter –

K. H. Keck: Die Kaiserwahl zu Frankfurt – R. Prutz: Die politische Wochenstube – O. Seemann / A. Dulk: Die Wände – R. Solger: Der Reichstagsprofessor.

Deutsche Parabeln. Hrsg. von Josef Billen. 308 S. UB 7761 [4]. 1982.

Autoren: G. Anders – I. Bachmann – W. Benjamin – P. Bichsel – M. J. Bin Gorion – E. Bloch – W. Borchert – B. Brecht – C. Brentano – H. Broch – M. Buber – G. Büchner – G. A. Bürger – M. Claudius – M. v. Ebner-Eschenbach – G. Elsner – M. Frisch – F. Grillparzer – F. Hebbel – H. Heckmann – H. Heine – J. G. Herder – E. Hoernle – Jean Paul – U. Johnson – F. Kafka – M. L. Kaschnitz – R. Kassner – G. Keller – H. v. Kleist – G. Kunert – G. E. Lessing – K. Marti – R. Musil – F. Nietzsche – J. H. Pestalozzi – G. Rühm – F. Schiller – W. Schnurre – A. Schopenhauer – R. Walser – F. Wolf.

Deutsche Prosa-Parodien aus zwei Jahrhunderten. Hrsg. von Winfried Freund und Walburga Freund-Spork. 303 S. UB 8483 [4]. 1988.

Inhalt: G. Amanshauser: Materialien zu einem Lautgedicht aus drei Buchstaben – K. Bartsch: Bestseller – K. Bartsch: über den Bodensee – M. Bieler: Null-Acht-Strammstehn – M. Bosch: Alle Abenteuer dieser Welt – B. Brecht: [Große Rede C.s vor den Distriktsobleuten der Wahlkomitees] – W. Buhl: Das Glasperlenspiel – W. Buhl: ZEITgeschmack – G. de Bruyn: Das Ding an sich. Nach Günter Grass – F. Deppert: Sterntaler – A. Eichholz: Das verschüttete Leben – A. Eichholz: Der wortwörtliche Leverknödel – H. Erhardt: Die Entstehung der Glocke von Schiller oder Warum Schillers Glocke keinen Klöppel hat – I. Fetscher: Rumpelstilzchen und die Frankfurter Schule – I. Fetscher: Der Vormarsch der Einsilber. Ein Interview unseres Reporters Edler von Goldeck mit Prof. Dr. Dr. Pseudophil – W. Finck: Verdunkelungsübung – E. Friedell: Die Welt im Drama. Eine Buchbesprechung im Stile Kerrs – R. Gernhardt: Der Kulturfilm – R. Gernhardt: Das Quadrat und die Frauen – H. v. Gumppenberg: Goethes »Weder – Weder«. Goethe-Gedächtnisrede – A. Hein: [Kurts Maler. Ein Lieblingsroman des deutschen Volkes] – H. Heißenbüttel: Gruppenkritik – E. Henscheid: Skisport und Thanatos – K. Hoche: Ein Film und ein Gefühl, das man dabei hat (Eine Filmkritik) – K. Hoche: Die Hochzeitsreise. Nach Heinrich Böll – D. Höss: Ein Platz für Menschen – D. Höss: Was bin ich? – Janosch: Hans im Glück – E. Kästner: Das Goethe-Derby – K. Kraus: [Noch ist Polen nicht verloren] – Loriot: Bundestagsrede – Loriot: Literaturkritik – F. Mauthner: Das Geheimnis der ledernen Hose – F. Mauthner: Walpurga, die taufrische Amme – G. Meyrink: Jörn Uhl – C. Morgenstern: Aus einer Literaturgeschichte neuerer deutscher Lyrik – C. Morgenstern: Knochenfraß, eine dramatische Handlung vom Ende der 80er Jahre (Berliner Schule) (Fragment) – Mynona: Der verliebte Leichnam – R. Neumann: Ich lasse mich nicht! – R. Neumann: Der Sturz – G. Polt / H. C. Müller: Das Idyll – H. Reimann: Joe und Charlie – H. Reimann: Die Sünde wider das

Blut – F. Rexhausen: Grabrede auf einen Schriftsteller – K. Robitschek: Zeitungs-Parodie – H. Rosendorfer: Soziologische Situation des Vampirs – G. Sangerberg: Das Märchen vom Wunschkind – D. Saupe: Mein Name sei Gänseklein. Nach Max Frisch – D. Saupe: Monologischer Dialog im Literarischen Safthaus – E. G. Schack: Instinkt oder Überlegung – P. Scher: Oll Poggensiel – F. Schönborn: Simmelblume – S. Sommer: Das Revolverkino – L. Thoma: [Käsebiers Italienreise] – L. Thoma: Der Krieg. Ein Schulaufsatz – F. Torberg: Der Komplex tanzt. Aus dem Drehbuch eines drohenden Hollywood-Films über Sigmund Freud – T. Troll: Das Urteil des Paris – T. Troll: Wie man ein böß alt Weib wird, ohne seine Tugendt zu verlieren – K. Tucholsky: Hitler und Goethe. Ein Schulaufsatz – K. Tucholsky: Weltbild, nach intensiver Zeitungslektüre – H. H. v. Twardowski: Barczynski. Eine Novelle – O. Waalkes: Das Wort zum Montag – F. K. Waechter: Die Nacht des Schreckens – M. J. Wolff: Vor Troja nichts Neues [Abschn. I].

Auch GEB. 1988.

Deutsche Reden. Hrsg. von Walter Hinderer. Tl. I: **Von Berthold von Regensburg bis Ludwig Uhland.** 528 S. UB 9672–78. 1973 [recte: 1974].

Inhalt: Abraham a Santa Clara: Der alte Hafen scheppert – E. M. Arndt: Rede über den deutschen Adel – Berthold von Regensburg: Von der ûzsetzikeit – R. Blum: Rede über die Centralgewalt – L. Börne: Denkrede auf Jean Paul – G. Büchner: Rede zur Vertheidigung des Cato von Utika – M. Dalhover: Omnis homo mendax, alle Menschen seind Lügner – Meister Eckart: Von dem edlen Menschen – J. G. Fichte: Vierzehnte Rede an die deutsche Nation – G. Forster: Rede bei dem Antritt des Prorectorats am Collegium Carolinum in Cassel – A. H. Francke: Von den falschen Propheten – H. v. Gagern: Der Septemberaufstand in Frankfurt – C. F. Gellert: Ermahnung an die Studenten der Universität Leipzig – J. W. Goethe: Zum Schäkespears Tag – J. J. Görres: Auf den Untergang des hl. römischen Reiches deutscher Nation – F. Grillparzer: Rede am Grabe Beethovens – W. Grimm: Bericht über das deutsche Wörterbuch – C. Harms: Der Krieg nach dem Kriege oder: die Bekämpfung einheimischer Landesfeinde – J. G. Herder: Von den Gefahren der Vielwißerei und Vielthuerei – J. K. Lavater: Predige! Was soll ich predigen? – J. M. R. Lenz: Stimmen des Layen auf dem letzten theologischen Reichstage – F. List: Verteidigungsrede – M. Luther: Drei Predigten – A. Müller: Von der politischen Beredsamkeit und deren Verfall in Deutschland – T. Müntzer: Die Fürstenpredigt – F. Schelling: Rede an die Studierenden der Ludwig-Maximilians-Universität zu München – F. Schiller: Rede über die Frage: Gehört allzuviel Güte, Leutseeligkeit und große Freygebigkeit im engsten Verstande zur Tugend? – F. Schleiermacher: Ueber die rechte Verehrung gegen das einheimische Große aus einer früheren Zeit – L. Simon: Verteidigungsrede – L. Uhland: Für »zeitweilige« Wahl des Reichsoberhauptes – L. Wienbarg: Ästhetische Feldzüge. Fünfte Vorlesung – N. L. v. Zinzendorf: Huldigungs-Rede – U. Zwingli: Kriegspredigt.

Deutsche Reden. [...] Tl. II: **Von Ludwig Feuerbach bis Werner Heisenberg.** [660 S.; Tl. I und II durchgehend paginiert: 1168 S.] UB 9679–85. 1973 [recte: 1974].

Inhalt: T. W. Adorno: Die Wunde Heine – A. Arndt: Unsere geschichtliche Verantwortung für die Freiheit – K. Barth: Die Judenfrage und ihre christliche Beantwortung – A. Bebel: Rede zum Gesetzentwurf über die Aufenthaltsbeschränkung der Jesuiten – G. Benn: Soll die Dichtung das Leben bessern? – O. v. Bismarck: Rede über die europäische Lage – E. Bloch: Widerstand und Friede – D. Bonhoeffer: Die Wahrheit wird euch frei machen – R. Borchardt: Die neue Poesie und die alte Menschheit – M. Born: Rede gegen das Reden. Eine Neujahrsansprache – M. Buber: Geltung und Grenze des politischen Prinzips – H. M. Enzensberger: Notstand – L. Feuerbach: Dreißigste Vorlesung über das Wesen der Religion – S. Freud: Einführung in die Psychoanalyse – G. Grass: Vom mangelnden Selbstvertrauen der schreibenden Hofnarren unter Berücksichtigung nicht vorhandener Höfe – K. Gutzkow: Ein Schillerfestspruch – W. Heisenberg: Änderungen der Denkstruktur im Fortschritt der Wissenschaft – T. Heuss: Deutschlands Zukunft – H. v. Hofmannsthal: Der Dichter und diese Zeit – R. Huch: Demokratie ist eine Sache der Gesinnung – W. Jens: Plädoyer für das Positive in der modernen Literatur – F. Lassalle: Über das Verfassungswesen – K. Liebknecht: Gegen die »Privilegienherrschaft« – R. Luxemburg: Der politische Massenstreik und die Gewerkschaften – H. Mann: Wir feiern die Verfassung – T. Mann: Deutschland und die Deutschen – S. Mayer: Der Stein und das Bild, oder Preußen's Zukunft – F. Naumann: Über das Arbeitsverhältnis in den privaten Riesenbetrieben – M. Niemöller: Gedenkrede für die Opfer der nationalsozialistischen Herrschaft – F. Nietzsche: Fatum und Geschichte – W. Rathenau: Probleme der Friedenswirtschaft – E. Richter: Zum neuen Flottenplan – C. Schmid: Zur auswärtigen Kulturpolitik – C. Sonnenschein: Caritaspflicht – G. Stresemann: Zur Lage der Nation – P. Tillich: Kritik und Rechtfertigung der Utopie – H. v. Treitschke: Das Socialistengesetz – F. v. Unruh: Gegen die Zensur! – F. T. Vischer: Wahlrede – M. Weber: Zur Gründung einer national-sozialen Partei – J. Wirth: Der Feind steht rechts.

Nicht mehr lieferbar seit 1989.

Tl. I und II auch GEB. in 1 Bd. im Format 12 × 19 cm. 1168 S. 1973. *(Nicht mehr lieferbar.)*

Deutsche Schwänke. Mit 33 Abb. Hrsg. von Leander Petzoldt. 412 S. UB 9954 [5]. 1979.

Auch GEB. im Format 12 × 19 cm. 1979. (Nicht mehr lieferbar.)

Deutsche Sonette. Hrsg. von Hartmut Kircher. 541 S. UB 9934 [6]. 1979.

Autoren: H. A. v. Abschatz – Alexander von Württemberg – S. Andres – Angelus Silesius – L. Anzengruber – E. Arendt – E. M. Arndt – A. v. Arnim – D. Bärholtz – J. I. Baggesen – H. Ball – H. Baum – J. R. Becher –

W. Bergengruen – R. G. Binding – S. v. Birken – E. Blass – P. Boldt –
R. Borchardt – B. Brecht – C. Brentano – G. Britting – H. Broch – B. H.
Brockes – O. Brües – G. A. Bürger – J. Büscher – F. R. v. Canitz – A. v.
Chamisso – H. Conradi – P. Cornelius – D. v. Czepko – S. Dach – T. Däubler – F. Dahn – G. F. Daumer – R. Dehmel – F. Diettrich – F. Dingelstedt –
C. F. Drollinger – A. v. Droste-Hülshoff – K. Edschmid – J. v. Eichendorff
– F. Eisenlohr – O. C. Eltester – H. Eulenberg – J. G. Fichte – J. Fischart –
P. Fleming – A. A. L. Follen – T. Fontane – F. Freiligrath – E. Geibel –
S. George – F. K. v. Gerok – J. W. L. Gleim – R. Goering – A. Goes – J. W.
Goethe – Y. Goll – J. C. Gottsched – M. Greif – C. R. v. Greiffenberg –
J. D. Gries – A. Grün – A. Gryphius – C. Gryphius – J. C. Günther –
R. Hagelstange – L. Hahn – G. B. Hancke – G. P. Harsdörffer – A. v.
Haugwitz – G. Hauptmann – A. Haushofer – M. Hausmann – F. Hebbel –
H. Heine – A. Heismann – S. Hermlin – M. Herrmann-Neisse – G. Herwegh – H. Hesse – G. Heym – P. Heyse – C. Hofmann von Hofmannswaldau – H. v. Hofmannsthal – E. v. Hohenhausen – H. E. Holthusen –
H. Hopfen – R. Huch – H. v. Hülsen – W. v. Humboldt – K. L. Immermann – W. v. Kalckreuth – H. Kaltneker – Y. Karsunke – M. L. Kaschnitz
– G. Keller – F. Kempner – C. Kirchner – R. Kirsch – S. Kirsch – Klabund
– H. v. Kleist – W. Klemm – F. X. Klinger – C. Köler – T. Körner –
G. Kolmar – K. Kraus – Q. Kuhlmann – G. Kunert – I. Kurz – E. Lasker-Schüler – H. Leifhelm – N. Lenau – R. Leonhard – H. Lersch – L. Lessen –
H. Leuthold – A. Lichtenstein – D. v. Liliencron – H. Lingg – O. H. v.
Loeben – O. Loerke – F. v. Logau – D. C. v. Lohenstein – Ludwig I. von
Bayern – K. Marx – C. Meckel – P. Melissus – J. B. Mencke – C. F. Meyer
– K. Mickel – E. Mitterer – J. J. Mnioch – E. Mörike – N. de Montreux –
C. Morgenstern – D. G. Morhof – H. Mühlpfort – E. Mühsam – Mynona –
B. Neukirch – G. Neumark – D. Nick – W. v. Niebelschütz – H. E.
Nossack – Novalis – M. Opitz – E. Peterich – M. v. Pettenkofer – W. Petzet – L. Pfau – A. v. Platen – M. J. Plavius – R. E. Prutz – K. M. Rapp –
L. Rauner – O. v. Redwitz – C. Reinig – M. Richey – H. Richter – F. W.
Riemer – R. M. Rilke – J. Rist – J. Rompler von Löwenhalt – L. Rubiner –
F. Rückert – G. Rühm – P. Rühmkorf – M. Saalfeld – H.-W. Sabais – F. v.
Sallet – R. Schaukal – W. Scherfer von Scherffenstein – H. Schiebelhuth –
D. Schirmer – A. W. Schlegel – F. Schlegel – K. E. K. Schmidt –
M. Schmidt – R. Schneider – J. G. Schoch – R. A. Schröder – E. Schwabe
von der Heyde – S. Schwartz – K. Stiller – D. F. Strauss – J. Thoor –
L. Tieck – J. P. Titz – E. Toller – G. Trakl – L. Uhland – J. H. Voß – G. R.
Weckherlin – F. Wedekind – A. T. Wegner – J. Weinheber – D. v. d.
Werder – F. Werfel – Z. Werner – F. G. Wetzel – J. Winckler – C. Wirsung – A. Wolfenstein – P. Zech – P. v. Zesen – J. W. Zincgref – S. Zweig.

Auch GEB. 1979. *(Nicht mehr lieferbar.)*

Deutsche Unsinnspoesie. Hrsg. von Klaus Peter Dencker. [Mit einem Beitrag von Dieter Baacke.] 447 S. UB 9890 [5]. 1978.

Autoren: F. Achleitner – P. P. Althaus – C. Arnold – H. Arp – H. C.
Artmann – A. Astel – H. Ball – K. Bayer – F. R. Behrens – H. Bienek –

S. v. Birken – R. Blümner – J. Bobrowski – E. Bormann – N. v. Bostel –
G. Braun – B. Brechbühl – C. Bremer – B. Brock – W. Busch – P. Celan –
A. v. Chamisso – M. Claudius – F. C. Delius – K. P. Dencker – W. Dürrson – A. Ehrenstein – J. v. Eichendorff – L. Eichrodt – F. Endrikat –
H. Erhardt – O. Erich – P. J. Fabich – W. Finck – T. Fontane – G. B. Fuchs
– E. Geibel – J. W. Goethe – Y. Goll – G. Grass – F. Grasshoff –
G. Greflinger – G. Grosz – H. v. Gumppenberg – A. Gustas – P. Hacks –
W. Hädecke – P. Härtling – H. Häussler – P. Hafner – F. Hardekopf –
L. Harig – G. P. Harsdörffer – R. Hartung – R. Haufs – H. Hausmann –
H. Heine – H. Heißenbüttel – J. Hellwig – A. Herbrich – J. G. Herder –
J. v. Hoddis – W. Höllerer – F. Hofbauer – O. Huth – E. Jandl – H. Jandl –
Jean Paul – H. Jelinek – E. Kästner – Klabund – J. Klaj – P. Klee –
G. Knorre – M. Krause – U. Krause – G. Kreisler – O. H. Kühner –
G. Kunert – M. Lang – G. E. Lessing – H. Lingg – J. Lobe – F. v. Logau –
K. Mautz – J. Mayer-Limberg – F. Mayröcker – C. Meckel – C. Meisl –
E. Meister – J. G. F. Messerschmidt – N. L. F. Miklos – E. Mörike –
C. Morgenstern – W. A. Mozart – E. Mühsam – B. S. Müller – F. J. Müller
– A. F. Murell – O. Nebel – A. Okopenko – B. Papentrigk – O. Pastior –
B. Peter – J. Rehn – J. Ringelnatz – H. Rohde – E. Roth – F. Rückert –
G. Rühm – H. Sachs – E. Sack – G. F. Schaudt – P. Scheerbart – J. V.
Scheffel – K. Schimper – A. W. Schlegel – F. Schlegel – G. Schramm –
L. Schröpfer – C. F. D. Schubart – K. Schwitters – W. Serner – K. Sigel –
D. Spoerri – S. Steen – V. O. Stomps – K. Tucholsky – V. Valentin –
H. Venske – F. T. Vischer – Von Miris – J. H. Voß – M. Walser –
F. Wedekind – T. Weißenborn – W. Weyrauch – O. Wiener – R. Wolf –
M. Wulff – D. Wyss – P.-P. Zahl.

Auch GEB. 1978. *(Nicht mehr lieferbar.)*

Deutsche Volkslieder. 168 Volkslieder und volkstümliche Lieder [mit Noten]. [Mit Ill. von Ingeborg von Reusner.] Hrsg. von Ernst-Lothar von Knorr. 264 S. UB 8665–68. 1962. *Querformat.*

Auch GEB. 1962ff. *(Nicht mehr lieferbar.)*

Veränderte Ausgabe. [Mit Ill. von Marie Theres von Elverfeldt.] 264 S. 1964.

Der deutsche Vormärz. Texte und Dokumente. Hrsg. von Jost Hermand. 424 S. UB 8794–98. 1967.

Autoren: E. M. Arndt – B. v. Arnim – B. Bauer – H. Bauer – K. I. Beck –
N. Becker – R. Blum – A. Bock – M. F. Chemnitz – F. Dingelstedt –
E. Dronke – F. Engels – L. Feuerbach – F. Freiligrath – J. Frobel – G. G.
Gervinus – H. v. Gilm – A. Glassbrenner – R. Gottschall – K. Grün –
H. Harring – H. Heine – G. Herwegh – M. Heß – A. H. Hoffmann von
Fallersleben – W. Jordan – G. Keller – G. Kinkel – J. C. Lüchow –
G. Mäurer – K. Marx – H. F. Maßmann – A. Meißner – K. Nauwerck –
L. Pfau – R. Prutz – H. Rollett – A. Ruge – F. v. Sallett – J. Schanz – K. H.
Schnauffer – M. Schneckenburger – A. Schults – W. Schulz – L. Seeger –
M. Stirner – A. Strodtmann – G. Weerth – W. Weitling – W. Wolff.

Auch GEB. 1967. *(Nicht mehr lieferbar.)*

Bibliographisch ergänzte Ausgabe. 427 S. 1976.

Die deutschen Sprichwörter. Gesammelt von Karl Simrock. Einl. von Wolfgang Mieder. 631 S. UB 8453 [7]. 1988.

Auch GEB. 1988.

Die Deutschen und Luther. Texte zur Geschichte und Wirkung. Hrsg. von Johann Baptist Müller. 235 S. UB 7916 [3]. 1983.

Autoren: P. Althaus – E. M. Arndt – H. Ball – K. Barth – J. Burckhardt – O. Dibelius – W. Dilthey – F. Engels – F. Fischer – J. F. Fries – G. G. Gervinus – J. W. Goethe – J. Gross – A. v. Harnack – F. Heer – G. W. F. Hegel – H. Heine – J. G. Herder – G. Holstein – F. L. Jahn – P. Joachimsen – H. Jordan – E. Kaufmann – H. Kohn – H. Leo – G. E. Lessing – J. A. Lortz – W. Meyer-Erlach – A. Müller-Armack – E. Niekisch – F. Nietzsche – H. A. Oberman – H. Petrich – W.-E. Peuckert – H. Plessner – H. J. Riedmann – G. Ritter – R. Rocker – W. Röpke – A. Rosenberg – E. V. v. Rudolf – A. Rüstow – G. Schmidtchen – J. E. Spenlé – R. Stadelmann – F. J. Stahl – W. Stapel – H. v. Treitschke – E. Troeltsch.

Nicht mehr lieferbar seit 1989.

Deutscher Minnesang (1150–1300). Nachdichtung von Kurt Erich Meurer. Einf. sowie Ausw. und Ausg. der Texte von Friedrich Neumann. 183 S. UB 7857/58. 1954.

Autoren: Albrecht von Johannsdorf – Der wilde Alexander – Burkhard von Hohenfels – Dietmar von Eist – Friedrich von Hausen – Friedrich von Leiningen – Gottfried von Neifen – J. Hadlaub – Hartmann von Aue – Kaiser Heinrich – Heinrich von Morungen – Heinrich von Veldeke – Konrad Schenk von Landeck – Konrad von Würzburg – Der von Kürenberg – Meinloh von Söflingen – Neidhart – Otto von Botenlauben – Reinmar (von Hagenau) – Steinmar – Der Tannhäuser – Ulrich von Lichtenstein – Ulrich von Winterstetten – Walther von der Vogelweide – König Wenzel von Böhmen – Wolfram von Eschenbach.

Auch als Sonderausgabe zum 125jährigen Bestehen des Verlags (Reclams Jubiläums-Bände). 1954. *(Nicht mehr lieferbar.)*

Durchgesehene Ausgabe. 174 S. 1971.

Deutsches Rätselbuch. Hrsg. von Volker Schupp. 467 S. UB 9405–09. 1972.

Autoren: A. R. M. E. – Abraham a Sancta Clara – R. F. Arnold – Arnulfus – J. Baggesen – C. Barlaeus – W. Berta – S. v. Birken – T. Birt – Boppe – L. Brachmann – S. Brant – F. Brentano – E. Bürger – G. A. Bürger – E. Buschor – J. Camerarius I – I. F. Castelli – K. W. Contessa – J. Cressius – S. Dach – A. G. Eberhard – J. Ehlers – G. T. Fechner – B. Feind – G. Finckelthaus – A. Fischer-Colbrie – R. Flatter – H. Folz – A. Franz –

Freidank – Friedrich von Sunnenburg – N. Frischlin – E. Geibel – K. Gesner – L. F. G. v. Goeckingk – J. W. Goethe – F. W. Gotter – G. Greflinger – F. Grillparzer – A. Gryphius – F. W. Güll – K. Hätzlerin – Der Hardegger – G. P. Harsdörffer – W. Hauff – F. Haug – F. Hebbel – J. P. Hebel – H. Heine – Heinrich von Neustadt – H. E. Hessus – P. Heyse – A. H. Hoffmann von Fallersleben – E. v. Houwald – W. v. Humboldt – C. F. Hunold – H. Junius – K. F. L. Kannegießer – Karl der Große – A. Kastil-Meister Kelin – J. Kerner – F. Kind – H. v. Kleist – F. v. Klotz – T. Körner – M. Kongehl – K. A. Kortum – A. v. Kotzebue – K. Kraus – M. Q. Kupfferschneider – A. F. E. Langbein – N. Lenau – B. Lobkowitz von Hassenstein – F. v. Logau – J. Lorichius – G. Lotz – Z. Lundius – M. Luther – J. C. Männling – Der Marner – F. Matthisson – Der Meißner – P. Melissus – E. Mörike – G. H. Mostar – K. F. Müchler – C. L. Neuffer – B. Neukirch – A. v. Platen – L. Psellionoros – F. Raimund – Reinmar von Zweter – J. Reuchlin – N. v. Reusner – F. Rückert – Rumsland von Sachsen – F. Schaefer – R. v. Schaukal – W. Scherffer von Scherffenstein – F. Schiller – F. Schleiermacher – K. E. K. Schmidt – J.-G. Schoch – W. v. Scholz – A. Schopenhauer – J. G. Schottel – Singuf von Sachsen – Meister Stolle – O. Sutermeister – Der Tannhäuser – F. Taubmann – J. Thomas – C. A. Tiedge – C. Töpfer – R. Treichler – G. Treuer – A. Tscherning – L. Uhland – W. Usener – F. T. Vischer – Walahfrid Strabo – Z. Werner – C. M. Wieland – K. L. E. v. Wildungen – K. G. T. Winkler – Wizlav von Rügen.

Auch GEB. im Format 12 × 19 cm. 1972. (Nicht mehr lieferbar.)

Dichter-Porträts. Bilder und Daten. [Zsgest. von Gunter Grimm, Markus Krause, Frank Rainer Max, Sabine Ostmann, Stephan Speicher.] 399 S. UB 8835. 1992. (Jubiläums-Edition 125 Jahre Universal-Bibliothek.) *GEB.*

Dickens, Charles: A Christmas Carol. [Mit Ill. von John Leech.] Hrsg. von Herbert Geisen. 155 S. UB 9150 [2]. 1983. (Fremdsprachentexte.)

Dickens, Charles: Das Heimchen am Herde. Ein Hausmärchen. Dt. von W[ilhelm] Lange. Neue, durchges. Ausg. Mit einem Nachw. von Hildegard Blattmann. 127 S. UB 865. 1952.

Nicht mehr lieferbar seit 1973.

Dickens, Charles: Schwere Zeiten. Für diese Zeiten. [Roman.] Aus dem Engl. übers., mit Anm. und Nachw. von Ulrike Jung-Grell. 430 S. UB 1308 [5]. 1989.

Auch GEB. 1989.

Dickens, Charles: Der Weihnachtsabend. Ein Weihnachtslied in Prosa oder Eine Geistergeschichte zum Christfest. [Übers. und hrsg. von Richard Mummendey.] 139 S. UB 788/788a. 1950.

Auch GEB. 1951. (Nicht mehr lieferbar.)
Nicht mehr lieferbar; ersetzt durch:

Dickens, Charles: Der Weihnachtsabend. Ein Weihnachtslied in Prosa oder Eine Geistergeschichte zum Christfest. Übers. von Trude Geißler. Nachw. von Richard Mummendey. 124 S. UB 788/788a. 1954.

Auch als Sonderausgabe zum 125jährigen Bestehen des Verlags (Reclams Jubiläums-Bände). 1954. (Nicht mehr lieferbar.)

Durchgesehene Ausgabe. 120 S. 1978.

Dickinson, Emily: Gedichte. Engl. und dt. Ausgew. und übertr. von Gertrud Liepe. Mit einem Nachw. von Klaus Lubbers. 222 S. UB 7908–10. 1970.

Diderot, Denis: Jacques der Fatalist und sein Herr. Roman. Übers. und Nachw. von Ernst Sander. [Mit Anm.] 360 S. UB 9335–38. 1972.

Auch GEB. 1972. (Nicht mehr lieferbar.)

Diderot, Denis: Rameaus Neffe. Ein Dialog. Aus dem Manuskript übers. [und mit Anm.] von Johann Wolfgang Goethe. Mit einem Nachw. von Günter Metken. [Mit Erl.] 168 S. UB 1229/29a. 1967.

Durchgesehene und erweiterte Ausgabe. [Mit Anm.] 189 S. 1984 [recte: 1985].

Diderot, Denis: Das Theater des Herrn Diderot. Aus dem Frz. übers. von Gotthold Ephraim Lessing. Anm. und Nachw. von Klaus-Detlef Müller. 456 S. UB 8283 [6]. 1986.

Inhalt: Der Hausvater – Der natürliche Sohn – Unterredungen über den »Natürlichen Sohn« – Von der dramatischen Dichtkunst.

Diener, Walter: Deutsche Volkskunde. Ein Grundriß. Vierte, erw. Aufl. mit sechs Abb. 75 S. UB 7227. 1951.

4. Auflage des erstmals 1933 im Verlag Philipp Reclam jun. Leipzig erschienenen Titels.

Nicht mehr lieferbar seit 1971.

Diesel, Eugen: Die Macht des Vertrauens. [Mit einer Nachbem.] 80 S. UB 7616. 1948.

Nicht mehr lieferbar seit 1966.

Dilke, O. A. W.: Mathematik, Maße und Gewichte in der Antike. Mit 59 Abb. Aus dem Engl. übers. von Reinhard Ottway. 135 S. UB 8687 [2]. 1991. (Reclam Wissen.)

Dilthey, Wilhelm: Das Wesen der Philosophie. [Ausgewählte Texte.] Hrsg. von Manfred Riedel. 219 S. UB 8227 [3]. 1984.

Inhalt: Der Fortgang über Kant – Grundgedanke meiner Philosophie – Leben und Erkennen – Schlußbetrachtung über die Unmöglichkeit der metaphysischen Stellung des Erkennens – Das Wesen der Philosophie.

Ditters von Dittersdorf, Carl: Doktor und Apotheker. Komische Oper in zwei Aufzügen. Text nach dem Französischen von Stephanie dem Jüngeren. Vollständiges Buch. Eingel. und textlich revidiert hrsg. von Wilhelm Zentner. 78 S. UB 4090. 1961.

Nicht mehr lieferbar seit 1989.

Doderer, Heimito von: Das letzte Abenteuer. Erzählung. Mit einem autobiogr. Nachw. 126 S. UB 7806/07. 1953.

Auch als Sonderausgabe zum 125jährigen Bestehen des Verlags (Reclams Jubiläums-Bände). 1954. (Nicht mehr lieferbar.)
Revidierte Neuausgabe:

Doderer, Heimito von: Das letzte Abenteuer. Ein Ritter-Roman. Mit einem autobiogr. Nachw. Hrsg. von Wendelin Schmidt-Dengler. 107 S. UB 7806 [2]. 1981.

Döblin, Alfred: Die Geschichte vom Franz Biberkopf. Hörspiel nach dem Roman »Berlin Alexanderplatz«. Mit einem Nachw. hrsg. von Heinz Schwitzke. 68 S. UB 9810. 1976.

Döblin, Alfred: Märchen vom Materialismus. Erzählung. Mit einem Nachw. von Hans Daiber. 72 S. UB 8261. 1959.

Durchgesehene Ausgabe. 68 S. 1978.

Dörfler, Peter: Das Gesicht im Nebel. Erzählung. Mit einem Nachw. von Joseph Bernhart. 79 S. UB 7313. 1948 [recte: 1949].

Durchgesehene Ausgabe. 72 S. 1953.
Auch als Sonderausgabe zum 125jährigen Bestehen des Verlags (Reclams Jubiläums-Bände). 1954. (Nicht mehr lieferbar.)
Durchgesehene Ausgabe. 78 S. 1963.
Nicht mehr lieferbar seit 1989.

Doktor Johannes Faust. Puppenspiel in vier Aufzügen, hergestellt von Karl Simrock. Mit dem Text des Ulmer Puppenspiels. Hrsg. von Günther Mahal. 132 S. UB 6378 [2]. 1991.

Domin, Hilde: Abel steh auf. Gedichte, Prosa, Theorie. Hrsg. von Gerhard Mahr. 96 S. UB 9955. 1979.

Inhalt: Gedichte; Unter Akrobaten und Vögeln. Fast ein Lebenslauf – Wozu Lyrik heute? Dichtung und Leser in der gesteuerten Gesellschaft – 10 erprobte Mittel zur Verhinderung des Fortschritts [...] – Das zweite Paradies. Roman in Segmenten [Ausz.].

Das Donaueschinger Passionsspiel. Nach der Handschrift mit Einl. und Komm. neu hrsg. von Anthonius H. Touber. 351 S. UB 8046 [5]. 1985.

Donizetti, Gaëtano: Don Pasquale. Komische Oper in drei Akten nach Angelo Anelli. Neue Verdeutschung von Otto Julius Bierbaum. Vollständiges Buch. Hrsg. und eingel. von Wilhelm Zentner. 46 S. UB 3848. 1952.

Durchgesehene Ausgabe. 48 S. 1970.

Donizetti, Gaëtano: Der Liebestrank. Komische Oper in zwei Aufzügen. Text von Felice Romani. Vollständiges Buch. Nach der Übers. von J. Chr. Grünbaum revidiert und teilweise neu übersetzt hrsg. und eingel. von Wilhelm Zentner. 60 S. UB 4144. 1964.

Donizetti, Gaëtano: Lucia von Lammermoor. Oper in drei Akten. Dichtung von Salvatore Cammarano. Vollständiges Buch. Nach der Übers. von C. E. Käßner revidiert hrsg. und eingel. von Wilhelm Zentner. 50 S. UB 3795. 1957.

Durchgesehene Ausgabe. 48 S. 1971.

Dorst, Tankred: Große Schmährede an der Stadtmauer. [Drama.] Mit einem Essay des Autors [und einer Nachbem.]. 54 S. UB 7672. 1981.

Biographisch ergänzte Ausgabe. 56 S. 1992.

Dostojewskij, Fjodor: Arme Leute. [Roman.] Übers. von Christine Ganzer. Nachw. von Martin Schneider. [Mit Anm.] 182 S. UB 8047 [2]. 1985.

Dostojewskij, Fjodor: Aufzeichnungen aus dem Kellerloch. [Erzählung.] Übers. von Swetlana Geier. Nachw. von Hans Walter Poll. [Mit Anm.] 163 S. UB 8021 [2]. 1984.

Dostojewskij, Fjodor: Der Doppelgänger. [Roman.] Übers. von Arthur Luther. Nachw. von Angela Martini-Wonde. 215 S. UB 8423 [3]. 1987.

Dostojewskij, Fjodor: Erzählungen. Hrsg. von Birgit Harreß. [Aus dem Russ. übers. von Werner Creutziger u.a.] 360 S. UB 2486 [5]. 1991.

Inhalt: Bobok – Eine dumme Geschichte – Herr Prochartschin – Das Krokodil – Die Sanfte – Ein schwaches Herz – Der Traum eines lächerlichen Menschen.

Dostojewskij, Feodor Michailowitsch: Der Großinquisitor. Eine Phantasie. [Ein Kapitel aus dem Roman »Die Brüder Karamasow«.] Übers. von H[ermann] Röhl. Mit einem Nachw. von Dr. Arthur Luther. 63 S. UB 6256. 1948.
Durchgesehene Ausgabe. 56 S. 1959.
Durchgesehene Ausgabe. 62 S. 1966.

Dostojewskij, Fjodor Michailowitsch: Die Sanfte. Eine phantastische Erzählung. Aus dem Russ. übertr. von Johannes von Guenther. 84 S. UB 6570. 1948.
Durchgesehene Ausgabe. 71 S. 1981.

Dostojewskij, Fjodor: Der Spieler. Aus den Aufzeichnungen eines jungen Mannes. [Roman.] Übers. und hrsg. von Elisabeth Markstein. Ca. 220 S. UB 2128. 1992.

Dostojewskij, Fjodor M.: Weiße Nächte. Ein empfindsamer Roman. Aus den Erinnerungen eines Träumers. Aus dem Russ. übertr. von Johannes von Guenther. 79 S. UB 2126. 1969.

Doyle, Arthur Conan: Die Abenteuer des Sherlock Holmes. Aus dem Engl. neu übers., mit einem Nachw. von Klaus Degering. 464 S. UB 40001. 1989. (Reclam Lesebuch.) *GEB*.

Inhalt: Der adlige Junggeselle – Der Blaue Karfunkel – Blutbuchen – Der Daumen des Ingenieurs – Eine Frage der Identität – Die fünf Orangenkerne – Das gefleckte Band – Das Geheimnis vom Boscombe-Tal – Das Grüne Diadem – Die Liga der Rothaarigen – Der Mann mit der Fratze – Skandal in Böhmen.

Doyle, Arthur Conan: A Case of Identity / Ein Fall von Identität. [Erzählung.] Engl./Dt. Übers. von Ingrid Krüger-Dürr. Zeittaf. und Nachw. von Hans-Christian Oeser. 59 S. UB 8228. 1984.

Doyle, Arthur Conan: The Red-Headed League / Die Liga der Rothaarigen. [Erzählung.] Engl./Dt. Übers. von Karin Polz. Zeittaf. und Nachw. von Hans-Christian Oeser. 72 S. UB 7917. 1983.

Doyle, Arthur Conan: A Scandal in Bohemia / Skandal in Böhmen. [Erzählung.] Engl./Dt. Übers. und hrsg. von Hans-Christian Oeser. 80 S. UB 7763. 1982.

Doyle, Arthur Conan: Silver Blaze. The Sussex Vampire. [Zwei Erzählungen.] Hrsg. von Klaus Degering. 96 S. UB 9170. 1984. (Fremdsprachentexte.)

Dreiser, Theodore: Neger Jeff. Die Suche nach Phoebe. [Zwei] Erzählungen. Übers. von Marianne Schön. [Mit einer Nachbem.] 63 S. UB 8097. 1958.

Nicht mehr lieferbar seit 1976.

13 Science Fiction Stories. Hrsg. von Hans Joachim Alpers, Werner Fuchs, Ronald M. Hahn. 460 S. UB 8079 [5]. 1985.

Inhalt: I. Asimov: Herumtreiber – J. G. Ballard: Der unterbewußte Mann – A. Bester: Der Pi-Mann – R. Bradbury: Die Achttagemenschen – H. Ellison: Vor den Langerhansschen Inseln treibend . . . – R. A. Heinlein: Wer bin ich? – U. K. Le Guin: Die unfaßbaren Wesenheiten – S. Lem: Drei Elektritter – G. R. R. Martin: Der Weg von Kreuz und Drachen – R. Silverberg: Schwartz zwischen den Milchstraßen – T. Sturgeon: Es folgen die Nachrichten – J. Vance: Die Mondmotte – R. Zelazny: Einen Atemzug lang verweile ich noch.

Droste-Hülshoff, Annette von: Gedichte. Eine Auswahl. Hrsg. und mit einem Nachw. vers. von Paul Nathrath. 80 S. UB 7662. 1950.

Durchgesehene Ausgabe. 85 S. 1962.
Nicht mehr lieferbar; ersetzt durch:

Droste-Hülshoff, Annette von: Gedichte. Ausw. und Nachw. von Siegfried Sudhof. 176 S. UB 7662/62a. 1974.

Droste-Hülshoff, Annette von: Die Judenbuche. Ein Sittengemälde aus dem gebirgichten Westfalen. [Novelle.] 72 S. UB 1858. 1948 [recte: 1949].

Durchgesehene Ausgabe. 71 S. 1952.
Durchgesehene und erweiterte Ausgabe. [Mit einer Nachbem. von Inge Hützel.] 72 S. 1956.
Durchgesehene Ausgabe. [Mit einer Nachbem. von Inge Hützel.] 80 S. 1963.
Durchgesehene Ausgabe. [Mit einer Nachbem.] 61 S. 1970.
Erweiterte Ausgabe. Nachbem. von Walter Huge. 62 S. 1974.
Veränderte Ausgabe. Anm. [und Nachbem.] von Walter Huge. 70 S. 1992.

Druon, Maurice: Tistou les pouces verts. [Roman.] Hrsg. von Ernst Kemmner. 134 S. UB 9282. 1992. (Fremdsprachentexte.)

Dschelāladdīn Rūmī, Maulānā: Aus dem Diwan. Aus dem Pers. übertr. und eingel. von Annemarie Schimmel. [Mit Anm.] 79 S. UB 8911. 1964. (UNESCO-Sammlung repräsentativer Werke. Asiatische Reihe.)

Dufresne, J[ean] / Mieses, J[acques]: Lehrbuch des Schachspiels. Achtzehnte, verbesserte Auflage. 758 S. UB 1407–15/15a. 1950.

18. Auflage des erstmals 1881 im Verlag Philipp Reclam jun. Leipzig erschienenen Titels.

Auch GEB. 1950. (Nicht mehr lieferbar.)

19. Auflage. Neu bearb. von Rudolf Teschner. 718 S. 1956.

Auch GEB. 1956 ff.

20. Auflage. Neu bearb. von Rudolf Teschner. 720 S. 1958.
21. Auflage. Neu durchges. und verb. von Rudolf Teschner. 726 S. 1964.
22. Auflage. Neu durchges. und verb. von Rudolf Teschner. 726 S. 1966.
23. Auflage. Neu durchges. und verb. von Rudolf Teschner. 734 S. 1970.
24. Auflage. Hrsg. von Rudolf Teschner. 734 S. 1972.
25. Auflage. Hrsg. von Rudolf Teschner. 736 S. 1973.
26. Auflage. Hrsg. von Rudolf Teschner. 744 S. 1976.
27. Auflage. Hrsg. von Rudolf Teschner. 744 S. 1979.

Ab 1982 nur gebunden lieferbar.

28. Auflage. Hrsg. von Rudolf Teschner. 744 S. 1982.

Dumas fils, Alexandre: Die Kameliendame. Schauspiel in fünf Akten. Aus dem Frz. übertr. von Florian Stern. Mit einem Nachw. von Ralf Steyer. 96 S. UB 245. 1974.

Du Maurier, Daphne: The Birds. [Roman.] Hrsg. von Herbert Geisen. 76 S. UB 9287. 1992. (Fremdsprachentexte.)

Dummett, Michael: Wahrheit. Fünf philosophische Aufsätze. Übers. und hrsg. von Joachim Schulte. 240 S. UB 7840 [3]. 1982.

Inhalt: Freges Unterscheidung zwischen Sinn und Bedeutung – Die Herbeiführung der Vergangenheit – Kann und sollte die analytische Philosophie systematisch sein? – Wahrheit – Was ist eine Bedeutungstheorie?

E

Ebeling, Hans: Freiheit, Gleichheit, Sterblichkeit. Philosophie *nach* Heidegger. [Aufsätze. Mit einem bio-bibliogr. Anh.] 168 S. UB 7776 [2]. 1982.

Inhalt: Freiheit, Gleichheit, Sterblichkeit: Parameter der idealen Sinndimension – Die Grundstruktur humaner Selbsterhaltung – Kant und die Inversion der Metaphysik – Norm und Tod: Zurück zu Heidegger? – Philosophie als Beruf – Schopenhauer und die Theorie der Moderne – Sind alle ›kategorischen‹ Imperative tatsächlich nur hypothetisch? (Schopenhauer, Kant und Marx) – Das vierfache Defizit der Philosophie Heideggers.

Ebner-Eschenbach, Marie von: Aphorismen. Nachw. von Ingrid Cella. 69 S. UB 8455. 1988.

Ebner-Eschenbach, Marie von: Die Freiherren von Gemperlein. [Erzählung.] Mit einem Nachw. von Alfred Ehrentreich. 72 S. UB 7477. 1949.

Durchgesehene Ausgabe. 71 S. 1962.
Durchgesehene Ausgabe (ohne Nachwort). 64 S. 1970.
Durchgesehene Ausgabe (ohne Nachwort). 64 S. 1981.

Ebner-Eschenbach, Marie von: Das Gemeindekind. [Roman.] Nachw. von Karlheinz Rossbacher. 222 S. UB 8056 [3]. 1985.

Ebner-Eschenbach, Marie von: Krambambuli und andere Erzählungen. Mit Erinnerungen an die Dichterin von Franz Dubsky. 69 S. UB 7887. 1955.

Inhalt: Er laßt die Hand küssen – Krambambuli – Die Spitzin.
Durchgesehene Ausgabe. 64 S. 1964.
Durchgesehene Ausgabe. [Mit Anm.] 64 S. 1969.

Eça de Queiroz, José Maria: Der Gehenkte. José Matias. [Zwei] Erzählungen. Aus dem Portugies. übertr. von Fritz Böttcher. [Mit einer Nachbem.] 72 S. UB 8493. 1961.

Nicht mehr lieferbar seit 1976.

Meister Eckehart: Vom Wunder der Seele. Eine Auswahl aus den Traktaten und Predigten. Eingel., neu durchges. und hrsg. von Friedrich Alfred Schmid Noerr. 75 S. UB 7319. 1951.

Durchgesehene Ausgabe. 78 S. 1963.
Erweiterte Ausgabe. Hrsg. von Friedrich Alfred Schmid Noerr. Mit einer Einl. von Johanna Lanczkowski. 87 S. 1990.

Das Eckenlied. Mittelhochdt./Neuhochdt. Text, Übers. und Komm. von Francis B. Brévart. 333 S. UB 8339 [5]. 1986.

Eckstein, Ernst: Der Besuch im Karzer. Humoreske. Mit 7 Original-Ill. von G. Sundblad. 46 S. UB 2340. 1952.

Durchgesehene Ausgabe. 46 S. 1961.

Edda
→ Die Götterlieder der älteren Edda
→ Heldenlieder der Edda

Edschmid, Kasimir: Italien festlich. [Reisefeuilletons.] Mit einem autobiogr. Nachw. 83 S. UB 8253. 1963.

Inhalt: Adler und Trauben in Todi – Pferdemarkt in Impruneta – Die Prozession von Lucca – Turnier in Perugia – Das wirkliche Siena.

Nicht mehr lieferbar seit 1976.

Edschmid, Kasimir: Die sechs Mündungen. Novellen. Mit einem Nachw. von Kurt Pinthus. 135 S. UB 8774/75. 1967.

Inhalt: Der aussätzige Wald – Fifis herbstliche Passion – Der Lazo – Maintonis Hochzeit – Yousouf – Yuf Scottens.

Egg, Erich → Reclams Kunstführer Italien II; II,2

Eich, Günter: Fabula rasa. Gedichte und Maulwürfe aus den Jahren 1927–1972. Ausw. und Nachw. von Samuel Moser. [Mit einem bio-bibliogr. Anh.] 64 S. UB 8284. 1986.

Inhalt: Gedichte: Beethoven, Wolf und Schubert – Feste – Hausgenossen – Huldigung für Bakunin – Imaginärer Brief – In das endgültige Manuskript nicht aufgenommenes Bruchstück einer Memoire – Peter Posthorn – Präambel – Viareggio – Zu Schiff.

Eich, Günter: Festianus, Märtyrer. Hörspiel. Mit einem Nachw. von Heinz Schwitzke. 62 S. UB 8733. 1966 [recte: 1967].

Nicht mehr lieferbar seit 1992.

Eich, Günter: Die Mädchen aus Viterbo. Hörspiel. Nachw. von Samuel Moser. 72 S. UB 8688. 1991.

Eichendorff, Joseph von: Ahnung und Gegenwart. Ein Roman. Hrsg. von Gerhart Hoffmeister. 405 S. UB 8229 [4]. 1984.

Um ein Register erweiterte Ausgabe. 407 S. 1988.

Eichendorff, Joseph von: Aus dem Leben eines Taugenichts. Novelle. 106 S. UB 2354. 1948 [recte: 1949].

Durchgesehene Ausgabe. 96 S. 1951.
Durchgesehene Ausgabe. 102 S. 1953.
Durchgesehene und erweiterte Ausgabe. Nachw. von Konrad Nußbächer. 111 S. 1963.
Durchgesehene Ausgabe. Nachw. von Konrad Nußbächer. [Mit Anm.] 112 S. 1970.

Nicht mehr lieferbar; ersetzt durch:

Eichendorff, Joseph von: Aus dem Leben eines Taugenichts. Novelle. Hrsg. von Hartwig Schultz. 128 S. UB 2354. 1992.

Eichendorff, Joseph von: Dichter und ihre Gesellen. Novelle. Hrsg. von Wolfgang Nehring. 312 S. UB 2351 [4]. 1987.

Eichendorff, Joseph von: Die Freier oder Wer ist wer? Romantisches Lustspiel in zwei Tagen (acht Bildern) mit einem Vor- und Nachspiel. Bühnenbearb. und Nachw. von Ernst Leopold Stahl. 80 S. UB 7434. 1955.

Nicht mehr lieferbar; ersetzt durch:

Eichendorff, Joseph von: Die Freier. Lustspiel in drei Aufzügen. [Mit einer Nachbem.] 64 S. UB 7434. 1965.

Eichendorff, Joseph von: Gedichte. Eine Auswahl. Mit einem Nachw. von Konrad Nußbächer. 183 S. UB 7925/25a. 1957.

Auch GEB. 1957. (Nicht mehr lieferbar.)

Eichendorff, Joseph Freiherr von: Das Marmorbild. Das Schloß Dürande. Zwei Erzählungen. 96 S. UB 2365. 1951.

Durchgesehene Ausgabe. 95 S. 1967.

Eichendorff, Joseph von: Sämtliche Erzählungen. Hrsg. von Hartwig Schultz. 654 S. UB 2352 [7]. 1990.

Inhalt: Auch ich war in Arkadien! – Aus dem Leben eines Taugenichts – Die Entführung – Die Glücksritter – Libertas und ihre Freier – Das Marmorbild – Eine Meerfahrt – Das Schloß Dürande – Viel Lärmen um Nichts – Das Wiedersehen – Die Zauberei im Herbste.

Eichrodt, Ludwig: Biedermaiers Liederlust. Lyrische Karikaturen. Nachw. von Werner Kohlschmidt. 167 S. UB 7717 [2]. 1981.

Nicht mehr lieferbar seit 1989.

Einakter des Naturalismus. Hrsg. von Wolfgang Rothe. 223 S. UB 9468–70. 1973.

Inhalt: P. Ernst: Im Chambre séparée – O. E. Hartleben: Abschied vom Regiment – G. Hirschfeld: Zu Hause – A. L. Kielland: Auf dem Heimwege

– R. M. Rilke: Höhenluft – A. Schnitzler: Die letzten Masken – C. Viebig: Eine Zuflucht – W. Weigand: Der Vater.

Einakter und kleine Dramen der Zwanziger Jahre. Hrsg. von Klaus Siebenhaar. 335 S. UB 8503 [4]. 1988.

Inhalt: L. Barta: Rußlands Tag – B. Brecht: Der Ozeanflug – A. Döblin: Das Wasser – I. Goll: Die Chapliniade – Ö. v. Horváth: Stunde der Liebe – G. Kaiser: Der Zar läßt sich photographieren – E. E. Kisch: Die Himmelfahrt der Galgentoni – K. Kraus: Traumtheater – A. Lernet-Holenia: Ollapotrida – O. Schlemmer: Das figurale Kabinett I – O. Schlemmer: Meta oder die Pantomime der Örter – L. Schreyer: Mondspiel – K. Schwitters: Schattenspiel – E. Toller: Der Tag des Proletariats – G. v. Wangenheim: 7000 – K. A. Wittfogel: Der Flüchtling – F. Wolf: Fegfeuer.

Einakter und kleine Dramen des Expressionismus. Hrsg. von Horst Denkler. 287 S. UB 8562–64. 1968.

Inhalt: J. R. Becher: Ikaros – G. Benn: Ithaka – G. Britting: Der Mann im Mond – A. Brust: Das indische Spiel – A. Döblin: Lydia und Mäxchen – I. Goll: Der Ungestorbene – W. Hasenclever: Das unendliche Gespräch – H. Johst: Die Stunde der Sterbenden – F. Jung: Wie lange noch? – G. Kaiser: Die Erneuerung – W. Kandinsky: Der gelbe Klang – H. Kasack: Vorspiel der Landschaft – F. Koffka: Kain – O. Kokoschka: Mörder, Hoffnung der Frauen – R. Sorge: Odysseus – F. Werfel: Der Besuch aus dem Elysium.

Einakter und kleine Dramen des Jugendstils. Hrsg. von Michael Winkler. 248 S. UB 9720–22. 1974.

Inhalt: H. Bahr: Die tiefe Natur – M. Dauthendey: Glück – E. Hardt: Ninon von Lenclos – H. v. Hofmannsthal: Das kleine Welttheater oder die Glücklichen – K. G. Vollmöller: Catherina Gräfin von Armagnac und ihre beiden Liebhaber – K. Wolfskehl: Orpheus.

Einhard: Vita Karoli Magni / Das Leben Karls des Großen. Lat. und dt. Übers., Nachw. und Anm. von Evelyn Scherabon Coleman [ab 1973: Scherabon Firchow]. 96 S. UB 1996. 1968.

Durchgesehene und revidierte Ausgabe. 96 S. 1981.

Einstein, Carl: Bebuquin. [Erzählung.] Hrsg. von Erich Kleinschmidt. 87 S. UB 8057. 1985.

Eliot, George: Adam Bede. [Roman.] Aus dem Engl. übers., mit Anm. und Nachw. von Eva-Maria König. 768 S. UB 2431 [8]. 1987.

Auch GEB. 1987.

Eliot, George: Middlemarch. Eine Studie über das Leben in der Provinz. [Roman.] Aus dem Engl. übers., mit Anm. und Nachw. von Rainer Zerbst. 1176 S. UB 8080 [11]. 1985.

Auch GEB. 1985.

Eliot, George: Die Mühle am Floss. [Roman.] Aus dem Engl. übers., mit Anm. und Nachw. von Eva-Maria König. 759 S. UB 2711 [8]. 1983.

Auch GEB. 1983.

Emerson, Ralph Waldo: Die Natur. Ausgewählte Essays. Hrsg. von Manfred Pütz. Einl., Übers. und Anm. von Manfred Pütz und Gottfried Krieger. 344 S. UB 3702 [4]. 1982.

Inhalt: Die All-Seele – Der Dichter – Freundschaft – Die Natur – Selbstvertrauen – Der Transzendentalist.

Auch GEB. 1982.

2., bibliographisch ergänzte Auflage. 349 S. 1990.

Empfindsamkeit. Theoretische und kritische Texte. Hrsg. von Wolfgang Doktor und Gerhard Sauder. 216 S. UB 9835 [3]. 1976.

Autoren: T. Abbt – J. H. Campe – B. A. Dunker – J. G. Heinzmann – K. H. Heydenreich – J. J. Hottinger – K. F. v. Irwing – I. Iselin – D. Jenisch – F. M. Klinger – K. D. Küster – J. M. R. Lenz – Mistelet – J. J. Mochel – C. A. Musäus – E. Platner – C. F. Pockels – K. A. Ragotzky – M. Ringeltaube – J. F. Schink – C. F. D. Schubart – F. L. zu Stolberg – S. J. E. Stosch – J. R. Sulzer – C. F. Timme – J. C. Wezel.

Nicht mehr lieferbar seit 1991.

Engelhardt, Viktor: Die geistige Kultur der Antike. Erw. Neuausg. mit 32 Bildtaf. [und 2 Karten]. 528 S. UB 8034–41. 1956.

Auch GEB. 1956. *(Nicht mehr lieferbar.)*

Nicht mehr lieferbar seit 1977.

Engels, Friedrich → Marx, Karl / Engels, Friedrich

Englische Barockgedichte. Engl. und dt. Ausgew., [übers.,] hrsg. und komm. von Hermann Fischer. 440 S. UB 9315–19/19a. 1971.

Autoren: W. Alabaster – J. Beaumont – T. Carew – W. Cartwright – E. Cherbury – J. Cleveland – R. Corbett – A. Cowley – R. Crashaw – W. Davenant – J. Denham – J. Donne – R. Fanshawe – O. Felltham – S. Godolphin – W. Habington – J. Hall – G. Herbert – B. Jonson – H. King – F. Kynaston – R. Lovelace – A. Marvell – J. G. Montrose – F. Quarles –

T. Randolph – T. Stanley – W. Strode – J. Suckling – A. Townshend – T. Traherne – H. Vaughan – E. Waller.

Auch GEB. 1971. (Nicht mehr lieferbar.)

Englische Gruselgeschichten aus dem 19. Jahrhundert. Ausgew. und übers. von Barbara Rojahn-Deyk. Einl. von Jobst-Christian Rojahn. 408 S. UB 9990 [5]. 1980.

Inhalt: Anon.: Die Weissagung des Astrologen oder Das Schicksal des Wahnwitzigen – W. H. Ainsworth: Die Höllenbraut – G. Allen: Der Kirchturm von Wolverden – E. L. Arnold: Eine entsetzliche Nacht – Miss Braddon: Evelines Heimsucher – A. B. Edwards: Die Gespensterkutsche – R. M. Gilchrist: Der Basilisk – J. S. Le Fanu: Richter Harbottle – V. Lee: Amour Dure – M. G. Lewis: Die Anakonda – W. Mudford: Das eiserne Leichentuch – E. Nesbit: John Charringtons Hochzeit – F. J. O'Brien: Der Wunderschmied – V. O'Sullivan: Als ich tot war – J. W. Polidori: Der Vampir – M. P. Shiel: Xélucha.

Die englische Literatur in Text und Darstellung. Hrsg.: Raimund Borgmeier. Bd. 1: **Mittelalter.** Hrsg. von Heinz Bergner. 544 S. UB 7764 [6]. 1986.

Die englische Literatur in Text und Darstellung. [...] Bd. 2: **16. Jahrhundert.** Hrsg. von Horst Weinstock. 512 S. UB 7765 [6]. 1984.

Die englische Literatur in Text und Darstellung. [...] Bd. 3: **17. Jahrhundert I.** Hrsg. von Rainer Lengeler. 398 S. UB 7766 [5]. 1982.

Die englische Literatur in Text und Darstellung. [...] Bd. 4: **17. Jahrhundert II.** Hrsg. von Elmar Lehmann. 414 S. UB 7767 [5]. 1983.

Die englische Literatur in Text und Darstellung. [...] Bd. 5: **18. Jahrhundert I.** Hrsg. von Dietrich Rolle. 452 S. UB 7768 [5]. 1982.

Die englische Literatur in Text und Darstellung. [...] Bd. 6: **18. Jahrhundert II.** Hrsg. von Walter Pache. 462 S. UB 7769 [5]. 1983.

Die englische Literatur in Text und Darstellung. [...] Bd. 7: **19. Jahrhundert I. Romantik.** Hrsg. von Raimund Borgmeier. 416 S. UB 7770 [5]. 1983.

Die englische Literatur in Text und Darstellung. [...] Bd. 8: **19. Jahrhundert II. Das Viktorianische Zeitalter.** Hrsg. von Bernhard Reitz. 519 S. UB 7771 [6]. 1982.

Die englische Literatur in Text und Darstellung. [...] Bd. 9: **20. Jahrhundert I.** Hrsg. von Hans Ulrich Seeber. 464 S. UB 7772 [5]. 1984.

Die englische Literatur in Text und Darstellung. [...] Bd. 10: **20. Jahrhundert II.** Hrsg. von Raimund Borgmeier und Bernhard Reitz. 448 S. UB 7773 [5]. 1986.

Englische Literaturtheorie des 19. Jahrhunderts. Texte von Blake bis Yeats. Hrsg. von Hans-Heinrich Rudnick. 500 S. UB 9947 [6]. 1979.

Autoren: M. Arnold – W. Blake – Lord Byron – S. T. Coleridge – G. Eliot – W. Hazlitt – G. M. Hopkins – H. James – J. Keats – G. Meredith – J. S. Mill – W. Pater – T. L. Peacock – J. Ruskin – P. B. Shelley – O. Wilde – W. Wordsworth – W. B. Yeats.

Englische Sonette. Engl. und dt. Ausgew. und übers. [mit Anm., Bibl. und Nachw.] von Gisbert Kranz. 224 S. UB 8372–74. 1970.

Autoren: W. Alexander – W. H. Auden – E. Barrett Browning – H. Belloc – R. Brooke – R. Burns – Lord Byron – E. Cherbury – S. T. Coleridge – W. Cowper – E. E. Cummings – S. Daniel – J. Donne – M. Drayton – W. Drummond – G. M. Hopkins – H. Howard – J. Keats – C. S. Lewis – J. Milton – J. H. Newman – E. Pound – J. C. Ransom – C. G. Rossetti – D. G. Rossetti – W. Shakespeare – P. B. Shelley – P. Sidney – E. Spenser – A. C. Swinburne – J. Sylvester – W. B. of Tavistock – A. Tennyson – F. Thompson – W. Wordsworth – T. Wyatt – W. B. Yeats.

2., verbesserte Auflage. 224 S. 1981.

Englische und amerikanische Balladen. Zweisprachig. Ausgew.[, übers.] und hrsg. von Gisela Hoffmann. 531 S. UB 7842 [6]. 1982.

Autoren: W. H. Auden – S. V. Benét – R. Burns – T. Campbell – S. T. Coleridge – G. Colman – C. Dickens – B. Dylan – J. Gay – B. Harte – O. W. Holmes – A. E. Housman – J. Keats – C. Kingsley – R. Kipling – M. G. Lewis – H. W. Longfellow – L. MacNeice – D. Mallet – W. Morris – E. A. Poe – E. Pound – J. C. Ransom – D. G. Rossetti – W. Scott – J. Skelton – J. Swift – A. C. Swinburne – A. Tennyson – J. G. Whittier – W. Wordsworth – W. B. Yeats; anonyme Texte.

Auch GEB. 1982. *(Nicht mehr lieferbar.)*

English Crime Stories. Margery Allingham, Anthony Berkeley, P. D. James, Dick Francis, Dorothy Sayers. Hrsg. von Armin Arnold. 167 S. UB 9254 [2]. 1990. (Fremdsprachentexte.)

Inhalt: M. Allingham: They Never Get Caught – A. Berkeley: The Avenging Chance – D. Francis: Twenty-one Good Men and True – P. D. James: The Victim – D. Sayers: The Man Who Knew How.

English Expressions. Ausgew. und hrsg. von Wolfgang Mieder. Ca. 152 S. UB 9288. 1992. (Fremdsprachentexte.)

English Love Poems. Ausgew. und hrsg. von Eva-Maria König. 80 S. UB 9283. 1992. (Fremdsprachentexte.)

Autoren: W. H. Auden – E. Barrett Browning – J. Betjeman – W. Blake – E. Blunden – R. Brooke – R. Burns – Lord Byron – J. Clare – J. Donne – C. A. Duffy – D. Dunn – R. Graves – T. Gunn – T. Hardy – J. Harpur – S. Heaney – A. E. Housman – T. Hughes – E. Jennings – J. Keats – P. Larkin – D. H. Lawrence – R. McGough – A. Marvell – G. Meredith – C. Mew – S. Plath – C. Rossetti – D. G. Rossetti – W. Shakespeare – P. Sidney – W. Wordsworth – W. B. Yeats.

English Poems of the Twentieth Century. Ausgew. und hrsg. von Eva-Maria König. 96 S. UB 9234. 1988. (Fremdsprachentexte.)

Autoren: W. H. Auden – S. Beckett – J. Betjeman – R. Brooke – W. de la Mare – T. S. Eliot – R. Graves – T. Gunn – S. Heaney – T. Hughes – E. Jennings – J. Joyce – P. Larkin – D. H. Lawrence – H. MacDiarmid – L. MacNeice – W. Owen – S. Plath – E. Sitwell – S. Spender – D. Thomas – C. Tomlinson – W. B. Yeats.

English Proverbs. Ausgew. und hrsg. von Wolfgang Mieder. 151 S. UB 9235 [2]. 1988. (Fremdsprachentexte.)

Enzensberger, Hans Magnus: Dreiunddreißig Gedichte. 75 S. UB 7674. 1981.

Epiktet: Handbüchlein der Ethik. Aus dem Griech. übers., mit Einl. und Anm. vers. von Ernst Neitzke. 63 S. UB 2001. 1958.

Nicht mehr lieferbar; ersetzt durch:

Epiktet: Handbüchlein der Moral. Griech./Dt. Übers. und hrsg. von Kurt Steinmann. 108 S. UB 8788. 1992.

Epikur: Briefe, Sprüche, Werkfragmente. Griech./Dt. Übers. und hrsg. von Hans-Wolfgang Krautz. 171 S. UB 9984 [2]. 1980.

Bibliographisch ergänzte Ausgabe. 173 S. 1985.

Erasmus von Rotterdam: Adagia. Lat./Dt. Ausw., Übers.[, Einl.] und Anm. von Anton J. Gail. 224 S. UB 7918 [3]. 1983.

Erasmus von Rotterdam: Colloquia familiaria / Vertraute Gespräche. Lat. und dt. Ausgew., übers. und hrsg. von Herbert Rädle. 79 S. UB 9822. 1976.

Erasmus von Rotterdam: Familiarium colloquiorum formulae / Schülergespräche. Lat./Dt. Ausgew., übers. und hrsg. von Lore Wirth-Poelchau. 87 S. UB 7784. 1982.

Erasmus von Rotterdam: Das Lob der Torheit (Encomium moriae). Nach der Übers. von Heinrich Hersch neu hrsg. von Dr. Walter Bubbe. 187 S. UB 1907/08. 1949.

Auch GEB. 1949. (Nicht mehr lieferbar.)
Nicht mehr lieferbar; ersetzt durch:

Erasmus von Rotterdam: Das Lob der Torheit (Encomium moriae). Übers. und hrsg. von Anton J. Gail. 136 S. UB 1907/08. 1964.

Erhebe dich, meine Seele. Mystische Texte des Mittelalters. Ausgew. und hrsg. von Johanna Lanczkowski. 400 S. UB 8456 [5]. 1988.

Autoren: C. Ebner – M. Ebner – Meister Eckhart – Elisabeth von Schönau – Der Frankfurter – Gertrud von Helfta – Hildegard von Bingen – Johann von Kastl – A. Langmann – Ludolf von Sachsen – Mechthilde von Hackeborn – Mechthilde von Magdeburg – R. Merswin – H. Seuse – St. Trudperter Hohes Lied – E. Stagel – J. Tauler – Thomas a Kempis.
Auch GEB. 1988.

Erläuterungen und Dokumente: Clemens Brentano, »Geschichte vom braven Kasperl und dem schönen Annerl«. Von Gerhard Schaub. [Mit 4 Abb.] 148 S. UB 8186 [2]. 1990.

Erläuterungen und Dokumente: Georg Büchner, »Dantons Tod«. Hrsg. von Josef Jansen. [Mit 3 Abb.] 111 S. UB 8104. 1969.

Erläuterungen und Dokumente: Georg Büchner, »Lenz«. Hrsg. von Gerhard Schaub. [Mit 6 Abb.] 170 S. UB 8180 [2]. 1987.

Durchgesehene und bibliographisch ergänzte Ausgabe. 173 S. 1991.

Erläuterungen und Dokumente: Georg Büchner, »Woyzeck«. Hrsg. von Lothar Bornscheuer. [Mit 2 Abb.] 96 S. UB 8117. 1972.

Erläuterungen und Dokumente: Adelbert von Chamisso, »Peter Schlemihls wundersame Geschichte«. Hrsg. von Dagmar Walach. [Mit 3 Abb.] 112 S. UB 8158. 1982.

Erläuterungen und Dokumente: Annette von Droste-Hülshoff, »Die Judenbuche«. Hrsg. von Walter Huge. [Mit 1 Karte.] 83 S. UB 8145. 1979.

Erläuterungen und Dokumente: Friedrich Dürrenmatt, »Der Besuch der alten Dame«. Hrsg. von Karl Schmidt. 93 S. UB 8130. 1975.

Erläuterungen und Dokumente: Friedrich Dürrenmatt, »Die Physiker«. Von Alexander Ritter. [Mit 7 Abb.] 243 S. UB 8189. 1991.

Erläuterungen und Dokumente: Friedrich Dürrenmatt, »Romulus der Große«. Hrsg. von Hans Wagener. 96 S. UB 8173. 1985.

Erläuterungen und Dokumente: Joseph von Eichendorff, »Das Marmorbild«. Hrsg. von Hanna H. Marks. 94 S. UB 8167. 1984.

Erläuterungen und Dokumente: Theodor Fontane, »Effi Briest«. Hrsg. von Walter Schafarschik. [Mit 6 Abb.] 168 S. UB 8119/19a. 1972.

Bibliographisch ergänzte Ausgabe. 168 S. 1986.

Erläuterungen und Dokumente: Theodor Fontane, »Frau Jenny Treibel«. Hrsg. von Walter Wagner. [Mit 4 Abb. und 2 Karten.] 111 S. UB 8132 [2]. 1976.

Bibliographisch ergänzte Ausgabe. 111 S. 1987.

Erläuterungen und Dokumente: Theodor Fontane, »Grete Minde«. Hrsg. von Frederick Betz. 80 S. UB 8176. 1986.

Erläuterungen und Dokumente: Theodor Fontane, »Irrungen, Wirrungen«. Hrsg. von Frederick Betz. [Mit 7 Abb. und 1 Karte.] 148 S. UB 8146 [2]. 1979.

Erläuterungen und Dokumente: Theodor Fontane, »Schach von Wuthenow«. Hrsg. von Walter Wagner. [Mit 11 Abb. und 1 Karte.] 155 S. UB 8152 [?]. 1980.

Erläuterungen und Dokumente: Theodor Fontane, »Der Stechlin«. Hrsg. von Hugo Aust. [Mit 4 Abb.] 181 S. UB 8144 [2]. 1978.

Erläuterungen und Dokumente: Max Frisch, »Andorra«. Hrsg. von Hans Bänziger. 88 S. UB 8170. 1985.

Erläuterungen und Dokumente: Max Frisch, »Biedermann und die Brandstifter«. Hrsg. von Ingo Springmann. 116 S. UB 8129/29a. 1975.

Erläuterungen und Dokumente: Max Frisch, »Homo Faber«. Hrsg. von Klaus Müller-Salget. [Mit 9 Abb.] 196 S. UB 8179 [3]. 1987.

Erläuterungen und Dokumente: Johann Wolfgang Goethe, »Egmont«. Hrsg. von Hans Wagener. [Mit 7 Abb.] 143 S. UB 8126/26a. 1974.

Bibliographisch ergänzte Ausgabe. 144 S. 1982.

Erläuterungen und Dokumente: Johann Wolfgang Goethe, »Götz von Berlichingen«. Hrsg. von Volker Neuhaus. [Mit 2 Abb. und 1 Karte.] 176 S. UB 8122/22a. 1973.

Erläuterungen und Dokumente: Johann Wolfgang Goethe, »Hermann und Dorothea«. Hrsg. von Josef Schmidt. [Mit 2 Abb.] 125 S. UB 8107/07a. 1970.

Erläuterungen und Dokumente: Johann Wolfgang Goethe, »Iphigenie auf Tauris«. Hrsg. von Joachim Angst und Fritz Hackert. [Mit 2 Abb.] 111 S. UB 8101. 1969.

Bibliographisch ergänzte Ausgabe. 112 S. 1978.
Bibliographisch ergänzte Ausgabe. 112 S. 1991.

Erläuterungen und Dokumente: Johann Wolfgang Goethe, »Die Leiden des jungen Werthers«. Hrsg. von Kurt Rothmann. [Mit 14 Abb.] 181 S. UB 8113/13a. 1971.

Revidierte Ausgabe. 192 S. 1987.

Erläuterungen und Dokumente: Johann Wolfgang Goethe, »Novelle«. Hrsg. von Christian Wagenknecht. [Mit 13 Abb. und 1 Plan.] 160 S. UB 8159 [2]. 1982.

Erläuterungen und Dokumente: Johann Wolfgang Goethe, »Torquato Tasso«. Hrsg. von Christian Grawe. [Mit 10 Abb.] 251 S. UB 8154 [3]. 1981.

Erläuterungen und Dokumente: Johann Wolfgang Goethe, »Urfaust«. Hrsg. von Ulrich Gaier. 168 S. UB 8183 [2]. 1989.

Erläuterungen und Dokumente: Johann Wolfgang Goethe, »Die Wahlverwandtschaften«. Hrsg. von Ursula Ritzenhoff. [Mit 11 Abb.] 228 S. UB 8156 [3]. 1982.

Erläuterungen und Dokumente: Johann Wolfgang Goethe, »Wilhelm Meisters Lehrjahre«. Hrsg. von Ehrhard Bahr. [Mit 2 Abb.] 398 S. UB 8160 [4]. 1982.

Erläuterungen und Dokumente: Jeremias Gotthelf, »Die schwarze Spinne«. Hrsg. von Wolfgang Mieder. [Mit 4 Abb.] 93 S. UB 8161. 1983.

Erläuterungen und Dokumente: Günter Grass, »Katz und Maus«. Hrsg. von Alexander Ritter. [Mit 5 Abb. und 2 Karten.] 189 S. UB 8137 [2]. 1977.

Bibliographisch ergänzte Ausgabe. 192 S. 1990.

Erläuterungen und Dokumente: Franz Grillparzer, »Der arme Spielmann«. Hrsg. von Helmut Bachmaier. 167 S. UB 8174 [2]. 1986.

Erläuterungen und Dokumente: Franz Grillparzer, »König Ottokars Glück und Ende«. Hrsg. von Karl Pörnbacher. [Mit 1 Karte.] 112 S. UB 8103. 1969.

Erläuterungen und Dokumente: Franz Grillparzer, »Weh dem, der lügt!«. Hrsg. von Karl Pörnbacher. [Mit 3 Abb.] 103 S. UB 8110. 1970 [recte: 1971].

Bibliographisch ergänzte Ausgabe. 103 S. 1984.

Erläuterungen und Dokumente: Gerhart Hauptmann, »Bahnwärter Thiel«. Hrsg. von Volker Neuhaus. [Mit 1 Karte.] 55 S. UB 8125. 1974.

Erläuterungen und Dokumente: Gerhart Hauptmann, »Der Biberpelz«. Hrsg. von Werner Bellmann. 104 S. UB 8141. 1978.

Durchgesehene und ergänzte Ausgabe. 104 S. 1984.
Durchgesehene und ergänzte Ausgabe. 104 S. 1989.

Erläuterungen und Dokumente: Gerhart Hauptmann, »Die Ratten«. Hrsg. von Werner Bellmann. [Mit 2 Abb.] 183 S. UD 8187 [2]. 1990.

Erläuterungen und Dokumente: Friedrich Hebbel, »Agnes Bernauer«. Hrsg. von Karl Pörnbacher. [Mit 5 Abb. und 1 Karte.] 144 S. UB 8127/27a. 1974.

Bibliographisch ergänzte Ausgabe. 144 S. 1983.

Erläuterungen und Dokumente: Friedrich Hebbel, »Maria Magdalena«. Hrsg. von Karl Pörnbacher. [Mit 4 Abb.] 95 S. UB 8105. 1970.

Bibliographisch ergänzte Ausgabe. 96 S. 1980.

Erläuterungen und Dokumente: Heinrich Heine, »Deutschland. Ein Wintermärchen«. Hrsg. von Werner Bellmann. [Mit 7 Abb. und 1 Karte.] 205 S. UB 8150 [2]. 1980.

Durchgesehene und bibliographisch ergänzte Ausgabe. 208 S. 1990.

Erläuterungen und Dokumente: Hermann Hesse, »Demian. Die Geschichte von Emil Sinclairs Jugend«. Von Helga Esselborn-Krumbiegel. [Mit 5 Abb.] 86 S. UB 8190. 1991.

Erläuterungen und Dokumente: Hermann Hesse, »Der Steppenwolf«. Von Friedrich Voit. 156 S. UB 8193. 1992.

Erläuterungen und Dokumente: E. T. A. Hoffmann, »Das Fräulein von Scuderi«. Hrsg. von Hans Ulrich Lindken. [Mit 4 Abb. und 1 Karte.] 136 S. UB 8142 [2].

Erläuterungen und Dokumente: E. T. A. Hoffmann, »Der goldne Topf«. Hrsg. von Paul-Wolfgang Wührl. [Mit 3 Abb.] 160 S. UB 8157 [2]. 1982.

Erläuterungen und Dokumente: E. T. A. Hoffmann, »Klein Zaches genannt Zinnober«. Hrsg. von Gerhard R. Kaiser. [Mit 6 Abb.] 170 S. UB 8172 [2]. 1985.

Erläuterungen und Dokumente: Henrik Ibsen, »Nora (Ein Puppenheim)«. Hrsg. von Aldo Keel. 86 S. UB 8185. 1990.

Erläuterungen und Dokumente: Uwe Johnson, »Mutmassungen über Jakob«. Hrsg. von Bernd Neumann. 144 S. UB 8184 [2]. 1989.

Erläuterungen und Dokumente: Franz Kafka, »Die Verwandlung«. Hrsg. von Peter Beicken [unter Mitarb. von Tamara Trykar-Lu und Rolf Goebel]. [Mit 9 Abb. und 3 Zeichn.] 182 S. UB 8155 [2]. 1983.

Revidierte Ausgabe. 176 S. 1987.

Erläuterungen und Dokumente: Georg Kaiser, »Von morgens bis mitternachts«. Hrsg. von Ernst Schürer. 134 S. UB 8131 [2]. 1975.

Nicht mehr lieferbar seit 1992.

Erläuterungen und Dokumente: Gottfried Keller, »Das Fähnlein der sieben Aufrechten«. Hrsg. von Josef Schmidt. [Mit 2 Abb.] 87 S. UB 8121. 1973.

Erläuterungen und Dokumente: Gottfried Keller, »Kleider machen Leute«. Hrsg. von Rolf Selbmann. 104 S. UB 8165. 1984.
Bibliographisch ergänzte Ausgabe. 108 S. 1990.

Erläuterungen und Dokumente: Gottfried Keller, »Romeo und Julia auf dem Dorfe«. Hrsg. von Jürgen Hein. 88 S. UB 8114. 1971.
Bibliographisch ergänzte Ausgabe. 88 S. 1977.
Bibliographisch ergänzte Ausgabe. 88 S. 1991.

Erläuterungen und Dokumente: Heinrich von Kleist, »Amphitryon«. Hrsg. von Helmut Bachmaier unter Mitarb. von Thomas Horst. [Mit 3 Abb.] 160 S. UB 8162 [2]. 1983.

Erläuterungen und Dokumente: Heinrich von Kleist, »Das Erdbeben in Chili«. Hrsg. von Hedwig Appelt und Dirk Grathoff. 151 S. UB 8175 [2]. 1986.

Erläuterungen und Dokumente: Heinrich von Kleist, »Das Käthchen von Heilbronn oder die Feuerprobe«. Hrsg. von Dirk Grathoff. [Mit 10 Abb.] 162 S. UB 8139 [2]. 1977.

Erläuterungen und Dokumente: Heinrich von Kleist, »Michael Kohlhaas«. Hrsg. von Günter Hagedorn. [Mit 1 Karte.] 109 S. UB 8106. 1970.
Bibliographisch erneuerte Ausgabe. 111 S. 1983.

Erläuterungen und Dokumente: Heinrich von Kleist, »Penthesilea«. Von Hedwig Appelt und Maximilian Nutz. [Mit 7 Abb. und 1 Karte.] 160 S. UB 8191. 1992.

Erläuterungen und Dokumente: Heinrich von Kleist, »Prinz Friedrich von Homburg«. Hrsg. von Fritz Hackert. [Mit 13 Abb. und 3 Taf.] 236 S. UB 8147 [3]. 1979.

Erläuterungen und Dokumente: Heinrich von Kleist, »Der zerbrochne Krug«. Hrsg. von Helmut Sembdner. [Mit 12 Abb.] 157 S. UB 8123/23a. 1973.
Durchgesehene und bibliographisch ergänzte Ausgabe. 157 S. 1982.

Erläuterungen und Dokumente: Jakob Michael Reinhold Lenz, »Der Hofmeister oder Vorteile der Privaterziehung«. Hrsg. von Friedrich Voit. 183 S. UB 8177 [2]. 1986.

Erläuterungen und Dokumente: J. M. R. Lenz, »Die Soldaten«. Hrsg. von Herbert Krämer. [Mit 3 Abb.] 88 S. UB 8124. 1974.

Bibliographisch ergänzte Ausgabe. 88 S. 1990.

Erläuterungen und Dokumente: Gotthold Ephraim Lessing, »Emilia Galotti«. Hrsg. von Jan-Dirk Müller. 109 S. UB 8111/11a. 1971.

Bibliographisch ergänzte Ausgabe. 109 S. 1978.

Erläuterungen und Dokumente: Gotthold Ephraim Lessing, »Minna von Barnhelm«. Hrsg. von Jürgen Hein. [Mit 3 Abb.] 109 S. UB 8108. 1970.

Bibliographisch ergänzte Ausgabe. 109 S. 1977.

Erläuterungen und Dokumente: Gotthold Ephraim Lessing, »Miß Sara Sampson«. Hrsg. von Veronica Richel. 93 S. UB 8169. 1985.

Erläuterungen und Dokumente: Gotthold Ephraim Lessing, »Nathan der Weise«. Hrsg. von Peter von Düffel. [Mit 4 Abb.] 167 S. UB 8118/18a. 1972.

Bibliographisch ergänzte Ausgabe. 167 S. 1985.

Erläuterungen und Dokumente: Thomas Mann, »Mario und der Zauberer«. Hrsg. von Karl Pörnbacher. 104 S. UB 8153. 1980.

Erläuterungen und Dokumente: Thomas Mann, »Der Tod in Venedig«. Von Ehrhard Bahr. [Mit 3 Karten.] 196 S. UB 8188 [3]. 1991.

Erläuterungen und Dokumente: Thomas Mann, »Tonio Kröger«. Hrsg. von Werner Bellmann. [Mit 3 Abb.] 102 S. UB 8163. 1983.

Durchgesehene und ergänzte Ausgabe. 102 S. 1986.

Erläuterungen und Dokumente: Thomas Mann, »Tristan«. Bearb. von Ulrich Dittmann. 96 S. UB 8115. 1971.

Bibliographisch ergänzte Ausgabe. 96 S. 1983.

Erläuterungen und Dokumente: Conrad Ferdinand Meyer, »Das Amulett«. Hrsg. von Horst Martin. 68 S. UB 8140. 1977.

Erläuterungen und Dokumente: Eduard Mörike, »Mozart auf der Reise nach Prag«. Hrsg. von Karl Pörnbacher. [Mit 5 Abb.] 117 S. UB 8135 [2]. 1976.

Bibliographisch ergänzte Ausgabe. 117 S. 1985.

Erläuterungen und Dokumente: Johann Nestroy, »Der böse Geist Lumpazivagabundus oder Das liederliche Kleeblatt«. Hrsg. von Jürgen Hein. [Mit 3 Abb.] 173 S. UB 8148 [2]. 1979.

Erläuterungen und Dokumente: Johann Nestroy, »Der Talisman«. Hrsg. von Jürgen Hein. 96 S. UB 8128. 1975.
Bibliographisch ergänzte Ausgabe. 96 S. 1980.

Erläuterungen und Dokumente: Novalis (Friedrich von Hardenberg), »Heinrich von Ofterdingen«. Hrsg. von Ursula Ritzenhoff. 236 S. UB 8181 [3]. 1988.

Erläuterungen und Dokumente: Friedrich Schiller, »Don Carlos«. Hrsg. von Karl Pörnbacher. [Mit 6 Abb.] 238 S. UB 8120/20a/b. 1973.
Bibliographisch ergänzte Ausgabe. 238 S. 1982.

Erläuterungen und Dokumente: Friedrich Schiller, »Die Jungfrau von Orleans«. Hrsg. von Wolfgang Freese und Ulrich Karthaus unter Mitarb. von Renate Fischetti. [Mit 3 Abb.] 160 S. UB 8164 [2]. 1984.

Erläuterungen und Dokumente: Friedrich Schiller, »Kabale und Liebe«. Hrsg. von Walter Schafarschik. [Mit 12 Abb.] 147 S. UB 8149 [2]. 1980.

Erläuterungen und Dokumente: Friedrich Schiller, »Maria Stuart«. Hrsg. von Christian Grawe. [Mit 4 Abb.] 214 S. UB 8143 [3]. 1978.

Erläuterungen und Dokumente: Friedrich Schiller, »Die Räuber«. Hrsg. von Christian Grawe. [Mit 13 Abb.] 232 S. UB 8134 [3]. 1976.
Durchgesehene und bibliographisch ergänzte Ausgabe. 232 S. 1984.

Erläuterungen und Dokumente: Friedrich Schiller, »Die Verschwörung des Fiesco zu Genua«. Hrsg. von Christian Grawe. 263 S. UB 8168 [3]. 1985.

Erläuterungen und Dokumente: Friedrich Schiller, »Wallenstein«. Hrsg. von Kurt Rothmann. [Mit 7 Abb. und 1 Karte.] 294 S. UB 8136 [3]. 1977.

Erläuterungen und Dokumente: Friedrich Schiller, »Wilhelm Tell«. Hrsg. von Josef Schmidt. [Mit 2 Abb. und 1 Karte.] 111 S. UB 8102. 1969.

Durchgesehene und bibliographisch ergänzte Ausgabe. 111 S. 1979.

Erläuterungen und Dokumente: William Shakespeare, »Hamlet«. Hrsg. von Hans H. Rudnick. [Mit 6 Abb.] 264 S. UB 8116/16a/b. 1972.

Bibliographisch ergänzte Ausgabe. 264 S. 1982.

Erläuterungen und Dokumente: Sophokles, »Antigone«. Von Marion Giebel. [Mit 3 Abb.] 86 S. UB 8195. 1992.

Erläuterungen und Dokumente: Adalbert Stifter, »Abdias«. Hrsg. von Ulrich Dittmann. 85 S. UB 8112. 1971.

Bibliographisch ergänzte Ausgabe. 85 S. 1981.

Erläuterungen und Dokumente: Adalbert Stifter, »Brigitta«. Hrsg. von Ulrich Dittmann. 85 S. UB 8109. 1970 [recte: 1971].

Bibliographisch ergänzte Ausgabe. 85 S. 1982.

Erläuterungen und Dokumente: Theodor Storm, »Hans und Heinz Kirch«. Hrsg. von Heike A. Doane. [Mit 3 Abb.] 94 S. UB 8171. 1985.

Erläuterungen und Dokumente: Theodor Storm, »Immensee«. Hrsg. von Frederick Betz. 88 S. UB 8166. 1984.

Erläuterungen und Dokumente: Theodor Storm, »Der Schimmelreiter«. Hrsg. von Hans Wagener. [Mit 1 Karte.] 102 S. UB 8133 [2]. 1976.

Erläuterungen und Dokumente: Ludwig Tieck, »Der blonde Eckbert. Der Runenberg«. Hrsg. von Hanne Castein. 85 S. UB 8178. 1987.

Erläuterungen und Dokumente: Frank Wedekind, »Frühlings Erwachen«. Hrsg. von Hans Wagener. [Mit 4 Abb.] 203 S. UB 8151 [2]. 1980.

Erläuterungen und Dokumente: Carl Zuckmayer, »Der Hauptmann von Köpenick«. Hrsg. von Hartmut Scheible. [Mit 4 Abb.] 171 S. UB 8138 [2]. 1977.

Ernaux, Annie: Une Femme. [Erzählung.] Hrsg. von Wolfgang Ader. 95 S. UB 9278. 1991. (Fremdsprachentexte.)

Ernst, Paul: Der geraubte Brief. Zehn Geschichten. Hrsg. und mit einem Nachw. vers. von Karl August Kutzbach. 81 S. UB 8269. 1959.

Inhalt: Anakreon – Eine fürstliche Liebesheirat – Der Gefangene – Der geraubte Brief – Der große König – Die Hand Gottes – Kapparos – Das Porzellangeschirr – Eine Schäferei – Der Steiger.

Nicht mehr lieferbar seit 1983.

Erzählte Zeit. 50 deutsche Kurzgeschichten der Gegenwart. Hrsg. von Manfred Durzak. 516 S. UB 9996 [6]. 1980.

Inhalt: A. Andersch: Festschrift für Captain Fleischer – A. Andersch: Die Inseln unter dem Winde – A. Andersch: Jesuskingdutschke – A. Andersch: Mit dem Chef nach Chenonceaux – H. Bender: Die Schlucht – H. Bender: Die Wölfe kommen zurück – J. Bobrowski: Lipmanns Leib – J. Bobrowski: Der Tänzer Malige – H. Böll: Der Bahnhof von Zimpren – H. Böll: Du fährst zu oft nach Heidelberg – H. Böll: Wanderer, kommst du nach Spa – W. Borchert: Nachts schlafen die Ratten doch – T. Brasch: Fliegen im Gesicht – H. Eisenreich: Doppelbödige Welt – H. Eisenreich: Die neuere (glücklichere) Jungfrau von Orléans – J. Federspiel: Orangen vor ihrem Fenster – F. R. Fries: Der Fernsehkrieg – G. Gaiser: Die schlesische Gräfin – S. Hermlin: Arkadien – S. Hermlin: Die Kommandeuse – W. Hildesheimer: Das Ende einer Welt – O. Jägersberg: Dazugehören – M. L. Kaschnitz: Laternen – A. Kluge: Ein Liebesversuch – A. Kluge: »Das Zeitgefühl der Rache« – F. W. Korff: Jericho – G. Kunert: Die Waage – G. Kunert: Zentralbahnhof – R. Kunze: Element – E. Langgässer: Glück haben – S. Lenz: Der Gleichgültige – S. Lenz: Die Wellen des Balaton – S. Lenz: Wie bei Gogol – H. Müller: Das Eiserne Kreuz – H. Plontek: Verlassene Chausseen – U. Plenzdorf: kein runter kein fern – J. Reding: Während des Films – L. Rinser: Die rote Katze – H. J. Schädlich: Versuchte Nähe – K. Schlesinger: Der Tod meiner Tante – A. Schmidt: Er war ihm zu ähnlich – P. Schneider: Das Wiedersehen – R. W. Schnell: David spielt vor Saul – W. Schnurre: Auf der Flucht – W. Schnurre: Das Manöver – M. Walser: Die Rückkehr eines Sammlers – W. Weyrauch: Im Gänsemarsch – W. Weyrauch: Uni – G. Wohmann: Ländliches Fest – G. Wohmann. Verjährt.

Auch GEB. 1980. (Nicht mehr lieferbar.)

Erzählungen der russischen Romantik. Hrsg. von Martin Schneider. 416 S. UB 8629 [5]. 1990.

Inhalt: A. Bestushew-Marlinskij: Der Seefahrer Nikitin – N. Gogol: Die Nase – N. Karamsin: Die Insel Bornholm – M. Lermontow: Der Fatalist – W. Odojewskij: Das Jahr 4338 – W. Odojewskij: Sebastian Bach – W. Odojewskij: Die Sylphide – N. Pawlow: Der Namenstag – M. Pogodin:

Der Bettler – A. Pogorelskij: Die Kuchenfrau von Lafertowo – A. Puschkin: Pique Dame – A. Puschkin: Der Sargmacher – W. Shukowskij: Der Marienhain.
Auch GEB. 1990. *(Nicht mehr lieferbar.)*

Erzählungen des alten Japan. Aus dem Konjaku-monogatari. Hrsg. von Horst Hammitzsch. Ausgew. und übers. [mit Anm.] von Ingrid Schuster und Klaus Müller. 80 S. UB 8960. 1965. (UNESCO-Sammlung repräsentativer Werke. Asiatische Reihe.)

Enthält die Erzählungen XVII,26, XX,11, XX,15, XX,18, XXII,4, XXIII,17, XXIII,18, XXIV,9, XXIV,57, XXV,2, XXVI,10, XXVII,8, XXVII,15f., XXVII,44, XXVIII,20, XXVIII,28, XXVIII,33, XXIX,11, XXIX,36, XXIX,38, XXX,11, XXX,13.

Nicht mehr lieferbar seit 1977.

Erzählungen des italienischen Realismus. Ital./Dt. Ausgew., übers. und hrsg. von Johannes Hösle. 168 S. UB 8022 [2]. 1985.

Inhalt: A. Boito: L'alfier nero – L. Capuana: Il medico dei poveri – G. D'Annunzio: Gli idolatri – C. Dossi: Nel confessionario – C. Dossi: Una visita al Papa – R. Fucini: Lo spaccapietre – G. Verga: In piazza della Scala – G. Verga: Libertà.

Erzählungen des russischen Realismus. Von Aksakow bis Tschechow. Hrsg. von Martin Schneider. 411 S. UB 8699 [5]. 1991.

Inhalt: S. Aksakow: Ein guter Tag des Stepan Michailowitsch – F. Dostojewskij: Bobok – W. Garschin: Das Signal – I. Gontscharow: Oblomows Traum – M. Gorkij: Jemeljan Piljaj – A. Herzen: Die diebische Elster – W. Korolenko: Der Wald rauscht – N. Leskow: Die Geschichte von dem stählernen Floh und dem Linkshänder aus Tula – N. Nekrassow: Ein Rätsel – M. Saltykow-Schtschedrin: Wie ein Bauer zwei Generäle durchfütterte – L. Tolstoj: Drei Tode – A. Tschechow: Die Braut – I. Turgenjew: Faust.

Auch GEB. 1991.

Erzählungen seit 1960 aus der Bundesrepublik Deutschland, aus Österreich und der Schweiz. Hrsg. von Heinrich Vormweg. 344 S. UB 7977 [4]. 1983.

Inhalt: H. Achternbusch: Zigarettenverkäufer – I. Aichinger: Die Puppe – J. Amann: Rondo – A. Andersch: Jesuskingdutschke – H. C. Artmann: Auftritt eines rowdys – I. Bachmann: Undine geht – R. Baumgart: Subjekt – Objekt – K. Behrens: Liebe – H. Bender: Der Hund von Torcello – T. Bernhard: Jauregg – P. Bichsel: Ein Tisch ist ein Tisch – H. Böll: Du fährst zu oft nach Heidelberg – E. Borchers: M. – R. D. Brinkmann: Der Arm – A. Duvanel: Catalina – G. Elsner: Die Mieterhöhung – L. Fels: Das Haus – M. v. d. Grün: Der Betriebsrat – C. Haidegger: Am Ende des Lehrjahres steht ein Fahrrad – P. Handke: Das Umfallen der Kegel von einer

bäuerlichen Kegelbahn – H. Heißenbüttel: Franz-Ottokar Mürbekapsels Glück und Ende – G. Herburger: Ein Vormittag – R. Hutmacher: Flucht – U. Johnson: Jonas zum Beispiel – M. L. Kaschnitz: Der Tag X – A. Kluge: Anwesenheitsliste für eine Beerdigung – B. Kronauer: Der Kontrolleur – R. Lettau: Ein neues Kursbuch – C. Meckel: Der Löwe – A. Muschg: Entfernte Bekannte – H. E. Nossack: Neonlicht – H. M. Novak: Abgefertigt – E. Schleef: Wittenbergplatz – J. Schutting: Die Cinzano-Familie – H. Taschau: Strip – M. Walser: Mitwirkung bei meinem Ende – U. Widmer: Tod und Sehnsucht – G. Wohmann: Eine Schande für den Park – W. Wondratschek: 43 Liebesgeschichten – G. Zschorsch: Die Stunde eines einzigen Tages.
Auch GEB. 1983. (Nicht mehr lieferbar.)

Eugippius: Vita Sancti Severini / Das Leben des heiligen Severin. Lat./Dt. Übers. und hrsg. von Theodor Nüßlein. 157 S. UB 8285 [2]. 1986.

Euler, Leonhard: Vollständige Anleitung zur Algebra. Unter Mitw. von Joh. Niessner in revidierter Fassung neu hrsg. von Jos. E. Hofmann. 571 S. UB 1802–06/06a–c. 1959. *GEB.*
Nicht mehr lieferbar seit 1973.

Euripides: Alkestis. Griech./Dt. Übers. und hrsg. von Kurt Steinmann. 176 S. UB 1337 [2]. 1981.

Euripides: Die Bakchen. Tragödie. Übers., Nachw. und Anm. von Oskar Werner. 78 S. UB 940. 1968.

Euripides: Hippolytos. Übers. und Nachw. von Ernst Buschor. [Mit Anm.] 77 S. UB 8601. 1961.

Euripides: Ion. Griech./Dt. Hrsg. von Christoph Klock und Dietram Müller. Übers. von Ursula Graw, Christoph Klock, Dietram Müller und Gerhard Tiecke. 157 S. UB 3579 [2]. 1982.

Euripides: Iphigenie bei den Tauern. Übers. von J. J. C. Donner. Neubearb. und mit neuer Einf. und Anm. hrsg. von Curt Woyte. 77 S. UB 737. 1952.
Durchgesehene und veränderte Ausgabe. Neubearb. von Curt Woyte. Nachw. und Anm. von Hans Strohm. 80 S. 1966.

Euripides: Iphigenie in Aulis. Tragödie. Nach der Übers. von J. J. Donner. [Mit einer Vorbem. und Anm.] 64 S. UB 7099. 1950.
Durchgesehene Ausgabe. [Mit Anm. und einer Nachbem.] 70 S. 1960.
Durchgesehene Ausgabe. [Mit Anm. und einer Nachbem.] 64 S. 1978.

Euripides: Medea. Tragödie. Dt. von J. J. C. Donner. Mit Einl. und Anm. neu hrsg. von Curt Woyte. 64 S. UB 849. 1952.

Durchgesehene Ausgabe. [Mit Anm. und einem Nachw.] 64 S. 1972.

Euripides: Medea. Griech./Dt. Übers. und hrsg. von Karl Heinz Eller. 175 S. UB 7978 [2]. 1983.

Euripides: Die Troerinnen. Griech./Dt. Übers. und hrsg. von Kurt Steinmann. 208 S. UB 8424 [3]. 1987.

Europäische Balladen. [Ausw. und Einf. von Hans Eideneier u. a.] 544 S. UB 8508–14. 1967.

Autoren: K. Äbele – H. C. Andersen – A. Antunes da Silva – G. Apollinaire – J. Arany – M. Arnold – P.-J. de Béranger – Bernardo de Bonaval – P. Bezruč – B. Björnson – G. Boccaccio – T. Botrel – R. Browning – A. Bruant – R. de Campoamor – G. Carducci – H. Carey – L. Carrer – E. de Castro – G. Cavalcanti – B. Cendrars – Charles d'Orléans – A. E. Coppard – T. Corbière – A. Cunningham – Dante Alighieri – L. de' Medici – R. del Valle Inclán – E. Deschamps – J. Dučić – K. J. Erben – M. Fombeure – P. Fort – G. Fröding – F. García Lorca – A. C. Gonçalves Crêspo – L. Gongora y Argote – M. Gorki – J. C. Hauch – J. L. Heiberg – V. v. Heidenstam – Z. Herbert – A. Housman – P. Hrabovśkyj – V. Hugo – M. Jacob – J. P. Jacobsen – S. A. Jesenin – J. A. Jewtuschenko – E. A. Karlfeldt – J. Keats – V. A. Koskenniemi – K. Kramsu – K. Kristallis – J. Laforgue – Larin-Kyösti – B. Leśmian – E. Leino – M. J. Lermontow – M. Machado y Ruiz – M. Maeterlinck – W. W. Majakowskij – O. Makowej – C. Miłosz – A. Mickiewicz – J. Neruda – M. Noël – A. Nunes – A. E. Odyniec – A. Oehlenschläger – A. Oksanen – F. Petrarca – V. Plūdonis – A. Poliziano – J. Prévert – S. Prudenzani – A. S. Puschkin – A. Rimbaud – T. Różewícz – F. de Rojas y Zorrilla – V. Ruiz de Aguilera – F. Sacchetti – T. Schetschenko – W. Scott – V. Ségalen – L. Siemieński – K. M. Simonow – E. Tegnér – A. Tennyson – A. K. Tolstoj – M. Under – L. de Vega Carpio – P. Verlaine – F. Villon – J. S. Welhaven – J. Wolker – S. Wygodzki – P. de Xerica – J. Zorro; anonyme Texte.

Auch GEB. 1967. *(Nicht mehr lieferbar.)*

Everyman / Jedermann. [Mittel-]Engl. und dt. Übers. und mit einem Nachw. von Helmut Wiemken. 96 S. UB 8326. 1970.

Experimentelle amerikanische Prosa. Zweisprachig. Ausgew. und mit einer Einl. hrsg. von Brigitte Scheer-Schäzler. 346 S. UB 9849 [4]. 1977.

Inhalt: J. Barth: Autobiography: A Self-Recorded Fiction – J. Barth: Title – D. Barthelme: At the End of the Mechanical Age – D. Barthelme: The Educational Experience – J. Cage: Diary: How to Improve the World (You Will Only Make Matters Worse) Continued 1969 (Part V) – G. Godwin: A

Sorrowful Woman – C. Krampf: The Creation of Condriction – B. Malamud: My Son the Murderer – G. Meeter: A Harvest – W. S. Merwin: Tergvinder's Stone – J. C. Oates: Plot – A. B. Paulson: »2« – A. Sexton: Dancing the Jig – D. Stern: The Death of the Novel.
Auch GEB. 1977. (Nicht mehr lieferbar.)

Eyth, Max: Die Brücke über die Ennobucht (Berufstragik). Mit einem Nachw. von Carl Heydt. 171 S. UB 5601/02. 1955.

Durchgesehene Ausgabe. 152 S. 1961.
Durchgesehene Ausgabe. 149 S. 1988.

F

Fabliaux. Französische Schwankerzählungen des Hochmittelalters. Altfrz./Dt. Ausgew., übers. und komm. von Albert Gier. 335 S. UB 8058 [4]. 1985.

Inhalt: Anon.: De la dolente qui fu foutue sur la tombe – Anon.: Du prestre crucefié – Anon.: Du vilain mire – J. Bodel: De Haimet e de Barat e Travers – J. Bodel: Des sohaiz que sainz Martins dona anvieus et coveitos – Durand: Des trois boçus – Garin: De Berangier au lon cul – Garin: Des tresses – Garin: Du chevalier qui fist les cons parler – Gautier Le Leu: De deus vilains – Gautier Le Leu: Del sot chevalier – Huon Le Roi: La male honte – Rutebeuf: De Charlot le Juif qui chia en la pel dou lievre – Rutebeuf: Le pet au vilain – Rutebeuf: Li testament de l'asne.

Fallada, Hans: Hoppelpoppel, wo bist du? Kindergeschichten. Mit einem Nachw. von Felix Riemkasten. 77 S. UB 7314. 1955.

Inhalt: Gigi und Lumpi – Häusliches Zwischenspiel – Lieber Hoppelpoppel – wo bist du? – Lieschens Sieg – Lüttenweihnachten – Pfingstfahrt in der Waschbalje – Die verlorenen Grünfinken.

Auch als Sonderausgabe zum 125jährigen Bestehen des Verlags (Reclams Jubiläums-Bände). 1955. (Nicht mehr lieferbar.)

Faraday, Michael: Naturgeschichte einer Kerze. [Mit 37 Abb.] Übers. und mit Anm. hrsg. von Günther Bugge. Neu durchges. von Hermann Kissling. 133 S. UB 6019/20. 1953.

Durchgesehene Ausgabe. 133 S. 1964.

Nicht mehr lieferbar seit 1977.

Fastnachtspiele des 15. und 16. Jahrhunderts. [Mit 9 Abb.] Unter Mitarb. von Walter Wuttke ausgew. und hrsg. von Dieter Wuttke. 424 S. UB 9415–19/19a. 1973.

Autoren: J. Ayrer – H. Folz – V. Raber – H. Rosenplüt – H. Sachs.

Verbesserte und ergänzte (2.) Auflage. 440 S. 1978.

Bibliographisch ergänzte (4.) Auflage. 464 S. 1989.

Faulkner, William: Meine Großmutter Millard und die Schlacht am Harrykin-Bach. Schwarzer Harlekin. [Zwei Erzählungen.] Übers. von Elisabeth Schnack und Hermann Stresau. Nachw. von Helmut M. Braem. 92 S. UB 8221. 1958.

Nicht mehr lieferbar seit 1984.

Faust. Eine Tragödie von Goethe. Erster Theil. Fotomechan. Nachdr. von Bd. 1 der Universal-Bibliothek in der ersten Ausgabe, Leipzig 1867. [Mit einer Nachbem.: 125 Jahre Universal-Bibliothek.] 143 S. 1992.

Faust, Heinrich: Raketen, Satelliten, Weltraumflug. Ihre praktische Bedeutung. Mit Zeichn. des Verf. oder nach Quellenangabe. 156 S. UB 8848/49. 1963.

Nicht mehr lieferbar seit 1969.

Fegers, Hans → Reclams Kunstführer Frankreich IV; V

Fehse, Willi: Blühender Lorbeer. Ein Dichterspiegel in Anekdoten. Zeichn. von Albrecht Appelhans. 188 S. UB 8098/99. 1958.

Auch GEB. 1958. (Nicht mehr lieferbar.)
Nicht mehr lieferbar seit 1975.

Fénelon, François de Salignac de La Mothe: Die Abenteuer des Telemach. [Roman.] Aus dem Frz. übers. von Friedrich Fr. Rückert. Mit einem Nachw. hrsg. von Volker Kapp. 512 S. UB 1327 [6]. 1984.

Fetscher, Iring: Arbeit und Spiel. Essays zur Kulturkritik und Sozialphilosophie. [Mit einer Einl. des Verf. und einem biobibliogr. Anh.] 171 S. UB 7979 [2]. 1983.

Inhalt: Arbeit – Das Recht, man selbst zu bleiben – Reflexionen über den Zynismus als Krankheit unserer Zeit – Rousseau, Voltaire und wir – Der Spieler und sein Gegenüber – Vom Sinn der Endlichkeit menschlichen Lebens – Von deutscher Sauberkeit – Zur Dialektik von Anarchismus und Unterdrückung.

Feuerbach, Ludwig: Das Wesen des Christentums. Nachw. von Karl Löwith. [Mit einer Zeittaf.] 536 S. UB 4571–77. 1969.

Fichte, Johann Gottlieb: Die Bestimmung des Menschen. Hrsg. und mit einem Nachw. vers. von Theodor Ballauff und Ignaz Klein. 228 S. UB 1201/02/02a. 1962.

Im Anhang überarbeitete Ausgabe. 231 S. 1966.
Bibliographisch ergänzte Ausgabe. 237 S. 1981.

Fichte, Johann Gottlieb: Über den Begriff der Wissenschaftslehre oder der sogenannten Philosophie. Mit einer Einl. hrsg. von Edmund Braun. 117 S. UB 9348/49. 1972.

Finley, Moses I.: Antike und moderne Demokratie. Mit einem Essay von Arnaldo Momigliano. Aus dem Engl. übers. und hrsg. von Edgar Pack. 144 S. UB 9966 [2]. 1980.

Durchgesehene Ausgabe. 146 S. 1987.

Finscher, Ludwig → Reclams Kammermusikführer (1990)

Fischart, Johannes: Flöh Hatz, Weiber Tratz. Hrsg. von Alois Haas. 159 S. UB 1656/56a. 1967.

Fischart, Johann: Das Glückhafft Schiff von Zürich. Hrsg. von Alois Haas. 88 S. UB 1951. 1967.

Fitzgerald, F[rancis] Scott: The Great Gatsby. [Roman.] Hrsg. von Susanne Lenz. 255 S. UB 9242 [3]. 1989. (Fremdsprachentexte.)

Flake, Otto: Der Handelsherr. [Erzählung.] Mit einer Bibl. von Dieter Meier und einem Nachw. von Gert Ueding. 151 S. UB 7980 [2]. 1983.

Flasch, Kurt: Augustin. Einführung in sein Denken. 487 S. UB 9962 [5]. 1980.

Auch GEB. 1980. (Nicht mehr lieferbar.)

Flasch, Kurt: Das philosophische Denken im Mittelalter. Von Augustin zu Machiavelli. 720 S. UB 8342 [8]. 1986.

Auch GEB. 1986.

Flaubert, Gustave: Un Cœur simple. [Erzählung.] Hrsg. von Brigitte Sahner. 91 S. UB 9200. 1986. (Fremdsprachentexte.)

Flaubert, Gustave: Herodias. Erzählung. Übertr. aus dem Frz. und Nachw. von Ernst Sander. 64 S. UB 6640. 1968.

Nicht mehr lieferbar seit 1988.

Flaubert, Gustave: Die Legende von Sankt Julian dem Gastfreien. Erzählung. Übertr. aus dem Frz. und Nachw. von Ernst Sander. 48 S. UB 6630. 1970.

Nicht mehr lieferbar seit 1986.

Flaubert, Gustave: Madame Bovary. Sittenbild aus der Provinz. [Roman.] Aus dem Frz. übertr. von Ilse Perker und Ernst Sander. Mit einem Nachw. von Manfred Hardt [und Anm.]. 455 S. UB 5666–70. 1972.

Auch GEB. 1972. (Nicht mehr lieferbar.)
Auch GEB. in der Reihe »Reclam Lese-Klassiker«. 454 S. 1985.

Flaubert, Gustave: Salammbô. Roman. Übers. von Robert Habs. Nachw. von Günter Metken. [Mit Anm.] 366 S. UB 1650–54. 1970.

Flaubert, Gustave: Ein schlichtes Herz. Erzählung. Aus dem Frz. von Ernst Sander. Nachw. von Emil Merker. 58 S. UB 6590. 1954.

Durchgesehene Ausgabe. 60 S. 1962.

Nicht mehr lieferbar seit 1987.

Fleming, Paul: Deutsche Gedichte. [Auswahl.] Hrsg. von Volker Meid. 190 S. UB 2455 [2]. 1986.

Fleming, Paul: Gedichte. Ausw. und Nachw. von Johannes Pfeiffer. [Mit Anm.] 96 S. UB 2454. 1964.

Nicht mehr lieferbar seit 1984; ersetzt durch: → Fleming: Deutsche Gedichte

Fleming, Ian: Risico. A Secret Occasion in the Life of James Bond. [Erzählung.] Hrsg. von Bernd Lenz. 88 S. UB 9207. 1986. (Fremdsprachentexte.)

Fleuron, Svend: Der Kater Mi Rööh und andere Geschichten. Autorisierte Übers. aus dem Dän. von Hermann Kiy. 70 S. UB 7044. 1954.

Inhalt: Förstermatz – Hunde, die ich gekannt habe – Der Kater Mi Rööh – Pan – Das Rehkitz unter der Eiche – Der Stier – Störche im Dorf – Der verliebte Hase – Watvögel – Wie die Wildheit in den Mäusebussard fuhr – Wie ich Tierschilderer wurde.

Nicht mehr lieferbar seit 1989.

Flotow, Friedrich von: Martha oder Der Markt zu Richmond. Romantisch-komische Oper in vier Aufzugen (teilweise nach einem Plan von Saint-Georges) von W. Friedrich. Musik von Friedrich von Flotow. Vollständiges Buch. Hrsg. und eingel. von Georg Richard Kruse. 72 S. UB 5153. 1949.

Nicht mehr lieferbar; ersetzt durch:

Flotow, Friedrich von: Martha oder Der Markt zu Richmond. Romantisch-komische Oper in vier Aufzügen (teilweise nach einem Plan von Saint-Georges) von W. Friedrich. Vollständiges Buch. Neu hrsg. und eingel. von Wilhelm Zentner. 62 S. UB 5153. 1954.

Durchgesehene Ausgabe. 64 S. 1982.

Fock, Gorch: Das schnellste Schiff der Flotte. Seegeschichten. Mit einem Nachw. von Aline Bußmann [und einem Glossar]. 71 S. UB 7369. 1952.

Inhalt: Finkenwärder Karkmeß – »In Gotts Nomen, Hinnik!« – Der Krämer – Nach dem Sturm – Das schnellste Schiff der Flotte – Sturm.

Durchgesehene Ausgabe. 79 S. 1965.

Nicht mehr lieferbar seit 1986.

Fontane, Theodor: L'Adultera. Novelle. Nachw. und Anm. von Frederick Betz. 181 S. UB 7921 [2]. 1983.

Fontane, Theodor: Aus den Erinnerungsbüchern. Ausgew. und mit einem Nachw. vers. von Alfred John. [Mit einer Zeittaf.] 80 S. UB 7712. 1951.

Durchgesehene Ausgabe. 79 S. 1962.

Nicht mehr lieferbar seit 1986.

Fontane, Theodor: Cécile. Roman. Hrsg. von Christian Grawe. 277 S. UB 7791 [3]. 1982.

Fontane, Theodor: Effi Briest. Roman. Mit einem Nachw. von Kurt Wölfel. 349 S. UB 6961–63/63a. 1969.

Auch GEB. (mit Anm. von Walter Schafarschik) in der Reihe »Reclam Lese-Klassiker«. 413 S. 1986.

Fontane, Theodor: Frau Jenny Treibel oder »Wo sich Herz zum Herzen find't«. [Roman.] Mit einem Nachw. von Walter Müller-Seidel. 224 S. UB 7635–37. 1973.

Auch GEB. in der Reihe »Reclam Lese-Klassiker«. 225 S. 1985.

Erweiterte Ausgabe. Anm. von Walter Wagner. 240 S. 1988.

Fontane, Theodor: Graf Petöfy. [Roman.] Hrsg. von Lieselotte Voss. 247 S. UB 8606 [3]. 1989.

Fontane, Theodor: Grete Minde. [Roman.] Nach einer altmärkischen Chronik. 120 S. UB 7603. 1954.

Durchgesehene und erweiterte Ausgabe. [Mit Anm.] 111 S. 1970.

Fontane, Theodor: Irrungen Wirrungen. Roman. [Mit einer Zeittaf.] 184 S. UB 8971/72. 1965.

Fontane, Theodor: Mathilde Möhring. [Roman.] Mit einem Nachw. von Maria Lypp [und Anm. von Gotthard Erler]. 143 S. UB 9487/88. 1973.

Fontane, Theodor: Meine Kinderjahre. Autobiographischer Roman. Mit 11 Abb. Hrsg. von Christian Grawe. 272 S. UB 8290 [3]. 1986.

Fontane, Theodor: Die Poggenpuhls. Roman. Mit einem Nachw. von Richard Brinkmann. 126 S. UB 8327/28. 1969.

Fontane, Theodor: Schach von Wuthenow. Erzählung aus der Zeit des Regiments Gensdarmes. [Im Anhang: »Die Weihe der Kraft«. Aus den Memoiren des Karl von Nostiz.] Mit einem Nachw. von Walter Keitel. 168 S. UB 7688/89. 1961.

Fontane, Theodor: Der Stechlin. Roman. Mit einem Nachw. von Hugo Aust. 485 S. UB 9910 [5]. 1978.

Auch GEB. (um Anm. erweitert) in der Reihe »Reclam Lese-Klassiker«. 557 S. 1987.

Fontane, Theodor: Stine. Roman. Mit einem Nachw. von Dietrich Bode. 124 S. UB 7693/94. 1963.

Fontane, Theodor: Tuch und Locke. Erzählungen aus dem Nachlaß. Mit einem Nachw. hrsg. von Walter Keitel. 88 S. UB 8435. 1960.

Inhalt: Der alte Wilhelm – Gerettet! – Goldene Hochzeit – Die Goldene Hochzeitsreise – Der Karrenschieber von Grisselsbrunn – Eine Nacht auf der Koppe – Oceane von Parceval – Onkel Ehm – Professor Lezius oder Wieder daheim – Tuch und Locke.

Fontane, Theodor: Unterm Birnbaum. Roman. Textrevision von Kurt Schreinert. Mit einem Nachw., einer Zeittaf. und Anm. von Irene Ruttmann. 136 S. UB 8577/78. 1968.

Fontane, Theodor: Unwiederbringlich. Roman. Mit einem Nachw. [und Anm.] von Sven-Aage Jørgensen. 309 S. UB 9320–23. 1971.

Fontane-Brevier. Hrsg. von Bettina Plett. [Mit 22 Abb.] 333 S. UB 40006. 1990. (Reclam Lesebuch.) *GEB.*

Forster, Edward Morgan: Der ewige Augenblick. Erzählung. Übers. von Ernst Sander. Nachw. von Hans Hennecke. 64 S. UB 7789. 1953.

Auch als Sonderausgabe zum 125jährigen Bestehen des Verlags (Reclams Jubiläums-Bände). 1953. (Nicht mehr lieferbar.)
Nicht mehr lieferbar seit 1989.

Forster, Friedrich: Robinson soll nicht sterben! Eine Erzählung. [Mit einer biogr. Notiz.] 2. Auflage. 67 S. UB 7859. 1954.

2. Auflage der 1949 im Verlag Kurt Desch erschienenen Erzählung.
Durchgesehene Ausgabe. 77 S. 1963.

Forster, Georg: Ansichten vom Niederrhein. Eine Auswahl. Hrsg. von Ludwig Uhlig. 143 S. UB 4729/30. 1965.

Forte, Dieter: Die Wand. Porträt eines Nachmittags. Zwei Hörspiele. Mit einem Nachw. des Autors [und einem Werkverz.] 61 S. UB 9453. 1973.

Nicht mehr lieferbar seit 1980.

Fortunatus. Studienausgabe nach der Editio princeps von 1509. Mit Materialien zum Verständnis des Textes hrsg. von Hans-Gert Roloff. 351 S. UB 7721 [5]. 1981.

Fouqué, Friedrich de la Motte-: Undine. Eine Erzählung. [Mit einer Vorbem.] 104 S. UB 491. 1953.

Durchgesehene Ausgabe. [Mit einer Nachbem.] 95 S. 1966.
Erweiterte Ausgabe. Mit einer Nachbem. 96 S. 1983.

France, Anatole: Crainquebille. Les Juges intègres. [Zwei Erzählungen.] Hrsg. von Thomas Baldischwieler. 77 S. UB 9162. 1984. (Fremdsprachentexte.)

Franck, Hans: Die Pilgerfahrt nach Lübeck. Eine Bach-Novelle. Mit einem autobiogr. Nachw. 93 S. UB 8257. 1963.

Nicht mehr lieferbar seit 1978.

Frank, Bruno: Politische Novelle. Mit einem Nachw. von Erwin Ackerknecht. 136 S. UB 7830/31. 1956.

Frank, Leonhard: Im letzten Wagen. [Zwei] Erzählungen. [Mit einer biogr. Notiz.] 71 S. UB 7004. 1955.

Inhalt: Im letzten Wagen – New Yorker Liebesgeschichte.
Nicht mehr lieferbar seit 1989.

Frank, Leonhard: Karl und Anna. Erzählung. Mit einem Nachw. von Heinrich Vormweg. 76 S. UB 8952. 1965.

Frank, Manfred: Selbstbewußtsein und Selbsterkenntnis. Essays zur analytischen Philosophie der Subjektivität. 485 S. UB 8689 [6]. 1991.

Frank, Manfred: Stil in der Philosophie. 115 S. UB 8791. 1992.

Franzbach, Martin: Cervantes. [Mit 4 Abb.] 80 S. UB 8690. 1991.

Französische Chansons. Von Béranger bis Barbara. Frz./Dt. Ausgew., übers. und komm. von Dietmar Rieger. 462 S. UB 8364 [6]. 1987.

Autoren: A. Alais – Altaroche – E. Baillet – Barbara – P.-J. de Béranger – G. Brassens – J. Brel – A. Bruant – J.-B. Clément – G. Couté – E. Debraux – M. Druon – P. Dupont – J. Ferrat – L. Ferré – L. Festeau – C. Gille – J. Jouy – J. Kessel – J. Kosma – F. Leclerc – G. Leroy – A. Marly – Mireille – J. Nohain – E. Pottier – J. Prévert – V. Rabineau – C. Trenet – B. Vian – G. Vigneault – Vinçard – B. Voisin.

Auch GEB. 1987. (Nicht mehr lieferbar.)

Französische Erzähler der Gegenwart. Eine Anthologie. Hrsg. und eingel. von Georges Schlocker. 383 S. UB 8816–20. 1962.

Inhalt: L. Aragon: Große Gesellschaft – M. Arland: Die Abendgesellschaft bei Bergmans – M. Aymé: Oskar und Erik – S. Beckett: Der Ausgestoßene – A. Breton: Streifzüge mit Nadja – M. Butor: In der Eisenbahn – A. Camus: Hochzeit in Tipasa – J. Cayrol: Zeedijk – A. Chamson: Die Magnolienblüte – N. Devaulx: Die Dame von Murcia – A. Dhôtel: Die Heidetänzerinnen – M. Duras: Madame Dodin – P. Gascar: Die Blinden von St. Xavier – J. Genet: Harcamones Traum – J. Gracq: Der Angriff – J. Green: Der Einzelgänger – E. Ionesco: Ein Opfer der Pflicht – M. Jouhandeau: Clodomir der Mörder – P. J. Jouve: Wirrling – A. Kern: Das Trugbild – F. Mauriac: Aus dem Glück verstoßen – A. Maurois: Die Zwischenlandung – H. Michaux: Plume im Restaurant – H. de Montherlant: Der unentschlossene Junggeselle – J. Paulhan: Die überquerte Brücke – R. Queneau: Der Metrostreik – A. Robbe-Grillet: Der Strand – N. Sarraute: Bis die Zeit verstreicht – J.-P. Sartre: Die Mauer – J. Schlumberger: Leopard – M. Schneider: Der Unbeständige – J. Supervielle: Das Gehölz – H. Thomas: Die letzte Nacht.

Auch GEB. 1962. (Nicht mehr lieferbar.)

Erweiterte Ausgabe. [Mit einem bio-bibliogr. Anh.] 397 S. 1966.

Nicht mehr lieferbar seit 1978.

Französische Poetiken. Tl. I: Texte zur Dichtungstheorie vom 16. bis zum Beginn des 19. Jahrhunderts. Hrsg. von Frank-Rutger Hausmann, Elisabeth Gräfin Mandelsloh und Hans Staub. 310 S. UB 9789 [4]. 1975.

Autoren: F. H. d'Aubignac – C. Batteux – N. Boileau-Despréaux – A. Chénier – P. Corneille – P. de Deimier – F. Deschamps – D. Diderot – J. Du Bellay – J. B. Dubos – Fénelon – J. Joubert – J. de Mairet – J.-F. Marmontel – M. de Montaigne – J. Peletier du Mans – C. Perrault – F. Rabelais – J. Racine – C.-P. Richelet – A. de Rivarol – P. de Ronsard – D. A. F. de Sade – T. Sebillet – A. L. G. de Staël-Holstein – C. F. de Vaugelas – L. de Clapiers de Vauvenargues.

Französische Poetiken. Tl. II: Texte zur Dichtungstheorie von Victor Hugo bis Paul Valéry. Hrsg. von Frank-Rutger Hausmann, Elisabeth Gräfin Mandelsloh und Hans Staub. 415 S. UB 9790 [5]. 1978.

Autoren: H. de Balzac – T. de Banville – C. Baudelaire – P. Claudel – E. Deschamps – G. Flaubert – T. Gautier – V. Hugo – J.-K. Huysmans – G. Kahn – A. de Lamartine – C. M. Leconte de Lisle – S. Mallarmé – G. de Maupassant – A. Mockel – M. Proust – A. Rimbaud – P. Valéry – E. Zola.

Die Französische Revolution. Ein Lesebuch mit zeitgenössischen Berichten und Dokumenten. Mit 22 Abb. und 3 Karten. Ausgew., übers. und komm. von Chris E. Paschold und Albert Gier. 395 S. UB 8535 [5]. 1989.

Autoren: A.-P.-J.-M. Barnave – Bergier – N.-S. Chamfort – G.-J. Danton – C. Desmoulins – H. E. Edgeworth de Firmont – D.-J. Garat – J. W. Goethe – M.-O. de Gouges – N.-C. Guittard de Floriban – G. A. v. Halem – J. Hébert – F. de Jourgniac Saint-Méard – Louis XVI – J.-P. Marat – P.-S. Maréchal – Marie Antoinette – L.-S. Mercier – H.-P. Panon Desbassayns – Comte de Paroy – J.-G. Peltier – A. de Rivarol – M.-M.-I. Robespierre – Madame Roland – C.-H. Sanson – H. Sanson – E.-J. Sieyes – A.-L.-G. de Staël-Holstein – Duchesse de Tourzel – A. Young; Berichte, Dokumente, Dekrete u. ä.

Die Französische Revolution in Deutschland. Zeitgenössische Texte deutscher Autoren. Augenzeugen, Pamphletisten, Publizisten, Dichter und Philosophen. Hrsg. von Friedrich Eberle und Theo Stammen. 500 S. UB 8537 [6]. 1989.

Autoren: J. W. Archenholz – J. M. Armbruster – S. Ascher – Aspasia – J. A. Bergk – F. T. Biergans – J. N. Bischoff – E. Brandes – F. Buchholz – G. A. Bürger – J. H. Campe – Carl August von Sachsen-Weimar – J. B. Erhard – J. L. Ewald – J. G. Fichte – J. G. Forster – F. Gentz – C. Girtanner – J. Görres – J. W. Goethe – J. L. Gosch – G. A. v. Halem – G. W. F. Hegel – J. G. Herder – F. Hölderlin – W. v. Humboldt – Jean Paul – I. Kant – G. Kerner – E. F. Klein – H. v. Kleist – F. G. Klopstock – A. v. Knigge – F. C. Laukhard – G. C. Lichtenberg – F. C. v. Moser – Novalis – K. E. Oelsner – G. C. Pfeffel – A. G. F. Rebmann – A. W. Rehberg – J. F. Reichardt – K. F. Reinhard – A. Riedel – J. C. G. Schäfer – F. Schiller – F. Schlegel – C. F. D. Schubart – G. F. Stäudlin – L. Tieck – F. v. d. Trenck – J. H. Voß – W. H. Wackenroder – W. L. Wekhrlin – C. M. Wieland – H. Würtzer; anonyme Texte.

Frauen der Goethezeit in Briefen, Dokumenten und Bildern. Von der Gottschedin bis zu Bettina von Arnim. Eine Anthologie von Helga Haberland und Wolfgang Pehnt. 570 S. UB 8454–65. 1960. *GEB.*

Nicht mehr lieferbar seit 1975.

Frauenemanzipation im deutschen Vormärz. Texte und Dokumente. Hrsg. von Renate Möhrmann. 264 S. UB 9903 [3]. 1978.

Autorinnen: M. F. Anneke – L. Aston – L. Dittmar – I. Hahn-Hahn – F. Lewald – M. v. Meysenbug – L. Mühlbach – L. Otto-Peters.

Die Frauenfrage in Deutschland 1865–1915. Texte und Dokumente. [Mit 8 Abb.] Hrsg. von Elke Frederiksen. 502 S. UB 7737 [5]. 1981.

Autorinnen und Autoren: A. Augspurg – O. Baader – A. Bebel – L. Braun – M. Cauer – H. Dohm – L. G. Heymann – R. Huch – E. Ihrer – H. Lange – F. Lewald – E. Lüders – L. Otto-Peters – A. Popp – K. Schirmacher – A. Schmidt – H. Stöcker – M. Stritt – W. Zepler – C. Zetkin.

Frauenlieder des Mittelalters. Zweisprachig. Übers. und hrsg. von Ingrid Kasten. 309 S. UB 8630 [4]. 1990.

Autoren: Albrecht von Johansdorf – Azalaïs de Porcairagues – Der Burggraf von Regensburg – Burkhard von Hohenfels – Comtessa de Dia – Dietmar von Eist – Friedrich von Hausen – Gottfried von Neifen – Gui d'Ussel – Hartmann von Aue – Kaiser Heinrich – Heinrich von Morungen – Heinrich von Veldeke – Der von Kürenberg – Maria von Ventadorn – Meinloh von Sevelingen – Neidhart – Otto von Botenlauben – Raimbaut d'Orange – Raimbaut de Vaqueiras – Reinmar – Steinmar – Walther von der Vogelweide; anonyme Texte.

Frege, Gottlob: Die Grundlagen der Arithmetik. Eine logisch mathematische Untersuchung über den Begriff der Zahl. Mit einem Nachw. hrsg. von Joachim Schulte. 160 S. UB 8425 [3]. 1987.

Freiligrath, Ferdinand: Gedichte. Ausw. und Nachw. von Dietrich Bode. [Mit Anm., Zeittaf. und Werkverz.] 124 S. UB 4911/12. 1964.

Freuds Gegenwärtigkeit. Zwölf Essays. Hrsg.: Aron Ronald Bodenheimer. 414 S. UB 8590 [5]. 1989.

Inhalt: G. Benedetti: Die Inzest-Thematik in der Schizophrenie – S. Freud: Die Verneinung – A. Holzhey-Kunz: »... nicht Herr im eigenen Hause« – Freud und Heidegger zusammengedacht – T. Koch: Freuds Entdeckung und ihre Bedeutung für eine gegenwärtige Theologie – R. Lempp: Der Ödipuskomplex nach neunzig Jahren – F. Meerwein: Starb Rainer Maria Rilke seinen eigenen Tod? – C. Müller: Über Psychotherapie bei einem chronisch Schizophrenen – W. Muschg: Freud als Schriftsteller – B. Rothschild: Klinische Beobachtung, methodische Abgrenzung und analytische Radikalität – C. Schulte: An Infidel Jew – Bemerkungen zu Freuds Psychoanalyse der Religion – D. Sichel: Freud in der Schultasche – Erfahrungen einer Psychotherapeutin.

Freytag, Gustav: Die Journalisten. Lustspiel in vier Akten. Mit einem Nachw. von Bernd Goldmann. 118 S. UB 6003 [2]. 1977.

Freytag, Gustav: Die Technik des Dramas. Hrsg. von Klaus Jeziorkowski. 331 S. UB 7922 [4]. 1983.

Friedrich II., König von Preußen, und die deutsche Literatur des 18. Jahrhunderts. Texte und Dokumente. Hrsg. von Horst Steinmetz. 352 S. UB 2211 [4]. 1985.

Autoren: E. M. Arndt – C. H. v. Ayrenhoff – U. Bräker – J. J. Engel – Friedrich II. – C. Garve – C. F. Gellert – J. W. L. Gleim – J. W. Goethe – J. C. Gottsched – J. G. Herder – D. Jenisch – E. C. v. Kleist – F. G. Klopstock – G. E. Lessing – J. Möser – K. W. Ramler – J. K. Riesbeck – F. Schiller – F. Schlegel – C. F. D. Schubart – C. M. Wieland.

Friedrich der Große: Das Politische Testament von 1752. Aus dem Frz. übertr. von Friedrich von Oppeln-Bronikowski. Mit einem Nachw. von Eckhard Most [und Anm.]. 191 S. UB 9723/24. 1974.

Bibliographisch erneuerte Ausgabe. 195 S. 1987.

Friedrich der Große und die Philosophie. Texte und Dokumente. Mit einem einleitenden Essay hrsg. von Bernhard Taureck. 182 S. UB 3772 [2]. 1986.

Friedrich von Hausen: Lieder. Mittelhochdt./Neuhochdt. Text, Übers. und Komm. von Günther Schweikle. 184 S. UB 8023 [3]. 1984 [recte: 1985].

Friedrich, Theodor / Scheithauer, Lothar J.: Kommentar zu Goethes Faust. Mit einem Faust-Wörterbuch und einer Faust-Bibliographie. 407 S. UB 7177–80/80a. 1959.

Auch GEB. 1959. (Nicht mehr lieferbar.)
Durchgesehene und bibliographisch ergänzte Ausgabe. 389 S. 1974.
Bibliographisch ergänzte Ausgabe. 387 S. 1980.

Frisch, Max: Rip van Winkle. Hörspiel. [Mit einer Nachbem.] 62 S. UB 8306. 1969.

Frischlin, Nicodemus: Ivlivs Redivivvs. Comoedia. In der Übers. von Jacob Frischlin. Hrsg. von Richard E. Schade. 175 S. UB 7981 [2]. 1983.

Frischmuth, Barbara: Unzeit. Erzählungen. Ausw. und Nachw. von Christa Melchinger. [Mit einem bio-bibliogr. Anh.] 78 S. UB 8295. 1986.

Inhalt: Das bessere Leben – Das Bild, das man sich macht – Erben erben – Istanbul – Mein und Musils Nachbar – Meine Großmutter und ich – Unzeit.

Fühmann, Franz: Die Verteidigung der Reichenberger Turnhalle. Erzählungen. Ausw. und Nachw. von Doris und Hans-Jürgen Schmitt. 80 S. UB 9858. 1977.

Inhalt: Die Gewitterblume – Das Judenauto – Regentag im Kaukasus – Die Schöpfung – Die Verteidigung der Reichenberger Turnhalle.

Fuhrmann, Franz → Reclams Kunstführer Österreich I; II

Furtwängler, Wilhelm: Johannes Brahms. Anton Bruckner. [Zwei Vorträge.] Mit einem Nachw. von W[alter] Riezler. 68 S. UB 7515. 1952.

Durchgesehene Ausgabe. 64 S. 1963.

Nicht mehr lieferbar seit 1986.

G

Gad, Carl: Rousseau. Aus dem Dän. übers. von Viktor Schmitz. 61 S. UB 8254. 1963.

Nicht mehr lieferbar seit 1984.

Gadamer, Hans-Georg: Die Aktualität des Schönen. Kunst als Spiel, Symbol und Fest. [Mit einem bio-bibliogr. Anh.] 77 S. UB 9844. 1977.

Gagern, Friedrich von: Der Marterpfahl. Novelle. Mit einem Nachw. von Robert Hohlbaum. 80 S. UB 6533. 1952.

Durchgesehene Ausgabe. 76 S. 1962.
Durchgesehene Ausgabe. 70 S. 1985.

Gaier, Ulrich: Goethes Faust-Dichtungen. Ein Kommentar. Bd. 1: Urfaust. 472 S. UB 8587 [7]. 1989. *GEB.*

Ab 1990 auch in kartonierter Ausgabe lieferbar.

Gaiser, Gerd: Revanche. Erzählungen. Mit einem autobiogr. Nachw. 81 S. UB 8270. 1959.

Inhalt: Am Paß Nascondo – Du sollst nicht stehlen – Kahle Weihnacht – Der Mensch, den ich erlegt hatte – Mittagsgesicht – Revanche.
Nicht mehr lieferbar seit 1992.

Galsworthy, John: Die Ersten und die Letzten. Eine Erzählung. 80 S. UB 7190. 1950.

Nicht mehr lieferbar seit 1973.

Die ganze Welt. Geschichten aus der Universal-Bibliothek. Hrsg. von Albert Haueis und Stephan Koranyi. Mit einem Geleitw. von Dietrich Bode [und 6 Ill. von Werner Rüb]. 471 S. UB 8836. 1992. (Jubiläums-Edition 125 Jahre Universal-Bibliothek.) *GEB.*

Inhalt: P. Altenberg: Sonnenuntergang im Prater – H. C. Andersen: Die Nachtigall – I. Babel: Die Geschichte meines Taubenschlages – H. Bang: Irene Holm – H. Bender: Der Hund von Torcello – J. Bobrowski: Mäusefest – G. Boccaccio: [Ghita und Tofano] – H. Böll: Anekdote zur Senkung der Arbeitsmoral – A. Boito: Der schwarze Läufer – I. Bunin: Ida – H. Burger: Ferrari humanum est – Casanova: [Adam und Eva] – S. Crane: Die Braut kommt nach Yellow Sky – A. Daudet: Die Sterne – T. Fontane: Die Goldene Hochzeitsreise [Entwurf] – F. García Pavón: Plinios Ringverdacht – J. W. Goethe: Bassompierres Geschichte von der schönen Krämerin – P. Handke: Der Schuhputzer von Split – J. Hašek: Der serbische Pope Bogumirov und die Ziege des Mufti Isrim – J. P. Hebel: Der kluge Richter –

O. Henry: Frühling à la carte – S. Ihara: Sie wußten nicht, was in der Trommel war – W. Irving: Rip van Winkle – J. Joyce: Die Pension – G. Keller: Die Jungfrau und die Nonne – K. Mansfield: Ihr erster Ball – A. M. Matute: Die Rettung – W. S. Maugham: Der Mann mit der Narbe – G. de Maupassant: Die Schnur – R. Musil: Die Maus – Il Novellino, XXXI – K. Paustowskij: Der Australier von der Eisenbahnstation Pilewo – Petron: [Die Witwe von Ephesus] – E. A. Poe: Der entwendete Brief – A. Puschkin: Der Sargmacher – P. Rosegger: Allerlei Spielzeug – F. v. Saar: Dissonanzen – T. Storm: Im Saal – L. Tolstoi: Braucht der Mensch viel Erde? – A. Tschechow: Herzchen – K. Tucholsky: Der Floh – E. Wharton: Römisches Fieber – O. Wilde: Der Künstler.

García Lorca, Federico: Bernarda Albas Haus. Frauentragödie in spanischen Dörfern. Aus dem Span. übertr. von Enrique Beck. [Mit einer Nachbem.] 62 S. UB 8525. 1967.

García Márquez, Gabriel: Un día después del sábado / Ein Tag nach dem Samstag. [Erzählung.] Span./Dt. Übers. von Curt Meyer-Clason. Nachw. von Wolfgang Eitel. 75 S. UB 9859. 1977.

García Pavón, Francisco: Kriminalgeschichten. Span./Dt. Übers. und hrsg. von Erna Brandenberger. 79 S. UB 7631. 1980.

Inhalt: Un crimen verdaderamente perfecto – De cómo »el Quaque« mató al hermano Folión y del curioso ardid que tuvo el guardia Plinio para atraparle – Fecha exacta de la muerte de Polonio Torrijas – Sospechos anulares de Plinio.

Garschin, Wsewolod: Die rote Blume. Das Signal. [Zwei Erzählungen.] Russ./Dt. Übers. und Nachw. von Erich Müller-Kamp. 95 S. UB 4866 [2]. 1981.

Gaul, Otto → Reclams Kunstführer Deutschland III (1964)

Gay, John: The Beggar's Opera. Hrsg. von Erhard Dahl. 143 S. UB 9228 [2]. 1988. *(Fremdsprachentexte.)*

Gedanken sind Kräfte. Aussprüche. Gesammelt von Maria March. Hrsg. von Werner March. [383] S. 1948. GEB. *(im Format der gebundenen UB).*

Ab 3. Auflage 1958 mit UB-Nr. 384 S. UB 8091-96. 1958.
Ab 1972 auch in kartonierter Ausgabe. 376 S. UB 8091–96 [Rückenzeile: 8091–95]. 1972.

Gedichte aus dem Rig-Veda. Aus dem Sanskrit übertr. und erl. [mit einer Einf.] von Paul Thieme. 80 S. UB 8930. 1964. (Unesco-Sammlung repräsentativer Werke. Asiatische Reihe.)

Gedichte der englischen Romantik. Engl./Dt. [Mit 6 Abb.] Ausgew., [übers.,] hrsg. und komm. von Raimund Borgmeier. 431 S. UB 9967 [5]. 1980.

Autoren: W. Blake – Lord Byron – S. T. Coleridge – J. Keats – P. B. Shelley – W. Wordsworth.

Auch GEB. 1980. *(Nicht mehr lieferbar.)*

Durchgesehene und bibliographisch ergänzte Ausgabe. 432 S. 1989.

Gedichte der Romantik. Hrsg. von Wolfgang Frühwald. 532 S. UB 8230 [5]. 1984.

Autoren: E. M. Arndt – A. v. Arnim – B. v. Arnim – C. Brentano – A. v. Chamisso – H. v. Chézy – J. v. Eichendorff – W. v. Eichendorff – F. Förster – F. de la Motte Fouqué – K. v. Günderode – F. v. Hardenberg – H. Heine – L. Hensel – F. Hölderlin – J. Kerner – T. Körner – O. H. v. Loeben – S. Mereau-Brentano – W. Müller – P. O. Runge – F. W. J. Schelling – M. v. Schenkendorf – A. W. Schlegel – D. Schlegel – F. Schlegel – G. Schwab – L. Tieck – L. Uhland – W. H. Wackenroder – Z. Werner.

Auch GEB. 1984.

Gedichte des Barock. [Mit Abb. und Faks.] Hrsg. von Ulrich Maché und Volker Meid. 413 S. UB 9975 [5]. 1980.

Autoren: H. A. v. Abschatz – H. Albert – J. G. Albinus – Anton Ulrich von Braunschweig – M. Apelles von Löwenstern – A. Augspurger – J. v. Besser – S. v. Birken – A. H. Bucholtz – D. Czepko von Reigersfeld – S. Dach – J. M. Dilherr – O. C. Eltester – G. Finckelthaus – P. Fleming – P. Gerhardt – E. Gläser – G. Gloger – G. Greflinger – C. R. v. Greiffenberg – H. J. C. v. Grimmelshausen – J. Grob – A. Gryphius – C. Gryphius – I. Habrecht – G. P. Harsdörffer – A. A. v. Haugwitz – J. Heermann – J. Helwig – C. Hölmann – C. Hofmann von Hofmannswaldau – W. H. v. Hohberg – E. C. Homburg – A. O. Hoyers – H. Hudemann – C. F. Hunold – C. Kaldenbach – J. Khuen – J. Klaj – D. Klesel – C. Knorr von Rosenroth – M. Kongehl – A. Krieger – Q. Kuhlmann – Laurentius von Schnüffis – F. v. Logau – D. C. v. Lohenstein – J. G. Meister – J. M. Meyfart – D. G. Morhof – H. Mühlpfort – B. Neukirch – G. Neumark – M. D. Omeis – M. Opitz von Boberfeld – N. Peucker – J. Plavius – S. Rettenpacher – E. G. Rinck – J. Rist – R. Roberthin – J. Rompler von Löwenhalt – D. E. v. Rosenthal – A. C. Rotth – J. C. Schade – J. Scheffler – J. H. Schein – W. Scherffer von Scherfferstein – D. Schirmer – J. M. Schneuber – J. G. Schoch – J. G. Schottelius – S. Schwarz – J. Schwieger – C. Seyffart – J. Sieber – J. W. Simler – F. Spee von Langenfeld – J. Stegmann – J. Steinmann – K. Stieler – E. Stockmann – J. Thomas – A. Tscherning – G. Voigtländer – G. R. Weckherlin – C. Weise – D. v. d. Werder – C. Wernicke – P. v. Zesen – J. W. Zincgref.

Auch GEB. 1980. *(Nicht mehr lieferbar.)*

Gedichte des Expressionismus. Hrsg. von Dietrich Bode. 259 S. UB 8726–28. 1966.

Autoren: H. Arp – H. Ball – J. R. Becher – F. R. Behrens – G. Benn – E. Blass – P. Boldt – B. Brecht – G. Britting – T. Däubler – K. Edschmid – A. Ehrenstein – C. Einstein – G. Engelke – Y. Goll – M. Gumpert – V. Hadwiger – F. Hardekopf – J. Haringer – W. Hasenclever – A. v. Hatzfeld – M. Herrmann-Neisse – G. Heym – K. Heynicke – J. v. Hoddis – A. Holz – R. Huelsenbeck – H. Kasack – Klabund – W. Klemm – G. Kölwel – E. Lasker-Schüler – H. Lautensack – R. Leonhard – A. Lichtenstein – O. Loerke – E. W. Lotz – A. Mombert – K. Otten – L. Rubiner – W. Runge – R. Schickele – A. Schnack – K. Schwitters – E. Stadler – A. Stramm – E. Toller – G. Trakl – A. T. Wegner – F. Werfel – A. Wolfenstein – P. Zech.

Auch GEB. 1967. *(Nicht mehr lieferbar.)*

Gedichte und Interpretationen. Bd. 1: **Renaissance und Barock.** Hrsg. von Volker Meid. 416 S. UB 7890 [5]. 1982.

Interpretierte Werke: Anon.: Die Königskinder (I. Springer-Strand) – Anon.: Wol auff, meines herczen traut geselle (Tagelied A) / Lig still, meins herczen traut gespil (Tagelied B) (P. Ukena) – Angelus Silesius: Geistreiche Sinn- und Schlußreime (L. Gnädinger) – Balde: Cum de Alberti Wallensteinii ... funesto exitu verba fecisset (W. Kühlmann) – Celtis: Ode ad Apollinem (E. Schäfer) – Dach: Unterthänigste letzte Fleh-Schrifft (W. Segebrecht) – Fleming: An Sich (W. Kühlmann) – Fleming: Herrn Pauli Flemingi der Med. Doct. Grabschrifft (W. Kühlmann) – Fleming: Wie Er wolle geküsset seyn (W. Kühlmann) – Fleming: Thränen in schwerer Kranckheit (W. Mauser) – Günther: Abschieds-Aria (J. Stenzel) – Günther: Als er durch innerlichen Trost bey der Ungedult gestärcket wurde (J. Stenzel) – Günther: Als er unverhofft von etlichen Gönnern aus Breßlau favorable Briefe erhielt (J. Stenzel) – Harsdörffer: Friedenshoffnung bey Nochschwebender Handlung zu Münster und Oßnabruck (I. Springer-Strand) – Hofmannswaldau: Die Welt (U. Herzog) – Hofmannswaldau: So soll der purpur deiner lippen (U.-K. Ketelsen) – Hofmannswaldau: Sonnet. Vergänglichkeit der schönheit (C. Wagenknecht) – Hutten: Ain new lied (P. Ukena) – Logau. Sinngedichte (E.-P. Wieckenberg) – Lohenstein: Auff das absterben Seiner Durchl. Georg Wilhelms (U.-K. Ketelsen) – Lotichius Secundus: De puella infelice (E. Schäfer) – Luther: Ein feste burg ist vnser Gott (L. Schmidt) – Melissus: De fonte in clivo occidentali montis sacri, e regione Haidelbergae (E. Schäfer) – Opitz: Ach Liebste / laß vns eilen (W. Segebrecht) – Opitz: Francisci Petrarchae (U. Maché) – Sachs: Der edelfalk (U. Maché) – Spee: Liebgesang der Gesponß Jesu, im anfang der Sommerzeit (U. Herzog) – Weckherlin: An das Teutschland (V. Meid).

Gedichte und Interpretationen. Bd. 2: **Aufklärung und Sturm und Drang.** Hrsg. von Karl Richter. 464 S. UB 7891 [5]. 1983.

Interpretierte Werke: Brockes: Die uns / im Frühlinge / zur Andacht reizende Vergnügung des Gehörs, in einem Sing-Gedichte (L. L. Albertsen) – Bürger: Des Pfarrers Tochter von Taubenhain (H. Laufhütte) – Claudius: Abendlied (R. Marx) – Claudius: Kriegslied (W. Promies) – Gellert: Das Pferd und die Bremse (W. Martens) – Gellert: Das Unglück der Weiber (W. Martens) – Gleim: Anakreon (K. Bohnen) – Gleim: Bei Eröffnung des Feldzuges. 1756 (J. Schönert) – Goethe: Mir schlug das Herz (G. Sauder) – Goethe: Prometheus (H. Thomé) – Goethe: Vor Gericht (W. Müller-Seidel) – Götz: An seine Reime (A. Anger) – Hagedorn: Die Alster (U.-K. Ketelsen) – Hagedorn: Der Tag der Freude (K. Bohnen) – Haller: Unvollkommne Ode über die Ewigkeit (K. S. Guthke) – Herder: Der Genius der Zukunft (H. D. Irmscher) – Hölty: Frühlingslied (A. Stahl) – Klopstock: Der Erobrungskrieg (H. Zimmermann) – Klopstock: Nicht in den Ocean der Welten alle (U.-K. Ketelsen) – Klopstock: Der Zürchersee (G. Sauder) – Lessing: Auf Lucinden (W. Preisendanz) – Lessing: Die drey Reiche der Natur (K. Richter) – Lessing: Der Rabe und der Fuchs (G. Schmidt-Henkel) – Schiller: Die Freundschaft (W. Düsing) – Schubart: Die Forelle (H.-W. Jäger) – Stolberg: Lied auf dem Wasser zu singen, für meine Agnes (W. Promies) – Uz: Der Schäfer (C. Perels) – Voß: Der siebzigste Geburtstag (G. Häntzschel) – Wernicke: An den Leser (M. Beetz) – Zinzendorf: Lied vor eine Königl. Erb-Printzeßin (J. Reichel).

Gedichte und Interpretationen. Bd. 3: **Klassik und Romantik.** Hrsg. von Wulf Segebrecht. 464 S. UB 7892 [5]. 1984.

Interpretierte Werke: Arnim: Getrennte Liebe (H. Schultz) – Brentano: Die Abendwinde wehen (K. Eibl) – Brentano: Auf dem Rhein (W. Hinck) – Brentano: Frühlingsschrei eines Knechtes aus der Tiefe (W. Frühwald) – Brentano: Der Spinnerin Nachtlied (W. Frühwald) – Brentano: Was reif in diesen Zeilen steht (E. Tunner) – Eichendorff: Frische Fahrt (H. Koopmann) – Eichendorff: Die Heimat. An meinen Bruder (A. v. Bormann) – Eichendorff: Mondnacht (W. Frühwald) – Eichendorff: Sehnsucht (W. Frühwald) – Eichendorff: Waldgespräch (A. v. Bormann) – Goethe: Der Gott und die Bajadere (H. Laufhütte) – Goethe: Grenzen der Menschheit (U. Segebrecht) – Goethe: Locken! haltet mich gefangen (G. Henckmann) – Goethe: Die Metamorphose der Pflanzen (K. Richter) – Goethe: Römische Elegien (W. Segebrecht) – Goethe: Selige Sehnsucht (Hannelore Schlaffer) – Hölderlin: Der blinde Sänger (L. Ryan) – Hölderlin: Dichterberuf / An unsre großen Dichter (W. Müller-Seidel) – Hölderlin: Die Eichbäume (M. Mommsen) – Hölderlin: Hälfte des Lebens (J. Schmidt) – Novalis: An Tieck (G. Schulz) – Novalis: Hymnen an die Nacht. 5 (G. Schulz) – Schiller: Die Bürgschaft (J. Stenzel) – Schiller: Die Götter Griechenlands (S. Demmer) – Schiller: Das Ideal und das Leben (H. Koopmann) – Schiller: Nänie (N. Oellers) – Schiller: Der Spaziergang (J. Stenzel) – Tieck: Glosse (P. G. Klussmann) – Tieck: Melankolie (F. Loquai) – Uhland: Des Sängers Fluch (F. Martini).

Gedichte und Interpretationen. Bd. 4: **Vom Biedermeier zum Bürgerlichen Realismus.** Hrsg. von Günter Häntzschel. 448 S. UB 7893 [5]. 1983.

Interpretierte Werke: Bodenstedt: Mein Lehrer ist *Hafis* (W. Schmitz) – Busch: Sahst du das wunderbare Bild von Brouwer? (G. Ueding) – Chamisso: Das Schloß Boncourt (V. Hoffmann) – Dingelstedt: Drei neue Stücklein mit alten Weisen (H.-P. Bayerdörfer) – Droste-Hülshoff: Am letzten Tage des Jahres (Sylvester) (W. Woesler) – Droste-Hülshoff: Im Grase (H. Rölleke) – Fontane: Arm oder reich (K. Richter) – Freiligrath: Von unten auf! (P. Seibert) – Geibel: An König Wilhelm (U. Druvins) – Grillparzer: Entsagung (B. Bittrich) – Grün: Spaziergänge (K. Wagner) – Hebbel: An den Tod (I. Kreuzer) – Heine: Der arme Peter (J. Zinke) – Heine: Im Oktober 1849 (M. Werner) – Heine: Der Tannhäuser (J. Zinke) – Herwegh: Die deutsche Flotte (W. Hahl) – Hoffmann von Fallersleben: Das Lied der Deutschen (H. P. Neureuter) – Jordan: Die welke Rose (G. Bollenbeck) – Keller: Sommernacht (E. M. Brockhoff) – Lenau: Die Drei (W. Martens) – Liliencron: An meinen Freund, den Dichter (G. Häntzschel) – Meyer: Auf Goldgrund (H. u. R. Zeller) – Meyer: Der Gesang des Meeres (H. u. R. Zeller) – Meyer: Die Rose von Newport (H. u. R. Zeller) – Mörike: Im Frühling (F. Strack) – Mörike: Im Weinberg (F. Strack) – Platen: Es liegt an eines Menschen Schmerz (W. Schmitz) – Platen: Tristan (J. Link) – Prutz: Rechtfertigung (K. Prümm) – Rodenberg: Die reinen Frauen (J. Schönert) – Rückert: Chidher (W. Schmitz) – Scheffel: Wanderlied (G. Bollenbeck) – Storm: Tiefe Schatten (H. Häntzschel) – Weerth: Es war ein armer Schneider (E. Weber).

Gedichte und Interpretationen. Bd. 5: **Vom Naturalismus bis zur Jahrhundertmitte.** Hrsg. von Harald Hartung. 428 S. UB 7894 [5]. 1983.

Interpretierte Werke: Arp: eitel ist sein scheitel (W. M. Faust) – Benn: D-Zug (H. Enders) – Benn: Valse triste (H. Enders) – Borchardt: Abschied (E. Osterkamp) – Brecht: An die Nachgeborenen (G. Holtz) – Brecht: Entdeckung an einer jungen Frau (A. Behrmann) – Britting: Was hat, Achill ... (A. v. Schirnding) – Dehmel: Der Arbeitsmann (J. Viering) – Falke: Zwei (J. Viering) – George: Gemahnt dich noch das schöne bildnis (R.-R. Wuthenow) – Heym: Ophelia (W. Hinck) – Heym: Die Ruhigen (A. Kelletat) – Hoddis: Weltende (K. Riha) – Hofmannsthal: Manche freilich (R. Grimm) – Höllerer: Der lag besonders mühelos am Rand (M. Feldt) – Holz: Im Thiergarten (H. Esselborn) – F. G. Jünger: Der Mohn (H.-M. Speier) – Kästner: Jahrgang 1899 (D. Walter) – Kolmar: Verwandlungen (G. Holtz) – Kramer: Slawisch (B. Jentzsch) – Langgässer: Daphne (A. Vieregg) – Lasker-Schüler: Ein alter Tibetteppich (S. Ehlers) – Lehmann: Grille im Tessin (U. Pörksen) – Lichtenstein: Die Dämmerung (W. M. Faust) – Loerke: Winterliches Vogelfüttern (H. D. Schäfer) – Mombert: Du frühster Vogel (E. Höpker-Herberg) – Nietzsche: An der Brücke (W. Groddeck) – Rilke: Denn sieh: sie werden leben (R. Grimm) –

Rilke: Komm du, du letzter (A. Behrmann) – Rilke: Sei allem Abschied voran (P. Sprengel) – Schwitters: Die Nixe (K. Riha) – Stadler: Fahrt über die Kölner Rheinbrücke bei Nacht (J. Viering) – Stramm: Erinnerung (J. Adler) – Trakl: An den Knaben Elis (H. Esselborn) – Trakl: De profundis (M. Kux) – Tucholsky: Der Graben (D. Walter) – Wolfenstein: Glück der Äußerung (G. Holtz).

Gedichte und Interpretationen. Bd. 6: **Gegenwart.** Hrsg. von Walter Hinck. 422 S. UB 7895 [5]. 1982.

Interpretierte Werke: Arendt: Nach den Prozessen (H. Küntzel) – Artmann: Bei Rotwein (U. Druvins) – Bachmann: Böhmen liegt am Meer (P. H. Neumann) – Jürgen Becker: Vorläufiger Verlust (F. N. Mennemeier) – Benn: Nur zwei Dinge (J. Schröder) – Biermann: Und als wir ans Ufer kamen (M. Jäger) – Bobrowski: Wiederkehr (A. Kelletat) – Borchers: chagall (P. Wapnewski) – Born: Da hat er gelernt was Krieg ist sagt er (W. Hinderer) – Braun: Nach dem Treffen der Dichter gegen den Krieg (A. F. Kelletat) – Brecht: Vier Buckower Elegien (H. Weinrich) – Brinkmann: Einer jener klassischen (T. Zenke) – Celan: Fadensonnen (P. Michelsen) – Domin: Herbstzeitlosen (W. Woesler) – Eich: Inventur (J. Zenke) – Enzensberger: leuchtfeuer (H. Gnüg) – Fried: Beim Wiederlesen eines Gedichtes von Paul Celan (M. Zeller) – Fritz: Also fragen wir beständig (H. Koopmann) – Fuchs: Gestern (R. Grimm) – Gomringer: vielleicht (H. Hartung) – Grass: Adornos Zunge (H. Vormweg) – Heißenbüttel: Lehrgedicht über Geschichte 1954 (R. Drux) – Huchel: Brandenburg (G. Schmidt-Henkel) – Jandl: bibliothek (K. Jeziorkowski) – Kaschnitz: Interview (F. Martini) – S. Kirsch: Die Luft riecht schon nach Schnee (S. Demmer) – Kiwus: An die Dichter (W. Hinck) – Krechel: Meine Mutter (E. Hoffmann) – Krolow: Terzinen vom früheren Einverständnis mit aller Welt (K. Jeziorkowski) – Kunert: Geschichte (M. Durzak) – Marti: the name (U. Hahn) – Meckel: Andere Erde (W. Segebrecht) – Meister: Ich sage Ankunft (C. Perels) – Mickel: Dresdner Häuser (F. Trommler) – Rühm: die ersten menschen sind auf dem mond (K. Riha) – Rühmkorf: Hochseil (H. P. Bayerdörfer) – Sachs: Das ist der Flüchtlinge Planetenstunde (C. Vaerst-Pfarr) – Wondratschek: In den Autos (V. Hage).

Um ein Gesamtregister der Bände 1–6 erweiterte Ausgabe. 430 S. 1985.

Gedichte und Interpretationen: Deutsche Balladen. Hrsg. von Gunter E. Grimm. 473 S. UB 8457 [6]. 1988.

Interpretierte Werke: Anon.: Das Lied vom alten Hiltebrant (V. Meid) – Anon.: Schloß in Österreich (O. Holzapfel) – Brecht: Ballade von der Freundschaft u.a. (F. N. Mennemeier) – Brentano: Zu Bacharach am Rheine (B. Gajek) – Bürger: Lenore (G. E. Grimm) – Chamisso: Die versunkene Burg (W. Freund) – Droste-Hülshoff: Der Tod des Erzbischofs Engelbert von Köln (U. Klein) – Eichendorff: Der stille Grund (G. Niggl) – Fontane: John Maynard (K. Richter) – Freiligrath: Die Trompete von Gravelotte (W. Freund) – Goethe: Erlkönig (G. Ueding) – Goethe: Hochzeitlied (W. Martens) – Grass: Die Ballade von der schwarzen Wolke

(H. Laufhütte) – Hebbel: Der Heideknabe (H. Reinhardt) – Heine: Der Apollogott (W. Preisendanz) – Heine: Belsatzar (W. Woesler) – Herder: Edward (G. Kaiser) – Heym: Pilatus (G. Dammann) – Meyer: Die Füße im Feuer (H. Laufhütte) – Mossmann: Ballade von der unverhofften Last (T. Rothschild) – Platen: Das Grab im Busento (J. Link) – Reinig: Die Ballade vom blutigen Bomme (R. Döhl) – Schiller: Der Taucher (W. Segebrecht) – Uhland: Das Glück von Edenhall (G. Ueding) – Wedekind: Der Tantenmörder (E. Weidl).

Gedichte und Prosa des Impressionismus. Hrsg. von Hartmut Marhold. 256 S. UB 8691 [3]. 1991.

Autoren: P. Altenberg – K. Bleibtreu – W. Bölsche – M. Dauthendey – P. Ernst – G. Falke – J. Hart – A. Holz – D. v. Liliencron – J. Schlaf – H. Tovote.

Gelfert, Hans-Dieter
→ Arbeitstexte für den Unterricht: Wie interpretiert man ein Drama?
→ Arbeitstexte für den Unterricht: Wie interpretiert man ein Gedicht?

Gellert, Christian Fürchtegott: Fabeln und Erzählungen. Hrsg. von Karl-Heinz Fallbacher. 256 S. UB 161 [3]. 1986.

Gellert, Christian Fürchtegott: Leben der schwedischen Gräfin von G***. Hrsg. von Jörg-Ulrich Fechner. 176 S. UB 8536/37. 1968.

Bibliographisch ergänzte Ausgabe. 176 S. 1985.

Gellert, Christian Fürchtegott: Die zärtlichen Schwestern. Ein Lustspiel von drei Aufzügen. Im Anhang: Chassirons und Gellerts Abhandlungen über das rührende Lustspiel. Hrsg. von Horst Steinmetz. 159 S. UB 8973/74. 1965.

Gengenbach, Pamphilus → Das Zürcher Spiel vom reichen Mann und vom armen Lazarus

George, Stefan: Gedichte. Hrsg. von Robert Boehringer. Eine Auswahl. 86 S. UB 8444. 1960.
Durchgesehene Ausgabe. 86 S. 1987.

Gerathewohl, Fritz: Sprechen – Vortragen – Reden. Eine Einführung in die Sprecherziehung. 160 S. UB 7878 [2]. 1955.
Auch GEB. 1955. *(Nicht mehr lieferbar.)*
Nicht mehr lieferbar seit 1987.

Gerhardt, Paul: Geistliche Lieder. Nachw. von Gerhard Rödding. 159 S. UB 1741 [2]. 1991.

Gerhardt, Volker: Pathos und Distanz. Studien zur Philosophie Friedrich Nietzsches. 221 S. UB 8504 [3]. 1988.

Inhalt: Artisten-Metaphysik. Zu Nietzsches frühem Programm einer ästhetischen Rechtfertigung der Welt – »Experimental-Philosophie«. Versuch einer Rekonstruktion – Hundert Jahre nach Zarathustra. Zur philosophischen Aktualität Nietzsches – Leben und Geschichte. Menschliches Handeln und historischer Sinn in Nietzsches zweiter »Unzeitgemäßer Betrachtung« – Macht und Metaphysik. Nietzsches Machtbegriff im Wandel der Interpretation – Nietzsches ästhetische Revolution – Das »Princip des Gleichgewichts«. Zum Verhältnis von Recht und Macht bei Nietzsche.

Germanische Göttersagen. Nach den Quellen neu erzählt [mit Glossar und Nachw.] von Reiner Tetzner. 208 S. UB 8750. 1992.

Gernhardt, Robert: Reim und Zeit. Gedichte. Mit einem Nachw. des Autors [und einem bio-bibliogr. Anh.] 80 S. UB 8652. 1990.

Gerstäcker, Friedrich: Die Flucht über die Kordilleren. John Wells. Zwei Erzählungen. 80 S. UB 6320. 1947.

Einer der acht mit Genehmigung des Office of Military Government bereits 1947 an württembergische Schulen ausgelieferten Titel.

Durchgesehene Ausgabe. [Mit Anm.] 78 S. 1979.

Gerstenberg, Heinrich Wilhelm von: Ugolino. Eine Tragödie in fünf Aufzügen. Mit einem Anhang und einer Auswahl aus den theoretischen und kritischen Schriften. Hrsg. von Christoph Siegrist. 159 S. UB 141/141a. 1966.

Bibliographisch ergänzte Ausgabe. 158 S. 1977.

Geschichte der deutschen Literatur von den Anfängen bis zur Gegenwart. Bd. 1: **Geschichte der deutschen Literatur vom frühen Mittelalter bis zum Ende des 16. Jahrhunderts.** Von Max Wehrli. 1238 S. UB 10294. 1980. *GEB.*

2., durchgesehene und bibliographisch ergänzte Auflage. 1242 S. 1984.

Geschichte der deutschen Literatur [...]. Bd. 2: **Geschichte der deutschen Literatur vom Barock bis zur Klassik.** Von Werner Kohlschmidt. Mit 112 Abb. 956 S. UB 10024–36. 1965 [recte: 1966]. *GEB.*

2., durchgesehene und bibliographisch ergänzte Auflage. 984 S. 1981.

Geschichte der deutschen Literatur [...]. Bd. 3: **Geschichte der deutschen Literatur von der Romantik bis zum späten Goethe.**

Von Werner Kohlschmidt. Mit 79 Abb. 764 S. UB 10233–42. 1974. *GEB*.

2., *bibliographisch ergänzte Auflage*. 768 S. 1979.

Geschichte der deutschen Literatur [...]. Bd. 4: Geschichte der deutschen Literatur vom Jungen Deutschland bis zum Naturalismus. Mit 110 Abb. 919 S. UB 10252. 1975. *GEB*.

2., *durchgesehene und bibliographisch ergänzte Auflage*. 924 S. 1982.

Geschichte der deutschen Literatur [...]. Bd. 5: Geschichte der deutschen Literatur vom Jugendstil bis zum Expressionismus. Von Herbert Lehnert. Mit 80 Abb. 1100 S. UB 10275. 1978. *GEB*.

Bd. 6: »Geschichte der deutschen Literatur vom Expressionismus bis zur Gegenwart« erscheint nicht.

Geschichte der Philosophie in Text und Darstellung. Hrsg.: Rüdiger Bubner. Bd. 1: **Antike.** Hrsg. von Wolfgang Wieland. 407 S. UB 9911 [5]. 1978.

Geschichte der Philosophie in Text und Darstellung. [...] Bd. 2: **Mittelalter.** Hrsg. von Kurt Flasch. 543 S. UB 9912 [6]. 1982.

Geschichte der Philosophie in Text und Darstellung. [...] Bd. 3: **Renaissance und frühe Neuzeit.** Hrsg. von Stephan Otto. 469 S. UB 9913 [5]. 1984.

Geschichte der Philosophie in Text und Darstellung. [...] Bd. 4: **Empirismus.** Hrsg. von Günter Gawlick. 439 S. UB 9914 [5]. 1980.

Bibliographisch ergänzte Ausgabe. 448 S. 1991.

Geschichte der Philosophie in Text und Darstellung. [...] Bd. 5: **Rationalismus.** Hrsg. von Rainer Specht. 438 S. UB 9915 [5]. 1979.

Durchgesehene und bibliographisch ergänzte Ausgabe. 440 S. 1990.

Geschichte der Philosophie in Text und Darstellung. [...] Bd. 6: **Deutscher Idealismus.** Hrsg. von Rüdiger Bubner. 443 S. UB 9916 [5]. 1978.

Geschichte der Philosophie in Text und Darstellung. [...] Bd. 7: **19. Jahrhundert. Positivismus, Historismus, Hermeneutik.** Hrsg. von Manfred Riedel. 461 S. UB 9917 [5]. 1981.

Bibliographisch ergänzte Ausgabe. 463 S. 1991.

Geschichte der Philosophie in Text und Darstellung. [...] Bd. 8: **20. Jahrhundert.** Hrsg. von Reiner Wiehl. 546 S. UB 9918 [6]. 1981.

Geschichten aus Rußland. Hrsg. von Christian Graf. 375 S. UB 40007. 1990. (Reclam Lesebuch.) *GEB*.

Gesetzestexte
→ Arbeitsgerichtsgesetz
→ Betriebsverfassungsgesetz
→ Grundgesetz für die Bundesrepublik Deutschland
→ Handelsgesetzbuch
→ Österreichische Bundesverfassungsgesetze
→ Reichsgesetz über die Angelegenheiten der freiwilligen Gerichtsbarkeit
→ Strafgesetzbuch
→ Straßenverkehrsrecht

Gespenstergeschichten. Hrsg. von Dietrich Weber. 512 S. UB 8575. 1989. (Reclam Lesebuch.) *GEB*.

Geßner, Salomon: Idyllen. Kritische Ausgabe. [Mit Ill.] Hrsg. von E. Theodor Voss. 327 S. UB 9431–35. 1973.

Durchgesehene und erweiterte Ausgabe. 367 S. 1988.

Gesta Romanorum. Lat./Dt. Ausgew., übers. und hrsg. von Rainer Nickel. 275 S. UB 8717 [3]. 1991.

Gide, André: L'Ecole des femmes. [Roman.] Hrsg. von Gerald H. Seufert. 123 S. UB 9189 [2]. 1985. (Fremdsprachentexte.)

Gide, André: Die Pastoral-Symphonie. [Erzählung. Aus dem Frz. übers. von Bernard Guillemin.] Mit einem Nachw. von Kurt Wais. 90 S. UB 8051. 1957.

Durchgesehene Ausgabe. 79 S. 1982.

Das Gilgamesch-Epos. Neu übers. und mit Anm. vers. von Albert Schott. Durchges. und erg. von Wolfram von Soden. 120 S. UB 7235/35a. 1958.

Auch GEB. 1958. (Nicht mehr lieferbar.)

Durchgesehene und verbesserte Ausgabe. 120 S. 1970.
Durchgesehene und verbesserte Ausgabe. 127 S. 1982.
Durchgesehene Ausgabe. 127 S. 1988.

Gilman, Charlotte Perkins: The Yellow Wallpaper. [Erzählung.] Hrsg. von Susanne Lenz. 48 S. UB 9224. 1987. (Fremdsprachentexte.)

Ginhart, Karl → Reclams Kunstführer Österreich II

Giraudoux, Jean: Amphitryon 38. Komödie in drei Akten. Aus dem Frz. übertr. von Robert Schnorr. Mit einem Nachw. von Helmut Möck. 117 S. UB 9436/36a. 1973.

Giraudoux, Jean: La Guerre de Troie n'aura pas lieu. Pièce en deux actes. Hrsg. von Norbert Weitz. 142 S. UB 9163 [2]. 1984. (Fremdsprachentexte.)

Giraudoux, Jean: Die Irre von Chaillot. Stück in zwei Akten. Übers. von Wilhelm M. Treichlinger und Otto F. Best. [Mit einer Nachbem.] 103 S. UB 9979. 1980.

Giraudoux, Jean: Undine. Stück in drei Akten nach der Erzählung von Friedrich de La Motte Fouqué. Aus dem Frz. übertr. von Hans Rothe. Nachw. von Siegfried Melchinger. 111 S. UB 8902. 1964.

Glassbrenner, Adolf: Der politisierende Eckensteher. [Ausgewählte Schriften.] Ausw. und Nachw. von Jost Hermand. [Mit einer Bibl.] 248 S. UB 5226–28. 1969.

Glaube und Vernunft. Texte zur Religionsphilosophie. Hrsg. von Norbert Hoerster. 372 S. UB 8059 [5]. 1985.

Autoren: H. Albert – Anselm von Canterbury – Augustinus – A. J. Ayer – K. Barth – C. D. Broad – M. Buber – P. Edwards – L. Feuerbach – A. Flew – S. Freud – P. Geach – J. Hick – J. Hospers – D. Hume – W. James – I. Kant – S. Kierkegaard – G. W. Leibniz – J. L. Mackie – B. Mitchell – J. H. Newman – R. Otto – B. Pascal – O. Pfister – Platon – B. Russell – A. Schopenhauer – N. Smart – R. Swinburne – Thomas von Aquin – B. Williams.

Gleim, Johann Wilhelm Ludwig: Gedichte. Hrsg. von Jürgen Stenzel. 172 S. UB 2138/39. 1969.

Nicht mehr lieferbar seit 1989.

Glockner, Hermann: Die europäische Philosophie von den Anfängen bis zur Gegenwart. 1184 S. UB 8233–46. 1958. *GEB.*

Gebunden nicht mehr lieferbar seit 1976.

Ab 1960 in kartonierter Ausgabe lieferbar.

Gluck, Christoph Willibald: Iphigenie auf Tauris. Oper in vier Aufzügen. Von François Guillard nach der gleichnamigen Tragödie von Guimond de La Touche. Ins Dt. übertr. von Joh. Bapt. von Alxinger in Gemeinschaft mit dem Komponisten. Textrevision von Joseph Müller-Blattau. Vollständiges Buch. Eingel. und hrsg. von Wilhelm Zentner. 43 S. UB 8286. 1959.

Nicht mehr lieferbar seit 1991.

Gluck, Christoph Willibald: Iphigenie in Aulis. Oper in drei Aufzügen. Dichtung von Bailli Le Blanc du Roullet. Vollständiges Buch. Nach der dt. Übers. von J[ohann] D[avid] Sander revidiert hrsg. und eingel. von Wilhelm Zentner. 52 S. UB 5694. 1962.

Nicht mehr lieferbar seit 1988.

Gluck, Christoph Willibald: Orpheus und Eurydike. Oper in drei Aufzügen. Italienischer Originaltext von Ranieri di Calzabigi. Nach der frz. Bearb. von Moline ins Deutsche übertr. von J[ohann] D[avid] Sander. Vollständiges Buch. Nach der Einrichtung der Berliner Staatsoper hrsg. von Georg Richard Kruse. 64 S. UB 4566. 1949.

Nicht mehr lieferbar; ersetzt durch:

Gluck, Christoph Willibald: Orpheus und Eurydike. Oper in drei Aufzügen. Italienischer Originaltext von Ranieri Calzabigi. Dt Übers. nach J[ohann] D[avid] Sander. Vollständiges Buch. Eingel. und hrsg. von Wilhelm Zentner. 47 S. UB 4566. 1954.

Durchgesehene Ausgabe. Hrsg. von Wilhelm Zentner. 42 S. 1991.

Gmelin, Otto: Konradin reitet. [Erzählung.] Mit einem autobiogr. Nachw. des Verf. Abgeschl. von Adolf von Hatzfeld. 46 S. UB 7213. 1951.

Durchgesehene Ausgabe. 63 S. 1960.

Nicht mehr lieferbar seit 1976.

Goering, Reinhard: Seeschlacht. Tragödie. Mit einem Nachw. von Otto F. Best. 77 S. UB 9357. 1972.

Goes, Albrecht: Unruhige Nacht. Mit einem Nachw. des Autors [und einer Bibl. von Tanja Dedekind]. 79 S. UB 8458. 1988.

Goethe, Catharina Elisabetha: Briefe an ihren Sohn Johann Wolfgang, an Christiane und August von Goethe. Hrsg. von Jürgen Fackert. 328 S. UB 2786–89. 1971.

Goethe, Johann Wolfgang: Aus meinem Leben. Dichtung und Wahrheit. Hrsg. von Walter Hettche. Bd. 1: Text. 843 S. UB 8718. 1991.

Goethe, Johann Wolfgang: Aus meinem Leben. [...] Bd. 2: Kommentar. Nachwort. Register. 423 S. UB 8719. 1991.

Goethe, Johann Wolfgang: Campagne in Frankreich. Belagerung von Mainz. Mit Anm. [und Nachw.] von Ilse-Marie Barth. 288 S. UB 5808–10. 1972.

Goethe, Johann Wolfgang: Clavigo. Ein Trauerspiel in fünf Aufzügen. 59 S. UB 96. 1949.

Durchgesehene und erweiterte Ausgabe. Mit einem Nachw. 56 S. 1960.
Durchgesehene und veränderte Ausgabe. Nachw. von Helmut Bachmaier. 69 S. 1983.

Goethe, Johann Wolfgang: Egmont. Ein Trauerspiel in fünf Aufzügen. 102 S. UB 75. 1948.

Durchgesehene Ausgabe. [Mit einer Nachbem.] 88 S. 1952.
Durchgesehene und erweiterte Ausgabe. Mit einem Nachw. 96 S. 1962.
Durchgesehene Ausgabe. Mit einem Nachw. 95 S. 1970.

Goethe, Johann Wolfgang: Erzählungen. Hrsg. von Hannelore Schlaffer. 368 S. UB 6559 [4]. 1989.

Inhalt: Bassompierres Geschichte von der schönen Krämerin – Ferdinands Schuld und Wandlung – Die gefährliche Wette – Die Geschichte von Mignons Eltern – Der Mann von funfzig Jahren – Die neue Melusine – Der neue Paris – Nicht zu weit – Novelle – Die pilgernde Törin – Der Prokurator – Die Sängerin Antonelli – Sankt Joseph der Zweite – Wer ist der Verräter? – Die wunderlichen Nachbarskinder.
Auch GER 1989.

Goethe, Johann Wolfgang: Faust. Der Tragödie erster Teil. 144 S. UB 1/1a. 1948 [recte: 1949].

Durchgesehene Ausgabe. [Mit einer Vorbem.] 141 S. 1951.
Durchgesehene Ausgabe. [Mit einer Nachbem.] 142 S. 1954.
Durchgesehene Ausgabe. [Mit einer Nachbem.] 143 S. 1962.
Durchgesehene Ausgabe. Hrsg. von Lothar J. Scheithauer. 144 S. 1971.
Neu durchgesehene Ausgabe. 136 S. 1986.

Goethe, Johann Wolfgang: Faust. Der Tragödie zweiter Teil. In fünf Akten. 224 S. UB 2/2a. 1948 [recte: 1949].

Durchgesehene Ausgabe. [Mit einer Vorbem.] 224 S. 1950.
Durchgesehene Ausgabe. [Mit einer Nachbem.] 223 S. 1953.
Durchgesehene Ausgabe. [Mit einer Nachbem.] 224 S. 1961.
Durchgesehene Ausgabe. Hrsg. von Lothar J. Scheithauer. 224 S. 1971.
Neu durchgesehene Ausgabe. 215 S. 1986.

Goethe: Faust [Reprint] → Faust. Eine Tragödie von Goethe

Goethe, Johann Wolfgang: Faust. [Der Tragödie erster und zweiter Teil. Mit Vorbemerkungen.] 144/224 S. 1949. *GEB*.

Gebundene Ausgabe von UB 1/1a und 2/2a in 1 Bd. (Nicht mehr lieferbar.)
Auch als Sonderausgabe zum 125jährigen Bestehen des Verlags (Reclams Jubiläums-Bände). 1953. (Nicht mehr lieferbar.)

Goethe, Johann Wolfgang: Faust-Dichtungen. Faust. Eine Tragödie (Faust I · Faust II). Faust in ursprünglicher Gestalt (Urfaust). Paralipomena. Nachw. von Ulrich Gaier. 613 S. UB 8837. 1992. (Jubiläums-Edition 125 Jahre Universal-Bibliothek.) *GEB*.

[**Goethe:** Gedichte.] Goethes Gedichte. Eine Auswahl. Hrsg. und mit einer Einl. vers. von Stefan Zweig. 256 S. UB 6782–84. 1949 [recte: 1948].

Auch GEB. 1949. (Nicht mehr lieferbar.)
Durchgesehene Ausgabe. 240 S. 1953.
Auch als Sonderausgabe zum 125jährigen Bestehen des Verlags (Reclams Jubiläums-Bände). 1953. (Nicht mehr lieferbar.)
Durchgesehene und erweiterte Ausgabe. Johann Wolfgang Goethe: Gedichte. Ausw. und Einl. von Stefan Zweig. [Mit Anm.] 252 S. 1967.

Goethe, Johann Wolfgang: Die Geschwister. Ein Schauspiel in einem Akt. Die Laune des Verliebten. Ein Schäferspiel in Versen in einem Akt. 61 S. UB 108. 1948.

Durchgesehene Ausgabe. 62 S. 1958.
Durchgesehene und erweiterte Ausgabe. Mit einem Nachw. 63 S. 1967.

Goethe, Johann Wolfgang: Götz von Berlichingen. Ein Schauspiel in fünf Aufzügen. 119 S. UB 71. 1948.

Durchgesehene Ausgabe. 96 S. 1949.
Durchgesehene Ausgabe. [Mit einer Vorbem.] 109 S. 1955.
Durchgesehene Ausgabe. Götz von Berlichingen mit der eisernen Hand. Ein Schauspiel. [Mit einer Nachbem.] 112 S. 1968.

Goethe, Johann Wolfgang: Der Groß-Cophta. Ein Lustspiel in fünf Aufzügen. Hrsg. von Alwin Binder. 176 S. UB 8539 [2]. 1989.

Goethe, Johann Wolfgang: Hermann und Dorothea. In neun Gesängen. 72 S. UB 55. 1949.

Durchgesehene Ausgabe. [Mit einer Vorbem.] 64 S. 1952.

Durchgesehene Ausgabe. [Mit einer Nachbem.] 80 S. 1959.
Durchgesehene Ausgabe. [Mit einer Nachbem.] 79 S. 1969.
Erweiterte Ausgabe. Nachw. von Paul Michael Lützeler. 93 S. 1987.

Goethe, Johann Wolfgang: Iphigenie auf Tauris. Ein Schauspiel. 70 S. UB 83. 1948.

Durchgesehene Ausgabe. [Mit einer Nachbem.] 64 S. 1954.
Durchgesehene Ausgabe. [Mit einer Nachbem.] 64 S. 1970.

Goethe, Johann Wolfgang: Die Leiden des jungen Werthers. 142 S. UB 67/67a. 1948.

Auch GEB. 1952. (Nicht mehr lieferbar.)

Durchgesehene und erweiterte Ausgabe. Mit einem Nachw. von Ernst Beutler. 153 S. 1954.

Auch als Sonderausgabe zum 125jährigen Bestehen des Verlags (Reclams Jubiläums-Bände). 1954. (Nicht mehr lieferbar.)

Durchgesehene Ausgabe. Mit einem Nachw. von Ernst Beutler. 154 S. 1965.

Durchgesehene Ausgabe. Die Leiden des jungen Werther[!]. Nachw. von Ernst Beutler. 160 S. 1986.

Auch GEB. (mit Anm. von Kurt Rothmann) in der Reihe »Reclam Lese-Klassiker«. 254 S. 1987.

Goethe, Johann Wolfgang: Die Mitschuldigen. Ein Lustspiel in Versen und drei Aufzügen. 54 S. UB 100. 1949.

Durchgesehene Ausgabe. [Mit einer Nachbem.] 56 S. 1960.
Durchgesehene und erweiterte Ausgabe. Nachw. von Helmut Bachmaier. 66 S. 1987.

Goethe, Johann Wolfgang: Die natürliche Tochter. Trauerspiel in fünf Aufzügen. Mit einem Nachw. von Theo Stammen. 96 S. UB 114. 1963.

Goethe, Johann Wolfgang: Novelle. 39 S. UB 7621. 1949.

Erweiterte Ausgabe. [Nachwort von Ernst von Reusner.] 46 S. 1961.
Nicht mehr lieferbar; ersetzt durch:

Goethe, Johann Wolfgang: Novelle. Das Märchen. Nachw. von Ernst von Reusner. 79 S. UB 7621. 1963.

Goethe, Johann Wolfgang: Reineke Fuchs. In zwölf Gesängen. 130 S. UB 61/61a. 1949.

Durchgesehene Ausgabe. 130 S. 1956.
Durchgesehene Ausgabe. 130 S. 1958 [recte: 1959].
Durchgesehene und erweiterte Ausgabe. Nachw. von Hans-Wolf Jäger. 206 S. 1987.

Goethe, Johann Wolfgang: Satiren, Farcen und Hanswurstiaden. Hrsg. von Martin Stern. 224 S. UB 8565–67. 1968.

Inhalt: Ein Fastnachtsspiel vom Pater Brey – Götter Helden und Wieland – Hanswursts Hochzeit – Jahrmarktsfest zu Plundersweilern – Künstlers Apotheose – Des Künstlers Erdewallen – Des Künstlers Vergötterung – Satyros oder Der vergötterte Waldteufel; und andere Texte.

Goethe, Johann Wolfgang: Schriften zur bildenden Kunst. Von deutscher Baukunst und andere Aufsätze. Aphorismen, Maximen und Reflexionen. Hrsg. und mit Nachw. und Register vers. von Johannes Beer. 80 S. UB 7710. 1952.

Inhalt: Dritte Wallfahrt nach Erwins Grabe – Einfache Nachahmung der Natur, Manier, Stil – Künstlerische Behandlung landschaftlicher Gegenstände – Nach Falconet und über Falconet – Rembrandt als Denker – Ruysdael als Dichter – Von deutscher Baukunst; Auszüge aus weiterer Schriften.

Durchgesehene Ausgabe. 72 S. 1964.
Nicht mehr lieferbar seit 1979.

Goethe, Johann Wolfgang: Schriften zur Naturwissenschaft. Auswahl. Hrsg. von Michael Böhler. 307 S. UB 9866 [4]. 1977.

Goethe, Johann Wolfgang: Singspiele. Hrsg. von Hans-Albrecht Koch. 325 S. UB 9725–28. 1974.

Inhalt: Claudine von Villa Bella – Erwin und Elmire – Die Fischerin – Jery und Bätely – Lila – Scherz, List und Rache – Der Zauberflöte Zweiter Teil Fragment.

Goethe, Johann Wolfgang: Stella. Ein Trauerspiel. 51 S. UB 104 1949.

Durchgesehene und erweiterte Ausgabe. Im Anhang: Schluß der ersten Fassung. 56 S. 1966.
Erweiterte Ausgabe. Nachw. von Helmut Bachmaier. 64 S. 1983.

Goethe, Johann Wolfgang: Torquato Tasso. Ein Schauspiel. 96 S. UB 88. 1948 [recte: 1949].

Durchgesehene Ausgabe. [Mit einer Vorbem.] 96 S. 1954.
Durchgesehene Ausgabe. 96 S. 1969.

Goethe, Johann Wolfgang: Unterhaltungen deutscher Ausgewanderten. Hrsg. von Leif Ludwig Albertsen. 147 S. UB 6558 [2] 1991.

Inhalt: Ferdinand – Das Märchen – Der Prokurator – Das rätselhaft Klopfen – Die Sängerin Antonelli – Der Schleier – Die schöne Krämerin

Goethe, Johann Wolfgang: Der Urfaust. Goethes Faust in ursprünglicher Gestalt. Hrsg. und eingel. von Prof. Dr. Robert Petsch. 70 S. UB 5273. 1948 [recte: 1949].

Durchgesehene Ausgabe. 72 S. 1951.
Durchgesehene Ausgabe. 72 S. 1957.
Durchgesehene Ausgabe. [Nachw. von Robert Petsch.] 72 S. 1971.
Neu durchgesehene Ausgabe. Nachw. von Robert Petsch. 71 S. 1987.

Goethe, Johann Wolfgang: Die Wahlverwandtschaften. Ein Roman. Mit einem Nachw. von Ernst Beutler. 322 S. UB 7835–37. 1956.

Auch GEB. 1956. *(Nicht mehr lieferbar.)*
Durchgesehene Ausgabe. 269 S. 1971.
Auch GEB. (mit Anm. von Ursula Ritzenhoff) in der Reihe »Reclam Lese-Klassiker«. 317 S. 1986.

Goethe, Johann Wolfgang: Wilhelm Meisters Lehrjahre. [Roman.] Hrsg. von Ehrhard Bahr. 661 S. UB 7826 [6]. 1982.

Auch GEB. (revidiert und bibliographisch ergänzt) in der Reihe »Reclam Lese-Klassiker«. 883 S. 1986.

Goethe, Johann Wolfgang: Wilhelm Meisters theatralische Sendung. [Roman.] Hrsg. von Wulf Köpke. 389 S. UB 8343 [5]. 1986.

Goethe, Johann Wolfgang: Wilhelm Meisters Wanderjahre oder Die Entsagenden. [Roman.] Hrsg. von Ehrhard Bahr. 565 S. UB 7827 [6]. 1982.

Goethe in Briefen und Gesprächen → Gubitz, Friedrich Wilhelm

Goethe zum Vergnügen → »Ich bin nun, wie ich bin«

Goethe-Bibliographie. Literatur zum dichterischen Werk. Zsgest. von Helmut G. Hermann. 327 S. UB 8692 [5]. 1991.

Goethe-Brevier, Hrsg. von Johannes John. [Mit 17 Abb.] 421 S. UB 8576. 1989. (Reclam Lesebuch.) *GEB.*

Goethes Erzählwerk. Interpretationen. [Umschlagtitel: Interpretationen. Goethes Erzählwerk.] Hrsg. von Paul Michael Lützeler und James E. McLeod. 461 S. UB 8081 [5]. 1985.

Interpretierte Werke: Alexis und Dora (D. Borchmeyer) – Campagne in Frankreich / Belagerung von Mainz (T. P. Saine) – Dichtung und Wahrheit (G. Brude-Firnau) – Die Geheimnisse / Achilleis / Das Tagebuch (W. Dietrich) – Hermann und Dorothea (P. M. Lützeler) – Italienische Reise (P. Boerner) – Die Leiden des jungen Werthers (H. R. Vaget) – Novelle (E. Klüsener) – Reineke Fuchs (H.-W. Jäger) – Unterhaltungen deutscher

Ausgewanderten (S. Bauschinger) – Die Wahlverwandtschaften (D. E. Wellbery) – Wilhelm Meisters Lehrjahre (H. Koopmann) – Wilhelm Meisters theatralische Sendung (W. Köpke) – Wilhelm Meisters Wanderjahre (E. Bahr); Goethes empirischer Beitrag zur Romantheorie (E. Lämmert).

Die Götterlieder der älteren Edda. Nach der Übers. von Karl Simrock neu bearb. und eingel. von Hans Kuhn. [Mit Anm.] 85 S. UB 781. 1960.

Durchgesehene und erweiterte Ausgabe. 123 S. 1991.

Der Göttinger Hain. [Eine Textsammlung. Mit Abb. und Faks.] Hrsg. von Alfred Kelletat. 456 S. UB 8789–93. 1967 [recte: 1968].

Autoren: H. C. Boie – R. Boie – E. T. J. Brückner – C. C. Clauswitz – K. A. W. v. Closen – K. F. Cramer – C. H. Esmarch – S. H. Ewald – L. F. G. Goeckingk – F. W. Gotter – J. F. Hahn – L. C. H. Hölty – J. A. Leisewitz – G. D. Miller – J. M. Miller – C. A. Overbeck – G. F. E. Schönborn – J. G. F. Seebach – A. M. Sprickmann – C. zu Stolberg – F. L. zu Stolberg – J. H. Voß – J. T. L. Wehrs.

Auch GEB. 1967. *(Nicht mehr lieferbar.)*

Goetz, Curt: Dr. med. Hiob Prätorius, Facharzt für Chirurgie und Frauenleiden. Eine Geschichte ohne Politik. Nach alten, aber guten Motiven neuerzählt. Mit einem Nachw. von Hermann Missenharter. 78 S. UB 8445. 1960.

Gogol, Nikolaus: Erzählungen. Übers. von Wilhelm Lange und Johannes v. Guenther. [Mit einem Nachw. von Johannes von Guenther.] 76/85 S. UB 1892/1716. 1952. *GEB.*

Inhalt: Aufzeichnungen eines Verrückten – Der Mantel – Die Nase – Der Sorotschinsker Jahrmarkt.

Gebundene Ausgabe der beiden zugrundeliegenden UB-Bände in 1 Bd. (Nicht mehr lieferbar.)

Gogol, Nikolaj: Erzählungen. Übers. und hrsg. von Eberhard Reißner. 376 S. UB 8505 [4]. 1988.

Inhalt: Aufzeichnungen eines Wahnsinnigen – Gutsbesitzer aus alter Zeit – Jahrmarkt in Sorotschinzy – Der Mantel – Die Nase – Der Newskij-Prospekt – Das Porträt – Der Wij.

Auch GEB. in der Reihe »Reclam Lese-Klassiker«. 376 S. 1989.

Gogol, Nikolaj: Die Geschichte, wie sich Iwan Iwanowitsch mit Iwan Nikiforowitsch zerstritt. [Erzählung.] Übers. von Josef Hahn. Nachw. von Eberhard Reißner. 75 S. UB 1767. 1983.

Gogol, Nikolai: Die Heirat. Ein völlig unwahrscheinliches Ereignis in zwei Akten. Aus dem Russ. übertr. von Johannes von Guenther. 72 S. UB 7687. 1963.

Gogol, Nikolai: Der Mantel. Russ. und dt. [Aus dem Russ. übers. von Hans-Ulrich Gajewski u. a.] Hrsg. von Witold Kośny. 120 S. UB 9489/90. 1973.

Gogol, Nikolaus: Der Mantel. Aufzeichnungen eines Verrückten. [Zwei Erzählungen.] Übers. von Wilhelm Lange und Johannes v. Guenther. [Mit einem Nachw. von Johannes von Guenther.] 85 S. UB 1716. 1952.

Durchgesehene Ausgabe. 79 S. 1978.

Nicht mehr lieferbar; ersetzt durch:

Gogol, Nikolaj: Der Mantel. Die Nase. [Zwei] Erzählungen. Übers. und hrsg. von Eberhard Reißner. 91 S. UB 1744. 1990.

Gogol, Nikolaus: Die Nase. Der Sorotschinsker Jahrmarkt. [Zwei Erzählungen.] Übers. von Wilhelm Lange und Johannes v. Guenther. 76 S. UB 1892. 1952.

Durchgesehene und erweiterte Ausgabe. [Mit einer Nachbem.] 79 S. 1960.

Gogol, Nikolai: Der Revisor. Komödie in 5 Aufzügen. Dt. von Johannes von Guenther. 112 S. UB 837. 1954.

Durchgesehene Ausgabe. 110 S. 1969.

Gogol, Nikolai: Der Wij. Erzählung. Aus dem Russ. übertr. von Alexander Eliasberg. [Mit einer Nachbem.] 61 S. UB 1836. 1961.

Nicht mehr lieferbar seit 1978.

Golding, William: Lord of the Flies. [Roman.] Hrsg. von Friederike Poziemski. 316 S. UB 9236 [4]. 1988. (Fremdsprachentexte.)

Goldoni, Carlo: Der Diener zweier Herren. Lustspiel in zwei Aufzügen. Neu durchges. [nach der Übers. von F. L. Schröder, 1790] und eingel. von Otto C. A. zur Nedden. 55 S. UB 463. 1952.

Revidierte Ausgabe. Nach der dt. Bearb. von Friedrich Ludwig Schröder neu durchges. und mit einem Nachw. von Otto C. A. zur Nedden. 64 S. 1977 [recte: 1978].

Goldoni, Carlo: Der Lügner. Komödie in drei Akten. Dt. Übertr. und Nachw. von Heinz Riedt. [Mit Anm. und einer Zeittaf.] 96 S. UB 8934. 1965.

Goldoni, Carlo: Mirandolina (La Locandiera). Lustspiel in 3 Akten. Für die dt. Bühne bearb. [nach der Übers. von Just Heinrich von Saal, 1770] und mit einem Nachw. vers. von Fritz Knöller. 71 S. UB 3367. 1956.

Nicht mehr lieferbar; ersetzt durch:

Goldoni, Carlo: Mirandolina. Lustspiel in drei Akten. Übers. und Nachw. von Annika Makosch. 116 S. UB 3367 [2]. 1991.

Goldoni, Carlo: Il Servitore di due Padroni. Commedia di tre atti in prosa / Der Diener zweier Herren. Prosakomödie in drei Akten. Ital./Dt. Übers. und Nachw. von Heinz Riedt. [Mit Anm.] 216 S. UB 9927 [3]. 1979.

Goldoni, Carlo: Viel Lärm in Chiozza. Komödie in drei Akten. Dt. Übertr. und Nachw. von Heinz Riedt. [Mit Anm. und einer Zeittafel.] 94 S. UB 8568. 1968.

Goldsmith, Oliver: Der Pfarrer von Wakefield. [Roman.] Aus dem Engl. übers. von Otto Weith. Mit einem Nachw. von Erwin Wolff. 237 S. UB 285–287. 1971.

Goll, Yvan: Ausgewählte Gedichte. Hrsg. und eingel. von Georges Schlocker. 70 S. UB 8671. 1962.

gomringer, eugen: konstellationen. ideogramme. stundenbuch. mit einf. von helmut heißenbüttel und wilhelm gössmann und eine bibl. von dieter kessler [und einer biogr. notiz]. 158 S. UB 9841 [2]. 1977.

Goncourt, Edmond de / Goncourt, Jules de: Renée Mauperin. [Roman.] Übers. und hrsg. von Elisabeth Kuhs. 269 S. UB 8625 [3]. 1989.

Gontscharow, Iwan: Oblomovs Traum. [Erzählung.] Russ./Dt. Übers. und hrsg. von Hans Rothe. 157 S. UB 2244 [2]. 1987.

Gordimer, Nadine: Town and Country Lovers. Three Stories. Hrsg. von Helmut Winter. 96 S. UB 9237. 1988. (Fremdsprachentexte.)

Inhalt: Some Monday For Sure – Town and Country Lovers – Which New Era Would That Be.

Gorki, Maxim: Das Ehepaar Orlow. Erzählungen. Übers. von Ver. von Hlynowski und Henriette Zimmer. Ausw., Anm. und Nachw. »Frauenbilder aus dem vorrevolutionären Rußland in Gorki

Erzählungen« von Helene Imendörffer. 237 S. UB 9877 [3]. 1978.

Inhalt: »Die Ausfahrt« – Das Ehepaar Orlow – Einst im Herbst – Die Geburt eines Menschen – Konowalow – Sechsundzwanzig und eine. Poem.

Gorki, Maxim: Jegor Bulytschow und andere. Szenen. Aus dem Russ. übers. von Werner Creutziger. [Mit Anm. und einer Zeittaf.] 70 S. UB 9980. 1980.

Nicht mehr lieferbar seit 1989.

Gorki, Maxim: Die Kleinbürger. Szenen im Hause Besszjemenows. Dramatische Skizze in vier Aufzügen. Einzige autorisierte dt. Übers. von August Scholz. Mit einem Nachw. von Kay Borowsky [und einer Zeittaf.]. 128 S. UB 8096/96a. 1972.

Gorkij, Maxim: Mein Kamerad Konowalow. Erzählung. Neu durchgesehene Übers. von A[lexis] v. Krusenstjerna. Mit einem Nachw. von Johannes von Guenther. 83 S. UB 4445. 1953.

Auch als Sonderausgabe zum 125jährigen Bestehen des Verlags (Reclams Jubläums-Bände). 1953. (Nicht mehr lieferbar.)

Nicht mehr lieferbar seit 1975.

Gorki, Maxim: Nachtasyl. Szenen aus der Tiefe in vier Akten. Einzige autorisierte Übers. von August Scholz. [Mit einer Einl. von Johanna Scholz-Jahn.] 102 S. UB 7671. 1957.

Durchgesehene Ausgabe. [Mit einem Nachw. von Johanna Scholz-Jahn.] 102 S. 1982.

Gorki, Maxim: Sommergäste. Szenen. Übers.[, Anm.] und Nachw. von Helene Imendörffer. 136 S. UB 9791 [2]. 1975.

Das Gottes Kind → Herrmann, Emil Alfred

Gottfried von Straßburg: Tristan. Nach dem Text von Friedrich Ranke neu hrsg., ins Neuhochdt. übers., mit einem Stellenkommentar und einem Nachw. von Rüdiger Krohn. Bd. 1: Text. Mittelhochdt./Neuhochdt. Verse 1–9982. 595 S. UB 4471 [6]. 1980.

Durchgesehene (3.) Auflage. 595 S. 1984.

Gottfried von Straßburg: Tristan. [...] Bd. 2: Text. Mittelhochdt./Niederhochdt. Verse 9983–19548. 590 S. UB 4472 [6]. 1980.

Durchgesehene (3.) Auflage. 590 S. 1985.

Gottfried von Straßburg: Tristan. [...] Bd. 3: Kommentar, Nachwort und Register. 288 S. UB 4473 [4]. 1980.

Neubearbeitete (3.) Auflage. 390 S. 1991.

Gotthelf, Jeremias: Elsi, die seltsame Magd. Der Besenbinder von Rychiswyl. [Zwei Erzählungen.] Hrsg. von Erwin Ackerknecht. 68 S. UB 7747. 1952.

Auch als Sonderausgabe zum 125jährigen Bestehen des Verlags (Reclams Jubiläums-Bände). 1953. *(Nicht mehr lieferbar.)*

Durchgesehene Ausgabe. 62 S. 1959.
Durchgesehene Ausgabe (ohne Hrsg.-Vermerk). [Mit Anm.] 72 S. 1964.

Gotthelf, Jeremias: Das Erdbeeri-Mareili. [Erzählung.] Hrsg. und mit einem Nachw. vers. von Erwin Ackerknecht. 71 S. UB 7719. 1952.

Durchgesehene und erweiterte Ausgabe. Mit einem Nachw. von Erwin Ackerknecht [und Anm.]. 73 S. 1963.

Nicht mehr lieferbar seit 1976.

Gotthelf, Jeremias: Erzählungen. Hrsg. und mit einem Nachw. vers. von Erwin Ackerknecht. 68/71 S. UB 7747/7719. 1952. *GEB.*

Inhalt: Der Besenbinder von Rychiswyl – Elsi, die seltsame Magd – Das Erdbeeri-Mareili.

Gebundene Ausgabe der beiden zugrundeliegenden UB-Bände in 1 Bd. (Nicht mehr lieferbar.)

Gotthelf, Jeremias: Die schwarze Spinne. Erzählung. [Mit einem Nachw. von Konrad Nußbächer.] 144 S. UB 6489/90. 1949.

Auch GEB. 1951. *(Nicht mehr lieferbar.)*

Durchgesehene Ausgabe. 116 S. 1954.

Auch als Sonderausgabe zum 125jährigen Bestehen des Verlags (Reclams Jubiläums-Bände). 1954. *(Nicht mehr lieferbar.)*

Durchgesehene Ausgabe. 128 S. 1963.
Durchgesehene Ausgabe. 128 S. 1969.

Gotthelf, Jeremias: Wie Uli der Knecht glücklich wird. Eine Gabe für Dienstboten und Meisterleute. [Roman.] Hrsg. von Hanns Peter Holl. 552 S. UB 2333 [7]. 1982.

Gottsched, Luise Adelgunde Victorie: Die Pietisterey im Fischbein-Rocke. Komödie. Hrsg. von Wolfgang Martens. 168 S. UB 8579/80. 1968.

Durchgesehene und bibliographisch ergänzte Ausgabe. 168 S. 1979.

Gottsched, Johann Christoph: Schriften zur Literatur. Hrsg. von Horst Steinmetz. 387 S. UB 9361–65. 1972.

Inhalt: Gedächtnisrede auf Martin Opitzen von Boberfeld – Rezension über J. J. Bodmers »Critische Abhandlung von dem Wunderbaren in der Poesie« – Die Schauspiele und besonders die Tragödien sind aus einer wohlbestellten Republik nicht zu verbannen – Versuch einer Critischen Dichtkunst vor die Deutschen [Ausz.] – Vorrede zum »Nöthigen Vorrath zur Geschichte der deutschen dramatischen Dichtkunst« – Vorrede zum »Sterbenden Cato« – Vorrede zur »Deutschen Schaubühne«.

Gottsched, Johann Christoph: Sterbender Cato. [Ein Trauerspiel.] Im Anhang: Auszüge aus der zeitgenössischen Diskussion über Gottscheds Drama. Hrsg. von Horst Steinmetz. 144 S. UB 2097/97a. 1964.

Bibliographisch ergänzte Ausgabe. 144 S. 1984.

Gounod, Charles: Margarete (Faust). Oper in fünf Akten. Text nach Goethe von Jules Barbier und Michel Carré. Neue dt. Übers. von Georg C. Winkler. Hrsg. und eingel. von Wilhelm Zentner. 64 S. UB 8329. 1969.

Gozzi, Carlo: Turandot. Tragikomisches Märchen in fünf Akten. Aus dem Ital. übertr. von Paul Graf Thun-Hohenstein. Mit einem Nachw. von Gerhard Reuter. 96 S. UB 8975. 1965.

Grabbe, Christian Dietrich: Don Juan und Faust. Eine Tragödie in vier Akten. Mit einem Nachw. von Alfred Bergmann. 115 S. UB 290/290a. 1963.

Grabbe, Christian Dietrich: Hannibal. Endgültige Fassung. Mit einem Nachw. von Alfred Bergmann. 86 S. UB 6449. 1964.

Grabbe, Christian Dietrich: Herzog Theodor von Gothland. Eine Tragödie in fünf Akten. Hrsg. von Rainer Dorner. 232 S. UB 201–203. 1971.

Grabbe, Christian Dietrich: Napoleon oder Die hundert Tage. Ein Drama in fünf Aufzügen. Hrsg. und mit einem Nachw. von Alfred Bergmann. 173 S. UB 258/259. 1960.

Durchgesehene Ausgabe. Nachw. von Alfred Bergmann. [Mit Anm.] 167 S. 1985.

Grabbe, Chr. Dietrich: Scherz, Satire, Ironie und tiefere Bedeutung. Ein Lustspiel in drei Aufzügen. [Mit einer Vorbem.] 67 S. UB 397. 1952.

Durchgesehene und erweiterte Ausgabe. Mit einem Nachw. von Alfred Bergmann. 77 S. 1961.
Durchgesehene und erweiterte Ausgabe. Mit einem Nachw. und Anm. von Alfred Bergmann. 86 S. 1970.

Grabs, Rudolf: Albert Schweitzer. Weg und Werk eines Menschenfreundes. 96 S. UB 7754. 1953.

Auch GEB. 1953. (Nicht mehr lieferbar.)
Auch als Sonderausgabe zum 125jährigen Bestehen des Verlags (Reclams Jubiläums-Bände). 1955. (Nicht mehr lieferbar.)
Durchgesehene Ausgabe. 99 S. 1962.
Nicht mehr lieferbar seit 1976.

Gracian, Balthasar: Hand-Orakel und Kunst der Weltklugheit. Aus dessen Werken gezogen von D. Vincencio Juan de Lastanosa und aus dem Spanischen Original treu und sorgfältig übersetzt von Arthur Schopenhauer. Mit einem Nachw. hrsg. von Arthur Hübscher. 160 S. UB 2771/72. 1953 [recte: 1954].

Durchgesehene Ausgabe. 163 S. 1964.

Graeser, Andreas
→ Hegel: Einleitung zur »Phänomenologie des Geistes«
→ Interpretationen: Hauptwerke der Philosophie. Antike

Grass, Günter: Die bösen Köche. Ein Drama in fünf Akten. Mit fünf Reproduktionen nach Radierungen des Autors und einem Nachw. von Heinz Ludwig Arnold. 96 S. UB 9883. 1978.

Grass, Günter: Gedichte. Ausw. und Nachw. von Franz Josef Görtz. [Mit einem bio-bibliogr. Anh.] 88 S. UB 8060. 1985.

Grawe, Christian: Jane Austen. Mit einer Auswahl von Briefen, Dokumenten und nachgelassenen Werken. Mit 24 Abb. 395 S. UB 8506 [5]. 1988.

Auch GEB. 1988.

Greene, Graham: Der Kellerraum. [Zwei] Novellen. Übers. von Walther Puchwein. Mit einem Nachw. von Wilhelm Grenzmann. 69 S. UB 7865. 1955.

Inhalt: Der Kellerraum – Spiel im Dunkeln.
Nicht mehr lieferbar seit 1977.

Greene, Graham: The Third Man. [Roman.] Hrsg. von Bernd Lenz. 173 S. UB 9180 [2]. 1985. (Fremdsprachentexte.)

Gribojedow, Alexander S.: Verstand schafft Leiden. Komödie in vier Aufzügen. Übers. von Arthur Luther. Nachw. von Wilhelm Lettenbauer. 104 S. UB 9884. 1978.
Nicht mehr lieferbar seit 1989.

Die griechische Literatur in Text und Darstellung. Hrsg.: Herwig Görgemanns. Bd. 1: **Archaische Periode.** Hrsg. von Joachim Latacz. 616 S. UB 8061 [8]. 1991.

Die griechische Literatur in Text und Darstellung. [...] Bd. 2: **Klassische Periode I. 5. Jahrhundert v. Chr.** Hrsg. von Gustav Adolf Seeck. 412 S. UB 8062 [5]. 1986.

Die griechische Literatur in Text und Darstellung. [...] Bd. 3: **Klassische Periode II. 4. Jahrhundert v. Chr.** Hrsg. von Herwig Görgemanns. 438 S. UB 8063 [5]. 1987.

Die griechische Literatur in Text und Darstellung. [...] Bd. 4: **Hellenismus.** Hrsg. von Bernd Effe. 368 S. UB 8064 [5]. 1985.

Die griechische Literatur in Text und Darstellung. [...] Bd. 5: **Kaiserzeit.** Hrsg. von Herwig Görgemanns. 406 S. UB 8065 [5]. 1988.

Griechische Lyrik in deutschen Übertragungen. Eine Auswahl mit Anm. und Nachw. von Walter Marg. [Mit einer Zeittaf.] 224 S. UB 1921–23. 1964.

Autoren: Aischylos – Alkaios – Alkman – Anakreon – Antipatros von Sidon – Antipatros von Thessalonike – Anyte – Archilochos – Aristophanes – Askleipiades – Bakchylides – Bion – Erinna – Euripides – Hegesippos – Hipponax – Ibykos – Kallimachos – Leonidas – Meleagros – Mimnermos – Mnasalkes – Moschos – Philippos – Philodemos – Pindaros – Poseidippos – Rufinus – **Sappho** – Semonides – Simias – Simonides – Solon – Sophokles – Stesichoros – Theognis – Theokritos – Tyrtaios; Anakreonteen – Scolia Anonyma.

Auch GEB, 1964. (Nicht mehr lieferbar.)

Griechische Satyrspiele von Euripides, Sophokles und Aischylos. Übers., Anm. und Nachw. von Oskar Werner. 72 S. UB 8387. 1970.

Inhalt: Aischylos: Die Isthmosfahrer – Aischylos: Die Netzzieher – Euripides: Der Kyklop – Sophokles: Inachos – Sophokles: Die Spürhunde.
Nicht mehr lieferbar seit 1992.

Grillparzer, Franz: Die Ahnfrau. Trauerspiel in fünf Aufzügen. [Mit einer Nachbem.] 104 S. UB 4377. 1957.

Durchgesehene Ausgabe. 96 S. 1972.

Grillparzer, Franz: Der arme Spielmann. Eine Novelle. 60 S. UB 4430. 1949.

Durchgesehene und erweiterte Ausgabe. Mit einem Nachw. von Emil Kast. 63 S. 1954.
Durchgesehene Ausgabe. Mit einem Nachw. von Emil Kast. 63 S. 1964 [recte: 1965].
Durchgesehene Ausgabe. Mit einem Nachw. von Emil Kast. 62 S. 1969.
Veränderte Ausgabe. Nachw. von Helmut Bachmaier. 68 S. 1979.

Grillparzer, Franz: Ein Bruderzwist in Habsburg. Trauerspiel in fünf Aufzügen. [Mit einer Vorbem.] 98 S. UB 4393. 1953.

Durchgesehene Ausgabe. [Mit einer Nachbem.] 103 S. 1967.
Erweiterte Ausgabe. Nachw. von Helmut Bachmaier. 104 S. 1982.

Grillparzer, Franz: Der Gastfreund. [Trauerspiel in einem Aufzug.] Die Argonauten. [Trauerspiel in vier Aufzügen.] 1. und 2. Abteilung zu dem dramatischen Gedicht »Das Goldene Vlies«. [Mit einer Vorbem.] 94 S. UB 4379. 1951.

Durchgesehene Ausgabe. [Mit einer Nachbem.] 95 S. 1962.
Erweiterte Ausgabe. Nachw. von Helmut Bachmaier. 96 S. 1986.

Grillparzer, Franz: Gedichte. Eine Auswahl. Hrsg. von Peter von Matt. 128 S. UB 4401/02. 1970.

Grillparzer, Franz: Die Jüdin von Toledo. Historisches Trauerspiel in fünf Aufzügen. Mit einem Nachw. von Wolfgang Paulsen. 80 S. UB 4394. 1966.

Grillparzer, Franz: Das Kloster bei Sendomir. Erzählung. Mit einem Nachw. von Karl Pörnbacher [und Anm.]. 62 S. UB 8761. 1967.

Grillparzer, Franz: König Ottokars Glück und Ende. Trauerspiel in fünf Aufzügen. [Mit einer Vorbem.] 110 S. UB 4382. 1951.

Durchgesehene und erweiterte Ausgabe. [Mit einem Nachw.] 119 S. 1958.
Durchgesehene und veränderte Ausgabe. Hrsg. von Karl Pörnbacher. 112 S. 1971.

Grillparzer, Franz: Libussa. Trauerspiel in fünf Aufzügen. Mit einem Nachw. von Heinz Rieder. 96 S. UB 4391. 1964.

Veränderte Ausgabe. Nachw. von Helmut Bachmaier. 96 S. 1982.

Grillparzer, Franz: Medea. Trauerspiel in fünf Aufzügen. Dritte Abteilung zu dem dramatischen Gedicht »Das Goldene Vlies«. [Mit einer Vorbem.] 78 S. UB 4380. 1952.

Durchgesehene Ausgabe. [Mit einer Nachbem.] 80 S. 1964.
Durchgesehene Ausgabe. [Mit einer Nachbem.] 79 S. 1971.
Erweiterte Ausgabe. Nachw. von Helmut Bachmaier. 86 S. 1982.

Grillparzer, Franz: Des Meeres und der Liebe Wellen. Trauerspiel in fünf Aufzügen. [Mit einer Nachbem.] 80 S. UB 4384. 1951.

Durchgesehene Ausgabe. [Mit einer Nachbem.] 79 S. 1954.
Durchgesehene Ausgabe. [Mit einer Nachbem.] 80 S. 1970.
Erweiterte Ausgabe. Nachw. von Helmut Bachmaier. 87 S. 1984.

Grillparzer, Franz: Sappho. Trauerspiel in fünf Aufzügen. [Mit einer Nachbem.] 72 S. UB 4378. 1953.

Durchgesehene Ausgabe. [Mit einer Nachbem.] 79 S. 1961.
Durchgesehene Ausgabe. [Mit einer Nachbem.] 80 S. 1971.
Erweiterte Ausgabe. Nachw. von Helmut Bachmaier. 80 S. 1985.

Grillparzer, Franz: Der Traum ein Leben. Dramatisches Märchen in vier Aufzügen. [Mit einer Nachbem.] 88 S. UB 4385. 1952.

Durchgesehene Ausgabe. [Mit einer Vorbem.] 95 S. 1957.
Durchgesehene Ausgabe. [Mit einer Nachbem.] 95 S. 1971.
Erweiterte Ausgabe. Nachw. von Helmut Bachmaier. 96 S. 1982. [recte: 1983].

Grillparzer, Franz: Ein treuer Diener seines Herrn. Trauerspiel in fünf Aufzügen. Mit einem Nachw. von Gerhart Baumann. 96 S. UB 4383. 1966.

Grillparzer, Franz: Weh dem, der lügt! Lustspiel in fünf Aufzügen. 72 S. UB 4381. 1950.

Durchgesehene Ausgabe. [Mit einer Vorbem.] 72 S. 1954.
Durchgesehene Ausgabe. Mit einem Nachw. 79 S. 1963.
Durchgesehene Ausgabe. Mit einem Nachw. 79 S. 1969.

[Brüder Grimm:] Ausgewählte Kinder- und Hausmärchen. Gesammelt durch die Brüder Grimm. Mit zehn Bildern von Ludwig Richter. 240 S. UB 3179/80/80a. 1950.

Inhalt: Allerleirauh – Der arme Müllerbursch und das Kätzchen – Der Arme und der Reiche – Aschenputtel – Die Bremer Stadtmusikanten – Brüderchen und Schwesterchen – Daumerlings Wanderschaft – Doktor Allwissend – Dornröschen – Einäuglein, Zweiäuglein und Dreiäuglein – Frau Holle – Der Frieder und das Catherlieschen – Der Froschkönig oder der eiserne Heinrich – Fundevogel – Die Gänsemagd – Der gute Handel – Hänsel und Gretel –

Hans im Glück – Der Hund und der Sperling – Jorinde und Joringel – Die kluge Bauerntochter – Die kluge Else – Die klugen Leute – König Drosselbart – Das Lumpengesindel – Märchen von einem, der auszog, das Fürchten zu lernen – Marienkind – Rotkäppchen – Rumpelstilzchen – Schneeweißchen und Rosenrot – Sneewittchen – Die Sterntaler – Tischlein deck dich, Goldesel und Knüppel aus dem Sack – Der treue Johannes – Die vier kunstreichen Brüder – Vom klugen Schneiderlein – Von dem Fischer und syner Fru – Von dem Tode des Hühnchens – Der Wolf und die sieben jungen Geißlein – Der Zaunkönig und der Bär – Die zwölf Brüder.

Auch GEB. 1950. (Nicht mehr lieferbar.)

Durchgesehene Ausgabe. 235 S. 1958.

Erweiterte Ausgabe. Mit einem Nachw. von Hermann Gerstner. 240 S. 1962.

Durchgesehene Ausgabe. Nachw. von Hermann Gerstner. 240 S. 1981.

Brüder Grimm: Deutsche Sagen. Ausgew. und mit einer Einl. hrsg. von Hermann Gerstner. 168 S. UB 6806/06a. 1961.

Auch GEB. 1961. (Nicht mehr lieferbar.)

Durchgesehene und bibliographisch ergänzte Ausgabe. 160 S. 1985.

Brüder Grimm: Kinder- und Hausmärchen. Ausgabe letzter Hand mit den Originalanmerkungen der Brüder Grimm. Mit einem Anhang sämtlicher, nicht in allen Auflagen veröffentlichter Märchen und Herkunftsnachweisen hrsg. von Heinz Rölleke. Bd. 1: Märchen. Nr. 1–86. 420 S. UB 3191 [5]. 1980.

Brüder Grimm: Kinder- und Hausmärchen. [...] Bd. 2: Märchen. Nr. 87–200. Kinderlegenden. Nr. 1–10. Anhang. Nr. 1–28. 528 S. UB 3192 [6]. 1980.

Brüder Grimm: Kinder- und Hausmärchen. [...] Bd. 3: Originalanmerkungen. Herkunftsnachweise. Nachwort. 624 S. UB 3193 [7]. 1980.

Durchgesehene und bibliographisch ergänzte Ausgabe. 624 S. 1983.

Bd. 1–3 auch GEB. in Kassette. 1984.

Grimm, Jakob: Sprache, Wissenschaft, Leben. [Ausgewählte Schriften.] Hrsg. von Hermann Gerstner. 88 S. UB 7832. 1956.

Inhalt: Einleitung zum »Deutschen Wörterbuch« [Ausz.] – Rede auf Wilhelm Grimm – Rede über das Alter – Über den Ursprung der Sprache [Ausz.] – Über den Wert der ungenauen Wissenschaften.

Nicht mehr lieferbar seit 1976.

Grimm, Jacob / Grimm, Wilhelm: Schriften und Reden. Ausgew. und hrsg. von Ludwig Denecke. 288 S. UB 5311 [3]. 1985.

Grimmelshausen, Hans Jakob Christoffel von: Der abenteuerliche Simplicissimus. Eine Auswahl des Urtextes von 1669. Hrsg. von Dr. W[alther] Hofstaetter. 124 S. UB 7452/52a. 1950.

Durchgesehene Ausgabe. 115 S. 1953.
Durchgesehene Ausgabe. 112 S. 1967.
Nicht mehr lieferbar; ersetzt durch:

Grimmelshausen, Hans Jakob Christoph von: Der abenteuerliche Simplicissimus. Gekürzte Ausgabe. Hrsg. von Walter Schafarschik. 159 S. UB 7452/53. 1970.

Grimmelshausen, Hans Jakob Christoph von: Der abenteuerliche Simplicissimus Teutsch. Mit einer Einl. und Anm. von Hans Heinrich Borcherdt. [Anm. neu bearb. von Hubert Kulick.] 751 S. UB 761–766/766a-f. 1961.

Auch GEB. 1961. (Nicht mehr lieferbar.)
Um ein Inhaltsverzeichnis ergänzte Ausgabe. 767 S. 1979.
Auch GEB. (revidiert und mit einer Einl. von Volker Meid) in der Reihe »Reclam Lese-Klassiker«. 775 S. 1985. *(Nicht mehr lieferbar.)*
Veränderte Ausgabe. Einl. von Volker Meid. [Anm. von Hubert Kulick.] 775 S. 1986.

Grimmelshausen, Hans Jakob Christoph von: Lebensbeschreibung der Erzbetrügerin und Landstörzerin Courasche. Hrsg. von Klaus Haberkamm und Günther Weydt. 181 S. UB 7998/99. 1971.

Grimmelshausen, Hans Jakob Christoph von: Der seltzame Springinsfeld. Hrsg. von Klaus Haberkamm. 213 S. UB 9814 [3]. 1976.

Großmann, Dieter → Reclams Kunstführer Deutschland IV (1967)

Großmann, G. Ulrich → Reclams Kunstführer Deutschland IV (1978)

Groth, Klaus: Quickborn. Eine Auswahl von Otto Lemke. [Mit einem Glossar und einer biogr. Notiz.] 80 S. UB 7041. 1965.
Nicht mehr lieferbar seit 1989.

Grün, Max von der: Waldläufer und Brückensteher. Erzählungen. Nachw. von Hartmut Kircher. [Mit einer Werkübersicht.] 75 S. UB 8426. 1987.

Inhalt: Die Entscheidung – Die Kinder der Gastarbeiter – Nichts als gegeben hinnehmen – Waldläufer und Brückensteher – Wenn der Abend kommt.

Grünbaum, Adolf: Die Grundlagen der Psychoanalyse. Eine philosophische Kritik. Aus dem Engl. übers. von Christa Kolbert. 493 S. UB 8459 [7]. 1988.

Auch GEB. 1988.

Grundgesetz für die Bundesrepublik Deutschland vom 23. Mai 1949 mit Gesetz über das Bundesverfassungsgericht vom 12. März 1951. Textausgabe mit Sachregister. Hrsg. von Ministerialrat Dr. Reinhold Mercker. 109 S. UB 7785. 1953.

Auch GEB. 1953 ff. (Nicht mehr lieferbar.)
Zahlreiche, zumeist revidierte, Neuauflagen.
Ab 1971: Hrsg. von Dr. Reinhold Mercker und Georg Diller.
Ab 1988: Hrsg. von Reinhold Mercker, Georg Diller und Wolfgang Heyde.
Ab 1992: Hrsg. von Wolfgang Heyde.

Gryphius, Andreas: Absurda comica oder Herr Peter Squenz. Schimpfspiel in drei Aufzügen. Hrsg. von Herbert Cysarz. 54 S. UB 917. 1954.

Durchgesehene Ausgabe. 52 S. 1971.

Gryphius, Andreas: Absurda Comica Oder Herr Peter Squentz. Schimpfspiel. Kritische Ausgabe. Hrsg. von Gerhard Dünnhaupt und Karl-Heinz Habersetzer. 77 S. UB 7982. 1983.

Gryphius, Andreas: Cardenio und Celinde Oder Unglücklich Verliebete. Trauerspiel. Hrsg. von Rolf Tarot. 104 S. UB 8532. 1968.

Gryphius, Andreas: Carolus Stuardus. Trauerspiel. Hrsg. von Hans Wagener. 167 S. UB 9366/67. 1972.

Durchgesehene und bibliographisch ergänzte Ausgabe. 167 S. 1982.

Gryphius, Andreas: Catharina von Georgien. Trauerspiel. Hrsg. von Alois M. Haas [5]. 159 S. UB 9751/52. 1975.

Gryphius, Andreas: Gedichte. Eine Auswahl. Text nach der Ausgabe letzter Hand von 1663. Hrsg. von Adalbert Elschenbroich. 173 S. UB 8799/8800. 1968.

Gryphius, Andreas: Großmütiger Rechtsgelehrter oder Sterbender Aemilius Paulus Papinianus. Trauerspiel. Text der Erstausgabe besorgt von Ilse-Marie Barth. Mit einem Nachw. von Werner Keller. 159 S. UB 8935/36. 1965.

Gryphius, Andreas: Horribilicribrifax Teutsch. Scherzspiel. Hrsg. von Gerhard Dünnhaupt. 141 S. UB 688 [2]. 1976.

Durchgesehene Ausgabe. 141 S. 1981.

Gryphius, Andreas: Leo Armenius. Trauerspiel. Hrsg. von Peter Rusterholz. 147 S. UB 7960/61. 1971.

Gryphius, Andreas: Verliebtes Gespenst. Gesangspiel. Die geliebte Dornrose. Scherzspiel. Hrsg. von Eberhard Mannack. 131 S. UB 6486 [2]. 1985.

Gubitz, F[riedrich] W[ilhelm]: Goethe in Briefen und Gesprächen. Neu hrsg. und eingel. von Ernst Beutler. 205 S. UB 7519–21. 1949.

Auch GEB. 1949. (Nicht mehr lieferbar.)
Nicht mehr lieferbar seit 1973.

Gudrun → Kudrun

Günther, Johann Christian: Gedichte. Ausw. und Nachw. von Manfred Windfuhr. [Mit Anm.] 103 S. UB 1295. 1961.

Guenther, Johannes von: Der Kreidekreis. Ein Spiel in sechs Bildern nach dem Altchinesischen (Li Hsing-tao). Mit einer Einl. des Verf. 97 S. UB 7777. 1953.

Vom Autor revidierte Ausgabe. Mit einem Nachw. des Verf. 94 S. 1962.
Nicht mehr lieferbar seit 1973.

Gunnarsson, Gunnar: Advent im Hochgebirge. Erzählung. Übertr. und mit einem Nachw. von Helmut de Boor. 72 S. UB 7328. 1948.

Durchgesehene Ausgabe. 77 S. 1955.
Durchgesehene Ausgabe. 64 S. 1971.

Gutzkow, Karl: Wally, die Zweiflerin. Roman. Studienausgabe mit Dokumenten zum zeitgenössischen Literaturstreit. Hrsg. von Günter Heintz. 464 S. UB 9904 [6]. 1979.

Durchgesehene und ergänzte Ausgabe. 477 S. 1983.

H

Habermas, Jürgen: Politik, Kunst, Religion. Essays über zeitgenössische Philosophen. [Mit einem bio-bibliogr. Anh.] 151 S. UB 9902 [2]. 1978.

Inhalt: Theodor W. Adorno. Urgeschichte der Subjektivität und verwilderte Selbstbehauptung – Hannah Arendts Begriff der Macht – Bewußtmachende oder rettende Kritik. Die Aktualität Walter Benjamins – Ernst Bloch. Ein marxistischer Schelling – Herbert Marcuse über Kunst und Revolution – Die verkleidete Tora. Rede zum 80. Geburtstag von Gershom Scholem.

Bibliographisch ergänzte Ausgabe. 151 S. 1989.

Händel, Georg Friedrich: Der Messias. [Oratorium in drei Teilen. Engl. Text von Charles Jennens. Neue dt. Textgestaltung von Arnold Schering.] Judas Maccabäus. [Oratorium in drei Teilen. Engl. Text von Thomas Morell. Dt. Übers. von G. G. Gervinus.] Hrsg. und eingel. von Wilhelm Zentner. 40 S. UB 7778. 1952.

Durchgesehene Ausgabe. 46 S. 1962.

Härtling, Peter: Der wiederholte Unfall. Erzählungen. Mit einem Nachw. des Autors [und einer Zeittaf.]. 77 S. UB 9991. 1980.

Inhalt: Das Ballerinaglas, Nürtingen, Marktstraße – Drei Kalendergeschichten aus meinem Land – Fast eine Anekdote – Für Ottla – Jerschel singt – 1948 – Der wiederholte Unfall oder Die Fortsetzung eines Unglücks – Zwettl im Waldviertel.

Hafis, Muhammad Schams ad-Din: Gedichte aus dem Diwan. Ausgew. und hrsg. von Johann Christoph Bürgel. [Aus dem Pers. übers. von Johann Christoph Bürgel u.a.] 118 S. UB 9420. 1972. (UNESCO-Sammlung repräsentativer Werke. Asiatische Reihe.)

Durchgesehene und bibliographisch ergänzte Ausgabe. 118 S. 1977.

Hagedorn, Friedrich von: Gedichte. Hrsg. von Alfred Anger. 206 S. UB 1321–23. 1968.

Nicht mehr lieferbar seit 1988.

Hager, Werner: Bridge. Bietprozeß und Spieldurchführung. Mit einem Geleitwort von J. Wehr. 253 S. UB 7758–61. 1952.

Auch GEB. 1952. (Nicht mehr lieferbar.)
Nicht mehr lieferbar seit 1969.

Halbe, Max: Der Strom. Drama. [Mit einer Zeittaf. Im Anhang: Halbes Vorbemerkung von 1921.] 85 S. UB 8976. 1965.

Haller, Albrecht von: Die Alpen und andere Gedichte. Ausw.[, Anm.] und Nachw. von Adalbert Elschenbroich. 119 S. UB 8963/64. 1965.

Inhalt: Die Alpen – Die Falschheit menschlicher Tugenden – Gedanken über Vernunft, Aberglauben und Unglauben – Trauer-Ode, beim Absterben seiner geliebten Mariane – Über den Ursprung des Übels – Unvollkommenes Gedicht über die Ewigkeit.

Haller, Rudolf: Facta und Ficta. Studien zu ästhetischen Grundlagenfragen. [Mit einem bio-bibliogr. Anh.] 152 S. UB 8299 [2]. 1986.

Inhalt: Friedlands Sterne oder Facta und Ficta – Das Kunstwerk als Gegenstand sub specie aeternitatis – Parergon Metaphysicum: Saulus und Paulus – Das Problem der Objektivität ästhetischer Wertungen – Über Annahmen – Über die Erfindung neuer Künste – Wirkliche und fiktive Gegenstände – Wörter, Bedeutungen, Begriffe – Zur Frage: »Was ist ein Kunstwerk?«.

Hallmann, Johann Christian: Mariamne. Trauerspiel. Hrsg. von Gerhard Spellerberg. 213 S. UB 9437–39. 1973.

Hamann, Johann Georg: Sokratische Denkwürdigkeiten. Aesthetica in nuce. Mit einem Kommentar hrsg. von Sven-Aage Jørgensen. 192 S. UB 926/926a. 1968.

Hamsun, Knut: Frauensieg. Novellen. [Aus dem Norweg. nach den Übers. von Hermann Kiy und Mathilde Mann.] Mit einem Nachw. von Siegfried von Vegesack. 80 S. UB 6901. 1950.

Inhalt: Alexander und Leonarda – Frauensieg – Sommerwonne – Eine Straßenrevolution – Zachäus.

Durchgesehene Ausgabe. 80 S. 1960.

Nicht mehr lieferbar seit 1973.

Hamsun, Knut. Vagabundentage. Erzählung. Übers. von Hermann Kiy. Nachw. von Werner Helwig. 68 S. UB 8266. 1959.

Handelsgesetzbuch vom 10. Mai 1897 (ohne Seerecht) nebst Einführungsgesetz, Gesetz über die Fristen für die Kündigung von Angestellten, Auszug aus dem Gesetz über die Angelegenheiten der freiwilligen Gerichtsbarkeit, Handelsregisterverfügung, Handelsrechtliches Bereinigungsgesetz. Textausgabe mit Sachregister. Hrsg. von Dr. Hans-Friedrich Caspers. 192 S. UB 2874/75. 1952.

Auch GEB. 1952 ff. *(Nicht mehr lieferbar.)*

Revidierte Ausgabe. 200 S. 1958.
Revidierte Ausgabe. 200 S. 1963.
Nicht mehr lieferbar seit 1969.

Handke, Peter: Noch einmal für Thukydides. [Prosaskizzen. Mit einer Nachbem.] 47 S. UB 8804. 1992.

Inhalt: Einige Episoden vom japanischen Schneien – Epopöe der Glühwürmchen – Epopöe des Wetterleuchtens oder Noch einmal für Thukydides – Epopöe vom Beladen eines Schiffs – Epopöe vom Verschwinden der Wege oder Eine andere Lehre der Sainte-Victoire – Für Thukydides – Kleine Fabel der Esche von München – Noch einmal eine Geschichte vom Schmelzen – Der Schuhputzer von Split – Versuch des Exorzismus der einen Geschichte durch eine andere – Zwei Tage angesichts des Wolkenküchenbergs.

Handke, Peter: Der Rand der Wörter. Erzählungen, Gedichte, Stücke. Ausw. und Nachw. von Heinz F. Schafroth. [Mit einem bio-bibliogr. Anh.] 94 S. UB 9774. 1975.

Inhalt: Erzählungen: Sacramento. Eine Wildwestgeschichte – Über den Tod eines Fremden – Die Überschwemmung – Das Umfallen der Kegel von einer bäuerlichen Kegelbahn; Gedichte; Stücke: Hilferufe – Quodlibet – Weissagung.

Hardy, Thomas: Der Bürgermeister von Casterbridge. Leben und Tod eines Mannes von Charakter. [Roman.] Aus dem Engl. übers. mit Anm. und Nachw. von Eva-Maria König. 448 S. UB 8071 [5]. 1985.

Auch GEB. 1985.

Hardy, Thomas: Clyms Heimkehr. [Roman.] Aus dem Engl. übers. von Dietlinde Giloi. Nachw. von Willi Erzgräber. 576 S. UB 8607 [7]. 1989.

Auch GEB. 1989.

Hardy, Thomas: Tess von den d'Urbervilles. Eine reine Frau. [Roman.] Aus dem Engl. übers. von Paul Baudisch. Neu hrsg. von Norbert H. Platz. 630 S. UB 9935 [7]. 1979.

Auch GEB. 1979. (Nicht mehr lieferbar.)

Hardy, Thomas: The Three Strangers / Die drei Fremden. [Erzählung.] Engl./Dt. Übers. und hrsg. von Hans-Christian Oeser. 80 S. UB 7928. 1983.

Hare, R[ichard] M.: Platon. Eine Einführung. Aus dem Engl. übers. von Christiana Goldmann. 144 S. UB 8631 [2]. 1990.

Harig, Ludwig: Logbuch eines Luftkutschers. [Texte.] Mit einer autobiogr. Einl. [und einem bio-bibliogr. Anh.]. 103 S. UB 7691. 1981.

Inhalt: Aus der Tiefe des Raumes – Haiku Hiroshima – Körperbau und menschliche Natur. Ein Beitrag zum Geist der Utopie – 19. Lektion – Die Ptolemäer – Rousseau speist mit den Enzyklopädisten zu Abend – Vom Fliegen – Vom vollkommenen Menschen – Zürcher Rede über die Notwendigkeit der Luftkutscherei; Gedichte.

Harīrī: Die Verwandlungen des Abu Seid von Serug. Vierundzwanzig Makamen. Aus dem Arab. übertr. von Friedrich Rückert. Hrsg. von Annemarie Schimmel. 222 S. UB 8708–10. 1966. (UNESCO-Sammlung repräsentativer Werke. Asiatische Reihe.)

Harte, Bret: Drei Short Stories. The Luck of Roaring Camp. Tennessee's Partner. Brown of Calaveras. Engl. und dt. Übers. und hrsg. von Otto Weith. 86 S. UB 9715. 1975.

Hartmann von Aue: Der arme Heinrich. Mit einer Nacherzählung der Brüder Grimm. Hrsg. von Friedrich Neumann. 80 S. UB 456. 1959.

Nicht mehr lieferbar; ersetzt durch:

Hartmann von Aue: Der arme Heinrich. Mittelhochdt. Text und Prosaübersetzung von Wilhelm Grimm. Hrsg. von Ursula Rautenberg. 104 S. UB 456. 1985.

Hartmann von Aue: Gregorius, der gute Sünder. [Mittelhochdt./ Neuhochdt.] Mittelhochdt. Text nach der Ausg. von Friedrich Neumann. Übertr. von Burkhard Kippenberg. Nachw. von Hugo Kuhn. 256 S. UB 1787/87a/b. 1963.

Hartmann von Aue: Lieder. Mittelhochdt./Neuhochdt. Hrsg., übers. und komm. von Ernst von Reusner. 181 S. UB 8082 [2]. 1985.

Hartmann, Nicolai: Der philosophische Gedanke und seine Geschichte. Zeitlichkeit und Substantialität. Sinngebung und Sinnerfüllung. [Drei Aufsätze.] Nachw. von Ingeborg Heidemann. 216 S. UB 8538–40. 1968.

Hartung, Hugo: Ein Junitag. Erzählungen. [Mit einer autobiogr. Notiz.] 79 S. UB 7658. 1955.

Inhalt: Die blühende Windrose – Ein Junitag – Schütze Jasrich.

Auch als Sonderausgabe zum 125jährigen Bestehen des Verlags (Reclams Jubiläums-Bände). 1955. *(Nicht mehr lieferbar.)*

Nicht mehr lieferbar seit 1976.

Hašek, Jaroslav: Ein Silvester der Abstinenzler. Erzählungen. Aus dem Tschech. übers. von Ehrenfried Pospisil und Grete Reiner. Ausw. und Nachw. von Antonin Mestan. 136 S. UB 8653 [2]. 1990.

Inhalt: Die Affäre mit dem Hamster – Aus einer alten Drogerie – Die Erlebnisse eines Einbrechers – Fußball in Bayern – Gast ins Haus, Gott ins Haus – Die Kamillentropfen – Die Praktikanten der Speditionsfirma Kobkán – Der serbische Pope Bogumirov und die Ziege des Mufti Isrim – Ein Silvester der Abstinenzler – Die Verlobung meiner Schwester – Das Versprechen.

Hauff, Wilhelm: Das Bild des Kaisers. Novelle. Mit einem Nachw. von Gerard Koziełek [und Anm.]. 126 S. UB 131 [2]. 1977.

Hauff, Wilhelm: Die Geschichte von dem kleinen Muck. Der Zwerg Nase. Märchen. Mit einem Nachw. von Erwin Ackerknecht. 79 S. UB 7702. 1951.

Durchgesehene Ausgabe. 80 S. 1962.
Im Anhang überarbeitete Ausgabe. 79 S. 1969.

Hauff, Wilhelm: Das kalte Herz und andere Märchen. 80 S. UB 6706. 1948 [recte: 1949].

Inhalt: Die Geschichte vom Kalif Storch – Die Geschichte von dem Gespensterschiff – Das kalte Herz.

Durchgesehene Ausgabe. [Mit Anm.] 84 S. 1954.
Durchgesehene Ausgabe. [Mit Anm.] 94 S. 1964.
Durchgesehene Ausgabe. [Mit Anm.] 79 S. 1970.

Hauff, Wilhelm: Lichtenstein. Romantische Sage aus der württembergischen Geschichte. Anm. von Margarete Berg. Nachw. von Paul Michael Lützeler. 453 S. UB 85 [5]. 1988.

Hauff, Wilhelm: Phantasien im Bremer Ratskeller. Ein Herbstgeschenk für Freunde des Weines. Mit Ill. von Albrecht Appelhans. [Mit Anm. sowie einem Nachw.] 80 S. UB 44. 1962.

Nicht mehr lieferbar seit 1975.

Hauff, Wilhelm: Sämtliche Märchen. Mit den Ill. der Erstdrucke. Hrsg. von Hans-Heino Ewers. 464 S. UB 301 [5]. 1986.

Inhalt: Abner, der Jude, der nichts gesehen hat – Der Affe als Mensch – Die

Errettung Fatmes – Die Geschichte Almansors – Die Geschichte von dem Gespensterschiff – Die Geschichte von dem kleinen Muck – Die Geschichte von der abgehauenen Hand – Die Geschichte von Kalif Storch – Die Höhle von Steenfoll – Das kalte Herz – Die Karawane – Märchen als Almanach – Das Märchen vom falschen Prinzen – Die Sage vom Hirschgulden – Saids Schicksale – Der Scheik von Alessandria und seine Sklaven – Das Wirtshaus im Spessart – Der Zwerg Nase.
Auch GEB. 1986.

Hauff, Wilhelm: Saids Schicksale. Die Geschichte Almansors. [Märchen. Mit Anm.] 63 S. UB 8321. 1969.

Hauptmann, Gerhart: Der arme Heinrich. Eine deutsche Sage. [Drama in fünf Akten.] Nachw. von Fritz Martini. 94 S. UB 8642. 1961.
Durchgesehene Ausgabe. 103 S. 1991 [recte: 1992].

Hauptmann, Gerhart: Bahnwärter Thiel. Novellistische Studie. Mit einem Nachw. von Hans von Hülsen. 62 S. UB 6617. 1948.
Durchgesehene Ausgabe. 58 S. 1951.
Durchgesehene Ausgabe. 64 S. 1967.
Durchgesehene und veränderte Ausgabe. Mit einem Nachw. von Fritz Martini. 48 S. 1970.

Hauptmann, Gerhart: Fasching. Der Apostel. [Zwei] Novellen. Mit einem Nachw. von Karl S. Guthke. 63 S. UB 8362. 1969 [recte: 1970].

Hauptmann, Gerhart: Florian Geyer. Die Tragödie des Bauernkrieges. Mit einem Nachw. von Fritz Martini. 152 S. UB 7841/42. 1953.
Durchgesehene Ausgabe. 174 S. 1979.

Hauptmann, Gerhart: Michael Kramer. Drama. Mit einem Nachw. von Fritz Martini. 72 S. UB 7843. 1953.
Durchgesehene Ausgabe. 80 S. 1966.

Hauptmann, Gerhart: Schluck und Jau. Komödie. Mit einem Nachw. von Kurt Lothar Tank. 94 S. UB 8655. 1962.

Hauptmann, Gerhart: Der Schuß im Park. Novelle. Mit einem Nachw. von Kurt Lothar Tank. 68 S. UB 8672. 1962.

Hauptmann, Gerhart: Und Pippa tanzt! Ein Glashüttenmärchen. 67 S. UB 8322. 1969.

Hausmann, Manfred: Die Begegnung. Vor der Weser. Zwei Erzählungen. Mit einem autobiogr. Nachw. 64 S. UB 7311. 1953.

Hawthorne, Nathaniel: Der scharlachrote Buchstabe. [Roman. Aus dem Engl. übers. von Paula Saatmann und Otto Weith.] Mit einem Nachw. hrsg. von Brigitte Scheer-Schäzler. 336 S. UB 9454–57. 1973.
Auch GEB. 1973. (Nicht mehr lieferbar.)
Bibliographisch ergänzte Ausgabe. 336 S. 1982.

Haydn, Joseph: Die Schöpfung. [Oratorium in drei Teilen.] Die Jahreszeiten. [Oratorium in vier Teilen.] Vollständige Textausgabe. Eingel. und hrsg. von Wilhelm Zentner. 63 S. UB 6415. 1951.
Durchgesehene Ausgabe. 63 S. 1957.
Durchgesehene Ausgabe. 55 S. 1971.

Hebbel, Friedrich: Agnes Bernauer. Ein deutsches Trauerspiel in 5 Akten. [Durchges. nach der hist.-krit. Ausg. von R. M. Werner. Mit einer Vorbem.] 96 S. UB 4268. 1950.
Durchgesehene Ausgabe. [Mit einer Nachbem.] 100 S. 1958.
Durchgesehene und erweiterte Ausgabe. Mit einem Nachw. von Dietrich Bode. 108 S. 1964.
Durchgesehene Ausgabe. Mit einem Nachw. 95 S. 1972.

Hebbel, Friedrich: Aufzeichnungen aus meinem Leben. [Umschlagtitel: Aus meinem Leben.] Hrsg., mit Anm. und mit einem Nachw. vers. von Wilhelm Schiller. 72 S. UB 7748. 1952.
Inhalt: Aus meiner Jugend – Selbstbiographie für F. A. Brockhaus.
Durchgesehene Ausgabe. Aufzeichnungen [...] Selbstbiographie. [...] 72 S. 1964.
Nicht mehr lieferbar seit 1976.

Hebbel, Friedrich: Gedichte. Eine Auswahl. Mit einem Nachw. von U. Henry Gerlach. 80 S. UB 3231. 1977.

Hebbel, Friedrich: Genoveva. Eine Tragödie in fünf Akten. Hrsg. von Herbert Kraft. 158 S. UB 5443/43a. 1968.

Hebbel, Friedrich: Gyges und sein Ring. Eine Tragödie in fünf Aufzügen. [Mit einer Vorbem.] 77 S. UB 3199. 1950.
Durchgesehene Ausgabe. 68 S. 1954.
Durchgesehene Ausgabe. [Mit einer Nachbem.] 76 S. 1964.
Durchgesehene und veränderte Ausgabe. Mit einem Nachw. 78 S. 1976.

Hebbel, Friedrich: Herodes und Mariamne. Eine Tragödie in fünf Akten. [Mit einer Vorbem.] 108 S. UB 3188. 1951.
Durchgesehene und veränderte Ausgabe. Mit einer Nachbem. 112 S. 1966.

Hebbel, Friedrich: Judith. Eine Tragödie in fünf Aufzügen. [Mit einer Nachbem.] 80 S. UB 3161. 1950.

Durchgesehene Ausgabe. 78 S. 1960.
Durchgesehene Ausgabe. 83 S. 1981.
Erweiterte Ausgabe. Nachw. von Helmut Bachmaier. 87 S. 1984.

Hebbel, Friedrich: Maria Magdalene. Ein bürgerliches Trauerspiel in drei Aufzügen. [Mit einer Vorbem.] 94 S. UB 3173. 1950.

Durchgesehene und erweiterte Ausgabe. [Mit einer Vorbem. und Hebbels Vorwort betreffend das Verhältnis der dramatischen Kunst zur Zeit und verwandte Punkte.] 87 S. 1953.
Durchgesehene Ausgabe. Mit Hebbels Vorwort [...]. 94 S. 1965.

Hebbel, Friedrich: Mutter und Kind. Ein Gedicht in sieben Gesängen. Mit einem Nachw. von Wilhelm Schiller. 68 S. UB 7799. 1953.

Nicht mehr lieferbar seit 1973.

Hebbel, Friedrich: Die Nibelungen. Ein deutsches Trauerspiel in drei Abteilungen. [Mit einer Vorbem.] 192 S. UB 3171/72. 1951.

Durchgesehene Ausgabe. [Mit einer Nachbem.] 200 S. 1959.
Durchgesehene Ausgabe. [Mit einer Nachbem.] 192 S. 1968.

Hebbel, Friedrich: Tagebücher. Mit 8 Bildtaf. und 2 Faks. Ausw. und Nachw. von Anni Meetz. [Mit einer Zeittaf.] 432 S. UB 8247–52. 1963.

Auch GEB. 1963. (Nicht mehr lieferbar.)

Hebel, Johann Peter: Alemannische Gedichte. Mit hochdt. Übertr. von Richard Gäng. Hrsg. mit einer Einl. von Wilhelm Zentner. 206 S. UB 8294/95. 1960.

Auch GEB. 1960. (Nicht mehr lieferbar.)
Revidierte Ausgabe. 208 S. 1969.

Hebel, Johann Peter: Aus dem Schatzkästlein des Rheinischen Hausfreunds. Mit einem Nachw. von Wilhelm Fronemann. 72 S. UB 6705. 1950.

Durchgesehene Ausgabe. 72 S. 1958.
Nicht mehr lieferbar; ersetzt durch:

Hebel, Johann Peter: Aus dem Schatzkästlein des Rheinischen Hausfreunds. Ausgew. und mit einem Nachw. hrsg. von Wilhelm Zentner. 79 S. UB 6705. 1961.

Durchgesehene Ausgabe. 80 S. 1970.

Hebel, Johann Peter: Schatzkästlein des rheinischen Hausfreundes. Kritische Gesamtausgabe mit den Kalender-Holzschnitten. Hrsg. von Winfried Theiß. 458 S. UB 142 [6]. 1981.

Auch GEB. 1981. (Nicht mehr lieferbar.)

Hedin, Sven: Wildes, heiliges Tibet. Mit zahlr. Zeichn. des Verf. Aus dem Schwed. übertr. von Theodor Flade. 78 S. UB 7334. 1952.

Durchgesehene Ausgabe. 79 S. 1957.

Hees, Horst van
→ Reclams Kunstführer Frankreich III
→ Reclams Kunstführer Spanien II

Hegel, Georg Wilhelm Friedrich: Differenz des Fichteschen und Schellingschen Systems der Philosophie. Einl. von Werner Marx. 147 S. UB 7805 [2]. 1982.

Hegel, Georg Wilhelm Friedrich: Einleitung zur »Phänomenologie des Geistes«. Kommentar von Andreas Graeser. 184 S. UB 8461 [2]. 1988.

Hegel, Georg Wilhelm Friedrich: Grundlinien der Philosophie des Rechts oder Naturrecht und Staatswissenschaft im Grundrisse. Mit einer Einl. hrsg. von Bernhard Lakebrink. 504 S. UB 8388–93. 1970.

Hegel, Georg Wilhelm Friedrich: Phänomenologie des Geistes. Nachw. von Lorenz Bruno Puntel. 597 S. UB 8460 [6]. 1987 [recte: 1988].

Hegel, Georg Wilhelm Friedrich: Vorlesungen über die Ästhetik. Erster und zweiter Teil. Mit einer Einf. hrsg. von Rüdiger Bubner. 693 S. UB 7976–84. 1971.

Hegel, Georg Wilhelm Friedrich: Vorlesungen über die Ästhetik. Dritter Teil: Die Poesie. Hrsg. von Rüdiger Bubner. 363 S. UB 7985–88. 1971.

Hegel, Georg Wilhelm Friedrich: Vorlesungen über die Philosophie der Geschichte. Mit einer Einf. von Theodor Litt. 612 S. UB 4881–85/85a/b. 1961.

Auch GEB. 1961. (Nicht mehr lieferbar.)

Heidegger, Martin: Der Ursprung des Kunstwerks. Mit einer Einf. von Hans-Georg Gadamer. 127 S. UB 8446/47. 1960.

Durchgesehene Ausgabe. 117 S. 1982.

Heidegger, Martin: Was heißt Denken? Vorlesung Wintersemester 1951/52. Nachw. von Heinrich Hüni. 80 S. UB 8805. 1992.

Martin Heidegger. Fragen an sein Werk. Ein Symposion. [Mit einer Vorbem. und einem bio-bibliogr. Anh.] 70 S. UB 9873. 1977.

Inhalt: H. Birault: Heidegger und Frankreich. Überlegungen zu einer alten Verbindung – J. Busche: Der Denker des Jahrhunderts. Zum Tod des Philosophen Martin Heidegger – E. Jüngel: Gott entsprechendes Schweigen? Theologie in der Nachbarschaft des Denkens von Martin Heidegger – J. B. Lotz: Was von Heideggers Denken ins künftige Philosophieren einzubringen ist – A. Schmidt: Herrschaft des Subjekts. Über Heideggers Marx-Interpretation – M. Theunissen: Was heute ist. Über Not und Notwendigkeit des Umgangs mit Heidegger – K.-H. Volkmann-Schluck: Die technische Welt und das Geschick – B. Willms: Politik als Geniestreich? Bemerkung zu Heideggers Politikverständnis.

Heiler, Friedrich: Die Religionen der Menschheit in Vergangenheit und Gegenwart. Unter Mitarb. von Kurt Goldammer, Franz Hesse, Günter Lanczkowski, Käthe Neumann, Annemarie Schimmel. Mit 48 Bildtaf. 1063 S. UB 8274–85. 1959. *GEB.*

Gebunden in dieser Form nicht mehr lieferbar seit 1976.

Ab 1963 auch in kartonierter Ausgabe. Zweite [durchgesehene und bibliographisch ergänzte] Auflage. 1077 S. UB 8274–85/85a/b. 1962 [recte: 1963].

Nicht mehr lieferbar seit 1978.

Ab 3. Auflage 1980 im Format 15 × 21,5 cm.

Die Heiligen. Schriften und Viten. Von Paulus bis Katharina von Siena. Ausgew. und hrsg. von Johanna Lanczkowski. 520 S. UB 8644. 1990. *GEB.*

Inhalt: Albert der Große – Ambrosius von Mailand – Anselm von Canterbury – Ansgar von Bremen – Athanasius der Große von Alexandria – Augustin – Basilius der Große – Benedikt von Nursia – Bernhard von Clairvaux – Bonaventura – Clemens von Rom – Ephräm der Syrer – Franziskus von Assisi – Fulgentius von Ruspe – Gertrud die Große von Helfta – Gregor der Große – Gregor von Nazianz – Gregor von Nyssa – Gregor von Tours – Hieronymus – Hildegard von Bingen – Ignatius von Antiochia – Irenäus von Lyon – Johannes Chrysostomos – Justin der Märtyrer und Philosoph – Katharina von Siena – Klara von Assisi – Mechthilde von Hackeborn – Paulus – Perpetua und Felicitas – Polykarp von Smyrna – Thomas von Aquin – Winfrith (Bonifatius).

Heilpflanzen. Gezeichnet von Willi Harwerth. Erläuternder Text von Apotheker Dr. E. Feldhofen. 143 S. UB 8436/37. 1960.

Nicht mehr lieferbar seit 1973.

Heine, Heinrich: Atta Troll. Ein Sommernachtstraum. Kritisch durchges. Ausg. mit Dokumentation, Komm. und Nachw. von Winfried Woesler. 216 S. UB 2261 [3]. 1977.

Heine, Heinrich: Aus den Memoiren des Herren von Schnabelewopski. [Romanfragment.] Mit einem Aufsatz »Heines Fragment eines Schelmenromans« von Manfred Windfuhr. [Mit Anm.] 95 S. UB 2388. 1967.

Heine, Heinrich: Die Bäder von Lucca. Die Stadt Lucca. Hrsg. von Peter von Matt. 184 S. UB 3602 [2]. 1978.

Heine, Heinrich: Buch der Lieder. Hrsg. von Bernd Kortländer. 408 S. UB 2231 [5]. 1990.

Heine, Heinrich: Deutschland. Ein Wintermärchen. [Mit Anm.] 80 S. UB 2253. 1947 [recte: 1948].

Durchgesehene und erweiterte Ausgabe. Mit einem Vorw. des Dichters und Anm. 80 S. 1956.
Durchgesehene Ausgabe. [Mit Anm.] 80 S. 1970.
Nicht mehr lieferbar; ersetzt durch:

Heine, Heinrich: Deutschland. Ein Wintermärchen. Nach dem Erstdruck hrsg. von Werner Bellmann. 96 S. UB 2253. 1979 [recte: 1980].

Durchgesehene und bibliographisch ergänzte Ausgabe. 96 S. 1991.

Heine, Heinrich: Der Doktor Faust. Ein Tanzpoem, nebst kuriosen Berichten über Teufel, Hexen und Dichtkunst. Hrsg. von Joseph A. Kruse. 117 S. UB 3605 [2]. 1991.

Heine, Heinrich: Gedichte. Ausw. und Nachw. von Georges Schlocker. [Mit Anm. und einer Zeittaf.] 184 S. UB 8988/89. 1965.

Heine, Heinrich: Die Harzreise. Nach den Ausgaben von Elster, Walzel und Strich revid. und mit Anm. vers. von Manfred Windfuhr. Mit einem Nachw. von Friedrich Sengle. 91 S. UB 2221. 1955.

Auch als Sonderausgabe zum 125jährigen Bestehen des Verlags (Reclams Jubiläums-Bände). 1955. *(Nicht mehr lieferbar.)*
Durchgesehene Ausgabe. Mit einem Nachw. von Friedrich Sengle. Textrev. und Anm. von Manfred Windfuhr. 88 S. 1969.

Heine, Heinrich: Ideen. Das Buch Le Grand. Hrsg. von Dierk Möller. 96 S. UB 2623. 1972 [recte: 1973].

Heine, Heinrich: Der Rabbi von Bacherach. Ein Fragment. Hrsg. von Hartmut Kircher. 88 S. UB 2350. 1983.

Heine, Heinrich: Die romantische Schule. Kritische Ausgabe. Hrsg. von Helga Weidmann. 451 S. UB 9831 [5]. 1976.

Heinrich Julius von Braunschweig: Von einem Weibe. Von Vincentio Ladislao. Komödien. Hrsg. von Manfred Brauneck. 136 S. UB 8776/77. 1967.

Nicht mehr lieferbar seit 1989.

Heinrich der Glîchezâre: Reinhart Fuchs. Mittelhochdt. und neuhochdt. Hrsg., übers. und erl. von Karl-Heinz Göttert. 184 S. UB 9819 [3]. 1976.

Bibliographisch ergänzte Ausgabe. 184 S. 1987.

Heinrich von Morungen: Lieder. Mittelhochdt. und neuhochdt. Text, Übers. und Komm. von Helmut Tervooren. 247 S. UB 9797 [4]. 1975.

Verbesserte und bibliographisch erneuerte Ausgabe. 248 S. 1992.

Heinrich von Veldeke: Eneasroman. Mittelhochdt./Neuhochdt. Nach dem Text von Ludwig Ettmüller ins Neuhochdt. übers., mit einem Stellenkomm. und einem Nachw. von Dieter Kartschoke. 895 S. UB 8303 [10]. 1986.

Heinse, Wilhelm: Ardinghello und die glückseligen Inseln. [Roman.] Kritische Studienausgabe. Mit 32 Bildtaf., Textvarianten, Dokumenten zur Wirkungsgeschichte, Anm. und einem Nachw. hrsg. von Max L. Baeumer. 719 S. UB 9792 [9]. 1975 [recte: 1976].

Auch GEB. 1975. (Nicht mehr lieferbar.)

Heinse, Wilhelm: Aus Briefen, Werken, Tagebüchern. Hrsg. von Richard Benz. 264 S. UB 8201–03. 1958.

Auch GEB. 1958. (Nicht mehr lieferbar.)
Nicht mehr lieferbar seit 1989.

Heinzle, Erwin → Reclams Kunstführer Österreich II

Heiseler, Bernt von: Apollonia. Erzählung. Mit einem Nachw. von Otto Heuschele. 53 S. UB 7625. 1950.

Durchgesehene Ausgabe. 51 S. 1958.
Nicht mehr lieferbar seit 1974.

Heiseler, Bernt von → Bidermann, Jakob / Heiseler, Bernt von

Heisenberg, Werner: Quantentheorie und Philosophie. Vorlesungen und Aufsätze. Hrsg. von Jürgen Busche. 127 S. UB 9948 [2]. 1979.

Inhalt: Die Bedeutung des Schönen in den exakten Naturwissenschaften – Die Geschichte der Quantentheorie – Die Kopenhagener Deutung der Quantentheorie – Die Quantenmechanik und ein Gespräch mit Einstein – Quantenmechanik und Kantsche Philosophie – Über die Verantwortung des Forschers.

Heiteres Darüberstehen. Geschichten und Gedichte zum Vergnügen. Zsgest. von Stephan Koranyi. Mit Vignetten von Gustav Klimt. 326 S. UB 40004. 1990. (Reclam Lesebuch.) *GEB*

Heldenlieder der Edda. Auswahl. Übertr., eingel. und erl. von Felix Genzmer. 74 S. UB 7746. 1952.

Durchgesehene und erweiterte Ausgabe. 87 S. 1961.
Durchgesehene Ausgabe. 92 S. 1988.

Heliand und die Bruchstücke der Genesis. Aus dem Altsächs. und Angelsächs. übertr. [und mit einer Einl.] von Felix Genzmer. 215 S. UB 3324/25. 1956.

Durchgesehene und erweiterte Ausgabe. Aus dem Altsächs. und Angelsächs. übers. von Felix Genzmer. Anm. und Nachw. von Bernhard Sowinski. 261 S. 1989.

Heliodor: Die äthiopischen Abenteuer von Theagenes und Charikleia. [Roman.] Übers. und Anm. von Horst Gasse. Nachw. von Heinrich Dörrie. 341 S. UB 9384–88. 1972.

Helwig, Werner: Im Dickicht des Pelion. Roman. [Mit einer biogr. Notiz.] 237 S. UB 8705 [3]. 1991.

Helwig, Werner: Nachtweg durch Lappland. Erzählungen. [Mit einer autobiogr. Notiz.] 69 S. UB 7882. 1955.

Inhalt: Der Äskulap des Hunsrück – Miguels Geheimnis – Nachtweg durch Lappland.

Auch als Sonderausgabe zum 125jährigen Bestehen des Verlags (Reclams Jubiläums-Bände). 1955. (Nicht mehr lieferbar.)
Nicht mehr lieferbar seit 1976.

Helwig, Werner: Raubfischer in Hellas. Roman. [Mit einer biogr. Notiz.] 192 S. UB 8684 [3]. 1991.

Hemingway, Ernest: Das Ende von Etwas. Sechs Kurzgeschichten. Übers. von Annemarie Horschitz-Horst. Mit einem Nachw. von Kurt W. Marek. 78 S. UB 7628. 1951.

Inhalt: Das Ende von Etwas – Indianerlager – Der Kämpfer – Mein Alter – Müde bin ich, geh zur Ruh – Zehn Indianer.

Durchgesehene Ausgabe. 75 S. 1954.

Auch als Sonderausgabe zum 125jährigen Bestehen des Verlags (Reclams Jubiläums-Bände). 1954. (Nicht mehr lieferbar.)

Durchgesehene Ausgabe. 76 S. 1962.

Henrich, Dieter: Selbstverhältnisse. Gedanken und Auslegungen zu den Grundlagen der klassischen deutschen Philosophie. [Aufsätze und Vorträge. Mit einer biogr. Notiz.] 212 S. UB 7852 [2]. 1982.

Inhalt: Andersheit und Absolutheit des Geistes – Ethik der Autonomie – Fichtes ›Ich‹ – Glück und Not – Die Grundstruktur der modernen Philosophie – Kant und Hegel – Über Selbstbewußtsein und Selbsterhaltung.

Henry, O.: The Furnished Room / Das möblierte Zimmer. Vier Short Stories. Engl./Dt. Übers. und hrsg. von Siegfried Schmitz. 77 S. UB 9886. 1978.

Inhalt: The Furnished Room – The Gift of the Magi – Proof of the Pudding – Springtime à la carte.

Nicht mehr lieferbar seit 1989.

Henscheid, Eckhard: Verdi ist der Mozart Wagners. Ein Opernführer für Versierte und Versehrte. [Mit Gastbeiträgen von Bernd Eilert, Robert Gernhardt und Herbert Rosendorfer sowie zahlr. Notenbeisp.] 270 S. UB 10372. 1992. *GEB.*

Hentig, Hartmut von: Die Menschen stärken, die Sachen klären. Ein Plädoyer für die Wiederherstellung der Aufklärung. [Drei Vorträge. Mit einem bio-bibliogr. Anh.] 191 S. UB 8072 [2]. 1985.

Inhalt: Eine »Erziehung des Menschengeschlechts«? – Ist Vernunft lehrbar? – Über die Schwierigkeit, eine Gesellschaft aufzuklären, die sich für aufgeklärt hält.

Henze, Anton
→ Reclams Kunstführer Deutschland III
→ Reclams Kunstführer Italien V

Herder, Johann Gottfried: Abhandlung über den Ursprung der Sprache. Hrsg. von Hans Dietrich Irmscher. 176 S. UB 8729/30. 1966.

Herder, Johann Gottfried: Auch eine Philosophie der Geschichte zur Bildung der Menschheit. Hrsg. von Hans Dietrich Irmscher. 160 S. UB 4460 [2]. 1990.

Herder, Johann Gottfried: Journal meiner Reise im Jahr 1769. Historisch-kritische Ausgabe. Hrsg. von Katharina Mommsen unter Mitarb. von Momme Mommsen und Georg Wackerl. 312 S. UB 9793 [4]. 1976.

Herder, Johann Gottfried: »Stimmen der Völker in Liedern«. Volkslieder. Zwei Teile. 1878/79. Hrsg. von Heinz Rölleke. 504 S. UB 1371 [6]. 1975.

Herder, Johann Gottfried: Von der Urpoesie der Völker. Eine Auswahl. Ausw. und Einl. von Konrad Nußbächer. [Mit Anm. und einem biogr. Nachw.] 87 S. UB 7794. 1953.

Inhalt: Aus einem Gespräch über das Buch Hiob – Shakespeare [Ausz.] – Über Ossian und die Lieder alter Völker [Ausz.] – Vorrede zur Sammlung der Volkslieder, 2. Teil [Ausz.].

Durchgesehene Ausgabe. 80 S. 1962.

Nicht mehr lieferbar seit 1989.

Herder/Goethe/Frisi/Möser: Von deutscher Art und Kunst. Einige fliegende Blätter. Hrsg. von Hans Dietrich Irmscher. 197 S. UB 7497/98. 1968.

Inhalt: P. Frisi: Versuch über die gotische Baukunst – J. W. Goethe: Von deutscher Baukunst – J. G. Herder: Auszug aus einem Briefwechsel über Oßian und die Lieder alter Völker – J. G. Herder: Shakespear – J. Möser: Deutsche Geschichte.

Durchgesehene und bibliographisch ergänzte Ausgabe. 197 S. 1988.

Herodot: Die Bücher der Geschichte. Auswahl I. 1. bis 4. Buch. Übertr., Einl. und Anm. von Walther Sontheimer. 136 S. UB 2200/01. 1957.

Durchgesehene Ausgabe. 128 S. 1980.

Herodot: Die Bücher der Geschichte. Auswahl II. 5.–6. Buch. Übertr., Einl. [in Bd. 1] und Anm. von Walther Sontheimer. 88 S. UB 2204. 1958.

Durchgesehene Ausgabe. 87 S. 1981.

Herodot: Die Bücher der Geschichte. Auswahl III. 7. bis 9. Buch. Übertr., Einl. [in Bd. 1] und Anm. von Walther Sontheimer. 128 S. UB 2206/07. 1958.

Herondas: Mimiamben. Übers., Anm. und Nachw. von Oskar Werner. 64 S. UB 8569. 1968.

Inhalt: Der Bordellwirt – Die Eifersüchtige – Die Frauen mit Weihtafel und Opfer für Asklepios – Die Freundinnen oder Das intime Gespräch – Der Schulmeister – Der Schuster – Der Traum – Die Verführerin oder Die Kupplerin.

Nicht mehr lieferbar seit 1976.

Der Herr von Sin-ling. Reden aus dem Chan-kuo-tsê und Biographien aus dem Shi-ki. Eingel. und übers. [mit Anm.] von Erich Haenisch. 80 S. UB 8947. 1965. (UNESCO-Sammlung repräsentativer Werke. Asiatische Reihe.)

Inhalt: Dschan-guo-tsö – Liu Hiang: Schuo-yüan [Ausz.] – Ssema Tsiän: Schiki [Ausz.].

Nicht mehr lieferbar seit 1983.

Herrligkoffer, Karl M.: Der Mensch. Eine Taschenanatomie mit 36 Originalfederzeichn. von Eva Puhonny. 62 S. UB 7795. 1953.

Durchgesehene Ausgabe. 63 S. 1964.

Nicht mehr lieferbar seit 1979.

Herrmann, Emil Alfred:] Das Gottes Kind, ein Weihnachtspiel, das der Sternsinger beginnt und die Drei Freudigen beschließen. Nach alten deutschen Volks Spielen und Liedern, von Emil Alfred Herrmann. [Mit 10 Holzschnitten und einem Werkverz.] 70 S. UB 7808. 1953.

Durchgesehene Ausgabe. [Mit einer Nachbem.] 71 S. 1962.

Nicht mehr lieferbar seit 1975.

Herwegh, Georg: Gedichte und Prosa. Auswahl. Hrsg. von Peter Hasubek. 155 S. UB 5341 [2]. 1975.

Inhalt: Gedichte; Die Literatur im Jahre 1840 – Literatur und Aristokratie – Der Mangel politischer Bildung bei den deutschen Literaten – Die neue Literatur – Salon und Hütte.

Herzog, Erich → Reclams Kunstführer Deutschland III; IV

Herzog Ernst. Ein mittelalterliches Abenteuerbuch. [Mittelhochdt./ Neuhochdt.] In der mittelhochdt. Fassung B nach der Ausgabe von Karl Bartsch mit den Bruchstücken der Fassung A hrsg., übers., mit Anm. und einem Nachw. vers. von Bernhard Sowinski. 429 S. UB 8352–57. 1970.

Durchgesehene und verbesserte Ausgabe. 429 S. 1979.

Hesse, Hermann: Eine Bibliothek der Weltliteratur. 58 S. UB 7003. 1949 [recte: 1950].

Durchgesehene Ausgabe. 63 S. 1953.
Durchgesehene Ausgabe. 55 S. 1956. *(Von 1956 bis 1959 z.T. angebunden: Gesamtkatalog der UB.)*
Durchgesehene Ausgabe. 45 S. 1978.

Hesse, Hermann: Hermann Lauscher. Mit einem Nachw. von Hans Bender. 149 S. UB 9665/66. 1974.

Hesse, Hermann: Im Presselschen Gartenhaus. Eine Erzählung aus dem alten Tübingen. Mit 6 Federzeichn. von Albrecht Appelhans. Nachw. von Martin Kießig. 61 S. UB 8912. 1964.

Nicht mehr lieferbar seit 1992.

Hesse, Hermann: In der alten Sonne. Erzählung. 77 S. UB 7557. 1948.

Durchgesehene Ausgabe. 58 S. 1953.
Auch als Sonderausgabe zum 125jährigen Bestehen des Verlags (Reclam Jubiläums-Bände). 1953. *(Nicht mehr lieferbar.)*
Erweiterte Ausgabe. [Mit einer Nachbem.] 60 S. 1956.
Durchgesehene Ausgabe. [Mit einer Nachbem.] 56 S. 1972.

Hesse, Hermann: Das Nachtpfauenauge. Ausgewählte Erzählungen. Ausw. und Nachw. von Volker Michels. 175 S. UB 9832 [2]. 1976.

Inhalt: Aus Kinderzeiten – Autorenabend – Die Fremdenstadt im Süden – Indischer Lebenslauf – Kaminfegerchen – Das Nachtpfauenauge – Pater Matthias – Die Stadt – Wenn der Krieg noch zwei Jahre dauert – Der Wolf

Heurgon, Jacques: Die Etrusker. Mit 82 Abb. Aus dem Frz. übers. von Irmgard Rauthe-Welsch. 432 S. UB 7989–94. 1971.

Auch GEB. 1971. (Nicht mehr lieferbar.)
Nicht mehr lieferbar seit 1982.
Neuausgabe als Paperback im Format 12 × 19 cm. 1977.

Heuschele, Otto: Die Gabe des Lebens. Geschichte einer Jugend. [Auswahl.] Mit einem Nachw. von Herbert Meyer. 79 S. UB 8700. 1962.

Nicht mehr lieferbar seit 1976.

Heym, Georg: Dichtungen. Ausw. und Nachw. von Walter Schmähling. [Mit einer Zeittaf. und einem Verz. der Buchveröffentlichungen.] 86 S. UB 8903. 1964.

Heyse, Paul: L'Arrabbiata. Das Mädchen von Treppi. [Zwei Novellen.] Im Anhang: Beiträge zur Novellentheorie. Hrsg. von Karl Pörnbacher. 104 S. UB 8301. 1969.

Hiesel, Franz: Die gar köstlichen Folgen einer mißglückten Belagerung. Hörspiel. Mit einem Nachw. von Werner Klose [und einem Werkverz.]. 70 S. UB 9878. 1978.

Nicht mehr lieferbar seit 1989.

Highsmith, Patricia: A Shot from Nowhere. Six Stories. Hrsg. von Susanne Lenz. 160 S. UB 9262 [2]. 1990. (Fremdsprachentexte.)

Inhalt: Broken Glass – The Button – The Fully-Licensed Whore, or, The Wife – Mrs Afton, Among Thy Green Braes – A Shot from Nowhere – The Terrapin.

Hildesheimer, Wolfgang: Begegnung im Balkanexpreß. An den Ufern der Plotinitza. Zwei Hörspiele. Mit einem autobiogr. Nachw. [und einem Werkverz.]. 71 S. UB 8529. 1968.

Hildesheimer, Wolfgang: Der Ruf in der Wüste. Erzählungen. Ausw. und Nachw. von Heinz Puknus. [Mit einem bio-bibliogr. Anh.] 75 S. UB 8720. 1991.

Inhalt: Die Dachwohnung – Hamlet – Kanalabwärts – Der Ruf in der Wüste.

Hille, Peter: Neue Welten. Gedichte, Prosa, Aphorismen. Ausw. und Nachw. von Friedrich Kienecker. 86 S. UB 5101. 1979.

Inhalt: Gedichte; Abendrot – Die fahrenden Schüler – Das Fegefeuer – Gewitter auf dem Meere – Der große Pan ist tot – Herbstseele – Höhenstrolch – Nordost – Null und Ziffer – Seelentage [Ausz.] – Vorgeschmack – Wassermann; Aphorismen.

Hindi-Kurzgeschichten der Gegenwart. Ausgew., übers. aus dem Hindi und komm. von Lothar Lutze. 95 S. UD 9771/72. 1975. (UNESCO-Sammlung repräsentativer Werke. Asiatische Reihe.)

Inhalt: Gyānranjan: Bindungen – G. Kishor: Der Große und der Kleine – P. Renu: In eigener Sache – B. Sāhnī: Party für den Chef – R. Upādhyāya: Der gefrorene See – R. Yādav: Eines Toten Name.

Hirche, Peter: Die Heimkehr. Die seltsamste Liebesgeschichte der Welt. Zwei Hörspiele. Mit einer Rede des Autors über das Hörspiel [und einer biogr. Notiz]. 71 S. UB 8782. 1967.

Nicht mehr lieferbar seit 1983.

Historia von D. Johann Fausten dem weitbeschreyten Zauberer und Schwarzkünstler. Wie er sich gegen dem Teufel auf eine benannte Zeit verschrieben/Was er hierzwischen für seltzame Abenteuer [...]. Mit einem Nachw. hrsg. von Richard Benz. 165 S. UB 1515/16. 1964.

Historia von D. Johann Fausten. Text des Druckes von 1587. Kritische Ausgabe. Mit den Zusatztexten der Wolfenbütteler Handschrift und der zeitgenössischen Drucke. Hrsg. von Stephan Füssel und Hans Joachim Kreutzer. 336 S. UB 1516 [5]. 1988.

Hobbes, Thomas: Leviathan. Erster und zweiter Teil. Übers. von J[acob] P[eter] Mayer. [Mit Anm.] Nachw. von Malte Dießelhorst. 328 S. UB 8348–51. 1970.

Bibliographisch ergänzte Ausgabe. 327 S. 1980.

Hochhuth, Rolf: Die Berliner Antigone. Erzählungen und Gedichte. Nachw. von Helmut Kreuzer. [Mit einem Verz. der Buchveröffentlichungen.] 86 S. UB 8346. 1986.

Inhalt: Anekdote – Die Berliner Antigone – Mutterliebe; Gedichte.

Vom Autor revidierte Ausgabe. 86 S. 1989.

Hochwälder, Fritz: Das heilige Experiment. Schauspiel in fünf Aufzügen. Mit einem Nachw. von Otto Rommel. 78 S. UB 8100. 1958.

Durchgesehene Ausgabe. 80 S. 1965.

Hochwälder, Fritz: Der öffentliche Ankläger. Schauspiel in drei Akten. Mit einem Nachw. von Jean R. von Salis. 88 S. UB 9775. 1975.

Höffe, Otfried: Der Staat braucht selbst ein Volk von Teufeln. Philosophische Versuche zur Rechts- und Staatsethik. [Mit einem bio-bibliogr. Anh.] 174 S. UB 8507 [2]. 1988.

Inhalt: Gibt es in der Geschichte einen Rechtsfortschritt? – Konservativ oder progressiv – wider eine zu einfache Alternative – Minimalstaat oder Sozialrechte – eine Problemskizze – Naturrecht ohne naturalistischen Fehlschluß: ein rechtsethisches Programm – Pluralismus und Toleranz: zur Legitimation der Moderne – Soll der Philosoph König sein? – Der Staat braucht selbst ein Volk von Teufeln: ein Dilemma der natürlichen Gerechtigkeit.

Hölderlin, Friedrich: Empedokles. Mit einer Einf. hrsg. von Friedrich Seebaß. 139 S. UB 7500/00a. 1960.

Nicht mehr lieferbar; ersetzt durch: → Hölderlin: Der Tod des Empedokles

Hölderlin, Friedrich: Gedichte. Ausw. und Nachw. von Konrad Nußbächer. [Mit Anm.] 248 S. UB 6266–68. 1963.

Auch GEB. 1963. (Nicht mehr lieferbar.)

Hölderlin, Friedrich: Hyperion oder der Eremit in Griechenland. Zwei Teile in einem Band. 171 S. UB 559/560. 1949.

Auch GEB. 1949. (Nicht mehr lieferbar.)

Durchgesehene Ausgabe. 176 S. 1951.

Auch als Sonderausgabe zum 125jährigen Bestehen des Verlags (Reclams Jubiläums-Bände). 1953. (Nicht mehr lieferbar.)

Durchgesehene und erweiterte Ausgabe. Nachw. von Ernst von Reusner. 175 S. 1961.

Durchgesehene Ausgabe. 184 S. 1975.

Hölderlin, Friedrich: Der Tod des Empedokles. [Erste, zweite und dritte Fassung. Pläne und Entwürfe. Das Werden im Vergehen.] Hrsg. von Friedrich Beißner. 176 S. UB 7500 [2]. 1973.

Hoerschelmann, Fred von: Das Schiff Esperanza. Hörspiel. Mit einem Nachw. von Heinz Schwitzke. 71 S. UB 8762. 1967.

Hoerschelmann, Fred von: Die schweigsame Insel. Vier Erzählungen. Nachw. von Dieter Hasselblatt. 85 S. UB 8083. 1985.

Inhalt: Salme – Schnee – Die schweigsame Insel – Sieben Tage, sieben Nächte.

Hoerschelmann, Fred von: Die verschlossene Tür. Hörspiel. Nachw. von Werner Klose. 63 S. UB 8367. 1987.

Hoffmann, E. T. A.: Die Bergwerke zu Falun. Der Artushof. [Zwei Erzählungen.] Mit einem Nachw. von Hans Pörnbacher [und Anm.]. 87 S. UB 8991. 1966.

Hoffmann, E. T. A.: Doge und Dogaresse. [Erzählung.] Mit einem Nachw. von Benno von Wiese [und Anm.]. 79 S. UB 464. 1965.

Hoffmann, E. T. A.: Die Elixiere des Teufels. Nachgelassene Papiere des Bruders Medardus, eines Kapuziners. [Roman.] Hrsg. von Wolfgang Nehring. 376 S. UB 192 [4]. 1985.

Auch GEB. in der Reihe »Reclam Lese-Klassiker«. 377 S. 1985.

Bibliographisch ergänzte Ausgabe. 376 S. 1987.

Hoffmann, E. T. A.: Das Fräulein von Scuderi. Erzählung aus dem Zeitalter Ludwigs XIV. 80 S. UB 25. 1952.

Durchgesehene Ausgabe. 82 S. 1958.
Erweiterte Ausgabe. Mit einem Nachw. 87 S. 1962.
Durchgesehene Ausgabe. Mit einem Nachw. [und Anm.]. 88 S. 1966.
Durchgesehene Ausgabe. Mit einem Nachw. [und Anm.]. 79 S. 1969.

Hoffmann, E. T. A.: Der goldne Topf. Ein Märchen aus der neuen Zeit. Mit einem Nachw. von Konrad Nußbächer. 148 S. UB 101/102. 1953.

Auch als Sonderausgabe zum 125jährigen Bestehen des Verlags (Reclams Jubiläums-Bände). 1953. (Nicht mehr lieferbar.)
Durchgesehene Ausgabe. 142 S. 1964.
Durchgesehene Ausgabe. 142 S. 1966.

Hoffmann, E. T. A.: Klein Zaches genannt Zinnober. Ein Märchen. Nachw. von Gerhard R. Kaiser. 150 S. UB 306 [2]. 1985.

Hoffmann, E. T. A.: Kreisleriana. Hrsg. von Hanne Castein. 155 S. UB 5623 [2]. 1983.

Hoffmann, E. T. A.: Lebens-Ansichten des Katers Murr nebst fragmentarischer Biographie des Kapellmeisters Johannes Kreisler in zufälligen Makulaturblättern. [Roman.] Mit Anh. und Nachw. hrsg. von Hartmut Steinecke. 512 S. UB 153–158. 1972.

Auch GEB. (bibliographisch ergänzt) in der Reihe »Reclam Lese-Klassiker«. 517 S. 1986.

Durchgesehene und bibliographisch ergänzte Ausgabe. 517 S. 1986.

Hoffmann, E. T. A.: Das Majorat. Eine Erzählung. 103 S. UB 32. 1950.

Durchgesehene Ausgabe. 86 S. 1964.

Hoffmann, E. T. A.: Meister Floh. Ein Märchen in sieben Abenteuern zweier Freunde. Hrsg. von Wulf Segebrecht. 235 S. UB 365–367. 1970.

Hoffmann, E. T. A.: Meister Martin, der Küfner, und seine Gesellen. Erzählung. [Mit einer Nachbem.] 80 S. UB 52. 1951.

Durchgesehene Ausgabe. [Mit einer Vorbem.] 80 S. 1952.
Durchgesehene Ausgabe. [Mit einer Nachbem.] 80 S. 1964.
Durchgesehene Ausgabe. [Mit einer Nachbem.] 80 S. 1969.

Hoffmann, E. T. A.: Nachtstücke. Hrsg. von Gerhard R. Kaiser. 431 S. UB 154 [5]. 1990.

Inhalt: Das Gelübde – Ignaz Denner – Die Jesuiterkirche in G. – Das Majorat – Das öde Haus – Das Sanctus – Der Sandmann – Das steinerne Herz.

Hoffmann, E. T. A.: Nußknacker und Mausekönig. Ein Märchen. [Mit einem Nachw.] 79 S. UB 1400. 1958.

Durchgesehene und erweiterte Ausgabe. [Mit Anm.] 72 S. 1980.

Hoffmann, E. T. A.: Prinzessin Brambilla. Ein Capriccio nach Jakob Callot. [Erzählung.] Mit 8 Kupfern nach Callotschen Originalblättern. Hrsg. von Wolfgang Nehring. 173 S. UB 7953/54. 1971.

Hoffmann, E. T. A.: Rat Krespel. Die Fermate. Don Juan. [Drei Erzählungen.] Mit einem Nachw. von Josef Kunz [und Anm.]. 82 S. UB 5274. 1964.

Hoffmann, E. T. A.: Der Sandmann. Das öde Haus. Nachtstücke. [Zwei Erzählungen.] Hrsg. von Manfred Wacker. 96 S. UB 230. 1969.

Nicht mehr lieferbar; ersetzt durch:

Hoffmann, E. T. A.: Der Sandmann. [Erzählung.] Hrsg. von Rudolf Drux. 75 S. UB 230. 1991.

Hoffmann, E. T. A.: Des Vetters Eckfenster. [Erzählung.] Nachw. und Anm. von Gerard Koziełek. 53 S. UB 231. 1980.

Hoffmann, Gunther: Das Orgelwerk Johann Sebastian Bachs. Ein Konzertführer. Mit den Choraltexten und 27 Notenbeisp. 280 S. UB 8540 [4]. 1989.

Hofmann von Hofmannswaldau, Christian: Gedichte. Ausw. und Nachw. von Manfred Windfuhr. [Mit Anm.] 150 S. UB 8889/90. 1964.

Hofmannsthal, Hugo von: Andreas. [Romanfragment.] Hrsg. von Mathias Mayer. 149 S. UB 8800. 1992.

Hofmannsthal, Hugo von: Wege und Begegnungen. Mit einem Nachw. von Professor Dr. W[alther] Brecht. 79 S. UB 7171. 1949.

Inhalt: Augenblicke in Griechenland – Erinnerung schöner Tage – Das Erlebnis des Marschalls von Bassompierre – Die Wege und die Begegnungen.

Durchgesehene Ausgabe. 70 S. 1955.
Auch als Sonderausgabe zum 125jährigen Bestehen des Verlags (Reclams Jubiläums-Bände). 1955. *(Nicht mehr lieferbar.)*
Durchgesehene Ausgabe. 70 S. 1985.

Holberg, Ludvig: Jeppe vom Berge oder Der verwandelte Bauer. [Komödie in 5 Akten.] Übers. und Nachw. von Hermann Engster. 76 S. UB 9968. 1980.

Holberg, Ludwig: Der politische Kannengießer. Komödie in fünf Akten. Dt. Neufassung von Fritz Knöller. Nachw. von Ursula Seyffarth. 75 S. UB 198. 1959.
Nicht mehr lieferbar seit 1989.

Holler, Karl Heinz → Reclams Jazzführer

Holst, Imogen: Das ABC der Musik. Grundbegriffe, Harmonik, Formen, Instrumente. Mit einem Vorw. von Benjamin Britten. Aus dem Engl. übers. von Meinhard Saremba. Mit 164 Notenbeisp. und 30 Abb. 222 S. UB 8806. 1992. (Reclam Wissen.)

Holtzwart, Mathias: Emblematum Tyrocinia. Mit einem Vorw. über Ursprung, Gebrauch und Nutz der Emblematen von Johann Fischart und 72 Holzschnitten von Tobias Stimmer. Hrsg. von Peter von Düffel und Klaus Schmidt. 37 S. UB 8555–57. 1968.
Nicht mehr lieferbar seit 1984.

Holz, Arno: Phantasus. [Verkleinerter] Faks.-Druck der Erstfassung. Hrsg. von Gerhard Schulz. 159 S. UB 8549/50. 1968.

Holz, Arno: Sozialaristokraten. Komödie. Hrsg. von Theo Meyer. 199 S. UB 9982 [2]. 1980.

Holz, Arno / Schlaf, Johannes: Die Familie Selicke. Drama in drei Aufzügen. Mit einem Nachw. von Fritz Martini. 85 S. UB 8987. 1966.

Holz, Arno / Schlaf, Johannes: Papa Hamlet. Ein Tod. [Zwei Erzählungen.] Im Anhang: »Ein Dachstubenidyll« von Johannes Schlaf. Mit einem Nachw. von Fritz Martini. 117 S. UB 8853/54. 1963.

[**Homer:** Ilias.] Homers Ilias. Übers. von Johann Heinrich Voß. Text der ersten Ausgabe. 416 S. UB 249–253. 1951.
Auch GEB. 1951. *(Nicht mehr lieferbar.)*
Durchgesehene Ausgabe. 519 S. 1959.
Nicht mehr lieferbar; ersetzt durch:

Homer: Ilias. Neue Übers., Nachw. und Register von Roland Hampe. 622 S. UB 249 [5]. 1979.

Sonderausgabe im Format 12 × 19 cm. Mit 33 Abb. nach antiken Darstellungen. 626 S. 1979. *GEB. (Nicht mehr lieferbar.)*

[**Homer:** Odyssee.] Homers Odyssee. Übers. von Johann Heinrich Voß. Text der ersten Ausgabe. 320 S. UB 280–283. 1950.

Auch GEB. 1950. (Nicht mehr lieferbar.)

Durchgesehene Ausgabe. [Mit einer Nachbem.] 367 S. 1960.

Nicht mehr lieferbar; ersetzt durch:

Homer: Odyssee. Übers. [mit Nachw. und Register] von Roland Hampe. 452 S. UB 280 [4]. 1979.

Sonderausgabe im Format 12 × 19 cm. Mit 35 Abb. nach antiken Darstellungen. 456 S. 1979. *GEB. (Nicht mehr lieferbar.)*

Auch GEB. in der Reihe »Reclam Lese-Klassiker«. 452 S. 1986.

Hopkins, Gerard Manley: Gedichte. Engl. und dt. In der Übers. von Ursula Clemen und Friedhelm Kemp mit einem Nachw. hrsg. von Wolfgang Clemen. 230 S. UB 9440–42. 1973.

Horatius Flaccus, Quintus: Ars Poetica / Die Dichtkunst. Lat. und dt. Übers. und mit einem Nachw. hrsg. von Eckart Schäfer. 69 S. UB 9421. 1972.

Revidierte und bibliographisch ergänzte Ausgabe. 70 S. 1984.

Horatius Flaccus, Quintus: Epistulae / Briefe. Lat./Dt. Übers. und hrsg. von Bernhard Kytzler. 151 S. UB 432 [2]. 1986.

Horatius Flaccus, Quintus: Gedichte und Lieder. Eine Auswahl. Hrsg. und mit einem Nachw. vers. von Wilhelm Plankl. 80 S. UB 7708. 1951.

Durchgesehene Ausgabe. 80 S. 1961.

Titel ab 1969: Gedichte. *(Sonst unverändert.)*

Durchgesehene Ausgabe. 80 S. 1985.

Horatius Flaccus, Quintus: Oden und Epoden. Lat./Dt. Übers. und hrsg. von Bernhard Kytzler. 328 S. UB 9905 [4]. 1978.

2., erweiterte Auflage. 328 S. 1981.

Horatius Flaccus, Quintus: Sämtliche Gedichte. Lat./Dt. Mit den Holzschnitten der Straßburger Ausgabe von 1498. Mit einem Nachw. hrsg. von Bernhard Kytzler. 828 S. UB 8753. 1992. *GEB.*

Horaz: Sermones / Satiren. Lat. und dt. Übertr. und hrsg. von Karl Büchner. 232 S. UB 431–433. 1972.

Horror Stories of the Twentieth Century. Algernon Blackwood, Muriel Spark, Noel Langley, Patricia Highsmith, Stephen King. Hrsg. von Klaus Werner. 151 S. UB 9255 [2]. 1990. (Fremdsprachentexte.)

Inhalt: A. Blackwood: The Dance of Death – P. Highsmith: The Snail Watcher – S. King: One for the Road – N. Langley: Serenade for Baboons – M. Spark: The Portobello Road.

Hrotsvitha von Gandersheim: Dulcitius. Abraham. Zwei Dramen. [Im Anhang: Hrotsvithas Vorrede zu ihrem zweiten, dem Dramenbuch.] Übers. und Nachw. von Karl Langosch. 64 S. UB 7524. 1964.

Hubala, Erich → Reclams Kunstführer Italien II; II,1; II,2

Huch, Ricarda: Frühling in der Schweiz. Jugenderinnerungen. 79 S. UB 7638. 1965.

Huch, Ricarda: Der neue Heilige. [Zwei] Novellen. Mit einem Nachw. von Gertrud Bäumer. 79 S. UB 6481. 1950.

Inhalt: Der Hahn von Quakenbrück – Der neue Heilige.

Durchgesehene und erweiterte Ausgabe. Mit einem Nachw. von Gertrud Bäumer [und einer biogr. Notiz]. 80 S. 1956.

Nicht mehr lieferbar seit 1976.

Hübscher, Arthur: Schopenhauer. Biographie eines Weltbildes. 136 S. UB 7716/17. 1952.

Auch GEB. 1952. (Nicht mehr lieferbar.)

2., ergänzte Auflage. 128 S. 1967.

Nicht mehr lieferbar seit 1982.

Hübscher, Arthur: Von Hegel zu Heidegger. Gestalten und Probleme. Mit 12 Abb. 280 S. UB 8651–54. 1961.

Auch GEB. 1961. (Nicht mehr lieferbar.)

Nicht mehr lieferbar seit 1987.

Humboldt, Alexander von: Ansichten der Natur. [Mit 2 Karten.] Hrsg. von Adolf Meyer-Abich. 173 S. UB 2948/49. 1969.

Inhalt: Das Hochland von Caxamarca – Ideen zu einer Physiognomik der Gewächse – Die Lebenskraft oder der rhodische Genius – Das nächtliche Tierleben im Urwalde – Über den Bau und die Wirkungsart der Vulkane in den verschiedenen Erdstrichen – Über die Steppen und Wüsten – Über die Wasserfälle des Orinoco bei Atures und Maipures.

Humboldt, Wilhelm von: Ideen zu einem Versuch, die Grenzen der Wirksamkeit des Staats zu bestimmen. Mit einem Nachw. von Robert Haerdter [und Anm.]. 223 S. UB 1991/92/92a. 1967.

Humboldt, Wilhelm von: Schriften zur Sprache. Hrsg. von Michael Böhler. 256 S. UB 6922–24. 1973.

Inhalt: Einleitung zum Kawi-Werk [Ausz.] – Über den Dualis – Über Denken und Sprechen – [Thesen zur Grundlegung einer Allgemeinen Sprachwissenschaft] – [Über die Natur der Sprache im allgemeinen].

Hume, David: Dialoge über natürliche Religion. Übers. und hrsg. von Norbert Hoerster. 159 S. UB 7692 [2]. 1981.

Hume, David: Eine Untersuchung über den menschlichen Verstand. Übers. und hrsg. von Herbert Herring. 216 S. UB 5489/90/90a. 1967.

Durchgesehene und verbesserte Ausgabe. 216 S. 1982.
Bibliographisch ergänzte Ausgabe. 216 S. 1986.

Hume, David: Eine Untersuchung über die Prinzipien der Moral. Übers. und hrsg. von Gerhard Streminger. 304 S. UB 8231 [4]. 1984.

Humperdinck, Engelbert: Hänsel und Gretel. Märchenspiel in drei Bildern von Adelheid Wette. Vollständiges Buch. Nach dem Wortlaut der Partitur hrsg. und eingel. von Wolfram Humperdinck. 45 S. UB 7749. 1952.

Durchgesehene Ausgabe. 49 S. 1960.

Husserl, Edmund: Ausgewählte Texte I → Husserl: Die phänomenologische Methode

Husserl, Edmund: Ausgewählte Texte II → Husserl: Phänomenologie der Lebenswelt

Husserl, Edmund: Phänomenologie der Lebenswelt. Ausgewählte Texte II. Mit einer Einl. hrsg. von Klaus Held. 304 S. UB 8085 [4]. 1986.

Inhalt: Analyse der Wahrnehmung – Konstitution der Intersubjektivität – Phänomenologie des inneren Zeitbewußtseins – Das Problem der Lebenswelt.

Husserl, Edmund: Die phänomenologische Methode. Ausgewählte Texte I. Mit einer Einl. hrsg. von Klaus Held. 299 S. UB 8084 [4]. 1985.

Inhalt: »Encyclopaedia-Britannica«-Artikel – Die phänomenologische Fundamentalbetrachtung – Psychologismus und transzendentale Grundlegung der Logik – Tatsache und Wesen – Wesenserschauung durch eidetische Variation – Widerlegung des Psychologismus.

Hutcheson, Francis: Erläuterungen zum moralischen Sinn. Aus dem Engl. übers. und hrsg. von Joachim Buhl. 136 S. UB 8024 [2]. 1984.

Huxley, Aldous: Brave New World. [Roman.] Hrsg. von Dieter Hamblock. 323 S. UB 9284. 1992. (Fremdsprachentexte.)

Huxley, Aldous: Schauet die Lilien. Drei Erzählungen. Übers. und Nachw. von Herberth E. Herlitschka. 83 S. UB 7864. 1955.

Inhalt: Das Porträt – Schauet die Lilien – Schminke.

Auch als Sonderausgabe zum 125jährigen Bestehen des Verlags (Reclams Jubiläums-Bände). 1955. (Nicht mehr lieferbar.)

Nicht mehr lieferbar seit 1989.

Huysmans, Joris-Karl: Gegen den Strich. [Roman.] Übers. und hrsg. von Walter Münz und Myriam Münz. Ca. 320 S. UB 8754. 1992.

I

Ibsen, Henrik: Baumeister Solness. Schauspiel in drei Akten. Aus dem Norweg. übertr. von Hans Egon Gerlach. Mit einem Nachw. von Anni Carlsson. 95 S. UB 3026. 1966.

Ibsen, Henrik: Briefe. Mit 8 Bildtaf. Ausw., Übers. und Nachw. von Anni Carlsson. [Mit einer Zeittaf.] 231 S. UB 8783–86. 1967.
Auch GEB. 1967. (Nicht mehr lieferbar.)
Nicht mehr lieferbar seit 1981.

Ibsen, Henrik: Die Frau vom Meer. Schauspiel in fünf Akten. Aus dem Norweg. übertr. von Hans Egon Gerlach. Mit einem Nachw. von Anni Carlsson. 111 S. UB 2560. 1967.

Ibsen, Henrik: Gespenster. Ein Familiendrama in drei Akten. Nach der Übertr. von M[arie] von Borch. 80 S. UB 1828. 1950 [recte: 1951].
Nicht mehr lieferbar; ersetzt durch:

Ibsen, Henrik: Gespenster. Ein Familiendrama in drei Akten. Aus dem Norweg. übertr. von Hans Egon Gerlach. 80 S. UB 1828. 1968.
Erweiterte Ausgabe. Nachw. von Aldo Keel. 91 S. 1992.

Ibsen, Henrik: Hedda Gabler. Schauspiel in vier Akten. Aus dem Norweg. übertr. von Hans Egon Gerlach. Mit einem Nachw. 111 S. UB 2773. 1961.
Veränderte Ausgabe. Nachw. von Helmut Bachmaier. 104 S. 1988.

Ibsen, Henrik: John Gabriel Borkman. Schauspiel in vier Akten. Aus dem Norweg. von Hans Egon Gerlach. Mit einem Nachw. von Gerhard Reuter. 96 S. UB 8673. 1962.
Durchgesehene Ausgabe. 101 S. 1987.

Ibsen, Henrik: Nora oder Ein Puppenheim. Schauspiel in drei Akten. Übertr. von Richard Linder. [Mit einer Vorbem.] 96 S. UB 1257. 1951.
Durchgesehene Ausgabe. [Mit einer Nachbem.] 87 S. 1977.
Nicht mehr lieferbar; ersetzt durch:

Ibsen, Henrik: Nora (Ein Puppenheim). Schauspiel in drei Akten. Aus dem Norweg. übertr. von Richard Linder. [Revidiert von Aldo Keel.] Nachbem. von Aldo Keel. 96 S. UB 1257. 1988.

Ibsen, Henrik: Peer Gynt. Ein dramatisches Gedicht. Aus dem Norweg. übertr. und mit einem Nachw. vers. von Hermann Stock. 163 S. UB 2309/10. 1953.

Durchgesehene Ausgabe. 160 S. 1970.
Veränderte Ausgabe. Nachw. von Ruprecht Volz. 160 S. 1982.

Ibsen, Henrik: Rosmersholm. Schauspiel in vier Akten. Aus dem Norweg. übertr. und mit einem Nachw. von Hans Egon Gerlach. 109 S. UB 2280. 1964.

Veränderte Ausgabe. Nachw. von Aldo Keel. 111 S. 1990.

Ibsen, Henrik: Die Stützen der Gesellschaft. Schauspiel in vier Akten. Aus dem Norweg. neu übertr. von Hans Egon Gerlach. [Mit einem Nachw.] 120 S. UB 958. 1960.

Durchgesehene Ausgabe. 110 S. 1986.
Veränderte Ausgabe. Nachw. von Aldo Keel. 112 S. 1990.

Ibsen, Henrik: Ein Volksfeind. Schauspiel in fünf Akten. Aus dem Norweg. übertr. von Hans-Egon Gerlach. 111 S. UB 1702. 1956.

Durchgesehene Ausgabe. 112 S. 1968.

Ibsen, Henrik: Wenn wir Toten erwachen. Dramatischer Epilog in drei Akten. Aus dem Norweg. übertr. und mit einem Nachw. von Hans Egon Gerlach. 71 S. UB 8948. 1965.

Nicht mehr lieferbar seit 1976.

Ibsen, Henrik: Die Wildente. Schauspiel in fünf Akten. Aus dem Norweg. übertr. von Hans-Egon Gerlach. [Mit einer Nachbem.] 127 S. UB 2317. 1958.

Durchgesehene Ausgabe. 119 S. 1970.
Veränderte Ausgabe. Nachw. von Aldo Keel. 136 S. 1991.

»Ich bin nun, wie ich bin«. Goethe zum Vergnügen. Hrsg. von Volker Ladenthin. [Mit 25 Abb.] 168 S. UB 8752. 1992.

Iffland, August Wilhelm: Die Jäger. Ein ländliches Sittengemälde in fünf Aufzügen. Hrsg. von Jürg Mathes. 175 S. UB 20 [2]. 1976.

Iffland, August Wilhelm: Meine theatralische Laufbahn. Mit Anm. und einer Zeittaf. [und einer Nachbem.] von Oscar Fambach. 175 S. UB 5853 [2]. 1976.

Immermann, Karl: Tulifäntchen. Ein Heldengedicht in drei Gesängen. Mit den Änderungsvorschlägen von Heinrich Heine und einem Dokumentenanhang hrsg. von Peter Hasubek. 175 S. UB 8551/52. 1968.

Nicht mehr lieferbar seit 1989.

In Deutschland unterwegs. Reportagen, Skizzen, Berichte 1945–1948. Hrsg. von Klaus R. Scherpe. 424 S. UB 7858 [5]. 1982.

Autoren: A. Andersch – B. Angerhausen – H. Bender – W. Borchert – M. Boveri – E. Brücher – S. Dagerman – I. Deutscher – A. Döblin – L. Doering – M. Dönhoff – J.-A. Elten – G. – K. Gelsner – K. Gerold – P. Grubbe – W. Hartmann – S. Heym – E. Kästner – U. v. Kardoff – O. Katz – R. Kirn – W. Kolbenhoff – K. Korn – H. Krüger – K. Loehning – P. de Mendelssohn – A. Mitscherlich – J. Molitor – E. Morin – G. Neufforge – H. W. Richter – M. Scheer – W. Schnurre – E. Schulz – D. Sternberger – K. Stromberg – W. E. Süskind – T. Troll – W. S. – P. Weiss – G. Wendland – Wendulin – W. Weyrauch – ym.

Auch GEB. 1982. (Nicht mehr lieferbar.)

Ingarden, Roman: Über die Verantwortung. Ihre ontischen Fundamente. [Mit einer biogr. Notiz.] 126 S. UB 8363/64. 1970.

Nicht mehr lieferbar seit 1989.

Das Innsbrucker Osterspiel. Das Osterspiel von Muri. Mittelhochdt. und neuhochdt. Hrsg., übers., mit Anm. und einem Nachw. vers. von Rudolf Meier. 175 S. UB 8660/61. 1962.

Nicht mehr lieferbar seit 1991.

Internationale Dokumente zum Menschenrechtsschutz. Mit Hinweisen hrsg. von o. Univ.-Prof. Dr. Felix Ermacora. 152 S. UB 7956/57. 1971.

2., überarbeitete und ergänzte Auflage. 164 S. 1977.
3., überarbeitete und ergänzte Auflage. 190 S. 1982.

Interpretationen: Georg Büchner. Dantons Tod, Lenz, Leonce und Lena, Woyzeck. 218 S. UB 8415 [3]. 1990.

Interpretierte Werke: Dantons Tod (M. Voges) – Lenz (W. Hinderer) – Leonce und Lena (B. Dedner) – Woyzeck (A. Glück).

Interpretationen: Dramen des Naturalismus. 285 S. UB 8412 [3]. 1988.

Interpretierte Werke: Halbe: Der Strom (J. Kolkenbrock-Netz) – Hauptmann: Der Biberpelz (W. Trautwein) – Hauptmann: Die Ratten (P. Sprengel) – Hauptmann: Vor Sonnenaufgang (W. Bellmann) – Hauptmann: Die Weber (P. Sprengel) – Holz/Schlaf: Die Familie Selicke (H. Scheuer) – Schlaf: Meister Oelze (H. Scheuer) – Sudermann: Die Ehre (H. Eilert).

Interpretationen: Dramen des Sturm und Drang. 216 S. UB 8410 [3]. 1987.

Interpretierte Werke: Goethe: Götz von Berlichingen (R. Nägele) – Klinger: Sturm und Drang (H. Scheuer) – Leisewitz: Julius von Tarent (U. Karthaus) – Lenz: Der Hofmeister (B. Becker-Cantarino) – Lenz: Die Soldaten (P. M. Lützeler) – Schiller: Die Räuber (K. R. Scherpe).

Interpretationen: Erzählungen und Novellen des 19. Jahrhunderts. Bd. 1. 422 S. UB 8413 [5]. 1988.

Interpretierte Werke: Bonaventura: Nachtwachen (G. Hoffmeister) – Brentano: Geschichte vom braven Kasperl und dem schönen Annerl (G. Kluge) – Chamisso: Peter Schlemihls wundersame Geschichte (D. Walach) – Eichendorff: Aus dem Leben eines Taugenichts (A. v. Bormann) – Goethe: Novelle (G. Schulz) – Hoffmann: Der goldne Topf (G. Oesterle) – Hoffmann: Der Sandmann (T. Koebner) – Kleist: Die Marquise von O... (D. Grathoff) – Kleist: Michael Kohlhaas (P. M. Lützeler) – Tieck: Der blonde Eckbert / Der Runenberg (W. Münz).

Interpretationen: Erzählungen und Novellen des 19. Jahrhunderts. Bd. 2. 375 S. UB 8414 [5]. 1990.

Interpretierte Werke: Droste-Hülshoff: Die Judenbuche (H. Rölleke) – Grillparzer: Der arme Spielmann (H. C. Seeba) – Keller: Kleider machen Leute (B. Neumann) – Keller: Romeo und Julia auf dem Dorfe (T. Koebner) – Meyer: Das Amulett (H. Zeller) – Mörike: Mozart auf der Reise nach Prag (W. Braungart) – Stifter: Brigitta (R. Hunter-Lougheed) – Storm: Der Schimmelreiter (V. Hoffmann) – Storm: Hans und Heinz Kirch (W. Freund).

Interpretationen: Fontanes Novellen und Romane. Hrsg. von Christian Grawe. 304 S. UB 8416 [4]. 1991.

Interpretierte Werke: L'Adultera (B. Plett) – Effi Briest (C. Grawe) – Frau Jenny Treibel (P. Wruck) – Grete Minde (H. Ester) – Irrungen, Wirrungen (W. Hettche) – Mathilde Möhring (H. Aust) – Quitt (C. Grawe) – Schach von Wuthenow (J. Osborne) – Der Stechlin (P. I. Anderson) – Unterm Birnbaum (G. Friedrich) – Vor dem Sturm (O. Keiler).

Interpretationen: Goethes Dramen. Hrsg. von Walter Hinderer. 392 S. UB 8417. 1992.

Interpretierte Werke: Clavigo (W. Leppmann) – Egmont (H. Reinhardt) – Faust I (W. Keller) – Faust II (V. Lange) – Götz von Berlichingen (W. Hinderer) – Iphigenie auf Tauris (D. Borchmeyer) – Stella (L. Pikulik) – Torquato Tasso (W. Hinderer).

Interpretationen: Goethes Erzählwerk → Goethes Erzählwerk

Interpretationen: Hauptwerke der Philosophie. Antike. Von Andreas Graeser. [Mit einer Einl.] 333 S. UB 8740. 1992.

Interpretierte Werke: Aristoteles: Metaphysik – (Pseudo-)Aristoteles: Buch über die Ursachen – Augustin: Gegen die Akademiker – Boethius: Trost der Philosophie – Cicero: Über die Pflichten – Epikur: Lehr-Briefe – Heraklit: Über die Natur – Parmenides: Über das Wesen des Seienden – Platon: Der Staat – Platon: Theätet – Plotin: Über die ursprünglichen Wesenheiten – Sextus Empiricus: Grundriß der pyrrhonischen Skepsis.

Interpretationen: Hauptwerke der Philosophie. 20. Jahrhundert. [Mit einem Vorw. und einem bio-bibliogr. Anh.] 400 S. UB 8744. 1992.

Interpretierte Werke: Adorno: Negative Dialektik (D. Birnbacher) – Carnap: Der logische Aufbau der Welt (J. Schulte) – Gadamer: Wahrheit und Methode (P. C. Lang) – Habermas: Theorie des kommunikativen Handelns (E. Gröbl-Steinbach) – Heidegger: Sein und Zeit (C. Jamme) – Husserl: Ideen zu einer reinen Phänomenologie und phänomenologischen Philosophie (A. Aguirre) – Jaspers: Philosophie (A. Cesana) – Kuhn: Die Struktur wissenschaftlicher Revolutionen (P. Hoyningen-Huene) – Popper: Logik der Forschung (G. Andersson) – Quine: Wort und Gegenstand (E. Picardi) – Sartre: Das Sein und das Nichts (K. Hartmann) – Scheler: Die Stellung des Menschen im Kosmos (O. Pöggeler) – Whitehead/Russell: Principia Mathematica (E. Picardi) – Wittgenstein: Tractatus logico-philosophicus / Philosophische Untersuchungen (J. Schulte).

Interpretationen: Lessings Dramen. [Mit einem bio-bibliogr. Anh.] 211 S. UB 8411 [3]. 1987.

Interpretierte Werke: Emilia Galotti (H. Steinmetz) – Minna von Barnhelm (H. Göbel) – Miß Sara Sampson (W. Kuttenkeuler) – Nathan der Weise (T. Koebner).

Interpretationen: Romane des 19. Jahrhunderts. 423 S. UB 8418. 1992.

Interpretierte Werke: Eichendorff: Ahnung und Gegenwart (E. Schwarz) – Fontane: Effi Briest (H. A. Glaser) – Hoffmann: Kater Murr (H. S. Daemmrich) – Hölderlin: Hyperion (D. Kimpel) – Jean Paul: Flegeljahre (W. Wiethölter) – Keller: Der grüne Heinrich (G. Sautermeister) – Mörike: Maler Nolten (H. Eilert) – Novalis: Heinrich von Ofterdingen (G. Schulz) – Raabe: Stopfkuchen (H. Mojem / P. Sprengel) – Schlegel: Lucinde (E. Behler) – Stifter: Der Nachsommer (U.-K. Ketelsen) – Tieck: Franz Sternbalds Wanderungen (E. Ribbat).

Interpretationen: Schillers Dramen. Hrsg. von Walter Hinderer. Ca. 434 S. UB 8807. 1992.

Interpretierte Werke: Don Carlos (H. Koopmann) – Die Jungfrau von Orleans (G. Sauder) – Kabale und Liebe (K. S. Guthke) – Maria Stuart

(G. Sautermeister) – Die Räuber (W. Hinderer) – Die Verschwörung des Fiesco zu Genua (R.-P. Janz) – Wallenstein (W. Hinderer) – Wilhelm Tell (G. Ueding).

Ionesco, Eugène: La Cantatrice chauve. Hrsg. von Diethard Lübke. 69 S. UB 9164. 1984. (Fremdsprachentexte.)

Ionesco, Eugène: Die kahle Sängerin. Anti-Stück. Aus dem Frz. übers. von Serge Stauffer. Nachw. von Hanspeter Plocher. 61 S. UB 8370. 1987.

Ionesco, Eugène: Die Stühle. Der neue Mieter. Zwei Theaterstücke. [Aus dem Frz. übers. von Jacqueline und Ulrich Seelmann-Eggebert und Lore Kornell.] Mit einem Nachw. von Marianne Kesting. 118 S. UB 8656/57. 1962.

Durchgesehene Ausgabe. 104 S. 1992.

Ionesco, Eugène: Die Unterrichtsstunde. Komisches Drama in einem Akt. Aus dem Frz. übers. von Erica de Bary und Lore Kornell. Nachw. von Hanspeter Plocher. 59 S. UB 8608. 1989.

Irische Erzähler der Gegenwart. Eine Anthologie. [Übers.,] hrsg. und eingel. von Elisabeth Schnack. 424 S. UB 8982–86. 1965.

Inhalt: E. Bowen: Erfreuliche Mitteilung – D. Corkery: Sturmvögel – E. Cross: Das Schöffengericht – S. de Faoite: Die amerikanischen Äpfel – Lord Dunsany: Vor Gericht – B. Friel: Der Lerchengrund – J. Joyce: Lehm – M. Kennedy: Tinnef – B. Kiely: Die Pilger – M. Lavin: Inmitten von lauter Weideland – P. Lennon: Umgang mit Erwachsenen – J. McGahern: Unschuld – M. McLaverty: Der Poteen-Brenner – B. MacMahon: Der Trauring – F. MacManus: Die drei Mutproben – J. Montague: Anlaß zur Sünde – G. Moore: Der Brief an den Papst – V. Mulkerns: Das Haar aus dem Schwanz der Kuh – P. O'Brian: Der kleine Tod – E. O'Brien: Komm in den Salon, mein Schatz! – F. O'Connor: Der Zauberlehrling – S. O'Faolain: Der Binsenstuhl – L. O'Flaherty: In der Post – S. O'Kelly: Der Krankenbesuch – B. O'Nolan: Die Märtyrerkrone – J. Plunkett: Die Verdammten – K. A. Price: Treue – E. Sheehy: Die erste Liebe – J. Stephens: Ein Rhinozeros, zwei Damen und ein Pferd – A. C. West: Karrenlied.

Auch GEB. 1965. *(Nicht mehr lieferbar.)*
Nicht mehr lieferbar seit 1989.

Irving, Washington: Rip van Winkle. [Erzählung.] Engl. und dt. Übertr. und hrsg. von Walter Pache. 64 S. UB 9368. 1972.

Italien-Dichtung. Bd. 1: **Erzählungen von der Romantik bis zur Gegenwart.** Mit 15 Abb. Hrsg. von Gunter E. Grimm. 475 S. UB 8462 [5]. 1988.

Inhalt: S. Andres: Das goldene Gitter – J. v. Eichendorff: Das Marmorbild – P. Ernst: Der Carneol – H. Federer: Die Buchbinderin Mala Golzi – F. v. Gaudy: Die Braut von Ariccia – O. E. Hartleben: Der römische Maler – H. Hesse: Der Zwerg – P. Heyse: Die Witwe von Pisa – M. L. Kaschnitz: Silberne Mandeln – I. Kurz: Mittagsgespenst – H. Laube: Begegnung am Gardasee – H. Mann: Die Ehrgeizige – J. G. Seidl: Cornelia Fieramonti – W. Waiblinger: Wie es einem deutschen Poeten auf dem Capitol ergangen, oder das Abenteuer von der Sohle – A. Zollinger: Labyrinth der Vergangenheit.

Italien-Dichtung. Bd. 2: **Gedichte von der Klassik bis zur Gegenwart.** Mit 14 Abb. Hrsg. von Gunter E. Grimm. 520 S. UB 8463 [6]. 1988.

Autoren: A. Andersch – S. Andres – E. Arendt – H. C. Artmann – R. Ausländer – I. Bachmann – W. Bächler – J. R. Becher – W. Bergengruen – T. Bernhard – H. Bienek – O. J. Bierbaum – W. Biermann – J. Bobrowski – R. Borchardt – B. Brecht – R. D. Brinkmann – G. Britting – H. Broch – J. Burckhardt – C. Busta – H. Carossa – T. Däubler – R. Dehmel – F. C. Delius – E. C. S. – K. Edschmid – A. Ehrenstein – G. Eich – J. v. Eichendorff – H. M. Enzensberger – N. Erné – R. Faesi – T. Fontane – W. H. Fritz – P. Gan – F. v. Gaudy – E. Geibel – S. George – A. Goes – J. W. Goethe – F. Gregorovius – M. Greif – F. Grillparzer – W. Gross – A. Grün – A. Gryphius – R. Hagelstange – U. Hahn – R. Hamerling – O. E. Hartleben – H. Hartung – R. Haufs – G. Hauptmann – F. Hebbel – E. Henscheid – J. G. Herder – M. Herrmann-Neisse – H. Hesse – G. Heym – P. Heyse – R. Hochhuth – J. v. Hoddis – W. Höllerer – D. Hoffmann – A. H. Hoffmann von Fallersleben – C. Hofmann von Hofmannswaldau – H. v. Hofmannsthal – K. A. Horst – R. Huch – P. Huchel – W. v. Humboldt – E. Jandl – G. Kaiser – G. Kapp – M. L. Kaschnitz – G. Keller – A. Kerr – S. Kirsch – A. Koller – A. Kopisch – K. Krolow – M. Krüger – G. Kunert – I. Kurz – W. Lehmann – H. Leifhelm – J. Leitgeb – H. Lenz – H. Lersch – H. Leuthold – D. v. Liliencron – H. v. Lingg – O. Loerke – Ludwig Fürst zu Anhalt-Köthen – Ludwig I. von Bayern – R. Malkowski – F. v. Matthisson – F. Mayröcker – C. Meckel – E. Meister – C. F. Meyer – A. Mombert – C. Morgenstern – E. Mühsam – W. Müller – G. Neumann – F. Nietzsche – K. Otten – E. Peterich – H. Piontek – A. v. Platen – C. Reinig – M. Reuschle – R. M. Rilke – E. Roth – F. Rückert – P. Rühmkorf – F. v. Saar – A. F. v. Schack – R. Schaukal – L. Schefer – J. V. v. Scheffel – F. Schiller – A. W. v. Schlegel – A. Schnack – R. Schneider – E. v. Schönaich-Carolath – R. A. Schröder – J. G. Seume – K. Stauffer-Bern – F. L. v. Stolberg – M. v. Strachwitz – O. v. Taube – J. Theobaldy – L. Tieck – G. Trakl – H.-U. Treichel – F. Tumler – H. Vierordt – F. T. Vischer – G. v. d. Vring – H. W. Wackenroder – C. Wagner – W. Waiblinger – K. Wecker – G. R. Weckherlin – A. T. Wegner – J. Weinheber – F. Werfel – Z. Werner – E. G. Winkler – A. Wolfenstein – K. A. Wolken – O. v. Wolkenstein – A. Zollinger – S. Zweig.

Bd. 1 und 2 auch GEB. in Kassette. 1988. (Nicht mehr lieferbar.)

Italienische Erzähler der Gegenwart. Eine Anthologie. Hrsg. und eingel. von Alice Vollenweider. 356 S. UB 8904–08. 1964.

Inhalt: R. Bacchelli: Die beiden Violinen – A. Banti: Arabella – G. Bassani: Was geschah mit Pelandra? – R. Bilenchi: Mein Vetter Andrea – V. Brancati: Sizilianische Suite – D. Buzzati: Die Mäuse – I. Calvino: Pilze in der Stadt – I. Calvino: Zuletzt kommt der Rabe – C. Cassola: Am Bahnhof – D. Dolci: Bericht eines sizilianischen Landarbeiters – C. E. Gadda: Claudio verlernt gute Lebensart – N. Ginzburg: Im Exil – T. di Lampedusa: Der Liebes-Wirbelsturm – C. Levi: Der Totengräber – G. Marotta: Der Kalif Esposito – A. Moravia: Der Lastwagenfahrer – A. Moravia: Nichts – G. Orelli: Ampelio – A. Palazzeschi: Das Präsent – P. P. Pasolini: Biciclettone – C. Pavese: Selbstmord – V. Pratolini: Ein Mädchen – M. Rigoni Stern: Begegnung in Polen – M. Soldati: Mein Freund, der Jesuit – B. Tecchi: Donna Nervosa – G. Testori: Der Ras – E. Vittorini: Name und Tränen.

Auch GEB. 1964. (Nicht mehr lieferbar.)
Nicht mehr lieferbar seit 1978.

J

Jacobsen, Jens Peter: Mogens. Frau Fönss. [Zwei Novellen.] Übers. von Maria v. Borch, durchges. und mit einem Nachw. von Fritz Nothardt. 80 S. UB 7780. 1952 [recte: 1953].

Auch als Sonderausgabe zum 125jährigen Bestehen des Verlags (Reclams Jubiläums-Bände). 1953. (Nicht mehr lieferbar.)

Nicht mehr lieferbar seit 1976.

Jacobsen, Jens Peter: Niels Lyhne. Roman. Aus dem Dän. übers. von Marie von Borch. Mit Dokumenten zur Entstehungsgeschichte und Rezeption des Romans in Deutschland. Hrsg. von Klaus Bohnen. 270 S. UB 2551 [3]. 1984.

Jacobus de Voragine: Legenda aurea. Lat./Dt. Ausgew., übers. und hrsg. von Rainer Nickel. 280 S. UB 8464 [3]. 1988.

Jahn, Moritz: Frangula oder Die himmlischen Weiber im Wald. [Erzählung.] Mit einem autobiogr. Nachw. 82 S. UB 7211. 1953 [recte: 1954].

Nicht mehr lieferbar seit 1971.

Jahnn, Hans Henny: Medea. Tragödie. Mit einem Nachw. von Heinz Ludwig Arnold. 86 S. UB 8711. 1966.

Jahr- und Tagebuch. Kalenderblätter. Ges. von Harald Beck. 435 S. UB 8838. 1992. (Jubiläums-Edition 125 Jahre Universal-Bibliothek.) *GEB.*

Jakobi, Theodor: Zur Deutung von Bachs Matthäus-Passion. Musik – Ausdruckskunst – Tonsymbolik. Mit 75 Notenbeisp. 111 S. UB 8213. 1958.

Nicht mehr lieferbar seit 1974.

James, Henry: Daisy Miller. A Study. [Erzählung.] Hrsg. von Bernd Lenz und Thomas Long. 139 S. UB 9251 [2]. 1989. (Fremdsprachentexte.)

James, Henry: Schraubendrehungen. [Erzählung.] Aus dem Amerikan. übertr. von Alice Seiffert. Mit einem Nachw. von Rudolf Sühnel. 152 S. UB 8366/67. 1970.

Jandl, Ernst: Laut und Luise. [Gedichte.] Mit einem Nachw. von Helmut Heißenbüttel [und einer biblio-biogr. Notiz.] 160 S. UB 9823 [2]. 1976.

Jandl, Ernst: Sprechblasen. [Gedichte.] Mit einem Nachw. des Autors: »Autobiographische Ansätze«. 96 S. UB 9940. 1979.

Japanische Kriminalgeschichten. Ausgew. und hrsg. von Ingrid Schuster. 141 S. UB 8086 [2]. 1985.

Inhalt: Anon.: Die Daumenfessel – Anon.: Die Straßensängerin und der Samurai – R. Edogawa: Das Rote Zimmer – S. Ihara: Sie wußten nicht, was in der Trommel war – S. Matsumoto: Eine Zeugenaussage – J. Tanizaki: Ich – M. Togawa: Blutsauger.

Jarry, Alfred: Ubu roi. Drame en cinq actes en prose. Hrsg. von Walter Paluch. 93 S. UB 9208. 1986. (Fremdsprachentexte.)

Jaspers, Karl: Über Bedingungen und Möglichkeiten eines neuen Humanismus. Drei Vorträge. Mit einem Nachw. von Kurt Rossmann [und einem bio-bibliogr. Anh.]. 95 S. UB 8674. 1962.

Inhalt: Philosophie und Wissenschaft – Das radikal Böse bei Kant – Über Bedingungen und Möglichkeiten eines neuen Humanismus.

Jean Paul: Dr. Katzenbergers Badereise. [Roman.] Mit einem Nachw. von Otto Mann. 191 S. UB 18/19. 1961.

Durchgesehene und erweiterte Ausgabe. Anm. von Max Meier. Nachw. von Otto Mann. 212 S. 1986.

Jean Paul: Des Feldpredigers Schmelzle Reise nach Fläz mit fortgehenden Noten; nebst der Beichte des Teufels bei einem Staatsmanne. [Erzählung.] Mit einem Nachw. von Kurt Schreinert. 88 S. UB 293. 1963.

Jean Paul: Flegeljahre. [Roman.] Mit einem Nachw. von Paul Requadt. 583 S. UB 77–80/80a-i. 1957. *GEB*.

Gebunden nicht mehr lieferbar seit 1970.

Ab 1964 auch in kartonierter Ausgabe. 583 S. UB 77–80/80a-d. 1964.

Nicht mehr lieferbar seit 1987.

Jean Paul: Leben des Quintus Fixlein, aus funfzehn Zettelkästen gezogen; nebst einem Musteil und einigen Jus de tablette. [Roman.] Mit einem Nachw. von Ralph-Rainer Wuthenow [und Anm.]. 328 S. UB 164–167. 1972.

Jean Paul: Leben des vergnügten Schulmeisterlein Maria Wuz in Auenthal. Eine Art Idylle. 48 S. UB 119. 1949.

Durchgesehene Ausgabe. 53 S. 1958 [recte: 1959].

Erweiterte Ausgabe. Mit einem Nachw. 55 S. 1961.
Durchgesehene und erweiterte Ausgabe. Mit Anm. und einer biogr. Notiz. 64 S. 1977.

Jean Paul: Selberlebensbeschreibung. Konjektural-Biographie. Mit einem Nachw. von Ralph-Rainer Wuthenow [und Anm.]. 176 S. UB 7940/41. 1971.

Jean Paul: Siebenkäs. [Roman.] Hrsg. von Carl Pietzcker. 800 S. UB 274 [8]. 1983.

Auch GEB. (bibliographisch ergänzt) in der Reihe »Reclam Lese-Klassiker«. 808 S. 1988.

Jens, Walter: In Sachen Lessing. Vorträge und Essays. [Mit einer Einl. des Verf. und einem bio-bibliogr. Anh.] 168 S. UB 7931 [2]. 1983.

Inhalt: Feldzüge eines Redners – Der Journalist – Lessing und die Antike – Lessings »Nathan« aus der Perspektive von Auschwitz – Ein Mann von Witz. Zwei Interpretationen – Der Teufel lebt nicht mehr, mein Herr! Ein Totengespräch zwischen Lessing und Heine – Theologie und Theater.

Jerome, Jerome K.: Three Men in a Boat (To Say Nothing of the Dog!). [Roman.] Hrsg. von Bernd Schulten. 295 S. UB 9256 [4]. 1990. (Fremdsprachentexte.)

Jochmann, Carl Gustav: Politische Sprachkritik. Aphorismen und Glossen. [Mit 2 Abb.] Hrsg. von Uwe Pörksen. Ausgew. und komm. von Uwe Pörksen und Siegfried Hennrich, Hubert Klausmann, Eva Lange, Jürgen Schiewe. 240 S. UB 7933 [3].

[Johannes von Tepl:] Der Ackermann aus Böhmen. [Umschlagtitel: Der Ackermann aus Böhmen. Ein Streit- und Trostgespräch vom Tode.] Eingel., übertr. und erl. von Felix Genzmer. 61 S. UB 7666. 1951.

Durchgesehene Ausgabe. 96 S. 1963.
Durchgesehene und bibliographisch erneuerte Ausgabe u. d. T.:

Johannes von Tepl: Der Ackermann und der Tod. Text und Übertragung. Übertr., Anm. und Nachw. von Felix Genzmer. Bibl. von Wolfgang Mieder. 96 S. UB 7666. 1984.

Johannsen, Ernst: Brigadevermittlung. Hörspiel. Mit einem Nachw. des Autors. 54 S. UB 8778. 1967.

Nicht mehr lieferbar seit 1989.

John, Johannes → Reclams Zitaten-Lexikon

Johnen, Kurt: Allgemeine Musiklehre. Sechste Auflage. Mit zahlr. Notenbeisp. 128 S. UB 7352/53. 1957.

6. Auflage des erstmals 1937 im Verlag Philipp Reclam jun. Leipzig erschienenen Titels.
Auch GEB. 1957. (Nicht mehr lieferbar.)

Johnson, Samuel: Vorwort zum Werk Shakespeares. Übers. von Irmgard Mainusch. Mit einer Einl. hrsg. von Herbert Mainusch. 103 S. UB 8371 [2]. 1987.

Jonson, Ben: Volpone, or the Fox / Volpone oder der Fuchs. [Komödie.] Engl. und dt. Übers. von Walter Pache und Richard C. Perry. Erl. und mit einem Nachw. hrsg. von Walter Pache. 349 S. UB 9733–36. 1974.

Verbesserte und bibliographisch ergänzte Ausgabe. 350 S. 1983.

Joyce, James: Dubliners. A Selection. Hrsg. von Harald Beck. 104 S. UB 9181. 1985. (Fremdsprachentexte.)

Inhalt: The Boarding House – Counterparts – Eveline – A Painful Case – The Sisters – Three Epiphanies.

Joyce, James: Grace / Gnade. [Erzählung.] Engl./Dt. Übers. von Dieter E. Zimmer. Nachw. von Helmut Winter. [Mit Anm. und Bibl.] 78 S. UB 9753. 1979.

Joyce, James: Penelope. The Last Chapter of »Ulysses«. Hrsg. von Harald Beck. Nachw. von Hans Walter Gabler. 191 S. UB 9243 [2]. 1989. (Fremdsprachentexte.)

Jünger, Ernst: Capriccios. Eine Auswahl. Hrsg. mit einem Nachw. von Armin Mohler. [Mit einem Werkverz.] 71 S. UB 7796. 1953.

Inhalt: An der Zollstation – Aus den Zeitungen / Nachtrag – Die blaue Farbe – Der Fischhändler – Der Hauptschlüssel – Der Hippopotamus – Historia in nuce: Der verlorene Posten – In den Kaufläden, 1 – In den Kaufläden, 2 – Der kombinatorische Schluß – Notizen zum Rotschwänzchen – Die Phosphorfliege – Rot und Grün – Das Rotschwänzchen – Die Schleife – De stereoskopische Genuß – Die Tigerlilie – Die Überzeugung – Zur Désinvolture / Nachtrag zur Désinvolture.

Auch als Sonderausgabe zum 125jährigen Bestehen des Verlags (Reclams Jubiläums-Bände). 1953. (Nicht mehr lieferbar.)

Durchgesehene Ausgabe. 72 S. 1960.

Bibliographisch ergänzte Ausgabe. 72 S. 1980.

Jünger, Friedrich Georg: Der weiße Hase. Erzählungen. Mit einem Nachw. von Armin Mohler [und einer Bibl.]. 79 S. UB 7867. 1955.

Inhalt: Die Pfauen – Spargelzeit – Der weiße Hase.

Auch als Sonderausgabe zum 125jährigen Bestehen des Verlags (Reclams Jubiläums-Bände). 1955. (Nicht mehr lieferbar.)

Nicht mehr lieferbar seit 1979.

Jugoslawische Erzähler der Gegenwart. Eine Anthologie. Hrsg. von Miodrag Vukić. Mit einem Nachw. von Hermann Piwitt. 216 S. UB 8821–23. 1962.

Inhalt: I. Andrić: Die Männer von Veletovo – I. Andrić: Das Spiel – M. Bulatović: Die Geschichte vom Glück und Unglück – M. Bulatović: Die Liebenden – I. Cankar: Gudula – S. Ćorović: Dascha – V. Desnica: Das Delta – V. Desnica: Die Gerechtigkeit – V. Desnica: Die Geschichte von dem Mönch mit dem grünen Bart – R. Domanović: Gedanken eines einfachen serbischen Ochsen – R. Domanović: Vodja – C. Kosmač: Die Raupe – M. Krleža: Tausendundein Tod – M. Lalić: Der Schnee schmilzt – R. Marinković: Die toten Seelen – B. Nušić: Die zweite Liebe – G. Olujić: Auf der langen, langen Straße der Gesichter – M. Pavlović: Die Fallen – V. Popović: Die Liebe auf der Anklagebank – P. Voranc: Der Brunnen.

Auch GEB. 1962. *(Nicht mehr lieferbar.)*

Nicht mehr lieferbar seit 1982.

Jung, Wilhelm → Reclams Kunstführer Deutschland III (1964)

Jung-Stilling, Johann Heinrich: Henrich Stillings Jugend, Jünglingsjahre, Wanderschaft und häusliches Leben. Mit einem Nachw. und Anm. von Dieter Cunz. 423 S. UB 662–666. 1968.

Das Junge Deutschland. Texte und Dokumente. Hrsg. von Jost Hermand. 416 S. UB 8703–07. 1966.

Autoren: W. Alexis – G. Bacherer – L. Börne – G. Büchner – F. Engels – F. A. Gathy – A. Glassbrenner – A. Grün – K. Gutzkow – H. Heine – F. Kottenkamp – F. G. Kühne – H. Laube – W. Menzel – T. Mundt – R. Prutz – H. v. Pückler-Muskau – J. Scherr – L. Schücking – R. O. Spazier – C. Stieglitz – L. Tieck – A. v. Ungern-Sternberg – L. Wienbarg – E. Willkomm.

Auch GEB. 1966. *(Nicht mehr lieferbar.)*

Bibliographisch ergänzte Ausgabe. 416 S. 1976.

Die Jungfrau vom geschmeidigen Bambus (Taketori-Monogatari). Altjapanisches Märchen. Nach der Übers. von Johanna-Maria Schwarz-Okuno hrsg. und mit einem Nachw. vers. von Hanns Maria Lux. 74 S. UB 7800. 1953.

Auch als Sonderausgabe zum 125jährigen Bestehen des Verlags (Reclams Jubiläums-Bände). 1953. *(Nicht mehr lieferbar.)*

Durchgesehene Ausgabe. 78 S. 1963.

Nicht mehr lieferbar seit 1973.

Juvenal: Satiren. Übers., Einf. und Anhang von Harry C. Schnur. 253 S. UB 8598–8600. 1969.

K

Kaempfer, Walther → Reclams Kammermusikführer (1972)

Kästner, Erich: Gedichte. Ausgew. und hrsg. von Volker Ladenthin. 172 S. UB 8373 [2]. 1987.

Kafka, Franz: In der Strafkolonie und andere Prosa. Nachw. von Gerhard Neumann. 79 S. UB 8347. 1986.

Inhalt: Auf der Galerie – Ein Hungerkünstler – In der Strafkolonie – Ein Landarzt – Vor dem Gesetz.

Kafka, Franz: Die Verwandlung. [Erzählung.] Mit einem Nachw. von Egon Schwarz. 77 S. UB 9900. 1978.

Nicht mehr lieferbar seit 1986.

Kaiser, Georg: Die Bürger von Calais. Bühnenspiel in drei Akten. Urfassung. Hrsg. und mit einem Nachw. vers. von Walther Huder. 80 S. UB 8223. 1958.

Nicht mehr lieferbar seit 1959.

Kaiser, Georg: Nebeneinander. Volksstück 1923 in fünf Akten. Mit einem Nachw. von Ernst Schürer. 93 S. UB 9875. 1978.

Kaiser, Georg: Von morgens bis mitternachts. Stück in zwei Teilen. Fassung letzter Hand. Hrsg. und mit einem Nachw. vers. von Walther Huder. 77 S. UB 8937. 1965.

Kalendergeschichten. Mit 47 Abb. Hrsg. von Winfried Theiß. 432 S. UB 9872 [5]. 1977.

Inhalt: L. Anzengruber: 's Moorhofers Traum – L. Anzengruber: Treff-As – L. Anzengruber: Zu fromm – B. Auerbach: Der beste Spion – B. Auerbach: Er ist wahnsinnig – B. Auerbach: Polizei Hilf! – B. Auerbach: Der Polizeidiener in der Rattenfalle – B. Auerbach: Der unbequeme Weg – B. Auerbach: Von dem Gefangenen und der eisernen Maske – B. Auerbach: Warm muß ich werden – B. Auerbach: Wo steckt der Teufel? – B. Brecht: Der Augsburger Kreidekreis – B. Brecht: Die unwürdige Greisin – B. Brecht: Der verwundete Sokrates – C. Ferber: Eine Kalendergeschichte – W. Fischer-Graz: Vorgebeugt – M. Frisch: Kalendergeschichte – J. Gotthelf: Der bekehrte Mordiofuhrmann – J. Gotthelf: Der Eselikrieg im Repsacker – J. Gotthelf: Der Fund – J. Gotthelf: Von alten Sitten – O. M. Graf: Auffassung freibleibend – O. M. Graf: Die Episode von Troglberg – O. M. Graf: Vom Imsinger-Girgl, selig ... – H. J. C. v. Grimmelshausen: Der berittene Baur – H. J. C. v. Grimmelshausen: Die drei beste Ding – H. J. C. v. Grimmelshausen: Der künstliche Bauch – H. J. C. v. Grimmelshausen:

Ohnnötige Wacht – H. J. C. v. Grimmelshausen: Das Pfaffenbissel – H. J. C. v. Grimmelshausen: Der teutsche Baur – H. J. C. v. Grimmelshausen: Die verkehrte Welt – J. P. Hebel: Andreas Hofer – J. P. Hebel: Einer Edelfrau schlaflose Nacht – J. P. Hebel: Einträglicher Rätselhandel – J. P. Hebel: Franziska – J. P. Hebel: Der Husar in Neiße – J. P. Hebel: Ist der Mensch ein wunderliches Geschöpf – J. P. Hebel: Jakob Humbel – J. P. Hebel: Kaiser Napoleon und die Obstfrau in Brienne – J. P. Hebel: Kannitverstan – J. P. Hebel: Lange Kriegsfuhr – J. P. Hebel: Reise nach Frankfurt – J. P. Hebel: Der Schneider in Pensa – J. P. Hebel: Eine sonderbare Wirtszeche – J. P. Hebel: Unglück der Stadt Leiden – J. P. Hebel: Unverhofftes Wiedersehen – J. P. Hebel: Der verachtete Rat – J. P. Hebel: Das wohlbezahlte Gespenst – P. Rosegger: Die Brücke – E. Rosenow: Die zehn roten Taler – E. Rosenow: Zwei Agitatoren – C. F. D. Schubart: Die durchs Schachspiel erlangte Pfarre – C. F. D. Schubart: Der menschliche Richter – C. F. D. Schubart: Tax einer Generalpachtersnase – C. F. D. Schubart: Eine traurige Würkung des Aberglaubens – E. Strittmatter: Am See – E. Strittmatter: Die Brecht-Nessel – E. Strittmatter: Mein Dorf – E. Strittmatter: Storchschnabel – E. Strittmatter: Die Tabakpfeife.

Auch GEB. im Format 12 × 19 cm. 1977. (Nicht mehr lieferbar.)

Kalidasa: Sakuntula. Drama in sieben Akten. Aus dem Ind. übers. und eingel. von Hans Losch. [Mit Anm.] 102 S. UB 2751/51a. 1960.

Auch GEB. 1960. (Nicht mehr lieferbar.)
Nicht mehr lieferbar seit 1975.

Kamphoevener, Elsa Sophia von: Iskender. [Erzählung. Mit einem Nachw. der Verf.] 71 S. UB 8222. 1958.

Nicht mehr lieferbar seit 1978.

Kanitscheider, Bernulf: Kosmologie. Geschichte und Systematik in philosophischer Perspektive. 504 S. UB 8025 [6]. 1984 [recte 1985].

Auch GEB. 1984. (Nicht mehr lieferbar.)
2., erweiterte Auflage. 512 S. 1991.

Kant, Immanuel: Anthropologie in pragmatischer Hinsicht. Hrsg. und eingel. von Wolfgang Becker. Mit einem Nachw. von Hans Ebeling. 389 S. UB 7541 [4]. 1983.

Kant, Immanuel: Grundlegung zur Metaphysik der Sitten. Dritte Auflage. Hrsg. und eingef. von Theodor Valentiner. 160 S. UB 4507/07a. 1952 [recte: 1953].

3. Auflage des erstmals 1904 im Verlag Philipp Reclam jun. Leipzig erschienenen Titels.

Auch GEB. 1953. *(Nicht mehr lieferbar.)*

Durchgesehene Ausgabe. 158 S. 1961.

Veränderte Ausgabe. Hrsg. von Theodor Valentiner. Einl. von Hans Ebeling. 158 S. 1984.

Kant, Immanuel: Kritik der praktischen Vernunft. Hrsg. von Joachim Kopper. 272 S. UB 1111–13. 1961.

Auch GEB. 1961. *(Nicht mehr lieferbar.)*

Kant, Immanuel: Kritik der reinen Vernunft. Hrsg. von Ingeborg Heidemann. 1011 S. UB 6461–70/70a/b. 1966.

Auch GEB. 1966. *(Nicht mehr lieferbar.)*

Kant, Immanuel: Kritik der Urteilskraft. Hrsg. von Gerhard Lehmann. 543 S. UB 1026–30/30a/b. 1963.

Auch GEB. 1963. *(Nicht mehr lieferbar.)*

Kant, Immanuel: Die Metaphysik der Sitten. Mit einer Einl. hrsg. von Hans Ebeling. 408 S. UB 4508 [5]. 1990.

Kant, Immanuel: Prolegomena zu einer jeden künftigen Metaphysik, die als Wissenschaft wird auftreten können. Textkritisch hrsg. und mit Beilagen vers. von Rudolf Malter. 270 S. UB 2468 [3]. 1989.

Kant, Immanuel: Die Religion innerhalb der Grenzen der bloßen Vernunft. Hrsg. von Rudolf Malter. 302 S. UB 1231/32/32a/b. 1974.

Kant, Immanuel: Schriften zur Geschichtsphilosophie. Mit einer Einl. hrsg. von Manfred Riedel. [Mit einer Bibl.] 264 S. UB 9694–96. 1974.

Inhalt: Das Ende aller Dinge – Idee zu einer allgemeinen Geschichte in weltbürgerlicher Absicht – Mutmaßlicher Anfang der Menschengeschichte – Reflexionen aus dem Nachlaß [Ausw.] – Rezensionen von J. G. Herders »Ideen zur Philosophie der Geschichte der Menschheit«. Teil 1. 2. – Der Streit der Fakultäten. 2. Abschnitt – Über den Gebrauch teleologischer Prinzipien in der Philosophie – Über den Gemeinspruch: Das mag in der Theorie richtig sein, taugt aber nicht für die Praxis.

Bibliographisch ergänzte Ausgabe. 264 S. 1985.

Kant, Immanuel: Träume eines Geistersehers, erläutert durch Träume der Metaphysik. Textkritisch hrsg. und mit Beilagen vers. von Rudolf Malter. 168 S. UB 1320 [2]. 1976.

Kant, Immanuel: Zum ewigen Frieden. Ein philosophischer Entwurf. Hrsg. von Theodor Valentiner. 85 S. UB 1501. 1954.

Nicht mehr lieferbar; ersetzt durch:

Kant, Immanuel: Zum ewigen Frieden. Ein philosophischer Entwurf. Hrsg. von Rudolf Malter. 87 S. UB 1501. 1984.

Kant / Erhard / Hamann / Herder / Lessing / Mendelssohn / Riem / Schiller / Wieland: Was ist Aufklärung? Thesen und Definitionen. Hrsg. von Ehrhard Bahr. 85 S. UB 9714. 1974.

Inhalt: J. B. Erhard: Über das Recht des Volks zu einer Revolution – J. G. Hamann: Brief an Christian Jacob Kraus vom 18. Dezember 1784 – J. G. Herder: Wort und Begriff der Humanität – I. Kant: Beantwortung der Frage Was ist Aufklärung? – G. E. Lessing: Über die Wahrheit – M. Mendelssohn: Über die Frage: was heißt aufklären? – A. Riem: Aufklärung ist ein Bedürfnis des menschlichen Verstands – F. Schiller: Über die Grenzen der Vernunft – C. M. Wieland: Sechs Fragen zur Aufklärung.

Kapp, Gottfried: Die Mutter vom Berge. Erzählung. Mit einem Nachw. von Werner Schendell. 80 S. UB 8014. 1956.

Nicht mehr lieferbar seit 1969.

Karamsin, Nikolaj: Die arme Lisa. [Erzählung.] Russ./Dt. Hrsg. von Martin Schneider. Übers. von Martin und Monika Schneider. 77 S. UB 7861. 1982.

Karamsin, Nikolaj: Briefe eines russischen Reisenden. Mit 17 Abb. Übers. von Johann Richter. Ausgew. und hrsg. von Gudrun Ziegler. 232 S. UB 8349 [3]. 1986.

Karpa, Oskar → Reclams Kunstführer Deutschland IV

Karschin, Anna Louisa: Gedichte und Lebenszeugnisse. Hrsg. von Alfred Anger. 208 S. UB 8374 [3]. 1987.

Kasack, Hermann: Der Webstuhl. Das Birkenwäldchen. Zwei Erzählungen. Mit einem Nachw. von Fritz Martini. 69 S. UB 8052. 1957.

Kasakow, Juri: Arktur, der Jagdhund. [Erzählung.] Russ. und dt. Übers.[, Anm.] und Nachw. von Kay Borowsky. 71 S. UB 9833. 1976.

Kaschnitz, Marie Luise: Caterina Cornaro. Die Reise des Herrn Admet. [Zwei] Hörspiele. Mit einem autobiogr. Nachw. 71 S. UB 8731. 1966.

Kaschnitz, Marie Luise: Der Tulpenmann. Erzählungen. Ausw. und Nachw. von Hans Bender. 87 S. UB 9824. 1976.

Inhalt: Das dicke Kind – Die Füße im Feuer – Gespenster – Ein Mann, eines Tages – Silberne Mandeln – Die späten Abenteuer – Der Tulpenmann – Der Tunsch.

Kauffmann, Georg → Reclams Kunstführer Italien III; III,1; III,2; IV

Kausalität. Neue Texte. Hrsg. von Günter Posch. 365 S. UB 9997 [5]. 1981.

Inhalt: L. Åqvist: Neue Grundlagen der logischen Handlungs- und Kausalitätstheorie – J. Ballweg: Experimenteller und alltagssprachlicher Ursache-Wirkung-Begriff – D. Davidson: Kausale Beziehungen – G. Frey: Zur Frage der Ursachenfindung. Pragmatische Aspekte der Kausalforschung – D. Gasking: Kausalität und Handlungsanweisungen – D. Gasking: Zur Diskussion von »Kausalität und Handlungsanweisungen« – J. Kim: Nichtkausale Beziehungen – W. Leinfellner: Kausalität in den Sozialwissenschaften – D. Lewis: Kausalität – E. Oeser: Kausalität und Wahrscheinlichkeit – G. Posch: Zur Problemlage beim Kausalitätsproblem – A. Rosenberg: Kausalität und Handlungsanweisungen. Ein Beitrag zur Begriffsklärung – T. M. Seebohm: Historische Kausalerklärung – G. Streminger: Die Kausalanalyse David Humes vor dem Hintergrund seiner Erkenntnistheorie – H. Titze: Das Kausalproblem und die Erkenntnisse der modernen Physik – E. Weber: Rückkehr der Zeitmaschine? Eine Bemerkung zu Ballwegs »Experimentellem und alltagssprachlichen Ursache-Wirkung-Begriff«.

Kawabata, Yasunari: Die Tänzerin von Izu. Revidierte Übers. aus dem Japan. von Oscar Benl. Mit einem Nachw. von Siegfried Schaarschmidt. 45 S. UB 8365. 1969.

Keats, John: Gedichte. Auswahl. Aus dem Engl. übertr. und mit einem Nachw. von Heinz Piontek. 64 S. UB 8581. 1968.

Nicht mehr lieferbar seit 1989.

Kein Pardon für Klassiker. Parodien. Hrsg. von Winfried Freund. 200 S. UB 8818. 1992.

Autoren: K. Bartsch – M. Blelei – W. Buhl – M. Claudius – F. Detjens – M. Drucker – A. Eichholz – L. Eichrodt – T. Fontane – K. Frank – R. Gernhardt – A. Glaßbrenner – H. v. Gumppenberg – H. Heine – K. Herloßsohn – G. Herwegh – K. Hoche – D. Höss – F. Mauthner – R. Müller-Freienfels – R. Neumann – F. Nork – M. Reinhardt – F. Rexhausen – W. F. Rübbelken – P. Rühmkorf – D. Saupe – P. Scher – A. W. Schlegel – R. Schneider – F. Schönborn – F. Torberg – H. H. v. Twardowski – H. Venske – F. T. Vischer – W. Waiblinger – H. Weigel – E. Weinert.

Keller, Gottfried: Dietegen. Erzählung. [Mit einer Vorbem.] 80 S. UB 6177. 1951.

Durchgesehene Ausgabe. [Mit Anm. und einer Nachbem.] 72 S. 1971.

Keller, Gottfried: Die drei gerechten Kammacher. [Novelle.] 79 S. UB 6173. 1947 [recte: 1948].

Durchgesehene Ausgabe. 63 S. 1959.
Durchgesehene Ausgabe. [Mit Anm.] 64 S. 1969.
Erweiterte Ausgabe. Nachw. von Thomas Koebner. [Mit Anm.] 79 S. 1983.

Keller, Gottfried: Das Fähnlein der sieben Aufrechten. Novelle. 87 S. UB 6184. 1948 [recte: 1949].

Durchgesehene Ausgabe. 80 S. 1952.
Durchgesehene Ausgabe. 78 S. 1962.
Durchgesehene Ausgabe. [Mit Anm.] 80 S. 1969.

Keller, Gottfried: Frau Regel Amrain und ihr Jüngster. [Novelle.] 80 S. UB 6174. 1947.

Einer der acht mit Genehmigung des Office of Military Government bereits 1947 an württembergische Schulen ausgelieferten Titel.
Durchgesehene Ausgabe. 64 S. 1953.
Durchgesehene Ausgabe. 63 S. 1966.

Keller, Gottfried: Gedichte. Eine Auswahl. Mit einem Nachw. von Erwin Ackerknecht. 78 S. UB 6197. 1960.

Nicht mehr lieferbar seit 1976.

Keller, Gottfried: Hadlaub. Novelle. Hrsg. mit einem Nachw. von Carl Enders. 90 S. UB 6181. 1954.

Durchgesehene Ausgabe. 96 S. 1960.
Durchgesehene Ausgabe (ohne Hrsg.-Vermerk). [Mit einer Nachbem.] 95 S. 1966.

Keller, Gottfried: Kleider machen Leute. Novelle. 62 S. UB 7470. 1949.

Durchgesehene Ausgabe. [Mit einer Nachbem.] 63 S. 1956.
Durchgesehene und erweiterte Ausgabe. [Mit Anm. und einer Nachbem.] 64 S. 1969.
Erweiterte Ausgabe. [Im Anhang: Vorrede Gottfried Kellers zum zweiten Teil der »Leute von Seldwyla«. Mit Anm. und einer Nachbem.] 64 S. 1984
Veränderte Ausgabe. Anm. von Rolf Selbmann. 71 S. 1992.

Keller, Gottfried: Der Landvogt von Greifensee. [Novelle. Mit einer Nachbem.] 127 S. UB 6182/83. 1957.

Erweiterte Ausgabe. Anm. und Nachw. von Bernd Neumann. [Ab 1989: Hrsg. von B. N.] 142 S. 1983.

Keller, Gottfried: Die mißbrauchten Liebesbriefe. Novelle. Mit einem Nachw. von Karl Pörnbacher. 93 S. UB 6176. 1968.

Keller, Gottfried: Pankraz, der Schmoller. Erzählung. Hrsg. mit einem Nachw. von Carl Enders. 80 S. UB 6171. 1951.
Durchgesehene Ausgabe. 79 S. 1962.
Nicht mehr lieferbar; ersetzt durch:

Keller, Gottfried: Pankraz, der Schmoller. [Erzählung. Im Anhang: Vorrede Gottfried Kellers zum ersten Band »Leute von Seldwyla«.] Anm. und Nachw. von Bernd Neumann. 85 S. UB 6171. 1989.

Keller, Gottfried: Romeo und Julia auf dem Dorfe. Erzählung. Hrsg. und mit einem Nachw. von Carl Enders. 95 S. UB 6172. 1948 [recte: 1949].
Durchgesehene und veränderte Ausgabe. [Mit einem Nachw. von Konrad Nußbächer.] 95 S. 1953.
Auch als Sonderausgabe zum 125jährigen Bestehen des Verlags (Reclams Jubiläums-Bände). 1954. *(Nicht mehr lieferbar.)*
Durchgesehene Ausgabe. Mit einem Nachw. von Konrad Nußbächer [und Anm.]. 95 S. 1968.

Keller, Gottfried: Der Schmied seines Glückes. Novelle. Mit einem Nachw. von René Nünlist. 48 S. UB 6175. 1972.

Keller, Gottfried: Sieben Legenden. 94 S. UB 6186/87. 1949.
Inhalt: Dorotheas Blumenkörbchen – Eugenia – Die Jungfrau als Ritter – Die Jungfrau und der Teufel – Die Jungfrau und die Nonne – Der schlimmheilige Vitalis – Das Tanzlegendchen.
Auch GEB. 1950. *(Nicht mehr lieferbar.)*
Durchgesehene Ausgabe. 117 S. 1954.
Auch als Sonderausgabe zum 125jährigen Bestehen des Verlags (Reclams Jubiläums-Bände) 1954. *(Nicht mehr lieferbar.)*
Durchgesehene Ausgabe. 88 S. 1986.

Keller, Gottfried: Das Sinngedicht. Novellen. Mit einem Nachw. von Louis Wiesmann. 328 S. UB 6193–96. 1966.
Auch GEB. 1966. *(Nicht mehr lieferbar.)*

Keller, Gottfried: Spiegel, das Kätzchen. Ein Märchen. Der Geisterseher. Eine Erzählung. Hrsg. von Erwin Ackerknecht. 93 S. UB 7709. 1951.

Nicht mehr lieferbar; ersetzt durch:

Keller, Gottfried: Spiegel, das Kätzchen. Ein Märchen. [Mit Anm. und einer Nachbem.] 64 S. UB 7709. 1969.

Keller, Gottfried: Ursula. Novelle. Mit einem Nachw. von Jose Kunz [und Anm.]. 80 S. UB 6185. 1969.

Keller, Gottfried: Das verlorne Lachen. Novelle. Mit einem Nachw. von Karl Fehr [und Anm.] 118 S. UB 6178/79. 1970.

Keller, Gottfried: Züricher Novellen. Hrsg. von Bernd Neumann. 416 S. UB 6180 [4]. 1989.

Inhalt: Das Fähnlein der sieben Aufrechten – Hadlaub – Herr Jacques – Der Landvogt von Greifensee – Der Narr auf Manegg – Ursula.
Auch GEB. in der Reihe »Reclam Lese-Klassiker«. 417 S. 1989.

Keller, Hiltgart L. → Reclams Lexikon der Heiligen und der biblischen Gestalten

Kempowski, Walter: Fünf Kapitel für sich. Aus den Romanen der »Deutschen Chronik«. Ausw. und Nachw. von Manfred Dierks [Mit einem bio-bibliogr. Anh.] 103 S. UB 7983. 1983.

Kerner, Justinus: Ausgewählte Werke. Hrsg. von Gunter Grimm. 575 S. UB 3857 [7]. 1981.

Inhalt: Gedichte; Das Bilderbuch aus meiner Knabenzeit – Geschichte des Mädchens von Orlach – Goldener. Ein Kindermärchen – Das Nachspiel der ersten Schattenreihe oder König Eginhard. Ein chinesisches Schattenspiel. Der rasende Sandler. Ein politisches dramatisches Inpromptu; Klecksographien.
Auch GEB. 1981. (Nicht mehr lieferbar.)

Kerr, Alfred: Theaterkritiken. Hrsg. von Jürgen Behrens. 174 S. UB 7962/63. 1971.

Nicht mehr lieferbar seit Juli 1992.

Kesten, Hermann: Mit Geduld kann man sogar das Leben aushalten. Erzählungen. Mit einem Nachw. von Willi Fehse [und einer Werkverz.]. 103 S. UB 8015. 1957.

Inhalt: Dr. Schatte – Die Ehre – Der Freund im Schrank – Musik – Ober Kock – Die Rache – Das verlorene Motiv.
Bibliographisch ergänzte Ausgabe. 103 S. 1977.
Nicht mehr lieferbar seit 1984.

Keyserling, Eduard von: Am Südhang. Erzählung. Mit einem Nachw. von Richard Brinkmann. 88 S. UB 8852. 1963.

Nicht mehr lieferbar seit 1991.

Kienzle, Siegfried → Reclams Schauspielführer (1983)

Kierkegaard, Søren: Der Begriff Angst. Aus dem Dän. übers. von Gisela Perlet. Nachw. von Uta Eichler. 237 S. UB 8792. 1992.

Kierkegaard, Sören: Die Leidenschaft des Religiösen. Eine Auswahl aus Schriften und Tagebüchern. Von Heinz Küpper aus dem Dän. übers. und mit einer Einl. von Liselotte Richter. 184 S. UB 7783/84. 1953.
Auch GEB. 1953. (Nicht mehr lieferbar.)
Durchgesehene Ausgabe. 183 S. 1961.

Kinder- und Jugendliteratur vom Biedermeier bis zum Realismus. Eine Textsammlung. Mit 22 Abb. Hrsg. von Klaus-Ulrich Pech. 462 S. UB 8087 [5]. 1985.
Autoren: S. v. Baudissin – P. J. Beumer – K. L. Biernatzki – L. Chimani – A. Corrodi – T. G. M. Dielitz – J. C. Dolz – J. F. Franz – L. A. Franzky – H. Gräfe – A. W. Grube – K. Grumbach – T. v. Gumpert – C. Hildebrandt – L. Hölder – F. F. A. Hoffmann – A. Hoppe-Seyler – C. E. v. Houwald – H. E. Maukisch – J. H. Meynier – H. A. Müller – J. C. L. Niemeyer – K. G. Nieritz – C. v. Schmid – A. Schoppe – G. H. v. Schubert – A. N. F. Seemann – H. Wagner – A. Winter.

Kinder- und Jugendliteratur der Aufklärung. Eine Textsammlung. [Mit 25 Abb.] Hrsg. von Hans-Heino Ewers. 504 S. UB 9992 [5]. 1980 [recte: 1981].
Autoren: J. C. Adelung – C. K. André – J. B. Basedow – M. Le Prince de Beaumont – R. Z. Becker – F. J. Bertuch – G. A. Bürger – G. W. Burmann – J. H. Campe – G. C. Claudius – M. Claudius – C. P. Funke – J. W. L. Gleim – J. A. E. Goeze – J. G. Herder – L. C. H. Hölty – J. F. E. Kirsten – G. E. Lessing – A. J. Liebeskind – C. M. de Los Rios – R. C. Lossius – H. L. de Marées – A. G. Meißner – K. P. Moritz – J. C. A. Musäus – G. F. Niemeyer – C. A. Overbeck – J. G. F. Pabst – J. Palairet – G. K. Pfeffel – S. Richardson – F. E. v. Rochow – J. H. Röding – C. G. Salzmann – J. G. Schlosser – A. L. Schlözer – J. G. Schummel – F. Spach – J. B. Strobl – K. T. Thieme – E. C. Trapp – J. Trusler – P. Villaume – C. F. Weisse – J. K. Wezel.
Bibliographisch ergänzte Ausgabe. 504 S. 1990 [recte: 1991].

Kinder- und Jugendliteratur der Romantik. Eine Textsammlung. Mit 25 Abb. Hrsg. von Hans-Heino Ewers. 640 S. UB 8026 [7]. 1984.
Autoren: E. M. Arndt – A. v. Arnim – L. Aurbacher – L. Bechstein – W. F. Besser – K. Blumauer – C. v. Brentano – J. A. Briegleb – H. Bürk-

ner – J. G. G. Büsching – A. v. Chamisso – H. v. Chezy – L. v. Des Borde
– G. C. Dieffenbach – H. Dittmar – J. v. Eichendorff – A. Franz –
F. Fröbel – C. A. Gebauer – A. Gehring – G. Görres – A. L. Grimm –
J. Grimm – W. Grimm – K. Groth – F. Güll – F. H. v. d. Hagen –
L. Hensel – W. Hey – A. Hillert – F. Hoffmann – A. H. Hoffmann von
Fallersleben – C. E. v. Houwald – J. Kerner – H. Kletke – F. Köhler –
A. Kopisch – L. T. Kosegarten – F. A. Kuhn – J. H. Lehnert – J. A.
Lewald – J. A. C. Löhr – R. Löwenstein – J. P. T. Lyser – K. Müchler –
F. R. Mühlbach – A. Nodnagel – F. Pocci – H. Pröhle – K. Raumer –
R. Reinick – E. L. Rochholz – F. Rückert – D. E. F. Runge – C. F. W.
Russwurm – G. Scherer – C. v. Schmid – F. Schmidt – A. Schoppe –
G. Schwab – F. Schwed – K. Simrock – H. Smidt – K. Stahl – A. Stöber –
O. Sutermeister – M. Thieme – L. Tieck – L. Uhland – H. Weikert –
K. F. G. Wetzel – I. V. Zingerle – J. Zingerle.

Kinder-Märchen. Von C. W. Contessa, Friedrich Baron de la
Motte-Fouqué und E. T. A. Hoffmann. Mit 12 Vignetten von
E. T. A. Hoffmann. Hrsg. von Hans-Heino Ewers. 351 S.
UB 8377 [4]. 1987.

Inhalt: C. W. S. Contessa: Das Gastmahl – C. W. S. Contessa: Das
Schwert und die Schlangen – F. de la Motte Fouqué: Die kleinen Leute –
F. de la Motte Fouqué: Der Kuckkasten – E. T. A. Hoffmann: Das fremde
Kind – E. T. A. Hoffmann: Nußknacker und Mausekönig.

Auch GEB. 1987.

Kinderlieder. Eine Auswahl der schönsten Kinderlieder in Wort und
einstimmiger Melodie. [Mit Ill. von Albrecht Appelhans.] Hrsg.
von Ernst-Lothar von Knorr unter Mitarb. von Paul Friedrich
Scherber. 88 S. UB 8271. 1959. *Querformat.*

Auch GEB. 1959. *(Nicht mehr lieferbar.)*

Kinderszenen. Geschichten aus zwei Jahrhunderten. Ein Lesebuch.
Mit 29 Abb. Hrsg. von Heide Eilert. 548 S. UB 8427 [7]. 1987.

Inhalt: P. Altenberg: Ein schweres Herz – I. Bachmann: Jugend in einer
österreichischen Stadt – H. Bender: La Paloma oder Der Liebe Nahrung –
W. Benjamin: Karussellfahrendes Kind – H. Böll: Lohengrins Tod –
W. Borchert: Nachts schlafen die Ratten doch – U. Bräker: Schon in Gefahr
– C. Brentano: Herzliche Zueignung – H. Broch: [Aufbruch in das Unendliche] – T. Fontane: Marie – T. Fontane: Wie wir erzogen wurden – J. W.
Goethe: [Ein Kinderstreich] – J. W. Goethe: [Mignons Tanz] – G. Grass:
Glas, Glas, Gläschen – P. Handke: [Augenblicke] – H. Heine: [Die Marmorstatue] – T. G. v. Hippel: [Erziehen heißt aufwecken vom Schlaf] –
E. T. A. Hoffmann: [Die neuen Spielsachen] – K. Immermann: [Fiametta]
– H. H. Jahnn: Ein Knabe weint – Jean Paul: [Vorerste Liebe] – F. Kafka:
Kinder auf der Landstraße – M. L. Kaschnitz: Popp und Mingel – G. Keller:

Kinderverbrechen – G. Keller: Theatergeschichten – G. Keller: [Ein kleiner Sankt Georg] – E. v. Keyserling: Im stillen Winkel – W. Koeppen: [Ich war Deutschlands Zukunft] – W. Koeppen: [Kinderangst] – H. Mann: Contessina – H. Mann: Erste Begegnungen – H. Mann: Die Reise – T. Mann: Unordnung und frühes Leid – T. Mann: Das Wunderkind – K. P. Moritz: [Beim Hutmacher Lobenstein] – W. Raabe: [Die tote Mutter] – R. M. Rilke: [Maskeraden] – W. Schnurre: Wovon man lebt – A. Stifter: [Die Schwestern Milanollo] – A. Stifter: [Im Gletschereis] – T. Storm: Die Kinder – K. Tucholsky: Herr Wendriner erzieht seine Kinder – J. Wassermann: Schläfst du, Mutter? – G. Wohmann: Der Schwan – C. Wolf: [Das weiße Schiff].

Auch GEB. 1987.

Kipling, Rudyard: The Jungle Book. [Roman.] Hrsg. von Dieter Hamblock. 219 S. UB 9244 [3]. 1989. (Fremdsprachentexte.)

Kipling, Rudyard: Mowgli der Waldgott. [Erzählung.] Dt. von Benvenuto Hauptmann. 62 S. UB 7612. 1947.

Einer der acht mit Genehmigung des Office of Military Government bereits 1947 an württembergische Schulen ausgelieferten Titel.
Durchgesehene Ausgabe. 48 S. 1954.
Erweiterte Ausgabe. [Mit einer Nachbem.]. 49 S. 1960.
Durchgesehene Ausgabe. [Mit einer Nachbem.] 48 S. 1971.

Kisch, Egon Erwin: Reportagen. Ausw. und Nachw. von Erhard Schütz. [Mit Erl. und einer Zeittaf.] 326 S. UB 9893 [4]. 1978.

Kiss Me, Kate. A Musical. Book by Samuel and Bella Spewack. Music and Lyrics by Cole Porter. Hrsg. von James Bean. 181 S. UB 9263 [2]. 1991. (Fremdsprachentexte.)

Kiwus, Karin: 39 Gedichte. Mit einem Nachw. der Autorin. 71 S. UB 7722. 1981.

Klages, Ludwig: Ursprünge der Seelenforschung. 80 S. UB 7514. 1952.

Durchgesehene Ausgabe. 79 S. 1956.
Nicht mehr lieferbar seit 1986.

Klassiker des Feuilletons. Ausw. und Nachw. von Hans Bender. [Mit einem bio-bibliogr. Anh.] 248 S. UB 8965–67. 1965.

Inhalt: P. Altenberg: Nachtcafé – P. Altenberg: Sommerabend in Gmunden – V. Auburtin: Der Manzanares – H. Bahr: Vom Gehen – L. Börne: Über das Schmollen der Weiber – T. Fontane: Auf dem Münster – R. Geck: Nebel und Regen – A. Glassbrenner: Brief des Rentiers Buffey an Flitter über Goethes »Torquato Tasso« – W. Goetz: Ex oriente lux – K. Gutzkow: Tzschoppe – E. Hanslick: Leierkästen und musikalische Jungfrauen –

M. Harden: »Wir« – H. Heine: Paganini-Konzert – E. Kammerer: Grausam – A. Kerr: Fünf Tage Deutschland – E. L. Kossak: Der große Arzt – F. Kürnberger: Die Feuilletonisten – A. Kuh: Lenin und Demel – A. Polgar: Gesang mit Komödie – J. Roth: Dem Anschein nach – M. G. Saphir: Bademantelgedanken – R. Schickele: Verwandlung der Diana – L. Schücking: Eine Römerfahrt – F. Sieburg: Parfümierter Schnee – Sling: Die Schriftstellerinnen – Sling: Widuwilt – L. Speidel: Fanny Elßlers Fuß – D. Spitzer: Die Geheimnisse der Kavallerie – K. Tucholsky: Die Laternenanzünder – R. Walser: In der Bahnhofswirtschaft – G. Weerth: Die Fabrikarbeiter – J. V. Widmann: Meine Tugend und meine sittliche Verwilderung – H. Wittmann: Sarah Bernhardt.
Auch GEB. 1965. (Nicht mehr lieferbar.)

Kleist, Ewald Christian von: Sämtliche Werke. Hrsg. von Jürgen Stenzel. 288 S. UB 211–214. 1971.

Kleist, Heinrich von: Amphitryon. Ein Lustspiel nach Molière. Mit einem Nachw. von Bruno Markwardt [und Anm.]. 79 S. UB 7416. 1953.
Durchgesehene Ausgabe. Mit einem Nachw. [und Anm.]. 86 S. 1961.
Durchgesehene und veränderte Ausgabe. Nachw. von Helmut Bachmaier. 93 S. 1980.

Kleist, Heinrich von: Das Erdbeben in Chili → Kleist: Prosastücke

Kleist, Heinrich von: Die Familie Schroffenstein. Ein Trauerspiel in fünf Aufzügen. Nachw. von Curt Hohoff. 120 S. UB 1768 [2]. 1980.

Kleist, Heinrich von: Die Hermannsschlacht. Ein Drama in fünf Aufzügen. [Mit einer Vorbem.] 96 S. UB 348. 1951.
Durchgesehene Ausgabe. 104 S. 1963.

Kleist, Heinrich von: Das Käthchen von Heilbronn oder Die Feuerprobe. Großes historisches Ritterschauspiel in fünf Aufzügen. [Mit einer Vorbem.] 104 S. UB 40. 1950.
Durchgesehene Ausgabe. [Mit einer Vorbem.] 102 S. 1952.
Durchgesehene und erweiterte Ausgabe. [Mit Anm.] 111 S. 1969.
Erweiterte Ausgabe. Anm. von Sabine Doering. 128 S. 1992.

Kleist, Heinrich von: Die Marquise von O... Die Verlobung in St. Domingo. [Zwei] Erzählungen. 95 S. UB 1957. 1965.
Nicht mehr lieferbar; ersetzt durch:

Kleist, Heinrich von: Die Marquise von O... Das Erdbeben in Chili. [Zwei] Erzählungen. Nachw. von Christian Wagenknecht. 80 S. UB 8002. 1984.

Kleist, Heinrich von: Michael Kohlhaas. (Aus einer alten Chronik.) [Novelle.] Mit einem Nachw. von Bruno Markwardt. 144 S. UB 218/219. 1948 [recte: 1949].

Durchgesehene Ausgabe. 127 S. 1952.
Durchgesehene Ausgabe. 127 S. 1963.
Durchgesehene Ausgabe. 127 S. 1969.
Veränderte Ausgabe. Nachw. von Paul Michael Lützeler. 127 S. 1982.

Kleist, Heinrich von: Penthesilea. Ein Trauerspiel. 96 S. UB 1305. 1951.

Durchgesehene und erweiterte Ausgabe. Mit einem Nachw. von Ernst von Reusner. 112 S. 1962.
Durchgesehene Ausgabe. Mit einer Nachbem. 104 S. 1983.

Kleist, Heinrich von: Prinz Friedrich von Homburg. Ein Schauspiel. [Mit einer Vorbem.] 80 S. UB 178. 1950.

Durchgesehene und erweiterte Ausgabe. Mit einem Nachw. von Ernst von Reusner. 96 S. 1962.
Durchgesehene Ausgabe. Mit einem Nachw. von Ernst von Reusner [und Anm.]. 95 S. 1969.

Kleist, Heinrich von: Prosastücke. [Mit einem Nachw.] 80 S. UB 7670. 1951.

Inhalt: Anekdote aus dem letzten preußischen Kriege – Bach-Anekdote – Das Bettelweib von Locarno – Der Branntweinsäufer und die Berliner Glocken – Brief eines Dichters an einen anderen – Brief eines jungen Dichters an einen jungen Maler – Brief eines Malers an seinen Sohn – Empfindungen vor Friedrichs Seelandschaft – Das Erdbeben in Chili – Die Fabel ohne Moral – Gebet des Zoroaster – Die heilige Cäcilie oder die Gewalt der Musik – Die Hunde und der Vogel – Ein Satz aus der höheren Kritik – Shakespeare-Anekdote – Über das Marionettentheater – Über die allmähliche Verfertigung der Gedanken beim Reden – Der verlegene Magistrat – Von der Überlegung.

Titel ab 1966: Das Erdbeben in Chili. Das Bettelweib von Locarno. Prosastücke. [Umschlagtitel: Das Erdbeben in Chili. Erzählungen und Prosastücke.] *(Sonst unverändert.)*

Durchgesehene Ausgabe. 77 S. 1967.

Titel ab 1979: Das Erdbeben in Chili. Das Bettelweib von Locarno. Die heilige Cäcilie. Über das Marionettentheater und andere Prosastücke. *(Sonst unverändert.)*

Erweiterte Ausgabe. [Mit einer Nachbem.] 78 S. 1978.

Kleist, Heinrich von: Robert Guiskard, Herzog der Normänner. Ein Fragment. Hrsg. und eingel. von Wolfgang Golther. 71 S. UB 6857. 1953.

Durchgesehene Ausgabe. 71 S. 1961.

Kleist, Heinrich von: Sämtliche Erzählungen. Nachw. von Walter Müller-Seidel. [Mit einer Zeittaf.] 333 S. UB 8232 [3]. 1984.

Inhalt: Das Bettelweib von Locarno – Das Erdbeben in Chili – Der Findling – Die heilige Cäcilie oder die Gewalt der Musik – Die Marquise von O... – Michael Kohlhaas – Die Verlobung in St. Domingo – Der Zweikampf.

Auch GEB. (erweitert) u. d. T. »Sämtliche Erzählungen und Anekdoten« in der Reihe »Reclam Lese-Klassiker«. 362 S. 1986.

Kleist, Heinrich von: Die Verlobung in St. Domingo. Das Bettelweib von Locarno. Der Findling. [Drei] Erzählungen. [Mit einer Zeittaf.] 72 S. UB 8003. 1984.

Kleist, Heinrich von: Der zerbrochene Krug. Lustspiel in einem Aufzug. 80 S. UB 91. 1949.

Durchgesehene Ausgabe. [Mit einer Nachbem.] 79 S. 1955.
Durchgesehene Ausgabe. [Mit einer Nachbem. und Anm.] 78 S. 1968.
Im Anhang überarbeitete Ausgabe. [Mit einer Nachbem. und Anm.] 79 S. 1983.

Kleist, Heinrich von: Der Zweikampf. Der Findling. [Zwei] Erzählungen. [Mit einer Nachbem.] 79 S. UB 7792. 1953.

Durchgesehene und erweiterte Ausgabe. Nachw. von Ernst von Reusner. 80 S. 1961.
Durchgesehene Ausgabe. 69 S. 1983.
Nicht mehr lieferbar; ersetzt durch:

Kleist, Heinrich von: Der Zweikampf. Die heilige Cäcilie. Sämtliche Anekdoten. Über das Marionettentheater und andere Prosa. [Mit einer Zeittaf.] 104 S. UB 8004. 1984.

Inhalt: Anekdote aus dem letzten Kriege – Anekdote aus dem letzten preußischen Kriege – Anekdote [Bach, als seine Frau starb...] – Anekdote [Ein Kapuziner begleitete einen Schwaben...] – Anekdote [Ein mecklenburgischer Landmann...] – Anekdote [Zwei berühmte englische Baxer...] – Der Branntweinsäufer und die Berliner Glocken – Charité-Vorfall – Die Fabel ohne Moral – Franzosen-Billigkeit – Französisches Exerzitium – Der Griffel Gottes – Die heilige Cäcilie oder die Gewalt der Musik – Die Hunde und der Vogel – Korrespondenz-Nachricht – Mutterliebe – Mutwill des Himmels – Der neuere (glücklichere) Werther – Neujahrswunsch eines Feuerwerkers an seinen Hauptmann, aus dem Siebenjährigen Kriege – Rätsel – Sonderbare Geschichte, die sich, zu meiner Zeit, in Italien zutrug – Sonderbarer Rechtsfall in England – Tagesbegebenheit – Über das Marionettentheater – Über die allmähliche Verfertigung der Gedanken beim Reden – Unwahrscheinliche Wahrhaftigkeiten – Der verlegene Magistrat – Der Zweikampf.

Klinger, Friedrich Maximilian: Fausts Leben, Taten und Höllenfahrt. [Mit 6 Ill.] Anm. von Esther Schöler. Nachw. von Uwe Heldt. 270 S. UB 3524 [3]. 1986.

Klinger, Friedrich Maximilian: Prinz Seidenwurm der Reformator oder die Kronkompetenten. Ein moralisches Drama aus dem fünften Teil des »Orpheus«. Nachw. und Anm. von Jürgen Pelzer. [Mit einer Zeittaf.] 80 S. UB 9894. 1978.

Nicht mehr lieferbar seit 1989.

Klinger, Friedrich Maximilian: Sturm und Drang. Ein Schauspiel. Mit einem Anh. zur Entstehungs- und Wirkungsgeschichte hrsg. von Jörg-Ulrich Fechner. 173 S. UB 248/248a. 1970 [recte: 1971].

Bibliographisch ergänzte Ausgabe. 173 S. 1983.

Klinger, Friedrich Maximilian: Die Zwillinge. Ein Trauerspiel in fünf Aufzügen. Mit einem Nachw. von Karl S. Guthke. 79 S. UB 438. 1972.

Klippert, Werner: Elemente des Hörspiels. [Mit einer biogr. Notiz.] 127 S. UB 9820 [2]. 1977.

Klopstock, Friedrich Gottlieb: Der Messias. Gesang I–III. Text des Erstdrucks von 1748. Studienausgabe. Hrsg. von Elisabeth Höpker-Herberg. 248 S. UB 721 [3]. 1986.

Klopstock, Friedrich Gottlieb: Oden. Ausw. und Nachw. von Karl Ludwig Schneider [Mit Anm., Verz. der Versmaße, Literaturhinw. und Zeittaf.] 184 S. UB 1391/92. 1966.

Klopstock, Friedrich Gottlieb: Der Tod Adams. Ein Trauerspiel. Hrsg. von Henning Boetius. 61 S. UB 9443. 1973.

Nicht mehr lieferbar seit 1989.

Klose, Werner: Reifeprüfung. Hörspiel. Mit einem Nachw. des Autors. 60 S. UB 8442. 1960.

Erweiterte Ausgabe. [Mit einem Werkverz.] 61 S. 1974.

Klose, Werner → Arbeitstexte für den Unterricht: Ein Star wird gemacht

Kluge, Kurt: Nocturno. [Erzählung.] Mit einem autobiogr. Nachw. des Verf. 71 S. UB 7445. 1949.

Nicht mehr lieferbar seit 1973.

Des Knaben Wunderhorn. Alte deutsche Lieder, gesammelt von Achim von Arnim und Clemens Brentano. Kritische Ausgabe Hrsg. und komm. von Heinz Rölleke. Bd. 1. 557 S. UB 1250 [7]. 1987.

Des Knaben Wunderhorn. [...] Bd. 2. 573 S. UB 1251 [7]. 1987.

Des Knaben Wunderhorn. [...] Bd. 3. 621 S. UB 1252 [7]. 1987.

Bd. 1–3 auch GEB. in Kassette. 1987.

Knigge, Adolph Freiherr: Über den Umgang mit Menschen. Hrsg. von Karl-Heinz Göttert. 479 S. UB 1138 [6]. 1991.

Kobell, Franz von: Die Gschicht von Brandner-Kasper. Schnadahüpfln, Gedichte und Jagdskizzen. Mit 16 Ill. von Franz von Pocci. Hrsg. von Karl Pörnbacher. 87 S. UB 5511. 1985.

Köhler, Friedrich
→ Reclams Wörterbuch der englischen und der deutschen Sprache
→ Reclams Wörterbuch der französischen und deutschen Sprache

Köln. Kunstführer. Von einer Arbeitsgruppe unter Leitung von Hiltrud Kier. Mit 38 Abb. und Plänen. 212 S. UB 10299. 1980. *Kart.*

König Artus und seine Tafelrunde. Europäische Dichtung des Mittelalters. In Zsarb. mit Wolf-Dieter Lange [und Albert Gier] neuhochdt. hrsg. von Karl Langosch. 760 S. UB 9945 [10]. 1980.

Inhalt: Anon.: Lanzelot und Ginevra [Ausz.] – Chrétien de Troyes: Erec und Enide – Geoffrey von Monmouth: Die Geschichte der Könige von Britannien [Ausz.] – Marie de France: Lai de Lanval – Robert Biket: Lai du Cor – Wace: Le roman de Brut [Ausz.] – Wirnt von Grafenberg: Wigalois [Ausz.]

Auch GEB. 1980.

Durchgesehene Ausgabe. 760 S. 1982.

König, Angelika / König, Ingemar: Der römische Festkalender der Republik. Feste, Organisation und Priesterschaften. 152 S. UB 8693 [2]. 1991. (Reclam Wissen.)

König, Ingemar: Der römische Staat. Tl. I: Die Republik. Ca. 288 S. UB 8834. 1992. (Reclam Wissen.)

Koeppen, Wolfgang: New York. Mit einem autobiogr. Nachw. 69 S. UB 8602. 1961.

Kohlschmidt, Werner → Geschichte der deutschen Literatur II–IV

Kolbenheyer, E[rwin] G[uido]: Karlsbader Novelle (1786). 81 S. UB 7811. 1953 [recte: 1954].
Nicht mehr lieferbar seit 1971.

»Komm, heilige Melancholie«. Eine Anthologie deutscher Melancholie-Gedichte. Mit Ausblicken auf die europäische Melancholie-Tradition in Literatur- und Kunstgeschichte. Mit 36 Abb. Hrsg. von Ludwig Völker. 592 S. UB 7984 [7]. 1983.

Autoren: H. A. v. Abschatz – V. Alfieri – J. V. Andreae – E. Arendt – E. M. Arndt – H. Arp – P. Aumüller – I. Bachmann – J. Balde – H. Ball – C. Baudelaire – J. R. Becher – L. Bechstein – A. Beiss – G. Benn – W. Bergengruen – E. Bertram – W. Biermann – R. G. Binding – R. Borchardt – C. Brentano – C. G. v. Brinckmann – M. Bruns – G. A. Bürger – R. Burton – Lord Byron – L. Carroll – H. Cazalis – P. Celan – A. v. Chamisso – Charles d'Orléans – M. Claudius – S. T. Coleridge – C. P. Conz – J. F. v. Cronegk – D–R–N – E. W. Dahl – F. Dahn – Dante Alighieri – R. Darío – M. Dauthendey – E. Deschamps – J. Donne – A. v. Droste-Hülshoff – K. E. Ebert – A. Ehrenstein – G. Eich – J. v. Eichendorff – W. v. Eichendorff – L. Eichrodt – P. Eluard – G. Engelke – Filidor – A. Finch – C. Flaischlen – J. Fletcher – F. de la Motte Fouqué – F. Freiligrath – A. Frey – E. Fried – S. Friedlaender – T. Gautier – E. Geibel – E. F. v. Gemmingen – S. George – J. W. Goethe – Y. Goll – T. Gray – M. Greif – C. R. v. Greiffenberg – F. Grillparzer – A. Gryphius – H. v. Gumppenberg – J. J. Guoth – R. Hagelstange – I. v. Hahn-Hahn – F. Halm – R. Hamerling – F. Hardekopf – E. Hardt – J. Haringer – G. Hauptmann – M. Hausmann – F. Hebbel – H. Heine – A. v. Henckell – P. W. Hensler – J. G. Herder – J. T. Hermes – H. Hesse – G. Heym – H. Heymann – K. Heynicke – L. C. H. Hölty – A. Holz – R. Huch – P. Huchel – R. Huelsenbeck – V. Hugo – J. R. Jiménez – E. Kästner – J. Karásek ze Lvovic – J. H. Kautz – J. Keats – G. Keller – J. Kerner – Klabund – W. Klemm – F. G. Klopstock – G. L. T. Kosegarten – K. Krolow – O. Krzyzanowski – G. Kunert – R. Kunze – H. Kuprian – H. Lachmann – A. Lamey – E. Langgässer – E. Lasker-Schüler – W. Lehmann – N. Lenau – M. J. Lermontov – H. Leuthold – H. Lingg – G. List – T. Lodge – O. H. v. Loeben – O. Loerke – F. Löwe – D. C. v. Lohenstein – H. Lorm – W. Lutz – F. v. Matthisson – L. de' Medici – E. Meister – J. Meléndez Valdés – R. Menger – S. Mereau – C. F. Meyer – O. V. de Lubicz Milosz – J. Milton – E. Mörike – J. Moréas – C. Morgenstern – W. Müller – N. A. Nekrasov – G. de Nerval – J. N. Nestroy – C. L. Neuffer – F. Nietzsche – M. Opitz – A. H. A. Peter – F. Petrarca – F. Pfeiffer – I. Pindemonte – A. v. Platen – J. Poethen – A. Pope – F. Raimund – H. D. Reiche – R. M. Rilke – P. O. Runge – F. de Sá de Miranda – F. v. Saar – A. F. v. Sachs – N. Sachs – G. Sack – J. G. v. Salis-Seewis – A. F. v. Schack – O. Schaefer – F. Schiller – C. L. Schleich – F. Schnack – R. A. Schröder – J. Schrott – I. Seidel – J. G. Seidl – J. G. Seume – M. Solitaire – E. Stadler – G. F. Stäudlin – L. Stecchetti – A. Stramm – L. Strauss – A. V. Thelen –

J. Thomson – L. Tieck – G. Trakl – A. Tscherning – K. Tucholsky – L. Uhland – P. Verlaine – A. Verwey – F. T. Vischer – R. Walser – Walther von der Vogelweide – T. Warton – W. Watson – F. Wedekind – J. Weinheber – F. Werfel – A. Wildgans – H. Wille – E. G. Winkler – E. Young – J. F. W. Zachariae – S. Zweig.

Auch GEB. 1983.

konkrete poesie. deutschsprachige autoren. anthologie von eugen gomringer. 174 S. UB 9350 [2]. 1972.

Autoren: F. Achleitner – M. Bense – C. Bremer – R. Döhl – H. Gappmayr – E. Gomringer – H. Heißenbüttel – E. Jandl – K. Marti – H. Mayer – F. Mon – D. Rot – G. Rühm – K. B. Schäuffelen – A. Thomkins – T. Ulrichs – W. Wezel.

Durchgesehene und bibliographisch revidierte Ausgabe. 176 S. 1991.

Konrad von Würzburg: Heinrich von Kempten. Der Welt Lohn. Das Herzmaere. [Mittelhochdt./Neuhochdt.] Mittelhochdt. Text nach der Ausgabe von Edward Schröder. Übers., mit Anm. und einem Nachw. vers. von Heinz Rölleke. 167 S. UB 2855/55a. 1968 [recte: 1969].

Der Koran. Aus dem Arab. übertr. von Max Henning. Einl. und Anm. von Annemarie Schimmel. [Mit einer Bibl.] 610 S. UB 4206–10/10a-c. 1960.

Auch GEB. 1960ff.

Durchgesehene und verbesserte Ausgabe. 631 S. 1991.

Kortum, Karl Arnold: Die Jobsiade. Leben, Meinungen und Taten von Hieronimus Jobs, dem Kandidaten. Mit den Holzschnitten der Erstausgabe. Hrsg. von Burkhard Moennighoff. 174 S. UB 398 [2]. 1986.

Kotzebue, August von: Die deutschen Kleinstädter. Lustspiel in vier Aufzügen. Mit einem Nachw. von Otto C. A. zur Nedden. 87 S. UB 90. 1954 [recte: 1955].

Durchgesehene Ausgabe. [Mit Anm.] 88 S. 1978.

Kraus, Karl: Heine und die Folgen. Schriften zur Literatur. Ausgew. und erl. von Christian Wagenknecht. 392 S. UB 8309 [5] 1986.

Inhalt: Peter Altenberg – Brot und Lüge – Die Büchse der Pandora – Das Denkmal eines Schauspielers – Der Fall Kerr – Ein Faust-Zitat – Heine und die Folgen – Literatur – Die Literaturlüge auf dem Theater – Nestroy und die Nachwelt – »Offenbach-Renaissance« – Der Reim – Sakrileg an George oder Sühne an Shakespeare? – Schnitzler-Feier – Schrecken der Unsterblichkeit – Die Sprache – August Strindberg † – Von Humor und Lyrik – Die Wortgestalt.

Kretzer, Max: Meister Timpe. Sozialer Roman. Mit einem Nachw. von Götz Müller. 311 S. UB 9829 [4]. 1976.

Kreuder, Ernst: Phantom der Angst. Erzählungen. Nachw. von Heinz Puknus. 80 S. UB 8428. 1987.

Inhalt: Abend am Seeufer – Eine Flasche Bier trinken – Der Mann, der nicht mehr lachen konnte – Phantom der Angst – Polarfahrt – Schwebender Weg.

Kriminalgeschichten aus drei Jahrhunderten. Ausgew. und hrsg. von Armin Arnold. 471 S. UB 9919 [5]. 1978.

Inhalt: R. Chandler: Der Mann, der Hunde liebte – A. C. Doyle: Die gefährliche Erbschaft – R. A. Freeman: Die blaue Paillette – J. Futrelle: Das Motorboot – F. Glauser: Verhör – D. Hammett: Ein starkes Stück – E. W. Hornung: Vorsätzlicher Mord – -ky: Ausbruch gelungen – und wie viele Tote? – M. Leblanc: Der geheimnisvolle Reisende – R. Macdonald: Spiel auf dem Floß – F. G. de Pitaval: Geschichte der Marquise von Brinvillier – E. A. Poe: Der entwendete Brief – Richmond: Mein erster Fall – T. S. Stribling: Ein unfähiger Polizeidirektor.

Kristallisationen. Deutsche Gedichte der achtziger Jahre. Hrsg. von Theo Elm. Ca. 200 S. UB 8827. 1992.

Autoren: S. Anderson – H. C. Artmann – R. Ausländer – J. Becker – W. Biermann – E. Borchers – V. Braun – H. Czechowski – F. C. Delius – S. Döring – A. Endler – H. M. Enzensberger – L. Fels – E. Fried – W. H. Fritz – P. Härtling – U. Hahn – H. Hartung – R. Haufs – G. Herburger – W. Hilbig – B. Igel – E. Jandl – S. Kirsch – W. Kirsten – T. Kling – B. Köhler – U. Kolbe – K. Krolow – M. Krüger – G. Kunert – R. Kunze – G. Laschen – R. Malkowski – F. Mayröcker – C. Meckel – H. M. Novak – B. Papenfuß-Gorek – O. Pastior – R. Pietraß – L. Rathenow – T. Rosenlöcher – P. Rühmkorf – R. Schedlinski – H. Taschau – J. Theobaldy – H.-U. Treichel – G. Vesper – R. Wagner.

Die Krokodile. Ein Münchener Dichterkreis. Texte und Dokumente. Mit 29 Abb. Hrsg. von Johannes Mahr. 567 S. UB 8378 [6]. 1987.

Autoren: J. C. Bluntschli – F. Bodenstedt – F. Dahn – F. Dingelstedt – W. v. Dönniges – C. Fernau – E. Geibel – J. W. Grosse – M. Haushofer – W. Hertz – P. Heyse – R. v. Hornstein – V. Hugo – L. v. Kobell – M. Lermontow – H. Leuthold – H. Lingg – A. v. Ow – A. F. v. Schack – H. v. Schmid – K. Stieler – O. v. Völderndorff.

Auch GEB. 1987. (Nicht mehr lieferbar.)

Krolow, Karl: Gedichte und poetologische Texte. Ausw. und Nachw. von Rolf Paulus. [Mit einem bio-bibliogr. Anh.] 67 S. UB 8074. 1985.

Krüger, Michael: Welt unter Glas. Gedichte. Ausw. von Christoph Buchwald. Nachw. von Michael Krüger. [Mit einer autobiogr. Notiz.] 80 S. UB 8310. 1986.

Kruse, Georg Richard → Reclams Opernführer

Kudrun (Gudrun). [Das mittelhochdeutsche Epos.] Karl Simrocks Übers. Eingel. und überarb. von Friedrich Neumann. 248 S. UB 465–467. 1958.

Auch GEB. 1958. (Nicht mehr lieferbar.)

Kühne, Günther → Reclams Kunstführer Deutschland VII

Kühner, Otto-Heinrich: Pastorale 67. Hörspiel. Mit einem Nachw. des Autors und Auszügen aus seiner Hörspieldramaturgie. 71 S. UB 8541. 1968.

Nicht mehr lieferbar seit 1986.

Küpper, Heinz → Reclams Fremdwörterbuch

Kuhlmann, Quirinus: Der Kühlpsalter. 1.–15. und 73.–93. Psalm. Im Anhang: Photomechanischer Nachdruck des »Quinarius« (1680). Hrsg. von Heinz Ludwig Arnold. 296 S. UB 9422–26. 1973.

Kunert, Günter: Ein anderer K. Hörspiel. [Mit einer bio-bibliogr. Notiz.] 44 S. UB 9851. 1977.

Kunert, Günter: Gedichte. Ausw. von Franz Josef Görtz. Nachw. von Uwe Wittstock. 79 S. UB 8380. 1987.

Kunert, Günter: Der Hai. Erzählungen und kleine Prosa. Ausw. und Nachw. von Dietrich Bode. 87 S. UB 9716. 1974.

Inhalt: Das Bild der Schlacht am Isonzo – Entdeckungen – Ein ferner Verwandter – Der Hai – Häutung – Hinausschauen – Die Jagd – Karyatider – Märchenhafter Monolog – Die Maschine – Schäume – Die Schreie der Fledermäuse – Speisung – Die Taucher – Vorstellung – Die Waage – Warum schreiben – Wie das Leben anfängt.

Im Anhang ergänzte Ausgabe. 87 S. 1981.

Kunsttheorie und Kunstgeschichte des 19. Jahrhunderts in Deutschland. Texte und Dokumente. Hrsg. von Wolfgang Beyrodt, Ulrich Bischoff, Werner Busch und Harold Hammer-Schenk. Bd. 1: **Kunsttheorie und Malerei. Kunstwissenschaft.** Hrsg. von Werner Busch und Wolfgang Beyrodt. 399 S. UB 7888 [5]. 1982.

Autoren: A. Bayersdorfer – S. Boisserée – C. Brentano – J. Burckhardt – M. Carrière – A. J. Carstens – P. Cornelius – R. Eitelberger von Edelberg – A. Feuerbach – K. Fiedler – J. D. Fiorillo – E. Förster – C. D. Friedrich – J. Görres – J. W. Goethe – A. v. Hildebrand – L. Igelsheimer – F. Kugler – M. Liebermann – W. Lübke – H. v. Marées – A. Menzel – J. H. Meyer – B. v. Ramdohr – L. Richter – C. Rottmann – C. F. v. Rumohr – P. O. Runge – G. Schadow – W. Schadow – M. Schasler – A. W. Schlegel – F. Schlegel – C. Schnaase – G. A. Schöll – L. Schorn – K. Schuch – A. H. Springer – L. Tieck – F. T. Vischer – W. H. Wackenroder – F. Waldmüller.

Kunsttheorie und Kunstgeschichte des 19. Jahrhunderts in Deutschland. [...] Bd. 2: **Architektur.** Mit 39 Abb. Hrsg. von Harold Hammer-Schenk. 397 S. UB 7889 [5]. 1985.

Autoren: H. Albrecht – S. Boisserée – L. Catel – J. A. Eytelwein – G. Forster – K. E. O. Fritsch – C. W. Hase – K. H. Heydenreich – J. Hobrecht – C. W. Hoffmann – A. Hofmann – V. A. Huber – H. Hübsch – L. v. Klenze – J. G. Krünitz – C. Mühlke – H. Muthesius – A. Rosenberg – M. Schasler – K. F. Schinkel – A. Scholtz – G. Semper – C. Sitte – J. Smidt – J. H. W. Smidt – A. Staub – C. L. Stieglitz – G. Ungewitter.

Kunsttheorie und Kunstgeschichte des 19. Jahrhunderts in Deutschland. [...] Bd. 3: **Skulptur und Plastik.** Mit 21 Abb. Hrsg. von Ulrich Bischoff. 295 S. UB 8043 [4]. 1985.

Autoren: W. G. Becker – R. Eickemeyer – L. F. v. Froriep – J. W. Goethe – G. F. W. Hegel – A. v. Hildebrand – F. Kugler – W. Lübke – F. J. L. Meyer – G. H. Rapp – J. G. Schadow – M. Schasler – K. L. Schorn – R. Siemering – J. G. Sulzer – Wilhelm II.

Kunze, Reiner: Selbstgespräch für andere. Gedichte und Prosa. Ausw. und Nachw. von Heiner Feldkamp. 103 S. UB 8543. 1989.

Inhalt: Gedichte; Prosatexte aus: Die wunderbaren Jahre – Das Märchen vom Dis.

Ein kurtzweilig Lesen von Dil Ulenspiegel. Nach dem Druck von 1515. Mit 87 Holzschnitten. Hrsg. von Wolfgang Lindow. 304 S. UB 1687/88/88a/b. 1966.

Auch GEB. 1966. (Nicht mehr lieferbar.)

Durchgesehene und bibliographisch ergänzte Ausgabe. 304 S. 1978.

Kurz, Hermann: Die beiden Tubus. Erzählung. Mit einem Nachw. von Konrad Nußbächer [und Anm.]. 134 S. UB 3947/48. 1975.

Nicht mehr lieferbar seit 1987.

Kurz, Isolde: Cora. Erzählung. Mit einem Nachw. von Hanns Martin Elster. 96 S. UB 7844. 1955.

Durchgesehene Ausgabe. 85 S. 1964.

Nicht mehr lieferbar seit 1976.

Kusenberg, Kurt: Wo ist Onkel Bertram? Geschichten. Mit einem Nachw. von Friedrich Luft. 79 S. UB 8013. 1955 [recte: 1956].

Inhalt: Die Belagerung – Der blaue Traum – Eine ernste Geschichte – Herr G. steigt aus – Jedes dritte Streichholz – Wo ist Onkel Bertram? – Wo liegt die Wahrheit? – Der Zauberfächer.

Nicht mehr lieferbar seit 1989.

L

Laag, Heinrich: Kleines Wörterbuch der frühchristlichen Kunst und Archäologie. Mit einem Anh. altgriech. Fachwörter und 100 Abb. 277 S. UB 8633 [4]. 1990. (Reclam Wissen.)

La Fayette, Marie-Madeleine, Gräfin von: Die Prinzessin von Clèves. [Roman.] Aus dem Frz. übers. von Eva und Gerhard Hess. Nachw. und Anm. von Gerhard Hess. 236 S. UB 7986 [3]. 1983.

La Fontaine, Jean de: Fabeln. Frz./Dt. Ausgew., übers. und komm. von Jürgen Grimm. 448 S. UB 1718 [5]. 1987.

La Fontaine, Jean de: Die Fabeln. Mit Ill. von Gustave Doré. Übers. von Johanna Wege. Hrsg. von Jürgen Grimm. 430 S. UB 1719 [5]. 1991.

Auch GEB. 1991.

La Fontaine, Jean de: Fables. [Auswahl.] Mit Ill. von Gustave Doré. Hrsg. von Wolfhard Keiser. 96 S. UB 9182. 1985. (Fremdsprachentexte.)

Inhalt: L'Œil du Maître – Les Animaux malades de la peste – Le Chat, la Belette, et le petit Lapin – Le Chêne et le Roseau – La Cigale et la Fourmi – Le Coche et la Mouche – Le Cochet, le Chat et le Souriceau – Le Corbeau et le Renard – Le Geai paré des plumes du Paon – La Grenouille qui se veut faire aussi grosse que le Bœuf – Les Grenouilles qui demandent un Roi – Le Héron – L'Huître et les Plaideurs – Le Jardinier et son Seigneur – Le Laboureur et ses Enfants – La Laitière et le Pot au lait – Le Lièvre et la Tortue – Le Lion devenu vieux – Le Lion et le Moucheron – Le Lion et le Rat – Le Loup et l'Agneau – Le Loup et le Chien – Les Membres et l'Estomac – Le Meunier, son Fils et l'Ane – La Mort et le Bûcheron – La Mort et le Mourant – L'Ours et les deux Compagnons – Le petit Poisson et le Pêcheur – Le Pot de terre et le Pot de fer – La Poule aux œufs d'or – Le Rat de ville et le Rat des champs – Le Renard et la Cigogne – Le Renard et le Bouc – Le Renard et les Raisins – Le Savetier et le Financier – Le Songe d'un Habitant du Mogol.

Bibliographisch ergänzte Ausgabe. 96 S. 1991.

Lagerlöf, Selma: Abenteuer des kleinen Nils Holgersson mit den Wildgänsen. Auswahl. [Aus dem Schwed. übers. von Pauline Klaiber.] Mit einem Nachw. von Günther Thaer. 95 S. UB 7669. 1951.

Durchgesehene Ausgabe. 87 S. 1954.
Durchgesehene Ausgabe. 83 S. 1970.

Lagerlöf, Selma: Eine Gutsgeschichte. Erzählung. Autorisierte Übers. aus dem Schwed. von M[alvina] Buchholz. 128 S. UB 4229/30. 1951.

Auch GEB. 1951. (Nicht mehr lieferbar.)

Auch als Sonderausgabe zum 125jährigen Bestehen des Verlags (Reclams Jubiläums-Bände). 1954. (Nicht mehr lieferbar.)

Durchgesehene Ausgabe. 124 S. 1958.

Nicht mehr lieferbar seit 1983.

Das Lalebuch. Nach dem Druck von 1597 mit den Abweichungen des Schiltbürgerbuchs von 1598 und zwölf Holzschnitten von 1680. Hrsg. von Stefan Ertz. 173 S. UB 6642/43. 1971.

Bibliographisch ergänzte Ausgabe. 174 S. 1982.

Lange, Victor: Goethe. Mit 18 Abb. 80 S. UB 8793. 1992.

Langgässer, Elisabeth: Saisonbeginn. Erzählungen. Ausw. und Nachw. von Elisabeth Hoffmann und Helmut Meyer. 80 S. UB 7723. 1981.

Inhalt: An der Nähmaschine – Das gibt es – Der Erstkommuniontag – Die getreue Antigone – Im Einklang – Kuckuck – Nichts Neues – Saisonbeginn – Das Stilleben – Der Torso – Untergetaucht – Wiedergeburt.

Lao-tse: Tao-Tê-King. Das Heilige Buch vom Weg und von der Tugend. Übers., Einl. und Anm. von Günther Debon. [Mit einer Bibl.] 143 S. UB 6798/98a. 1961.

Auch GEB. 1961. (Nicht mehr lieferbar.)

Durchgesehene und verbesserte Ausgabe. 143 S. 1979.

La Roche, Sophie von: Geschichte des Fräuleins von Sternheim. [Roman.] Hrsg. von Barbara Becker-Cantarino. 416 S. UB 7934 [5]. 1983.

La Rochefoucauld, [François] de: Maximen und Reflexionen. Dt. durch Dr. Friedrich Hörlek. 64 S. UB 678. 1948.

Nicht mehr lieferbar; ersetzt durch:

La Rochefoucauld, [François de]: Maximen und Reflexionen. Übertr. und Nachw. von Konrad Nußbächer. 80 S. UB 678. 1965.

Lasker-Schüler, Else: Die Wupper. Schauspiel in fünf Aufzügen. Mit Dokumenten zur Entstehungs- und Wirkungsgeschichte und einem Nachw. [hrsg.] von Fritz Martini. 176 S. UB 9852 [2]. 1977.

Lassalle, Ferdinand: Arbeiterprogramm. Mit einem Nachw. hrsg. von Wolfgang Michalka. 69 S. UB 6048. 1973.

Lassalle, Ferdinand: Franz von Sickingen. Eine historische Tragödie. Mit einem Nachw. von Rüdiger Kaun. 192 S. UB 4716/17. 1974.

Lateinische Gedichte deutscher Humanisten. Lat. und dt. [Mit 23 Abb.] Ausgew., übers. und erl. [mit einem Nachw.] von Harry C. Schnur. 519 S. UB 8739–45. 1966 [recte: 1967].

Autoren: J. Balde – C. Barth – G. Bersmann – S. Brant – J. Camerarius I – J. Camerarius II – C. Celtis – N. Chyträus – E. Cordus – F. Dedekind – Erasmus von Rotterdam – G. Fabricius – J. Fabricius Montanus – F. Fiedler – L. Finkelthus – P. Fleming – J. Forster – M. Freher – S. Frenzel – N. Frischlin – J. M. Gigas – J. Glandorp – S. Grunaeus – M. Haslob – D. Heinsius – M. Helding – J. Hermann – H. E. Hessus – U. v. Hutten – H. Kirchner – J. Lauterbach Lusatius – B. Lobkowitz von Hassenstein – J. Locher Philomusus – J. Lorichius – P. Lotichius Secundus – P. Luder – P. Melanchthon – P. Melissus Schede – J. Micyllus – J. Murmellius – J. Pannonius – W. Pirckheimer – E. Reusner – N. v. Reusner – M. Ringmann Philesius – G. Sabinus – N. Schopper – J. Schosser – J. Secundus – J. Stigel – J. Vulteius – J. Wimpfeling.

Auch GEB. 1967. (Nicht mehr lieferbar.)

2., verbesserte Auflage. 519 S. 1978.

Lateinische Lyrik des Mittelalters. Lat./Dt. Mit 18 Abb. Ausgew., übers. und komm. von Paul Klopsch. 524 S. UB 8088 [6]. 1985.

Autoren: Adam von St. Victor – Alanus von Lille – Alkuin – Ambrosius – Angilbert – Angilbertus (al. ign.) – Archipoeta – Arnulf von Leuven – Balderich von Bourgueil – Boethius – Columbanus – Cuchuimne – Franciscus von Assisi – Gildas – Gottschalk – Hildebert von Lavardin – Hrabanus Maurus – Hugo Primas – Johannes Scottus Eriugena – Lathcen – Marbod von Rennes – Modoin – Notker Balbulus – Paulus Diaconus – Petrus Abaelardus – Petrus Damiani – Petrus von Blois – Petrus von Pisa – Philipp der Kanzler – Prudentius – Sedulius – Sedulius Scottus – Theodulf von Orleans – Thomas von Aquino – Thomas von Celano – Venantius Fortunatus – Walahfrid Strabo – Walter von Châtillon – Wipo von Burgund; anonyme Texte.

Auch GEB. 1985.

Lattmann, Dieter: Kennen Sie Brecht? Stationen seines Lebens. Mit 13 Abb. 93 S. UB 8465. 1988.

Laudes Italiae / Lob Italiens. Griechische und lateinische Texte. Zweisprachig. Ausgew. und hrsg. von Bernhard Kytzler. 192 S. UB 8510 [2]. 1988.

Autoren: Aelian – Ammianus Marcellinus – Catull – Cicero – Claudian – Dionysios von Halikarnassos – Horaz – Juvenal – Livius – Martial – Ovid – Plinius d. Ä. – Plinius d. J. – Polybios – Properz – Rutilius Namatianus – Statius – Strabon – Sueton – Varro – Vergil.

Laurentius von Schnüffis: Gedichte. Eine Auswahl. Hrsg. von Urs Herzog. 92 S. UB 9382. 1972 [recte: 1973].

Nicht mehr lieferbar seit 1989.

Lautensack, Heinrich: Die Pfarrhauskomödie (Carmen Sacerdotale). Drei Szenen. Mit einem Nachw. von Otto F. Best. 67 S. UB 7905. 1970.

Lavater, Johann Caspar: Physiognomische Fragmente zur Beförderung der Menschenkenntnis und Menschenliebe. Eine Auswahl. Mit 101 Abb. Hrsg. von Christoph Siegrist. 398 S. UB 350 [5]. 1984.

Lawrence, D[avid] H[erbert]: The Fox. [Erzählung.] Hrsg. von John Poziemski. 135 S. UB 9209 [2]. 1986. (Fremdsprachentexte.)

Lawrence, David Herbert: Das Mädchen und der Zigeuner. [Erzählung.] Dt. von Martin Beheim-Schwarzbach. Nachw. von Gerhard Marx-Mechler. 87 S. UB 7938. 1970 [recte: 1971].

Nicht mehr lieferbar seit 1989.

Lawrence, T[homas] E[dward]: Faisals Aufgebot. [Aus: Die Sieben Säulen der Weisheit. Aus dem Engl. übers. von Dagobert von Mikusch.] Mit einem Nachw. von Rolf Schroers. 63 S. UB 8048. 1957.

Nicht mehr lieferbar seit 1970.

Lazarillo von Tormes → Leben und Wandel Lazaril von Tormes

Lear, Edward: Sämtliche Limericks. Engl./Dt. Mit den Zeichn. des Autors. Übers. und hrsg. von Theo Stemmler. 236 S. UB 8467 [3]. 1988.

Leben und Wandel Lazaril von Tormes. Und Beschreibung, was derselbe für Unglück und Widerwärtigkeit ausgestanden hat. [Roman.] Verdeutscht 1614. Hrsg. von Manfred Sestendrup. Nachw. von Gisela Noehles. 120 S. UB 1389 [2]. 1979.

Lebendige Weisheit alter und neuer Zeit, gesammelt von Broder Christiansen. 165 S. UB 7851/52. 1954.

Nicht mehr lieferbar seit 1971.

Lebensbeschreibung des Ritters Götz von Berlichingen → Berlichingen

Leblanc, Maurice: La Partie de baccara. La Lettre d'amour du roi George. [Zwei Erzählungen.] Hrsg. von Monika Schlitzer. 77 S. UB 9201. 1986. (Fremdsprachentexte.)

Leeser, Otto: Homöopathie. 79 S. UB 7175. 1953.

Nicht mehr lieferbar seit 1968.

Le Fort, Gertrud von: Die Letzte am Schafott. Novelle. Mit einer Nachbem. [und Anm.]. 80 S. UB 7937. 1983.

Le Fort, Gertrud von: Die Verfemte. [Ein Erinnerungsblatt.] Mit einer autobiogr. Erinnerung »Heidelberg« [und einer Nachbem.]. 55 S. UB 8524. 1967.

Nicht mehr lieferbar seit 1990.

Lehmann, Wilhelm: Gedichte. Ausgew. von Rudolf Hagelstange. Mit einem Aufsatz »Vom lyrischen Gedicht« und einer »Biographischen Nachricht« vom Verf. 71 S. UB 8255. 1963.

Lehnert, Herbert → Geschichte der deutschen Literatur V

Leibniz, Gottfried Wilhelm: Fünf Schriften zur Logik und Metaphysik. Übers. und hrsg. von Herbert Herring. 79 S. UB 1898. 1966.

Inhalt: Betrachtungen über die Erkenntnis, die Wahrheit und die Ideen – Betrachtungen über die Lehre von einem einzigen allumfassenden Geiste – Neues System der Natur und der Verbindung der Substanzen sowie der Vereinigung zwischen Seele und Körper – Über den ersten Ursprung der Dinge – Über die Verbesserung der ersten Philosophie und den Begriff der Substanz.

Durchgesehene und bibliographisch ergänzte Ausgabe. 80 S. 1981.

Leibniz, Gottfried Wilhelm: Monadologie. Neu übers., eingel. und erl. von Hermann Glockner. 2., wesentl. verb. Ausg. 67 S. UB 7853. 1954.

2. Auflage des erstmals 1948 im Reclam-Verlag Stuttgart (Format: 11 × 17 cm) erschienenen Titels.

Durchgesehene und erweiterte Ausgabe. 70 S. 1979.

Leibniz, Gottfried Wilhelm: Unvorgreifliche Gedanken, betreffend die Ausübung und Verbesserung der deutschen Sprache.

Zwei Aufsätze. Hrsg. von Uwe Pörksen. Komm. von Uwe Pörksen und Jürgen Schiewe. 131 S. UB 7987 [2]. 1983.

Inhalt: Ermahnung an die Deutschen, ihren Verstand und ihre Sprache besser zu üben, samt beigefügtem Vorschlag einer deutschgesinnten Gesellschaft – Unvorgreifliche Gedanken, betreffend die Ausübung und Verbesserung der deutschen Sprache.

Leip, Hans: Die Klabauterflagge oder Atje Potts erste und höchst merkwürdige große Fahrt. Mit einem Nachw. des Verf. 88 S. UB 7900. 1956.

Durchgesehene Ausgabe. Mit einem Nachw. des Verf. [und einer bibliogr. Notiz]. 80 S. 1966.

Leisewitz, Johann Anton: Julius von Tarent. Ein Trauerspiel. Hrsg. von Werner Keller. 119 S. UB 111/112. 1965.

Durchgesehene und bibliographisch ergänzte Ausgabe. 119 S. 1977.

Lenau, Nikolaus: Faust. Ein Gedicht. Mit Dokumenten zur Entstehung und Wirkung hrsg. von Hartmut Steinecke. 213 S. UB 1524, 25/25a. 1971.

Lenau, Nikolaus: Gedichte. Ausw. und Nachw. von Heinz Rieder [Mit einer Zeittaf.] 80 S. UB 1449. 1965.

Lenk, Hans: Pragmatische Vernunft. Philosophie zwischen Wissenschaft und Praxis. [Aufsätze. Mit einem bio-bibliogr. Anh. 205 S. UB 9956 [2]. 1979.

Inhalt: Erfolg und Grenzen der Mathematisierung – Herakleisch oder prometheisch? Mythische Elemente im Sport – Leistungsprinzip und Sportkritik – Methodologisches zum Verhältnis von Wissenschaft und Technik - Reine und pragmatische Vernunft. Zur Theorie der Vernunft im Rückblick auf Kant – Vernunft als Idee und Appell – Zu ethischen Fragen der Humanexperiments – Zur Wissenschaftstheorie der Sozialwissenschaften

Lenz, Hermann: Durch den Krieg kommen. [Aus: Neue Zeit.] Mit einem autobiogr. Nachw. [und einem Werkverz.]. 85 S. UB 7941. 1983.

Lenz, Jakob Michael Reinhold: Anmerkungen übers Theater Shakespeare-Arbeiten und Shakespeare-Übersetzungen. Hrsg. von Hans-Günther Schwarz. 142 S. UB 9815 [2]. 1976.

Lenz, Jakob Michael Reinhold: Erzählungen: Zerbin. Der Waldbruder. Der Landprediger. Hrsg. von Friedrich Voit. 165 S. UB 8468 [2]. 1988.

Lenz, Jakob Michael Reinhold: Gedichte. Hrsg. von Hellmut Haug. 78 S. UB 8582. 1968.

Lenz, Jakob Michael Reinhold: Der Hofmeister oder Vorteile der Privaterziehung. Eine Komödie. Mit einem Nachw. von Karl S. Guthke. 95 S. UB 1376. 1963.

Durchgesehene Ausgabe. Nachw. von Karl S. Guthke [mit einer Bibl.] 92 S. 1984.

Lenz, Jakob Michael Reinhold: Die Soldaten. Komödie. Mit einem Nachw. von Manfred Windfuhr. 70 S. UB 5899. 1957.

Durchgesehene Ausgabe. 64 S. 1970.

Lenz, Jakob Michael Reinhold: Werke. Hrsg. von Friedrich Voit. 604 S. UB 8755. 1992.

Inhalt: Dramen: Der Hofmeister – Der neue Menoza – Pandämonium Germanikum – Die Soldaten; Prosa: Moralische Bekehrung eines Poeten – Der Waldbruder; Gedichte; Theoretische Schriften: Anmerkungen übers Theater – Briefe eines jungen L. von Adel an seine Mutter in L. aus ** in ** – Rezension des Neuen Menoza – Über die Bearbeitung der deutschen Sprache im Elsaß, Breisgau, und den benachbarten Gegenden – Über die Natur unsers Geistes – Über die Veränderung des Theaters im Shakespear – Über Götz von Berlichingen – Versuch über das erste Principium der Moral.

Lenz, Siegfried: Das schönste Fest der Welt. Haussuchung. Zwei Hörspiele. 86 S. UB 8585. 1968.

Lenz, Siegfried: Stimmungen der See. Erzählungen. Mit einem autobiogr. Nachw. 79 S. UB 8662. 1962.

Inhalt: Die Festung – Gelegenheit zum Verzicht – Lieblingsspeise der Hyänen – Schwierige Trauer – Der seelische Ratgeber – Stimmungen der See.

Leoncavallo, Ruggero: Pagliacci. Dramma in due atti / Der Bajazzo. Drama in zwei Akten. Textbuch ital./dt. Text und Musik von Ruggero Leoncavallo. Übers. von Arthur Müller. Nachw. von Arthur Scherle. 71 S. UB 8311. 1986.

Leopardi, Giacomo: Canti e Frammenti / Gesänge und Fragmente. Ital./Dt. Übers. von Helmut Endrulat. Hrsg. von Helmut Endrulat und Gero Alfred Schwalb. 309 S. UB 8654 [4]. 1990.

Lepenies, Wolf: Gefährliche Wahlverwandtschaften. Essays zur Wissenschaftsgeschichte. [Mit einem bio-bibliogr. Anh.] 165 S. UB 8550 [2]. 1989.

Inhalt: Angst und Wissenschaft – Gefährliche Wahlverwandtschaften. Einige Etappen in den Beziehungen deutscher und französischer Sozialwissenschaften – Historisierung der Natur und Entmoralisierung der Wissenschaften seit dem 18. Jahrhundert – Die Idee der deutschen Universität – aus der Sicht der Wissenschaftsforschung – Der Krieg der Wissenschaften und der Literatur – Vergangenheit und Zukunft der Wissenschaftsgeschichte – das Werk Gaston Bachelards.

Lermontow, Michail: Ein Held unserer Zeit. [Roman.] Aus dem Russ. übertr. von Johannes von Guenther. 208 S. UB 968–970. 1969.

Lernet-Holenia, Alexander: Der Baron Bagge. Novelle. Mit einem Nachw. von Lambert Binder [und einem Werkverz.]. 80 S. UB 8016. 1957.

Lesage, Alain-René: Der hinkende Teufel. [Roman.] Übers. und Nachw. von Walter Hoyer. [Mit Anm.] 312 S. UB 353/354/354a/b. 1967.

Auch GEB. 1967. (Nicht mehr lieferbar.)
Nicht mehr lieferbar seit 1976.

Lesskow, Nikolai: Der Gaukler Pamphalon. Erzählung. Übers. und Nachw. von Johannes von Guenther. 93 S. UB 7788. 1953.

Auch als Sonderausgabe zum 125jährigen Bestehen des Verlags (Reclams Jubiläums-Bände). 1953. (Nicht mehr lieferbar.)
Durchgesehene Ausgabe. 95 S. 1967.

Lesskow, Nikolai: Die Geschichte von dem stählernen Floh und dem Linkshänder aus Tula. Das Tier. [Zwei Erzählungen.] Dt. von Johannes von Guenther. [Mit einem Nachw.] 95 S. UB 8215. 1958.

Lesskow, Nikolai: Die Kampfnatur. Erzählung. Aus dem Russ. übertr. von Johannes v. Guenther. [Mit einer Vorbem.] 135 S. UB 7271/72. 1950 [recte: 1951].

Auch GEB. 1951. (Nicht mehr lieferbar.)
Nicht mehr lieferbar seit 1973.

Leskow, Nikolaj: Die Lady Macbeth aus dem Landkreis Mzensk. [Novelle.] Russ./Dt. Übers. und Nachw. von Bodo Zelinsky. 144 S. UB 7619 [2]. 1980.

Lessing, Doris: Three African Stories. Hrsg. von Günther Jarfe. 77 S. UB 9245. 1989. (Fremdsprachentexte.)

Inhalt: Getting off the Altitude – No Witchcraft for Sale – A Sunrise on the Veld.

Lessing, Doris: To Room Nineteen. [Erzählung.] Hrsg. von Günther Jarfe. 72 S. UB 9151. 1983. (Fremdsprachentexte.)

Lessing, Gotthold Ephraim: Briefe, die neueste Literatur betreffend. Hrsg. und komm. von Wolfgang Bender. 504 S. UB 9339–44/44a. 1972.

Lessing, Gotthold Ephraim: D. Faust. [Mit Zeugnissen zu Lessings Faustdichtung.] Die Matrone von Ephesus. Fragmente. Mit einem Nachw. von Karl S. Guthke [und Anm.]. 80 S. UB 6719. 1968.

Lessing, Gotthold Ephraim: Emilia Galotti. Ein Trauerspiel in fünf Aufzügen. 79 S. UB 45. 1949.

Durchgesehene Ausgabe. 80 S. 1952.
Durchgesehene Ausgabe. 80 S. 1959.
Durchgesehene Ausgabe. 79 S. 1970.

Lessing, Gotthold Ephraim: Die Erziehung des Menschengeschlechts und andere Schriften. Mit einem Nachw. von Helmut Thielicke. 95 S. UB 8968. 1965.

Inhalt: Axiomata – Das Christentum der Vernunft – Die Erziehung des Menschengeschlechts – Das Testament Johannis – Über den Beweis des Geistes und der Kraft.

Lessing, Gotthold Ephraim: Fabeln. Abhandlungen über die Fabel. Hrsg. von Heinz Rölleke. 167 S. UB 27/28. 1967.

Lessing, Gotthold Ephraim: Der Freigeist. Ein Lustspiel in fünf Aufzügen. Verfertiget im Jahre 1749. Nachw. und Anm. von Klaus Bohnen. [Mit einer Übersicht über die Lustspielproduktion der Aufklärung.] 117 S. UB 9981 [2]. 1980.

Lessing, Gotthold Ephraim: Hamburgische Dramaturgie. Hrsg. und komm. von Klaus L. Berghahn. 704 S. UB 7738 [8]. 1981.

Lessing, Gotthold Ephraim: Die Juden. Ein Lustspiel in einem Aufzuge. Verfertiget im Jahr 1749. Mit Dokumenten zur Entstehung und Wirkung hrsg. von Wilhelm Große. 86 S. UB 7619. 1981.

Lessing, Gotthold Ephraim: Der junge Gelehrte. Ein Lustspiel in drei Aufzügen, verfertiget im Jahre 1747. Mit einem Nachw. und Erl. von Alfred Anger. 128 S. UB 37/37a. 1965.

Durchgesehene und bibliographisch ergänzte Ausgabe. 128 S. 1979.

Lessing, Gotthold Ephraim: Kritik und Dramaturgie. Ausgewählte Prosa. Ausw. und Einl. von Karl Hans Bühner. [Mit Anm.] 88 S. UB 7793. 1953.

Durchgesehene Ausgabe. Ausw. und Nachw. von Karl Hans Bühner. 94 S. 1964.

Lessing, Gotthold Ephraim: Laokoon oder Über die Grenzen der Malerei und Poesie. Mit beiläufigen Erläuterungen verschiedener Punkte der Alten Kunstgeschichte. Mit einem Nachw. von Ingrid Kreuzer [und einer Bibl.]. 232 S. UB 271/271a/b. 1964.

Bibliographisch ergänzte Ausgabe. 232 S. 1987.

Lessing, Gotthold Ephraim: Minna von Barnhelm oder das Soldatenglück. Ein Lustspiel in fünf Aufzügen. [Mit einer Vorbem.] 88 S. UB 10. 1950.

Durchgesehene Ausgabe. [Mit einer Nachbem.] 96 S. 1952.
Durchgesehene Ausgabe. [Mit einer Nachbem.] 104 S. 1958.
Erweiterte Ausgabe. Mit einem Nachw. 112 S. 1962.
Durchgesehene Ausgabe. Mit einem Anhang: Zur Entstehung und Wirkung von Lessings »Minna von Barnhelm«. 111 S. 1965.

Lessing, G[otthold] E[phraim]: Miß Sara Sampson. Ein Trauerspiel in fünf Aufzügen. 96 S. UB 16. 1958.

Durchgesehene Ausgabe. 94 S. 1970.
Erweiterte Ausgabe. Mit einer Nachbem. von Erwin Leibfried. 96 S. 1979.

Lessing, Gotthold Ephraim: Nathan der Weise. Ein dramatisches Gedicht in fünf Aufzügen. 128 S. UB 3/3a. 1947 [recte: 1948]

Durchgesehene Ausgabe. [Mit einer Nachbem.] 128 S. 1952.
Durchgesehene Ausgabe. [Mit einer Nachbem.] 135 S. 1960.
Durchgesehene Ausgabe. [Mit einer Nachbem.] 142 S. 1964.
Durchgesehene Ausgabe. [Mit einer Nachbem.] 142 S. 1968.
Erweiterte Ausgabe. Anm. von Peter von Düffel. 160 S. 1990.

Lessing, Gotthold Ephraim: Philotas. Ein Trauerspiel. Studienausgabe mit Lessings »Kleonnis«, Gleims »Philotas«, Bodmers »Polytimet« und Texten zur Theorie, Entstehung und Aufnahme Hrsg. von Wilhelm Große. 126 S. UB 5755 [2]. 1979.

Nicht mehr lieferbar seit 1992.

Lessing, Gotthold Ephraim: Sämtliche Gedichte. Hrsg. von Gunter E. Grimm. 454 S. UB 28 [6]. 1987.

Lessing, Gotthold Ephraim: Wie die Alten den Tod gebildet. Eine Untersuchung. Hrsg. von Ludwig Uhlig. 101 S. UB 8027. 1984

Lettau, Reinhard: Herr Strich schreitet zum Äußersten. Geschichten. Ausw. und Nachw. von Ellen Dinter. [Mit einer bio-bibliogr. Notiz.] 87 S. UB 7873. 1982.

Inhalt: Auftritt Manigs – Die Ausfahrt – Der Feind – Frühstücksgespräche in Miami 1, 2, 4, 7, 10, 12 [Ausz.] – Die Größe des Reiches – Handlungen Manigs I-III, V, VII, VIII – Herr am Platze – Herr Strich schreitet zum Äußersten – Der Irrgarten – Mißglückte Landnahme – Das Neue ist unbekannt – Ein neues Kursbuch – Schwierigkeiten beim Häuserbauen – Die Straße.

Li Tai-bo: Gedichte. Eine Auswahl. Übers., Einl. und Anm. von Günther Debon. 143 S. UB 8658/59. 1962.

Durchgesehene und verbesserte Ausgabe (1989). Übers. und hrsg. von Günther Debon. 144 S. 1992.

Lichtenberg, G[eorg] Chr[istoph]: Aphorismen. Auswahl. Ausgew. und eingel. von Friedrich Sengle. 151 S. UB 7812/13. 1953.

Auch als Sonderausgabe zum 125jährigen Bestehen des Verlags (Reclams Jubiläums-Bände). 1954. (Nicht mehr lieferbar.)
Durchgesehene Ausgabe. [Mit einer biogr. Notiz.] 152 S. 1961.
Durchgesehene Ausgabe. 144 S. 1984.

Liebe, Liebe, Liebe. Geschichten, Gedichte und Gedanken. Zsgest. von Stephan Koranyi. Ill. von Werner Rüb. 319 S. UB 40011. 1991. (Reclam Lesebuch.) *GEB.*

Liebesgeschichten. Von Arthur Schnitzler bis Hermann Broch. Hrsg. von Wulf Kirsten und Konrad Paul. 574 S. UB 8312 [7]. 1986.

Inhalt: F. Blei: Abschied von der Liebe – R. Borchardt: Die neue Dido – J. Boßhart: Der Kuhhandel – B. Brecht: Ein gemeiner Kerl – G. Britting: Die schöne Handschuhverkäuferin – H. Broch: Die Erzählung von der Magd Zerline – M. Dauthendey: Der Wildgänse Flug in Katata nachschauen – H. v. Doderer: Im Irrgarten – A. Döblin: Sommerliebe – A. Ehrenstein: Passion – M. Fleißer: Abenteuer aus dem Englischen Garten – B. Frank: Die Unbekannte – L. Frank: New Yorker Liebesgeschichte – F. Glauser: Nausikaa – O. M. Graf: Der letzte Mensch will heiraten – E. Hauptmann: Julia ohne Romeo – K. Herrmann: Die zerbrochenen Tassen – H. Hesse: Die Marmorsäge – Ö. v. Horváth: Das Fräulein wird bekehrt – E. v. Keyserling: Nachbarn – M. Lichnowsky: Das Rendez-vous im Zoo – H. Mann: Eine Liebesgeschichte – K. Mann: Une belle journée – T. Mann: Wälsungenblut – J. Roth: Stationschef Fallmerayer – A. Scharrer: Die Hopfenpflückerin – R. Schickele: Das Glück – A. Schnitzler: Ein Erfolg – B. Uhse: Das Motorrad – A. T. Wegner: Begierde – F. C. Weiskopf: Die Lebensrente oder der Teufel schläft nicht – F. Werfel: Par l'amour – F. Zeise: Ein Reisender liebt – A. Zweig: Kleiner Held.

Auch GEB. 1986.

251

Das Lied der Lieder. שִׁיר הַשִּׁירִים. In dt. Verse übertr. und erl. von Leopold Marx. Vorw. von Albrecht Goes. 80 S. UB 8896. 1964.

Nicht mehr lieferbar seit 1989.

Lieder zur Weihnacht. Eine Folge der schönsten Weihnachtslieder in Wort und einstimmiger Melodie. [Mit Zeichn. von Willi Harwerth.] Hrsg. von Ernst-Lothar von Knorr. 64 S. UB 7713. 1951. *Querformat.*

Auch GEB. 1951 ff. (Nicht mehr lieferbar.)

Auch als Sonderausgabe zum 125jährigen Bestehen des Verlags (Reclams Jubiläums-Bände). 1954. (Nicht mehr lieferbar.)

Durchgesehene Ausgabe. 80 S. 1961.

Liliencron, Detlev von: Gedichte. Hrsg. von Günter Heintz. 160 S. UB 7694 [2]. 1981.

Durchgesehene Ausgabe. 160 S. 1987.

Lilius, Henrik → Reclams Kunstführer Finnland

Literarische Collagen. Texte, Quellen, Theorie. Hrsg. von Volker Hage. 287 S. UB 7695 [4]. 1981.

Autoren: H. C. Artmann – K. Bayer – A. Behrens – H. Bienek – P. O. Chotjewitz – F. C. Delius – A. Döblin – H. M. Enzensberger – H. Fichte – M. Frisch – P. Handke – H. Heißenbüttel – U. Johnson – E. Köppen – K. Kraus – D. Kühn – F. Mon – G. Rühm – K. Schwitters – J. Stückrath – D. Wellershoff – R. Wolf – W. Wondratschek.

Livius, Titus: Ab urbe condita. Liber I / Römische Geschichte. 1. Buch. Lat./Dt. Übers. und hrsg. von Robert Feger. [Mit 2 Karten.] 240 S. UB 2031 [3]. 1981.

Livius, Titus: Ab urbe condita. Liber II / Römische Geschichte. 2. Buch. Lat./Dt. Übers. und hrsg. von Marion Giebel. 237 S. UB 2032 [3]. 1987.

Livius, Titus: Ab urbe condita. Liber III / Römische Geschichte. 3. Buch. Lat./Dt. Übers. und hrsg. von Ludwig Fladerer. 263 S. UB 2033 [3]. 1988.

Livius, Titus: Ab urbe condita. Liber IV / Römische Geschichte. 4. Buch. Lat./Dt. Übers. und hrsg. von Ludwig Fladerer. 234 S. UB 2034 [3]. 1991.

Livius: Römische Geschichte. Buch XXI und XXII. Der Zweite Punische Krieg [I]. Übers. und eingel. von Walther Sontheimer [mit Anm. und Namenverz.]. 184 S. UB 2109/10. 1959.

Durchgesehene Ausgabe. 165 S. 1981 [recte: 1982].

Livius: Römische Geschichte. Buch XXIII-XXV. Der Zweite Punische Krieg II. Übers. von Walther Sontheimer [mit Anm. und Namenverz.]. 174 S. UB 2111/12. 1960.

Durchgesehene Ausgabe. Übers. und Anm. von Walther Sontheimer. 160 S. 1982.

Livius: Römische Geschichte. Buch XXVI-XXX. Der Zweite Punische Krieg III. Übers. von Walther Sontheimer [mit Anm. und Namenverz.]. 272 S. UB 2113–15. 1961.

Durchgesehene Ausgabe. 240 S. 1985.

Locke, John: Gedanken über Erziehung. Übers., Anm. und Nachw. von Heinz Wohlers [mit einer Bibl.]. 294 S. UB 6147–50. 1970.

Durchgesehene und bibliographisch ergänzte Ausgabe. 294 S. 1980.

Locke, John: Über die Regierung (The Second Treatise of Government). In der Übers. von Dorothee Tidow mit einem Nachw. hrsg. von Peter Cornelius Mayer-Tasch. 247 S. UB 9691–93. 1974.

Bibliographisch ergänzte Ausgabe. 247 S. 1983.

Löns, Hermann: Ausgewählte Tiergeschichten. Mit einem Nachw. von Wilhelm Deimann. 80 S. UB 7701. 1951.

Inhalt: Fifichen – Der Geizhals – Glitsch – Der Letzte seines Stammes – Der Mörder – Murrjahn – Schlohwittchen – Der Zaunigel – Die Zeit der schweren Not.

Durchgesehene Ausgabe. 80 S. 1955.
Durchgesehene Ausgabe. [Mit Anm.] 80 S. 1970.

Loerke, Oskar: Das Goldbergwerk. Erzählungen. Mit einem Nachw. von Hermann Kasack [und einem Werkverz. von Reinhard Tgahrt]. 79 S. UB 8949. 1965.

Inhalt: Die beiden Götter – Das Goldbergwerk – Der Handschuh – Kaiser – Maat – Der Sandberg.

Nicht mehr lieferbar seit 1977.

Logau, Friedrich von: Sinngedichte. [Auswahl.] Hrsg. von Ernst-Peter Wieckenberg. 312 S. UB 706 [4]. 1984.

Lohenstein, Daniel Casper von: Cleopatra. Trauerspiel. Text der Erstfassung von 1661, besorgt von Ilse-Marie Barth. Nachw. von Willi Flemming. 184 S. UB 8950/51. 1965.

Lohenstein, Daniel Casper von: Sophonisbe. Trauerspiel. Hrsg. von Rolf Tarot. 248 S. UB 8394–96. 1970.

London, Jack: Eine Beute der Wölfe. Erzählung. [Übers. von Marie Laue.] 80 S. UB 7615. 1949.

Durchgesehene Ausgabe. 80 S. 1956.
Durchgesehene Ausgabe. 78 S. 1969.

London, Jack: Die Goldschlucht. Zwei exotische Erzählungen. Einzig berechtigte Übers. von Erwin Magnus. [Mit einem Nachw.] 72 S. UB 7070. 1947 [recte: 1948].

Inhalt: Auf der Makaloa-Matte – Die Goldschlucht.
Nicht mehr lieferbar seit 1950.

London, Jack: Nächtliche Fahrten. General Kellys Armee. Zwei Erzählungen. Einzig berechtigte Übers. von Erwin Magnus. 63 S. UB 7614. 1948.

Durchgesehene Ausgabe. 64 S. 1963.

London, Jack: Three Stories: Love of Life. A Piece of Steak. War. Hrsg. von Dieter Hamblock. 91 S. UB 9225. 1987. (Fremdsprachentexte.)

London, Jack: To Build a Fire / Feuermachen. Told in the Drooling Ward / Bei den Sabberern. [Zwei Erzählungen.] Engl. und dt. Übers. und mit einem Nachw. [und Anm.] hrsg. von Walter Pache. 88 S. UB 9802. 1975.

London Poems. Hrsg. von Adolf Barth. 96 S. UB 9229. 1988 (Fremdsprachentexte.)

Autoren: R. Aldington – M. Arnold – F. Beaumont – J. Betjeman – W. Blake – R. Bridges – J. Dryden – W. Dunbar – T. S. Eliot – F. S. Flin – F. M. Ford – J. Gay – L. Johnson – A. Lowell – L. MacNeice – E. Spenser – J. Swift – A. Symons – A. Tennyson – O. Wilde – W. Wordsworth.

Longinus: Vom Erhabenen. Griech./Dt. Übers. und hrsg. von Otto Schönberger. 157 S. UB 8469 [2]. 1988.

Longos: Daphnis und Chloe. [Roman.] Übers., Anm. und Nachw. von Otto Schönberger. [Mit einer Bibl.] 174 S. UB 6911/12. 1970.

Durchgesehene und bibliographisch ergänzte Ausgabe. 176 S. 1980.
Durchgesehene und bibliographisch ergänzte Ausgabe. 176 S. 1988.

Lope de Vega → Vega, Lope de

Lorenz, Thuri → Reclams Kunstführer Italien VI

Lorenzen, Paul: Theorie der technischen und politischen Vernunft. [Aufsätze zur Wissenschaftstheorie. Mit einem bio-bibliogr. Anh.] 168 S. UB 9867 [2]. 1978.

Inhalt: Das Begründungsproblem politischen Wissens – Die drei mathematischen Grunddisziplinen der Physik – Interdisziplinäre Forschung und infradisziplinäres Wissen – Die klassische Analysis als eine konstruktive Theorie – Regeln vernünftigen Argumentierens – Eine Revision der Einsteinschen Revision – Wissenschaftstheorie und Politikberatung.

Loriot: Menschen, Tiere, Katastrophen. [Ausw. von Peter Köhler.] 160 S. UB 8820. 1992.

Lortzing, Albert: Undine. Romantische Zauberoper in vier Aufzügen. Nach Fouqués Erzählung frei bearbeitet von Albert Lortzing. Vollständiges Buch. Hrsg. und eingel. von Wilhelm Zentner. 76 S. UB 2626. 1951.

Durchgesehene Ausgabe. 77 S. 1975.

Lortzing, Albert: Der Waffenschmied. Komische Oper in drei Aufzügen. Vollständiges Buch. Hrsg. und eingel. von Georg Richard Kruse. 79 S. UB 2569. 1950.

Nicht mehr lieferbar; ersetzt durch:

Lortzing, Albert: Der Waffenschmied. Komische Oper in drei Aufzügen. Vollständiges Buch. Neu hrsg. und eingel. von Wilhelm Zentner. 76 S. UB 2569. 1955.

Durchgesehene Ausgabe. 71 S. 1979.

Lortzing, Albert: Der Wildschütz. Komische Oper in drei Aufzügen, nach Kotzebue frei bearbeitet. Vollständiges Buch. [Mit einer Einl.] 94 S. UB 2760. 1949 [recte: 1950].

Nicht mehr lieferbar; ersetzt durch:

Lortzing, Albert: Der Wildschütz. Komische Oper in drei Aufzügen nach Kotzebue frei bearbeitet. Vollständiges Buch. Eingel. und hrsg. von Wilhelm Zentner. 94 S. UB 2760. 1954.

Lortzing, Albert: Zar und Zimmermann. Komische Oper in drei Aufzügen. Vollständiges Buch. Hrsg. und eingel. von Georg Richard Kruse. 88 S. UB 2549. 1950.

Nicht mehr lieferbar; ersetzt durch:

Lortzing, Albert: Zar und Zimmermann. Komische Oper in drei Aufzügen. Vollständiges Buch. Neu hrsg. und eingel. von Wilhelm Zentner. 77 S. UB 2549. 1952.

Durchgesehene Ausgabe. 80 S. 1966.

Loschütz, Gert: Hör mal, Klaus! Hörspiel. Mit einem autobiogr. Nachw. [und einer biogr. Notiz]. 51 S. UB 9842. 1977.

Nicht mehr lieferbar seit 1989.

Luchner, Laurin → Reclams Kunstführer Österreich II

Lucretius Carus, Titus: De rerum natura / Welt aus Atomen. Lat. und dt. Übers. und mit einem Nachw. hrsg. von Karl Büchner 637 S. UB 4257–59/59a-e. 1973.

Ludewig, Wolfgang → Reclams Kammermusikführer (1990)

Ludus de Antichristo / Das Spiel vom Antichrist. Lat. und dt Übers. und Nachw. von Rolf Engelsing. [Mit einer Bibl.] 63 S UB 8561. 1968.

Ludwig, Otto: Der Erbförster. Trauerspiel in fünf Aufzügen Nachw. von Edward McInnes. 95 S. UB 3471. 1979.

Ludwig, Otto: Shakespeare-Studien. Mit einem Nachw. und Anm von Manfred Hoppe [und einer Zeittaf.]. 229 S. UB 6618–20 1971.

Nicht mehr lieferbar seit 1989.

Ludwig, Otto: Zwischen Himmel und Erde. Erzählung. [Mit einem Nachw. von Konrad Nußbächer.] 264 S. UB 3494–96. 1954.

Durchgesehene Ausgabe. 219 S. 1989.

Lübbe, Hermann: Praxis der Philosophie. Praktische Philosophie Geschichtstheorie. [Aufsätze. Mit einem bio-bibliogr. Anh. 157 S. UB 9895 [2]. 1978.

Inhalt: Dezisionismus – eine kompromittierte politische Theorie – Freihe und Terror – Die Identitätspräsentationsfunktion der Historie – Philosophi als Aufklärung – Traditionsverlust und Fortschrittskrise. Sozialer Wande als Orientierungsproblem – Zur politischen Theorie der Technokratie.

Nicht mehr lieferbar seit 1991.

Lukas, Viktor: Orgelmusikführer. [Mit zahlr. Notenbeisp.] 272 S. UB 8880–87. 1963. *GEB.*

Nicht mehr lieferbar.
Fortgeführt als → Reclams Orgelmusikführer

Lukian: Gespräche der Götter und Meergötter, der Toten und der Hetären. In Anlehnung an Christoph Martin Wieland übers. und hrsg. von Otto Seel. 256 S. UB 1133/33a/b. 1967.

Luserke, Martin: Das schnellere Schiff. Erzählung. Mit einem Nachw. von Kurt Speth [und einem Glossar]. 84 S. UB 8267. 1959.

Nicht mehr lieferbar seit 1976.

Lustspiele der Aufklärung in einem Akt. Hrsg. von Georg-Michael Schulz. 262 S. UB 8350 [3]. 1986.

Inhalt: C. F. Gellert: Die kranke Frau – L. A. V. Gottsched: Der Witzling – J. C. Krüger: Herzog Michel – G. E. Lessing: Der Schatz – J. E. Schlegel: Die stumme Schönheit – C. F. Weiße: Großmuth für Großmuth.

Luther, Martin: An den christlichen Adel deutscher Nation. Von der Freiheit eines Christenmenschen. Sendbrief vom Dolmetschen. [Schriften.] Mit einer kurzen Biographie und einem Nachw. hrsg. von Ernst Kähler. 191 S. UB 1578/78a. 1951.

Auch GEB. 1951. (Nicht mehr lieferbar.)
Durchgesehene Ausgabe. 175 S. 1962.

Luther, Martin: Tischreden. Hrsg. von Kurt Aland. 317 S. UB 1222 [4]. 1981.

Luther, Martin: Vom ehelichen Leben und andere Schriften über die Ehe. Hrsg. von Dagmar C. G. Lorenz. 96 S. UB 9896. 1978.

Inhalt: Daß Eltern die Kinder zur Ehe nicht zwingen noch hindern, und die Kinder ohn der Eltern Willen sich nicht verloben sollen – Eine Predigt vom Ehestand (3. und 4. Teil) – Ein Sermon von dem ehlichen Stand – Testament – Ursach und Antwort, daß Jungfrauen Klöster göttlich verlassen mögen – Vom ehelichen Leben – Welchen Personen verboten sind zu ehelichen.

Lyrik des Exils. Hrsg. von Wolfgang Emmerich und Susanne Heil. 511 S. UB 8089 [6]. 1985.

Autoren: L. Ajchenrand – G. Anders – E. Arendt – H. Arp – R. Ausländer – J. R. Becher – S. Ben-Chorin – I. Blumenthal-Weiss – R. Borchardt – B. Brecht – S. Brecht – H. Broch – F. Brügel – W. Bukofzer – P. Celan – W. Cordan – F. T. Csokor – H. Domin – A. Ehrenstein – L. Feuchtwanger – E. Fried – L. Fürnberg – K. Gerold – Y. Goll – A. Gong – O. M. Graf –

H. Hakel – M. Hamburger – J. Haringer – I. G. Heilbut – S. Hermlin – M. Herrmann-Neisse – S. Heym – R. Huelsenbeck – H. Huppert – G. Kaiser – M. Kaléko – A. Kerr – I. Keun – P. Klee – G. Kolmar – W. Kraft – T. Kramer – K. Kraus – Kuba – E. Lasker-Schüler – R. Leonhard – P. Ludwig – O. Mainzer – P. Mayer – S. Meerbaum-Eisinger – W. Mehring – A. Mombert – T. Plievier – H. Politzer – N. Sachs – H. Sahl – H. Schmeier – K. Schnog – I. Schreyer – K. Schwitters – O. Seidlin – A. Stübs – J. Thoor – K. Tucholsky – B. Viertel – E. Waldinger – A. T Wegner – E. Weinert – P. Weiss – F. Werfel – A. Wolfenstein – K. Wolfskehl – P. Zech – G. Zernatto – C. Zuckmayer.

Lyrik des Jugendstils. Eine Anthologie. Mit einem Nachw. hrsg von Jost Hermand. 95 S. UB 8928. 1964.

Autoren: O. J. Bierbaum – E. v. Bodman – R. Dehmel – T. Etzel L. Finckh – S. George – F. Grafe – J. Grun – E. Hardt – J. Hart – E. A Herrmann – G. Heym – A. W. Heymel – A. Holz – L. Jacobowski A. Mombert – C. Morgenstern – F. Perzynski – R. M. Rilke – R. Schauka – K. Schloß – R. A. Schröder – E. Stadler – E. Stucken – G. Trakl H. Vogeler – W. Weigand – E. R. Weiss.

Bibliographisch ergänzte Ausgabe. 95 S. 1977.

Lyrik des Mittelalters. Probleme und Interpretationen. Von Hein Bergner, Paul Klopsch, Ulrich Müller, Dietmar Rieger und Fried rich Wolfzettel. Hrsg. von Heinz Bergner. [Tl.] I: **Die mittellate nische Lyrik. Die altprovenzalische Lyrik. Die mittelalterlich Lyrik Nordfrankreichs.** 578 S. UB 7896 [8]. 1983.

Auch GEB. 1983. *(Nicht mehr lieferbar.)*

Lyrik des Mittelalters. [...] [Tl.] II: **Die mittelhochdeutsch Lyrik. Die mittelenglische Lyrik.** 446 S. UB 7897 [6]. 1983.

Auch GEB. 1983. *(Nicht mehr lieferbar.)*

Lyrik des Naturalismus. Hrsg. von Jürgen Schutte. 260 S UB 7807 [3]. 1982.

Autoren: F. Adler – W. Arent – K. Bleibtreu – H. Conradi – R. Dehmel L. A. v. Hanstein – H. Hart – J. Hart – O. E. Hartleben – G. Hauptmann K. F. Henckell – A. Holz – O. Jerschke – O. Kamp – J. H. Mackay – M. F v. Stern – B. Wille.

Lyrik für Leser. Deutsche Gedichte der siebziger Jahre. Hrsg. vc Volker Hage. 159 S. UB 9976 [2]. 1980.

Autoren: J. Becker – W. Biermann – N. Born – R. D. Brinkmann M. Buselmeier – F. C. Delius – H. M. Enzensberger – J. Fauser – L. Fels P. Handke – R. Haufs – K. Kiwus – K. Konjetzky – U. Krechel – M. Kr ger – R. Malkowski – C. Meckel – B. Morshäuser – H. M. Novak – R. Ritter – P. Rühmkorf – H. D. Schäfer – H. Taschau – J. Theobaldy – W. Wondratschek – P.-P. Zahl – D. E. Zimmer.

Lyriktheorie. Texte vom Barock bis zur Gegenwart. Hrsg. von Ludwig Völker. 464 S. UB 8657 [6]. 1990.

Autoren: T. W. Adorno – J. Anderegg – C. Batteux – W. Benjamin – G. Benn – F. Bouterwek – B. Brecht – M. Carriere – P. Celan – W. Dilthey – G. Eich – J. J. Engel – H. M. Enzensberger – E. Ermatinger – J. J. Eschenburg – H. W. v. Gerstenberg – J. W. Goethe – J. C. Gottsched – K. Gutzkow – K. Hamburger – F. Hebbel – G. W. F. Hegel – M. Heidegger – H. Heine – J. G. Herder – G. Herwegh – K. Hiller – F. Hölderlin – W. Höllerer – H. v. Hofmannsthal – H. E. Holthusen – A. Holz – J. G. Jacobi – E. Jandl – Jean Paul – I. Jeitteles – F. G. Jünger – F. G. Klopstock – M. Kommerell – O. Loerke – O. Ludwig – M. Mendelssohn – D. G. Morhof – W. Müller – T. Mundt – R. Musil – G. Neumark – F. Nietzsche – Novalis – M. Opitz – F. W. J. Schelling – F. Schiller – A. W. Schlegel – F. Schlegel – J. A. Schlegel – A. Schopenhauer – F. J. W. Schröder – K. W. F. Solger – E. Staiger – T. Storm – J. G. Sulzer – M. Susman – J. Theobaldy – F. T. Vischer – W. Wackernagel – O. Walzel – P. Wapnewski – R. M. Werner.

Lyrische Porträts. Hrsg. von Eckart Kleßmann. 235 S. UB 7988 [3]. 1991.

Autoren: G. Benn – F. Bischoff – J. Bobrowski – T. Däubler – G. Eich – T. Fontane – E. Fried – W. H. Fritz – S. George – A. Goes – F. Grillparzer – M. Guttenbrunner – W. Hädecke – P. Härtling – U. Hahn – M. Hannsmann – F. Hebbel – H.-J. Heise – G. Herwegh – G. Heym – F. Hölderlin – D. Hoffmann – R. Huch – P. Huchel – E. Jansen – P. Jokostra – W. Kirsten – E. Kleßmann – G. Kolmar – K. Kraus – K. Krolow – G. Kunert – E. Lasker-Schüler – O. Loerke – C. Meckel – H. E. Nossack – H. Piontek – A. v. Platen – R. M. Rilke – J. Ringelnatz – N. Sachs – H. D. Schäfer – O. Schaefer – R. Schickele – F. L. zu Stolberg – G. Trakl – F. Werfel – W. Weyrauch – C. M. Wieland – K. A. Wolken – A. Zornack.

M

McCullers, Carson: Die Mär von der glücklosen Schenke. [Erzählung.] Übers. von Wolfgang von Einsiedel. [Mit einer Vorbem.] 96 S. UB 7848. 1954.

Auch als Sonderausgabe zum 125jährigen Bestehen des Verlags (Reclams Jubiläums-Bände). 1954. (Nicht mehr lieferbar.)

Nicht mehr lieferbar seit 1984.

Machiavelli, Niccolò: Der Fürst. Aus dem Ital. übertr. von Erns Merian-Genast. Mit einer Einf. von Hans Freyer [und Anm.] 158 S. UB 1218/19. 1961.

Nicht mehr lieferbar seit 1988.

Machiavelli, Niccolò: Il Principe / Der Fürst. Ital./Dt. Übers. und hrsg. von Philipp Rippel. 255 S. UB 1219 [3]. 1986.

Mackensen, Lutz → Reclams etymologisches Wörterbuch der deutschen Sprache

Mackie, John Leslie: Ethik. Auf der Suche nach dem Richtigen un Falschen. Aus dem Engl. übers. von Rudolf Ginters. [Mit eine biogr. Notiz.] 317 S. UB 7680 [4]. 1981.

Auch GEB. 1981. (Nicht mehr lieferbar.)

Durchgesehene und verbesserte Ausgabe. 317 S. 1983.

Titel ab 1992: Ethik. Die Erfindung des moralisch Richtigen und Falschen (Sonst unverändert.)

Mackie, John Leslie: Das Wunder des Theismus. Argumente fü und gegen die Existenz Gottes. Aus dem Engl. übers. von Rudo Ginters. [Mit einer biogr. Notiz.] 424 S. UB 8075 [5]. 1985.

Auch GEB. 1985. (Nicht mehr lieferbar.)

Maeterlinck, Maurice: Pelleas und Melisande. [Drama.] Autorisierte Übertr. aus dem Frz. von Friedrich von Oppeln-Broni kowski. Mit einem Nachw. von Hans W. Panthel. 63 S. UB 9427 1972.

Nicht mehr lieferbar seit 1992.

Majakowskij, Wladimir W.: Gedichte. Ausw., Übertr. un Nachw. von Karl Dedecius. [Mit Anm.] 80 S. UB 9324. 1971

Mallarmé, Stéphane → Baudelaire/Rimbaud/Verlaine/Mallarmé

Manilius, Marcus: Astronomica / Astrologie. Lat./Dt. Übers. und hrsg. von Wolfgang Fels. 533 S. UB 8634 [7]. 1990.

Mann, Heinrich: Künstlernovellen: Pippo Spano. Schauspielerin. Die Branzilla. Nachw. von Heide Eilert. 183 S. UB 8381 [2]. 1987.

Mann, Heinrich: Der Tyrann. Die Branzilla. [Zwei] Novellen. Mit einem Nachw. von Ulrich Weisstein. 78 S. UB 7001. 1965.

Mann, Klaus: In meinem Elternhaus. [1. Teil von: Der Wendepunkt.] Mit einem Nachw. hrsg. von Joachim Schondorff. 95 S. UB 9794. 1975.

Mann, Thomas: Tristan. Novelle. Mit einem Nachw. von Rudolf K. Goldschmit-Jentner. 79 S. UB 6431. 1950.

Durchgesehene Ausgabe. 74 S. 1954.
Durchgesehene Ausgabe. 63 S. 1969.
Veränderte Ausgabe. Nachw. von Hermann Kurzke. 63 S. 1988.

Mann, Thomas: Zwei Festreden. 64 S. UB 6931. 1967.

Inhalt: Hundert Jahre Reclam – Lübeck als geistige Lebensform.

Nicht mehr lieferbar seit 1988.

Mansfield, Katherine: Erzählungen. Ausgew., übers. und mit einem Nachw. von Ursula Grawe. 383 S. UB 8635 [5]. 1990.

Inhalt: An der Bucht – Der Baron – Diese Blume – Das falsche Haus – Die Fliege – Frau Brechenmacher besucht eine Hochzeit – Die Frau mit dem Laden – Der Fremde – Das Gartenfest – Die Geschichte eines verheirateten Mannes – Glück – Ihr erster Ball – Eine indiskrete Reise – Der Kanarienvogel – Millie – Miss Brill – Die Nelke – Präludium – Das Puppenhaus – Rosabels Müdigkeit – Sechs Jahre danach – Die Töchter des verstorbenen Oberst – Die Überfahrt – Der Wind weht.

Auch GEB. 1990.

Mansfield, Katherine: The Garden-Party. Five Short Stories. Hrsg. von Karin Friedmann. 85 S. UB 9152. 1983. (Fremdsprachentexte.)

Inhalt: The Canary – The Fly – The Garden-Party – Sixpence – The Woman at the Store.

Mansfield, Katherine: Sun and Moon. Fünf Short Stories. Engl. und dt. Ausgew., übers. und mit einem Nachw. hrsg. von Nelson Wattie. 79 S. UB 9853. 1977.

Inhalt: By Moonlight – Daphne – Sun and Moon – The Wind Blows – The Wrong House.

Nicht mehr lieferbar seit 1989.

Màrai, Alexander: Die französische Jacht und andere Erzählungen. Aus dem Ungar. übers. von Ludwig Görcz und Tibor von Podmaniczky. [Mit einer Nachbem.] 80 S. UB 7814. 1953.

Inhalt: Das Bad – Einsamkeit – Das Erdbeben – Die französische Jacht – Das Geschenk – Leidenschaft – Mann im Regenmantel – Menschen brechen miteinander – Der Nachlaß – Der Toreador – Vor der Sprechstunde.

Auch als Sonderausgabe zum 125jährigen Bestehen des Verlags (Reclams Jubiläums-Bände). 1954. (Nicht mehr lieferbar.)

Nicht mehr lieferbar seit 1973.

[Marc Aurel:] Des Kaisers Marcus Aurelius Antoninus Selbstbetrachtungen. Übers. mit Einl. und Anm. von Dr. Albert Wittstock. 204 S. UB 1241/42. 1949.

Auch GEB. 1949. (Nicht mehr lieferbar.)
Durchgesehene Ausgabe. 197 S. 1956.
Durchgesehene Ausgabe. 188 S. 1979.

Marcel, Gabriel: Das ontologische Geheimnis. Drei Essais. Mit einer Einl. des Verf. Aus dem Frz. übertr. von G. Konietzny Grond und Georges Schlocker. [Mit einer Bibl. der in Deutschland erschienenen Werke.] 107 S. UB 8643/44. 1961.

Inhalt: Gefahrvolle Lage der ethischen Werte – Das ontologische Geheimnis. Fragestellung und konkrete Zugänge – Wert und Unsterblichkeit.

Bibliographisch ergänzte Ausgabe. 111 S. 1964.

Nicht mehr lieferbar seit 1973.

Marivaux, Pierre Chamblain de: Das Spiel von Liebe und Zufall. Die Aufrichtigen. [Zwei] Komödien. [Aus dem Frz. übers. von Tilli Breidenbach, Hans von Seydewitz und Florian Stern.] Mit einem Nachw. von Ivan Nagel. 105 S. UB 8604. 1961.

Im Anhang überarbeitete Ausgabe. 112 S. 1988.
Nicht mehr lieferbar; ersetzt durch:

Marivaux, Pierre Carlet de Chamblain de: Das Spiel von Liebe und Zufall. Komödie in drei Akten. Übers. von Gerda Scheffel. Nachw. von Ivan Nagel. 78 S. UB 8604. 1992.

Marivaux, Pierre Carlet de Chamblain de: Verführbarkeit auf beiden Seiten (La Double Inconstance). Komödie in drei Akten. Übers. und hrsg. von Gerda Scheffel. 87 S. UB 7810. 1981 [recte 1982].

Marlowe, Christopher: Edward II / Eduard II. Engl./Dt. Übers. von Hanno Bolte und Dieter Hamblock. Hrsg. von Dieter Hamblock. 228 S. UB 7696 [3]. 1981.

Marlowe, Christopher: Tamburlaine the Great. Part I and II / Tamerlan der Große. Teil I und II. Engl./Dt. Übers., komm. und hrsg. von Friederike Lichius, Hans-Helmut Pfingsten und Peter Wenzel. 392 S. UB 9936 [5]. 1979.

Marlowe, Christopher: Die tragische Historie vom Doktor Faustus. [Schauspiel in fünf Akten.] Dt. Fassung, Nachw. und Anm. von Adolf Seebaß. 88 S. UB 1128. 1964.

Marquard, Odo: Abschied vom Prinzipiellen. Philosophische Studien. [Mit einem bio-bibliogr. Anh.] 151 S. UB 7724 [2]. 1981.

Inhalt: Abschied vom Prinzipiellen. Auch eine autobiographische Einleitung – Der angeklagte und der entlastete Mensch in der Philosophie des 18. Jahrhunderts – Ende des Schicksals? Einige Bemerkungen über die Unvermeidlichkeit des Unverfügbaren – Frage nach der Frage, auf die die Hermeneutik die Antwort ist – Inkompetenzkompensationskompetenz? Über Kompetenz und Inkompetenz der Philosophie – Lob des Polytheismus. Über Monomythie und Polymythie.

Marquard, Odo: Apologie des Zufälligen. Philosophische Studien. [Mit einem bio-bibliogr. Anh.] 144 S. UB 8351 [2]. 1986.

Inhalt: Apologie des Zufälligen. Philosophische Überlegungen zum Menschen – Entlastungen. Theodizeemotive in der neuzeitlichen Philosophie – Skeptiker. Dankrede – Über die Unvermeidlichkeit der Geisteswissenschaften – Universalgeschichte und Multiversalgeschichte – Zeitalter der Weltfremdheit? Beitrag zur Analyse der Gegenwart – Zur Diätetik der Sinnerwartung. Philosophische Bemerkungen.

Marsilius von Padua: Der Verteidiger des Friedens. Auf Grund der Übers. von Walter Kunzmann bearb. von Horst Kusch. Ausw. und Nachw. von Heinz Rausch. [Mit Anm. und Bibl.] 247 S. UB 7964–66. 1971.

Martens, Ekkehard: Die Sache des Sokrates. Mit 9 Abb. 159 S. UB 8823. 1992.

Marti, Kurt: Wen meinte der Mann? Gedichte und Prosatexte. Ausw. und Nachw. von Elsbeth Pulver. [Mit einem bio-bibliogr. Anh.] 120 S. UB 8636 [2]. 1990.

Martial: Epigramme. Ausgew., übers. und erl. [mit einer Einf.] von Harry C. Schnur. 166 S. UB 1611/12. 1966.

Martin, Gottfried: Einleitung in die allgemeine Metaphysik. 144 S. UB 8961/62. 1965.

Marx, Karl: Kritik des Hegelschen Staatsrechts. Nachw. von Theo Stammen. [Mit Anm.] 240 S. UB 9465–67. 1973.

Marx, Karl / Engels, Friedrich: Manifest der Kommunistischen Partei. Grundsätze des Kommunismus. Mit einem Nachw. von Iring Fetscher. 96 S. UB 8323. 1969.

Revidierte Ausgabe. 96 S. 1989.

Marx, Karl / Engels, Friedrich: Über Literatur. Ausgew. und hrsg. von Cornelius Sommer. 125 S. UB 7942/43. 1971.

Masereel, Frans: Die Sonne. 63 Holzschnitte. Einl. und Nachw. von Carl Georg Heise. 149 S. UB 8492/92a. 1961.

Auch GEB. 1961. (Nicht mehr lieferbar.)

Matute, Ana María: El salvamento / Die Rettung. Erzählungen. Span./Dt. Übers. und Nachw. von Hans Leopold Davi. 75 S. UB 9868. 1977.

Inhalt: El maestro – El salvamento – Vida nueva.

Maugham, W. Somerset: Jane. Erzählungen. Aus dem Engl. übertr. von Mimi Zoff. Mit einem Nachw. von Gerhard Marx Mechler. 79 S. UB 8487. 1961.

Inhalt: Die Ameise und die Grille – Jane – Der Kirchendiener – Louise – Der Mann mit der Narbe.

Nicht mehr lieferbar seit 1989.

Maugham, W. Somerset: The Letter. [Erzählung.] Hrsg. von Ulrich Hiller. 75 S. UB 9183. 1985. (Fremdsprachentexte.)

Maupassant, Guy de: Bel-Ami. Roman. Übers. und Nachw. von Ernst Sander. 416 S. UB 9686–90. 1973 [recte: 1974].

Auch GEB. 1973. (Nicht mehr lieferbar.)
Auch GEB. in der Reihe »Reclam Lese-Klassiker«. 417 S. 1986.

Maupassant, Guy de: Contes. [Auswahl.] Hrsg. von Irmgard Rauthe-Welsch. 79 S. UB 9153. 1983. (Fremdsprachentexte.)

Inhalt: La Ficelle – Mon Oncle Jules – Le Papa de Simon – Le Vagabond
Bibliographisch ergänzte Ausgabe. 79 S. 1984.

Maupassant, Guy de: Fettklößchen. Novelle. Übertr. und Nachw. von Ernst Sander. 70 S. UB 6768. 1968.

Maupassant, Guy de: Novellen. Aus dem Frz. übers. von Doris Distelmaier-Haas und Ernst Sander. Hrsg. von Doris Distelmaier-Haas. 312 S. UB 4297 [4]. 1991.

Inhalt: An einem Frühlingsabend – Auf dem Wasser – Coco – Der erste Schnee – Der Esel – Fettklößchen – Die Gefangenen – Das Grauen – Das Haus Tellier – Die Heirat des Oberleutnants Laré – Der Horla – Die Irre – Die Liege zur letzten Ruhe – Mademoiselle Fifi – Menschliches Leid – Das Menuett – Der Regenschirm – Reue – Der Schmuck – Die Schmucknadeln – Die Schnur – Simons Vater – Der Teufel – Ein Verrückter? – Von Katzen.

Auch GEB. 1991.

Maupassant, Guy de: Der Schmuck. Novellen. Übers. aus dem Frz. und Nachw. von Ernst Sander. 69 S. UB 6795. 1953.

Inhalt: Der Horla – Der Schmuck – Der Teufel.

Durchgesehene Ausgabe. 62 S. 1964.

Titel ab 1983: Der Schmuck. Der Teufel. Der Horla. *(Sonst unverändert.)*

Mauriac, François: Der Dämon der Erkenntnis. Novelle. Übers. von Heinz Küpper. Nachw. von Wilhelm Grenzmann. 60 S. UB 7802. 1953.

Auch als Sonderausgabe zum 125jährigen Bestehen des Verlags (Reclams Jubiläums-Bände). 1953. (Nicht mehr lieferbar.)

Durchgesehene Ausgabe. 62 S. 1962.

Nicht mehr lieferbar seit 1980.

Mauriac, François: Thérèse Desqueyroux. [Roman.] Hrsg. von Walter Paluch. 173 S. UB 9230 [2]. 1988. (Fremdsprachentexte.)

Maurois, André: Der Seelenwäger. Eine phantastische Erzählung. [Aus dem Frz. übertr. von Alastair (d. i. Hans Henning von Voigt). Mit einer biogr. Notiz.] 96 S. UB 7833. 1956.

Nicht mehr lieferbar seit 1975.

May, Karl: Der Geist des Llano estakado. [Roman.] Hrsg. von Bernhard Kosciuszko. 352 S. UB 8235 [3]. 1984.

Mayröcker, Friederike: Das Anheben der Arme bei Feuersglut. Gedichte und Prosa. Ausw. und Nachw. von Heinz F. Schafroth. [Mit einem bio-bibliogr. Anh.] 79 S. UB 8236. 1984.

Meckauer, Walter: Mein Vater Oswald. Erzählung. Mit einem Nachw. von Gerhart Pohl. 76 S. UB 7856. 1954.

Nicht mehr lieferbar seit 1974.

Meckel, Christoph: Verschiedene Tätigkeiten. Geschichten, Bilder und Gedichte. Hrsg. von Wulf Segebrecht. 85 S. UB 9378. 1972.

Inhalt: Baan, Beschreibung einer Stadt – Erfindungen – Freundlich sein – Die Geschichte des Lädemli Lolle – Hinweise für den Gast des Hauses – Das Hölzerne Bengele – Das Hotel – Mein König – Mein Sternbild ist der Schlüssel (Bildgeschichte); Zeichnungen; Gedichte.

Medizin und Ethik. Hrsg. von Hans-Martin Sass. 392 S. UB 8599 [5]. 1989.

Inhalt: T. L. Beauchamp: Antwort auf Rachels zum Thema Euthanasie – D. Birnbacher: Genomanalyse und Gentherapie – B. A. Brody: Der vegetabile Patient und die Ethik in der Medizin – J. F. Childress: Prioritäten in der Gesundheitsfürsorge – H. T. Engelhardt jun.: Die Prinzipien der Bioethik – R. M. Hare: Embryonenforschung: Argumente in der politischen Ethik – N. Hoerster: Tötungsverbot und Sterbehilfe – H. Jonas: Humanexperimente – E. D. Pellegrino: Der tugendhafte Arzt und die Ethik der Medizin – J. Rachels: Aktive und passive Sterbehilfe – H.-M. Sass: Hirntod und Hirnleben – P. Singer: Schwangerschaftsabbruch und ethische Güterabwägung – R. M. Veatch: Lebensstil, Gesundheitsrisiko und Solidarität – H. Viefhues: Medizinische Ethik in einer offenen Gesellschaft – W. Wieland: Strukturtypen ärztlichen Handelns – H. P. Wolff: Arzt und Patient. Dokumente.

Meier, Gerhard: Signale und Windstöße. Gedichte und Prosa. Ausw. und Nachw. von Heinz F. Schafroth. 74 S. UB 8552. 1989.

Meiner, Annemarie: Reclam. Geschichte eines Verlages. 96 S. UB 8300. 1958.

Auch GEB. 1958 ff. *(Nicht mehr lieferbar.)*

2., überarbeitete und ergänzte Auflage. 112 S. 1961.

Nicht mehr lieferbar seit 1967.

Meinke, Hans Heinrich / Groll, Horst: Radar. Physikalische Voraussetzungen und technische Anwendung. Mit 39 Zeichn. und 8 Bildtaf. 124 S. UB 8824/25. 1962.

Nicht mehr lieferbar seit 1976.

Meistersang. Meisterlieder und Singschulzeugnisse. Ausw. und Einf. von Bert Nagel. [Mit Anm.] 176 S. UB 8977/78. 1965.

Autoren: S. Beckmesser – F. Beer – M. Beheim – H. Deisinger – H. Folz – Frauenlob – G. Hager – Heinrich von Mügeln – K. Holl – D. Holtzmann – A. Metzger – Muskatplüt – L. Nunnenpeck – A. Puschmann – Regenbogen – H. Sachs – J. Schiller – C. Spangenberg – J. Spreng – Pseudo-Tannhäuser – B. v. Watt – H. Wolff – N. Zimmermann; Augsburger Singschule – Freiburger Singschule – Iglauer Singschule – Kolmarer Handschrift – Memminger Singschule – Münchner Singschule – Straßburger Singschule.

Melanchthon, Philipp: Glaube und Bildung. Texte zum christlichen Humanismus. Lat./Dt. Ausgew., übers. und hrsg. von Günter R. Schmidt. 224 S. UB 8609 [3]. 1989.

Melville, Herman: Bartleby. [Erzählung.] Hrsg. von Ferdinand Schunck. 88 S. UB 9190. 1985. (Fremdsprachentexte.)

Melville, Herman: Billy Budd. Erzählung. Dt. Übertr. von Richard Möring (Peter Gan). 112 S. UB 7707. 1954.

Durchgesehene Ausgabe. [Mit einer Nachbem.] 111 S. 1960.
Durchgesehene Ausgabe. 104 S. 1984.

Melville, Herman: Moby Dick oder Der Wal. [Roman.] Vollständige Ausgabe. Aus dem Amerikan. übertr. von Alice und Hans Seiffert. Mit einem Nachw. von Rudolf Sühnel. 758 S. UB 9369–77. 1972.

Menander: Samia. Griech./Dt. Übers. und hrsg. von Helmut Offermann. 112 S. UB 9993 [2]. 1980 [recte: 1981].

Menander: Das Schiedsgericht. Komödie in fünf Akten. Übertr., erg. und mit einem Nachw. von Alfred Körte. 67 S. UB 8676. 1962.

Mendelssohn, Moses: Morgenstunden oder Vorlesungen über das Dasein Gottes. Der Briefwechsel Mendelssohn – Kant. Hrsg. von Dominique Bourel. 269 S. UB 9941 [3]. 1979.

Der Mensch – ein politisches Tier? Essays zur politischen Anthropologie. Hrsg. von Otfried Höffe. 213 S. UB 8825. 1992.

Inhalt: V. Gerhardt: »Das Thier, das versprechen darf«. Mensch, Gesellschaft und Politik bei Friedrich Nietzsche – O. Höffe: Sieben Thesen zur Anthropologie der Menschenrechte – R. Imbach. Die politische Dimension der menschlichen Vernunft bei Dante – G. Kohler: Ordnung und Lebendigkeit. Michel Foucaults kritische Theorie des »zoon politikon« – J. Mittelstraß: Politik und praktische Vernunft bei Machiavelli – D. O'Meara: Der Mensch als politisches Lebewesen. Zum Verhältnis zwischen Platon und Aristoteles – H. Ottmann: Thomas Hobbes: Widersprüche einer extremen Philosophie der Macht – L. Siep: Hegels politische Anthropologie – R. Spaemann: Rousseau: Von der Polis zur Natur.

Meri, Veijo: Das Manilaseil. Roman. Aus dem Finn. übertr. von Anselm Hollo. [Mit einer Nachbem.] 141 S. UB 8592/93. 1969.

Nicht mehr lieferbar seit 1976.

Mérimée, Prosper: Carmen. Novelle. Übers. von Wilhelm Geist. Revid. und mit einem Nachw. von Günter Metken. 86 S. UB 1602. 1963.

Mérimée, Prosper: Carmen. Vision de Charles XI. [Zwei Novellen.] Hrsg. von Ortrud Ahlers. 127 S. UB 9171 [2]. 1984. (Fremdsprachentexte.)

Mérimée, Prosper: Colomba. [Novelle.] Übers. und Anm. vo: Brigitte Knapp-Meier. Nachw. von Dirk Hoeges. 176 S UB 1244 [2]. 1988.

Mérimée, Prosper: Mateo Falcone. Das blaue Zimmer [L Chambre bleue]. [Zwei Novellen.] Frz. und dt. Übers. un Nachw. von Otto Weith. [Mit Anm.] 80 S. UB 9795. 1975.

Meyer, Conrad Ferdinand: Das Amulett. Novelle. 79 S. UB 6943 1949.

Durchgesehene Ausgabe. [Mit einer Vorbem.] 79 S. 1951.
Durchgesehene Ausgabe. [Mit einer Nachbem.] 80 S. 1960.
Durchgesehene und erweiterte Ausgabe. [Mit Anm. und einer Nachbem. 79 S. 1970.

Meyer, Conrad Ferdinand: Angela Borgia. Novelle. 159 S UB 6946/47. 1951.

Auch GEB. 1951. *(Nicht mehr lieferbar.)*
Erweiterte Ausgabe. [Mit einer Nachbem.] 160 S. 1958.
Durchgesehene Ausgabe. [Mit einer Nachbem.] 157 S. 1964.
Nicht mehr lieferbar seit 1992.

Meyer, Conrad Ferdinand: Gedichte. Ausw. und Nachw. von Ma Rychner. 72 S. UB 6941. 1963.

Nicht mehr lieferbar seit 1991.

Meyer, Conrad Ferdinand: Gustav Adolfs Page. Novelle. 54 S UB 6945. 1949.

Durchgesehene Ausgabe. [Mit einer Vorbem.] 63 S. 1952.
Durchgesehene und erweiterte Ausgabe. Mit einem Nachw. 64 S. 1965
Durchgesehene und veränderte Ausgabe. Anm. und Nachw. von Sjaa Onderdelinden. 78 S. 1976.

Meyer, Conrad Ferdinand: Der Heilige. Novelle. [Mit einer Vor bem.] 175 S. UB 6948/49. 1950 [recte: 1951].

Auch GEB. 1951. *(Nicht mehr lieferbar.)*
Durchgesehene Ausgabe. [Mit einer Nachbem.] 157 S. 1964.

Meyer, Conrad Ferdinand: Die Hochzeit des Mönchs. Plautus im Nonnenkloster. [Zwei] Novellen. 156 S. UB 6950/51. 1951.

Auch GEB. 1951. (Nicht mehr lieferbar.)

Durchgesehene Ausgabe. [Mit einer Nachbem.] 157 S. 1967.

Meyer, Conrad Ferdinand: Huttens letzte Tage. [Versdichtung.] Mit einem Nachw. von Hermann Schuster [und Anm.]. 95 S. UB 6942. 1952.

Durchgesehene Ausgabe. 96 S. 1959.
Durchgesehene und veränderte Ausgabe. Mit einem Nachw. von Sjaak Onderdelinden [und Anm.]. 88 S. 1975.

Meyer, Conrad Ferdinand: Jürg Jenatsch. Roman. [Mit einer Vorbem.] 302 S. UB 6964–66/66a. 1951.

Auch GEB. 1951. (Nicht mehr lieferbar.)

Durchgesehene Ausgabe. 303 S. 1958.
Durchgesehene und erweiterte Ausgabe. [Mit einer Nachbem.] 276 S. 1971 [recte: 1972].

Meyer, Conrad Ferdinand: Das Leiden eines Knaben. Novelle. Mit einem Nachw. von Louis Wiesmann. 79 S. UB 6953. 1966.

Meyer, Conrad Ferdinand: Die Richterin. Novelle. 93 S. UB 6952. 1950.

Durchgesehene Ausgabe. 96 S. 1966.

Meyer, Conrad Ferdinand: Sämtliche Gedichte. Mit einem Nachw. von Sjaak Onderdelinden. 278 S. UB 9885 [3]. 1978.

Meyer, Conrad Ferdinand: Der Schuß von der Kanzel. Novelle. [Mit einer Vorbem.] 64 S. UB 6944. 1950.

Durchgesehene Ausgabe. [Mit einer Nachbem.] 63 S. 1953.
Erweiterte Ausgabe. Mit Anm. von Walter Schafarschik. 61 S. 1970.

Meyer, Conrad Ferdinand: Die Versuchung des Pescara. Novelle. [Mit einer Vorbem.] 160 S. UB 6954/55. 1950.

Auch GEB. 1951. (Nicht mehr lieferbar.)

Durchgesehene Ausgabe. 154 S. 1956.
Durchgesehene Ausgabe. 143 S. 1972.

Meyer-Wehlack, Benno / Vrkljan, Irena: Die Sonne des fremden Himmels. Ihre Pauline Golisch. Zwei Hörspiele. Mit einem autobiogr. Nachw. 87 S. UB 9920. 1978.

Nicht mehr lieferbar seit 1989.

Meyerbeer, Giacomo: Die Afrikanerin. Oper in fünf Aufzügen. Dichtung von Eugène Scribe. Dt. von Ferdinand Gumbert. Vollständiges Buch. Eingel. und textlich revidiert hrsg. von Wilhelm Zentner. 63 S. UB 6728. 1961 [recte: 1962].

Nicht mehr lieferbar seit 1986.

Michael, Friedrich: Der blaue Strohhut. Komödie in fünf Aufzügen. [Mit einem Nachw. des Verf.] 80 S. UB 8053. 1957.

Nicht mehr lieferbar seit 1976.

Michael, Friedrich: Geschichte des deutschen Theaters. Mit 40 Abb. 223 S. UB 8344–47. 1969 [recte: 1970].

Auch GEB. 1969. (Nicht mehr lieferbar.)
Nicht mehr lieferbar seit 1977.

Miegel, Agnes: Das Bernsteinherz. [Zwei] Erzählung[en]. Mit einem Nachw. von Erich Jenisch. 71 S. UB 7345. 1955.

Inhalt: Das Bernsteinherz – Licht-im-Wasser.
Auch als Sonderausgabe zum 125jährigen Bestehen des Verlags (Reclam Jubiläums-Bände). 1955. (Nicht mehr lieferbar.)
Veränderte Ausgabe. Mit einem Nachw. von Otto Heuschele. 71 S. 1968.
Nicht mehr lieferbar seit 1976.

Mieses, Jacques: Schach. Kurze Einführung in seine Regeln und Feinheiten. Vierte Auflage. 76 S. UB 7204. 1953.

4. Auflage des erstmals 1933 im Verlag Philipp Reclam jun. Leipzig erschienenen Titels.
Durchgesehene Ausgabe. 79 S. 1960.

Mill, John Stuart: Drei Essays über Religion. Natur – Die Nützlichkeit der Religion – Theismus. Auf der Grundlage der Übers. von Emil Lehmann neu bearb. und mit Anm. und einem Nachw. vers. von Dieter Birnbacher. [Vorw. von Helen Taylor.] 247 S. UB 8237 [3]. 1984.

Mill, John Stuart: Über die Freiheit. Aus dem Engl. übertr. von Bruno Lemke. Mit Anh. und Nachw. hrsg. von Manfred Schlenke. 184 S. UB 3491–93. 1974.

Bibliographisch ergänzte Ausgabe. 184 S. 1988.

Mill, John Stuart: Der Utilitarismus. Übers., Anm. und Nachw. von Dieter Birnbacher. 127 S. UB 9821 [2]. 1976.

Durchgesehene Ausgabe. 127 S. 1985.

Miller, Arthur: The Crucible. A Play in Four Acts. Hrsg. von Bernhard Reitz. 224 S. UB 9257 [3]. 1990. (Fremdsprachentexte.)

Miller, Arthur: Death of a Salesman. Certain Private Conversations in Two Acts and a Requiem. Hrsg. von Manfred und Gunda Pütz. 171 S. UB 9172 [2]. 1984. (Fremdsprachentexte.)

Millöcker, Karl: Der Bettelstudent. Operette in drei Aufzügen. Dichtung von F. Zell und R. Genée. Hrsg. und eingel. von Anton Würz. 96 S. UB 7750. 1952.

Durchgesehene Ausgabe. 96 S. 1963.

Millöcker, Karl: Gasparone. Operette in drei Aufzügen. Dichtung von F. Zell und Richard Genée. Hrsg. und eingel. von Anton Würz. 95 S. UB 7815. 1954.

Milne, A[lan] A[lexander]: Winnie-the-Pooh. Mit den Ill. von E. H. Shepard. Hrsg. von Barbara Rojahn-Deyk. 180 S. UB 9231 [2]. 1988. (Fremdsprachentexte.)

Milton, John: Das verlorene Paradies. [Epos in zwölf Büchern.] Aus dem Engl. übertr. und hrsg. von Hans Heinrich Meier. 448 S. UB 2191–93/93a/b. 1968 [recte: 1969].

Auch GEB. 1969. (Nicht mehr lieferbar.)

Durchgesehene Ausgabe. 448 S. 1986.

Minucius Felix, M.: Octavius. Lat. und dt. Hrsg. und übers. von Bernhard Kytzler. 182 S. UB 9860 [3]. 1977.

Bibliographisch ergänzte Ausgabe. 182 S. 1983.

Nicht mehr lieferbar seit 1989.

Mittelalterliche Lyrik Frankreichs I: Lieder der Trobadors, Provenzal./Dt. Ausgew., übers. und komm. von Dietmar Rieger. 325 S. UB 7620 [4]. 1980.

Autoren: Alfons II. von Aragon (Reis Anfos) – Arnaut Daniel – Bernart de Ventadorn – Bernart Marti – Bertran d'Alamanon – Bertran de Born – Cercamon – Cerveri de Girona – Comtesse de Dia – Elias de Barjols – Gaucelm Faidit – Gavaudan – Giraut de Bornelh – Guillem de Berguedan – Guillem de Montanhagol – Guiraut Riquier – Jaufre Rudel – Marcabru – Peire Cardenal – Peire d'Alvernha – Peire Vidal – Raimbaut d'Aurenga – Raimbaut de Vaqueiras – Rigaut de Berbezilh – Savaric de Mauleon – Uc de la Bacalaria – Wilhelm IX. von Aquitanien.

Mittelalterliche Lyrik Frankreichs II: Lieder der Trouvères. Frz./Dt. Ausgew., übers. und komm. von Dietmar Rieger. 328 S. 7943 [4]. 1983.

Autoren: Adam de la Halle – Blondel de Nesle – Chrétien de Troyes – Colin Muset – Conon de Béthune – Chastelain de Couci – Gace Brulé – Gautier de Coinci – Gautier de Dargies – Guillaume le Vinier – Jacques de Cysoing – Jean Bretel – Lambert Ferri – Moniot d'Arras – Richard Löwenherz – Richart de Semilli – Rutebeuf – Thibaut de Champagne.

Mittelenglische Lyrik. Engl./Dt. Ausgew.[, übers.] und hrsg. von Werner Arens und Rainer Schöwerling. 184 S. UB 9985 [3]. 1980.

Modern American Short Stories. Anderson – Hemingway – Fitzgerald – Steinbeck – Faulkner – Porter. Hrsg. von Ferdinand Schunck. 160 S. UB 9216 [2]. 1987. (Fremdsprachentexte.)

Inhalt: S. Anderson: I Want to Know Why – W. Faulkner: Wash – F. S. Fitzgerald: Babylon Revisited – E. Hemingway: The Killers – K. A. Porter: The Jilting of Granny Weatherall – J. Steinbeck: The Chrysanthemums.

Modern English Short Stories I. From Hardy to Maugham. Hrsg. von Hans-Christian Oeser. 189 S. UB 9184 [2]. 1985. (Fremdsprachentexte.)

Inhalt: A. Bennett: The Murder of the Mandarin – W. de la Mare: In the Forest – J. Galsworthy: Told by the Schoolmaster – T. Hardy: For Conscience' Sake – R. Kipling: A Matter of Fact – W. S. Maugham: The Lotus Eater – Saki: Sredni Vashtar – H. G. Wells: The Jilting of Jane.

Modern English Short Stories II. From Coppard to Greene. Hrsg von Hans-Christian Oeser. 184 S. UB 9165 [2]. 1984. (Fremdsprachentexte.)

Inhalt: A. E. Coppard: The Tiger – E. M. Forster: The Story of the Siren – R. Graves: Treacle Tart – G. Greene: Across the Bridge – L. P. Hartley: Night Fears – A. Huxley: Fard – D. H. Lawrence: Tickets, Please – V. S. Pritchett: The Voice – E. Waugh: On Guard – V. Woolf: The New Dress

Modern English Short Stories III. From Bates to Swift. Hrsg. von Hans-Christian Oeser. 167 S. UB 9202 [2]. 1986. (Fremdsprachentexte.)

Inhalt: K. Amis: Court of Inquiry – H. E. Bates: Chaff in the Wind – D. Lessing: Through the Tunnel – I. McEwan: First Love, Last Rites – A. Sillitoe: On Saturday Afternoon – G. Swift: Cliffedge – E. Taylor: Hôtel du Commerce – J. Wain: While the Sun Shines – A. Wilson: Higher Standards.

Moderne deutsche Naturlyrik. Hrsg. von Edgar Marsch. 336 S. UB 9969 [5]. 1980.

Autoren: I. Bachmann – W. Bächler – E. Barth – J. Becker – H. Bender – W. Bergengruen – R. Billinger – F. Bischoff – J. Bobrowski – R. Brambach – V. Braun – B. Brecht – G. Britting – E. Burkart – C. Busta – H. Carossa – P. Celan – H. Domin – J. Eggebrecht – G. Eich – E. Fried – W. H. Fritz – W. Gross – C. Guesmer – P. Härtling – R. Hagelstange – R. Hartung – H.-J. Heise – W. Höllerer – D. Hoffmann – P. Huchel – B. Jentzsch – P. Jokostra – F. G. Jünger – M. L. Kaschnitz – H. P. Keller – S. Kirsch – G. Kölwel – G. Kolmar – T. Kramer – K. Krolow – G. Kunert – R. Kunze – F. Lampe – H. Lange – E. Langgässer – G. Laschen – C. Lavant – W. Lehmann – H. Leifhelm – O. Loerke – W. Lutz – R. Malkowski – E. Meister – D. Nick – R. Peyer – H. Piontek – J. Poethen – M. Saalfeld – H. D. Schäfer – O. Schaefer – M. Scharpenberg – F. Schnack – G. Schneider – A. Steiner – J. Theobaldy – G. v. d. Vring – J. Weinheber – K. A. Wolken – A. Zollinger – A. Zornack.

Auch GEB. 1980. (Nicht mehr lieferbar.)

Moderne englische Lyrik. Engl. und dt. Ausgew., komm. und hrsg. von Willi Erzgräber und Ute Knoedgen. Mit einer Einl. von Willi Erzgräber. 576 S. UB 9826 [7]. 1976.

Autoren: W. H. Auden – G. Barker – S. Beckett – J. Betjeman – T. Blackburn – E. Blunden – R. Brooke – B. Bunting – R. Campbell – C. Caudwell – D. Davie – W. de la Mare – L. Durrell – T. S. Eliot – W. Empson – D. J. Enright – R. Fuller – D. Gascoyne – R. Graves – T. Gunn – G. Hill – T. Hughes – T. E. Hulme – J. Joyce – P. Larkin – D. H. Lawrence – C. D. Lewis – L. MacNeice – E. Muir – W. Owen – S. Plath – E. Pound – F. T. Prince – E. Sitwell – S. Smith – S. Spender – D. Thomas – E. Thomas – R. S. Thomas – C. Tomlinson – V. Watkins – W. B. Yeats.

Auch GEB. 1976. (Nicht mehr lieferbar.)
2., durchgesehene und erweiterte Auflage. 623 S. 1984.

Moderne rumänische Gedichte. Eine Auswahl. Rumän. und dt. Übers. und hrsg. von Markus Lakebrink. 133 S. UB 9491/92. 1973.

Autoren: F. Albu – T. Arghezi – C. Baltag – D. Botez – C. Buzea – O. Caba – I. Constantin – M. Dragomir – F. Giurgiuca – N. Iuga – V. Ivănceanu – A. Lungu – I. Mălăncioiu – I. S. Manolescu – G. Melinescu – I. Negoițescu – G. Pituț – D. Sălăjan – N. Stănescu – P. Stoica – R. Vulpescu.

Nicht mehr lieferbar seit 1989.

Möller, Hans Herbert → Reclams Kunstführer Deutschland V (1976)

Mörike, Eduard: Gedichte. Eine Auswahl. Hrsg. und mit einem Nachw. vers. von Erwin Ackerknecht. 80 S. UB 7661. 1950.

Durchgesehene Ausgabe. 86 S. 1955.
Durchgesehene und erweiterte Ausgabe. 93 S. 1963.
Nicht mehr lieferbar; ersetzt durch:

Mörike, Eduard: Gedichte. Ausw. und Nachw. von Bernhard Zeller. [Mit einer Zeittaf.] 176 S. UB 7661 [2]. 1977.

Mörike, Eduard: Maler Nolten. Novelle in zwei Teilen. Hrsg. von Heide Eilert. 488 S. UB 4770 [5]. 1987.

Mörike, Eduard: Mozart auf der Reise nach Prag. Novelle. 76 S. UB 4741. 1949.

Durchgesehene Ausgabe. 79 S. 1951.
Durchgesehene Ausgabe. [Mit Anm.] 80 S. 1967.

Mörike, Eduard: Selbstbildnis in Briefen. Ausgew. und eingel. von Frank Schnaß. 75 S. UB 7854. 1954.

Auch als Sonderausgabe zum 125jährigen Bestehen des Verlags (Reclams Jubiläums-Bände). 1954. *(Nicht mehr lieferbar.)*
Nicht mehr lieferbar seit 1976.

Mörike, Eduard: Das Stuttgarter Hutzelmännlein. Ein Märchen. Hrsg. von Edm. v. Sallwürk. 128 S. UB 4755. 1950.

Durchgesehene Ausgabe. 118 S. 1953.
Nicht mehr lieferbar; ersetzt durch:

Mörike, Eduard: Das Stuttgarter Hutzelmännlein. Ein Märchen. Hrsg. von Walther Hofstaetter. 120 S. UB 4755. 1957.

Nicht mehr lieferbar; ersetzt durch:

Mörike, Eduard: Das Stuttgarter Hutzelmännlein. Märchen. [Mit Anm.] 111 S. UB 4755. 1970.

Möser, Justus: Patriotische Phantasien. Ausw. und Nachw. von Siegfried Sudhof. 245 S. UB 683/684/684a. 1970 [recte: 1971].

Nicht mehr lieferbar seit 1989.

Molière: Amphitryon. Komödie in drei Akten und einem Vorspiel. Dt. von Arthur Luther. [Mit einer Nachbem.] 63 S. UB 8488. 1961.

Durchgesehene und erweiterte Ausgabe. Nachw. von Hartmut Stenzel 72 S. 1982.

Molière: L'Avare. Comédie en cinq actes / Der Geizige. Komödie in fünf Aufzügen. Frz./Dt. Übers. und hrsg. von Hartmut Stenzel. 275 S. UB 8040 [3]. 1984.

Molière: Der Bürger als Edelmann. Ballett-Komödie in fünf Aufzügen. Aus dem Frz. übertr. von Arthur Luther. [Mit einer Nachbem.] 87 S. UB 5485. 1967.

Molière: Dom Juan ou Le Festin de pierre. Comédie en cinq actes / Don Juan oder Der steinerne Gast. Komödie in fünf Aufzügen. Frz./Dt. Übers. und hrsg. von Hartmut Stenzel. 237 S. UB 8556 [3]. 1989.

Molière: Don Juan. Komödie in fünf Akten. Aus dem Frz. übertr. von Arthur Luther. 64 S. UB 5402. 1964.

Molière: Der eingebildete Kranke. Komödie in 3 Aufzügen. Dt. Übers. und Nachw. von Johannes von Guenther. 80 S. UB 1177. 1954.

Durchgesehene Ausgabe. 78 S. 1970.

Nicht mehr lieferbar; ersetzt durch:

Molière: Der eingebildete Kranke. Komödie in drei Aufzügen. Übers. und Nachw. von Doris Distelmaier-Haas. 78 S. UB 1177. 1986.

Molière: Der Geizige. Lustspiel in fünf Aufzügen. Übers. und mit einem Nachw. vers. von Walter Widmer. 95 S. UB 338. 1952.

Nicht mehr lieferbar; ersetzt durch:

Molière: Der Geizhals. Lustspiel in fünf Aufzügen. Aus dem Frz. übertr. von Georg Goyert. Nachw. von Walter Widmer. 85 S. UB 338. 1954.

Durchgesehene Ausgabe. 80 S. 1970.

Nicht mehr lieferbar; ersetzt durch:

Molière: Der Geizige. Komödie in fünf Aufzügen. Aus dem Frz. übers. von Hartmut Stenzel. [Mit Anm.] 88 S. UB 338. 1987.

Molière: Die gelehrten Frauen. Komödie in fünf Akten. Dt. von Arthur Luther. [Mit einer Nachbem.] 72 S. UB 113. 1960.

Durchgesehene und erweiterte Ausgabe. Nachw. von Volker Held. 80 S. 1981.

Molière: George Dandin oder Der betrogene Ehemann. Komödie in drei Aufzügen. Aus dem Frz. übertr. von Ludwig Wolde. 56 S. UB 550. 1966.

Molière: Le Malade imaginaire. Comédie en trois actes. Hrsg. von Monika Schlitzer. 127 S. UB 9217 [2]. 1987. (Fremdsprachentexte.)

Molière: Le Malade imaginaire. Comédie en trois actes / Der eingebildete Kranke. Komödie in drei Aufzügen. Frz./Dt. Übers. und Nachw. von Doris Distelmaier-Haas. 216 S. UB 7697 [3]. 1981.

Durchgesehene und erweiterte Ausgabe. Übers. von Doris Distelmaier-Haas. Anm. und Nachw. von Hanspeter Plocher. 256 S. 1988.

Molière: Der Menschenfeind. Komödie in fünf Akten. Dt. von Arthur Luther. [Mit einer Nachbem.] 76 S. UB 394. 1957.

Durchgesehene Ausgabe. 74 S. 1959.
Durchgesehene Ausgabe. 79 S. 1981.

Molière: Les Précieuses Ridicules / Die lächerlichen Preziösen. Komödie. Frz. und dt. Übertr. und hrsg. von Irmgard Rauthe-Welsch. 76 S. UB 460. 1974.

Molière: Scapins Streiche. Komödie in drei Aufzügen. Aus dem Frz. übertr. von Arthur Luther. 64 S. UB 8544. 1968.

Molière: Die Schule der Frauen. Komödie in fünf Akten. Im Versmaß des Originals übertr. von Rudolf Alexander Schröder. 72 S. UB 588. 1962.

Erweiterte Ausgabe. Mit einem Nachw. von Hartmut Stenzel. 80 S. 1982.

Molière: Tartuffe. Komödie in fünf Aufzügen. Übersetzt von Reinhard Koester. [Mit einem Nachw.] 80 S. UB 74. 1954.

Durchgesehene Ausgabe. 79 S. 1970.
Nicht mehr lieferbar; ersetzt durch:

Molière: Der Tartuffe oder Der Betrüger. Komödie in fünf Aufzügen. Übers. von Monika Fahrenbach-Wachendorff. Nachw. von Hartmut Köhler. 80 S. UB 74. 1989 [recte: 1990].

Molière: Le Tartuffe ou l'Imposteur. Comédie en cinq actes / Der Tartuffe oder Der Betrüger. Komödie in fünf Aufzügen. Frz./Dt. Übers. und hrsg. von Hartmut Köhler [unter Mitarb. von Alexander Gusovius]. 317 S. UB 8353 [4]. 1986.

Molnar, Franz: Liliom. Vorstadtlegende in sieben Bildern und einem szenischen Prolog. Für die deutsche Bühne bearb. von Alfred Polgar. Nachw. von Otto F. Beer. 120 S. UB 9937 [2]. 1979.

Mombert, Alfred: Gedichte. Ausw. und Nachw. von Elisabeth Höpker-Herberg. 95 S. UB 8760. 1967.

Mommsen, Theodor: Die Gracchen. [Römische Geschichte. 4. Buch, Kap. II–IV.] Mit einem Nachw. und Anm. [und einer Bibl.] hrsg. von Karl Bayer. 152 S. UB 8856/57. 1963.
Nicht mehr lieferbar seit 1989.

Montaigne, Michel de: Die Essais. Ausgew., übertr. und eingel. von Arthur Franz. 400 S. UB 8308–12. 1969.
Bibliographisch ergänzte Ausgabe. 400 S. 1984.

Montesquieu: Lettres persanes. Ausgew. und hrsg. von Monika Schlitzer. 157 S. UB 9226 [2]. 1987. (Fremdsprachentexte.)

Montesquieu: Persische Briefe. Übers. und hrsg. von Peter Schunck. 384 S. UB 2051 [5]. 1991.

Montesquieu: Vom Geist der Gesetze. Eingel., ausgew. und übers. von Kurt Weigand. 431 S. UB 8953–57. 1965.
Auch GEB. 1965. (Nicht mehr lieferbar.)

Moore, George Edward: Principia Ethica. Aus dem Engl. übers. und hrsg. von Burkhard Wisser. 348 S. UB 8375–78. 1970.
Auch GEB. 1970. (Nicht mehr lieferbar.)

Morgenstern, Christian: Alle Galgenlieder: Galgenlieder. Palmström. Palma Kunkel. Der Gingganz. Nachw. von Jürgen Walter. 315 S. UB 10354. 1989. *GEB.*

Morgenstern, Christian: Galgenlieder. Palmström. Palma Kunkel. Der Gingganz. 171 S. UB 9879 [2]. 1978

Moritz, Karl Philipp: Anton Reiser. Ein psychologischer Roman. Mit Textvarianten, Erläuterungen und einem Nachw. hrsg. von Wolfgang Martens. 567 S. UB 4813–18. 1972.
Auch GEB. 1972. (Nicht mehr lieferbar.)
Auch GEB. in der Reihe »Reclam Lese-Klassiker«. 569 S. 1986.
Durchgesehene und bibliographisch ergänzte Ausgabe. 568 S. 1986.

Moriz von Craûn. Mittelhochdt./Neuhochdt. Mittelhochdt. Text nach der Ausg. von Ulrich Pretzel. Übers., Komm. und Nachw. von Albrecht Claassen. 176 S. UB 8796. 1992.

Morus, Thomas: Utopia. Übertr. von Gerhard Ritter. Mit einem Nachw. von Eberhard Jäckel. 189 S. UB 513/514. 1964.

Durchgesehene und bibliographisch ergänzte Ausgabe. 192 S. 1983.

Moscherosch, Johann Michael: Wunderliche und Wahrhafftige Gesichte Philanders von Sittewalt. Ausgew. und hrsg. von Wolfgang Harms. 271 S. UB 1871 [4]. 1986.

Moser, Hans Joachim: Musikgeschichte in hundert Lebensbildern. Mit 36 Taf. 1013 S. UB 7762–73. 1952. *GEB.*

Auch in kartonierter Ausgabe. 1952. *(Nicht mehr lieferbar seit 1956.)*
2., vermehrte und durchgesehene Auflage. 1054 S. 1958.
3., durchgesehene Auflage. 1054 S. 1964.
Nicht mehr lieferbar seit 1970.

Mozart, Wolfgang Amadeus: Bastien und Bastienne. Singspiel in einem Aufzug. [Nach dem Frz. von Friedrich Wilhelm Weiskern. Vollständiges Buch. Neue Textfassung von Wilhelm Zentner.] Der Schauspieldirektor. Komische Oper in einem Aufzug. [Nach der Bearb. von Louis Schneider. Textlich neugefaßt von Wilhelm Zentner. Vollständiges Buch.] Hrsg. und eingel. von Wilhelm Zentner. 62 S. UB 4823. 1956.

Mozart, Wolfgang Amadeus: Briefe. Mit 22 Abb. Ausgew. und hrsg. von Stefan Kunze. 448 S. UB 8430 [6]. 1987.

Auch GEB. 1987.

Mozart, Wolfgang Amadeus: La clemenza di Tito / Titus. KV 621 Opera seria in zwei Akten. Textbuch ital./dt. Text nach Pietro Metastasio von Caterino Mazzolà. Übers. und Nachw. von Kurt Honolka. 104 S. UB 9926. 1979.

Mozart, Wolfgang Amadeus: Così fan tutte (So machen's alle). Komische Oper in zwei Aufzügen. Italienischer Originaltext von Lorenzo da Ponte. Dt. Übertr. unter teilweiser Benützung der Übers. von E. Devrient und Niese von Hermann Levi. Hrsg. und eingel. von Georg Richard Kruse. Neubearb. von Wilhelm Zentner. 78 S. UB 5599. 1950.

Durchgesehene Ausgabe. Hrsg. und eingel. von Wilhelm Zentner. 69 S. 1954.
Nicht mehr lieferbar; ersetzt durch:

Mozart, Wolfgang Amadeus: Così fan tutte (So machen's alle). Komische Oper in zwei Aufzügen. Vollständiger Text. Italienischer Originaltext von Lorenzo da Ponte. Dt. Bearb. nach der Überlieferung und dem Urtext von Georg Schünemann. Hrsg. und eingel. von Wilhelm Zentner. 77 S. UB 5599. 1961.

Durchgesehene Ausgabe. In neuer dt. Bearb. nach der Überlieferung und dem Urtext von Georg Schünemann und Kurt Soldan. Hrsg. und eingel. von Wilhelm Zentner. 79 S. 1965.

Mozart, Wolfgang Amadeus: Così fan tutte. KV 588. Così fan tutte o sia La scuola degli amanti. Dramma giocoso in due atti / Così fan tutte oder Die Schule der Liebenden. Komödie in zwei Akten. Textbuch ital./dt. Libretto von Lorenzo Da Ponte. Übers. und Nachw. von Dietrich Klose. 162 S. UB 8685. 1992.

Mozart, Wolfgang Amadeus: Don Giovanni (Don Juan). Oper in zwei Aufzügen. Ital. Originaltext von Lorenzo da Ponte. Dt. Übertr. von Hermann Levi. Hrsg. und eingel. von Wilhelm Zentner. 64 S. UB 2646. 1952.

Vorangehende Ausgabe u. d. T.: → Mozart: Don Juan (Don Giovanni)

Durchgesehene Ausgabe. 70 S. 1957.

Nicht mehr lieferbar; ersetzt durch:

Mozart, Wolfgang Amadeus: Don Giovanni (Don Juan). Heiteres Drama in zwei Aufzügen. Italienischer Originaltext von Lorenzo da Ponte. In neuer dt. Bearb. nach der Überlieferung und dem Urtext von Georg Schünemann und Kurt Soldan. Hrsg. und eingel. von Wilhelm Zentner. 72 S. UB 2646. 1960.

Erweiterte Ausgabe. [Im Anhang: Dokumente über Mozarts Aufenthalt in Prag.] 77 S. 1964.

Durchgesehene Ausgabe. 80 S. 1969.

Mozart, Wolfgang Amadeus: Don Giovanni. KV 527. Il dissoluto punito o sia Il Don Giovanni. Dramma giocoso in due atti / Der bestrafte Verführer oder Don Giovanni. Komödie in zwei Akten. Textbuch Ital./Dt. Libretto von Lorenzo da Ponte. Übers. von Thomas Flasch. Nachw. von Stefan Kunze. 187 S. UB 7481 [2]. 1986.

Mozart, Wolfgang Amadeus: Don Juan (Don Giovanni). Oper in zwei Aufzügen. Ital. Originaltext von Lorenzo da Ponte. Dt. Übertr. von Hermann Levi. Hrsg. und eingel. von Georg Richard Kruse. Neubearb. von Wilhelm Zentner. 72 S. UB 2646. 1950.

Nicht mehr lieferbar; ersetzt durch: → Mozart: Don Giovanni (Don Juan)

Mozart, Wolfgang Amadeus: Die Entführung aus dem Serail. Oper in drei Aufzügen. Dichtung nach Bretzner von Stephanie d. J. Vollständiges Buch. Hrsg. von Georg Richard Kruse. 64 S. UB 2667. 1949.

Nicht mehr lieferbar; ersetzt durch:

Mozart, Wolfgang Amadeus: Die Entführung aus dem Serail. Oper in drei Aufzügen. Dichtung nach Bretzner von Stephanie d. J. Vollständiges Buch. Eingel. und hrsg. von Wilhelm Zentner. 56 S. UB 2667. 1952.

Durchgesehene Ausgabe. 56 S. 1960.
Durchgesehene und erweiterte Ausgabe. Im Anhang: Mozart über seine »Entführung aus dem Serail«. 64 S. 1969.

Mozart, Wolfgang Amadeus: Die Hochzeit des Figaro (Le nozze di Figaro). Komische Oper in vier Akten. Ital. Originaltext von Lorenzo da Ponte. Dt. Übertr. von Hermann Levi. Mit einer Einl. von Georg Richard Kruse. Neu bearb. von Wilhelm Zentner. 68 S. UB 2655. 1950.

Durchgesehene Ausgabe: Neu hrsg. und eingel. von Wilhelm Zentner 72 S. 1952.

Nicht mehr lieferbar; ersetzt durch:

Mozart, Wolfgang Amadeus: Die Hochzeit des Figaro (Le Nozze di Figaro). Komische Oper in vier Aufzügen. Ital. Originaltext von Lorenzo da Ponte. In neuer dt. Bearb. Nach der Überlieferung und dem Urtext von Georg Schünemann und Kurt Soldan. Hrsg. und eingel. von Wilhelm Zentner. 79 S. UB 2655. 1960.

Durchgesehene Ausgabe. 80 S. 1970.

Mozart, Wolfgang Amadeus: Idomeneo. KV 366. Dramma per Musica in drei Akten. Textbuch ital./dt. Text von Giambattista Varesco. Übers. und Nachw. von Kurt Honolka. 112 S. UB 9921. 1978.

Mozart, Wolfgang Amadeus: Le nozze di Figaro / Die Hochzeit des Figaro. KV 492. Opera buffa in vier Akten. Textbuch Ital./Dt. Libretto von Lorenzo da Ponte. Übers. und Nachw. von Dietrich Klose. 200 S. UB 7453 [2]. 1990.

Mozart, Wolfgang Amadeus: Sämtliche Opernlibretti. Hrsg. von Rudolph Angermüller. 1051 S. UB 8659 [10]. 1990.

Inhalt: Apollo und Hyazinth – Ascanius in Alba – Bastien und Bastienne Das befreite Bethulia – Così fan tutte – Don Giovanni – Die Entführung au dem Serail – Der enttäuschte Ehemann – Die Gans von Kairo – Die Gärtnerin aus Liebe – Die Hochzeit des Figaro – Idomeneo – Der König als Hirte – Lucius Sulla – Mithridates, König von Pontus – Der Schauspieldirektor – Die Schuldigkeit des Ersten Gebots – Titus – Der Traum des Scipio – Die verstellte Einfalt – Zaide – Die Zauberflöte.

Auch GEB. 1990.

Mozart, Wolfgang Amadeus: Die Zauberflöte. Oper in zwei Aufzügen. Dichtung von Emanuel Schikaneder. Vollständiges Buch. Hrsg. und eingel. von Georg Richard Kruse. 72 S. UB 2620. 1949 [recte: 1950].

Durchgesehene Ausgabe: Neubearb. von Wilhelm Zentner [!]. 79 S. 1951.
Nicht mehr lieferbar; ersetzt durch:

Mozart, Wolfgang Amadeus: Die Zauberflöte. Oper in zwei Aufzügen. Dichtung von Emanuel Schikaneder. Vollständiges Buch. Hrsg. und eingel. von Wilhelm Zentner. 72 S. UB 2620. 1952.

Durchgesehene Ausgabe. 72 S. 1957.
Erweiterte Ausgabe. Im Anhang Szenen aus »Der Zauberflöte zweiter Teil«: Ein Fragm. v. Johann Wolfgang Goethe. 80 S. 1962.
Durchgesehene Ausgabe. 80 S. 1969.
Nicht mehr lieferbar; ersetzt durch:

Mozart, Wolfgang Amadeus: Die Zauberflöte. KV 620. Eine große Oper in zwei Aufzügen. Libretto von Emanuel Schikaneder. Hrsg. von Hans-Albrecht Koch. 88 S. UB 2620. 1991.

Mozart in seinen Briefen. Eine Auswahl. Hrsg. und eingel. von Anton Würz. 152 S. UB 7872/73. 1955.

Auch als Sonderausgabe zum 125jährigen Bestehen des Verlags (Reclams Jubiläums-Bände). 1955. (Nicht mehr lieferbar.)
Nicht mehr lieferbar seit 1979.

Der müde Mond und andere Marathi-Erzählungen. Übers. aus dem Marāṭhī und Einl. von Raghunāth Parāñjpe und Georg Buddruss. [Mit einem Glossar.] 96 S. UB 8307. 1969. (UNESCO-Sammlung repräsentativer Werke. Asiatische Reihe.)

Inhalt: V. Corghaḍe: »Ehre den Gast wie einen Gott!« – G. Gāḍgīḷ: Der müde Mond – A. Gokhale: Mañjuḷā – M. Jośī: Der Eindringling – V. Māḍgūḷkar: Die Omnibuslinie.
Nicht mehr lieferbar seit 1984.

Mühlberg, Fried → Reclams Kunstführer Deutschland III (1964)

281

Mühlberger, Josef: Eine Kindheit in Böhmen. Erinnerungen. Mit einem autobiogr. Nachw. 93 S. UB 8296. 1960.

Nicht mehr lieferbar seit 1976.

Mühsam, Erich: Trotz allem Mensch sein. Gedichte und Aufsätze. Hrsg. von Jürgen Schiewe und Hanne Maußner. 192 S. UB 8238 [2]. 1984.

Inhalt: Gedichte; Die Befreiung der Gesellschaft vom Staat [Ausz.] – Bohême – Die Freiheit als gesellschaftliches Prinzip – Idealistisches Manifest – Kultur und Frauenbewegung – Kunst und Proletariat – Tendenz-Lyrik – Ungedruckte Dichtungen.

Müller, Adam: Zwölf Reden über die Beredsamkeit und deren Verfall in Deutschland. Hrsg. von Jürgen Wilke. 223 S. UB 7946 [3]. 1983.

Müller, Friedrich, genannt Maler Müller: Fausts Leben. Nach Handschriften und Erstdrucken hrsg. von Johannes Mahr. 239 S. UB 9949 [4]. 1979.

Müller, Friedrich, genannt Maler Müller: Idyllen. Nach den Erstdrucken revidierter Text. Hrsg. von Peter-Erich Neuser. 368 S. UB 1339 [5]. 1977.

Müller, Heiner: Revolutionsstücke. Hrsg. von Uwe Wittstock. 147 S. UB 8470 [2]. 1988.

Inhalt: Der Auftrag – Die Bauern standen mit dem Rücken – Die Hamletmaschine – Herakles 5 – Material zu »Mauser« – Mauser – Motiv bei A. S. – Wolokolamsker Chaussee I: Russische Eröffnung – Wolokolamsker Chaussee II: Wald bei Moskau – Wolokolamsker Chaussee III: Das Duell.

Müller-Blattau, Joseph: Johann Sebastian Bach. Leben und Schaffen. [Umschlagtitel: Johann Sebastian Bach. Eine Biographie.] 96 S. UB 7294. 1950.

Nicht mehr lieferbar seit 1973.

Müller-Schlösser, Hans: Schneider Wibbel. Komödie in fünf Bildern. Mit einem Nachw. von Karl Ude. 80 S. UB 7967. 1971.

Der münch mit dem genßlein. 13 spätmittelalterliche Verserzählungen. Aus dem Codex Karlsruhe 408 hrsg. und erl. von Rolf Max Kully und Heinz Rupp. 174 S. UB 9379–81. 1972.

Inhalt: [Adam vnd Eva] – Der herbst vnd der mey – Der münch mit dem genßlein – Der pfaff mit der snúr – Der ritter mit dem sperber – De spunczenirerin gebet – Von dem ritter mit der halben birn – Von dem ritter sociabilis – Von dem rosen dorn eyn gut red – Von dem weyser

Aristotiles – Von den dreyen frawen – Von der Judin vnd dem priester – Von sant Mertes bawman.

Nicht mehr lieferbar seit 1987.

Die Münchner Moderne. Die literarische Szene in der ›Kunststadt‹ um die Jahrhundertwende. Mit 48 Abb. Hrsg. von Walter Schmitz. [Unter Mitarb. von Hans-Peter Bergmann, Elisabeth Günther, Bettina Kranzbühler und Jörg Platiel.] 731 S. UB 8557 [8]. 1990.

Autoren: P. Altenberg – K. Aram – A. Augspurg – H. F. S. Bachmair – H. Ball – J. R. Becher – A. Belyj – A. v. Bernus – O. J. Bierbaum – H. Carossa – L. Christ – M. G. Conrad – A. Croissant-Rust – M. Dauthendey – L. Derleth – K. Edschmid – E. Engels – K. Ettlinger – L. Feuchtwanger – L. Frank – G. Fuchs – L. Ganghofer – S. George – P. Gerardy – O. M. Graf – L. Greiner – H. v. Gumppenberg – F. Gundolf – M. Halbe – M. Haushofer – C. Haussmann – H. Heimpel – F. Held – G. Hirth – A. Hönle – J. Hofmiller – H. Jaques – A. Juncker – F. Jung – W. Kandinsky – E. v. Keyserling – W. Kirchbach – Klabund – L. Klages – P. Klee – A. Kolb – N. Krupskaja – A. Kubin – I. Kurz – A. Langen – H. Lautensack – T. Lessing – H. Mann – T. Mann – J. Meier-Graefe – A. Mensi von Klarbach – M. di Monaco – M. Montandon – H. Moser – E. Mühsam – C. Muth – F. Naumann – H. Obrist – V. v. Ostini – O. Panizza – R. Perls – G. Queri – L. Quidde – H. v. Reder – F. zu Reventlow – A. Riegl – R. Riemerschmid – R. M. Rilke – J. Ringelnatz – J. Ruederer – G. Sack – L. Scharf – G. Schaumberg – J. Schaumberger – K. Schloß – A. Schuler – L. Sixtus – R. Strauss – L. Thoma – H. Uhde-Bernays – K. Valentin – R. Voß – R. Walser – J. Wassermann – F. Wedekind – Weiß Ferdl – A. Welsch – A. Wirth – K. Wolfskehl – E. v. Wolzogen.

Auch GEB. 1990.

Müntzer, Thomas: Die Fürstenpredigt. Theologisch-politische Schriften. Hrsg. von Günther Franz. 159 S. UB 8772/73. 1967.

Inhalt: Ausgetrückte Emplößung des falschen Glaubens [...] – Auslegung des andern Unterschids Danielis des Propheten [...] (Die Fürstenpredigt) – Der Bemen Sache betreffende Protestation (Prager Manifest) – Hochverursachte Schutzrede und Antwort wider das gaistlose, sanftlebende Fleisch zu Wittenberg [...] – Protestation odder Empietung [...] – Von dem getichten Glauben [...]

Bibliographisch ergänzte Ausgabe. 160 S. 1983.

Murger, Henry: Boheme. Szenen aus dem Pariser Künstlerleben. Übers. und Nachw. von Ernst Sander. 399 S. UB 1534–38. 1967.

Muschg, Adolf: Besuch in der Schweiz. Erzählungen. Ausw. und Nachw. von Heinz F. Schafroth. [Mit einem bio-bibliogr. Anh.] 88 S. UB 9876. 1978.

Inhalt: Besuch in der Schweiz – Brämis Aussicht – Hindukusch – Playmate.

Muschg, Adolf: Übersee. Drei Hörspiele. Nachw. von Heinz F. Schafroth. [Mit einem bio-bibliogr. Anh.] 96 S. UB 7813. 1982

Inhalt: Goddy Haemels Abenteuerreise – Watussi oder Ein Stück für zwei Botschafter – Why, Arizona.

Musik-Erzählungen. Hrsg. von Stefan Janson. 368 S. UB 8661 [5]. 1990.

Inhalt: P. Altenberg: Konzert – P. Altenberg: Quartett-Soirée – H. v. Doderer: Divertimento No VI – A. Goes: Contessa Perdono – J. W. Goethe: Novelle [Ausz.] – H. Heine: [Paganini] – H. Hesse: [Im magischen Theater] – H. Hesse: Musik – H. Hesse: Virtuosenzauber – W. Hildesheimer: Das Ende einer Welt – E. T. A. Hoffmann: Johannes Kreislers, des Kapellmeisters, musikalische Leiden – E. T. A. Hoffmann: Kreislers musikalisch-poetischer Klub – H. v. Hofmannsthal: Der Geiger von Traunsee – F. Huch: Das Requiem – Jean Paul: Musik der Musik. Vox humana-Konzert [Ausz.] – E. Kästner: [Klarinettenkonzert] – H. Kesten: Musik – A. Kuh: Der Kapellmeister – F. Lampe: Spanische Suite – M. Lichnowsky: [Konzert in der Musikakademie] – H. Mann: Die Branzilla [Ausz.] – T. Mann: [Fülle des Wohllauts] – T. Mann: Wälsungenblut [Ausz.] – T. Mann: Das Wunderkind – M. Mell: Das Konzert – A. Polgar: Klarinette – A. Polgar: Orchester von oben – J. Roth: Konzert im Volksgarten – F. v. Saar: Die Geigerin [Ausz.] – A. Schnitzler: Der Weg ins Freie [Ausz.] – A. Stifter: [Nächtliche Klänge] – T. Storm: Ein stiller Musikant [Ausz.] – J. Urzidil: Die Zauberflöte – W. H. Wackenroder: Das merkwürdige musikalische Leben des Tonkünstlers Joseph Berglinger – K. H. Waggerl: Marschmusik – M. Walser: Was wären wir ohne Belmonte [Ausz.] – R. Walser: Klavier – R. Walser: Laute – R. Walser: Paganini. Variation – C. M. v. Weber: [Beim Stadtmusikus] – C. M. v. Weber: [Ein musikalischer Traum] – C. M. v. Weber: [Tonkünstlers Leben] – A. Zweig: Die Sonatine.

Auch GEB. 1990.

Musil, Robert: Die Amsel. Bilder. Mit einem Nachw. von Peter Pütz. 79 S. UB 8526. 1967.

Inhalt: Die Affeninsel – Die Amsel – Der Erweckte – Fischer an der Ostsee – Hasenkatastrophe – Hellhörigkeit – Inflation – Kann ein Pferd lachen? – Mädchen und Helden – Die Maus – Pension Nimmermehr – Sarkophagdeckel – Schafe, anders gesehen – Slowenisches Dorfbegräbnis.

Musset, Alfred de: Der Sohn des Tizian. Novelle. Aus dem Frz. von Ernst Sander. 64 S. UB 6720. 1949.

Nicht mehr lieferbar seit 1986.

Nabokov, Vladimir: Stadtführer Berlin. Fünf Erzählungen. Aus dem Engl. übers. von Dieter E. Zimmer und Renate Gerhardt. Nachw. von Richard Müller-Schmitt. 87 S. UB 8090. 1985.

Inhalt: Frühling in Fialta – Lance – Pilgram – Stadtführer Berlin – Wolke, Burg, See.

Nagel, Thomas: Die Grenzen der Objektivität. Philosophische Vorlesungen. Übers. und hrsg. von Michael Gebauer. 144 S. UB 8721. 1991.

Nagel, Thomas: Was bedeutet das alles? Eine ganz kurze Einführung in die Philosophie. Aus dem Engl. übers. von Michael Gebauer. 87 S. UB 8637. 1990.

Nala und Damyantī. Eine Episode aus dem Mahābhārata. Aus dem Sanskrit übertr. und erl. [mit einem Nachw.] von Albrecht Wezler. 87 S. UB 8938. 1965. (UNESCO-Sammlung repräsentativer Werke. Asiatische Reihe.)

Nicht mehr lieferbar seit 1992.

Narcejac, Thomas → Boileau, Pierre / Narcejac, Thomas

Nash, Ernest → Reclams Kunstführer Italien V (1974)

Naso, Eckart von: Die Begegnung. [Novelle.] Mit einem autobiogr. Nachw. 71 S. UB 8225. 1958.

Nicht mehr lieferbar seit 1976.

Nationalhymnen. Texte und Melodien. Hrsg. von Franz Thierfelder. 87 S. UB 8441. 1960. *Querformat.*

Auch GEB. 1960ff. (Nicht mehr lieferbar.)

Durchgesehene Ausgabe. Hrsg. vom Institut für Auslandsbeziehungen Stuttgart. 87 S. 1967.

2., veränderte und erweiterte Auflage (ohne Hrsg.-Vermerk). 200 S. 1982.

Neidhart von Reuental: Lieder. Auswahl. Mit den Melodien zu neun Liedern. Mittelhochdt. und übers. [mit Anm. und einem Nachw.] von Helmut Lomnitzer. 128 S. UB 6927/28. 1966 [recte: 1967].

Überarbeitete Ausgabe. 134 S. 1984.

Nepos, Cornelius: Atticus. Lat. und dt. Hrsg., übers. und komm. von Robert Feger. 60 S. UB 994. 1976.

Neruda, Jan: Geschichten aus dem alten Prag. Aus dem Tschech. übers. von Josef Mühlberger und Hans Gaertner. Ausw. un. Nachw. von Antonin Mestan. [Mit Anm.] 160 S. UB 8770. 1992

Inhalt: Am Kirchamt – Aus dem Alltag der Prager Stadtpolizei – Dokto Weltverderber – Herr Ryšánek und Herr Schlegl – Die Messe des heilige Wenzel – Vier kleine Erinnerungen / Fünf noch winzigere Erinnerungen Wie es kam, daß am 20. August 1849 um halb ein Uhr mittags Österreic nicht zerstört wurde – »Zu den drei Lilien«.

Nerval, Gérard de: Aurelia. Sylvia. [Zwei] Erzählungen. Aus der Frz. übertr. von Ernst Wiegand Junker. Mit einem Nachw. vo Sigrid Metken [und Anm.]. 147 S. UB 7958/59. 1971.

Nicht mehr lieferbar seit 1992.

Nestroy, Johann: Der böse Geist Lumpacivagabundus oder Da liederliche Kleeblatt. Zauberposse mit Gesang in drei Aufzüger Musik von Adolf Müller. Mit einer Einl. hrsg. von Wilheln Zentner. 76 S. UB 3025. 1952.

Durchgesehene Ausgabe. Mit einem Nachw. von Wilhelm Zentner [un Anm.]. 78 S. 1965.

Nestroy, Johann: Freiheit in Krähwinkel. Posse mit Gesang in zwe Abteilungen und drei Akten. Hrsg. von Jürgen Hein. 88 S UB 8330. 1969.

Bibliographisch ergänzte Ausgabe. 88 S. 1987.

Nestroy, Johann: Höllenangst. Posse mit Gesang in drei Akter Hrsg. von Jürgen Hein. 144 S. UB 8382 [2]. 1987.

Nestroy, Johann: Judith und Holofernes. Häuptling Abendwin [Zwei] Einakter. Hrsg. von Jürgen Hein. 85 S. UB 3347. 197(

Nestroy, Johann: Einen Jux will er sich machen. Posse mit Gesar in vier Aufzügen. Musik von Adolf Müller. Neu hrsg. und einge von Wilhelm Zentner [mit Anm.]. 101 S. UB 3041. 1956.

Durchgesehene Ausgabe. Mit einem Nachw. von Wilhelm Zentner [u Anm.]. 103 S. 1965.

Nestroy, Johann: Das Mädl aus der Vorstadt oder Ehrlich währt a längsten. Posse in drei Akten. Mit einem Nachw. und Anm. vc Franz H. Mautner. 93 S. UB 8553. 1968.

Nestroy, Johann: Die schlimmen Buben in der Schule. Frühere Verhältnisse. [Zwei] Einakter. Hrsg. von Jürgen Hein. 96 S. UB 4718. 1971.

Nestroy, Johann: Der Talisman. Posse mit Gesang in drei Akten. Musik von Adolf Müller. Mit einem Nachw. von Otto Rommel. 96 S. UB 3374. 1960.

Nestroy, Johann: Der Unbedeutende. Posse mit Gesang in drei Aufzügen. Hrsg. von Jürgen Hein. 118 S. UB 7698. 1981.

Nestroy, Johann: Der Zerrissene. Posse mit Gesang in drei Akten. Musik von Adolf Müller. Mit einem Nachw. von Otto Rommel. 86 S. UB 3626. 1959.

Nestroy, Johann: Zu ebener Erde und erster Stock oder Die Launen des Glückes. Lokalposse mit Gesang in drei Aufzügen. Hrsg. von Jürgen Hein. 151 S. UB 3109 [2]. 1978.

Das Neue Testament in der deutschen Übersetzung von Martin Luther nach dem Bibeldruck von 1545 mit sämtlichen Holzschnitten. Studienausgabe. Hrsg. von Hans-Gert Roloff. [Editorische Mitw. und Red.: Horst Braunschweiger.] Bd. 1: **Text, in der Fassung des Bibeldrucks von 1545.** 736 S. UB 3741 [10]. 1989.

Das Neue Testament [...] Bd. 2: **Entstehungsvarianten, Glossar, Bibliographie, Nachwort.** 381 S. UB 3742 [5]. 1989.

Neuhaus, Dieter → Arbeitstexte für den Unterricht: Theater spielen

Neukantianismus. Texte der Marburger und der Südwestdeutschen Schule, ihrer Vorläufer und Kritiker. Mit einer Einl. hrsg. von Hans-Ludwig Ollig. 415 S. UB 7875 [5]. 1982.

Autoren: B. Bauch – E. Cassirer – H. Cohen – J. Cohn – R. Hönigswald – F. A. Lange – E. Lask – P. Natorp – L. Nelson – H. Rickert – A. Riehl – E. Troeltsch – W. Windelband.

New York Poems. Ausgew. und hrsg. von Ferdinand Schunck. 117 S. UB 9279. 1991. (Fremdsprachentexte.)

Autoren: W. H. Auden – J. Berryman – E. Bishop – A. Corn – G. Corso – H. Crane – E. E. Cummings – E. Field – A. Ginsberg – N. Giovanni – T. Gunn – L. Hughes – E. Jong – E. Lazarus – D. Levertov – R. Lowell – H. Melville – M. Moore – F. O'Hara – P. J. Pietri – M. Piñero – E. Pound – C. Sandburg – A. Sexton – W. Stevens – C. Tomlinson – J. Wain – W. Whitman – R. Whittemore – W. C. Williams.

Das Nibelungenlied. Übers., eingel. und erl. von Felix Genzmer. 292 S. UB 642–645. 1955.

Auch GEB. 1955. (Nicht mehr lieferbar.)

Durchgesehene Ausgabe. 376 S. 1960.
Erweiterte Ausgabe. Übers. von Felix Genzmer. Anm. und Nachw. vo Bernhard Sowinski. 408 S. 1992.

Nichts ist versprochen. Liebesgedichte der Gegenwart. Hrsg. vo Hiltrud Gnüg. 254 S. UB 8559 [3]. 1989.

Autoren: E. Alexander – R. Ausländer – I. Bachmann – J. Becker G. Benn – U. Berkes – W. Biermann – E. Borchers – N. Born – V. Braun B. Brechbühl – B. Brecht – R. D. Brinkmann – H. Cibulka – H. Czechowski – G. Deicke – F. C. Delius – H. Dittberner – H. M. Enzensberge – L. Fels – E. Fried – W. H. Fritz – J. Gerlach – P. Gosse – G. Grass C. Grosz – U. Hahn – M. Hannsmann – R. Haufs – G. Herburger W. Hilbig – B. Jaeger – B. Jentzsch – H. F. Juritz – H. Kahlau – M. Kaléko – Y. Karsunke – H. Kipphardt – R. Kirsch – S. Kirsch – K. Kiwus U. Kolbe – M. Kollisch – C. Kozik – U. Krechel – M. Krüger – G. Kulinr – J. Laabs – G. Laschen – P. Maiwald – R. Malkowski – F.-W. Matthies G. Maurer – A. Mechtel – C. Meckel – W. Mehring – E. Meister – K. Mikkel – J. Missfeldt – J. Moosdorf – B. Morshäuser – D. Mucke – I. Müller H. M. Novak – R. Pietraß – E. Plessen – R. Rasp – R. Ritter – F. Roth P. Rühmkorf – J. Schenk – W. Schiffer – D. Schlesak – W. Schnurre M. Schröder – J. Schulz – V. Stefan – G. Steineckert – M. Stephan E. Strittmatter – B. Struzyk – A. V. Thelen – J. Theobaldy – W. Tilgner A. Wannicke – W. Weyrauch.

Nicolai, Friedrich: Das Leben und die Meinungen des Herrn Magister Sebaldus Nothanker. [Roman.] Kritische Ausgabe. Mit 22 Il Hrsg. von Bernd Witte. 616 S. UB 8694 [8]. 1991.

Nicolai, Otto: Die lustigen Weiber von Windsor. Komisch-phantastische Oper in drei Aufzügen. Nach Shakespeares gleichnamige Lustspiel. Vollständiges Buch nach dem ursprünglichen Pla Hrsg. und eingel. von Georg Richard Kruse. 80 S. UB 498 1949.

Nicht mehr lieferbar; ersetzt durch:

Nicolai, Otto: Die lustigen Weiber von Windsor. Komisch-phant stische Oper in drei Aufzügen nach Shakespeares gleichnamige Lustspiel von Hermann S. Mosenthal. Vollständiges Buch. Ne hrsg. und eingel. von Wilhelm Zentner. 70 S. UB 4982. 1955

Durchgesehene Ausgabe. 70 S. 1979.

Niebergall, Ernst Elias: Datterich. [Posse in sechs Bildern.] Des Burschen Heimkehr, oder: Der tolle Hund. [Lustspiel in vier Aufzügen.] Hrsg. von Horst Denkler und Volker Meid. 232 S. UB 9776/76a/b. 1975.

Niederländische Erzähler der Gegenwart. Eine Anthologie. Hrsg. von Pieter Grashoff. Mit einem Geleitwort von Hermann Kesten. 343 S. UB 8734–37. 1966 [recte: 1967].

Inhalt: C. E. du Perron: Das Drama im ›Haus am Meer‹ – P. v. Gestel: Der gefangene Schläfer – P. Grashoff: Der Tod meines Vaters – J. v. Hattum: Die kleine Tänzerin – H. Heeresma: Semper fidelis – W. F. Hermans: Der blinde Photograph – A. Kossmann: Das Fest – A. Morriën: Zu große Gastlichkeit verjagt die Gäste – M.-S. Nathusius: Der Partner [Ausz.] – G. K. van het Reve: Der Untergang der Familie Boslowitsch – A. v. d. Veen: Die Unvollendete – S. Vestdijk: Der unterirdische Kerker – G. Walschap: Die Gänge zum Konsulat – H. Wolf-Catz: Das Wasserpferd – J. Wolkers: Serpentinas Petticoat.

Auch GEB. 1966. (Nicht mehr lieferbar.)
Nicht mehr lieferbar seit 1981.

Nietzsche, Friedrich: Also sprach Zarathustra. Ein Buch für Alle und Keinen. [Mit einer Zeittaf.] 336 S. UB 7111–13/13a. 1950.

Auch GEB. 1950. (Nicht mehr lieferbar.)
Durchgesehene Ausgabe. 352 S. 1958.
Durchgesehene Ausgabe. 320 S. 1962.

Nietzsche: Der Fall Wagner → Nietzsche: Wagner in Bayreuth

Nietzsche, Friedrich: Die Geburt der Tragödie aus dem Geiste der Musik. Mit einem Nachw. von Hermann Glockner. 166 S. UB 7131/32. 1952 [recte: 1953].

Auch GEB. 1953. (Nicht mehr lieferbar.)
Durchgesehene Ausgabe. 159 S. 1961.

Nietzsche, Friedrich: Gedichte. Mit einem Nachw. hrsg. von Jost Hermand. 144 S. UB 7117/17a. 1964.

Nietzsche, Friedrich: Jenseits von Gut und Böse. Vorspiel einer Philosophie der Zukunft. Nachw. von Volker Gerhardt. 239 S. UB 7114 [3]. 1988.

Nietzsche, Friedrich: Vom Nutzen und Nachteil der Historie für das Leben. 93 S. UB 7134. 1951.

Durchgesehene und erweiterte Ausgabe. Mit einem Nachw. 95 S. 1960.
Durchgesehene Ausgabe. Mit einem Nachw. 117 S. 1970.

Nietzsche, Friedrich: Richard Wagner in Bayreuth. Der Fall Wagner. Nietzsche contra Wagner. [Rückentitel: Nietzsche: Der Fall Wagner.] Nachw. von Martin Gregor-Dellin. 167 S. UB 7126/27. 1973.

Nietzsche, Friedrich: Zur Genealogie der Moral. Eine Streitschrift. Nachw. von Volker Gerhardt. 188 S. UB 7123 [3]. 1988.

Nietzsche-Brevier. Hrsg. von Kurt Flasch. [Mit 12 Abb.] 416 S. UB 40013. 1992. (Reclam Lesebuch.) *GEB*.

Nikolaus von Cues: Gespräch über das Seinkönnen. Übers., Nachw. und Anm. von Hans Rupprich. 76 S. UB 8855. 1963.

Noehles-Doerk, Gisela → Reclams Kunstführer Spanien I

Das Nonsens-Buch. Hrsg. von Peter Köhler. 351 S. UB 40008. 1990. (Reclam Lesebuch.) *GEB*.

Novalis: Die Christenheit oder Europa. Ein Fragment. Mit einer Ausw. aus den Fragmenten hrsg. und eingel. von Otto Heuschele. 77 S. UB 7629. 1950.
Durchgesehene Ausgabe. 70 S. 1961.
Nicht mehr lieferbar; ersetzt durch:

Novalis (Friedrich von Hardenberg): Fragmente und Studien. Die Christenheit oder Europa. Hrsg. von Carl Paschek. 157 S. UB 8030 [2]. 1984.

Novalis (Friedrich von Hardenberg): Gedichte. Die Lehrlinge zu Sais. Hrsg. von Johannes Mahr. 327 S. UB 7991 [4]. 1984.

Novalis: Heinrich von Ofterdingen. Ein Roman. Textrevision und Nachw. von Wolfgang Frühwald. 247 S. UB 8939–41. 1965.
Revidierte Ausgabe. Hrsg. von Wolfgang Frühwald. 255 S. 1987.

Novalis: Die Lehrlinge zu Sais. Gedichte und Fragmente. Mit einem Nachw. hrsg. von Martin Kießig. 171 S. UB 3236/37. 1960.
Nicht mehr lieferbar; ersetzt durch: → Novalis: Gedichte. Die Lehrlinge zu Sais

Il Novellino / Das Buch der hundert alten Novellen. Ital./Dt. Übers. und hrsg. von János Riesz. 342 S. UB 8511 [4]. 1988.

Oates, Joyce Carol: The Tryst / Der Treff. Drei Erzählungen. Engl./ Dt. [Übers. von Barbara Teutsch und Sepp. L. Tiefenthaler.] Ausgew. und hrsg. von Brigitte Scheer-Schäzler. 144 S. UB 7877 [2]. 1982.

Inhalt: Eye-Witness – The Tryst – Walled City.

Ockham, Wilhelm von: Texte zur Theorie der Erkenntnis und der Wissenschaft. Lat./Dt. Hrsg., übers. und komm. von Ruedi Imbach. 248 S. UB 8239 [3]. 1984.

O'Connor, Frank: Der Trunkenbold. Irische Geschichten. Übers. und Nachw. von Elisabeth Schnack. 75 S. UB 8858. 1963.

Inhalt: Androklus und die Soldaten – Die Kinder im Wald – Die Stiefmutter – Die Töchter des Großwesirs – Der Trunkenbold.

Nicht mehr lieferbar seit 1985.

Oehlmann, Werner: Chormusikführer. [Umschlagtitel: Reclams Chormusikführer.] [Mit zahlr. Notenbeisp.] 592 S. UB 10017–23. 1965. *GEB.*

Nicht mehr lieferbar.
Fortgeführt als → Reclams Chormusikführer

Oehlmann, Werner → Reclams Klaviermusikführer

Ökologie und Ethik. Hrsg. von Dieter Birnbacher. 252 S. UB 9983 [3]. 1980.

Inhalt: D. Birnbacher: Sind wir für die Natur verantwortlich? – J. Feinberg: Die Rechte der Tiere und zukünftiger Generationen – F. Fraser-Darling: Die Verantwortung des Menschen für seine Umwelt – J. Passmore: Den Unrat beseitigen. Überlegungen zur ökologischen Mode – M. Rock: Theologie der Natur und ihre anthropologisch-ethischen Konsequenzen – R. Spaemann: Technische Eingriffe in die Natur als Problem der politischen Ethik – L. H. Tribe. Was spricht gegen Plastikbäume?

Bibliographisch ergänzte Ausgabe. 254 S. 1986.

Österreichische Bundesverfassungsgesetze. Mit Einl. und Anm. hrsg. von o. ö. Univ.-Prof. Dr. Felix Ermacora, Wien. 184 S. UB 8763/64. 1967.

Zahlreiche ergänzte und verbesserte Neuauflagen, zuletzt:
Elfte Auflage (Stand Juni 1985). 240 S. 1985.
Nicht mehr lieferbar seit 1990.

Oettinger, Karl → Reclams Kunstführer Österreich I; II

Offenbach, Jacques: Hoffmanns Erzählungen. Oper in drei Aufzügen mit einem Vor- und einem Nachspiel. Dichtung von Jules Barbier und Michel Carré. Nach der in Deutschland üblichen Aufführungsform revid., hrsg. und eingel. von Wilhelm Zentner. 56 S. UB 7751. 1952.

Durchgesehene Ausgabe. 68 S. 1961.

Offenbach, Jacques: Orpheus in der Unterwelt. Buffo-Oper in zwei Aufzügen und vier Bildern von Héctor Crémieux. Vollständiges Buch. Nach der dt. Bearb. von Ludwig Kalisch revidiert hrsg. und eingel. von Wilhelm Zentner. 60 S. UB 6639. 1953.

Durchgesehene Ausgabe. 63 S. 1962.

O'Flaherty, Liam: Der Stromer. Erzählungen aus Irland. Übers. und Nachw. von Elisabeth Schnack. 80 S. UB 8969. 1965.

Inhalt: Arme Leute – Der gestohlene Esel – Der Lebensretter – Mutter und Sohn – Das Nest des Zaunkönigs – Der schwarze Bulle – Der Stromer Teufelei und Aberglauben – Der Wettbewerb – Der Zweikampf.

Nicht mehr lieferbar seit 1974.

O'Flaherty, Liam: A Tourist's Guide to Ireland. Hrsg. von Hans Christian Oeser. 101 S. UB 9272 [2]. 1991. (Fremdsprachentexte.)

Ollier, Claude: Der Neue Zyklus. Das Ohr an der Wand. Ein Bucke im Schnee. Drei Hörspiele. Übers. aus dem Frz. von Helmut und Gerda Scheffel. Nachw. von Helmut Scheffel. 71 S. UB 9798. 1975.

Nicht mehr lieferbar seit 1985.

Die Olympischen Spiele → Brundage, Avery [u.a.]

O'Neill, Eugene: Eines langen Tages Reise in die Nacht. Schauspiel in vier Akten. Aus dem Amerikan. übertr. von Ursula und Oscar Fritz Schuh. Mit einem Nachw. von Hans Daiber. 159 S. UB 8530/31. 1968.

O'Neill, Eugene: Long Day's Journey into Night. Hrsg. von Ferdnand Schunck. 216 S. UB 9252 [3]. 1989. (Fremdsprachentexte.)

Opitz, Martin: Buch von der Deutschen Poeterey (1624). Hrsg. von Cornelius Sommer. 112 S. UB 8397/98. 1970.

Bibliographisch ergänzte Ausgabe. 112 S. 1991.

Opitz, Martin: Gedichte. Eine Auswahl. Hrsg. von Jan-Dirk Müller. 216 S. UB 361–363. 1970.

Opitz, Martin: Schaefferey von der Nimfen Hercinie. Hrsg. von Peter Rusterholz. 80 S. UB 8594. 1969.

Nicht mehr lieferbar seit 1986.

Ortega y Gasset, José: Über das römische Imperium. Aus dem Span. übertr. von Gerhard Lepiorz. Nachw. von Willy Andreas. 77 S. UB 7803. 1953.

Auch als Sonderausgabe zum 125jährigen Bestehen des Verlags (Reclams Jubiläums-Bände). 1953. (Nicht mehr lieferbar.)

Durchgesehene Ausgabe. 76 S. 1962.

Nicht mehr lieferbar seit 1977.

Osborne, John: The Entertainer. A Play. Hrsg. von Herbert Geisen. 143 S. UB 9191 [2]. 1985. (Fremdsprachentexte.)

Das Osterspiel von Muri → Das Innsbrucker Osterspiel / Das Osterspiel von Muri

Ostrowskij, Alexander N.: Eine Dummheit macht auch der Gescheiteste. Komödie in fünf Akten. Dt. von Johannes von Guenther. [Mit einer Nachbem.] 96 S. UB 8491. 1961.

Nicht mehr lieferbar seit 1982.

Ostrowskij, Alexander N.: Der Wald. Komödie in fünf Akten. Dt. [mit einem Nachw.] von Johannes von Guenther. 125 S. UB 7673/74. 1958.

Oswald von Wolkenstein → Wolkenstein, Oswald von

Otfrid von Weißenburg: Evangelienbuch. Auswahl. Althochdt./Neuhochdt. Hrsg., übers. und komm. von Gisela Vollmann-Profe. 272 S. UB 8384 [4]. 1987. (Althochdeutsche Literatur III.)

Ovidius Naso, Publius: Ars amatoria / Liebeskunst. Lat./Dt. Übers. und hrsg. von Michael von Albrecht. 232 S. UB 357. 1992.

Ovidius Naso, Publius: Metamorphosen. Epos in 15 Büchern. Übers. und hrsg. von Hermann Breitenbach. Mit einer Einl. von L. P. Wilkinson. 792 S. UB 356/357/357a–g. 1971.

Bibliographisch ergänzte Ausgabe. 792 S. 1978.

Ovidius Naso, P.: Verwandlungen. Auswahl. Bearb. und Nachw. Wilhelm Plankl unter Mitw. von Karl Vretska. 64 S. UB 7711. 1951.
Durchgesehene Ausgabe. 64 S. 1954.
Durchgesehene Ausgabe. 87 S. 1958.
Durchgesehene Ausgabe. 93 S. 1969.

The Owl and the Nightingale / Die Eule und die Nachtigal. [Versdichtung.] Mittelengl./Dt. Übers. und hrsg. von Hans Sauer. 163 S. UB 7992 [2]. 1983.

'u Sung-ling: Liao-chai chih-i. Chinesische Geschichten aus dem 17. Jahrhundert. Ausgew. und aus dem Chin. übertr. [mit Anm.] von Kai Yeh. Mit einem Vorw. von Werner Eichhorn. 104 S. UB 8979. 1965. (UNESCO-Sammlung repräsentativer Werke. Asiatische Reihe.)

Nicht mehr lieferbar seit 1976.

aine, Thomas: Common Sense. Übers. und hrsg. von Lothar Meinzer. 123 S. UB 7818 [2]. 1982.

ander, Oscar von: Beethovens IX. Sinfonie in d-moll, op. 125. Sinn und Entstehung, Gestalt und Deutung. 77 S. UB 7755. 1953.

Nicht mehr lieferbar seit 1973.

anteleimonow, Boris: Der Flüchtige und andere Erzählungen. Übertr. aus dem Russ. und Nachw. von Fred Ottow. 72 S. UB 7846. 1954.

Inhalt: Der Flüchtige – Der Gott der Wälder – Im Urwald – Und was geschah dann?

Auch als Sonderausgabe zum 125jährigen Bestehen des Verlags (Reclams Jubiläums-Bände). 1954. (Nicht mehr lieferbar.)

Nicht mehr lieferbar seit 1986.

aracelsus: Vom Licht der Natur und des Geistes. Eine Auswahl. In Verb. mit Karl-Heinz Weimann mit einer Einf. hrsg. von Kurt Goldammer. 205 S. UB 8448/49. 1960.

Bibliographisch ergänzte Ausgabe. 207 S. 1976.
Durchgesehene und bibliographisch ergänzte Ausgabe. Ca. 200 S. 1992.

aris en poésie. Ausgew. und hrsg. von Klaus Ley. 88 S. UB 9246. 1990. (Fremdsprachentexte.)

Autoren: G. Apollinaire – L. Aragon – G.-H. Aufrère – C. Baudelaire – I. de Benserade – P. Bourget – F. Carco – O. Casadesus – J. Charpentreau – C.-P. Couture – M.-A. Désaugiers – J. Du Bellay – P. Eluard – A. Esquiros – A. Frénaud – J. Guégan – F.-B. Hoffmann – V. Hugo – P. J. Jouve – M. Lucas-Duboscq – A. Maurras – M. Mouloudji – G. de Nerval – C. Péguy – C.-A. de Sainte-Beuve – A. Samain – P. Scarron – P. Seghers – P. Soupault – J. Supervielle – P. Verlaine.

armenides: Über das Sein. Griech./Dt. [Übers. von Jaap Mansfeld und Rüdiger Leimbach.] Mit einem einführenden Essay hrsg. von Hans von Steuben. 212 S. UB 7739 [3]. 1981.

Durchgesehene Ausgabe. 214 S. 1985.

Parodien des Wiener Volkstheaters. Mit einer Karte der Originalschauplätze. Hrsg. von Jürgen Hein. 413 S. UB 8354 [5]. 1986.

Inhalt: A. Bäuerle: Kabale und Liebe – P. Hafner: Evakathel und Schnudi – F. Kringsteiner: Othello, der Mohr in Wien – F. Kringsteiner: Werthers Leiden – K. Meisl: Die Frau Ahndel – K. Meisl: Die Kathi von Hollabrunn – K. Meisl: Orpheus und Euridice – J. Nestroy: Tannhäuser.

Pascal, Blaise: Gedanken. Eine Auswahl. Übers., hrsg. und einge[l.] von Ewald Wasmuth. 197 S. UB 1621/22. 1956.

Auch GEB. 1956. (Nicht mehr lieferbar.)
Durchgesehene Ausgabe. 180 S. 1981.

Pasternak, Boris: Sicheres Geleit. [Autobiographische Erzählung.] Aus dem Russ.] übers. von Johannes von Guenther. [Mit Anm. und einer Zeittaf.] 135 S. UB 7968/69. 1971.

Nicht mehr lieferbar seit 1989.

Patzig, Günther: Tatsachen, Normen, Sätze. Aufsätze und Vorträge. Mit einer autobiogr. Einl. [und einem bio-bibliogr. Anh.] 181 S. UB 9986 [2]. 1980.

Inhalt: Aristoteles über Schlüsse aus falschen Prämissen – Erklären und Verstehen – Der kategorische Imperativ in der Ethik-Diskussion der Gegenwart – Platons Ideenlehre, kritisch betrachtet – Das Problem der Objektivität und der Tatsachenbegriff – Satz und Tatsache – Zur Begründung sozialer Verhaltensnormen.

Paul, Jean → Jean Paul

Paustowskij, Konstantin: Oktobernacht. Erzählungen. Aus dem Russ. übertr. und mit einem Nachw. von Johannes von Guenther. 85 S. UB 7684. 1966.

Inhalt: Der alte Nachen – Der Australier von der Eisenbahnstation Pilewo – Der diebische Kater – Die goldene Schleie – Der graue Wallach – Der letzte Teufel – Oktobernacht – Das stählerne Ringlein.

Nicht mehr lieferbar seit 1982.

Pavese, Cesare: Die Nacht von San Rocco. Erzählungen. Aus dem Ital. übertr. von Charlotte Birnbaum. Ausw. und Nachw. von Hans Bender. [Mit einem Werkverz.] 157 S. UB 8302/03. 196[.]

Inhalt: Geheimnis – Haus am Hügel – Hochzeitsreise – Land der Verbannung – Die Nacht von San Rocco – Der Selbstmörder – Weiberhaß.

Die Pegnitz-Schäfer. Nürnberger Barockdichtung. Hrsg. von Eberhard Mannack. 296 S. UB 8545–48. 1968.

Autoren: S. v. Birken – G. A. Burger – J. M. Dilherr – J. L. Faber – C. Fürer von Haimendorf – J. H. Hagen – G. P. Harsdörffer – J. Helwig – J. Herdegen – S. Hund – A. Ingolstetter – J. Klaj – M. Kongehl – M. Limburger – R. M. Limburgerin – H. A. Stockfleth.

Durchgesehene und bibliographisch ergänzte Ausgabe. 300 S. 1988.

Die Peinliche Gerichtsordnung Kaiser Karls V. von 1532 (Carolina). Hrsg. und erl. von Dr. Gustav Radbruch, ehem. Professor an der Universität Heidelberg. [Durchges. von Arthur Kaufmann.] 156 S. UB 2990/90a. 1960.

Verbesserte und ergänzte (4.) Auflage. Hrsg. und erl. von Gustav Radbruch. Hrsg. von Arthur Kaufmann. 157 S. 1975.
Verbesserte und ergänzte (5.) Auflage. 160 S. 1980.
Durchgesehene (6.) Auflage. 160 S. 1984.

Penzoldt, Ernst: Korporal Mombour. Erzählungen. Mit einem Nachw. von W. E. Süskind. 71 S. UB 8217. 1958.

Inhalt: Korporal Mombour – Mit Kindesaugen – Die Sense.

Durchgesehene Ausgabe. 61 S. 1971.

Pepys, Samuel: Tagebuch aus dem London des 17. Jahrhunderts. Ausgew., übers. und hrsg. von Helmut Winter. [Mit 2 Karten.] 504 S. UB 9970 [6]. 1980.

Auch GEB. 1980.

Durchgesehene und verbesserte Ausgabe. 504 S. 1981.

Perec, Georges: Die Maschine. Hörspiel. Übers. und dt. Fass. von Eugen Helmlé. Mit einem Nachw. von Werner Klippert. 87 S. UB 9352. 1972.

Nicht mehr lieferbar seit 1989.

Perrault, Charles: La Barbe bleue et autres Contes de fées. Mit Ill. von Gustave Doré. Hrsg. von Berthe-Odile Simon-Schaefer. 80 S. UB 9264. 1990. (Fremdsprachentexte.)

Inhalt: La Barbe bleue – La Belle au bois dormant – Cendrillon ou La Petite Pantoufle de verre – Les Fées – Le Maître Chat ou Le Chat botté – Le Petit Chaperon rouge.

Perrault, Charles: Sämtliche Märchen. Mit 10 Ill. von Gustave Doré. Übers. und Nachw. von Doris Distelmaier-Haas. 141 S. UB 8355 [2]. 1986.

Inhalt: Aschenputtel oder Der kleine gläserne Schuh – Blaubart – Eselshaut – Die Feen – Griseldis – Der kleine Däumling – Meister Kater oder Der gestiefelte Kater – Riquet mit dem Schopf – Rotkäppchen – Die schlafende Schöne im Walde – Die törichten Wünsche.

Perthes, Friedrich Christoph: Der deutsche Buchhandel als Bedingung des Daseins einer deutschen Literatur. Schriften. Hrsg. von Gerd Schulz. 88 S. UB 9000. 1967.

Inhalt: Die Bedeutung des deutschen Buchhandels, besonders in der neusten Zeit – Der deutsche Buchhandel als Bedingung des Daseins einer deutschen Literatur – Über den Beruf und Stand des deutschen Buchhändlers.

Petrarca, Francesco: Sonette an Madonna Laura. [Ital./Dt.] Nachdichtung von Leo Graf Lanckoronski. Vorw. von Maria Gräfin Lanckoronska. 96 S. UB 886. 1956.

Petron: Satyricon. Ein römischer Schelmenroman. Übers. und er[mit einem Nachw.] von Harry C. Schnur. 263 S. UB 8533–35. 1968.

Auch GEB. 1968. (Nicht mehr lieferbar.)
Bibliographisch ergänzte Ausgabe. 261 S. 1982.

Phaedrus: Liber Fabularum / Fabelbuch. Lat. und dt. Übers. von Friedrich Fr. Rückert und Otto Schönberger. Hrsg. und erl. von Otto Schönberger. 240 S. UB 1144–46. 1975.

2., durchgesehene und bibliographisch ergänzte Auflage. 240 S. 1979.
3., durchgesehene und bibliographisch ergänzte Auflage. 240 S. 1982.
4., durchgesehene und bibliographisch ergänzte Auflage. 240 S. 1987.

Phantastische Erzählungen der Jahrhundertwende. Hrsg. von Michael Winkler. 301 S. UB 7819 [4]. 1982.

Inhalt: P. Ernst: Das Grauen – P. Ernst: Die sonderbare Stadt – H. H. Ewers: Die Spinne – A. M. Frey: Die beiden Masken – A. M. Frey: Die Spinne – J. Hart: Das Hünengrab. Ein Leben in Träumen – G. Heym: Die Sektion – R. Huch: Lügenmärchen – H. Mann: Das Wunderbare – A. Mombert: Das Eis. Ein Märchen – C. Morgenstern: Die überraschte Wahrheit – R. Müller: Das Grauen – O. Panizza: Die Menschenfabrik – R. M. Rilke: Der fremde Mann – P. Scheerbart: Rakkóx der Billionär. Ein Protzen-Roman – A. Schnitzler: Die Weissagung – K. H. Strobl: Die arme Nonn' – R. Walser: Welt.

Phantastische Geschichten aus Frankreich (Contes fantastiques). Übers. und Einf. von Doris Distelmaier-Haas. 239 S. UB 9869 [3]. 1977.

Inhalt: H. de Balzac: Die Kirche – J. Cazotte: Der verliebte Teufel – T. Gautier: Der Fuß der Mumie – G. de Maupassant: Ein Verrückter? – P. Mérimée: Die Venus von Ille – G. de Nerval: Die verzauberte Hand – C. Nodier: Hans-Franz der Blaustrumpf.

indar: Oden. Griech./Dt. Übers. und hrsg. von Eugen Dönt. 323 S. UB 8314 [4]. 1986.

inter, Harold: Old Times. A Play. Hrsg. von Bernhard Reitz. 79 S. UB 9203. 1986. (Fremdsprachentexte.)

iontek, Heinz: Windrichtungen. Reisebilder. Mit einer autobiogr. Skizze. 95 S. UB 8859. 1963.

Inhalt: Alter Stich von Lauingen – Apulischer Kaiser – Blicke von Klippen – Cézannes letzte Zuflucht – Hinter der Cestius-Pyramide – Holland in Bildern und Spiegelbildern – In Scheunen schlafen – Oberschlesische Prosa – Portugiesische Skizzen – Die schöne Vergangenheit der Wellen – Station am Meer – Unter berühmtem Licht – Vermeers Stadt.

Nicht mehr lieferbar seit 1976.

iontek, Heinz: Die Zeit einer Frau. Sechs Erzählungen. Ausw. und Nachw. von Rainer Malkowski. [Mit einem bio-bibliogr. Anh.] 79 S. UB 8240. 1984.

Inhalt: Auf dem Lande – Ballade von der Tag- und Nachtgleiche – Legendenzeit – Schmorell und die anderen – Umriß eines Kolonisten – Die Zeit einer Frau.

irandello, Luigi: Der Rauch. Erzählungen. Aus dem Ital. von Hans Hinterhäuser. [Mit einer biogr. Notiz.] 103 S. UB 8019. 1956.

Inhalt: Als ich verrückt war – Der Gefangene – Der Rauch.

Nicht mehr lieferbar seit 1989.

irandello, Luigi: Sechs Personen suchen einen Autor. [Drama.] Aus dem Ital. übertr. von Georg Richert. Mit einem Nachw. von Siegfried Melchinger. 112 S. UB 8765. 1967.

irckheimer, Willibald: Eckius dedolatus / Der entecke Eck. Lat./ Dt. Übers. und hrsg. von Niklas Holzberg. 128 S. UB 7993 [2]. 1983.

laten, August von: Gedichte. Ausw. und Nachw. von Heinrich Henel. 184 S. UB 291/292. 1968.

laten, August von: Die verhängnißvolle Gabel. [Ein Lustspiel in fünf Akten.] Der romantische Oedipus. [Ein Lustspiel in fünf Akten.] Nachdruck der Erstausgaben. Mit Karl Immermanns »Der im Irrgarten der Metrik umhertaumelnde Cavalier [Eine literarische Tragödie]«. Hrsg. von Irmgard Denkler und Horst Denkler. 325 S. UB 118 [4]. 1979.

Platon: Apologie und Kriton. [Umschlagtitel: Apologie oder des Sokrates Verteidigungsrede. Kriton. Ein Dialog.] In der Übers. von Friedrich Schleiermacher neu hrsg. von Dr. Curt Woyte. 88 S. UB 895. 1951.

Durchgesehene Ausgabe. 88 S. 1960.
Nicht mehr lieferbar; ersetzt durch:

Platon: Apologie. Kriton. Übertr., eingel. und hrsg. von Kurt Hildebrandt. 80 S. UB 895. 1962.

Nicht mehr lieferbar; ersetzt durch:

Platon: Apologie des Sokrates. Kriton. Übers., Anm. und Nachw. von Manfred Fuhrmann. 96 S. UB 895. 1987.

Platon: Apologie des Sokrates. Griech./Dt. Übers. und hrsg. von Manfred Fuhrmann. 123 S. UB 8315 [2]. 1986.

Platon: Charmides. Griech. und dt. Übers. und hrsg. von Ekkehard Martens. 128 S. UB 9861 [2]. 1977.

Platon: Euthyphron. Griech./Dt. Übers. und hrsg. von Otto Leggewie. 79 S. UB 9897. 1978.

Durchgesehene Ausgabe. 79 S. 1986.

[**Platon:** Das Gastmahl.] Platons Gastmahl oder Von der Liebe. In der Übers. von Friedrich Schleiermacher. [Mit Anm.] 144 S. UB 927/927a. 1949.

Durchgesehene Ausgabe. 109 S. 1952.
Nicht mehr lieferbar; ersetzt durch:

Platon: Das Gastmahl oder Von der Liebe. Übertr. und eingel. [mit Anm.] von Kurt Hildebrandt. 118 S. UB 927/927a. 1962.

Durchgesehene Ausgabe. 118 S. 1979.

Platon: Gorgias oder Über die Beredsamkeit. In der bearb. Schleiermacherschen Übers. neu hrsg. und eingel. von Kurt Hildebrandt. 186 S. UB 2046/47. 1961.

Revidierte Ausgabe. Nach der Übers. von Friedrich Schleiermacher hrsg. von Kurt Hildebrandt. 184 S. 1989.

Platon: Ion. Griech./Dt. Übers. und hrsg. von Hellmut Flashar. 72 S. UB 8471. 1988.

laton: Laches. Griech. und dt. Übers. und mit einem Nachw. hrsg. von Jula Kerschensteiner. 102 S. UB 1785/86. 1975.

Durchgesehene und verbesserte Ausgabe. 102 S. 1982.

laton: Parmenides. Griech./Dt. Übers. und hrsg. von Ekkehard Martens. 207 S. UB 8386 [3]. 1987.

laton: Phaidon oder Von der Unsterblichkeit der Seele. Nach der Übers. von Friedrich Schleiermacher neu durchges. [Mit Anm.] 128 S. UB 918/919. 1950 [recte: 1951].

Auch GEB. 1951. *(Nicht mehr lieferbar.)*

Durchgesehene Ausgabe. 144 S. 1961.

Durchgesehene und erweiterte Ausgabe. Übers. von Friedrich Schleiermacher. Nachw. von Andreas Graeser. [Mit Anm.] 125 S. 1987.

laton: Phaidros oder Vom Schönen. Übertr. und eingel. [mit Anm.] von Kurt Hildebrandt. 98 S. UB 5789. 1957.

Durchgesehene Ausgabe. 104 S. 1979.

laton: Protagoras. Griech./Dt. Übers. und komm. von Hans-Wolfgang Krautz. 224 S. UB 1708 [3]. 1987.

laton: Der siebente Brief. Übers.[, Anm.] und Nachw. von Ernst Howald. 72 S. UB 8892. 1964.

laton: Der Sophist. Griech./Dt. Einl., Übers. und Komm. von Helmut Meinhardt. 272 S. UB 6339 [3]. 1990.

laton: Der Staat (Politeia). Eingel., übers. und erklärt von Karl Vretska. 656 S. UB 8205–12. 1958.

Auch GEB. 1958. *(Nicht mehr lieferbar.)*

Durchgesehene, verbesserte und bibliographisch ergänzte Ausgabe. Übers. und hrsg. von Karl Vretska. 725 S. 1982.

laton: Theätet. Griech./Dt. Übers. und hrsg. von Ekkehard Martens. [Anm. und Literaturhinw. von Michael Emsbach.] 270 S. UB 6338 [3]. 1981.

autus, T. Maccius: Amphitruo. Lat./Dt. Übers. und hrsg. von Jürgen Blänsdorf. 160 S. UB 9931 [2]. 1979.

Durchgesehene und bibliographisch ergänzte Ausgabe. 160 S. 1986.

autus, T. Maccius: Aulularia / Goldtopf-Komödie. Lat./Dt. Übers. und hrsg. von Herbert Rädle. 112 S. UB 9898 [2]. 1978.

Plautus: Captivi (Die Kriegsgefangenen). Lustspiel in fünf Akten. Übers., Nachw. und Anm. von Andreas Thierfelder. 64 S. UB 7059. 1965.

Nicht mehr lieferbar seit 1979.

Plautus: Curculio (Der Mehlwurm). Lustspiel in fünf Akten. Übers., Nachw. und Anm. von Andreas Thierfelder. 76 S. UB 8929. 1964.

Nicht mehr lieferbar seit 1975.

Plautus: Epidikus (Jedesmal die Falsche). Lustspiel in fünf Akten. Übers., Nachw. und Anm. von Andreas Thierfelder. 63 S. UB 8583. 1968.

Nicht mehr lieferbar seit 1989.

Plautus, T. Maccius: Menaechmi. Lat./Dt. Übers. und hrsg. von Herbert Rädle. 152 S. UB 7096 [2]. 1980.

Plautus: Miles gloriosus. Lustspiel in fünf Akten. Übers., Nachw. und Anm. von Andreas Thierfelder. 93 S. UB 2520. 1962.

Nicht mehr lieferbar seit 1989.

Plautus, T. Maccius: Miles gloriosus / Der glorreiche Hauptmann. [Komödie.] Lat./Dt. Übers. und hrsg. von Peter Rau. 183 S. UB 8031 [2]. 1984.

Plautus: Poenulus (Der Onkel aus Afrika). Lustspiel in fünf Akten. Übers., Anm. und Nachw. von Andreas Thierfelder. 80 S. UB 8779. 1967.

Nicht mehr lieferbar seit 1983.

Plessner, Helmuth: Mit anderen Augen. Aspekte einer philosophischen Anthropologie. [Aufsätze. Mit einer autobiogr. Einf. und einem bio-bibliogr. Anh.] 215 S. UB 7886 [3]. 1982.

Inhalt: Der Aussagewert einer philosophischen Anthropologie – Elemente menschlichen Verhaltens – Der kategoriale Konjunktiv – Das Lächeln – Der Mensch als Lebewesen – Mit anderen Augen – Trieb und Leidenschaft – Unmenschlichkeit – Zur Anthropologie des Schauspielers.

Plickat, Bernt → Arbeitstexte für den Unterricht: Kleine Schule des philosophischen Fragens

Plinius der Jüngere: Aus dem alten Rom. Ausgewählte Briefe. Übers. und mit einem Nachw. vers. von Mauriz Schuster. [Mit Anm.] 80 S. UB 7787. 1953.

Auch als Sonderausgabe zum 125jährigen Bestehen des Verlags (Reclams Jubiläums-Bände). 1953. (Nicht mehr lieferbar.)
Durchgesehene Ausgabe. 79 S. 1960.
Titel ab 1970: Briefe. Ausgew., übers. [...]. (Sonst unverändert.)
Durchgesehene Ausgabe. 76 S. 1981.

Plinius der Jüngere: Briefe → Plinius: Aus dem alten Rom

Plinius Secundus, C.: Der Briefwechsel mit Kaiser Trajan. Das 10. Buch der Briefe. Lat./Dt. Übers. und hrsg. von Marion Giebel. 160 S. UB 6988 [2]. 1985.

Plinius Secundus, C.: Epistulae. Liber I / Briefe. 1. Buch. Lat./Dt. Übers. und hrsg. von Heribert Philips. 96 S. UB 6979. 1987.

Plinius Secundus, C.: Epistulae. Liber II / Briefe. 2. Buch. Lat./Dt. Übers. und hrsg. von Heribert Philips. 96 S. UB 6980. 1988.

Plinius Secundus, C.: Epistulae. Liber III / Briefe. 3. Buch. Lat./Dt. Übers. und hrsg. von Heribert Philips. 96 S. UB 6981. 1989.

Plinius Secundus, C.: Epistulae. Liber IV / Briefe. 4. Buch. Lat./Dt. Übers. und hrsg. von Heribert Philips. 96 S. UB 6982. 1990.

Plinius Secundus, C.: Epistulae. Liber V / Briefe. 5. Buch. Lat./Dt. Übers. und hrsg. von Heribert Philips. 94 S. UB 6983. 1990.

Plotin: Ausgewählte Schriften. In der Übers. von Richard Harder, teilweise überarb. von Willy Theiler und Rudolf Beutler, hrsg. von Walter Marg. [Mit einem Nachw. von Richard Harder.] 271 S. UB 9479–81/81a. 1973.
Inhalt: Der Abstieg der Seele in die Leibeswelt – Der freie Wille und das Wollen des Einen – Gegen die Gnostiker – Die geistige Schönheit – Die geistigen Gegenstände sind nicht außerhalb des Geistes. Das Gute – Das Gute (das Eine) – Die Natur, die Betrachtung und das Eine – Das Schöne – Von der Vorsehung.

Plutarch: Alexander. Caesar. Übers. und hrsg. von Marion Giebel. 221 S. UB 2495 [3] 1980.
Bibliographisch ergänzte Ausgabe. 224 S. 1990 [recte: 1991].

Plutarch: Perikles. Fabius Maximus. Übertr. von Walter Wuhrmann. Erl. und Nachw. von Konrat Ziegler. 133 S. UB 2323/23a. 1965.

Pocci, Franz von: Kasperlkomödien. [Mit 10 Ill. des Verf.] Hrsg. von Karl Pörnbacher. 96 S. UB 5247. 1972.

Inhalt: Der artesische Brunnen – Das Eulenschloß – Kasperl in der Türkei – Kasperl unter den Wilden.

Poe, Edgar Allan: The Black Cat / Die schwarze Katze. The Purloined Letter / Der entwendete Brief. [Zwei Erzählungen. Engl. und dt. Übers. und hrsg. von Dietrich Klose. 79 S. UB 1703. 1971.

Poe, Edgar Allan: Erzählungen. Mit einem Nachw. hrsg. von Manfred Pütz. 456 S. UB 8619 [5]. 1989.

Inhalt: Du bist der Täter – Eleonora – Der entwendete Brief – Das Faß Amontillado – Froschhüpfer – Der Geschäftsmann – Eine Geschichte von Felsengebirge – Der Goldkäfer – Die Grube und das Pendel – Im Wirbel des Maelström – In der Klemme – Ligeia – Ein Manuskript per Flaschenpost – Die Maske des Roten Todes – Der Massenmensch – Die Morde in der Rue Morgue – Das ovale Porträt – Die schwarze Katze – Das Stelldichein – Die Tatsachen im Fall Valdemar – Der Untergang des Hauses Usher – Das verräterische Herz – William Wilson.

Auch GEB. 1991.

Poe, Edgar Allan: The Gold-Bug and Other Tales. Hrsg. von Elmar Schenkel. 192 S. UB 9173 [2]. 1984. (Fremdsprachentexte.)

Inhalt: The Fall of the House of Usher – The Gold-Bug – MS. Found in a Bottle – The Pit and the Pendulum – The Sphinx – The Tell-Tale Heart.

Poe, Edgar Allan: Im Wirbel des Malstroms und andere seltsame Geschichten. [Rückentitel: Poe: Novellen.] Übers. von Carl W. Neumann. Mit einem Nachw. von Ludwig Tügel. 79 S. UB 7626. 1950 [recte: 1951].

Inhalt: Im Wirbel des Malstroms – Der Untergang des Hauses Usher – Die Wassergrube und das Pendel.

Auch als Sonderausgabe zum 125jährigen Bestehen des Verlags (Reclam-Jubiläums-Bände). 1953. *(Nicht mehr lieferbar.)*

Durchgesehene Ausgabe: 80 S. 1957.

Nicht mehr lieferbar; ersetzt durch:

Poe, Edgar Allan: Im Wirbel des Maelström. Der Untergang des Hauses Usher. Die Grube und das Pendel. [Drei Erzählungen. Übertr. von Otto Weith. [Mit Anm., einer Nachbem. und einer Zeittaf.] 72 S. UB 7626. 1971.

Poe, Edgar Allan: Ligeia. Eleonora. Morella. [Drei Erzählungen. Übers. und hrsg. von Manfred Pütz. 111 S. UB 2257 [2]. 1983.

Poe, Edgar Allan: The Murders in the Rue Morgue / Die Morde in der Rue Morgue. [Erzählung.] Engl. und dt. Übers. und hrsg. von Siegfried Schmitz. 96 S. UB 2176. 1974.

Poe, Edgar Allan: The Mystery of Marie Rogêt / Das Geheimnis der Marie Rogêt. [Erzählung.] Engl./Dt. Übers. und Nachw. von Brigitte Schichholz. [Mit einer Zeittaf.] 142 S. UB 9887 [2]. 1978.

Poetik des Barock. Hrsg. von Marian Szyrocki. 269 S. UB 9854 [4]. 1977.

Autoren: A. Buchner – P. Harsdörffer – J. Klaj – D. G. Morhof – B. Neukirch – M. Opitz – A. C. Rotth – G.-W. Sacer – J. P. Titz – A. Tscherning – C. Weise – P. Zesen.

Poetische Scherzartikel. Hrsg. von Peter Köhler. 287 S. UB 40012. 1991. (Reclam Lesebuch.) *GEB*.

Pohl, Gerhart: Sturz der Göttin. Das seltsame Schicksal des Fräulein Aubry. [Erzählung.] Mit einem Nachw. von Willi Fehse. 64 S. UB 8017. 1957.

Nicht mehr lieferbar seit 1973.

Polenlieder. Eine Anthologie. Hrsg. von Gerard Koziełek. 192 S. UB 7910 [2]. 1982.

Autoren: L. G. E. Beurmann – P. Bopp – A. v. Chamisso – F. Dressler – A. v. Droste-Hülshoff – J. Fitz – R. v. Gottschall – F. A. Gregorovius – F. Grillparzer – F. Groß – E. Grosse – A. Grün – I. M. L. v. Hahn-Hahn – H. P. Harring – M. Hartmann – J. C. Hauch – F. C. Hebbel – G. K. R. Herloßsohn – G. Herwegh – K. v. Holtei – J. Kerner – T. Kind – F. Koitzsch – J. G. Krauer – N. Lenau – L. v. Loehner – G. A. v. Maltitz – F. T. Mann – H. Matthaey – A. Meißner – W. Menzel – J. Mosen – K. W. G. Nicol – E. Ortlepp – G. Pfizer – A. v. Platen – F. W. Rogge – A. F. v. Schack – P. Schlinck – G. Schwab – L. Uhland – M. Veit – K. H. W. Wackernagel – O. Weber – O. F. W. L. v. Wenckstern – J. C. v. Zedlitz.

Die politische Romantik in Deutschland. Eine Textsammlung. Hrsg. von Klaus Peter. 440 S. UB 8093 [5]. 1985.

Autoren: A. v. Arnim – F. Baader – J. Görres – A. H. Müller – Novalis – F. Schlegel.

Polnische Lyrik der Gegenwart. Hrsg. und übertr. von Karl Dedecius. 159 S. UB 9482/83. 1973.

Autoren: E. Balcerzan – S. Barańczak – M. Białoszewski – Z. Bieńkowski – E. Bryll – J. Brzękowski – A. Bursa – A. Busza – B. Czaykowski – R. Danecki – S. Dróżdż – J. Ficowski – K. I. Gałczyński – S. Grochowiak

– H. Grynberg – J. Harasymowicz – Z. Herbert – P. Hertz – M. Hillar – W. Huzik – K. Iłłakowicz – J. Ihnatowicz – W. Iwaniuk – J. Iwaszkiewicz – M. Jachimowicz – M. Jastrun – Z. Jerzyna – K. Karasek – T. Karpowicz – W. Kawiński – U. Kozioł – C. Kuriata – Z. Ławrynowicz – J. Łobodowski – S. J. Lec – J. Lechoń – E. Lipska – C. Miłosz – J. Niemojowski – T. Nowak – M. Pawlikowska-Jasnorzewska – J. Pietrkiewicz – A. Piotrowski – H. Poświatowska – A. Podsiad – A. Pogonowska – J. Przyboś – T. Różewicz – J. M. Rymkiewicz – T. Śliwiak – F. Śmieja – J. Śpiewak – A. Słonimski – A. Słucki – J. S. Sito – L. Staff – B. Szymańska – W. Szymborska – B. Taborski – J. Tuwim – A. Ważyk – J. Waleńczyk – A. Wat – K. Wierzyński – W. Wirpsza – J. Wittlin – W. Woroszylski – S. Wygodzki – J. Zonszajn.

Bio-bibliographisch erneuerte Ausgabe. 158 S. 1984.

Polybios: Historien. Auswahl. Übers., Anm. und Nachw. von Karl Friedrich Eisen. 133 S. UB 6210/11. 1973 [recte: 1974].

Bibliographisch ergänzte Ausgabe. 134 S. 1983 [recte: 1984].

Ponten, Josef: Der Gletscher. Im Wolgaland. [Zwei] Erzählungen. Hrsg. und mit einem Nachw. vers. von Elisabet Albert. 64 S. UB 7779. 1952.

Nicht mehr lieferbar seit 1976.

Portmann, Adolf: Um das Menschenbild. Biologische Beiträge zu einer Anthropologie. Mit einem autobiogr. Nachw. 80 S. UB 8893. 1964.

Nicht mehr lieferbar seit 1989.

Postmoderne und Dekonstruktion. Texte französischer Philosophen der Gegenwart. Mit einer Einf. hrsg. von Peter Engelmann. 285 S. UB 8668 [4]. 1990.

Inhalt: J. Derrida: Die différance – J. Derrida: Heideggers Hand (Geschlecht II) – J. Derrida: Semiologie und Grammatologie. Gespräch mit Julia Kristeva – J. Derrida: Die Struktur, das Zeichen und das Spiel im Diskurs der Wissenschaften vom Menschen – M. Foucault: Einleitung zu »Der Gebrauch der Lüste« – S. Kofman: Die Melancholie der Kunst – J.-F. Lyotard: Beantwortung der Frage: Was ist postmodern? – J.-F. Lyotard: Memorandum über die Legitimität – J.-F. Lyotard: Randbemerkungen zu den Erzählungen.

Die Präraffaeliten. Dichtung, Malerei, Ästhetik, Rezeption. Mit 8 Farbtaf. und 38 Abb. Hrsg. und übers. von Gisela Hönnighausen. 416 S. UB 10381. 1992. *GEB.*

Autoren: E. A. Batchelder – M. Beerbohm – J. Collinson – W. Crane – S. Dali – M. Denis – T. Fontane – S. George – W. S. Gilbert – H. v.

Hofmannsthal – H. James – R. Kassner – J. E. Millais – W. Morris – H. Muthesius – M. Nordau – W. Pater – C. Patmore – A. Rimbaud – C. G. Rossetti – D. G. Rossetti – J. Ruskin – A. F. Sandys – A. M. Simons – F. G. Stephens – A. Sullivan – A. C. Swinburne – A. Tennyson – R. Unwin – H. van de Velde – O. Wilde – T. Woolner – F. L. Wright – W. B. Yeats.

Prager deutsche Erzählungen. [Mit 26 Abb.] Hrsg. von Dieter Sudhoff und Michael M. Schardt. 498 S. UB 8771. 1992.

Inhalt: P. Adler: Das Einhorn – O. Baum: Der Geliebte – K. Brand: Novelle im Traum – M. Brod: Spargel – R. Croß: Die Dichterguillotine – E. Feigl: Tüchtigkeit – R. Fuchs: Ketten – H. Gerke: Der Ziegelarbeiter – H. Grab: Der Mörder – V. Hadwiger: Der Sarg des Riesen – C. Hoffmann: Die drei faulen Bauern – F. Janowitz: Der Virtuos – H. Janowitz: Das zierliche Mädchen – E. Janstein: Leiden – O. Jellinek: Zuchthauslegende – F. Kafka: Das Urteil – E. E. Kisch: Die Mutter des Mörders – P. Kornfeld: Die Begegnung – A. Kubin: Der Einschleicher – P. Leppin: Das Gespenst der Judenstadt – F. Mauthner: Ein Abend im Irrenhause – G. Meisel-Heß: Die Verratene – G. Meyrink: Chimäre – H. Natonek: Wahnsinnig – L. Perutz: Dienstag, 12. Oktober 1916 – O. Pick: Die Probe – R. M. Rilke: Frau Blaha's Magd – H. Salus: Phantasie der Tastempfindung – W. Seidl: Variation über ein Thema der Wesendonck – E. Sommer: Der Aufruhr – H. Ungar: Der Bankbeamte – J. Urzidil: Zu den neun Teufeln – M. Vischer: Das gefährliche Abenteuer – F. C. Weiskopf: Das goldene Äpfelchen – E. Weiß: Franta Zlin – F. Werfel: Blasphemie eines Irren – O. Wiener: Die goldene Venus – L. Winder: Turnlehrer Pravda.

Auch GEB. 1992.

Pragmatismus → Texte der Philosophie des Pragmatisimus

Prévert, Jacques: Poèmes et Chansons. Hrsg. von Monika Beutter und Hans-Dieter Schwarzmann. 92 S. UB 9155. 1983. (Fremdsprachentexte.)

Prévost d'Exiles, Abbé Antoine-François: Geschichte des Chevalier des Grieux und der Manon Lescaut. [Roman.] Übers. und Nachw. von Ernst Sander. [Mit Anm.] 229 S. UB 937 [3]. 1977

Auch GEB. 1977. (Nicht mehr lieferbar.)
Überarbeitete Ausgabe. 208 S. 1984.

Priestley, J[ohn] B[oynton]: An Inspector Calls. A Play in Three Acts. Hrsg. von Berthold Sturm. 117 S. UB 9218 [2]. 1987. (Fremdsprachentexte.)

Priestley, John B.: Ein Inspektor kommt. Schauspiel in drei Akten. Dt. von Ingeborg Strudthoff. 79 S. UB 7883. 1955.

Durchgesehene Ausgabe. 78 S. 1970.

Prosa des Expressionismus. Hrsg. von Fritz Martini. 319 S. UB 8379–82. 1970.

Inhalt: J. R. Becher: Der Dragoner – G. Benn: Der Geburtstag – M. Brod: Notwehr – A. Döblin: Die Ermordung einer Butterblume – K. Edschmid: Der tödliche Mai – A. Ehrenstein: Tubutsch – C. Einstein: Herr Giorgio Bebuquin – G. Heym: Der Irre – F. Kafka: Gespräch mit dem Beter – O. Kokoschka: Der weiße Tiertöter – A. Lemm: Weltflucht – A. Lichtenstein: Café Klößchen – O. Loerke: Die Puppe – H. Mann: Der Vater – L. Meidner: Mondsichelgesang – Mynona: Der Schutzmannshelm als Mausefalle – K. Schwitters: Die Zwiebel – C. Sternheim: Busekow – G. Trakl: Traum und Umnachtung – A. Wolfenstein: Über allen Zaubern – P. Zech: Auf der Terrasse am Pol.

Prosa des Jugendstils. Mit 50 Abb. Hrsg. von Jürg Mathes. 407 S. UB 7820 [5]. 1982.

Inhalt: P. Altenberg: Handarbeit – P. Altenberg: In München – P. Altenberg: Wie ein Bild ---- R. Beer-Hofmann: Fragment aus »Der Tod Georgs« – O. J. Bierbaum: Die Juli-Hexen – M. Dauthendey: Ultra Violett. Einsame Poesien – R. Dehmel: Die gelbe Katze – R. Dehmel: Das Märchen vom Maulwurf – S. George: Tage und taten [I/II] – H. v. Gumppenberg: Jugend-Stil – H. Hesse: Der Inseltraum – G. Heym: Die Sektion – A. W. Heymel: »Spiegel«. Aus dem Buche zu Hause – P. Hille: Herodias. Novellette – P. Hille: Schlummernde Schwestern – H. v. Hofmannsthal: Das Märchen der 672ten Nacht – O. Kokoschka: Die träumenden Knaben – H. Mann: Das Wunderbare – T. Mann: Der Kleiderschrank. Eine Geschichte voller Rätsel – T. Mann: Vision – T. Mann: Der Weg zum Friedhof – A. Mombert: Das Eis. Eine Lebensgeschichte – S. Przybyszewski: Sonnenopfer – R. M. Rilke: Heiliger Frühling. Skizze – T. Rosenblüh: Schmücke dein Heim! – R. Schaukal: Die Anna – R. Schaukal: Frühling – P. Scheerbart: Der galante Räuber oder die angenehme Manier. Ein Garten-Scherzo – P. Scheerbart: Das Königslied – J. Schlaf: Silvester 1900 – J. Schlaf: Sommertod – A. Schnitzler: Die drei Elixiere – A. Schnitzler: Exzentrik – E. Schnurr: »Seelenfäden«. Psycho-polychromes Fragment aus dem Torso »Ich!« – E. Schur: Das Teefest am Hakone-See – G. Trakl: Verlassenheit – R. Walser: Sechs kleine Geschichten – F. Wedekind: Mine-Haha. III.

Auch GEB. 1982.

Prosa des Naturalismus. Hrsg. von Gerhard Schulz. 276 S. UB 9471–74. 1973.

Inhalt: H. Bahr: Die gute Schule – O. J. Bierbaum: Die erste Mensur – H. Conradi: Eine Frühlingsnacht – P. Ernst: Zum ersten Mal – O. E. Hartleben: Vom gastfreien Pastor – G. Hauptmann: Der Apostel – P. Hille: Die Striken – A. Holz: Der erste Schultag – A. Holz / J. Schlaf: Die papierne Passion – M. Kretzer: Die Engelmacherin – P. Langmann: Ein Unfall – D. v. Liliencron: Der Narr – J. H. Mackay: Ekel – O. Panizza: Das

Wachsfigurenkabinett – W. v. Polenz: Die Zielbewußten – S. Przybyszewski: Totenmesse – J. Schlaf: Die Geburt – A. Schnitzler: Der Sohn – F. Wedekind: Rabbi Esra.

Proust, Marcel: Combray. Übers. von Eva Rechel-Mertens. Anm. und Nachw. von Edgar Mass. 255 S. UB 8620 [3]. 1989.

Proust, Marcel: Violante ou la mondanité. Nouvelles. Hrsg. von Helmut Keil. 88 S. UB 9273. 1991. (Fremdsprachentexte.)

Inhalt: La Confession d'une jeune fille – La Mort de Baldassare Silvande, Vicomte de Sylvanie – Violante ou la mondanité.

Prus, Boleslaw (Aleksander Glowacki): Der Nichtsnutz und die Mädchen. Erzählung. Aus dem Poln. übers. mit einem Nachw. von Alfred Loepfe. 80 S. UB 8297. 1960.

Nicht mehr lieferbar seit 1975.

Puccini, Giacomo: La Bohème. Szenen aus Henri Murgers »Vie de Bohème« in vier Bildern. Text von Giuseppe Giacosa und Luigi Illica. Übers. von Hans Swarowsky. [Mit einer Einf. von Arthur Scherle.] 71 S. UB 7898. 1982.

Puccini, Giacomo: Madame Butterfly. Japanische Tragödie in drei Akten. Text von Giuseppe Giacosa und Luigi Illica. Übers. von Hans Hartleb. [Mit einer Einf. von Arthur Scherle.] 70 S. UB 7949. 1983.

Puccini, Giacomo: Tosca. Musikdrama in drei Akten. Text von Victorien Sardou, Giuseppe Giacosa und Luigi Illica. Übers. von Günther Rennert. [Mit einer Einf. von Arthur Scherle.] 62 S. UB 7899. 1982.

Pufendorf, Samuel: Die Verfassung des deutschen Reiches. Übers., Anm. und Nachw. von Horst Denzer. 220 S. UB 966 [3]. 1976.

Durchgesehene Ausgabe. 220 S. 1985.

Puschkin, Alexander S.: Boris Godunow. Die Komödie vom Zaren Boris und Grischka Otrepjew (1825). Übertr. und mit einem Nachw. von Henry von Heiseler. [Mit einer Nachbem.] 84 S. UB 2212. 1961.

Durchgesehene Ausgabe. 80 S. 1984.

Puschkin, Alexander: Erzählungen. Übers. von Johannes von Guenther. Hrsg. von Wolfgang Heller. 416 S. UB 1612 [5]. 1989.

Inhalt: Dubrowskij – Das Fräulein als Bäuerin – Die Hauptmannstochter – Pique Dame – Der Posthalter – Der Sargmacher – Der Schneesturm – Der Schuß.

Puschkin, Alexander S.: Eugen Onegin. Ein Roman in Versen. Übers. und Nachw. von Kay Borowsky. [Mit Anm.] 287 S. UB 427–429/429a. 1972.

Überarbeitete Ausgabe. 283 S. 1988.

Puschkin, Alexander: Die Hauptmannstochter. [Erzählung.] Ins Dt. übertr. sowie mit einem Nachw. und Anm. vers. von Johannes von Guenther. 170 S. UB 1559/60. 1952.

Auch GEB. 1952. (Nicht mehr lieferbar.)

Durchgesehene Ausgabe. Übers. und hrsg. von Johannes von Guenther. 160 S. 1960.

Puschkin, Alexander: Mozart und Salieri. [Drama.] Russ./Dt. Übers. und Nachw. von Kay Borowsky. Zeittaf. von Gudrun Ziegler. 41 S. UB 8094. 1985.

Puschkin, Alexander S.: Pique Dame. [Novelle.] Russ. und dt. Übers. und Nachw. von Kay Borowsky. [Mit Anm. und einer biogr. Notiz.] 96 S. UB 1613/13a. 1971.

Puschkin, Alexander: Der Postmeister und andere Novellen. Dt. von W[ilhelm] Lange. 80 S. UB 7469. 1949.

Inhalt: Pik-Dame – Der Postmeister – Der Schuß.

Durchgesehene Ausgabe. 87 S. 1957.

Nicht mehr lieferbar; ersetzt durch:

Puschkin, Alexander: Der Posthalter. Die Erzählungen Bjelkins Aus dem Russ. übertr. von Johannes von Guenther. [Mit einer Nachbem.] 94 S. UB 7469. 1967.

Inhalt: Das Fräulein als Bäuerin – Der Posthalter – Der Sargmacher – Der Schneesturm – Der Schuß.

Q

Quine, Willard van Orman: Ontologische Relativität und andere Schriften. Aus dem Engl. übers. [mit einem Nachw.] von Wolfgang Spohn. 231 S. UB 9804 [3]. 1975.

Inhalt: Existenz und Quantifikation – Naturalisierte Erkenntnistheorie – Natürliche Arten – Ontologische Relativität – Propositionelle Gegenstände – Das Sprechen über Gegenstände.

Auch GEB. 1975. (Nicht mehr lieferbar.)

Quine, Willard van Orman: Wort und Gegenstand (Word and Object). Aus dem Engl. übers. von Joachim Schulte in Zsarb. mit Dieter Birnbacher. 504 S. UB 9987 [6]. 1980.

Auch GEB. 1980. (Nicht mehr lieferbar.)

Quintilian, M. Fabius: Institutio oratoria X / Lehrbuch der Redekunst. 10. Buch. Lat. und dt. Übers., komm. und mit einer Einl. hrsg. von Franz Loretto. 160 S. UB 2956/57. 1974.

R

Raabe, Wilhelm: Die Akten des Vogelsangs. Erzählung. 234 S. UB 7580–82. 1954.

Durchgesehene Ausgabe. 204 S. 1976.
Erweiterte Ausgabe. Anm. von Michael Ritterson. Nachw. von Wolfgang Preisendanz. 240 S. 1988.

Raabe, Wilhelm: Altershausen. [Romanfragment.] Nachw. von Eckart Oehlenschläger. [Mit Anm.] 157 S. UB 7725 [2]. 1981.

Raabe, Wilhelm: Die Chronik der Sperlingsgasse. [Roman.] Nachw. von Ulrike Koller. [Mit Anm.] 223 S. UB 7726 [3]. 1981.

Raabe, Wilhelm: Else von der Tanne oder Das Glück Domini Friedemann Leutenbachers, armen Dieners am Wort Gottes, zu Wallrode im Elend. [Erzählung.] Mit einem Nachw. von Werner Röpke. 63 S. UB 7575. 1949.

Durchgesehene Ausgabe. 60 S. 1951.

Durchgesehene und erweiterte Ausgabe. [Mit Anm.] 47 S. 1970.

Raabe, Wilhelm: Höxter und Corvey. Eine Erzählung. Nach der Handschrift von 1873/74. Hrsg. von Hans-Jürgen Schrader. 215 S. UB 7729 [3]. 1981.

Raabe, Wilhelm: Holunderblüte. [Novelle.] Hrsg. von Dieter Arendt. 61 S. UB 8485. 1991.

Raabe, Wilhelm: Horacker. [Erzählung.] Nachw. von Wolfgang Preisendanz. [Mit Anm.] 213 S. UB 9971 [2]. 1980.

Raabe, Wilhelm: Im Siegeskranze. Erzählung. [Mit einem Nachw. von Georg Ehrhart.] 62 S. UB 7576. 1953.

Durchgesehene Ausgabe. 59 S. 1963.
Nicht mehr lieferbar seit 1986.

Raabe, Wilhelm: Das letzte Recht. Holunderblüte. [Zwei] Erzählungen. Mit einem Nachw. von Walter Haußmann. 96 S UB 8485. 1961.

Nicht mehr lieferbar seit 1976; ersetzt durch: → Raabe: Holunderblüte

Raabe, Wilhelm: Das Odfeld. Eine Erzählung. Mit einem Nachw. von Ulrich Dittmann [und Anm.]. 291 S. UB 9845 [3]. 1977.

Raabe, Wilhelm: Pfisters Mühle. Ein Sommerferienheft. Nachw. von Horst Denkler. [Mit Anm.] 253 S. UB 9988 [3]. 1980.

Raabe, Wilhelm: Prinzessin Fisch. Eine Erzählung. Nachw. von Heide Eilert. [Mit Anm.] 245 S. UB 9994 [3]. 1980.

Raabe, Wilhelm: Des Reiches Krone. Erzählung. Mit einem Nachw. von Gerhard Muschwitz [und Anm.]. 78 S. UB 8368. 1970.

Raabe, Wilhelm: Die schwarze Galeere. Geschichtliche Erzählung. Mit einem Nachw. von Walter Haußmann [und Anm.]. 80 S. UB 8484. 1961.

Durchgesehene Ausgabe. 78 S. 1969.

Raabe, Wilhelm: Stopfkuchen. Eine See- und Mordgeschichte. [Roman.] Mit einem Nachw. von Alexander Ritter [und Anm.]. 239 S. UB 9393–95. 1972.

Bibliographisch ergänzte Ausgabe. 239 S. 1981.

Auch GEB. (bibliographisch ergänzt) in der Reihe »Reclam Lese-Klassiker«. 246 S. 1987.

Bibliographisch ergänzte Ausgabe. 247 S. 1988.

Raabe, Wilhelm: Wunnigel. Erzählung. [Mit einem Nachw. von Walter Haußmann.] 184 S. UB 7577/78. 1961.

Nicht mehr lieferbar seit 1986.

Raabe, Wilhelm: Zum wilden Mann. Erzählung. Mit einem Nachw. von Wolfgang Schlegel. 110 S. UB 2000/00a. 1959.

Rabelais, François: Gargantua. [Roman.] Übers. und komm. von Wolf Steinsieck. Nachw. von Frank-Rutger Hausmann. 279 S. UB 8764. 1992.

Racine, Jean: Berenize. Tragödie in fünf Aufzügen. Im Versmaß des Originals übertr. von Rudolf Alexander Schröder. Mit einem Nachw. von Elisabeth Brock-Sulzer. 78 S. UB 8909. 1964.

Nicht mehr lieferbar seit 1989.

Racine, Jean: Britannicus. Tragédie en cinq actes / Tragödie in fünf Akten. Frz./Dt. Übers. und hrsg. von Barbara Mitterer. 224 S. UB 1293 [3]. 1983.

Racine, Jean: Phädra. Trauerspiel in fünf Aufzügen. Übers. von Friedrich Schiller. Mit einem Nachw. von Hermann Gmelin. 62 S. UB 54. 1955.

Durchgesehene Ausgabe. 63 S. 1971.

Radecki, Sigismund von: Rückblick auf meine Zukunft. Ausgewählte Skizzen und Essays. Mit einem autobiogr. Nachw. 78 S. UB 7561. 1953.

Inhalt: Aufregende Ereignisse – Der eiserne Schraubendampfer Hurricane – Der Fahrstuhl – Gespräch mit einem Ingenieur – Glanz und Elend der Kiebitze – Hum und Ham – Kinder – Die Krawatte – Mein Zeuge ist Don Gasparro – Der Pump – Seine Majestät der Zufall – Von der Lust, einen Stempel aufzudrücken – Wie die russische Revolution ausbrach – Die wilde Jagd.

Auch als Sonderausgabe zum 125jährigen Bestehen des Verlags (Reclams Jubiläums-Bände). 1953. (Nicht mehr lieferbar.)

Nicht mehr lieferbar seit 1989.

Raimund, Ferdinand: Der Alpenkönig und der Menschenfeind. Romantisch-komisches Märchen in drei Aufzügen. Musik von Wenzel Müller. Mit einer Einl. hrsg. von Wilhelm Zentner. 92 S. UB 180. 1952.

Durchgesehene Ausgabe. Romantisch-komisches Original-Zauberspiel in zwei Aufzügen. Nachw. von Wilhelm Zentner. [Mit Anm.] 96 S. 1965.
Durchgesehene Ausgabe. Ca. 104 S. 1992.

Raimund, Ferdinand: Der Bauer als Millionär oder Das Mädchen aus der Feenwelt. Romantisches Original-Zaubermärchen mit Gesang in drei Aufzügen. Musik von Jos. Drechsler. Hrsg. und eingel. von Wilhelm Zentner. 78 S. UB 120. 1952.

Durchgesehene Ausgabe. Das Mädchen aus der Feenwelt oder Der Bauer als Millionär. Romantisches Original-Zaubermärchen mit Gesang in drei Aufzügen. Mit einem Nachw. von Wilhelm Zentner. 79 S. 1964.
Durchgesehene Ausgabe. Nachw. von Wilhelm Zentner. [Mit Anm.] 84 S. 1990.

Raimund, Ferdinand: Die gefesselte Phantasie. Original-Zauberspiel in zwei Aufzügen. Hrsg. von Jürgen Hein. 104 S. UB 3136. 1983.

Raimund, Ferdinand: Der Verschwender. Original-Zaubermärchen in drei Aufzügen. Musik von Konradin Kreutzer. Hrsg. und eingel. von Wilhelm Zentner. 96 S. UB 49. 1952.

Durchgesehene Ausgabe. Mit einem Nachw. von Wilhelm Zentner [und Anm.] 94 S. 1965.

Rang, Bernhard → Reclams Romanführer

Rasputin, Valentin: Wassilij und Wassilissa. Französischstunden. [Zwei Erzählungen.] Russ./Dt. [Übers. von Jörg M. Götting-Frosinski u. a.] Hrsg. von Soia Koester. 152 S. UB 8241 [2]. 1984.

Rebhun, Paul: Ein Geistlich Spiel von der Gotfürchtigen und keuschen Frauen Susannen (1536). Unter Berücksichtigung der Ausgaben von 1537 und 1544 kritisch hrsg. von Hans-Gert Roloff. 143 S. UB 8787/88. 1967.

Ab Nachdruck 1980 fälschlich mit dem Vermerk »Bibliographisch ergänzte Ausgabe«.

Recht und Moral. Texte zur Rechtsphilosophie. Hrsg. von Norbert Hoerster. 292 S. UB 8389 [4]. 1987.

Inhalt: J. Austin: Rechtsnormen als Befehle des politischen Machthabers – Bundesgerichtshof: Das natürliche Sittengesetz im Umgang der Geschlechter – Bundesverwaltungsgericht: Die verfassungsrechtliche Bindung an das Gleichheitsgebot – A. v. Feuerbach: Die psychologische Abschreckungswirkung der Strafandrohung – W. K. Frankena: Gerechtigkeit als Chancengleichheit – H. L. A. Hart: Akzeptanz als Basis einer positiven Rechtsordnung – H. L. A. Hart: Eine empirische Theorie der Rechtsbegründung – H. L. A. Hart: Eine Vereinigungstheorie von Prävention und Vergeltung – F. A. v. Hayek: Argumente gegen die Verteilungsgerechtigkeit – N. Hoerster: Die moralische Pflicht zum Rechtsgehorsam – H. Kelsen: Die Rechtsordnung als hierarchisches System von Zwangsnormen – V. I. Lenin: Das Recht als Instrument der Klassenherrschaft – K. Menninger: Therapie statt Strafe – J. Messner: Die Natur des Menschen als Grundlage des Sittengesetzes – J. G. Murphy: Kritik am therapeutischen Resozialisierungsprogramm – F. Nietzsche: Argumente gegen Vergeltung und Abschreckung – Pius XII.: Die Schuldvergeltung als metaphysisches Stratziel – G. Radbruch: Gesetzliches Unrecht und übergesetzliches Recht – J. Rawls: Eine Vertragstheorie der Gerechtigkeit – A. Verdross: Die naturrechtliche Basis der Rechtsgeltung.

Bibliographisch ergänzte Ausgabe. 292 S. 1990 [recte: 1991].

Reclam. 100 Jahre Universal-Bibliothek. Ein Almanach. [Mit einem Vorw. von Heinrich Reclam und 34 Abb.] 876 S. 1967. GEB.

Inhalt: H. Reclam: Die Geschichte der Universal-Bibliothek – E. v. Reusner: Literatur des Mittelalters in der Universal-Bibliothek – D. Bode: Zur neueren deutschen Literatur in der Universal-Bibliothek – A. Haueis: Deutsche Literatur der Gegenwart in der Universal-Bibliothek – A. Haueis: Weltliteratur in der Universal-Bibliothek – E. v. Reusner: Die Philosophie in der Universal-Bibliothek – E. v. Reusner: UNESCO-Sammlung: Asiatische Reihe in der Universal-Bibliothek – M. Wundram: Bildende Kunst und

Musik in der Universal-Bibliothek. *Außerdem:* Auszüge aus Editionen der UB. Im Anhang: Zeittafel – Die Eigentümer, Lektoren und Abteilungsleiter des Verlages – Gesamtkatalog der UB Herbst 1967.

Nicht mehr lieferbar.

Reclam. 100 Jahre Universal-Bibliothek. [Umschlagtitel: 100 Jahre Universal-Bibliothek. 1867–1967.] [Mit 14 Abb.] 136 S. 1967.

Inhalt: H. Reclam: Die Geschichte der Universal-Bibliothek – Die Gegenwart der Universal-Bibliothek. Anmerkungen der Lektoren – Zeittafel - Gesamtkatalog der Universal-Bibliothek Herbst 1967. *Die Beiträge sind dem Jubiläumsalmanach zum 10. November 1967 entnommen (s. o.).*

Revidierte Ausgabe (mit einem Nachtrag zur Zeittafel, ohne Gesamtkatalog). 93 S. 1969.

Nicht mehr lieferbar.

Reclam. Verfasser-, Schlag- und Stichwortkatalog. Universal-Bibliothek, Gebundene Ausgaben, Handbücher, Paperbacks. Stand: September 1984. [Bearb. von Brigitte Reclam.] 463 S. 1984. *GEB.*

Vorangehende Bände → Reclams Universal-Bibliothek. Verfasser-, Schlag- und Stichwortkatalog

Reclam. Verfasser-, Schlag- und Stichwortkatalog. Universal-Bibliothek, Gebundene Ausgaben, Handbücher, Paperbacks. Stand: September 1992. Bearb. von Brigitte Reclam. 631 S. 1992. *GEB.*

Reclam Wissen
→ Daten zur antiken Chronologie und Geschichte
→ Dilke, O. A. W.: Mathematik, Maße und Gewichte in der Antike
→ Holst, Imogen: Das ABC der Musik
→ König, Angelika / König, Ingemar: Der römische Festkalender der Republik
→ König, Ingemar: Der römische Staat
→ Laag, Heinrich: Kleines Wörterbuch der frühchristlichen Kunst und Archäologie
→ Schimmel, Annemarie: Der Islam
→ Schmoldt, Hans: Kleines Lexikon der biblischen Eigennamen
→ Trapp, Wolfgang: Kleines Handbuch der Maße, Zahlen, Gewichte und der Zeitrechnung
→ Wehler, Joachim: Grundriß eines rationalen Weltbildes

Reclams Archäologieführer Österreich und Südtirol. Denkmäler und Museen der Urgeschichte, der Römerzeit und des frühen Mittelalters. Hrsg. von Andreas Lippert. Mit 158 Abb. und Plänen sowie 11 Karten. 702 S. UB 10333. 1985. *GEB.*

Reclams Ballettführer. Von Otto Friedrich Regner. Mit 32 Bildtaf. 431 S. UB 8042–47. 1956. *GEB.*

2. Auflage. 431 S. 1957.
3., erweiterte Auflage. Neu bearb. von Heinz-Ludwig Schneiders. Mit 32 Bildtaf. 456 S. 1964.
4. Auflage. Neu bearb. und mit einem Anh. von Heinz-Ludwig Schneiders. Mit 32 Bildtaf. 480 S. 1969.
5., völlig neu bearbeitete Auflage. Von Otto Friedrich Regner und Heinz-Ludwig Schneiders. Mit 32 Bildtaf. 551 S. 1972.
6., durchgesehene Auflage. 551 S. 1975.
7., um einen Anhang erweiterte Auflage. 576 S. 1978.
8. Auflage. Durchges. und erg. von Hartmut Regitz. Mit 32 Bildtaf. 575 S. 1980.
9., durchgesehene und erweiterte Auflage. Von Hartmut Regitz, Otto Friedrich Regner, Heinz-Ludwig Schneiders. Mit 32 Abb. 749 S. 1985.
10. Auflage. 749 S. 1988.
11., durchgesehene Auflage. 749 S. 1992.

Reclams Chormusikführer. Von Werner Oehlmann. [Mit zahlr. Notenbeisp.] 2., erw. Auflage. 619 S. UB 10017. 1976. *GEB.*

2. Auflage von → Oehlmann: Chormusikführer
Ab 3. Auflage 1981 u. d. T.:

Reclams Chormusik- und Oratorienführer. Von Werner Oehlmann. [Mit zahlr. Notenbeisp.] 3., erw. Auflage. 624 S. UB 10017. 1981. *GEB.*

4., erweiterte Auflage. 630 S. 1984.
5. Auflage. 630 S. 1987.
6. Auflage. 630 S. 1991.

Reclams englisches Wörterbuch → Reclams Wörterbuch der englischen und der deutschen Sprache

Reclams etymologisches Wörterbuch der deutschen Sprache. Von Lutz Mackensen. 432 S. UB 8746–55. 1966.

Auch GEB. 1966. *(Nicht mehr lieferbar.)*
Nicht mehr lieferbar seit 1978.

Reclams französisches Wörterbuch → Reclams Wörterbuch de französischen und deutschen Sprache

Reclams Fremdwörterbuch nebst Verzeichnis gebräuchlicher Abkürzungen. Von Heinz Küpper. 236 S. UB 8438–40. 1960

Auch GEB. 1960 ff. *(Nicht mehr lieferbar.)*
Durchgesehene Ausgabe. 239 S. 1972.
Durchgesehene Ausgabe. 240 S. 1987.

Reclams Hörspielführer. Hrsg. von Heinz Schwitzke. Unter Mit arb. von Franz Hiesel, Werner Klippert, Jürgen Tomm. 671 S UB 10161–68. 1969. *GEB*.

Nicht mehr lieferbar seit 1979.

Reclams Jazzführer. Von Carlo Bohländer und Karl Heinz Holler Mit 32 Taf., 12 Abb. im Text und zahlr. Notenbeisp. 992 S UB 10185–96. 1970. *GEB*.

2., revidierte und erweiterte Auflage. 999 S. 1977.
Ab 3. Auflage 1989 im Format 15 × 21,5 cm.

Reclams Kammermusikführer. Von Hans Renner. Unter Mitarb von Wilhelm Zentner, Anton Würz, Siegfried Greis. [Mit zahlr Notenbeisp.] 830 S. UB 8001–12. 1955. *GEB*.

2. Auflage. 830 S. 1956.
3., durchgesehene Auflage. 855 S. 1959.
4., revidierte und erweiterte Auflage. 884 S. 1962.
5. Auflage. 884 S. 1964.
6. Auflage. 884 S. 1966.
7., erweiterte Auflage. Mit einem Anh. von Walther Kaempfer. 927 S 1972.
8., durchgesehene Auflage. Von Hans Renner. Unter Mitarb. von Wilhelm Zentner, Anton Würz, Walther Kaempfer, Siegfried Greis. 928 S. 1976.
9. Auflage. 928 S. 1980.

Ab 10. Auflage 1990 in vollständiger Neubearbeitung:

Reclams Kammermusikführer. Hrsg. von Arnold Werner-Jensen Unter Mitarb. von Ludwig Finscher, Wolfgang Ludewig un Klaus Hinrich Stahmer. Mit 560 Notenbeisp. Zehnte, völlig ne bearb. Auflage. 1168 S. UB 8001. 1990. *GEB*.

Reclams Klaviermusikführer. Bd. I: Frühzeit, Barock und Klassik. Hrsg. von Werner Oehlmann unter Mitarb. von Christian Bernsdorff-Engelbrecht. [Mit zahlr. Notenbeisp.] 803 S UB 10112–24. 1968. *GEB*.

2. Auflage. 802 S. 1974.
3., durchgesehene und erweiterte Auflage. 813 S. 1979.
4. Auflage. 813 S. 1982.
5., revidierte Auflage. 813 S. 1988.
6. Auflage. 813 S. 1992.

Reclams Klaviermusikführer. Bd. II: **Von Franz Schubert bis zur Gegenwart.** In Verb. mit Klaus Billing und Walther Kaempfer hrsg. von Werner Oehlmann. [Mit zahlr. Notenbeisp.] 1030 S. UB 10125–37. 1967. *GEB.*

2. Auflage. 1030 S. 1973.
3., durchgesehene und erweiterte Auflage. 1064 S. 1977.
4. Auflage. 1064 S. 1981.
5. Auflage. 1064 S. 1986.
6. Auflage. 1064 S. 1991.

Reclams Konzertführer. Von Hans Renner. Orchestermusik. [Mit zahlr. Notenbeisp.] 892 S. UB 7720–31. 1952.

Auch GEB. 1952.
2., erweiterte Auflage. 924 S. 1954.
Ab 1956 nur gebunden lieferbar.
3. Auflage. 924 S. 1956.
4., erweiterte Auflage. 976 S. 1959.
5. Auflage. 976 S. 1961.
6., durchgesehene Auflage. 976 S. 1963.
7., erweiterte Auflage. 992 S. 1965.
8., neubearbeitete Auflage. 992 S. 1967.
9., erweiterte Auflage. Mit einer Ergänzung des Hauptteils von Klaus Schweizer. 1040 S. 1972.
10., neubearbeitete und erweiterte Auflage. Von Hans Renner und Klaus Schweizer. 1072 S. 1976.
11. Auflage. 1072 S. 1978.
12., revidierte Auflage. 1072 S. 1982.
13. Auflage. 1072 S. 1985.
14., revidierte Auflage. 1072 S. 1990.

Zusammen mit »Reclams Opern- und Operettenführer« auch unter dem Obertitel »Reclams Musikhandbuch für Rundfunkhörer« in 2 Bänden 1952. GEB. (Nicht mehr lieferbar.)

Reclams Kunstführer. Dänemark. Kunstdenkmäler und Museen. Hrsg. von Rudolf Zeitler. Mit 98 Abb. und Plänen im Text sowie 5 Übersichtskarten. 437 S. UB 10273. 1978. *GEB.*

Reclams Kunstführer. [Deutschland.] Baudenkmäler. Bd. I: **Bayern.** Bearb. von Alexander von Reitzenstein und Herbert Brunner. Mit 58 Abb. im Text und 64 Bildtaf. sowie 2 Übersichtskarten. 791 S. UB 8055–72. 1957. *GEB.*

2. *Auflage.* 791 S. 1957.
3., *neubearbeitete und erweiterte Auflage.* 956 S. 1959.
4. *Auflage.* 957 S. 1961.
5., *neubearbeitete und erweiterte Auflage.* 1016 S. 1964.
6. *Auflage.* 1016 S. 1970.
7., *neubearbeitete Auflage.* 1088 S. 1970.
8. *(um ein Ortsregister erweiterte) Auflage.* 1101 S. 1974.

Ab 9. Auflage 1983 in zwei Teilbänden:

Reclams Kunstführer. Deutschland. Bd. I,1: **Bayern Süd. Oberbayern, Niederbayern, Schwaben.** Kunstdenkmäler und Museen. Von Alexander von Reitzenstein und Herbert Brunner. Mit 80 Abb. und Plänen sowie 2 Übersichtskarten. Neunte, neu bearb. und erw. Auflage. 715 S. UB 10317. 1983. *GEB.*

Reclams Kunstführer. Deutschland. Bd. I,2: **Bayern Nord. Franken, Oberpfalz.** Kunstdenkmäler und Museen. Von Alexander von Reitzenstein und Herbert Brunner. Mit 82 Abb. und Plänen sowie 2 Übersichtskarten. Neunte, neubearb. und erw. Auflage. 605 S. UB 10318. 1983. *GEB.*

Reclams Kunstführer. [**Deutschland.**] Baudenkmäler. Bd. II **Baden-Württemberg, Pfalz, Saarland.** Bearb. von Herbert Brunner. Mit 55 Abb. im Text und 64 Bildtaf. sowie 2 Übersichtskarten. 605 S. UB 8073–90. 1957. *GEB.*

2. *Auflage.* 601 S. 1958.
3., *neubearbeitete und erweiterte Auflage.* 715 S. 1960.
4. *Auflage.* 715 S. 1962.
5., *neubearbeitete und erweiterte Auflage.* 773 S. 1967.
6. *Auflage.* 773 S. 1971.

Ab 7. Auflage 1979/80 aufgeteilt in Reclams Kunstführer Deutschland und VI:

Reclams Kunstführer. Deutschland. Bd. II: **Baden-Württemberg.** Kunstdenkmäler und Museen. Von Herbert Brunner und Alexander von Reitzenstein. Mit 176 Abb. und Plänen sowie 2 Übersichtskarten. Siebente, neubearb. und erw. Auflage. 925 S. UB 8073. 1979. *GEB.*

8. *Auflage.* 925 S. 1985.

Reclams Kunstführer. [**Deutschland.**] Baudenkmäler. Bd. II. **Rheinlande und Westfalen.** Bearb. von Anton Henze in Verb. mit Erich Herzog, Fritz Stich und Hans Wühr. Mit 57 Abb. im Text und 63 Bildtaf. sowie 2 Übersichtskarten. 743 S. UB 8401–18. 1959. *GEB.*

2., durchgesehene Auflage. 752 S. 1961.
3., völlig neu bearbeitete Auflage. Bearb. von Anton Henze, Otto Gaul, Erich Herzog, Wilhelm Jung, Fried Mühlberg und Fritz Stich. Mit 58 Abb. im Text und 63 Bildtaf. sowie 2 Übersichtskarten. 816 S. 1964.
4. Auflage. 816 S. 1969.
5. Auflage. 829 S. 1975.
6., neubearbeitete und erweiterte Auflage. Von Anton Henze, Otto Gaul, Fried Mühlberg und Fritz Stich. Mit 140 Abb. und Plänen sowie 2 Übersichtskarten. 781 S. 1982.

Reclams Kunstführer. [Deutschland.] Baudenkmäler. Bd. IV: **Niedersachsen, Hansestädte, Schleswig-Holstein, Hessen.** Bearb. von H[einz] R[udolf] Rosemann, O[skar] Karpa und E[rich] Herzog in Verb. mit einem Kreis von Fachkollegen. Mit 62 Abb. im Text und 64 Bildtaf. sowie 3 Übersichtskarten. 856 S. UB 8466–83. 1960. *GEB*.
2. Auflage. 856 S. 1962.

Ab 3. Auflage 1967 aufgeteilt in Reclams Kunstführer Deutschland IV und V:

Reclams Kunstführer. Deutschland. Bd. IV: **Hessen.** Baudenkmäler. Bearb. von Erich Herzog, Dieter Großmann und Gerhard Bott. Mit 33 Abb. im Text und 32 Bildtaf. sowie einem Übersichtsplan. Dritte, neubearb. Auflage. 464 S. UB 8466–72. 1967. *GEB*.
4. Auflage. 464 S. 1972.
5., neubearbeitete und erweiterte Auflage. Von Gerhard Bott, Dieter Großmann, G. Ulrich Großmann, Erich Herzog. Mit 118 Abb. und Plänen sowie 2 Übersichtskarten. 671 S. 1978.
6., revidierte Auflage. 671 S. 1987.

Reclams Kunstführer. Deutschland. Bd. V: **Niedersachsen, Hansestädte, Schleswig-Holstein.** Baudenkmäler. Hrsg. von H[einz] R[udolf] Rosemann in Verb. mit einem Kreis von Fachkollegen. Mit 55 Abb. im Text und 48 Bildtaf. sowie 2 Übersichtskarten. Dritte, neubearb. Auflage. 695 S. UB 8472–83. 1967. *GEB*.
4. Auflage. 695 S. 1971.
5., revidierte Auflage. Hrsg. von Hans-Herbert Möller. Mit 55 Abb. im Text und 48 Bildtaf. sowie 2 Übersichtskarten. 695 S. 1976.
6. Auflage. 695 S. 1984.

Reclams Kunstführer. Deutschland. Bd. VI: **Rheinland-Pfalz, Saarland.** Kunstdenkmäler und Museen. Von Herbert Brunner, Hans Caspary, Alexander von Reitzenstein, Fritz Stich. Mit

150 Abb. und Plänen sowie 2 Übersichtskarten. Siebente, neube
arb. und erw. Auflage. 591 S. UB 10286. 1980. *GEB*.

Hervorgegangen aus Reclams Kunstführer Deutschland II.
8., revidierte und ergänzte Auflage. 590 S. 1990.

Reclams Kunstführer. Deutschland. Bd. VII: **Berlin.** Kunstdenk
mäler und Museen. Von Eva und Helmut Börsch-Supan, Günthe
Kühne, Hella Reelfs. Mit 118 Abb., Plänen und Übersichtskarten
800 S. UB 10265. 1977. *GEB*.

2. Auflage. 800 S. 1977.
3., revidierte Auflage. 800 S. 1980.
Ab 4. Auflage 1991 im Format 15 × 21,5 cm.

Reclams Kunstführer. Finnland. Kunstdenkmäler und Museer
Von Henrik Lilius und Rudolf Zeitler. Mit 64 Abb. und Pläne
sowie 7 Übersichtskarten. 347 S. UB 10334. 1985. *GEB*.

Reclams Kunstführer. Frankreich. Hrsg. von Manfred Wundran
Bd. I: **Paris und Versailles.** Von Christian Beutler. Mit 71 Abl
im Text und 48 Bildtaf. sowie 3 Übersichtsplänen. 816 S
UB 10169–76. 1970. *GEB*.

2., revidierte Auflage. 815 S. 1979.

Reclams Kunstführer. Frankreich. Bd. II: **Elsaß.** Kunstdenkmä
ler und Museen. Von Florens Deuchler und Jean Wirth. M
107 Abb. und Plänen sowie 2 Übersichtskarten. 339 S
UB 10297. 1980. *GEB*.

Reclams Kunstführer. Frankreich. Bd. III: **Lothringen, Arde
nen, Ostchampagne.** Kunstdenkmäler und Museen. Von Pet
Volkelt und Horst van Hees. Mit 87 Abb. und Plänen sowie ein
Übersichtskarte. 544 S. UB 10319. 1983. *GEB*.

Reclams Kunstführer. Frankreich. Bd. IV: **Provence, Cô
d'Azur, Dauphiné, Rhône-Tal.** Bearb. von Hans Fegers. M
49 Abb. im Text und 64 Bildtaf. sowie einem Übersichtspla
907 S. UB 10100–11. 1967. *GEB*.

2. Auflage. 907 S. 1975.
Nicht mehr lieferbar seit 1991.

Reclams Kunstführer. Frankreich. Bd. 5: **Burgund.** Kunstden
mäler und Museen. Von Hans Fegers. Mit 103 Abb. und Pläne
sowie 2 Übersichtskarten. 592 S. UB 10347. 1987. *GEB*.

Reclams Kunstführer. Istanbul. Bursa, Edirne, Iznik. Baudenkmäler und Museen. Von Marcell Restle. Mit 184 Abb. und Plänen im Text sowie 2 Übersichtskarten. 632 S. UB 10262. 1976. *GEB.*

Reclams Kunstführer. Italien. Hrsg. von Manfred Wundram. Bd. I,1: **Lombardei.** Kunstdenkmäler und Museen. Von Heinz Schomann. Mit 122 Abb. und Plänen sowie 2 Übersichtskarten. 600 S. UB 10305. 1981. *GEB.*

Reclams Kunstführer. Italien. Hrsg. von Manfred Wundram. Bd. I,2: **Piemont, Ligurien, Aosta-Tal.** Kunstdenkmäler und Museen. Von Heinz Schomann. Mit 136 Abb. und Plänen sowie 2 Übersichtskarten. 600 S. UB 10305 [recte: 10306]. 1982. *GEB.*

Reclams Kunstführer. Hrsg. von Manfred Wundram. **Italien.** Bd. II: **Oberitalien Ost.** Bearb. von Erich Egg, Erich Hubala, Peter Tigler, Wladimir Timofiewitsch, Manfred Wundram. Mit 61 Abb. im Text und 64 Bildtaf. sowie 2 Übersichtsplänen. 1223 S. UB 10001–16. 1965. *GEB.*

Ab 2. Auflage 1972/74 in zwei Teilbänden:

Reclams Kunstführer. Italien. Hrsg. von Manfred Wundram. Bd. II,1: **Venedig. Brenta-Villen, Chioggia, Murano, Torcello.** Baudenkmäler und Museen. Von Erich Hubala. Mit 25 Abb. im Text und 24 Bildtaf. sowie 1 Übersichtsplan. Zweite Auflage. 488 S. UB 10001–06. 1974. *GEB.*

3. Auflage. 488 S. 1985.

Reclams Kunstführer. Italien. Hrsg. von Manfred Wundram. Bd. II,2: **Südtirol, Trentino, Venezia Giulia, Friaul, Veneto.** Baudenkmäler und Museen. Von Erich Egg, Erich Hubala, Peter Tigler, Wladimir Timofiewitsch, Manfred Wundram. Mit 38 Abb. im Text und 40 Bildtaf. sowie 1 Übersichtsplan. Zweite Auflage. 808 S. UB 10007–16. 1972. [recte: 1973]. *GEB.*

3., revidierte und erweiterte Auflage. Mit 68 Abb. und Plänen sowie 2 Übersichtskarten. 799 S. 1981.

Reclams Kunstführer. Italien. Bd. III: **Florenz.** Bearb. von Georg Kauffmann. Mit 31 Abb. im Text und 48 Bildtaf. sowie 2 Übersichtsplänen. 440 S. UB 8801–15. 1962. *GEB.*

2. Auflage. 440 S. 1966.

Ab 3. Auflage 1975/84 in zwei Teilbänden:

Reclams Kunstführer. Italien. Hrsg. von Manfred Wundram Bd. III,1: **Florenz und Fiesole.** Baudenkmäler und Museen. Vo Georg Kauffmann. Mit 38 Abb. im Text und 48 Bildtaf. sowi 2 Übersichtskarten. Dritte Auflage. 463 S. UB 8801–05. 1975 *GEB*.

Ab 4. Auflage 1993 im Format 15 × 21,5 cm.

Reclams Kunstführer. Italien. Hrsg. von Manfred Wundram Bd. III,2: **Toskana (ohne Florenz).** Kunstdenkmäler un Museen. Von Georg Kauffmann unter Mitarb. von Bernar Andreae. Mit 113 Abb. und Plänen sowie 2 Übersichtskarter 624 S. UB 10327. 1984. *GEB*.

Reclams Kunstführer. Italien. Bd. IV: **Emilia-Romagna, Mar ken, Umbrien.** Baudenkmäler und Museen. Von Georg Kauf mann. Mit 65 Abb. im Text und 48 Bildtaf. sowie 2 Übersicht plänen. 759 S. UB 10206–14. 1971. *GEB*.

2. Auflage. 759 S. 1977.
3. Auflage. 759 S. 1987.

Reclams Kunstführer. Italien. Bd. V: **Rom und Latium.** Bear von Anton Henze. Mit 54 Abb. im Text und 64 Bildtaf. sow 3 Übersichtskarten. 598 S. UB 8678–95. 1962. *GEB*.

2. Auflage. 598 S. 1969.
3., neubearbeitete und erweiterte Auflage. Von Anton Henze. Unter M arb. von Ernest Nash und Hellmut Sichtermann. Mit 60 Abb. im Text u 64 Bildtaf. sowie 2 Übersichtskarten. 653 S. 1974.
4., revidierte Auflage. 653 S. 1981.

Reclams Kunstführer. Italien. Hrsg. von Manfred Wundrar Bd. VI: **Neapel und Umgebung.** Von Christof Thoenes unt Mitarb. von Thuri Lorenz. Mit 74 Abb. im Text und 48 Bildta sowie 3 Übersichtskarten. 669 S. UB 10177–84. 1971. *GEB*.

2. Auflage. 668 S. 1983.

Reclams Kunstführer Köln → Köln. Kunstführer

Reclams Kunstführer. Österreich. Baudenkmäler. Bd. I: **Wie Nieder- und Oberösterreich, Burgenland.** Bearb. von K: Oettinger, Renate Wagner-Rieger, Franz Fuhrmann, Alfr Schmeller. Mit 52 Abb. im Text und 64 Bildtaf. sowie 2 Übe sichtskarten. 709 S. UB 8605–22. 1961. *GEB*.

2. Auflage. 709 S. 1963.
3., neubearbeitete Auflage. 704 S. 1968.

4. Auflage. 704 S. 1974.
5., durchgesehene Auflage. 704 S. 1981.
Nicht mehr lieferbar seit 1992.

Reclams Kunstführer. Österreich. Baudenkmäler. Bd. II: **Salzburg, Tirol, Vorarlberg, Kärnten, Steiermark.** Bearb. von Franz Fuhrmann, Laurin Luchner, Karl Oettinger, Erwin Heinzle, Karl Ginhart, Hans Riehl. Mit 53 Abb. im Text und 64 Bildtaf. sowie 2 Übersichtskarten. 896 S. UB 8623–40. 1961. *GEB.*

2. Auflage. 896 S. 1962.
3., neubearbeitete Auflage. 912 S. 1968.
4. Auflage. 912 S. 1974.
5., durchgesehene Auflage. 912 S. 1981.
Nicht mehr lieferbar seit 1992.

Reclams Kunstführer. Schweden. Kunstdenkmäler und Museen. Von Rudolf Zeitler. Mit 134 Abb. und Plänen sowie 7 Übersichtskarten. 733 S. UB 10335. 1985. *GEB.*

Reclams Kunstführer. Hrsg. von Manfred Wundram. **Schweiz und Liechtenstein.** Bearb. von Florens Deuchler. Mit 113 Abb. im Text und 63 Bildtaf. sowie 2 Übersichtsplänen. 907 S. UB 10073–83. 1966. *GEB.*

2. Auflage. 907 S. 1968.
3., überarbeitete und erweiterte Auflage. 949 S. 1979.
Nicht mehr lieferbar seit 1991.

Reclams Kunstführer. Spanien. Bd. 1: **Madrid und Zentralspanien.** Kunstdenkmäler und Museen. Von Gisela Noehles-Doerk. Mit 100 Abb. und Plänen sowie 3 Übersichtskarten. 599 S. UB 10339. 1986. *GEB.*

Reclams Kunstführer. Spanien. Bd. 2: **Andalusien.** Kunstdenkmäler und Museen. Von Horst van Hees. Mit 62 Abb. und Plänen sowie 2 Übersichtskarten. 463 S. UB 10373. 1992. *GEB.*

Reclams Lexikon der Heiligen und der biblischen Gestalten. Legende und Darstellung in der bildenden Kunst. Von Hiltgart L. Keller. 573 S. UB 10154–60. 1968. *GEB.*

2. Auflage. 573 S. 1970.
3. Auflage. 573 S. 1975.
4., durchgesehene und ergänzte Auflage. 592 S. 1979.
5., durchgesehene und ergänzte Auflage. 655 S. 1984.
6., durchgesehene Auflage. 655 S. 1987.
7., durchgesehene Auflage. 655 S. 1992.

Reclams Liedführer. Von Werner Oehlmann. Mit 470 Notenbeisp 1024 S. UB 10215–24. 1973. *GEB*.

2. Auflage. 1024 S. 1977.
3. Auflage. 1024 S. 1987.

Reclams Literatur-Kalender. I. Jahrgang 1955. [Mit Zeichn. von Fritz Fischer.] 141 S. 1954.

S. Andres – W. Bergengruen – P. S. Buck – H. Carossa – J. Conrad – J. Galsworthy – M. Gorkij – K. Hamsun – G. Hauptmann – M. Hausmann – E. Hemingway – H. Hesse – R. Huch – E. Jünger – F. Kafka – H. Melville – R. M. Rilke – R. Rolland – A. de Saint-Exupéry – J.-P. Sartre – R. A. Schröder – A. Schweitzer – F. Thieß – T. Wolfe – C. Zuckmayer.
Nicht mehr lieferbar.

Reclams Literatur-Kalender 1956. Zweiter Jahrgang. [Mit Zeichn. von Fritz Meinhard. Red.: Dr. Albert Haueis.] 143 S. 1955.

G. Benn – F. Bischoff – H. v. Doderer – M. v. Ebner-Eschenbach – T. Fontane – N. Gogol – G. Greene – W. Helwig – H. v. Hofmannsthal – A. Huxley – S. Lagerlöf – N. Lesskow – T. Mann – F. Mauriac – R. Schneider – I. Seidel – G. B. Shaw – F. Timmermans – E. Wiechert – E. Zola.
Nicht mehr lieferbar.

Reclams Literatur-Kalender 1957. Dritter Jahrgang. [Mit Zeichn. von Fritz Meinhard. Red.: Dr. Albert Haueis.] 142 S. 1956.

H. de Balzac – G. Britting – G. Büchner – Dante Alighieri – A. Daudet – P. Dörfler – H. Fallada – L. Frank – J. Grimm – G. Gunnarsson – J. Jacobsen – F. G. Jünger – K. Kusenberg – H. Leip – A. Maurois – L. Pirandello – E. A. Poe – J. B. Priestley – A. Tschechow – I. Turgenjew.
Nicht mehr lieferbar.

Reclams Literatur-Kalender 1958. Vierter Jahrgang. [Mit Zeichn. von Fritz Meinhard. Red.: Dr. Albert Haueis.] 142 S. 1957.

Calderón de la Barca – A. Gide – J. Gotthelf – F. Hebbel – Jean Paul – H. Kasack – T. E. Lawrence – J. M. R. Lenz – A. Lernet-Holenia – F. Michael – G. Pohl – F. Raimund – F. Reuter – E. Roth – E. Schaper – M. Sostschenko – A. Strindberg – L. N. Tolstoi – J. Urzidil – Voltaire.
Nicht mehr lieferbar.

Reclams Literatur-Kalender 1959. Fünfter Jahrgang. [Mit Zeichn. von Fritz Meinhard. Red.: Dr. Albert Haueis.] 158 S. 1958.

Aischylos – E. Barlach – D. Buzzati – M. Dauthendey – C. Dickens – T. Dreiser – W. Fehse – G. Flaubert – P. Fleming – B. Frank – H. Hartung – F. Hochwälder – E. T. A. Hoffmann – Horaz – H. Ibsen – E. Penzoldt – A. Puschkin – F. Schiller – G. von der Vring – C. M. Wieland.
Nicht mehr lieferbar.

Reclams Literatur-Kalender 1960. Sechster Jahrgang. [Mit Zeichn. von Fritz Meinhard. Red.: Dr. Albert Haueis.] 158 S. 1959.

A. v. Arnim – H. Böll – P. Corneille – W. Faulkner – G. Gaiser – C. Goldoni – F. Grillparzer – A. Gryphius – Hartmann von Aue – J. P. Hebel – H. Kesten – M. Luserke – A. N. Ostrowskij – W. Raabe – O. Schaefer – J. G. Schnabel – A. Schopenhauer – Vergil – F. Wedekind – F. Werfel.
Nicht mehr lieferbar.

Reclams Literatur-Kalender 1961. Siebenter Jahrgang. [Mit Zeichn. von Fritz Meinhard. Red.: Dr. Albert Haueis.] 158 S. 1960.

W. Altendorf – M. Bandello – F. Bruckner – M. Claudius – S. George – J. L. Gleim – Kalidasa – M. Kessel – H. v. Kleist – Der von Kürenberg – F. v. Logau – J. Mühlberger – J. Racine – S. v. Radecki – L. Rinser – H. Risse – A. Scholtis – E. Scribe – Sophokles – R. L. Stevenson – S. Streuvels – S. Zweig.
Nicht mehr lieferbar.

Reclams Literatur-Kalender 1962. Achter Jahrgang. [Mit Zeichn. von Fritz Meinhard. Red.: Dr. Albert Haueis.] 158 S. 1961.

Aristoteles – I. Bachmann – H. Bender – P. Claudel – C. D. Grabbe – Grimmelshausen – G. Hauptmann – Lao-tse – W. S. Maugham – J. Nestroy – B. Pascal – Plinius d. J. – J. J. Rousseau – J. Schlaf – J. G. Seume – H. Stahl – J. Tauler – R. Varnhagen – Lope de Vega – E. Wickert.
Nicht mehr lieferbar.

Reclams Literatur-Kalender 1963. Neunter Jahrgang. [Mit Zeichn. von Fritz Meinhard. Red.: Dr. Albert Haueis.] 158 S. 1962.

I. Andrić – H. Bahr – C. Brentano – J. M. Eça de Queiroz – Y. Goll – F. Hebbel – E. Ionesco – K. Jaspers – S. Kierkegaard – W. Koeppen – S. Lenz – Li Tai-bo – Marivaux – G. K. Pfeffel – Platon – C. Schelling-Schlegel – F. Schnack – A. Schnitzler – G. de Staël – M. Twain.
Nicht mehr lieferbar.

Reclams Literatur-Kalender 1964. Zehnter Jahrgang. [Mit Zeichn. von Fritz Meinhard. Red.: Dr. Albert Haueis.] 158 S. 1963.

B. H. Brockes – V. Desnica – A. Holz – E. v. Keyserling – S. v. La Roche – W. Lehmann – M. G. Lichtwer – Menander – C. F. Meyer – Nikolaus von Cues – F. O'Connor – H. Piontek – A. Robbe-Grillet – W. Shakespeare – J. Steinbeck – L. Tieck – R. Walser – W. Weyrauch.
Nicht mehr lieferbar.

Reclams Literatur-Kalender 1965. Elfter Jahrgang. [Mit Zeichn. von Fritz Meinhard. Red.: Dr. Albert Haueis.] 158 S. 1964.

R. Bacchelli – A. Bierce – S. Brentano-Mereau – Dante Alighieri – K. Ed schmid – H. Franck – F. Freiligrath – J. Giraudoux – O. Heuschele C. Hofmann von Hofmannswaldau – Das Lied der Lieder – C. Reuter Sallust – N. Sarraute – A. W. Schlegel – A. Schmidt – W. Schnurre Seneca – Solon.

Nicht mehr lieferbar.

Reclams Literatur-Kalender 1966. Zwölfter Jahrgang. [M Zeichn. von Fritz Meinhard. Red.: Dr. Albert Haueis.] 158 S 1965.

P. Altenberg – Archipoeta – J. Bidermann – O. J. Bierbaum – Bonaventur – U. Bräker – S. Brant – Catull – Cervantes – S. Crane – T. Däubler – J. C Gottsched – G. Heym – C. v. Kalb – G. W. Leibniz – O. Loerke – Nala ur. Damayantī – L. Németh – Plutarch – F. Rückert.

Nicht mehr lieferbar.

Reclams Literatur-Kalender 1967. Dreizehnter Jahrgang. [M Zeichn. von Fritz Meinhard. Red.: Dr. Albert Haueis.] 158 S 1966.

R. Bongs – P. Celan – C. Celtis – G. Eich – G. Forster – Harīrī – D. Hun – M. L. Kaschnitz – A. Kerr – F. G. Klopstock – R. Lardner – E. Laske Schüler – H. Laube – L. O'Flaherty – K. Paustowskij – Stendhal T. Storm – Thukydides – Tibull.

Nicht mehr lieferbar.

Reclams Literatur-Kalender 1968. Vierzehnter Jahrgang. [M Zeichn. von Fritz Meinhard. Red.: Dr. Albert Haueis.] 158 ! 1967.

I. Aichinger – A. Andersch – J. Beer – L. Börne – F.-R. Chateaubriand J. Fischart – F. García Lorca – I. Gontscharow – Heinrich Julius v Braunschweig – G. Herwegh – L. Hölty – W. v. Humboldt – U. v. Hutter G. v. Le Fort – A.-R. Lesage – A. Mombert – A. Morriën – Plautus A. Stifter.

Nicht mehr lieferbar.

Reclams Literatur-Kalender 1969. Fünfzehnter Jahrgang. [M Zeichn. von Fritz Meinhard. Red.: Dr. Albert Haueis.] 158 1968.

G. Apollinaire – N. Boileau – W. Congreve – Demosthenes – Erasmus v Rotterdam – T. Fontane – C. F. Gellert – A. Gryphius – W. Hildesheime G. Keller – G. Kolmar – Machiavelli – R. Musil – E. O'Neill – A. v. Plat

– J. E. Schlegel – M. Scholochow – J. H. Voss – W. Whitman – O. v. Wolkenstein.

Nicht mehr lieferbar.

Reclams Literatur-Kalender 1970. Sechzehnter Jahrgang. [Mit Zeichn. von Fritz Meinhard. Red.: Dr. Albert Haueis.] 154 S. 1969.

Azorín – I. Bunin – Einhard – M. Frisch – A. Glassbrenner – J. W. L. Gleim – C. Gozzi – G. W. F. Hegel – P. Heyse – F. Hölderlin – A. v. Humboldt – J. H. Jung-Stilling – Juvenal – P. Mérimée – J. Milton – C. Pavese – W. Pirckheimer – C. Reinig – J. Roth – Xenophon.

Nicht mehr lieferbar.

Reclams Literatur-Kalender 1971. Siebzehnter Jahrgang. [Mit 18 Abb. Red.: Dr. Albert Haueis.] 156 S. 1970.

F. Bacon – S. Beckett – M. Bieler – A. Block – E. Dickinson – F. M. Dostojewskij – A. Ehrenstein – G. Flaubert – H. James – J. Keats – F. M. Klinger – Longos – H. Mann – M. Opitz – A. Rimbaud – Seneca – D. Thomas – Thomas von Kempen – G. Wohmann.

Nicht mehr lieferbar.

Reclams Literatur-Kalender 1972. Achtzehnter Jahrgang. [Mit 19 Abb. Red.: Dr. Albert Haueis.] 158 S. 1971.

I. Aichinger – G. Büchmann – M. Butor – L. Feuerbach – F. Gerstäcker – F. Grillparzer – E. T. A. Hoffmann – E. v. Kleist – W. Majakowskij – G. de Nerval – Novalis – Ovid – R. Prutz – J. Reuchlin – B. Russell – F. Schlegel – A. Solschenizyn – E. Toller – G. Weerth.

Nicht mehr lieferbar.

Reclams Literatur-Kalender 1973. Neunzehnter Jahrgang. [Mit 17 Abb. Red.: Dr. Albert Haueis.] 126 S. 1972.

Jürgen Becker – G. Büchner – E. Gomringer – J. C. Günther – Hafis – Horaz – B. Jonson – M. Maeterlinck – C. Meckel – Molière – K. P. Moritz – F. v. Pocci – A. S. Puschkin – L. Sterne – L. Tieck – W. H. Wackenroder – G. R. Weckherlin – Z. Werner.

Nicht mehr lieferbar.

Reclams Literatur-Kalender 1974. Zwanzigster Jahrgang. [Mit 20 Abb. Red.: Dr. Albert Haueis.] 126 S. 1973.

Abraham a Sancta Clara – J. Bobrowski – J. L. Borges – S. Geßner – O. Goldsmith – N. Hawthorne – H. Heine – H. v. Hofmannsthal – G. M. Hopkins – P. Huchel – E. Jandl – I. Kant – Q. Kuhlmann – Lukrez – O. Panizza – F. Petrarca – F. Reuter – A. Stramm – I. Turgenjew – A. Ważyk.

Nicht mehr lieferbar.

Reclams Literatur-Kalender 1975. Einundzwanzigster Jahrgang [Mit 17 Abb. Red.: Dr. Albert Haueis.] 126 S. 1974.

Aischylos – H. C. Andersen – P. Bichsel – C. Brückner – G. Chaucer – Cicero – R. Frost – G. Kunert – T. Mann – E. Mörike – A. Polgar – R. M Rilke – F. Schelling – L. Uhland – P. Weiss – P. Zech – E. Zola.
Nicht mehr lieferbar.

Reclams Literatur-Kalender 1976. Zweiundzwanzigster Jahrgang [Mit 19 Abb. Red.: Dr. Albert Haueis.] 127 S. 1975.

G. Benn – T. Däubler – A. Ginsberg – N. Gogol – Grimmelshausen P. Handke – J. P. Hebel – Heinrich von Morungen – W. Heinse – J. G Herder – D. Hume – J. London – K. Mann – E. E. Niebergall – Phaedrus G. W. Rabener – H. Sachs – P. White – W. Wordsworth.
Nicht mehr lieferbar.

Reclams Literatur-Kalender 1977. Dreiundzwanzigster Jahrgang [Mit 17 Abb. Red.: Dr. Albert Haueis.] 127 S. 1976.

Angelus Silesius – W. H. Auden – T. Bernhard – H. Böll – H. Broch D. Diderot – F. de la Motte Fouqué – A. v. Haller – W. Hauff – H. Hesse A. W. Iffland – J. Kasakow – H. v. Kleist – M. Kretzer – Spinoza – Tacitu – W. Weyrauch – O. v. Wolkenstein.
Nicht mehr lieferbar.

Reclams Literatur-Kalender 1978. Vierundzwanzigster Jahrgang [Mit 19 Abb. und einer Vorbem. von Heinrich Reclam. Red Dr. Albert Haueis.] 128 S. 1977.

Aristoteles – H. Bang – C. Brentano – A. Döblin – F. Hebbel – H. Ibsen G. Kaiser – E. Lasker-Schüler – K. Mansfield – G. G. Márquez – W. S Merwin – Maler Müller – A. Muschg – V. Rosow – J.-J. Rousseau C. Sternheim – L. N. Tolstoi – Voltaire – R. Walser – Wernher der Gärtne
Nicht mehr lieferbar.

Reclams Literatur-Kalender 1979. Fünfundzwanzigster Jahrgang [Mit 22 Abb. Red.: Dr. Albert Haueis.] 128 S. 1978.

J. Austen – N. Chamfort – G. Grass – A. S. Gribojedow – K. Gutzkow C. Hofmann von Hofmannswaldau – H. v. Hofmannsthal – A. Holz Homer – J. Joyce – F. Kafka – E. E. Kisch – G. E. Lessing – F. Lewald M. Mendelssohn – C. Morgenstern – F. Schlegel – C. F. D. Schubart W. Stevens – T. Storm – B. Strauß – A. Tschechow.
Nicht mehr lieferbar.

Reclams Literatur-Kalender 1980. Sechsundzwanzigster Jah gang. [Mit 21 Abb. Red.: Dr. Albert Haueis.] 128 S. 1979.

L. Anzengruber – I. Babel – H. Bienek – Boethius – G. Britting – B. Brockes – A. Carpentier – G. Eliot – G. Flaubert – T. Gautier – M. Greif

I. v. Hahn-Hahn – J. G. Hamann – P. Hille – La Rochefoucauld – R. Musil – S. Pepys – K. R. Popper – J. Steiner – I. Svevo – F. T. Vischer.
Nicht mehr lieferbar.

Reclams Literatur-Kalender 1981. Siebenundzwanzigster Jahrgang. [Mit 18 Abb. Red.: Dr. Albert Haueis.] 128 S. 1980.

A. v. Arnim – C. Baudelaire – W. Blake – R. D. Brinkmann – Calderón de la Barca – A. v. Chamisso – H. Domin – F. García Pavón – Gottfried von Straßburg – P. Härtling – G. W. F. Hegel – N. Leskow – G. E. Lessing – G. Patzig – W. Raabe – A. Schnitzler – Vergil – S. Zweig.
Nicht mehr lieferbar.

Reclams Literatur-Kalender 1982. Achtundzwanzigster Jahrgang. [Mit 22 Abb. Red.: Dr. Albert Haueis.] 128 S. 1981.

R. Beer-Hofmann – E. Canetti – C. Darwin – T. Dorst – L. Eichrodt – Epikur – L. Frank – W. Garschin – J. Giraudoux – J. W. Goethe – L. Harig – J. Kerner – K. Kiwus – E. Langgässer – D. v. Liliencron – J. Locke – Abbé Prévost – W. Scott – H. Sudermann – M. Walser – C. F. v. Weizsäcker – Wolfram von Eschenbach.
Nicht mehr lieferbar.

Reclams Literatur-Kalender 1983. XXIX. Jahrgang. [Mit 21 Abb. Red.: Dr. Albert Haueis.] 128 S. 1982.

S. Aksakow – P. A. de Alarcón – J. Cazotte – G. Chaucer – F. Dörmann – R. W. Emerson – Euripides – F. Kafka – U. Krechel – R. Lettau – M. Luther – K. Marx – M. de Montaigne – J. C. Oates – H. Plessner – A. Pope – F. v. Saar – Stendhal – I. Turgenjew – R. Wagner – C. M. Wieland.
Nicht mehr lieferbar.

Reclams Literatur-Kalender 1984. XXX. Jahrgang. [Mit 24 Abb. Red.: Dr. Albert Haueis.] 128 S. 1983.

A. Achmatowa – H. Bahr – S. T. Coleridge – P. Corneille – D. Diderot – O. Flake – S. George – U. Hahn – L. Holberg – C. G. Jochmann – S. v. La Roche – H. Laube – H. Lenz – O. Loerke – Parmenides – Pico della Mirandola – Saint-Simon – M. Saltykow-Schtschedrin – F. Schleiermacher – W. Shakespeare – G. Späth – Terenz – A. Trollope – C. Zuckmayer
Nicht mehr lieferbar.

Reclams Literatur-Kalender 1985. XXXI. Jahrgang. [Mit 23 Abb. Red.: Dr. Albert Haueis.] 128 S. 1984.

B. v. Arnim – L. Capuana – V. Chlebnikov – C. Einstein – Friedrich von Hausen – H.-G. Gadamer – J. Grimm – W. Grimm – J. P. Jacobsen – J. R. Jiménez – W. Kempowski – K. Krolow – D. H. Lawrence – F. v. Logau – F. Mayröcker – E. Mühsam – Novalis – A. v. Platen – Plinius d. J. – E. Pound – P. Scarron – Theophrast – M. Twain – G. Vesper.
Nicht mehr lieferbar.

Reclams Literatur-Kalender 1986. XXXII. Jahrgang. [M 24 Abb. Red.: Dr. Albert Haueis.] 128 S. 1985.

G. Benn – L. Börne – Cato – H. Doolittle – A. Ehrenstein – Erasmus vo Rotterdam – Fénelon – C. D. Grabbe – T. Hardy – Hartmann von Aue M. Herrmann-Neiße – E. Husserl – F. v. Kobell – G. Kolmar – T. Krame – F. Lampe – D. Lessing – J. Macpherson – K. Marti – V. Nabokov F. Raimund – P. Rosei – F. v. Spee – Theokrit – A. T. Wegner.

Nicht mehr lieferbar.

Reclams Literatur-Kalender 1987. XXXIII. Jahrgang. [M 23 Abb. Red.: Dr. Albert Haueis.] 128 S. 1986.

H. Arp – H. C. Artmann – A. Brandstetter – E. Brontë – G. Büchner C. Collodi – S. Dach – B. Frischmuth – G. Heym – R. Hochhuth – J. Hoddis – B. Jonson – N. Karamsin – Konrad von Würzburg – M. Krüger Livius – J. Nestroy – C. Perrault – Pindar – A. Puschkin – W. Schulz K. Schwitters – A. C. Swinburne – G. Trakl – L. Uhland.

Nicht mehr lieferbar.

Reclams Literatur-Kalender 1988. XXXIV. Jahrgang. [M 21 Abb. Red.: Dr. Albert Haueis.] 128 S. 1987.

Barbara – Lord Byron – A. v. Chamisso – J. v. Eichendorff – T. S. Eliot Eugippius – E. Geibel – E. Geßner – I. Gontscharow – Heraklit – U. Hutten – E. Ionesco – A. L. Karschin – K. Mansfield – O. Marquard E. O'Neill – Reinmar – F. Rückert – P. Rühmkorf – A. Schopenhauer T. Storm – M. de Unamuno.

Nicht mehr lieferbar.

Reclams Literatur-Kalender 1989. XXXV. Jahrgang. [M 21 Abb. Red.: Dr. Albert Haueis.] 128 S. 1988.

L. Anzengruber – Augustinus – G. Boccaccio – R. Browning – H. N Enzensberger – A. Goes – M. v. d. Grün – M. Heidegger – I. I. Katajew E. Lear – A. Lichtenstein – Montesquieu – M. Opitz – Platon – J. Racine A. de Rivarol – C. F. D. Schubart – J. Schutting – J. Swift – F. Villon L. Wittgenstein.

Nicht mehr lieferbar.

Reclams Literatur-Kalender 1990. XXXVI. Jahrgang. [M 17 Abb. Red.: Dr. Albert Haueis.] 112 S. 1989.

Aristophanes – H. Burger – M. Claudius – J. Fischart – N. Gogol – E. Goncourt – J. de Goncourt – L. de Góngora – G. Keller – Klabund R. Kunze – W. Lepenies – B. Pasternak – S. Plath – M. Proust – K. T cholsky – Velleius Paterculus – F. Werfel – E. Wharton.

Nicht mehr lieferbar.

Reclams Literatur-Kalender 1991. XXXVII. Jahrgang. [Mit 19 Abb. Red.: Dr. Albert Haueis.] 128 S. 1990.

G. Britting – C. Brontë – Chrétien de Troyes – R. Dehmel – Demokrit – F. Grillparzer – J. Hašek – P. Highsmith – M. Lermontow – Manilius – K. Marti – G. Meier – H. Melville – H. Müller – W. Odojewskij – P. Scheerbart – E. Scribe – F. Spee – P. Verlaine.
Nicht mehr lieferbar.

Reclams Literatur-Kalender 1992. XXXVIII. Jahrgang. [Mit 21 Abb. und einem Geleitwort von Dietrich Bode. Red.: Dr. Albert Haueis.] 128 S. 1991.

G. A. Bécquer – R. Gernhardt – W. Helwig – A. Herzen – Horaz – J.-K. Huysmans – A. v. Knigge – La Fontaine – J. M. R. Lenz – G. C. Lichtenberg – T. Nagel – J. Neruda – Quevedo – F. Rabelais – Sappho – P. B. Shelley – K. A. Varnhagen von Ense – G. Verga – W. Welsch – W. Whitman – M. Zwetajewa.

Reclams Literatur-Kalender 1993. XXXIX. Jahrgang. [Mit 18 Abb. Red.: Dr. Albert Haueis.] 128 S. 1992.

Autoren: Dietmar von Aist – Epiktet – M. Frank – C. Goldoni – E. Henscheid – F. Hölderlin – F. Iskander – L. Labé – G. Leopardi – G. de Maupassant – Ovid – Paracelsus – L. Perutz – A. Platonow – J. Schlegel – E. Toller – M. Weber – O. Wilde – H. Wittenwiler.

Reclams Märchenbuch. Hrsg. von Lisa Paulsen. Mit Ill. von Werner Rüb. 442 S. UB 40005. 1990. (Reclam Lesebuch.) *GEB.*

Reclams Musicalführer. Von Charles B. Axton und Otto Zehnder. Mit 31 Abb. und 2 Plänen. 496 S. UB 10358. 1989. *GEB.*

2., verbesserte und erweiterte Auflage. 512 S. 1990.
3., durchgesehene Auflage. 512 S. 1992.

Reclams Musikhandbuch für Rundfunkhörer → Reclams Opern- und Operettenführer

Reclams Musikinstrumentenführer. Die Instrumente und ihre Akustik. Von Ermanno Briner. Mit Zeichn. von Gianluca Poletti und Bruno Agostinone. 699 S. UB 10349. 1988. *GEB.*

2., durchgesehene und verbesserte Auflage. 699 S. 1992.

Reclams Namenbuch. Die wichtigsten deutschen und fremden Vornamen mit ihren Ableitungen und Bedeutungen. Dritte Auflage. Hrsg. von Theo Herrle. 62 S. UB 7399. 1955.

3. Auflage des erstmals 1938 im Verlag Philipp Reclam jun. Leipzig erschienenen Titels.
Auch GEB. 1964. (Nicht mehr lieferbar.)
Durchgesehene Ausgabe (11. Auflage). 64 S. 1970.
Nicht mehr lieferbar; ersetzt durch:

Reclams Namenbuch. Deutsche und fremde Vornamen nach Herkunft und Bedeutung erklärt. Hrsg. von Friedhelm Debus. 96 S. UB 7399. 1987.

Reclams Operettenführer. Hrsg. von Anton Würz. 4. Aufl., völlig neu bearb. und erw. 301 S. UB 7354/55/55a/b. 1951.

4. Auflage des erstmals 1937 im Verlag Philipp Reclam jun. Leipzig erschienenen Titels.
Auch GEB. 1951 ff.
5., völlig neu bearbeitete und erweiterte Auflage. Mit 8 Bildtaf. 344 S. 1953.
6. Auflage. 344 S. 1954.
Ab 1956 nur gebunden lieferbar.
7., völlig neu bearbeitete und erweiterte Auflage. 344 S. 1956.
8. Auflage. 344 S. 1959.
9., neubearbeitete und erweiterte Auflage. 352 S. 1962.
10. Auflage. 352 S. 1964.
11. Auflage. 352 S. 1966.
12., neubearbeitete Auflage. 336 S. 1969.
13. Auflage. 336 S. 1974.
14. Auflage. 336 S. 1976.
15. Auflage. 336 S. 1978.
16. Auflage. 336 S. 1980.
17., erweiterte Auflage. Mit einem Musical-Teil von Charles B. Axton und Otto Zehnder. 381 S. 1982.
18. Auflage. 383 S. 1985.
19., revidierte und ergänzte Auflage. 384 S. 1988.
20., durchgesehene Auflage. 384 S. 1991 [recte: 1992].

Reclams Opernführer. Hrsg. von Georg Richard Kruse. 14. Auflage. Erw. und neu bearb. von Wilhelm Zentner. 622 S. UB 6892–96/96a–c. 1950.

14. Auflage des erstmals 1928 im Verlag Philipp Reclam jun. Leipzig erschienenen Titels.
Auch GEB. 1950 ff.
15., völlig neu bearbeitete Auflage. Hrsg. von Wilhelm Zentner. 622 S. 1951.
16., völlig neu bearbeitete Auflage. Mit 24 Bildtaf. 695 S. 1953.
17., vermehrte Auflage. 703 S. 1955.

Ab 1956 nur gebunden lieferbar.

18., vermehrte Auflage. 712 S. 1956.
19., vermehrte Auflage. 736 S. 1957.
20., vermehrte Auflage. Mit 32 Bildtaf. 736 S. 1960.
21., vermehrte Auflage. 736 S. 1961.
22., revidierte und erweiterte Auflage. 736 S. 1962.
23. Auflage. 736 S. 1964.
24., erweiterte Auflage. 752 S. 1966.
25., erweiterte Auflage. 720 S. 1969.
26. Auflage. 720 S. 1973.
27. Auflage. 720 S. 1975.
28. Auflage. 720 S. 1978.
29. Auflage. 720 S. 1980.
30. Auflage. 720 S. 1982.
31. Auflage. 720 S. 1985.
32., durchgesehene und ergänzte Auflage. 720 S. 1988.
33., durchgesehene Auflage. 720 S. 1991.

Reclams Opern- und Operettenführer. Hrsg. von Wilhelm Zentner und Anton Würz. 15. und 4. Auflage. Völlig neu bearb. und erw. 622/301 S. 1951. *GEB.*

Gebundene Ausgabe von »Reclams Opernführer« und »Reclams Operettenführer« in 1 Bd.

Fortgeführt in wechselnder Zusammenstellung: 15. und 4. Auflage; 16. und 5. Auflage; 17. und 6. Auflage; 18. und 7. Auflage; 19. und 8. Auflage; 20. und 8. Auflage; 21. und 8. Auflage usf.; 1992 lieferbar: 32. und 19. Auflage.

Zusammen mit »Reclams Konzertführer« auch unter dem Obertitel »Reclams Musikhandbuch für Rundfunkhörer« in 2 Bänden. 1952. GEB. (Nicht mehr lieferbar.)

Reclams Orgelmusikführer. Von Viktor Lukas. [Mit zahlr. Notenbeisp.] 2., neubearb. und erw. Auflage. 333 S. UB 8880–87. 1967, *GEB.*

2. Auflage von → Lukas: Orgelmusikführer

3., neubearbeitete und erweiterte Auflage. 368 S. 1975.
4. erweiterte Auflage. 373 S. 1979.
5., revidierte und erweiterte Auflage. 463 S. 1986.
6. Auflage. 463 S. 1992.

Reclams Romanführer. Bd. 1: **Deutsche Romane von Grimmelshausen bis Thomas Mann.** Hrsg. von Johannes Beer unter Mitw. von Wilhelm Schuster. 707 S. UB 8828–45. 1962. *GEB.*

2. Auflage. 707 S. 1963.
3. Auflage. 707 S. 1966.
4. Auflage. 707 S. 1970.

5. Auflage. 707 S. 1974.
6. Auflage. 707 S. 1981.
Nicht mehr lieferbar seit 1992.

Reclams Romanführer. Bd. 2: **Deutsche Romane der Gegenwart.** Hrsg. von Johannes Beer. 706 S. UB 8862–79. 1963. *GEB.*

2. Auflage. 709 S. 1964.
Ab 3. Auflage 1968 u. d. T.: Deutsche Romane und Novellen der Gegenwart. Hrsg. von Johannes Beer unter Mitw. von Bernhard Rang. 725 S. 1968.
4. Auflage. Bearb. von Wolfgang Thauer. 733 S. 1972.
5. Auflage. Bearb. von Alfred Clemens Baumgärtner. 702 S. 1976.
6. Auflage. Bearb. von Alfred Clemens Baumgärtner. 725 S. 1981.
Nicht mehr lieferbar seit 1990.

Reclams Romanführer. Bd. 3: **Englische, nordamerikanische, niederländische und nordeuropäische Romane und Novellen.** Hrsg. von Johannes Beer unter Mitw. von Bernhard Rang. 726 S. UB 10055–72. 1966. *GEB.*

2. Auflage. 726 S. 1970.
Nicht mehr lieferbar seit 1984.

Reclams Romanführer. Bd. 4: **Romane und Novellen der Antike, der romanischen, slawischen und südosteuropäischen Literaturen.** Hrsg. von Johannes Beer unter Mitw. von Bernhard Rang. 822 S. UB 10084–99/99a–c. 1968. *GEB.*

2. Auflage. Bearb. von Alfred Clemens Baumgärtner. 830 S. 1976.
Nicht mehr lieferbar seit 1988.

Reclams Schauspielführer. Hrsg. von Otto C. A. zur Nedden und Karl H. Ruppel. Mit 32 Bildtaf. 1125 S. UB 7817–28. 1953.

Auch GEB. 1953ff.
2., ergänzte Auflage. 1129 S. 1955.
3., ergänzte Auflage. 1129 S. 1955.
Ab 1956 nur gebunden lieferbar.
4., ergänzte Auflage. 1168 S. 1956.
5., ergänzte Auflage. 1168 S. 1958.
6., ergänzte Auflage. 1168 S. 1960.
7., ergänzte Auflage. 1168 S. 1962.
8., ergänzte Auflage. 1183 S. 1963.
9., ergänzte Auflage. 1199 S. 1965.
10., ergänzte Auflage. 1200 S. 1968.
11., neubearbeitete Auflage. 1152 S. 1969.

12., ergänzte Auflage. 1152 S. 1973.
13., ergänzte Auflage. 1152 S. 1976.
14., ergänzte Auflage. 1152 S. 1978.
15., ergänzte Auflage. 1152 S. 1981.
16., neubearbeitete Auflage. Hrsg. von Siegfried Kienzle, Otto C. A. zur Nedden und Karl H. Ruppel. 1152 S. 1983.
17., ergänzte Auflage. 1152 S. 1986.
18., neubearbeitete Auflage. Hrsg. von Siegfried Kienzle und Otto C. A. zur Nedden. 1088 S. 1990 [recte: 1991].

Reclams Universal-Bibliothek. Stuttgart 1947–1992. Eine Bibliographie. Bearb. von Dieter Meier. 661 S. 1992. *GEB.*

Reclams Universal-Bibliothek. Verfasser-, Schlag- und Stichwortkatalog. Stand: November 1967. [Bearb. von Brigitte Reclam.] 285 S. 1967. *GEB.*

Nicht mehr lieferbar.

Reclams Universal-Bibliothek. Verfasser-, Schlag- und Stichwortkatalog. Stand: September 1978. Nebst Anhang: Alphabetisches Verzeichnis der gebundenen Ausgaben und Paperbacks. [Bearb. von Brigitte Reclam.] 380 S. 1978. *GEB.*

Nicht mehr lieferbar.
Fortgeführt als → Reclam. Verfasser-, Schlag- und Stichwortkatalog

Reclams Weihnachtsbuch. Erzählungen, Lieder, Gedichte, Briefe, Betrachtungen. Hrsg. von Stephan Koranyi. Mit Ill. von Nik Rothfuchs. 422 S. [UB 10352.] 1988. *GEB.*

Vorläufer der Reihe »Reclam Lesebuch«.

Reclams Wörterbuch der englischen und der deutschen Sprache von Fr[iedrich] Köhler. Völlig neu bearb. von Helmut Kissling. Mit Aussprachebezeichnung nach den Regeln der Association Phonétique Internationale und einer kurzgefaßten englischen Grammatik. [Umschlagtitel: Reclams englisches Wörterbuch.] Erster Teil: **Englisch – Deutsch.** 640 S. UB 7734–39. 1952. *GEB.*

Auch in kartonierter Ausgabe. 1952. *(Nicht mehr lieferbar seit 1956.)*
Nicht mehr lieferbar seit 1964.

Reclams Wörterbuch der englischen und der deutschen Sprache [...]. Mit Aussprachebezeichnung nach den Regeln der Association Phonétique Internationale. [Umschlagtitel: Reclams englisches Wörterbuch.] Zweiter Teil: **Deutsch – Englisch.** 535 S. UB 7740–45. 1952. *GEB.*

Auch in kartonierter Ausgabe. 1952. *(Nicht mehr lieferbar seit 1956.)*
Nicht mehr lieferbar seit 1964.
Bd. 1 und 2 GEB. in 1 Bd. 1952. *(Nicht mehr lieferbar seit 1964.)*

Reclams Wörterbuch der französischen und deutschen Sprache von Fr[iedrich] Köhler, fortgeführt durch Erich Loewenthal. [Umschlagtitel: Reclams französisches Wörterbuch.] Erster Teil: **Französisch – Deutsch.** Völlig neu bearb. von Pierre Gilbert. Mit Aussprachebezeichnung nach den Regeln der Association Phonétique Internationale und einer kurzgefaßten französischen Grammatik. 572 S. UB 7888–93. 1955. GEB.

Auch in kartonierter Ausgabe. 1955. *(Nicht mehr lieferbar seit 1956.)*
Nicht mehr lieferbar seit 1965.

Reclams Wörterbuch der französischen und deutschen Sprache von Fr[iedrich] Köhler. Zweiter Teil: **Deutsch – Französisch.** [Umschlagtitel: Reclams französisches Wörterbuch.] Völlig neu bearb. von Walter Reinecke. Mit Aussprachebezeichnung nach den Regeln der Association Phonétique Internationale. 581 S. UB 7894–99. 1955. GEB.

Auch in kartonierter Ausgabe. 1955. *(Nicht mehr lieferbar seit 1956.)*
Nicht mehr lieferbar seit 1965.
Bd. 1 und 2 GEB. in 1 Bd. 1955. *(Nicht mehr lieferbar seit 1965.)*

Reclams Zitaten-Lexikon. Von Johannes John. 574 S. UB 8833. 1992. (Jubiläums-Edition 125 Jahre Universal-Bibliothek.) GEB.

Reden des Buddha → Buddha

Das Redentiner Osterspiel. Mittelniederdt. und neuhochdt. Übers. und komm. von Brigitta Schottmann. 293 S. UB 9744/47. 1975

Redslob, Edwin: Goethes Leben. 95 S. UB 7855. 1954.
Nicht mehr lieferbar seit 1983.

Reelfs, Hella → Reclams Kunstführer Deutschland VII

Regitz, Hartmut → Reclams Ballettführer (1980)

Regner, Otto Friedrich → Reclams Ballettführer

Reich-Ranicki, Marcel: Nichts als Literatur. Aufsätze und Anmerkungen. [Mit einem Vorw. des Verf. und einem bio-bibliogr. Anh.] 160 S. UB 8076 [2]. 1985.

Inhalt: Arbeitstagung und Modenschau – Betrifft Literatur und Sport – Deutsche Unterhaltungsliteratur – Das Ende der Gruppe 47 – Erfolg u

Ruhm – Für Kurzgeschichten muß man Zeit haben – Gegen die linken Eiferer – Gibt es eine neue Innerlichkeit? – Das Herz – der Joker der deutschen Dichtung – Die Ichbesessenheit ist nützlich – Ist das Leichte gleich verächtlich? – Der Kaiser ist nackt oder: Über den Herbst unserer Literatur – Kritik auf den Tagungen der Gruppe 47 – Ein Kritiker muß eitel sein – Die Misere, ihre Ursachen und ihre Folgen – Nichts als deutsche Literatur – Ohne Fuß auf deutscher Erde? – Schlechte Zeiten für Konfektionäre? – Schriftsteller am stillen Herd – Sexus und die Literatur – Untergang der erzählten Welt? – Verräter, Brückenbauer, Waisenkinder – Die Vorliebe für Ich-Erzählungen – Wer schreibt, provoziert die Gesellschaft.

Bio-bibliographisch ergänzte Ausgabe. 160 S. 1990.

Reichsgesetz über die Angelegenheiten der freiwilligen Gerichtsbarkeit (Stand vom 1. Juni 1953) nebst der Verordnung zur Vereinfachung des Beurkundungsrechts, den Bestimmungen des Bundesrats über das Vereinsregister und das Güterrechtsregister, der Verordnung über die Ersetzung zerstörter oder abhanden gekommener gerichtlicher oder notarieller Urkunden und dem Zuständigkeitsergänzungsgesetz. Textausgabe mit Sachregister. Hrsg. von Ministerialrat Dr. Erwin Saage. 112 S. UB 4033/33a. 1953.

Auch GEB. 1953. (Nicht mehr lieferbar.)
Nicht mehr lieferbar seit 1962.

Reineke Fuchs. Das niederdeutsche Epos »Reynke de Vos« von 1498. Mit 40 Holzschnitten des Originals. Übertr. und Nachw. [mit Anm.] von Karl Langosch. 295 S. UB 8768–71. 1967.

Auch GEB. 1967. (Nicht mehr lieferbar.)

Reinig, Christa: Das Aquarium. Ein Hörspiel. Mit einem autobiogr. Nachw. 46 S. UB 8305. 1969.

Nicht mehr lieferbar seit 1989.

Reinmar: Lieder. Nach der Weingartner Liederhandschrift (B). Mittelhochdt./Neuhochdt. Hrsg., übers. und komm. von Günther Schweikle. 405 S. UB 8318 [5]. 1986.

Reitzenstein, Alexander Freiherr von: Deutsche Baukunst. Die Geschichte ihrer Stile. Mit 70 Zeichn. 240 S. UB 7838–40. 1956.

Auch GEB. 1956. (Nicht mehr lieferbar.)
Durchgesehene Ausgabe. 240 S. 1957.

Reitzenstein, Alexander von → Reclams Kunstführer Deutschland I; I,1; I,2; II (1979); VI

Der Reiz der Wörter. Eine Anthologie zum 150jährigen Bestehen des Reclam-Verlags. 267 S. UB 9999 [3]. 1978.

Autoren: I. Aichinger – H. L. Arnold – J. Becker – H. Bender – O. F. Best – K. Borowsky – R. Bubner – K. Büchner – W. Clemen – K. O. Conrady – H. Daiber – K. Dedecius – H. Denkler – R. Döhl – J. Drews – M. Durzak – W. Erzgräber – I. Fetscher – M. Fuhrmann – H.-G. Gadamer – A. Goes – R. Goldschmit – E. Gomringer – R. Grimm – H. Grössel – J. Günther – K. Hamburger – G. Hensel – J. Hermand – W. Hinderer – E. Jandl – E. Johann – W. Kasack – W. Keller – F. Kemp – W. Klose – W. Koeppen – W. Kohlschmidt – H. Kreuzer – K. Krolow – S. Kunze – B. Kytzler – H. Lehnert – P. Lorenzen – G. Mann – F. Martini – P. v. Matt – C. Meckel – G. Metken – F. Michael – A. Muschg – W. Oehlmann – H. Ohff – W. Pehnt – H. Piontek – F. J. Raddatz – E. Rudolph – H. Rüdiger – K. H. Ruppel – H. D. Schäfer – H. F. Schafroth – H. Scheffel – W. Schnurre – G. Schulz – E. Schwarz – K. Schwedhelm – E. Staiger – G. Storz – H. Vogt – M. Wehrli – W. Weyrauch – B. v. Wiese – G. Wohmann – R. Zeitler.

Renner, Hans: Grundlagen der Musik. Musiklehre. [Mit zahlr. Notenbeisp. und Abb. und einem Anhang lateinisch-deutscher Texte zur Kirchenmusik.] 224 S. UB 7774–76. 1953.

Auch GEB. 1953ff. *(Nicht mehr lieferbar.)*

Durchgesehene Ausgabe. 224 S. 1959.

Renner, Hans
→ Reclams Kammermusikführer
→ Reclams Konzertführer

Reportagen. Hrsg. von Theodor Karst. 180 S. UB 9837 [2]. 1976.

Autoren: H. Ball – G. Benn – E. Blass – E. Bloch – M. Buber – A. Andersch – V. Arzt – H. v. Ditfurth – E. Dovifat – W. Henkels – E. Kästner – E. E. Kisch – H. Krüger – G. Krug – G. Lukács – P. Michaely – J. Müller-Marein – B. Naumann – E. Noelle-Neumann – J. Reifenberg – J. Roth – M. Sack – E. Schnabel – W. Schulz – Sling – L. Vetter – G. Wallraff – F. C. Weiskopf.

Rescher, Nicholas: Die Grenzen der Wissenschaft. Aus dem Engl. übers. von Kai Puntel. Einl. von Lorenz Bruno Puntel. 382 S. UB 8095 [5]. 1985.

Restle, Marcell → Reclams Kunstführer Istanbul

Reuchlin, Johannes: Henno. Komödie. Lat. und dt. Übers. und hrsg. von Harry C. Schnur. 72 S. UB 7923. 1970 [recte: 1971].

Reuter, Christian: Schelmuffskys warhafftige curiöse und sehr gefährliche Reisebeschreibung zu Wasser und Lande. Hrsg. von Ilse-Marie Barth. 207 S. UB 4343/43a/b. 1964.

Auch GEB. 1964. *(Nicht mehr lieferbar.)*

euter, Christian: Schlampampe. Komödien. Hrsg. von Rolf Tarot. 199 S. UB 8712–14. 1966.

Inhalt: Des Harleqvins Hochzeit-Schmauß – Des Harleqvins Kindbetterin-Schmauß – L'Honnête Femme Oder die Ehrliche Frau zu Plißine – La Maladie & la mort de l'honnète Femme. das ist: Der ehrlichen Frau Schlampampe Krankheit und Tod.

euter, Fritz: Kein Hüsung. Mit einem Nachw. von Walther Niekerken [und Anm.]. 152 S. UB 4661/62. 1965.

Nicht mehr lieferbar seit 1986.

euter, Fritz: Ut mine Stromtid. [Roman.] Mit Gustav Freytags Nachruf auf den Dichter [sowie Anm. und einer biogr. Notiz]. 861 S. UB 4631–36/36a–i. 1957. *GEB.*

Nicht mehr lieferbar seit 1989.

heinreise. Gedichte und Lieder. Eine Textsammlung. Mit 21 Abb. Hrsg. von Wolf-Dietrich Gumz und Frank J. Hennecke. Einf. von Werner Ross. 415 S. UB 8320 [5]. 1986.

Autoren: H. A. v. Abschatz – S. Andres – G. Apollinaire – E. M. Arndt – D. M. Ausonius – W. Bartock – A. Becker – N. Becker – W. Biermann – C. Brentano – Lord Byron – K. Candidus – Carmen Sylva – M. Claudius – S. T. Coleridge – P. Cornelius – F. C. Delius – H. Dippel – A. v. Droste-Hülshoff – G. Eich – J. v. Eichendorff – J. Fischart – F. Förster – F. Freiligrath – E. Geibel – S. George – J. W. Goethe – I. Goll – A. Grün – U. Hahn – I. v. Hahn-Hahn – J. P. Hebel – H. Heine – G. Herwegh – R. Herzog – F. Hölderlin – L. C. H. Hölty – A. H. Hoffmann von Fallersleben – W. v. Humboldt – H. H. Jauch – E. Jost – E. Kästner – G. Keller – J. Kerner – G. Kinkel – F. G. Klopstock – T. Körner – A. Kopisch – K. Krolow – G. Kunert – C. G. Leland – N. Lenau – O. H. v. Loeben – F. v. Logau – P. Maiwald – C. F. Meyer – E. Mörike – C. Morgenstern – W. Müller von Königswinter – B. v. Münchhausen – A. de Musset – Y. Nakasone – L. Nerlich – A. Paquet – G. Pfarrius – R. Prutz – A. Reifterscheid – R. Reinick – J. Ringelnatz – G. Rollenhagen – O. Roquette – F. Rückert – P. Rühmkorf – J. V. v. Scheffel – M. v. Schenkendorf – F. Schiller – A. W. Schlegel – F. Schlegel – M. Schneckenburger – W. v. Scholz – W. Schwarz – K. Simrock – E. Stadler – A. v. Stolterfoth – L. Uhland – J. P. Uz – J. v. d. Vondel – Venantius Fortunatus – R. Wagner – G. Weerth – J. Wolff – C. Zuckmayer.

Auch GEB. 1986.

ickert, Heinrich: Kulturwissenschaft und Naturwissenschaft. Mit einem Nachw. hrsg. von Friedrich Vollhardt. 207 S. UB 8356 [2]. 1986.

Riedel, Manfred: Norm und Werturteil. Grundprobleme der Ethik [Aufsätze. Mit einem bio-bibliogr. Anh.] 141 S. UB 9958 [2 1979.

Inhalt: Handlungstheorie als ethische Grunddisziplin – Moral- und Recht normen – Norm, Wert und Wertinterpretation – Normative oder kommun kative Ethik? – Wissenschaft, Ideologie, praktische Philosophie (Inte view).

Riehl, Hans → Reclams Kunstführer Österreich II

Riehl, Wilhelm Heinrich: Der Stadtpfeifer. Novelle. [Umschlagt tel fälschlich: Der Stadtpfeifer und Rheingauer Deutsch. Zw Novellen.] Mit einem Nachw. von Hans Pflug [und Anm.]. 62 S UB 6803. 1949.

Durchgesehene Ausgabe. 64 S. 1952.
Durchgesehene Ausgabe. 63 S. 1970.
Nicht mehr lieferbar seit 1989.

Riehl, Wilhelm Heinrich: Der stumme Ratsherr und ande Geschichten. Mit einem Nachw. [und Anm.]. 72 S. UB 680. 1948 [recte: 1949].

Inhalt: Das Buch des Todes – Im Jahr des Herrn – Der stumme Ratshe
Durchgesehene Ausgabe. 71 S. 1952.
Durchgesehene Ausgabe. 80 S. 1963.
Durchgesehene Ausgabe. 80 S. 1969.
Nicht mehr lieferbar seit 1989.

Riehl, Wilhelm Heinrich: Die vierzehn Nothelfer. Novelle. M einem Nachw. von Wilhelm Greiner. 47 S. UB 500. 1951.

Nicht mehr lieferbar seit 1972.

Rilke, Rainer Maria: Gedichte. Eine Auswahl. Mit einem Nachv von Erich Pfeiffer-Belli. 82 S. UB 8291. 1959.

Durchgesehene Ausgabe. 78 S. 1981.

Rimbaud, Arthur: Illuminations / Farbstiche. Frz./Dt. Übers. v Walther Küchler. Anm. von Wilhelm Richard Berger. [Mit ein Zeittaf.] 131 S. UB 8728. 1991.

Rimbaud, Arthur: Une Saison en Enfer / Eine Zeit in der Hölle. Fr und dt. Übertr. und hrsg. von Werner Dürrson. 111 S. UB 790 03. 1970.

Durchgesehene und verbesserte Ausgabe. 110 S. 1992.

imbaud, Arthur → Baudelaire/Rimbaud/Verlaine/Mallarmé

inser, Luise: Jan Lobel aus Warschau. Erzählungen. Mit einem autobiogr. Nachw. 77 S. UB 8897. 1964.

Inhalt: Jan Lobel aus Warschau – Die Lilie – Die rote Katze.

isse, Heinz: Buchhalter Gottes. Erzählungen. Mit einem autobiogr. Nachw. [und einem Werkverz.]. 88 S. UB 8431. 1960.

Inhalt: Buchhalter Gottes – Das Duell mit dem Teufel – Die letzte Instanz – Die Nacht vor Lodi.

Nicht mehr lieferbar seit 1976.

obbe-Grillet, Alain: Die Jalousie oder Die Eifersucht. Roman. Aus dem Frz. übertr. von Elmar Tophoven. Mit einem Nachw. von Gerda Zeltner. 133 S. UB 8992/93. 1966.

ochefort, Christiane: Les Petits Enfants du siècle. [Roman.] Hrsg. von Helga Zoch. 168 S. UB 9265 [2]. 1991. (Fremdsprachentexte.)

odenbach, Georges: Das tote Brügge. [Roman.] Einzig autorisierte Übers. aus dem Frz. von Friedrich von Oppeln-Bronikowski. Mit einem Nachw. von Günter Metken. 96 S. UB 5194. 1966.

ömische Inschriften. Lat./Dt. Mit 10 Abb. Ausgew., übers., komm. und mit einer Einf. in die lateinische Epigraphik hrsg. von Leonhard Schumacher. 330 S. UB 8512 [4]. 1988.

Auch GEB. 1988.

ie römische Literatur in Text und Darstellung. Hrsg.: Michael von Albrecht. Bd. 1: **Republikanische Zeit I. Poesie.** Hrsg. von Hubert Petersmann und Astrid Petersmann. 476 S. UB 8066. 1992.

ie römische Literatur in Text und Darstellung. [...] Bd. 2: **Republikanische Zeit II. Prosa.** Hrsg. von Anton D. Leeman. 456 S. UB 8067 [6]. 1985 [recte: 1986].

ie römische Literatur in Text und Darstellung. [...] Bd. 3: **Augusteische Zeit.** Hrsg. von Michael von Albrecht. 480 S. UB 8068 [6]. 1987.

ie römische Literatur in Text und Darstellung. [...] Bd. 4: **Kaiserzeit I. Von Seneca maior bis Apuleius.** Hrsg. von Walter Kißel. 471 S. UB 8069 [6]. 1985.

Die römische Literatur in Text und Darstellung. [...] Bd. **Kaiserzeit II. Von Tertullian bis Boethius.** Hrsg. von Hans Armin Gärtner. 591 S. UB 8070 [7]. 1988.

Rolland, Romain: Peter und Lutz. Eine Erzählung. [Einzig berechtigte Übertr. von Paul Amann.] 95 S. UB 7667. 1950.

Auch als Sonderausgabe zum 125jährigen Bestehen des Verlags (Reclam Jubiläums-Bände). 1953. (Nicht mehr lieferbar.)

Durchgesehene Ausgabe. 86 S. 1955.

Nicht mehr lieferbar seit 1989.

Romains, Jules: Knock ou Le Triomphe de la Médecine. Hrsg. von Thomas Baldischwieler. 111 S. UB 9154 [2]. 1983. (Fremdsprachentexte.)

Rorty, Richard: Solidarität oder Objektivität? Drei philosophische Essays. Aus dem Engl. übers. von Joachim Schulte. [Mit einer biogr. Notiz.] 127 S. UB 8513 [2]. 1988.

Inhalt: Freud und die moralische Reflexion – Solidarität oder Objektivität – Der Vorrang der Demokratie vor der Philosophie.

Rose, Reginald: Die zwölf Geschworenen. Für die deutsche Bühne dramatisiert von Horst Budjuhn. 104 S. UB 7821. 1982.

Rosegger, Peter: Als ich noch der Waldbauernbub war. Nachw. von Wolfgang Schober. 314 S. UB 8563 [4]. 1989.

Rosegger, Peter: Aus meiner Waldheimat. Eine Auswahl. Mit einem Nachw. von Max Mell. 77 S. UB 7797. 1953.

Inhalt: Als ich zur Drachenbinderin ritt – Am Tag, da die Ahne fort war – Der Ehrentag des Federlschneiders – In der Christnacht – Vom Urgroßvater der auf der Tanne saß.

Durchgesehene und überarbeitete Ausgabe. 71 S. 1969.

Rosei, Peter: Franz und ich. Erzählungen und Essays. Ausw. und Nachw. von Adolf Fink. [Mit einem Verz. der Buchveröffentlichungen.] 79 S. UB 8099. 1985.

Inhalt: Bei bösem Wetter – Das Fest – Franz und ich – Österreichaufsatz: Projekt für ein neues Leben – Übers Meer.

Rosemann, Heinz Rudolf → Reclams Kunstführer Deutschland IV;

Rosow, Viktor: Der Kulturleiter. Schauspiel in zwei Akten. Russ. Dt. Übers. und Nachw. von Wolfgang Kasack. 165 S. UB 9862 [2]. 1977.

Nicht mehr lieferbar seit 1989.

Rossini, Gioachino: Der Barbier von Sevilla. Komische Oper in zwei Aufzügen. Dichtung nach Beaumarchais von Cesar Sterbini. Vollständiges Buch. [Mit einer Einl. von Georg Richard Kruse.] 86 S. UB 2937. 1950.

Nicht mehr lieferbar; ersetzt durch:

Rossini, Gioacchino: Der Barbier von Sevilla. Komische Oper in zwei Aufzügen. Dichtung nach Beaumarchais von Cesare Sterbini. Übers. der Gesangstexte nach Ignaz Kollmann, der Secco-Rezitative von Otto Neitzel. Vollständiges Buch. Eingel., revid. und hrsg. von Wilhelm Zentner. 64 S. UB 2937. 1953.

Durchgesehene Ausgabe. 64 S. 1968.

Rostand, Edmond: Cyrano von Bergerac. Heroische Komödie in fünf Aufzügen. Übers. von Arthur Luther. Nachw. von Ralf Steyer. 152 S. UB 8595/96. 1969.

Nicht mehr lieferbar seit 1972; ersetzt durch:

Rostand, Edmond: Cyrano von Bergerac. Romantische Komödie in fünf Aufzügen. Autorisierte Übers. von Ludwig Fulda. Nachw. von Ralf Steyer. 156 S. UB 8595 [2]. 1977.

Roswitha von Gandersheim → Hrotsvitha

Roth, Eugen: Der Fischkasten und andere Erzählungen. Mit einem Nachw. von Erwin Ackerknecht. 72 S. UB 7533. 1954.

Inhalt: Abenteuer in Banz – Der Fischkasten – Die Hausiererin.

Auch als Sonderausgabe zum 125jährigen Bestehen des Verlags (Reclams Jubiläums-Bände). 1954. *(Nicht mehr lieferbar.)*

Nicht mehr lieferbar seit 1977.

Roth, Eugen: Menschliches in Scherz und Ernst. Eine Auswahl. 78 S. UB 7486. 1966.

Inhalt: Gedichte; Lebenslauf in Anekdoten.

Roth, Joseph: Die Büste des Kaisers. Kleine Prosa. Mit einem Nachw. von Fritz Hackert. 79 S. UB 8597. 1969.

Inhalt: Die Büste des Kaisers – Grillparzer – Die k. und k. Veteranen – Konzert im Volksgarten – Seine k. und k. Apostolische Majestät.

Rothe, Hans: Verwehte Spuren. Die Vitrine. Zwei Hörspiele. Mit einem autobiogr. Nachw. [und einer Nachbem. des Verf.]. 79 S. UB 8324. 1969.

Rothmann, Kurt: Deutschsprachige Schriftsteller seit 1945 in Einzeldarstellungen. 404 S. UB 8252 [5]. 1985.

Aichinger – Andersch – Artmann – Bachmann – Jürgen Becker – Jurek Becker – Bender – Bernhard – Bichsel – Biermann – Bobrowski – Böll – Borchert – Born – Brasch – Braun – Brinkmann – Celan – Delius – Domin – Dorst – Drewitz – Dürrenmatt – H. M. Enzensberger – Fichte – Gomringer – Grass – v. d. Grün – Hacks – Handke – Harig – Härtling – Heißenbüttel – Herburger – Hildesheimer – Hochhuth – Jandl – Johnson – Kant – Kempowski – Kipphardt – R. Kirsch – S. Kirsch – Kiwus – Krechel – Kroetz – Kunert – Kunze – S. Lenz – Lettau – Marti – Mayröcker – Meckel – Mon – H. Müller – Muschg – Nizon – Nossack – Plenzdorf – Rühm – Rühmkorf – Runge – A. Schmidt – Schnurre – Späth – Strauß – Theobaldy – Wallraff – M. Walser – Weiss – Wellershoff – Widmer – Wohmann – C. Wolf – R Wolf – Wollschläger – Wondratschek.

Auch GEB. 1985.

Rothmann, Kurt: Kleine Geschichte der deutschen Literatu 312 S. UB 9906 [3]. 1978.

Erweiterte (7.) Auflage. 358 S. 1985.

Auch GEB. 1985.

Rousseau, Jean-Jacques: Emile oder Über die Erziehung. Hrsg eingel. und mit Anm. vers. von Martin Rang. Unter Mitarb. de Hrsg. aus dem Frz. übertr. von Eleonore Sckommodau. 1031 S UB 901–909/909 a–f. 1963.

Auch GEB. 1963. *(Nicht mehr lieferbar.)*

Rousseau, J[ean] J[acques], Bürger von Genf: Der Gesellschaft vertrag oder Die Grundsätze des Staatsrechts. In der verbesserte Übers. von H[ermann] Denhardt. Hrsg. und eingel. von Heinric Weinstock. 204 S. UB 1769/70. 1958.

Auch GEB. 1958. *(Nicht mehr lieferbar.)*

Durchgesehene Ausgabe. Mit einem Nachw. hrsg. von Heinrich Weinstock. 190 S. 1971.

Nicht mehr lieferbar; ersetzt durch:

Rousseau, Jean-Jacques, Bürger von Genf: Vom Gesellschaft vertrag oder Grundsätze des Staatsrechts. In Zsarb. mit E Pietzcker neu übers. und hrsg. von Hans Brockard. 239 S UB 1769 [3]. 1977.

Durchgesehene und bibliographisch ergänzte Ausgabe. 239 S. 1986.

Rückert, Friedrich: Gedichte. Ausw. und Nachw. von Johanne Pfeiffer. [Mit einer Zeittaf.] 86 S. UB 3671. 1963.

Titel ab 1990: Ausgewählte Gedichte. (Sonst unverändert.)

Rückert, Friedrich: Gedichte. Hrsg. von Walter Schmitz. 333 S. UB 3672 [4]. 1988.

Rühmkorf, Peter: Selbstredend und selbstreimend. Gedichte – Gedanken – Lichtblicke. Ausw. und Nachw. von Peter Bekes. [Mit einem bio-bibliogr. Anh.] 131 S. UB 8390 [2]. 1987.

Ruodlieb. Mittellat. und dt. Übertr., Komm. und Nachw. von Fritz Peter Knapp. 253 S. UB 9846 [4]. 1977.
Nicht mehr lieferbar seit 1992.

Ruppel, Karl H. → Reclams Schauspielführer

Russell, Bertrand: Philosophische und politische Aufsätze. Hrsg. von Ulrich Steinvorth. 223 S. UB 7970–72. 1971.
Inhalt: Ethik – Die geistigen Väter des Faschismus – Lob des Müßiggangs – Der logische Atomismus – Der Pragmatismus – Über das Kennzeichnen – Über den Gegenstand der Physik – Über die Natur von Wahrheit und Falschheit – Über die Verbindlichkeit ethischer Urteile – Was für den Sozialismus spricht.

Russische Erzähler von 1800 bis zur Gegenwart. Eine Anthologie. [Übers. und] hrsg. von Johannes von Guenther. 664 S. UB 8515–22. 1967.
Inhalt: S. Aksakow: Der Schneesturm – S. Ausländer: Filimons Namenstag – I. Babel: Benja Krik – V. Brjussow: Im Spiegel – I. Bunin: Ida – W. Chlebnikow: Nikolai – F. Dostojewskij: Der ehrliche Dieb – K. Fedin: Der Garten – N. Gogol: Die Kalesche – I. Gontscharow: Der Monat Mai in Petersburg – M. Gorki: Makar Tschudra – N. Gumiljow: Die Reise ins Land des Äthers – S. Hippius: Alles nur zum Unheil – I. Ilf / J. Petrow: Columbus stößt an Land – V. Inber: Maja – W. Iwanow: Der Buchstabe G – J. Jewtuschenko: Die Vierte Messtschanskaja – N. Karamsin: Ein Ritter unserer Zeit – J. Kasakow: Auf der Jagd – V. Katajew: Die Perle – W. Korolenko: Die Absonderliche – M. Kusmin: Unnütze Erfolge – L. Leonow: Waljas Puppe – M. Lermontow: Tamanj – N. Lesskow: Teufelsaustreibung – O. Mandelstam: Kindlicher Imperialismus – P. Melnikow: Auf der Poststation – N. Nekrassow: Ein Rätsel – W. Odojewskij: Der Brigadier – J. Oleschа: Der Kirschkern – V. Panowa: Besuch beim alten Künstler – K. Paustowskij: Regnerische Morgendämmerung – B. Pilnjak: Nächte mit einer europäischen Frau – M. Prischwin: Nerl – A. Puschkin: Der Sargmacher – A. Remisow: Zarewna Mymra – M. Saltykow: Frau Musowkina – J. Samjatin: Mamaj – M. Scholochow: Das Fohlen – F. Sologub: Der Tod laut Inserat – M. Sostschenko: Spiel der Natur – M. Sostschenko: Walja – A. N. Tolstoi: Mascha – L. Tolstoi: Läßt du das Feuer brennen, du löschst es nimmer aus – A. Tschechow: Die Hexe – I. Turgenjew: Das Stelldichein.

Auch GEB. 1967. *(Nicht mehr lieferbar.)*
Nicht mehr lieferbar seit 1976.

Russische Erzählungen der Gegenwart. Hrsg. von Bodo Zelinsky. Ca. 360 S. UB 8829. 1992.

Inhalt: F. Iskander: Belsazars Feste – O. Jermakow: Gelage am violetten Fluß – V. Jerofejew: Leben mit einem Idioten – L. Karelin: Notausgang – A. Kim: Die Rache – B. Koswin: Assimilanten – W. Makanin: Klutscharjow und Alimuschkin – L. Petruschewskaja: Netze und Fallen – E. Russakow: Der Kunstkenner – N. Schmeljow: Nächtliche Stimmen – V. Tokarewa: Das Geheimnis der Erde – T. Tolstaja: Schlaf ruhig, mein Söhnchen.
Auch GEB. 1992.

Russische Erzählungen von der Jahrhundertwende bis zur Oktoberrevolution. Hrsg. von Evelies Schmidt. 364 S. UB 8474 [5]. 1988.

Inhalt: L. Andrejew: Christen – A. Belyj: Adam – W. Brjussow: Erste Liebe – W. Brjussow: Für mich selbst oder für eine andere? – W. Brjussow: Verteidigung – I. Bunin: Kasimir Stanislawowitsch – I. Bunin: Ein schönes Leben – W. Chlebnikow: Ka – M. Gorkij: »Graue Gespenster« – A. Grin: Herz der Wildnis – A. Grin: Mord in Kunst-Fisch – A. Kuprin: Der Bannfluch – M. Kusmin: Ein Ehebruch – M. Kusmin: Die grüne Nachtigall – A. Remisow: Die Festung – A. Remisow: Das Gottesurteil – A. Remisow: Sanofa – F. Sologub: In der Menge – F. Sologub: Die trauernde Braut.
Auch GEB. 1988.

Russische Erzählungen von der Oktoberrevolution bis zur Gegenwart. Hrsg. von Bodo Zelinsky. 436 S. UB 8475 [5]. 1988.

Inhalt: W. Axjonow: Der Sieg – I. Babel: Der Grusinier, der Kerenski-Rubel und die Generalstochter – N. Baranskaja: Der Kuß – A. Bitow: Der Nichtsnutz – M. Bulgakow: Die Abenteuer Tschitschikows – D. Charms: Störung – I. Erenburg: Die Bierstube »Zur Roten Rast« – A. Grin: Der Rattenfänger – N. Jewdokimow: Mein Sohn Stjopka – I. Katajew: Die Leningrader Chaussee – V. Katajew: Vater unser – O. Mandelstam: Die ägyptische Briefmarke – J. Olescha: Liebe – A. Platonow: Müllwind – V. Rasputin: Wassilij und Wassilissa – J. Samjatin: Die Höhle – M. Soschtschenko: Puschkins hundertster Todestag – J. Sosulja: Die Geschichte vom Ak und der Menschheit – A. Terz: Die Mieter – J. Trifonow: Spiele in der Dämmerung.
Auch GEB. 1988.

Russische Lyrik. Von den Anfängen bis zur Gegenwart. Russ./Dt. Hrsg. von Kay Borowsky und Ludolf Müller. 731 S. UB 7994 [9]. 1983.

Autoren: B. Achmadulina – A. Achmatova – G. Ajgi – I. Annenskij – P. Antokol'skij – N. Aseev – E. Bagrickij – K. Bal'mont – E. Baratynskij – K. Batjuškov – A. Belyj – O. Berggol'c – A. Blok – V. Brjusov – I. Brodskij – I. Bunin – D. Charms – V. Chlebnikov – V. Chodasevič – A. Chomjakov – M. Cvetaeva – A. Del'vig – G. Deržavin – L. Druskin – S. Esenin – E. Evtušenko – A. Fet – A. Galič – Z. Gippius – N. Gorbanevskaja – N. Gumilëv – G. Ivanov – V. Ivanov – N. Jazykov – A. Kantemir – I. Katyrëv-Rostovskij – D. Kedrin – S. Kirsanov – N. Kljuev – A. Kol'cov – N. Koržavin – I. Krylov – A. Kušner – M. Kulčickij – M. Kuzmin – M. Lermontov – J. Levitanskij – S. Lipkin – M. Lomonosov – V. Majakovskij – O. Mandel'štam – L. Martynov – J. Moric – N. Nekrasov – I. Nikitin – I. Odoevceva – B. Okudžava – S. Parnok – B. Pasternak – M. Petrovych – S. Polockij – J. Polonskij – F. Prokopovič – A. Puškin – A. Rivin – B. Šapiro – V. Šefner – D. Samojlov – K. Simonov – K. Slučevskij – B. Sluckij – F. Sologub – V. Solov'ëv – A. Tarkovskij – N. Tichonov – F. Tjutčev – A. Tolstoj – V. Trediakovskij – A. Tvardovskij – D. Venevitinov – E. Vinokurov – P. Vjazemskij – M. Vološin – A. Voznesenskij – V. Vysockij – V. Zúkovskij – N. Zabolockij; anonyme Texte (Die Byline von Vol'ch Vseslav'evič – Igorlied).

Auch GEB. 1983. *(Nicht mehr lieferbar.)*

Durchgesehene Ausgabe. 731 S. 1991.

Russische Volksmärchen. Mit 9 Abb. Aus der Sammlung Alexander Afanasjews hrsg. von Martin Schneider. Übers. von Martin Schneider und Monika Schneider. 152 S. UB 8514 [2]. 1988.

Inhalt: Baba-Jaga – Die beiden Iwane, die Soldatensöhne – Bis zu den Knien im Gold, bis zu den Ellenbogen im Silber – Der dumme Iwan – Frolka-Stubenhocker – Der Frost – Die Füchsin und der Kranich – Die Füchsin, der Hase und der Hahn – Der Geizhals – Die Geschichte von dem ruhmreichen und tapferen Recken Ilja Muromez und dem Räuber Nachtigall – Das goldene Fischlein – Iwan Bykowitsch – Der Kater und die Füchsin – Die kluge Jungfrau und die sieben Räuber – Das Märchen von Iwan-Zarewitsch, dem Feuervogel und dem grauen Wolf – Der Meereszar und die weise Wassilissa – Das Schaf, die Füchsin und der Wolf – Schwesterchen Aljonuschka, Brüderchen Iwanuschka – Der unsterbliche Koschtschej – Die wunderschöne Wassilissa.

Ryle, Gilbert: Der Begriff des Geistes. Aus dem Engl. übers. von Kurt Baier. [Überarb. von Günter Patzig und Ulrich Steinvorth.] 464 S. UB 8331–36. 1969 [recte: 1970].

Auch GEB. 1969. *(Nicht mehr lieferbar.)*

Rys, Jan: Grenzgänger. Hörspiel. Mit einem autobiogr. Nachw. [und einem Werkverz.]. 56 S. UB 8337. 1969.

Nicht mehr lieferbar seit 1989.

S

Saadi: Aus dem Diwan. Aus dem Pers. übertr. von Friedrich Rückert. Hrsg. von Annemarie Schimmel. 93 S. UB 7944. 1971. (UNESCO-Sammlung repräsentativer Werke. Asiatische Reihe.)

Nicht mehr lieferbar seit 1991.

Saar, Ferdinand von: Dissonanzen. Die Familie Worel. [Zwei] Novellen. Anm. und Nachw. von Dieter Kunze. 50 S. UB 7681. 1981.

Saar, Ferdinand von: Doktor Trojan. Sappho. [Zwei] Novellen. Nachw. von Gerhard Marx-Mechler. 69 S. UB 7632. 1980.

Saar, Ferdinand von: Die Steinklopfer. Tambi. Zwei Novellen aus Österreich. Mit einem Nachw. von Heinz Rieder. 88 S. UB 8663. 1962.

Durchgesehene Ausgabe. 88 S. 1980.

Sachs, Hans: Meistergesänge. Fastnachtsspiele. Schwänke. Ausgew., erl. und mit einem Nachw. vers. von Eugen Geiger. 80 S. UB 7627. 1950.

Inhalt: Der doctor mit der grosen nasen – Der farendt Schuler im Paradeiß – Der fuchs mit dem han – Das heiß Eysen – Das kelberprüten – Der rosdieb zw Fünssing mit den dollen diebischen pawern – Sant Petter mit der lanczknechten im himel – Das Schlauraffen Landt – Summa all meiner gedicht – Die zwen petrognen pueler

Durchgesehene Ausgabe. 80 S. 1961.
Durchgesehene Ausgabe. 84 S. 1981.

Sachs, Hans: Die Wittenbergisch Nachtigall. Spruchgedicht, vier Reformationsdialoge und das Meisterlied Das Walt got. [Mit 5 Holzschnitten.] Hrsg. von Gerald H. Seufert. 190 S. UB 9737–38/38a. 1974.

Inhalt: Ein Dialogus [...] den Geytz [...] betreffend – Disputation zwischen einem Chorherren und Schuchmacher – Ain gesprech eins Evangelischen christen mit einem Lutherischen – Ein gesprech von den Scheinwerken der Gaystlichen – Das Walt got – Die Wittenbergisch Nachtigall.

Sachsenspiegel (Landrecht). Hrsg. von Cl[audius] Frhr. von Schwerin. Eingel. von Hans Thieme. 159 S. UB 3355/56. 1953.

Durchgesehene Ausgabe. 160 S. 1962.
Bibliographisch ergänzte Ausgabe. 160 S. 1973.

Die Saga von Gisli Sursson. Aus dem Altisländ. übertr. und erl. [mit einer Einl.] von Franz B. Seewald. 141 S. UB 9836 [2]. 1976.

Sagan, Françoise: Aimez-vous Brahms ... [Roman.] Hrsg. von Helga Zoch. 143 S. UB 9238 [2]. 1988. (Fremdsprachentexte.)

Ṣaḥīḥ al-Buḫārī. Nachrichten von Taten und Aussprüchen des Propheten Muhammad. Ausgew., aus dem Arab. übers. und hrsg. von Dieter Ferchl. 512 S. UB 4208. 1991.

Auch GEB. 1991.

[Saikaku, Ihara:] Saikaku-oridome. Szenen aus dem japanischen Volksleben im 17. Jahrhundert. Ausgew., übers. und eingel. von Ekkehard May. Hrsg. von Horst Hammitzsch. 87 S. UB 9493. 1973. (UNESCO-Sammlung repräsentativer Werke. Asiatische Reihe.)

Inhalt: Auch Helm und Rüstung zum Pfandleiher – Aus einer Unbesonnenheit des Augenblickes entstand die Sinnenlust – Die große Nase der Hauswirtin – Der Lauf des Hozu-Flusses und ein reicher Mann aus Yamazaki – Nur der Kiefernpilz kommt scheinbar aus dem Nichts wie die Bälle des Gauklers – Der stillzufriedene Salzverkäufer – Der unbeständige Sinn einer Hofdame – Von einem Tag auf den anderen in der Dienstbotenherberge leben.

Nicht mehr lieferbar seit 1989.

Sailer, Sebastian: Die Schöpfung [der ersten Menschen, der Sündenfall und dessen Strafe. In drey Aufzügen]. Hrsg. von Martin Stern. 72 S. UB 4231. 1969.

Nicht mehr lieferbar seit 1989.

Saint-Exupéry, Antoine de: Courrier Sud. [Roman.] Hrsg. von Walburga Hülk. 151 S. UB 9174 [2]. 1984. (Fremdsprachentexte.)

Saint-Exupéry, Antoine de: Durst. [Aus: Wind, Sand und Sterne.] Übers. von Henrik Becker. Nachw. von Gerd Gaiser. 70 S. UB 7847. 1954.

Durchgesehene Ausgabe. 62 S. 1965.

Saint-Simon, Louis de Rouvroy, Herzog von: Erinnerungen. Der Hof Ludwigs XIV. Ausw., Übers. und Anm. von Norbert Schweigert. Nachw. von Fritz Nies. 421 S. UB 7954 [5]. 1983.

Auch GEB. 1983. (Nicht mehr lieferbar.)

Sallustius Crispus, C.: Bellum Iugurthinum / Der Krieg mit Jugurtha. Lat. und dt. Hrsg. von Karl Büchner. 222 S. UB 948/949/949a. 1971.

Sallustius Crispus, Gaius: De coniuratione Catilinae / Die Verschwörung des Catilina. Lat. und dt. Übers. und hrsg. von Karl Büchner. 119 S. UB 9428/29. 1972.

Sallustius Crispus, Gaius: Historiae / Zeitgeschichte. Fragmenta ex prooemio / Bruchstücke aus der Vorrede. Orationes et epistulae / Reden und Briefe. Lat. und dt. Übers. und hrsg. von Otto Leggewie. 88 S. UB 9796. 1975.

Sallust: Der Jugurthinische Krieg. Aus dem Lat. übers. und eingel. von Ludwig Rumpel. 136 S. UB 948/949. 1952.

Durchgesehene Ausgabe. 135 S. 1957.

Nicht mehr lieferbar; ersetzt durch: → Sallust: Bellum Iugurthinum

Sallust: Die Verschwörung des Catilina. Aus dem Lat. übers. und eingel. von Ludwig Rumpel. 77 S. UB 889. 1951.

Durchgesehene Ausgabe. 75 S. 1957.

Nicht mehr lieferbar; ersetzt durch:

Sallust: Die Verschwörung des Catilina. Übers., Nachw. und Anm. von Karl Büchner. 79 S. UB 889. 1967.

Sallustius Crispus, Gaius: Zwei politische Briefe an Caesar [Epistulae ad Caesarem senem de re publica]. Lat. und dt. Übers., komm. und mit einem Nachw. hrsg. von Karl Büchner. 95 S. UB 7436. 1974.

Salmon, Wesley C.: Logik. Aus dem Engl. übers. von Joachim Buhl. 287 S. UB 7996 [3]. 1983.

Saltykow-Schtschedrin, Michail: Die idealistische Karausche. Satirische Märchen. Russ./Dt. Übers. und Nachw. von Eberhard Reißner. 144 S. UB 7957 [2]. 1983.

Inhalt: Der Bär als Statthalter – Der betrügerische Zeitungsschreiber und der leichtgläubige Leser – Die idealistische Karausche – Konjaga – Der Recke – Wie ein Bauer zwei Generäle durchfütterte.

Sarashina-nikki. Tagebuch einer japanischen Hofdame aus dem Jahre 1060. Hrsg. [mit Anm.] von Horst Hammitzsch. Aus dem Japan. übers. von Ulrich Kemper. 87 S. UB 8996. 1966. (UNESCO-Sammlung repräsentativer Werke. Asiatische Reihe.

Sartre, Jean-Paul: Die ehrbare Dirne. [Drama.] Aus dem Frz. übertr. von Ettore Cella. Mit einem Nachw. von Charlotte Bennecke [und einer Zeittaf.]. 46 S. UB 9325. 1971.

Sartre, Jean-Paul: Morts sans sépulture. [Drama.] Hrsg. von Marianne Meid. 109 S. UB 9175 [2]. 1984. (Fremdsprachentexte.)

Sartre, Jean-Paul: Praxis des Intellektuellen. Ausgewählte Texte. [Aus dem Frz. übers. von Traugott König u.a.] Mit einem Nachw. hrsg. von Jürgen Busche. 173 S. UB 7730 [2]. 1981.

Inhalt: Antwort an Albert Camus [Ausz.] – Bewußtsein und Imagination – Freiheit und Verantwortlichkeit [Ausz.] – Mythos und Realität des Theaters – Sartre über Sartre (Interview) [Ausz.] – Situation des Schriftstellers im Jahre 1947 – Von der Notwendigkeit als neuer Struktur der dialektischen Erfahrung – Warum Schreiben? [Ausz.] – Weggenosse der Kommunisten und Maoisten [Ausz.].

Satiren der Aufklärung. Hrsg. von Gunter Grimm. 400 S. UB 9777–81. 1975.

Autoren: J. J. Eschenburg – J. C. Gottsched – L. v. Heß – J. H. G. v. Justi – G. C. Lichtenberg – C. L. Liscow – J. F. Löwen – G. W. Rabener – A. F. G. Rautenberg – F. J. Riedel – J. G. Sulzer.

Durchgesehene und ergänzte Ausgabe. 400 S. 1979.

Savigny, Eike von: Zum Begriff der Sprache. Konvention, Bedeutung, Zeichen. 375 S. UB 7997 [4]. 1983.

Auch GEB. 1983. (Nicht mehr lieferbar.)

Scarron, Paul: Die Komödianten. Ein komischer Roman. Übers. und Anm. von Helga Coenen. Nachw. von Henning Krauß. 391 S. UB 7999 [5]. 1983.

Auch GEB. 1983. (Nicht mehr lieferbar.)

Schachmeisterpartien 1960–1965. Hrsg. von Rudolf Teschner. 240 S. UB 8997–99. 1966.

Schachmeisterpartien 1966–1970. Hrsg. von Rudolf Teschner. 239 S. UB 7973–75. 1971.

Schachmeisterpartien 1971–1975. Hrsg. von Rudolf Teschner. 240 S. UB 9847 [3]. 1977.

Schachmeisterpartien 1976–1980. Hrsg. von Rudolf Teschner. 264 S. UB 8202 [3]. 1983.

Schachmeisterpartien 1981–1985. Hrsg. von Rudolf Teschner. 208 S. UB 8391 [3]. 1987.

Schachmeisterpartien 1986–1990. Hrsg. von Rudolf Teschner. 219 S. UB 8730. 1991.

Schächter, Josef: Prolegomena zu einer kritischen Grammatik. [Mit einem Geleitwort von Moritz Schlick.] Bibl. und Nachw. von Gerd H. Reitzig. 280 S. UB 9922 [3]. 1978.

Auch GEB. 1978. (Nicht mehr lieferbar.)
Nicht mehr lieferbar seit 1989.

Schäfer, Wilhelm: Das fremde Fräulein und andere Anekdoten. Mit einem Nachw. von Herbert Günther. 71 S. UB 7786. 1953.

Inhalt: Der andere Noah – Die Bearnaise – Das fremde Fräulein – Der Hirtenknabe – Die Lüge vom Schwalbenrain – Das Meteor – Mozarts Begräbnis – Der Regimentsmedikus – Virgil – Die zerbrochene Scheibe.
Nicht mehr lieferbar seit 1978.

Schaeffer, Albrecht: Der grüne Mantel. [Erzählung.] Mit einem Nachw. von Walter Ehlers. 68 S. UB 7863. 1955.

Auch als Sonderausgabe zum 125jährigen Bestehen des Verlags (Reclams Jubiläums-Bände). 1955. (Nicht mehr lieferbar.)
Nicht mehr lieferbar seit 1974.

Schaper, Edzard: Der große, offenbare Tag. Die Erzählung eines Freundes. [Gekürzte Fassung.] Mit einem Nachw. von Carl Helbling. 69 S. UB 8018. 1956.

Durchgesehene Ausgabe. 59 S. 1972.

Schaumann, Ruth: Die Zwiebel. [Erzählung.] Mit fünfzehn Zeichn. der Verf. [und einem autobiogr. Nachw.]. 79 S. UB 7560. 1952.

Auch als Sonderausgabe zum 125jährigen Bestehen des Verlags (Reclams Jubiläums-Bände). 1953. (Nicht mehr lieferbar.)
Durchgesehene Ausgabe. 80 S. 1961.
Nicht mehr lieferbar seit 1976.

Scheerbart, Paul: Katerpoesie, Mopsiade und andere Gedichte. Hrsg. von Michael Matthias Schardt. 80 S. UB 8638. 1990.

Scheffel, Joseph Viktor von: Juniperus. Erzählung. Mit einem Nachw. hrsg. von Wilhelm Zentner. 62 S. UB 5935. 1952.

Durchgesehene Ausgabe. 64 S. 1969.
Nicht mehr lieferbar seit 1976.

Scheithauer, Lothar J.
→ Friedrich, Theodor / Scheithauer, Lothar J.

Schelling, F[riedrich] W[ilhelm] J[oseph]: Einleitung zu seinem Entwurf eines Systems der Naturphilosophie. Hrsg. und eingel. von Wilhelm G. Jacobs. 80 S. UB 8472. 1988.

Schelling, F[riedrich] W[ilhelm] J[oseph]: Texte zur Philosophie der Kunst. Ausgew. und eingel. von Werner Beierwaltes. [Mit einer Bibl.] 283 S. UB 5777 [3]. 1982.

Inhalt: Das älteste Systemprogramm – Philosophie der Kunst [Einl. und Allgemeiner Teil] – System des transzendentalen Idealismus [5. und 6. Hauptabschn.] – Über das Verhältnis der bildenden Künste zu der Natur – Vorlesungen über die Methode des akademischen Studiums [14. Vorlesung].

Schelling, F[riedrich] W[ilhelm] J[oseph]: Über das Wesen der menschlichen Freiheit. Einl. und Anm. von Horst Fuhrmans. 181 S. UB 8913–15. 1964.

Schiller, Friedrich: Die Braut von Messina oder Die feindlichen Brüder. Ein Trauerspiel mit Chören. Mit der Einleitung Schillers »Über den Gebrauch des Chors in der Tragödie«. 96 S. UB 60. 1952.

Durchgesehene und erweiterte Ausgabe. [Mit einem Nachw.] 104 S. 1962.

Schiller, Friedrich: Demetrius. Hrsg. von Wolfgang Wittkowski. 144 S. UB 8558/59. 1963.

Schiller, Friedrich: Don Carlos, Infant von Spanien. Ein dramatisches Gedicht. [Mit einer Vorbem.] 191 S. UB 38/38a. 1950.

Durchgesehene Ausgabe. [Mit einer Vorbem.] 191 S. 1951.
Durchgesehene Ausgabe. [Mit einer Vorbem.] 200 S. 1956.
Durchgesehene Ausgabe. [Mit einer Nachbem.] 206 S. 1964.
Durchgesehene Ausgabe. [Mit einer Nachbem.] 192 S. 1969.

Schiller, Friedrich: Gedichte. Eine Auswahl. Hrsg. und mit einer Einl. vers. von Gerhard Fricke. 173 S. UB 7714/15. 1952.

Auch GEB. 1952. *(Nicht mehr lieferbar.)*
Durchgesehene und erweiterte Ausgabe. 176 S. 1961.
Durchgesehene Ausgabe. 192 S. 1980.

Schiller, Friedrich: Der Geisterseher. Erzählungen und historische Charakteristiken. Hrsg. mit einer Einf. von Bernhard Zeller. 550 S. UB 8253–57. 1958. *GEB*.

Inhalt: Belagerung von Antwerpen durch den Prinzen von Parma in den Jahren 1584 und 1585 – Einleitung zu den Denkwürdigkeiten aus dem Leben des Marschalls von Vieilleville – Der Geisterseher – Geschichte des Abfalls der vereinigten Niederlande von der spanischen Regierung [Ausz.] – Geschichte des Dreißigjährigen Kriegs [Ausz.] – Des Grafen Lamoral von Egmont Leben und Tod – Eine großmütige Handlung. Aus der neusten Geschichte – Haoh-Kiöh-Tschuen – Herzog Alba bei einem Frühstück auf dem Schlosse zur Rudolstadt. Im Jahr 1547 – Der Jüngling und der Greis – Katharina von Medici – Merkwürdiges Beispiel einer weiblichen Rache – Das philosophische Gespräch aus dem Geisterseher – Der Spaziergang unter den Linden – Spiel des Schicksals – Der Verbrecher aus verlorener Ehre.

Nicht mehr lieferbar seit 1962; kartonierte Neuausgabe (Auswahl) u. d. T.
→ Schiller: Der Verbrecher aus verlorener Ehre und andere Erzählungen

Schiller, [Friedrich]: Die Jungfrau von Orleans. Eine romantische Tragödie. 112 S. UB 47. 1949.

Durchgesehene Ausgabe. 112 S. 1951.
Durchgesehene Ausgabe. 119 S. 1957.
Durchgesehene und erweiterte Ausgabe. Mit einem Nachw. 128 S. 1963.
Durchgesehene Ausgabe. Mit einem Nachw. 128 S. 1968.

Schiller, Friedrich von: Kabale und Liebe. Ein bürgerliches Trauerspiel. [Mit einer Vorbem.] 112 S. UB 33. 1950.

Durchgesehene Ausgabe. [Mit einer Vorbem.] 112 S. 1956.
Durchgesehene Ausgabe. [Mit einer Nachbem.] 111 S. 1969.

Schiller, Friedrich: Kallias oder über die Schönheit. Über Anmut und Würde. Hrsg. von Klaus L. Berghahn. 173 S. UB 9307/08. 1971.

Schiller, Friedrich: Maria Stuart. Trauerspiel in fünf Aufzügen [Mit einer Vorbem.] 128 S. UB 64. 1950.

Durchgesehene Ausgabe. [Mit einer Vorbem.] 125 S. 1951.
Durchgesehene Ausgabe. Mit einem Nachw. 144 S. 1964.
Durchgesehene Ausgabe. Mit einem Anhang: Zur Entstehung von »Maria Stuart«. 144 S. 1969.
Erweiterte Ausgabe. Mit Anm. von Christian Grawe und einem entstehungsgeschichtlichen Anhang von Dietrich Bode. 159 S. 1990.

Schiller, Friedrich: Der Parasit oder Die Kunst sein Glück zu machen. Ein Lustspiel in fünf Aufzügen. Nach dem Französischen des Picard. 77 S. UB 99. 1957.

Nicht mehr lieferbar seit 1979.

Schiller, Friedrich: Die Räuber. Schauspiel in fünf Akten. [Mit einer Vorbem.] 144 S. UB 15/15a. 1950.

Durchgesehene Ausgabe. [Mit einer Vorbem.] 140 S. 1951.
Durchgesehene und erweiterte Ausgabe. Mit einem Nachw. 143 S. 1964.
Durchgesehene Ausgabe. Mit einem Nachw. 143 S. 1969.
Veränderte Ausgabe. Anm. von Christian Grawe. 160 S. 1992.

Schiller, Friedrich: Turandot, Prinzessin von China. Ein tragikomisches Märchen nach Gozzi. Mit einem Nachw. von Karl S. Guthke. 94 S. UB 92. 1959.

Durchgesehene Ausgabe. 91 S. 1987.

Schiller, Friedrich: Über die ästhetische Erziehung des Menschen in einer Reihe von Briefen. Mit einem Nachw. von Käte Hamburger. 150 S. UB 8994/95. 1965 [recte: 1966].

Schiller, Friedrich: Über naive und sentimentalische Dichtung. 1795. Hrsg. und mit Nachw. und Register vers. von Johannes Beer. 135 S. UB 7756/57. 1952.

Auch GEB. 1952. (Nicht mehr lieferbar.)
Durchgesehene Ausgabe. 127 S. 1978.

Schiller, Friedrich: Der Verbrecher aus verlorener Ehre und andere Erzählungen. Mit einem Nachw. von Bernhard Zeller [und Anm.]. 71 S. UB 8891. 1964.

Inhalt: Eine großmütige Handlung – Herzog Alba bei einem Frühstück auf dem Schlosse zu Rudolstadt. Im Jahre 1547 – Der Spaziergang unter den Linden – Spiel des Schicksals – Der Verbrecher aus verlorener Ehre.

Schiller, Friedrich: Die Verschwörung des Fiesko zu Genua. Ein republikanisches Trauerspiel. [Mit einer Vorbem.] 112 S. UB 51. 1950.

Durchgesehene Ausgabe. [Mit einer Nachbem.] 125 S. 1955.
Durchgesehene Ausgabe. [Mit einer Nachbem.] 120 S. 1970.

Schiller, Friedrich: Vom Pathetischen und Erhabenen. Ausgewählte Schriften zur Dramentheorie. Hrsg. von Klaus L. Berghahn. 159 S. UB 2731/31a. 1970.

Inhalt: Die Schaubühne als eine moralische Anstalt betrachtet – Tragödie und Komödie – Über das Erhabene – Über das Pathetische – Über den Gebrauch des Chors in der Tragödie – Über den Grund des Vergnügens an tragischen Gegenständen – Über die tragische Kunst – Über epische und dramatische Dichtung.

Schiller, [Friedrich]: Wallenstein. Ein dramatisches Gedicht. I. Wallensteins Lager. Die Piccolomini. 128 S. UB 41/41a. 1949.

Durchgesehene Ausgabe. [Mit einer Vorbem.] 128 S. 1950.
Durchgesehene Ausgabe. [Mit einer Nachbem.] 136 S. 1956.
Durchgesehene Ausgabe. [Mit einer Nachbem.] 128 S. 1970.

Schiller, [Friedrich]: Wallenstein. Ein dramatisches Gedicht. II. Wallensteins Tod. 127 S. UB 42/42a. 1949.

Durchgesehene Ausgabe. [Mit einer Vorbem.] 128 S. 1952.
Durchgesehene Ausgabe. [Mit einer Nachbem.] 143 S. 1964.
Durchgesehene Ausgabe. [Mit einer Nachbem.] 128 S. 1969.

Schiller, [Friedrich]: Wilhelm Tell. Schauspiel in fünf Aufzügen. 109 S. UB 12. 1947.

Einer der acht mit Genehmigung des Office of Military Government bereits 1947 an württembergische Schulen ausgelieferten Titel.

Durchgesehene Ausgabe. 96 S. 1949.
Durchgesehene Ausgabe. [Mit einer Vorbem.] 111 S. 1953.
Durchgesehene Ausgabe. [Mit einer Nachbem.] 112 S. 1955.
Durchgesehene Ausgabe. 112 S. 1969.

Schimmel, Annemarie: Der Islam. Eine Einführung. 159 S UB 8639 [2]. 1990. (Reclam Wissen.)

Schlaf, Johannes: Meister Oelze. Drama in drei Aufzügen. Mi einem Nachw. von Gerhard Schulz. 96 S. UB 8527. 1967.

Schlaf, Johannes: Miele. Ein Charakterbild. [Erzählung.] Nachw von Ludwig Bäte. 96 S. UB 6100. 1960.

Nicht mehr lieferbar seit 1971.

Schlaf, Johannes → Holz, Arno / Schlaf, Johannes

Schlegel, August Wilhelm: Über Literatur, Kunst und Geist de Zeitalters. Eine Auswahl aus den kritischen Schriften. Hrsg. vor Franz Finke. 247 S. UB 8898–8900. 1964.

Inhalt: Allgemeine Übersicht des gegenwärtigen Zustandes der deutschei Literatur – Bürger – Entwurf zu einem kritischen Institute – Goethe Hermann und Dorothea – Goethes Römische Elegien – Poesie.
Bibliographisch ergänzte Ausgabe. 247 S. 1974.

Schlegel, Friedrich: Kritische und theoretische Schriften. Ausw und Nachw. von Andreas Huyssen. 245 S. UB 9880 [3]. 1978.

Inhalt: Athenäums-Fragmente – Georg Forster – Gespräch über die Poesie Über Goethes Meister – Über Lessing – Versuch über den Begriff de Republikanismus.

Schlegel, Friedrich: Lucinde. Ein Roman. Hrsg. und mit einem Nachw. vers. von Karl Konrad Polheim. 119 S. UB 320/320a. 1963.

Schlegel, Johann Elias: Canut. Ein Trauerspiel. Im Anhang: Johann Elias Schlegel: Gedanken zur Aufnahme des dänischen Theaters. Hrsg. von Horst Steinmetz. 128 S. UB 8766/67. 1967.

Schlegel, Johann Elias: Vergleichung Shakespears und Andreas Gryphs und andere dramentheoretische Schriften. Hrsg. von Steven D. Martinson. 94 S. UB 8242. 1984.

Inhalt: Auszug eines Briefs [...] über die Trauerspiele [...] – Vergleichung Shakespears und Andreas Gryphs [...] – Vorrede zu den »Theatralischen Werken«.

Schleiermacher, Friedrich: Über die Religion. Reden an die Gebildeten unter ihren Verächtern. Mit einem Nachw. von Carl Heinz Ratschow. 239 S. UB 8313–15. 1969.

Schmeljow, Iwan: Liebe in der Krim. Erzählung. Aus dem Russ. neuübers. und mit einem Nachw. vers. von Rudolf Karmann. 153 S. UB 7108/09. 1953.

Nicht mehr lieferbar seit 1976.

Schmeller, Alfred → Reclams Kunstführer Österreich I

Schmidt, Alfred: Kritische Theorie – Humanismus – Aufklärung. Philosophische Arbeiten 1969–1979. [Mit einem bio-bibliogr. Anh.] 183 S. UB 9977 [2]. 1981.

Inhalt: Adorno – ein Philosoph des realen Humanismus – Anthropologie und Ontologie bei Bloch – Frühe Dokumente der Kritischen Theorie – Hegel als Theoretiker der bürgerlichen Gesellschaft – Lessing zum 250. Geburtstag – Praxis.

Schmidt, Arno: Krakatau. Erzählungen. Mit einem Nachw. von Heinrich Vormweg. 69 S. UB 9754. 1975.

Inhalt: Er war ihm zu ähnlich – Krakatau – Kühe in Halbtrauer – Der Platz, an dem ich schreibe – Schlüsseltausch – Schulausflug – Sommermeteor.
Nicht mehr lieferbar; ersetzt durch:

Schmidt, Arno: Windmühlen. Erzählungen. Nachw. von Heinrich Vormweg. 78 S. UB 8600. 1989.

Inhalt: Er war ihm zu ähnlich – Kühe in Halbtrauer – Schlüsseltausch – Schulausflug – Seltsame Tage – Sommermeteor – Die Vorsichtigen – Was soll ich tun? – Windmühlen.

Schmidtbonn, Wilhelm: Hinter den sieben Bergen. Erzählung. 70 S. UB 6133. 1951.

Nicht mehr lieferbar seit 1976.

Schmitt, Carl: Land und Meer. Eine weltgeschichtliche Betrachtung. Neue, durchges. Aufl. 63 S. UB 7536. 1954.

Nicht mehr lieferbar seit 1973.

Schmoldt, Hans: Kleines Lexikon der biblischen Eigennamen. 247 S. UB 8632 [3]. 1990. (Reclam Wissen.)

Schnabel, Ernst: Ein Tag wie morgen. 29. Januar 1947. 1. Februar 1950. Zwei Collagen. Mit einem Vorw. des Autors [und einer biogr. Notiz]. 120 S. UB 8383/84. 1971.

Nicht mehr lieferbar seit 1989.

Schnabel, Johann Gottfried: Die Insel Felsenburg. [Roman. Gekürzt.] In der Bearb. von Ludwig Tieck. Neu hrsg. mit einem Nachw. von Martin Greiner. 736 S. UB 8419–28. 1959. *GEB.*

Gebunden nicht mehr lieferbar seit 1976.
Ab 1966 auch in kartonierter Ausgabe. 736 S.
Nicht mehr lieferbar; ersetzt durch:

Schnabel, Johann Gottfried: Insel Felsenburg. [Roman.] Hrsg. von Volker Meid und Ingeborg Springer-Strand. 607 S. UB 8419 [6]. 1979.

Schnack, Anton: Buchstabenspiel. 86 S. UB 7834. 1956.

Nicht mehr lieferbar seit 1970.

Schnack, Friedrich: Liebesgärtchen für Clementine. Mit Federzeichn. von Alfred Finsterer [und einem autobiogr. Nachw.]. 91 S. UB 7816. 1954.

Auch als Sonderausgabe zum 125jährigen Bestehen des Verlags (Reclams Jubiläums-Bände). 1954. (Nicht mehr lieferbar.)
Nicht mehr lieferbar seit 1973.

Schneider, Reinhold: Taganrog. Erzählung. Mit einem Nachw. von Harald von Koenigswald. 79 S. UB 7869. 1955.

Auch als Sonderausgabe zum 125jährigen Bestehen des Verlags (Reclams Jubiläums-Bände). 1955. (Nicht mehr lieferbar.)
Nicht mehr lieferbar seit 1989.

Schneiders, Heinz-Ludwig → Reclams Ballettführer (1964)

Schnitzler, Arthur: Anatol. Anatols Größenwahn. Der grüne Kakadu. [Drei Einakter.] Mit einem Nachw. von Gerhart Baumann [und einer Zeittaf.]. 175 S. UB 8399/8400. 1970.

Schnitzler, Arthur: Die Braut. Traumnovelle. [Zwei Erzählungen.] Mit einem Nachw. von Hartmut Scheible. 127 S. UB 9811. 1976 [recte: 1975].

Schnitzler, Arthur: Der einsame Weg. Schauspiel in fünf Akten. [Mit einem Nachw.] 95 S. UB 8664. 1962.

Schnitzler, Arthur: Die letzten Masken. Literatur. Stunde des Erkennens. Drei Einakter. Nachw. von Hartmut Scheible. 110 S. UB 7959. 1983.

Schnurre, Wolfdietrich: Ein Fall für Herrn Schmidt. Erzählungen. Mit einem autobiogr. Nachw. 77 S. UB 8677. 1962.

Inhalt: Blau mit goldenen Streifen – Ein Fall für Herrn Schmidt – Die Reise zur Babuschka – Reusenheben – Steppenkopp.

Bibliographisch ergänzte Ausgabe. Mit einem autobiogr. Nachw. [und einem Werkverz.]. 78 S. 1979.

Schöne Geschichten! Deutsche Erzählkunst aus zwei Jahrhunderten. Hrsg. von Peter von Matt. 605 S. UB 8840. 1992. (Jubiläums-Edition 125 Jahre Universal-Bibliothek.) *GEB*.

Inhalt: B. v. Arnim: Der Königssohn – I. Bachmann: Simultan – K. Bayer: gertruds ohr – W. Benjamin: Unglücksfälle und Verbrechen – G. Benn: Geographische Details – T. Bernhard: Der Italiener – E. Bloch: Fall ins Jetzt – E. Bloch: Spuk, dumm und aufgebessert – H. Böll: Abschied – B. Brecht: Barbara – C. Brentano: Die Legende von einem Schwaben, der das Leberlein gefressen – G. de Bruyn: Vergißmeinnicht – A. Döblin: Man bereite sich auf eine baldige Katastrophe vor / Die Geschichte wird noch einmal erzählt / Zum dritten Mal! – F. Dürrenmatt: [Der Minotaurus] – A. Duvanel: Die erste Betonkirche Europas – M. v. Ebner-Eschenbach: Ein Traum im Traume – J. v. Eichendorff: Geschichte des Einsiedlers – M. Fleißer: Der Apfel – M. Frisch: Eine Geschichte für Camilla – J. W. Goethe: [Der Chodscha] – J. W. Goethe: [Geschwisterliebe] – J. Gotthelf: Wie man kaputt werden kann – P. Handke. Versuch des Exorzismus der einen Geschichte durch eine andere – J. P. Hebel: Einträglicher Rätselhandel – J. P. Hebel: Der falsche Edelstein – J. P. Hebel: Der gläserne Jude – J. P. Hebel: Gleiches mit Gleichem – J. P. Hebel: Glimpf geht über Schimpf – H. Heine: Die Götter im Exil – H. Hesse: Der Holländer – W. Hildesheimer: Der hellgraue Frühjahrsmantel – E. T. A. Hoffmann: Erscheinungen – E. T. A. Hoffmann: [Das Schneiderlein aus Sachsenhausen] – H. v. Hofmannsthal: Ein Brief – H. H. Jahnn: Mov – Jean Paul: Die Doppelgänger

– U. Johnson: Geschenksendung, keine Handelsware – F. Kafka: [Automobil und Tricycle] – F. Kafka: Ein Besuch im Bergwerk – F. Kafka: Ein Brudermord – G. Keller: Die Jungfrau als Ritter – G. Keller: Die Jungfrau und der Teufel – H. v. Kleist: Die heilige Cäcilie oder die Gewalt der Musik – H. v. Kleist: Der neuere (glücklichere) Werther – W. Koeppen: Schön gekämmte, frisierte Gedanken – E. Lasker-Schüler: Das Buch der drei Abigails – E. Lasker-Schüler: Singa, die Mutter des toten Melechs des Dritten – H. Mann: Abdankung – T. Mann: Tobias Mindernickel – G. Meyrink: Der heiße Soldat – I. Morgner: Kaffee verkehrt – R. Musil: Das Fliegenpapier – F. Nietzsche: Die Gefangenen – A. Polgar: Die Handschuhe – G. Reinshagen: Der Täter – J. Roth: Seine k. und k. Apostolische Majestät – A. Schmidt: Trommler beim Zaren – A. Schnitzler: Wohltaten, still und rein gegeben – A. Seghers: Marie geht in die Versammlung – A. Stifter: Die Sonnenfinsternis am 8. Juli 1842 – T. Storm: Der Amtschirurgus / Heimkehr – B. Strauß: Der arme Angeber – R. Ullmann: Ende und Anfang einer bösen Geschichte – R. Varnhagen: [Die fünf Träume] – R. Walser: Helbling – R. Walser: Schwendimann – R. Walser: Die Wurst – F. Wedekind: Der Brand von Egliswyl – P. Weiss: [Münzenberg] – C. Wolf: Blickwechsel.

Schönherr, Karl: Erde. Komödie in drei Akten. Mit einem Nachw von Vinzenz K. Chiavacci. 56 S. UB 8758. 1967.

Die schönsten Novellen der italienischen Renaissance. Ausgew und übertr. von Walter Keller. Ill. von Albrecht Appelhans 499 S. UB 8247–52. 1958. *GEB*.

Inhalt: L. Alamanni: Die Gräfin von Tolosa und der Juwelier – F. Angelon da Terni: Aurifila oder Goldhaar – M. Bandello: Antonio Bologna und di Herzogin von Amalfi – M. Bandello: Graf Balduin von Flandern – M. Bandello: Ein Karnevalserlebnis im alten Mailand – M. Bandello: Die Kastellanin von Vergy – M. Bandello: König Eduard III. von England – M. Bandello: Lebendig begraben – M. Bandello: Der Musiker Galeazzo und de Kunstmaler von Venedig – M. Bandello: Der Ritter als Einsiedel im Wald – M. Bandello: Die schöne Helena von Venedig – M. Bandello: Seltsam Liebesgeschichte aus Messina – M. Bandello: Thomas Cromwell und de Kaufmann von Florenz – M. Bandello: Wie sehr die Künstler zur Zeit de Renaissance geschätzt wurden – M. Bandello: Wo du hingehst, da will auc ich hingehen – S. Bargagli: Getreu bis in den Tod – G. Boccaccio: Federig und sein Falke – C. Casalicchio: St. Niklaus und der arme Schuhmacher G. Cioni: Francesca da Rimini – S. Erizzo: Sonderbares Abenteuer zur Se – Ser Giovanni Fiorentino: Das Königstöchterlein – G. B. Giraldi Cintio Filippo Sala und sein Fürst – G. B. Giraldi Cintio: Der Mohr von Venedig G. B. Giraldi Cintio: Die Witwe und ihr Sohn – B. Ilicini / M. Bandello Sienesischer Edelmut – Luigi da Porto: Romeo und Julia – N. Machiavell Eine lustige Novelle – Masuccio da Salerno: Die beiden Kinder von Salern – Masuccio da Salerno: Liebe ist stark wie der Tod – L. Pulci: Papst Pius I und der Bürger von Siena – F. Sacchetti: Der Müller als Abt und die vie

Rätselfragen – G. Sermini: Ein italienischer Eulenspiegel – G. Vasari: Wie Leonardo da Vinci das Abendmahl schuf.

Nicht mehr lieferbar seit 1962.

Die schönsten Sagen des klassischen Altertums nach seinen Dichtern und Erzählern von Gustav Schwab. [Mit einer Nachbem. (in Bd. 3).] Erster Teil: **Die Sagen vor dem Troianischen Krieg.** 333 S. UB 6386 [3]. 1986.

Die schönsten Sagen des klassischen Altertums [...]. Zweiter Teil: **Die Sagen Troias von seiner Erbauung bis zu seinem Untergang.** 356 S. UB 6387 [4]. 1986.

Die schönsten Sagen des klassischen Altertums [...]. Dritter Teil: **Die Heimkehr der Helden von Troia.** 352 S. UB 6388 [4]. 1986.

Die schönsten Sagen des klassischen Altertums nach seinen Dichtern und Erzählern von Gustav Schwab. Gesamtausgabe in drei Teilen. 1035 S. UB 10340. 1986. *GEB.*

Gebundene Ausgabe der zugrundeliegenden UB-Bände in 1 Bd.

Scholochow, Michail: Erzählungen vom Don. [Auswahl.] Dt. von Johannes von Guenther. [Mit einer Nachbem.] 80 S. UB 8432. 1960.

Inhalt: Der Familienvater – Das Fohlen – Fremdes Blut – Das Muttermal.

Nicht mehr lieferbar seit 1988.

Scholz, Wilhelm von: Die Liebe der Charlotte Donc. Novelle. Mit einem autobiogr. Nachw. des Verf. 78 S. UB 7460. 1950.

Nicht mehr lieferbar seit 1981.

Schomann, Heinz → Reclams Kunstführer Italien I,1; I,2

Schopenhauer, Arthur: Aphorismen zur Lebensweisheit. Textkrit. Ausg. von Eduard Grisebach. Mit einem Vorw. von Dr. O[scar] F[riedrich] Damm. 206 S. UB 5002/03/03a. 1949.

Auch GEB. 1949. (Nicht mehr lieferbar.)
Nicht mehr lieferbar; ersetzt durch:

Schopenhauer, Arthur: Aphorismen zur Lebensweisheit. Hrsg. von Arthur Hübscher. Mit einem Vorw. von Arthur Hübscher. 255 S. UB 5002/03/03a. 1953.

Durchgesehene Ausgabe. 263 S. 1961.
Durchgesehene Ausgabe. 247 S. 1991.

Schopenhauer, Arthur: Die Welt als Wille und Vorstellung. Gesamtausg. in zwei Bdn. nach der Edition von Arthur Hübscher und mit einem Nachw. von Heinz Gerd Ingenkamp. Bd. 1. 736 S. UB 2761 [8]. 1987.

Schopenhauer, Arthur: Die Welt als Wille und Vorstellung. [...] Bd. 2. 871 S. UB 2762 [8]. 1987.

Schopenhauer, Arthur: Welt und Mensch. Eine Auswahl aus dem Gesamtwerk von Arthur Hübscher. 229 S. UB 8451–53. 1960.
Auch GEB. 1960. (Nicht mehr lieferbar.)
Durchgesehene Ausgabe. 241 S. 1992.

Schubart, Christian Friedrich Daniel: Gedichte. Aus der »Deutschen Chronik«. Hrsg. von Ulrich Karthaus. 192 S. UB 1821 [2]. 1978.

Schulte, Joachim: Wittgenstein. Eine Einführung. 248 S. UB 8564 [3]. 1989.
Auch GEB. 1989.

Schulz, Bruno: Vater geht unter die Feuerwehrmänner. Erzählungen. Aus dem Poln. übertr. von Josef Hahn. [Mit einer biogr. Notiz.] 95 S. UB 8570. 1968.
Inhalt: Der andere Herbst – Das Buch – Dodo – Edzio – Die geniale Epoche – Die Julinacht – Die tote Saison – Vater geht unter die Feuerwehrmänner
Nicht mehr lieferbar seit 1976.

Schulz, Walter: Vernunft und Freiheit. Aufsätze und Vorträge. [Mit einem Vorw. des Verf. und einem bio-bibliogr. Anh.] 175 S. UB 7704 [2]. 1981.
Inhalt: Ethisches Handeln – heute – Freiheit und Unfreiheit im Horizont menschlicher Selbsterfahrung – Philosophie als absolutes Wissen. Hegels Systembegriff und seine geschichtliche Aufhebung – Philosophische Aspekte der Angst – Das Problem der absoluten Reflexion – Die Wandlungen des Freiheitsbegriffs bei Schelling – Zum Problem des Todes.

Schumann, Robert: Schriften über Musik und Musiker. Ausgew. und hrsg. von Josef Häusler. 256 S. UB 2472 [3]. 1982.

Schuster, Wilhelm → Reclams Romanführer I

Schutting, Jutta: Findhunde. Prosa. Ausw. und Nachw. von Gisela Steinlechner. 85 S. UB 8517. 1988.
Inhalt: Adalbert – Am Morgen vor der Reise [Ausz.] – Das Eichhörnchen – Hundegeschichte [Ausz.] – Kleinstadtidylle – Der Schimmel – Signorelli – Fresken im Dom von Orvieto – Totengedenken – Trollbyen – Urlaubsdiapositive – Weihnachtsbotschaft.

Schweitzer, Albert: Weg zur Humanität. Eine Auswahl aus seinen Werken zusammengestellt von Rudolf Grabs. 87 S. UB 7880. 1957.

Nicht mehr lieferbar seit 1977.

Schweizer, Klaus: Orchestermusik des 20. Jahrhunderts seit Schönberg. Mit Notenbeisp. 368 S. UB 9839 [5]. 1976.

Nicht mehr lieferbar seit 1986.

Schweizer, Klaus → Reclams Konzertführer (1972)

Schwitters, Kurt: »Eile ist des Witzes Weile«. Eine Auswahl aus den Texten. Hrsg. von Christina Weiss und Karl Riha. 160 S. UB 8392 [2]. 1987.

Science Fiction Stories I. Asimov – Dick – Bester – Ballard – De Graw. Hrsg. von Dieter Wessels. 152 S. UB 9156 [2]. 1983. (Fremdsprachentexte.)

Inhalt: I. Asimov: Robot AL-76 Goes Astray – J. G. Ballard: Billennium – A. Bester: Out of this World – P. De Graw: Inside Mother – P. K. Dick: Impostor.

Science Fiction Stories II. Russell – Wyndham – Heinlein – Harrison – Ellison. Hrsg. von Dieter Wessels. 191 S. UB 9210 [2]. 1986. (Fremdsprachentexte.)

Inhalt: H. Ellison: Deeper Than the Darkness – H. Harrison: Waiting Place – R. A. Heinlein: Sky Lift – E. F. Russell: I Am Nothing – J. Wyndham: Opposite Number.

Scott, Walter: Schottische Erzählungen. Engl./Dt. Übers. und hrsg. von Wolfgang Franke. 167 S. UB 7675 [2]. 1981.

Inhalt: Pate-in-Peril – The Two Drovers – Wandering Willie's Tale.

Scribe, Eugène: Das Glas Wasser oder Ursachen und Wirkungen. Lustspiel in 5 Aufzügen. Dt. von Alexander Thomas. Mit einem Nachw. von Ralf Steyer. 104 S. UB 145. 1960.

Durchgesehene Ausgabe. 108 S. 1989.

Sealsfield, Charles: Das Kajütenbuch oder Nationale Charakteristiken. [Roman.] Mit acht zeitgenöss. Ill. und zwei Karten. Hrsg. von Alexander Ritter. 528 S. UB 3401 [6]. 1982.

Sealsfield, Charles: Die Prärie am Jacinto. Erzählung. [Aus: Das Kajütenbuch. Mit einer Nachbem.] 88 S. UB 7881. 1955.

Durchgesehene und erweiterte Ausgabe. Mit einem Nachw. von Karl Konrad Polheim. 96 S. 1964.

Sealsfield, Charles: Ein seltsames Wiedersehen. Erzählung. 47 S. UB 7613. 1947.

Einer der acht mit Genehmigung des Office of Military Government bereits 1947 an württembergische Schulen ausgelieferten Titel.

Nicht mehr lieferbar seit 1968.

Seghers, Anna: Fünf Erzählungen. Hrsg. von Doris und Hans-Jürgen Schmitt. 159 S. UB 9805 [2]. 1975.

Inhalt: Agathe Schweigert – Der Führerschein – Post ins gelobte Land – Die Saboteure – Die schönsten Sagen vom Räuber Woynok.

Seidel, Heinrich Wolfgang: Elk. [Erzählung.] Nachw. von Christian Ferber. 95 S. UB 8272. 1959.

Nicht mehr lieferbar seit 1976.

Seidel, Ina: Jakobus Johannes Lennacker. Anno 1667. [Aus: Lennacker. Das Buch einer Heimkehr.] Mit einem Werkbericht der Dichterin und einem Nachw. von Konrad Nußbächer. 91 S. UB 8292. 1959.

Nicht mehr lieferbar seit 1980.

Seidel, Ina: Spuk in des Wassermanns Haus. [Zwei] Novellen. Mit einem autobiogr. Nachw. 79 S. UB 7312. 1950.

Inhalt: Spuk in des Wassermanns Haus – Zwei Kinder, die ich gekannt.

Durchgesehene Ausgabe. 71 S. 1962.

Nicht mehr lieferbar seit 1976.

Sempé, Jean-Jacques / Goscinny, René: Le Petit Nicolas. Choix de textes. Mit 26 Ill. Hrsg. von Hans-Dieter Schwarzmann. 75 S. UB 9204. 1986. (Fremdsprachentexte.)

Inhalt: C'est Papa qui décide – Les Carnets – Le Football – Je fume – On a eu l'inspecteur – On est rentrés – La Plage, c'est chouette.

Seneca, L. Annaeus: Ad Helviam matrem de consolatione / Trostschrift an die Mutter Helvia. Lat./Dt. Übers. und hrsg. von Franz Loretto. 120 S. UB 1848 [2]. 1980.

Nicht mehr lieferbar seit 1992.

Seneca, L. Annaeus: Apocolocyntosis / Die Verkürbissung des Kaisers Claudius. Lat./Dt. Übers. und hrsg. von Anton Bauer. 94 S. UB 7676. 1981.

Seneca, L. Annaeus: De brevitate vitae / Von der Kürze des Lebens. Lat. und dt. Übers. und hrsg. von Josef Feix. 76 S. UB 1847. 1977.

Seneca, L. Annaeus: De clementia / Über die Güte. Lat. und dt. [Übers. und] hrsg. von Karl Büchner. 116 S. UB 8385 [2]. 1970.

Seneca, L. Annaeus: De tranquillitate animi / Über die Ausgeglichenheit der Seele. Lat./Dt. Übers. und hrsg. von Heinz Gunermann. 111 S. UB 1846 [2]. 1984.

Seneca, L. Annaeus: De vita beata / Vom glücklichen Leben. Lat./Dt. Übers. und hrsg. von Fritz-Heiner Mutschler. 119 S. UB 1849 [2]. 1990.

Seneca, L. Annaeus: Epistulae morales ad Lucilium. Liber I / Briefe an Lucilius über Ethik. 1. Buch. [1.–12. Brief.] Lat. und dt. Übers., erl. und mit einem Nachw. hrsg. von Franz Loretto. 88 S. UB 2132. 1977.
Durchgesehene Ausgabe. 88 S. 1987.

Seneca, L. Annaeus: Epistulae morales ad Lucilium. Liber II / Briefe an Lucilius über Ethik. 2. Buch. [13.–21. Brief.] Lat./Dt. Übers. und hrsg. von Franz Loretto. 104 S. UB 2133. 1982.
Durchgesehene und verbesserte Ausgabe. 96 S. 1986.

Seneca, L. Annaeus: Epistulae morales ad Lucilium. Liber III / Briefe an Lucilius über Ethik. 3. Buch. [22.–29. Brief.] Lat./Dt. Übers. und hrsg. von Franz Loretto. 96 S. UB 2134. 1985.

Seneca, L. Annaeus: Epistulae morales ad Lucilium. Liber IV / Briefe an Lucilius über Ethik. 4. Buch. [30.–41. Brief.] Lat./Dt. Übers. und hrsg. von Franz Loretto. 96 S. UB 2135. 1987.

Seneca, L. Annaeus: Epistulae morales ad Lucilium. Liber V / Briefe an Lucilius über Ethik. 5. Buch. [42.–52. Brief.] Lat./Dt. Übers. und hrsg. von Franz Loretto. 96 S. UB 2136. 1988.

Seneca, L. Annaeus: Epistulae morales ad Lucilium. Liber VI / Briefe an Lucilius über Ethik. 6. Buch. [53.–62. Brief.] Lat./Dt. Übers. und hrsg. von Rainer Rauthe. 94 S. UB 2137. 1986.

Seneca, L. Annaeus: Epistulae morales ad Lucilium. Liber VII / Briefe an Lucilius über Ethik. 7. Buch. [63.–69. Brief.] Lat./Dt. Übers. und hrsg. von Rainer Rauthe. 96 S. UB 2139. 1990.

Seneca, L. Annaeus: Epistulae morales ad Lucilium. Liber VIII. Briefe an Lucilius über Ethik. 8. Buch. [70.–74. Brief.] Lat./Dt. Übers. und hrsg. von Rainer Rauthe. 96 S. UB 2140. 1991.

Seneca, Lucius Annaeus: Oedipus. Lat. und dt. Übers. und mit einem Nachw. hrsg. von Konrad Heldmann. 141 S. UB 9717/18. 1974.

Bibliographisch ergänzte Ausgabe. 141 S. 1981.

Seneca: Vom glückseligen Leben und andere Schriften. Auswahl. Übers. nach Ludwig Rumpel mit Einf. und Anm. hrsg. von Peter Jaerisch. 157 S. UB 7790/91. 1953.

Auch GEB. 1953. (Nicht mehr lieferbar.)
Durchgesehene Ausgabe. 160 S. 1961.
Durchgesehene Ausgabe. 160 S. 1984.

Setschkareff, Vsevolod: Geschichte der russischen Literatur. 207 S. UB 8697–99. 1962.

Auch GEB. 1962. (Nicht mehr lieferbar.)
Nicht mehr lieferbar seit 1984.

Seume, Johann Gottfried: Mein Leben. Nebst Fortsetzung von C. A. H. Clodius. Mit einem Nachw. von Günther Birkenfeld [und Anm.]. 162 S. UB 1060/60a. 1961.

Nicht mehr lieferbar; ersetzt durch:

Seume, Johann Gottfried: Mein Leben. Nebst der Fortsetzung von G. J. Göschen und C. A. H. Clodius. [Im Anhang: Seume an Wieland. Eine autobiographische Skizze.] Hrsg. von Jörg Drews. 216 S. UB 1060. 1991.

Shaffer, Peter: Amadeus. A Play. Hrsg. von Rainer Lengeler. 199 S. UB 9219 [2]. 1987. (Fremdsprachentexte.)

Shakespeare, William: Antonius und Cleopatra. Trauerspiel in fünf Akten. Aus dem Engl. übertr. von Wolf Heinrich Graf Baudissin. Textrevision und Nachw. von Alfred Günther. 117 S. UB 39. 1964.

Shakespeare, William: Antony and Cleopatra / Antonius und Cleopatra. Engl./Dt. Übers. und hrsg. von Raimund Borgmeier. 304 S. UB 8830. 1992.

Shakespeare, William: As You Like It / Wie es euch gefällt. Engl./Dt. Übers. und hrsg. von Herbert Geisen und Dieter Wessels. 256 S. UB 7734 [3]. 1981.

Shakespeare, William: Coriolanus. Trauerspiel. Aus dem Engl. übertr. von Dorothea Tieck. 112 S. UB 69. 1968.

Shakespeare, William: Cymbelin. Schauspiel in fünf Akten. Aus dem Engl. übertr. von Dorothea Tieck. Mit einem Nachw. von Gerhart Göhler. 120 S. UB 225/225a. 1964.

Shakespeare, William: Ende gut, alles gut. Lustspiel in fünf Akten. Aus dem Engl. übertr. von Wolf Heinrich Graf Baudissin. [Mit einer Nachbem.] 96 S. UB 896. 1961.

Shakespeare, William: Hamlet, Prinz von Dänemark. Trauerspiel in fünf Aufzügen. Übers. von August Wilhelm v. Schlegel. 115 S. UB 31. 1950.

Durchgesehene Ausgabe. [Mit einer Vorbem.] 119 S. 1952.
Durchgesehene Ausgabe. [Mit einer Nachbem.] 127 S. 1957.
Revidierte Ausgabe. Übers. von August Wilhelm von Schlegel. Hrsg. von Dietrich Klose. 126 S. 1969.
Erweiterte Ausgabe. Übers. von August Wilhelm Schlegel. Nachw. von Holger Klein. Hrsg. von Dietrich Klose. 160 S. 1990.

Shakespeare, William: Hamlet. Engl./Dt. Hrsg., übers. und komm. von Holger M. Klein. Bd. 1: Einführung, Text, Übersetzung, Textvarianten. 372 S. UB 8243 [4]. 1984.

Auch GEB. 1984. *(Nicht mehr lieferbar.)*

Shakespeare, William: Hamlet. Engl./Dt. [...] Bd. 2: Kommentar, Bibliographie. 687 S. UB 8244 [8]. 1984.

Auch GEB. 1984. *(Nicht mehr lieferbar.)*

Shakespeare, William: Julius Cäsar. Trauerspiel. Übers. von August Wilhelm von Schlegel. [Mit einer Vorbem.] 80 S. UB 9. 1950.

Durchgesehene Ausgabe. [Mit einer Vorbem.] 80 S. 1953.
Revidierte Ausgabe. Übers. von August Wilhelm von Schlegel. Hrsg. von Dietrich Klose. 80 S. 1969.

Shakespeare, William: Julius Caesar. Engl. und dt. Übers., komm. und mit einem Nachw. hrsg. von Dietrich Klose. 215 S. UB 9816 [3] 1976.

Durchgesehene und bibliographisch ergänzte Ausgabe. 216 S. 1980.
Durchgesehene und bibliographisch ergänzte Ausgabe. 216 S. 1983.

Shakespeare, William: Der Kaufmann von Venedig. Lustspiel in fünf Aufzügen. Übers. von August Wilhelm von Schlegel. 80 S. UB 35. 1951.

Durchgesehene Ausgabe. 87 S. 1964.

Shakespeare, William: King Henry V / König Heinrich V. Engl. Dt. [Aus dem Engl. übers. von Berthold Bieker u.a.] Hrsg. vo Dieter Hamblock. 262 S. UB 9899 [3]. 1978.

Shakespeare, William: King Lear / König Lear. Engl. und dt Übers. von Raimund Borgmeier, Barbara Puschmann-Nalenz Bernd Santesson und Dieter Wessels. Mit einem Vorw. von Ulric Suerbaum. Hrsg. mit einem Nachw. und Erl. von Raimun Borgmeier und Barbara Puschmann-Nalenz. 272 S. UB 9444–46 1973.

Bibliographisch ergänzte Ausgabe. 272 S. 1977.

Shakespeare, William: King Richard II / König Richard II. Eng und dt. Übers. von Hanno Bolte, Peter Cossmann, Dieter Ham block, Theo Klamt, Ulrich Rosynek und Wilfried Schwarz. Hrsg mit Vorw., Nachw. und Erl. von Dieter Hamblock. 215 S UB 9806 [3]. 1976.

Durchgesehene und bibliographisch ergänzte Ausgabe. 215 S. 1988.

Shakespeare, William: King Richard III / König Richard III. Eng und dt. Übers. und hrsg. von Herbert Geisen. 320 S. UB 9881 [4 1978.

Shakespeare, William: Die Komödie der Irrungen. In fünf Aufzi gen. Dt. von Wolf Heinrich Graf Baudissin. Neu durchges. ur mit einem Nachw. von Otto C. A. zur Nedden. 68 S. UB 27: 1959.

Shakespeare, William: König Heinrich der Vierte. Historische Schauspiel. Erster und zweiter Teil. Übers. von August Wilhelm von Schlegel. [Mit einer Nachbem.] 204 S. UB 81/82. 1956.

Revidierte Ausgabe. Übers. von August Wilhelm von Schlegel. Hrsg. vo Dietrich Klose. 200 S. 1978.

Shakespeare, William: König Lear. Trauerspiel in fünf Aufzüger Dt. von Wolf Heinrich Graf Baudissin (Schlegel-Tiecksche Au gabe). 104 S. UB 13. 1950.

Durchgesehene Ausgabe. [Mit einer Vorbem.] 103 S. 1952.
Revidierte Ausgabe. Aus dem Engl. übertr. von Wolf Heinrich Gr Baudissin. Textrevision und Nachw. von Alfred Günther. 112 S. 1966.

Shakespeare, William: König Richard der Zweite. [Trauerspiel Aus dem Engl. übertr. von August Wilhelm von Schlegel. [M einer Nachbem.] 91 S. UB 43. 1961.

Shakespeare, William: König Richard der Dritte. [Trauerspiel.] Übers. von August Wilhelm von Schlegel. [Mit einer Nachbem.] 112 S. UB 62. 1954.

Revidierte Ausgabe. Übers. von August Wilhelm von Schlegel. Hrsg. von Dietrich Klose. 120 S. 1971.

Shakespeare, William: Macbeth. Trauerspiel in fünf Aufzügen. Dt. von Dorothea Tieck. 80 S. UB 17. 1949.

Durchgesehene Ausgabe. [Mit einer Vorbem.] 76 S. 1952.
Durchgesehene Ausgabe. [Mit einer Nachbem.] 80 S. 1963.
Revidierte Ausgabe. Übers. von Dorothea Tieck. Hrsg. von Dietrich Klose. 80 S. 1970.

Shakespeare, William: Macbeth. Hrsg. von Barbara Rojahn-Deyk. 167 S. UB 9220 [2]. 1987. (Fremdsprachentexte.)

Shakespeare, William: Macbeth. Engl. und dt. Übers. und hrsg. von Barbara Rojahn-Deyk. 224 S. UB 9870 [3]. 1977.

Bibliographisch ergänzte Ausgabe. 224 S. 1983.

Shakespeare, William: Maß für Maß. Lustspiel in fünf Akten. Übers. von Wolf Heinrich Graf Baudissin. [Mit einer Nachbem.] 88 S. UB 196. 1952.

Durchgesehene Ausgabe. [Mit einer Nachbem.] 96 S. 1960.
Revidierte Ausgabe. Übers. von Wolf Heinrich Graf Baudissin. Hrsg. von Dietrich Klose. 104 S. 1992.

Shakespeare, William: Measure for Measure / Maß für Maß. Engl./ Dt. Übers. und hrsg. von Walter Pache. 270 S. UB 4523 [4]. 1990.

Shakespeare, William: The Merchant of Venice / Der Kaufmann von Venedig. Engl. und dt. Übers., komm. und hrsg. von Barbara Puschmann-Nalenz. 224 S. UB 9800 [3]. 1975.

Bibliographisch ergänzte Ausgabe. 224 S. 1982.

Shakespeare, William: A Midsummer Night's Dream. Hrsg. von Bernhard Reitz. 160 S. UB 9247 [2]. 1989. (Fremdsprachentexte.)

Shakespeare, William: A Midsummer Night's Dream / Ein Sommernachtstraum. Engl. und dt. Übers., mit Erl. und einem Nachw. hrsg. von Wolfgang Franke. 176 S. UB 9755/56. 1975.

Bibliographisch ergänzte Ausgabe. 176 S. 1980.
Bibliographisch ergänzte Ausgabe. 176 S. 1990.

Shakespeare, William: Othello, der Mohr von Venedig. Trauerspiel in fünf Aufzügen. Dt. von Wolf Heinrich Graf Baudissin (Schlegel-Tiecksche Ausgabe). 103 S. UB 21. 1950.

Durchgesehene Ausgabe. 104 S. 1954.
Revidierte Ausgabe. Übers. von Wolf Heinrich Graf Baudissin. Hrsg. vo Dietrich Klose. 112 S. 1971.

Shakespeare, William: Othello. Engl. und dt. Übers. von Berthol Bieker, Hanno Bolte, Dieter Hamblock, Theo Klamt und Reihard Rahmlow. Hrsg. mit Vorw., Nachw. und Erl. von Diete Hamblock. 270 S. UB 9830 [3]. 1976.

Revidierte Ausgabe. Übers. von Hanno Bolte und Dieter Hamblock. Hrs von Dieter Hamblock. 264 S. 1985.

Shakespeare, William: Romeo and Juliet / Romeo und Julia. Engl Dt. Übers. und hrsg. von Herbert Geisen. 268 S. UB 9942 [3 1979.

Shakespeare, William: Romeo und Julia. Trauerspiel in fünf Auzügen. Übers. von August Wilhelm von Schlegel. [Mit ein Vorbem.] 88 S. UB 5. 1950.

Durchgesehene Ausgabe. [Mit einer Vorbem.] 96 S. 1954.
Revidierte Ausgabe. Übers. von August Wilhelm von Schlegel. Hrsg. vo Dietrich Klose. 110 S. 1969.
Erweiterte Ausgabe. Übers. von August Wilhelm von Schlegel. Nach von Herbert Geisen. Hrsg. von Dietrich Klose. 127 S. 1990.

Shakespeare, William: Ein Sommernachtstraum. Eine Komödi Übers. von August Wilhelm von Schlegel. 64 S. UB 73. 1950

Durchgesehene Ausgabe. [Mit einer Nachbem.] 64 S. 1953.
Revidierte Ausgabe. Übers. von August Wilhelm von Schlegel. Hrsg. vo Dietrich Klose. 72 S. 1972.

Shakespeare, William: The Sonnets / Die Sonette. Englisch und ausgewählten deutschen Versübersetzungen. Mit Anm. und eine Nachw. hrsg. von Raimund Borgmeier. 232 S. UB 9729–3 1974.

Bibliographisch ergänzte Ausgabe. 232 S. 1988.

Shakespeare, William: Der Sturm. Zauberlustspiel in fünf Aufzgen. Übers. von August Wilhelm v. Schlegel. [Mit einer Nac bem.] 80 S. UB 46. 1951.

Durchgesehene Ausgabe. [Mit einer Nachbem.] 72 S. 1956.
Revidierte Ausgabe. Übers. von August Wilhelm von Schlegel. Hrsg. vo Dietrich Klose. 72 S. 1976.

Shakespeare, William: The Taming of the Shrew / Der Widerspenstigen Zähmung. Engl./Dt. Übers. und hrsg. von Barbara Rojahn-Deyk. 259 S. UB 8032 [3]. 1984.

Shakespeare, William: The Tempest / Der Sturm. Engl./Dt. Übers. und hrsg. von Gerd Stratmann. 190 S. UB 7903 [3]. 1982.

Shakespeare, William: Timon von Athen. Schauspiel in fünf Akten. Aus dem Engl. übertr. von Dorothea Tieck. Textrevision und Nachw. von Alfred Günther. [Mit einer Nachbem.] 87 S. UB 308. 1964.

Nicht mehr lieferbar seit 1977.

Shakespeare, William: Titus Andronicus. Engl./Dt. Übers. und hrsg. von Dieter Wessels. 222 S. UB 8476 [3]. 1988.

Shakespeare, William: Troilus und Cressida. Trauerspiel in fünf Akten. Aus dem Engl. übertr. von Wolf Heinrich Graf Baudissin. Textrevision und Nachw. von Alfred Günther. 118 S. UB 818. 1963.

Shakespeare, William: Twelfth Night / Was ihr wollt (Der Dreikönigstag). Engl. und dt. Übers., erl. und mit einem Nachw. hrsg. von Norbert H. Platz und Elke Platz-Waury. 230 S. UB 9838 [3]. 1976.

Bibliographisch ergänzte Ausgabe. 230 S. 1983.

Shakespeare, William: Viel Lärmen um Nichts. Lustspiel in fünf Aufzügen. Dt. von Wolf Heinrich Graf Baudissin. [Bühnenbearb. von L. Barnay und C. F. Wittmann. Mit einer Vorbem.] 94 S. UB 98. 1951.

Durchgesehene Ausgabe. [Mit einer Vorbem.] 94 S. 1955.
Revidierte Ausgabe. Übers. von Wolf Heinrich Graf Baudissin. Hrsg. von Dietrich Klose. 96 S. 1970.

Shakespeare, William: Was ihr wollt. Lustspiel in fünf Aufzügen. Übers. von August Wilhelm von Sch[l]egel. 80 S. UB 53. 1951.

Durchgesehene Ausgabe. [Mit einer Nachbem.] 87 S. 1956.
Revidierte Ausgabe. Übers. von August Wilhelm von Schlegel. Hrsg. von Dietrich Klose. 80 S. 1970.

Shakespeare, William: Der Widerspenstigen Zähmung. Lustspiel in fünf Aufzügen. Dt. von Wolf Heinrich Graf Baudissin (Schlegel-Tiecksche Ausgabe). [Mit einer Vorbem.] 86 S. UB 26. 1952.

Durchgesehene Ausgabe. [Mit einer Nachbem.] 95 S. 1964.

Revidierte Ausgabe. Übers. von Wolf Heinrich Graf Baudissin. Hrsg. von Dietrich Klose. 88 S. 1972.

Shakespeare, William: Wie es euch gefällt. Lustspiel in fünf Aufzügen. Übers. von August Wilhelm von Schlegel. [Mit einer Nachbem.] 88 S. UB 469. 1952.

Durchgesehene Ausgabe. [Mit einer Nachbem.] 93 S. 1964.

Shakespeare, William: The Winter's Tale / Das Wintermärchen. Engl./Dt. Übers. und hrsg. von Herbert Geisen. 256 S. UB 8393 [3]. 1987.

Shakespeare, William: Das Wintermärchen. Schauspiel in fünf Akten. Dt. von Dorothea Tieck. [Mit einer Nachbem.] 103 S. UB 152. 1957.

Revidierte Ausgabe. Übers. von Dorothea Tieck. Hrsg. von Dietrich Klose. 96 S. 1974.

Shaw, Bernard: Mrs Warren's Profession. [Drama.] Hrsg. von Herbert Geisen. 198 S. UB 9166 [2]. 1984. (Fremdsprachentexte.)

Shaw, Bernard: Pygmalion. Komödie in fünf Akten. Autorisierte dt. Übers. von Siegfried Trebitsch. [Mit einem Nachw.] 103 S. UB 8204. 1958.

Durchgesehene Ausgabe. 96 S. 1972.

Nicht mehr lieferbar; ersetzt durch:

Shaw, Bernard: Pygmalion. Romanze in fünf Akten. Dt. von Harald Mueller. 102 S. UB 8204. 1977.

Nicht mehr lieferbar seit 1990.

Shaw, Bernard: Pygmalion. A Romance in Five Acts. Hrsg. von Herbert Geisen. 197 S. UB 9266 [2]. 1990. (Fremdsprachentexte.)

Shelley, Mary: Frankenstein oder Der moderne Prometheus. [Roman.] Aus dem Engl. von Ursula und Christian Grawe. Anm. und Nachw. von Christian Grawe. 327 S. UB 8357 [4]. 1986.

Auch GEB. 1986. *(Nicht mehr lieferbar.)*

Sheridan, Richard Brinsley: The School for Scandal / Die Lästerschule. Komödie. Engl. und dt. Übers. und hrsg. von T. Lothar Wullen. Mit einem Nachw. von Paul Goetsch. 248 S. UB 449, 449a/b. 1973.

Bibliographisch ergänzte Ausgabe. 248 S. 1984.

Shinkonkinwakashū. Japanische Gedichte. Ausgew. und hrsg. von Horst Hammitzsch und Lydia Brüll. 160 S. UB 8931/32. 1964. (UNESCO-Sammlung repräsentativer Werke. Asiatische Reihe.)

Autoren: Dengyō – Echizen – Engi – Fujiwara Akisuke – Fujiwara Ariie – Fujiwara Hideyoshi – Fujiwara Ietaka – Fujiwara Kanesuke – Fujiwara Kinhira – Fujiwara Kinmichi – Fujiwara Koretada – Fujiwara Masatsune – Fujiwara Mitsunori – Fujiwara Morosuke – Fujiwara Motozane – Fujiwara Naga'ie – Fujiwara Sada'ie – Fujiwara Sanefusa – Fujiwara Sanekata – Fujiwara Sanesada – Fujiwara Tadayoshi – Fujiwara Takanobu – Fujiwara Toshinari – Fujiwara Toshinaris Tochter – Fujiwara Yorisuke – Fujiwara Yoshitsune – Gemmei Tennō – Gishū Mon'in no Tango – Go-Suzaku Tennō – Go-Toba Tennō – Henjō – Higo – Inbu Mon'in no Taifu – Ise – Iwaibe Narinaka – Jakuchō – Jakunen – Jakuren – Ji'en – Kakinomoto Hitomaro – Kamo Chōmei – Kamo Yukihira – Ki Tsurayuki – Kojijū – Koreakira – Kōsei – Kunaikyō – Mibu Tadamine – Minamoto Chikako – Minamoto Ienaga – Minamoto Masasada – Minamoto Michimitsu – Minamoto Mochitomo – Minamoto Morotoki – Minamoto Moroyori – Minamoto Shigeyuki – Minamoto Tomochika – Minamoto Toshiyori – Minamoto Tsunenobu – Minamoto Yorimasa – Munehira – Nijō In no Sanuki – Nintoku Tennō – Nōin – Ōnakatomi Akichika – Ōtomo Yakamochi – Saigyō – Sanjō In no Nyokurodo Sakon – Shikishi – Shinano – Shukaku – Shun'e – Sōen – Sone Yoshitada – Taiken Mon'in no Horikawa – Yamabe Akahito – Yashiro; anonyme Texte.

Bibliographisch ergänzte Ausgabe. 160 S. 1981.

Sichtermann, Hellmut → Reclams Kunstführer Italien V (1974)

Sieburg, Friedrich: Paris. Anblick und Rückblick. [Mit einem Werkverz.] 94 S. UB 8293. 1959.

Nicht mehr lieferbar seit 1976.

Sillitoe, Alan: The Loneliness of the Long-distance Runner. [Roman.] Hrsg. von Susanne Lenz. 87 S. UB 9192. 1985. (Fremdsprachentexte.)

Singer, Peter: Praktische Ethik. Aus dem Engl. übers. von Jean-Claude Wolf. [Mit einem bio-bibliogr. Anh. und einem Nachw. des Übers.] 331 S. UB 8033 [4]. 1984.

Sir Gawain and the Green Knight / Sir Gawain und der Grüne Ritter. [Verserzählung.] Engl. und dt. Übers. und hrsg. von Manfred Markus. 198 S. UB 9667–70. 1974.

2., bibliographisch ergänzte Auflage. 199 S. 1986.

Smetana, Bedřich: Die verkaufte Braut. Komische Oper in dre Akten. Libretto von Karel Sabina. Übers. und Nachw. von Kur Honolka. [Mit einer biogr. Notiz.] 48 S. UB 8584. 1968.

Solschenizyn, Alexander: Matrjonas Hof. [Erzählung.] Russ. und dt. Dt. Übertr. von Ingrid Tinzmann. Nachw. von Kay Borowsky [Mit einer Bibl.] 125 S. UB 7945/46. 1971.

Sophokles: Aias. Griech./Dt. Übers. und hrsg. von Rainer Rauthe 173 S. UB 677 [2]. 1990.

Sophokles: Antigone. Nach der Übers. von Georg Thudichum hrsg von Professor Dr. Otto Güthling. 56 S. UB 659. 1949.

Nicht mehr lieferbar; ersetzt durch:

Sophokles: Antigone. Tragödie. Übers. von Wilhelm Kuchenmül ler. [Mit einer Vorbem. und Anm.] 63 S. UB 659. 1955 [recte 1956].

Durchgesehene Ausgabe. [Mit Anm. und einem Nachw.] 64 S. 1966.
Durchgesehene Ausgabe. [Mit Anm. und einem Nachw.] 64 S. 1968.

Sophokles: Antigone. Griech./Dt. Übers. und hrsg. von Norber Zink. 144 S. UB 7682 [2]. 1981.

Sophokles: Elektra. Übers. und Nachw. von Wolfgang Schade waldt. [Mit Anm.] 80 S. UB 711. 1969.

Sophokles: König Ödipus. Übers. von Georg Thudichum. Neube arb. von Wilhelm Kuchenmüller. [Mit Anm. und einem Nachw. 76 S. UB 630. 1951.

Nicht mehr lieferbar; ersetzt durch:

Sophokles: König Oidipus. Übers. und Nachw. von Ernst Buscho [Mit Anm.] 79 S. UB 630. 1962.

Durchgesehene Ausgabe. 79 S. 1969.
Nicht mehr lieferbar; ersetzt durch:

Sophokles: König Ödipus. Übers. und Nachw. von Kurt Steinmann [Mit Anm.] 80 S. UB 630. 1989.

Sophokles: Oidipus auf Kolonos. Übers. und Nachw. von Erns Buschor. [Mit Anm.] 94 S. UB 641. 1960.

Durchgesehene Ausgabe. 94 S. 1986.

Sophokles: Philoktet. Tragödie. Übers. und mit einem Nachw. vers. von Wilhelm Kuchenmüller. 61 S. UB 709. 1955.

Sophokles: Die Trachinierinnen (Die Heimkehr des Herakles). Übers. und Nachw. von Walther Kraus. 79 S. UB 670. 1989.

Sorge, Reinhard: Der Bettler. Eine Dramatische Sendung. Hrsg. von Ernst Schürer. 205 S. UB 8265 [3]. 1985.

Sostschenko, Michail: Was die Nachtigall sang. Satiren. Dt. von Ottomar Schwechheimer und Walter Richter-Ruhland. [Mit einem Nachw. von Walter Richter-Ruhland.] 77 S. UB 8049. 1957.

Inhalt: Der Beleuchter – Brennholz – Diebe – Eine entsetzliche Nacht – Das Familienoberhaupt – Protektion – Der Schauspieler – Ein trauriger Fall – Vier Tage – Was die Nachtigall sang.

Nicht mehr lieferbar seit 1984.

Spaemann, Robert: Philosophische Essays. [Mit einer Einl. des Verf. und einem bio-bibliogr. Anh.] 191 S. UB 7961 [2]. 1983.

Inhalt: Die Aktualität des Naturrechts – Die kontroverse Natur der Philosophie – Moral und Gewalt – Natur – Naturteleologie und Handlung – Philosophie als Lehre vom glücklichen Leben – Unter welchen Umständen kann man noch von Fortschritt sprechen?

Späth, Gerold: Commedia. Auswahl. Nachw. von Volker Hage. 79 S. UB 8245. 1984.

Spanische Erzähler der Gegenwart. Eine Anthologie. Hrsg. und eingel. von Hans Leopold Davi. 278 S. UB 8573–76. 1968.

Inhalt: J. L. Acquaroni: Wie Wasser – I. Aldecoa: Und bleiben arm – M. Aub: Der Klumpfuß – Azorín: Langsam ging er hinter die Schranken – J. Campos: Der andere Mond – C. J. Cela: Der Eigenwillige – M. Delibes: Der Vortrag – R. Fernández de la Reguera: Das Experiment – J. Fernández Santos: Ende eines Sommers – M. Fraile: Die Kassiererin – F. García Pavón: Der Ford – J. Goytisolo: Vorstädte – C. Laforet: Das Weihnachtsgeschenk – S. March: Dinge, die vorkommen – A. M. Matute: Der Betrug – J. A. Muñoz Rojas: Tagträume – C. E. de Ory: Karneval – T. Salvador: Laß dir Zeit – R. Sánchez Ferlosio: Zähne, Pulver, Februar – R. J. Sender: Das Paar im Jahre 1910 – D. Sueiro: Mein Platz in der Straßenbahn – J. A. de Zunzunegui y Loredo: Der Mann, der seine Sonntage verlor.

Auch GEB. 1968. (Nicht mehr lieferbar.)

Nicht mehr lieferbar seit 1985.

Spanische Lyrik des 20. Jahrhunderts. Span./Dt. Ausgew., komm. und hrsg. von Gustav Siebenmann und José Manuel López. 528 S. UB 8035 [6]. 1985.

Autoren: R. Alberti – V. Aleixandre – D. Alonso – M. Altolaguirre – C. Bousoño – P. Canelo – G. Carnero – G. Celaya – L. Cernuda – A. Colinas – G. Diego – G. Fuertes – V. Gaos – F. García Lorca – J. Gil de Biedma – P. Gimferrer – A. González – F. Grande – J. Guillén – M. Hernández – J. Hierro – J. R. Jiménez – M. Labordeta – León Felipe – A. Machado – M. Machado – J. Moreno Villa – E. de Nora – C. E. de Ory – B. de Otero – L. Panero – E. Prados – D. Ridruejo – C. Rodríguez – L. Rosales – P. Salinas – J. Siles – M. de Unamuno – J. A. Valente – J. M. Valverde – L. A. de Villena – L. F. Vivanco.

Auch GEB. 1985. *(Nicht mehr lieferbar.)*

Spanische Lyrik von der Renaissance bis zum späten 19. Jahrhundert. Span./Dt. Ausgew., übers. und komm. von Hans Felten und Agustín [recte: Agustín] Valcárcel. 509 S. UB 8610 [6]. 1990

Autoren: H. de Acuña – B. del Alcázar – F. de Aldana – B. L. de Argensola – L. L. de Argensola – J. de Arguijo – J. B. Arriaza – G. A. Bécquer – G. Bocángel – J. Boscán – J. de Cadalso – P. Calderón de la Barca – R. d Campoamor – R. Caro – L. Carrillo y Sotomayor – R. de Castro – M. d Cervantes – Cristóbal de Castillejo – P. Espinosa – J. de Espronceda – Francisco de La Torre – Garcilaso de la Vega – L. de Góngora – D. ? González – Gutierre de Cetina – F. de Herrera – J. Iglesias de la Casa – J. d Jáuregui – G. M. de Jovellanos – Juan de la Cruz – Juana Inés de la Cruz – I de León – E. G. Lobo – Lorenzo de Sepúlveda – F. de Medrano – J. Meléndez Valdés – N. F. de Moratín – F. de Quevedo – F. de Rioja – Duque de Rivas – Conde de Salinas – Sebastián de Córdoba – G. Silvestre – P. Soto de Rojas – Lope de Vega – Conde de Villamediana – E. M. c Villegas.

Spark, Muriel: The Prime of Miss Jean Brodie. [Roman.] Hrsg. vo Günther Jarfe. 189 S. UB 9193 [2]. 1985. (Fremdsprachentexte

Spee, Friedrich: Trvtz-Nachtigal. Kritische Ausgabe nach der Trie rer Handschrift. Hrsg. von Theo G. M. van Oorschot. 357 ! UB 2596 [4]. 1985.

Spinoza, Benedictus de: Die Ethik. Lat. und dt. Revidierte Über von Jakob Stern [revid. von Irmgard Rauthe-Welsch]. Nachv von Bernhard Lakebrink. 757 S. UB 851 [9]. 1977.

Spionagegeschichten aus zwei Jahrhunderten. Hrsg. von Armi Arnold. 376 S. UB 8246 [5]. 1984.

Inhalt: K. Čapek: Der gestohlene Akt 139/VII, Abt. C – E. Ambler: D Armee der Unsichtbaren – A. Bierce: Parker Adderson, der Philosoph J. Buchan: Dr. Lartius – J. Conrad: Der Spitzel – A. Daudet: Ein Jun wird zum Spion – A. C. Doyle: Die verschwundenen Unterseebootpläne L. Dunsany: Die merkwürdige Droge des Dr. Caber – I. Fleming: Tod i Rückspiegel – G. Greene: Der Spion – E. Loest: Jeder hat Kinder – W.

Morris: Cunningham – E. P. Oppenheim: Die Frau des Botschafters – E. Wallace: Code No. 2 – M. Wheeler-Nicholson: Weg ohne Umkehr – W. C. White: Einmal im Beruf.

Spranger, Eduard: Der Bildungswert der Heimatkunde. Mit einem Anhang »Volkstum und Erziehung«. 2. Auflage. 63 S. UB 7562. 1949.

2. Auflage des erstmals 1943 im Verlag Philipp Reclam jun. Leipzig erschienenen Titels.

Durchgesehene Ausgabe. 72 S. 1952.
Durchgesehene Ausgabe. 72 S. 1960.

Nicht mehr lieferbar seit 1977.

Squarzina, Luigi: Der Unfall. Hörspiel. Aus dem Ital. übertr. von Georg Richert. [Mit einer biogr. Notiz.] 45 S. UB 9383. 1972.

Stadler, Ernst: Der Aufbruch und ausgewählte Gedichte. Ausw. und Nachw. von Heinz Rölleke. 86 S. UB 8528. 1967.

Bibliographisch ergänzte Ausgabe. 86 S. 1981.

Nicht mehr lieferbar seit 1991.

Staël, Germaine de: Über Deutschland. [Auswahl.] Mit 24 Abb. Nach der Übers. von Robert Habs hrsg. und eingel. von Sigrid Metken. 397 S. UB 1751–55. 1962.

Auch GEB. 1962. (Nicht mehr lieferbar.)

Nicht mehr lieferbar seit 1991.

Stahl, Hermann: Eine Heimkehr. Frühwind. [Zwei] Erzählungen. Mit einem autobiogr. Nachw. 86 S. UB 8489. 1961.

Nicht mehr lieferbar seit 1976.

Stahmer, Klaus Hinrich → Reclams Kammermusikführer (1990)

Stechäpfel. Gedichte von Frauen aus drei Jahrtausenden. Hrsg. von Ulla Hahn. 399 S. UB 8841. 1992. (Jubiläums-Edition 125 Jahre Universal-Bibliothek.) GEB.

Autorinnen: B. Achmadulina – A. Achmatova – D. Agustini – I. Aichinger – Akiko Yosano – G. Akin – A.-M. Albiach – S. Albrecht – M. Aleckovič – S. Aleramo – Alta – P. Angelini – A. Ara – M. Atwood – R. Ausländer – I. Bachmann – O. Baliukonyte – Ban Djiä-yü – E. Barrett Browning – Y. Bedregal – G. Belli – O. Berggolz – L. Bogan – E. Bridgewater – V. Brindis de Salas – G. Brooks – S. Buonaccini – P. Canelo – A. Cascella – G. Casely-Hayford – al-Chansa – I. Christensen – Christine de Pisan – E. Clementelli – D. Collobert – C. Colón Pellot – V. Colonna – J. Degutyte – M. Desbordes-Valmore – C. D'Haen – E. Dickinson – B. Dimitrowa –

H. Domin – H. Doolittle – A. v. Droste-Hülshoff – Dschun Schu-dschen – Dsi-yä – T. Fadwa – A. Finch – G. Fuertes – V. Gambara – I. Geisslová – A. Gergely – I. Gerhardt – Z. Ginczanka – N. Giovanni – S. Gippius – R. Girdhar – N. Gorbanewskaja – C. R. v. Greiffenberg – K. v. Günderode – M. Guidacci – A. Guiducci – U. Hahn – A. Hajnal – I. Haraldsdóttir – G. Hervay – J. Herzberg – R. A. Higgins – M. Hillar – Hŏ Nansŏrhŏn – Hsi-djün – R. Huch – Hwang Chin-i – J. de Ibarbourou – K. Iłłakowiczowna – P. Imperiali – Inés de la Cruz – Die Hofdame Ise – Ishigaki Rin – Iwa No Hime – Izumi Shikibu – J. Jordan – J. Joseph – P. Juul – H. Juvonen – M. Kaléko – A. Kallas – A. L. Karschin – M. L. Kaschnitz – I. Kauppila – S. Kavita – S. Kirsch – K. Kiwus – G. Kolmar – Komachi Ono – U. Kozioł – H. Kräftner – U. Krechel – V. Krmpotić – Kujo Takeko – L. Labé – N. Lako – E. Langgässer – M. P. Lanot – B. Lask – E. Lasker-Schüler – P. Lasoen – E. Laurila – C. Lavant – M. G. Lenisa – D. Levertov – Li Tsching-dschau – J. Lilādhar – E. Lipska – H. Lisboa – A. Lorde – A. Lowell – L. Mabuza – Maisun al-Kalbija – D. Maksimović – G. Maleti – E. L. Manner – D. Marain – F. Maratti – Marguerite de Navarre – N. Matwejewa – F. Mayröcker – Me Fe – Mechthild von Magdeburg – S. Meerbaum-Eisinger – D. Menicanti – S. Mereau – A. Meriluoto – C. Mew – G. Mistral – M. Moore – O. F. Morata – N. Morejón – Nazik al-Mala'ika – A. Nemes Nagy – D. Nick – A. de Noailles – C. Norton – H. M. Novak – Nukada Hime – J. C. Oates – G. C. Oden – I. Odojewzewa – M. Oppenheim – O. Orozco – B. Ostrowska – L. Otto – G. Paley – V. Parun – M. Pawlikowska-Jasnorzewska – N. J. Peters – M. Petrovych – D. Pintchalio – S. Plath – A. Pogonowska – K. Pollitt – H. Poświatowska – A. Prado – S. Prins – A. Pritam – M. Pujmanová – R. Ras – H. Raszka – C. Reinig – A. Rich – C. Rojas Sanín – L. Romano – S. Romano – A. Rosselli – F. Roth – M. Rukeyser – C. Rumens – N. Sachs – B. Sadowska – Safijja von Bahila – E. St. Vincent Millay – Sappho – Sara – M. Saumitra – D. Schlegel – S. Schwarz – A. Sexton – S. Sezer – Prinzessin Shikishi – Shiraishi Kazuko – Shu Ting – K. Simonsuuri – E. Sitwell – S. Smith – E. Södergran – M. L. Spaziani – G. Stampa – W. Stürmer – E. T. Sutherland – M. Székely – W. Szymborska – Tahira Qurratul'ain – H. Taschau – A. Tiainen – T. Truszkowska – 'Ulaiyya Bint al-Mahdi – J. C. Unzer – J. Vaicuniaite – K. Vala – B. Varela – M.-L. Vartio – I. Vitale – E. Warmond – E. Wichmann – L. Wilkina – J. Wright – E. Young – S. H. Zäunemann – N. Zapata Parrilla – Zeb Un-nisa – S. E. Zeidler – I. Žerjal-Pučnik – C. M. v. Ziegler – U. Zürn – M. Zwetajewa.

Stegmüller, Wolfgang: Rationale Rekonstruktion von Wissenschaft und ihrem Wandel. [Aufsätze.] Mit einer autobiogr. Einl. [und einem Werkverz.]. 207 S. UB 9938 [2]. 1979.

Inhalt: Akzidenteller (›nichtsubstantieller‹) Theorienwandel und Theorienverdrängung – Kausalgesetze und kausale Erklärungen – Normale Wissenschaft und wissenschaftliche Revolutionen – Walther von der Vogelweide: Lied von der Traumliebe und Quasar 3C273 – Wertfreiheit, Interessen und Objektivität.

Bibliographisch ergänzte Ausgabe. 207 S. 1986.

Stehr, Hermann: Der Schindelmacher. Novelle. Mit einem Nachw. von Wilhelm Meridies [und Anm.]. 79 S. UB 6541. 1952.

Durchgesehene Ausgabe. 79 S. 1960.

Nicht mehr lieferbar seit 1989.

Steinbach, Peter: Immer geradeaus und geblasen. Hell genug – und trotzdem stockfinster. Zwei Hörspiele. Mit der Rede zur Verleihung des Hörspielpreises der Kriegsblinden 1982 [und einer biobibliogr. Notiz]. 93 S. UB 8203. 1983.

Steinbeck, John: Gabilan, der rote Pony. Erzählungen. Autorisierte Übertr. aus dem Amerikan. von Rudolf Frank. [Mit einer Nachbem.] 119 S. UB 8826/27. 1962.

Inhalt: Der Anführer – Das Geschenk – Die großen Berge – Das Versprechen.

Nicht mehr lieferbar seit 1985.

Steinbeck, John: Of Mice and Men. [Roman.] Hrsg. von Reinhard Gratzke. 173 S. UB 9253 [2]. 1989. (Fremdsprachentexte.)

Steiner, Jörg: Eine Giraffe könnte es gewesen sein. Geschichten. Ausw. und Nachw. von Heinz F. Schafroth. [Mit einer biogr. Notiz und einem Werkverz.] 80 S. UB 9959. 1979.

Inhalt: An etwas Schönes denken – Eine Anleitung zum Handeln – Auf dem Berge Sinai sitzt der Schneider Kikrikri – Eine Giraffe könnte es gewesen sein – Ich weiß nicht, ob es in Memphis Schnee gibt – In Funken von Baum zu Baum – Lorca – – Man kann Menschen kennenlernen – Reise durch eine besetzte Gegend – Solche mit Geschichten – Der Spaziergang – Zu Ende erzählen – Zu warm für Oktober.

Nicht mehr lieferbar seit 1988.

Steinvorth, Ulrich: Stationen der politischen Theorie. Hobbes, Locke, Rousseau, Kant, Hegel, Marx, Weber. 388 S. UB 7735 [5]. 1981.

Auch GEB. 1981. (Nicht mehr lieferbar.)

2., durchgesehene Auflage. 388 S. 1983.

Stendhal: Die Äbtissin von Castro. Vanina Vanini. [Zwei] Novellen. Aus dem Frz. übertr. von Herman Scheidemantel. Neu durchges. und mit einem Nachw. von Günter Metken. 168 S. UB 5088/89. 1966.

Stendhal: Armance oder Szenen aus einem Pariser Salon des Jahres 1827. [Roman.] Übers. von Frank Miething. Nachw. von Ulrich Mölk. [Mit Anm.] 223 S. UB 5090. 1991.

Stendhal: Vanina Vanini. San Francesco a Ripa. [Zwei Erzählungen.] Hrsg. von Walter Paluch. 85 S. UB 9194. 1985. (Fremdsprachentexte.)

Stephan, Hanna: Der Dritte. Zwei Erzählungen. [Mit einem Nachw. von Alexandra Carola Grisson.] 80 S. UB 7622. 1949.

Inhalt: Der Dritte – Heimkehr.
Nicht mehr lieferbar seit 1973.

Steputat, Willy: Reimlexikon. Neu bearb. von Karl Martin Schiller. 367 S. UB 2876–78/78a/b. 1963.

Auch GEB. 1963.

Sterne, Laurence: Leben und Meinungen von Tristram Shandy, Gentleman. [Roman.] Aus dem Engl. übers. [mit Anm.] von Otto Weith. Nachw. von Erwin Wolff. 794 S. UB 1441–46/46a/b. 1972.

Auch GEB. 1972. *(Nicht mehr lieferbar.)*
Bibliographisch ergänzte Ausgabe. 794 S. 1982.
Auch GEB. in der Reihe »Reclam Lese-Klassiker«. 792 S. 1985. *(Nicht mehr lieferbar.)*

Sternheim, Carl: 1913. Schauspiel in drei Aufzügen. Mit einem Nachw. [und einer biogr. Notiz] von Heinrich Vormweg. 64 S. UB 8759. 1967.

Nicht mehr lieferbar seit 1980.

Sternheim, Carl: Tabula rasa. Ein Schauspiel. Nachw. von Ernst Schürer. 87 S. UB 9907. 1978.

Stevenson, Robert Louis: The Bottle Imp. [Erzählung.] Hrsg. von Dieter Hamblock. 59 S. UB 9157. 1983. (Fremdsprachentexte.)

Stevenson, Robert Louis: Dr. Jekyll und Mr. Hyde. Novelle. Aus dem Engl. von H[ermann] W[ilhelm] Draber. 144 S. UB 6649–50. 1948 [recte: 1949].

Auch GEB. 1952. *(Nicht mehr lieferbar.)*
Durchgesehene Ausgabe. 119 S. 1961.
Durchgesehene und erweiterte Ausgabe. Nachw. von Dieter Hamblock. 117 S. 1984.

Stevenson, Robert Louis: Erzählungen. Mit einem Nachw. hrsg. von Walter Pache. 419 S. UB 4857. 1992.

Inhalt: Ein Dach über dem Kopf – Die Fremden von Falesá – Das Haus von Eld – Die Insel der Stimmen – Janet mit dem schiefen Hals – Markheim – Olalla – Das sinkende Schiff – Die Tollen Männer – Will aus der Mühle.
Auch GEB. 1992.

Stevenson, Robert Louis: Der Flaschenkobold. Novelle. Aus dem Engl. von H[ermann] W[ilhelm] Draber. 56 S. UB 6765. 1948.

Durchgesehene Ausgabe. 55 S. 1955.
Durchgesehene Ausgabe. [Mit einer Nachbem.] 48 S. 1969.

Stevenson, Robert Louis: Die Schatzinsel. [Roman.] Aus dem Engl. übers. von Otto Weith. Nachw. von Walter Pache. 278 S. UB 4856 [3]. 1977.

Auch GEB. in der Reihe »Reclam Lese-Klassiker«. 278 S. 1987.
Im Anhang überarbeitete Ausgabe. 278 S. 1988.

Stevenson, Robert Louis: The Strange Case of Dr. Jekyll and Mr. Hyde. [Erzählung.] Hrsg. von Dieter Hamblock. 119 S. UB 9167 [2]. 1984. (Fremdsprachentexte.)

Stevenson, Robert Louis: Die tollen Männer. Novelle. Übers. und hrsg. von Richard Mummendey. 79 S. UB 7718. 1952.

Durchgesehene Ausgabe. 72 S. 1970.
Nicht mehr lieferbar seit 1989.

Stevenson, Robert Louis: Treasure Island. [Roman.] Mit 20 Ill. von Georges Roux. Hrsg. von Erhard Dahl. 334 S. UB 9258 [4]. 1990. (Fremdsprachentexte.)

Stevenson, Robert Louis: Will o' the Mill / Will aus der Mühle. [Erzählung.] Engl. und dt. Übers. und mit einem Nachw. hrsg. von Walter Pache. 78 S. UB 7947. 1971.

Nicht mehr lieferbar seit 1989.

Stich, Fritz → Reclams Kunstführer Deutschland III; VI

Stieler, Kaspar: Die geharnschte Venus. Hrsg. von Ferdinand van Ingen. 246 S. UB 7932–34. 1970 [recte: 1971].

Stifter, Adalbert: Abdias. Erzählung. Nachw. von Paul Requadt. 134 S. UB 3913. 1957.

Durchgesehene Ausgabe. 112 S. 1970.
Erweiterte Ausgabe. Anm. von Ulrich Dittmann. Nachw. von Paul Requadt. 128 S. 1990.

Stifter, Adalbert: Bergkristall. Erzählung. 79 S. UB 3912. 1947.

Einer der acht mit Genehmigung des Office of Military Government bereits 1947 an württembergische Schulen ausgelieferten Titel.

Durchgesehene Ausgabe. 79 S. 1952.
Durchgesehene Ausgabe. [Mit einer Nachbem.] 79 S. 1953.
Durchgesehene Ausgabe. Mit einem Nachw. 79 S. 1961.
Durchgesehene und erweiterte Ausgabe. [Mit Anm. und einer Nachbem.] 68 S. 1970.
Erweiterte Ausgabe. Nachw. von Helmut Bachmaier. 72 S. 1985.

Stifter, Adalbert: Der beschriebene Tännling. Erzählung. Nachw. von Richard Haage. 72 S. UB 7548. 1959.

Durchgesehene und erweiterte Ausgabe. Hrsg. von Karl Pörnbacher. 71 S. 1975.

Stifter, Adalbert: Brigitta. Erzählung. 79 S. UB 3911. 1948 [recte: 1949].

Durchgesehene Ausgabe. 76 S. 1951.
Durchgesehene Ausgabe. 71 S. 1954.
Erweiterte Ausgabe. Mit einem Nachw. 76 S. 1959.
Durchgesehene Ausgabe. Mit einem Nachw. 72 S. 1970.

Stifter, Adalbert: Die drei Schmiede ihres Schicksals. [Erzählung.] Hrsg. von Karl Pörnbacher. 63 S. UB 9863. 1977.

Stifter, Adalbert: Feldblumen. [Erzählung.] 152 S. UB 3987/88. 1949.

Auch GEB. 1951. (Nicht mehr lieferbar.)
Nicht mehr lieferbar seit 1972.

Stifter, Adalbert: Granit. Erzählung. Mit der Vorrede zu Bunte Steine. 63 S. UB 7602. 1950.

Durchgesehene Ausgabe. 63 S. 1956.
Durchgesehene und erweiterte Ausgabe. Mit der Vorrede und Einl. zu »Bunte Steine«. 62 S. 1970.

Stifter, Adalbert: Der Hagestolz. Erzählung. 142 S. UB 4194/95. 1949.

Auch GEB. 1951. (Nicht mehr lieferbar.)
Durchgesehene Ausgabe. 138 S. 1958.
Durchgesehene und erweiterte Ausgabe. Hrsg. von Helmut Bachmaier. 157 S. 1989.

Stifter, Adalbert: Der Hochwald. Erzählung. Mit einem Nachw. von Rudolf Kleinecke. 128 S. UB 3861/62. 1949.

Auch GEB. 1951. *(Nicht mehr lieferbar.)*
Durchgesehene und veränderte Ausgabe. Mit einem Nachw. von Emil Merker. 127 S. 1953.
Durchgesehene Ausgabe. Mit einem Nachw. von Emil Merker [und Anm.] 128 S. 1970.

Stifter, Adalbert: Kalkstein. [Erzählung.] Hrsg. von Karl Pörnbacher. 88 S. UB 9932. 1979.

Stifter, Adalbert: Der Kondor. Das Heidedorf. [Zwei] Erzählungen. Mit einem Nachw. von Irene Ruttmann [und einer Bibl.]. 80 S. UB 8990. 1966.

Stifter, Adalbert: Die Mappe meines Urgroßvaters. [Erzählung.] Hrsg. von Karl Pörnbacher. 323 S. UB 7963 [3]. 1983.

Stifter, Adalbert: Nachkommenschaften. [Erzählung.] Hrsg. von Karl Pörnbacher. 88 S. UB 7924. 1970.

Stifter, Adalbert: Der Waldsteig. Erzählung. [Mit einer Vorbem.] 74 S. UB 3898. 1953.
Durchgesehene Ausgabe. [Mit einer Nachbem.] 69 S. 1980.
Erweiterte Ausgabe. Nachw. von Helmut Bachmaier. 72 S. 1988.

Stifter, Adalbert: Wien. Die Sonnenfinsternis. Mit einem Nachw. von Johannes Urzidil. 93 S. UB 8850. 1963.
Nicht mehr lieferbar seit 1991.

Stirner, Max: Der Einzige und sein Eigentum. Mit einem Nachw. hrsg. von Ahlrich Meyer. 463 S. UB 3057–62. 1972.
Durchgesehene und verbesserte Ausgabe. 463 S. 1981.

Stolberg, Friedrich Leopold Graf zu: Über die Fülle des Herzens. Frühe Prosa. Hrsg. von Jürgen Behrens. 63 S. UB 7901. 1970.
Inhalt: Der Bach. Eine Idylle – Über die Begeistrung Über die Fülle des Herzens – Über die Ruhe, nach dem Genuß und über den Zustand des Dichters in dieser Ruhe – Vom Dichten und Darstellen.

Stoppard, Tom: Rosencrantz and Guildenstern are Dead. [Drama.] Hrsg. von Bernhard Reitz. 171 S. UB 9185 [2]. 1985. (Fremdsprachentexte.)

Storm, Theodor: Aquis submersus. Novelle. Hrsg. von Dr. Walther Herrmann. 96 S. UB 6014. 1949.
Durchgesehene Ausgabe. [Mit einer Nachbem.] 79 S. 1968.

Storm, Theodor: Auf dem Staatshof. Bulemanns Haus. [Zwei Novellen. Hrsg. von Winfried Freund. 80 S. UB 6146. 1983.

Storm, Theodor: Bötjer Basch. Novelle. Hrsg. von Dr. Walther Herrmann. 80 S. UB 6073. 1952.

Durchgesehene und erweiterte Ausgabe. [Mit Anm.] 61 S. 1970.

Storm, Theodor: Carsten Curator. Novelle. Mit einem Nachw. von Irene Ruttmann [und einer Zeittaf.]. 85 S. UB 6054. 1971.

Storm, Theodor: Ein Doppelgänger. Novelle. [Mit einer Vorbem.] 78 S. UB 6082. 1951.

Durchgesehene Ausgabe. [Mit einer Nachbem.] 79 S. 1962.

Storm, Theodor: Erzählungen. Hrsg. von Rüdiger Frommholz. 752 S. UB 6144 [8]. 1988.

Inhalt: Aquis submersus – Auf dem Staatshof – Beim Vetter Christian – Bulemanns Haus – Ein Doppelgänger – Draußen im Heidedorf – Hans und Heinz Kirch – Der Herr Etatsrat – Im Schloß – Immensee – Pole Poppenspäler – Der Schimmelreiter – Viola tricolor.

Auch GEB. in der Reihe »Reclam Lese-Klassiker«. 752 S. 1988.

Storm, Theodor: Ein Fest auf Haderslevhuus. Novelle. Hrsg. von Dr. Walther Herrmann. 80 S. UB 6145. 1949.

Durchgesehene Ausgabe. (ohne Hrsg.-Vermerk). 80 S. 1958.
Durchgesehene Ausgabe. 79 S. 1961.
Durchgesehene Ausgabe. 72 S. 1984 [recte: 1985].

Storm, Theodor: Gedichte. Auswahl. Hrsg. von Gunter Grimm. 173 S. UB 6080 [2]. 1978.

Storm, Theodor: Hans und Heinz Kirch. Novelle. Hrsg. von Dr. Walther Herrmann. 84 S. UB 6035. 1949.

Durchgesehene Ausgabe. Nachw. von Walther Herrmann. 86 S. 1957.
Durchgesehene Ausgabe. Nachw. von Walther Herrmann. 80 S. 1969.

Storm, Theodor: Immensee und andere Sommergeschichten. Hrsg. von Dr. Walther Herrmann. 96 S. UB 6007. 1949.

Inhalt: Im Saal – Im Sonnenschein – Immensee – Marthe und ihre Uhr – Späte Rosen.

Durchgesehene Ausgabe. Hrsg. und mit einem Nachw. vers. von Walther Herrmann. 86 S. 1954.

Titel ab 1965: Immensee und andere Novellen. *(Auswahl unverändert.)*

Durchgesehene Ausgabe. [Mit einem Nachw. von Walther Herrmann.] 80 S. 1965.

Storm, Theodor: Pole Poppenspäler. Novelle. [Mit einem Nachw. des Verf.] 78 S. UB 6013. 1947.

Einer der acht mit Genehmigung des Office of Military Government bereits 1947 an württembergische Schulen ausgelieferten Titel.

Durchgesehene Ausgabe. [Mit einem Nachw. des Verf. und einer Nachbem.] 80 S. 1952.
Durchgesehene Ausgabe. [Mit einem Nachw. des Verf. und einer Nachbem.] 79 S. 1965.

Storm, Theodor: Die Regentrude und andere Märchen. [Mit einer Nachbem.] 80 S. UB 7668. 1951.

Inhalt: Hinzelmeier – Der kleine Häwelmann – Die Regentrude.

Durchgesehene Ausgabe. Mit einem Nachw. 79 S. 1967.

Storm, Theodor: Renate. Novelle. Mit einem Nachw. von Walther Herrmann. 76 S. UB 6036. 1952.

Durchgesehene Ausgabe. 75 S. 1963.
Nicht mehr lieferbar seit 1974.

Storm, Theodor: Der Schimmelreiter. Novelle. Hrsg. von Dr. Walther Herrmann. 157 S. UB 6015/16. 1949.

Durchgesehene Ausgabe. 156 S. 1951.
Durchgesehene und erweiterte Ausgabe. Mit einem Nachw. von Wolfgang Heybey. 159 S. 1963 [recte: 1964].
Durchgesehene Ausgabe. Mit einem Nachw. von Wolfgang Heybey. 159 S. 1969.

Storm, Theodor: Die Söhne des Senators. Novelle. [Mit einer Nachbem.] 62 S. UB 6022. 1952.

Durchgesehene Ausgabe. [Mit einer Nachbem.] 60 S. 1964.
Durchgesehene und erweiterte Ausgabe. [Mit Anm. und einer Nachbem.] 54 S. 1973.

Storm, Theodor: Viola tricolor und Beim Vetter Christian. [Zwei] Novellen. Mit einem Nachw. von Konrad Nußbächer. 80 S. UB 6021. 1952.

Durchgesehene Ausgabe. Mit einem Nachw. von Konrad Nußbächer [und Anm.]. 80 S. 1968.

Storm, Theodor: Zur Chronik von Grieshuus. Novelle. Hrsg. von Winfried Freund. 118 S. UB 6023 [2]. 1985.

Storz, Gerhard: Der Vers in der neueren deutschen Dichtung. 239 S. UB 7926–28. 1970 [recte: 1971].

Auch GEB. 1970. (Nicht mehr lieferbar.)

Strafgesetzbuch [mit] Jugendgerichtsgesetz. Mit einem Anhang enthaltend die wichtigsten strafrechtlichen Nebengesetze, das Gesetz über Ordnungswidrigkeiten und das Straffreiheitsgesetz 1954. Textausgabe mit kurzen Anm. und Sachregister. Hrsg. von Regierungsrat Hermann L. Costa. 407 S. UB 1588–90/90a 1955.

Auch GEB. 1955. (Nicht mehr lieferbar.)
Völlig neu bearbeitete Ausgabe:

Strafgesetzbuch [mit] Jugendgerichtsgesetz [und] Wehrstrafgesetz. Mit einem Anhang, enthaltend die wichtigsten strafrechtlichen Nebengesetze und das Gesetz über Ordnungswidrigkeiten. Textausgabe mit kurzen Anm. und Sachregister. Hrsg. von H[einz] Schmatloch, Oberstaatsanwalt beim Bundesgerichtshof. 443 S. UB 1588–90/90a. 1962.

Auch GEB. 1962. (Nicht mehr lieferbar.)
Nicht mehr lieferbar seit 1965.

Stramm, August: Dramen und Gedichte. Ausw. und Nachw. von René Radrizzani. 88 S. UB 9929. 1979.

Inhalt: Erwachen – Rudimentär; Gedichte.

Straßenverkehrsrecht. Straßenverkehrsgesetz, Straßenverkehrs-Ordnung, Straßenverkehrs-Zulassungs-Ordnung, Auszüge aus Strafgesetzbuch, Strafprozeßordnung und internationaler Abkommen. Textausgabe mit Sachregister. Hrsg. von Dr. Günther Pagel. [Mit 16 Farbtaf.] 290 S. UB 7387–88/88a/b. 1962.

Auch GEB. 1962. (Nicht mehr lieferbar.)
Nicht mehr lieferbar seit 1965.

Strauß, Botho: Trilogie des Wiedersehens. Theaterstück. Nachw. von Benjamin Henrichs. 135 S. UB 9908 [2]. 1978.

Strauß, Botho: Über Liebe. Geschichten und Bruchstücke. Ausw. und Nachw. von Volker Hage. 151 S. UB 8621 [2]. 1989.

Strauß, Johann: Die Fledermaus. Operette in drei Aufzügen. Text nach H. Meilhac und L. Halévy von C. Haffner und Richard Genée. Vollständiges Buch. Hrsg. und eingel. von Wilhelm Zentner. 87 S. UB 8260. 1959.

Durchgesehene Ausgabe. 87 S. 1966.

trauß, Johann: Eine Nacht in Venedig. Komische Oper in drei Akten. Dichtung, mit freier Benützung einer französischen Grundidee, von F. Zell und Richard Genée. Hrsg. und eingel. von Anton Würz. 78 S. UB 7752. 1952.

Durchgesehene Ausgabe. 80 S. 1963.

trawson, Peter Frederick: Einzelding und logisches Subjekt (Individuals). Ein Beitrag zur deskriptiven Metaphysik. Aus dem Engl. übers. von Freimut Scholz. [Mit einer biogr. Notiz.] 326 S. UB 9410–14. 1972.

Auch GEB. 1972. (Nicht mehr lieferbar.)

treicher, Andreas: Schillers Flucht von Stuttgart und Aufenthalt in Mannheim von 1782 bis 1785. Hrsg. von Paul Raabe. 213 S. UB 4652–54. 1968.

Nicht mehr lieferbar seit 1989.

treuvels, Stijn: Martje Maartens und der verruchte Totengräber. Erzählung. Dt. von Anna Valeton. Mit Federzeichn. von Fritz Fischer und einem Nachw. von Ludwig Bäte. 73 S. UB 7373. 1954.

Auch als Sonderausgabe zum 125jährigen Bestehen des Verlags (Reclams Jubiläums-Bände). 1954. (Nicht mehr lieferbar.)
Nicht mehr lieferbar seit 1989.

er Stricker: Erzählungen, Fabeln, Reden. Mittelhochdt./Neuhochdt. Hrsg., übers. und komm. von Otfrid Ehrismann. 279 S. UB 8797. 1992.

trindberg, August: Die Brandstätte. Kammerspiel. Aus dem Schwed. übertr. von Hans Egon Gerlach. Nachw. von Ruprecht Volz. 68 S. UB 9888. 1978.

Nicht mehr lieferbar seit 1989.

trindberg, August: Fräulein Julie. Naturalistisches Trauerspiel. Übertr. von Hans Egon Gerlach. Mit einem Nachw. von Werner Helwig. 64 S. UB 2666. 1966 [recte: 1967].

Veränderte Ausgabe. Mit Strindbergs Vorw. zur Erstausg. Nachw. von Ruprecht Volz. 83 S. 1983.

trindberg, August: Gespenstersonate. Der Pelikan. [Zwei Dramen.] Aus dem Schwed. übertr. von Hans Egon Gerlach. 95 S. UB 8316. 1969.

Strindberg, August: Gewitterluft. Kammerspiel in drei Akten. Aus dem Schwed. übertr. und mit einem Nachw. von Hans Egon Gerlach. 64 S. UB 9843. 1977.

Nicht mehr lieferbar seit 1989.

Strindberg, August: Nach Damaskus. Drama in drei Teilen. Aus dem Schwed. übertr. von Hans Egon Gerlach. Nachw. vo Ruprecht Volz. 260 S. UB 9950 [3]. 1979.

Strindberg, August: Ostern. Ein Passionsspiel. Aus dem Schwe von Willi Reich. [Mit einem Nachw.] 71 S. UB 8450. 1960.

Nicht mehr lieferbar seit 1989.

Strindberg, August: Totentanz. [Drama.] Aus dem Schwed. übert von Willi Reich. Mit einem Nachw. von Siegfried Melchinge 126 S. UB 8860/61. 1963.

Strindberg, August: Ein Traumspiel. [Drama in drei Akten. Aus dem Schwed. übers. von Willi Reich.] Mit einem Nachw. vo Walter A. Berendsohn. 85 S. UB 6017. 1957.

Durchgesehene Ausgabe. 79 S. 1978.

Strindberg, August: Der Vater. Schauspiel in drei Akten. Aus de Schwed. übertr. von Hans Egon Gerlach. 69 S. UB 2489. 197

Erweiterte Ausgabe. Nachw. von Walter Baumgartner. 80 S. 1990.

Sudermann, Hermann: Die Ehre. Schauspiel in 4 Akten. Nachw von Bernd Witte. 134 S. UB 7825 [2]. 1982.

Sudermann, Hermann: Heimat. Schauspiel in vier Akten. Nachw von Gerhard Muschwitz. 102 S. UB 9978. 1980.

Sudermann, Hermann: Miks Bumbullis, der Wilderer. Ein Geschichte aus Litauen. Mit einem Nachw. von Kuno Felchne 62 S. UB 7476. 1949.

Durchgesehene Ausgabe. 64 S. 1958.

Nicht mehr lieferbar seit 1984.

Suerbaum, Ulrich: Das elisabethanische Zeitalter. Mit 55 Ab 583 S. UB 8622 [7]. 1989.

Auch GEB. 1989.

Suetonius Tranquillus, C.: Augustus. [C. Suetoni Tranquilli I Vita Caesarum Liber II: Divus Augustus.] Lat./Dt. Übers. u hrsg. von Dietmar Schmitz. 200 S. UB 6693 [3]. 1988.

Suetonius Tranquillus, C.: Nero. [C. Suetoni Tranquilli De Vita Caesarum Liber VI: Nero.] Lat./Dt. Übers. und hrsg. von Marion Giebel. 151 S. UB 6692 [2]. 1978.

Suetonius Tranquillus, C.: Vespasian. Titus. Domitian. [C. Suetoni Tranquilli De Vita Caesarum Liber VIII. Divus Vespasianus. Divus Titus. Domitianus.] Lat./Dt. Übers. und hrsg. von Hans Martinet. 136 S. UB 6694 [2]. 1991.

Suppé, Franz von: Boccaccio. Komische Operette in drei Aufzügen. Dichtung von F. Zell und R. Genée. Hrsg. von Wilhelm Zentner. 108 S. UB 6739. 1952.

Durchgesehene Ausgabe. 107 S. 1964.

Svevo, Italo: Kurze sentimentale Reise. Erzählung. Übers. von Piero Rismondo. Nachw. von Hans Bender. [Mit einer Zeittaf.] 132 S. UB 9923 [2]. 1978.

Swift, Jonathan: Gulliver's Travels. Part I: A Voyage to Lilliput. [Roman.] Hrsg. von Rolf Menke. 159 S. UB 9274 [2]. 1991. (Fremdsprachentexte.)

Swift, Jonathan: Gullivers Reisen. Mit 16 Abb. Neu übers., komm. und mit einem Nachw. vers. von Hermann J. Real und Heinz J. Vienken. 488 S. UB 651 [5]. 1987.

Auch GEB. 1987.

Swift, Jonathan: Gullivers Reisen. Eine Auswahl. [Umschlagtitel: Gullivers Reisen nach Liliput und Brobdingnag.] Übers. und in Ausw. hrsg. von Richard Mummendey. 72 S. UB 7630. 1950.

Durchgesehene Ausgabe. 71 S. 1957.
Durchgesehene Ausgabe. 79 S. 1961.

Swinburne, Richard: Die Existenz Gottes. Aus dem Engl. übers. von Rudolf Ginters. 414 S. UB 8434 [6]. 1987.

Auch GEB. 1987. *(Nicht mehr lieferbar.)*

Synge, John Millington: The Playboy of the Western World. [Drama.] Hrsg. von Rainer Lengeler. 128 S. UB 9211 [2]. 1986. (Fremdsprachentexte.)

Szyrocki, Marian: Die deutsche Literatur des Barock. Eine Einführung. 456 S. UB 9924 [5]. 1979.

T

Tacitus, Publius Cornelius: Agricola. Lat. und dt. Übers., erl. und mit einem Nachw. hrsg. von Robert Feger. 149 S. UB 836/836a 1973.
Bibliographisch ergänzte Ausgabe. 150 S. 1983.

Tacitus: Annalen I-VI. Übers., Einl. und Anm. von Walther Sontheimer. [Mit 2 Stammtaf. auf eingeklebtem Faltplan.] 347 S. UB 2457–60. 1964.
Überarbeitete Ausgabe. 350 S. 1984.

Tacitus: Annalen XI-XVI. Übers. und Anm. von Walther Sontheimer. 320 S. UB 2642–45. 1967.
Neue UB-Nr. ab 1991: UB 2458.

Tacitus: Dialog über den Redner. Übers., Anm. und Nachw. von Helmut Gugel. 63 S. UB 3728. 1969.
Nicht mehr lieferbar seit 1979.

Tacitus, P. Cornelius: Dialogus de oratoribus / Dialog über die Redner. Lat./Dt. Nach der Ausg. von Helmut Gugel hrsg. von Dietrich Klose. 117 S. UB 7700 [2]. 1981.

Tacitus: Germania. Ins Dt. übertr. und mit Nachw. und Anm. vers. von Prof. Dr. Curt Woyte. 80 S. UB 726. 1950 [recte: 1951].
Durchgesehene Ausgabe. 80 S. 1956.
Im Anhang überarbeitete Ausgabe. 86 S. 1959.
Nicht mehr lieferbar; ersetzt durch:

Tacitus: Germania. Übers., Erl. und Nachw. von Manfred Fuhrmann. 80 S. UB 726. 1971.

Tacitus: Germania. Lat. und dt. Übers., erl. und mit einem Nachw. hrsg. von Manfred Fuhrmann. 112 S. UB 9391/92. 1972.

Tacitus, P. Cornelius: Historien. Lat./Dt. Mit 8 Abb. und 6 Karten. Übers. und hrsg. von Helmuth Vretska. 816 S. UB 2721 [8]. 1984.
Auch GEB. 1984.

Tagelieder des deutschen Mittelalters. Mittelhochdt./Neuhochdt. Ausgew., übers. und komm. von Martina Backes. Einl. von Alois Wolf. Ca. 320 S. UB 8831. 1992.

Autoren: Burggraf von Lienz – Dietmar von Aist – Frauenlob – Günther von dem Forste – Hadlaub – Heinrich von Frauenberg – Heinrich von Morungen – Hugo von Montfort – Konrad von Würzburg – Kristan von Hamle – Markgraf von Hohenburg – Der Marner – Mönch von Salzburg – Otto von Botenlauben – Reinmar der Alte – Steinmar – Ulrich von Lichtenstein – Ulrich von Singenberg – Ulrich von Winterstetten – Walther von Breisach – Walther von der Vogelweide – Wenzel von Böhmen – Wolfram von Eschenbach – O. v. Wolkenstein; anonyme Texte.

Tauler, Johannes: Vom gottförmigen Menschen. Eine Auswahl aus den Predigten. Neu durchges. und nebst einer Einf. in Begriff und Wesen der Mystik besorgt von Friedrich Alfred Schmid Noerr. 80 S. UB 7871. 1955.

Nicht mehr lieferbar seit 1971.

Technik und Ethik. Hrsg. von Hans Lenk und Günter Ropohl. 333 S. UB 8395 [4]. 1987.

Inhalt: T. W. Adorno: Über Technik und Humanismus – K. D. Alpern: Ingenieure als moralische Helden – R. Capurro: Zur Computerethik – A. Huning: Technik und Menschenrechte – H. Jonas: Warum die Technik ein Gegenstand für die Ethik ist – H. Lenk: Ethikkodizes für Ingenieure – H. Lenk: Über Verantwortungsbegriffe und das Verantwortungsproblem in der Technik – E. R. MacCormac: Das Dilemma der Ingenieurethik – F. Rapp: Die normativen Determinanten des technischen Wandels – G. Ropohl: Neue Wege, die Technik zu verantworten – H. Sachsse: Ethische Probleme des technischen Fortschritts – W. C. Zimmerli: Wandelt sich die Verantwortung mit dem technischen Wandel?; Dokumente.

Terentius Afer, P.: Adelphoe / Die Brüder. Lat. und dt. Übers., erl. und mit einem Nachw. hrsg. von Herbert Rädle. 128 S. UB 9848 [2]. 1977.

Terentius Afer, Publius: Andria. Lat. und dt. Übers. und hrsg. von T. Lothar Wullen. 126 S. UB 9345/46. 1972.

Terenz: Der Eunuch. Lustspiel nach Vorbildern des Menander. Übers., Nachw. und Anm. von Andreas Thierfelder. 77 S. UB 1868. 1961.

Terentius Afer, P.: Heautontimorumenos / Einer straft sich selbst. Lat./Dt. Übers. und hrsg. von Andreas Thierfelder. 154 S. UB 7683 [2]. 1981.

Tertullianus, Quintus Septimius: De spectaculis / Über die Spiele. Lat./Dt. Übers. und hrsg. von Karl-Wilhelm Weeber. 120 S. UB 8477 [2]. 1988.

Tetzner, Reiner → Germanische Göttersagen

Texte aus der Arbeitswelt seit 1961. Hrsg. von Theodor Karst. 175 S. UB 9705/06. 1974.

Autoren: W. Bartock – B. Bergen – J. Büscher – H. Dorroch – E. Engelhardt – K. E. Evertyn – D. Forte – G. Funke – K.-H. Gaul – M. v. d. Grün – S. Grundmann – Hasan K. – L. Kaleck – H. Kirsch – R. Korn – K. Küther – K. Kuhnke – J. Maas – K. Martell – D. Marwig – F. Ochs – K.-G. Ruppersberger – T. Schmich – M. Schreiber – I. Tillen – A. Troppmann – G. Wallraff; Programm der Gruppe 61 – Grundsätze der Gruppe 61 [Programm 1971] – Programm des Werkkreises Literatur der Arbeitswelt (1970).

Texte der Philosophie des Pragmatismus. Charles Sanders Peirce, William James, Ferdinand Canning Scott Schiller, John Dewey. Mit einer Einl. hrsg. von Ekkehard Martens. 256 S. UB 9799 [3]. 1975.

Inhalt: J. Dewey: [Pragmatismus und Pädagogik] – W. James: Der Wahrheitsbegriff des Pragmatismus – W. James: Der Wille zum Glauben – C. Peirce: Die Festlegung einer Überzeugung – C. Peirce: Was heißt Pragmatismus? – F. C. S. Schiller: [Humanismus].

Bibliographisch ergänzte Ausgabe. 256 S. 1992.

Titel ab 1992: Pragmatismus. Ausgewählte Texte. *(Sonst unverändert.)*

Texte der proletarisch-revolutionären Literatur Deutschlands 1919–1933. Hrsg. von Günter Heintz. 416 S. UB 9707–11. 1974.

Autoren: A. Bagga – W. Bauer – A. Begga – Bernardus – F. Braun – W. Bredel – Dus. – E. Ginkel – F. Glienke – K. Grünberg – W. Harzheim – A. Hotopp – K. Huhn – F. Janiczek – E. Johannsen – P. Kast – E. E. Kisch – K. Kläber – P. Körner-Schrader – F. Krey – B. Lask – H. Lorbeer – H. Marchwitza – K. Neukrantz – G. W. Pijet – L. Renn – T. Ring – A. Scharrer – W. Schönstedt – K. Steffen – W. Tkaczyk – L. Turek – E. Weinert – H. Weiß – M. Zimmering.

Durchgesehene, erweiterte und bibliographisch ergänzte Ausgabe. 423 S. 1980.

Texte zur Theorie des Films. Hrsg. von Franz-Josef Albersmeier. 408 S. UB 9943 [5]. 1979.

Autoren: V. B. Šlovskij – G. W. Alexandrow – R. Arnheim – B. Balázs – A. Bazin – U. Eco – S. M. Eisenstein – B. M. Ejchenbaum – S. Kracauer – C. Metz – J.-M.-R. Peters – W. I. Pudowkin – J. N. Tynjanov – D. Vertov.

Texte zur Theorie des Theaters. Hrsg. und komm. von Klaus Lazarowicz und Christopher Balme. 703 S. UB 8736. 1991.

Autoren: F. Algarotti – A. Appia – W. Archer – A. Artaud – B. Arvatov – E. Barba – E. Bloch – A. Boal – H. Braun – B. Brecht – M. Buber – J. Collier – J. Copeau – C. Coquelin – E. G. Craig – E. Devrient – D. Diderot – M. Dietrich – H. Dinger – F. H. v. Einsiedel – D. Fo – D. Frey – G. Fuchs – H. Gebhart – M. Geiger – T. Georgiades – J. W. Goethe – E. H. Gombrich – J. C. Gottsched – H. Gouhier – M. v. Grimm – J. Grotowski – N. Hartmann – G. W. F. Hegel – M. Herrmann – S. Hevesi – J. Hintze – H. v. Hofmannsthal – W. v. Humboldt – R. Ingarden – H. Irving – L. Jouvet – P. M. Kerschenzew – V. Klotz – A. Kutscher – K. Lazarowicz – G. E. Lessing – A. Lewald – O. Ludwig – M. Maeterlinck – T. Mann – L.-S. Mercier – W. Meyerhold – E. Michalski – J. L. Moreno – J. Mukařovský – F. Nicolai – F. Nietzsche – H. Nitsch – P. Pavis – E. Piscator – E. Prampolini – F. Riccoboni – R. Rolland – A. Roller – J.-J. Rousseau – R. Schechner – F. Schiller – K. F. Schinkel – O. Schlemmer – R. Schlösser – A. Schopenhauer – S. Serlio – G. B. Shaw – G. Simmel – E. Souriau – R. Southern – K. S. Stanislawski – D. Steinbeck – D. Survin – A. Tairow – F.-J. Talma – A. Tarkowskij – Tertullian – L. Tieck – S. Tretjakow – A. Ubersfeld – Vitruv – R. Wagner – R. Weimann – E. Zola.

Thauer, Wolfgang → Reclams Romanführer II (1972)

Theophrast: Charaktere. Griech. und dt. Übers. und hrsg. von Dietrich Klose. Mit einem Nachw. von Peter Steinmetz. 103 S. UB 619/619a. 1970.

Durchgesehene und bibliographisch ergänzte Ausgabe. 104 S. 1981.

Theorie des bürgerlichen Realismus. Eine Textsammlung. Hrsg. von Gerhard Plumpe. 351 S. UB 8277 [4]. 1985.

Autoren: H. Baumgarten – M. Carriere – J. F. Faber – J. G. Fischer – T. Fontane – K. Frenzel – G. Freytag – R. Gottschall – K. Gutzkow – F. Hebbel – P. Heyse – C. Hoffmann – E. Homberger – A. Horwicz – G. Keller – J. H. v. Kirchmann – E. Kolloff – W. T. Krug – L. K. – K. Lemcke – O. Ludwig – H. Marggraff – C. F. Meyer – P. M – L. Pfau – R. Prutz – W. H. Riehl – A. L. v. Rochau – A. Ruge – M. Schasler – J. Schmidt – E. Schmidt-Weißenfels – E. Schreiner – F. Spielhagen – F. Stamm – A. Stifter – T. Storm – K. Twesten – F. T. Vischer.

Theorie des Expressionismus. Hrsg. von Otto F. Best. 296 S. UB 9817 [3]. 1976.

Autoren: H. Ball – G. Benn – E. Blass – E. Bloch – M. Buber – T. Däubler – A. Döblin – K. Edschmid – C. Einstein – I. Goll – W. Hasenclever – P. Hatvani – O. Herzog – K. Heynicke – K. Hiller – F. M. Huebner – G. Kaiser – W. Kandinsky – R. Kayser – O. Kokoschka – A. Kurella –

R. Leonhard – C. Mierendorff – K. Otten – M. Picard – K. Pinthus – L. Rubiner – R. Schickele – L. Schreyer – E. v. Sydow – H. Walden – F. Werfel.

Durchgesehene und verbesserte Ausgabe. 296 S. 1982.

Theorie des literarischen Jugendstils. Mit 14 Abb. Hrsg. von Jürg Mathes. 279 S. UB 8036 [3]. 1984.

Autoren: P. Altenberg – H. Bahr – P. Behrens – O. Bie – O. J. Bierbaum – R. Dehmel – O. Eckmann – A. Endell – S. Freud – E. Friedell – G. Fuchs – S. George – E. Haeckel – A. W. Heymel – G. Hirth – H. v. Hofmannsthal – T. Mann – J. Meier-Graefe – F. Nietzsche – F. v. Ostini – R. M. Rilke – R. Schaukal – J. Schlaf – A. Schnitzler – R. A. Schröder – E. Schur – F. Servaes – G. Simmel – H. van de Velde – F. Wedekind – E. v. Wolzogen.

Theorie des Naturalismus. Hrsg. von Theo Meyer. 326 S. UB 9475–78. 1973.

Autoren: C. Alberti – H. v. Basedow – L. Berg – K. Bleibtreu – W. Bölsche – E. Brausewetter – E. G. Christaller – M. G. Conrad – H. Conradi – C. v. Ehrenfels – M. Flürscheim – W. H. Friedrichs – R. Goette – E. Haeckel – M. Halbe – H. Hart – J. Hart – G. Hauptmann – K. Henckell – J. Hillebrand – A. Holz – L. Jacobowski – F. v. Kapff-Essenther – W. Kirchbach – E. Koppel – H. Merian – M. Nordau – E. Reich – J. Röhr – J. Schlaf – B. v. Suttner – I. v. Troll-Borostyani – O. Welten – E. Wolff – E. Zola.

Thieß, Frank: Der Tenor von Trapani. Novelle. Mit einem autobiogr. Nachw. 94 S. UB 7506. 1952.

Durchgesehene und vom Autor ergänzte Ausgabe. 93 S. 1967.

Nicht mehr lieferbar seit 1976.

Thoenes, Christof → Reclams Kunstführer Italien VI

Thoma, Ludwig: Der Heiratsvermittler. Erzählungen. Ausw. und Nachw. von Walter Schmähling. 84 S. UB 8224. 1959.

Inhalt: Auf der Elektrischen – Aus dem Briefwechsel des bayrischen Landtagsabgeordneten Jozef Filser – Aus einem Brief – Autobiographische Skizze – Bauernmoral – Ein bayrischer Soldat – Erzherzog Stephan – Der Heiratsvermittler – Humor – Der Menten-Seppei – Onkel Franz – Der Rauchklub – Das Sterben – Tja – –! – Unser guater alter Herzog Karl.

Im Anhang überarbeitete Ausgabe. 86 S. 1982.

Thoma, Ludwig: Die Lokalbahn. Komödie in drei Akten. Nachw. von Ursula Segebrecht. 87 S. UB 9951. 1979.

Thoma, Ludwig: Moral. Komödie in drei Akten. [Mit einer biogr. Notiz.] 79 S. UB 7929. 1970.

Nicht lieferbar von 1984 bis 1992.

Thomas von Aquin: De ente et essentia / Das Seiende und das Wesen. Lat./Dt. Übers. und hrsg. von Franz Leo Beeretz. 118 S. UB 9957 [2]. 1979.

2., verbesserte Auflage. [Mit einem Register.] 119 S. 1987.

Thomas von Aquin: Über die Herrschaft der Fürsten. Übers. von Friedrich Schreyvogl [revid. von Ulrich Matz]. Nachw. von Ulrich Matz. 93 S. UB 9326. 1971.

Thomas von Kempen: Das Buch von der Nachfolge Christi. Aus dem Lat. des Thomas von Kempen. Die Übers. J[ohann] M[ichael] Sailers bearb. von Walter Kröber. 267 S. UB 7663–65. 1950.

Auch GEB. 1950. (Nicht mehr lieferbar.)

Durchgesehene Ausgabe. 239 S. 1964.

Thomas, Dylan: Under Milk Wood. A Play for Voices. Hrsg. von Reinhard Gratzke. 159 S. UB 9248 [2]. 1989. (Fremdsprachentexte.)

Thomas, Dylan: Unter dem Milchwald. Ein Spiel für Stimmen. Dt. Nachdichtung von Erich Fried. Nachw. von Hans Bender. [Mit einer Zeittaf.] 107 S. UB 7930/31. 1970 [recte: 1971].

Thomasius, Christian: Deutsche Schriften. Ausgew. und hrsg. von Peter von Düffel. 205 S. UB 8369–71. 1970.

Inhalt: Discours: Welcher Gestalt man denen Frantzosen in gemeinem Leben und Wandel nachahmen solle? – Erinnerung: Wegen seiner künfftigen Winter-Lectionen [Ausz.] – Monats-Gespräche: Erster Monath oder Januarius.

Nicht mehr lieferbar seit 1992.

Thümmel, Moritz August von: Wilhelmine. [Ein prosaisches komisches Gedicht in sechs Gesängen.] Mit Erl. und einem Nachw. hrsg. von Alfred Anger. 80 S. UB 1210. 1964.

Nicht mehr lieferbar seit 1989.

Thüring von Ringoltingen: Melusine. In der Fassung des Buchs der Liebe (1587). Mit 22 Holzschnitten Hrsg. von Hans-Gert Roloff. 176 S. UB 1484/85. 1969.

Bibliographisch ergänzte Ausgabe 1991. 176 S.

Thukydides: Der Peloponnesische Krieg. Auswahl. Übers. und hrsg. von Helmuth Vretska. 487 S. UB 1807–11. 1966.

Thurber, James: Stories and Fables for Our Time. Mit Zeichn. des Verf. Hrsg. von Harald Beck. Nachw. von Werner Gotzmann. 88 S. UB 9232. 1988. (Fremdsprachentexte.)

Inhalt: The Admiral on the Wheel – The Human Being and the Dinosaur – The Last Clock – The Little Girl and the Wolf – The Lover and His Lass – The Macbeth Murder Mystery – The Peacelike Mongoose – The Private Life of Mr Bidwell – The Rabbits Who Caused All the Trouble – The Remarkable Case of Mr Bruhl – The Tiger Who Would Be King – The Trial of the Old Watchdog – The Wolf Who Went Places.

Tibull: Gedichte. Aus dem Lat. übertr. und erl. [mit einem Nachw.] von Friedrich Walther Lenz. 96 S. UB 1582. 1966.

Nicht mehr lieferbar seit 1977.

Tieck, Ludwig: Die beiden merkwürdigsten Tage aus Siegmunds Leben. Fermer, der Geniale. [Zwei] Erzählungen. Hrsg. von Wolfgang Biesterfeld. 64 S. UB 7822. 1982.

Tieck, Ludwig: Der blonde Eckbert – Der Runenberg – Die Elfen. [Drei Erzählungen.] Mit einem Nachw. von Konrad Nußbächer. 80 S. UB 7732. 1952.

Durchgesehene Ausgabe. 85 S. 1962.
Durchgesehene Ausgabe. 80 S. 1965.

Tieck, Ludwig: Franz Sternbalds Wanderungen. [Roman.] Studienausgabe. Mit 16 Bildtaf. Hrsg. von Alfred Anger. 584 S. UB 8715–21. 1966.

Auch GEB. 1966. (Nicht mehr lieferbar.)
Bibliographisch ergänzte Ausgabe. 584 S. 1979.

Tieck, Ludwig: Der gestiefelte Kater. Kindermärchen in drei Akten. Mit Zwischenspielen, einem Prologe und Epiloge. Hrsg. von Helmut Kreuzer. 80 S. UB 8916. 1964.

Durchgesehene und bibliographisch ergänzte Ausgabe. 80 S. 1984.

Tieck, Ludwig: Der Hexensabbat. Novelle. Mit einem Anhang: Aus den Memoiren des Jacques du Clercq. Hrsg. von Walter Münz. 336 S. UB 8478 [4]. 1988.

Auch GEB. 1988.

Tieck, Ludwig: Des Lebens Überfluß. [Erzählung.] Mit einem Nachw. von Konrad Nußbächer [und Anm.]. 78 S. UB 1925. 1960.

Durchgesehene Ausgabe. [Mit Anm.] 79 S. 1981.
Veränderte Ausgabe. Mit einem Nachw. von Helmut Bachmaier. 80 S. 1983.

Tieck, Ludwig: Liebesgeschichte der schönen Magelone und des Grafen Peter von Provence. [Erzählung.] Mit einem Nachw. von Edward Mornin. 72 S. UB 731. 1975.

Tieck, Ludwig: Merkwürdige Lebensgeschichte Sr. Majestät Abraham Tonelli. [Erzählung.] Hrsg. von Ernst Ribbat. 88 S. UB 9748. 1974.

Nicht mehr lieferbar seit 1989.

Tieck, Ludwig: Vittoria Accorombona. Ein Roman in fünf Büchern. Hrsg. von W. J. Lillyman. 416 S. UB 9458–63. 1973.

Auch GEB. 1973. (Nicht mehr lieferbar.)

Tieck, Ludwig: William Lovell. [Roman.] Hrsg. von Walter Münz. 744 S. UB 8328 [8]. 1986.

Tieck, Ludwig → Wackenroder, Wilhelm Heinrich / Tieck, Ludwig

Tigler, Peter → Reclams Kunstführer Italien II; II,2

Till Eulenspiegel → Ein kurtzweilig Lesen von Dil Ulenspiegel

Timmermans, Felix: Kleine Leute in Flandern. Erzählungen. Mit einer autobiogr. Skizze. [Aus dem Fläm. übers. von Peter Mertens, Anna Valeton-Hoos und Karl Jacobs.] 71 S. UB 7292. 1949.

Inhalt: Die lange Tonpfeife – Die Maske – Die Pförtnerstelle – Die Sargprozession.

Durchgesehene Ausgabe. 78 S. 1953.
Auch als Sonderausgabe zum 125jährigen Bestehen des Verlags (Reclams Jubiläums-Bände). 1953. *(Nicht mehr lieferbar.)*
Durchgesehene Ausgabe. 79 S. 1964.
Nicht mehr lieferbar seit 1988.

Timofiewitsch, Wladimir → Reclams Kunstführer Italien II; II,2

Tirso de Molina: Don Gil von den grünen Hosen. Lustspiel. Freie Nachdichtung [mit einem Nachw.] von Johannes von Guenther. 88 S. UB 8722. 1966.

Nicht mehr lieferbar seit 1983.

Tirso de Molina: Don Juan – Der Verführer von Sevilla und der steinerne Gast. Übers. und mit einem Nachw. von Wolfgang Eitel. [Mit Anm.] 94 S. UB 3569. 1976.

Tocqueville, Alexis de: In der nordamerikanischen Wildnis. Eine Reisebeschreibung aus dem Jahre 1831. Übertr. und mit einer Einf. vers. von Hans Zbinden. [Mit Anm.] 125 S. UB 8298/99. 1960.
Auch GEB. 1960. (Nicht mehr lieferbar.)
Nicht mehr lieferbar seit 1980.

Tocqueville, Alexis de: Über die Demokratie in Amerika. Ausgew. und hrsg. von J[acob] P[eter] Mayer. [Mit einem Vorw. von Carl J. Burckhardt.] 391 S. UB 8077 [5]. 1985.

Toller, Ernst: Hinkemann. Eine Tragödie. Hrsg. von Wolfgang Frühwald. 95 S. UB 7950. 1971.

Toller, Ernst: Hoppla, wir leben! Ein Vorspiel und fünf Akte. Nachw. von Ernst Schürer. 151 S. UB 9963 [2]. 1980.

Toller, Ernst: Masse Mensch. Ein Stück aus der sozialen Revolution des 20. Jahrhunderts. Nachw. von Rosemarie Altenhofer. 77 S. UB 9944. 1979.

Tolstoi, Leo: Erzählungen. Übers. von Barbara Heitkam. Nachw. von Christine Müller-Scholle. [Mit Anm.] 471 S. UB 2557. 1992.
Inhalt: Familienglück – Herr und Knecht – Sewastopol im Dezember – Der Tod des Iwan Iljitsch – Vater Sergius – Zwei Husaren.

Tolstoi, Leo N.: Herr und Knecht. Erzählung. [Aus dem Russ. übers. von A. Tkatsch. Mit einem Nachw.] 72 S. UB 3373. 1957.

Tolstoi, Leo: Herr und Knecht. [Erzählung.] Russ./Dt. [Übers. von Isabella Chocianowicz u. a.] Hrsg. von Soia Koester. 135 S. UB 8276 [2]. 1985.

Tolstoi, Leo: Kosaken. [Erzählung.] Aus dem Russ. übertr. von Johannes von Guenther. [Mit einem Nachw.] 239 S. UB 4707/08 08a. 1960.
Auch GEB. 1960. (Nicht mehr lieferbar.)
Nicht mehr lieferbar seit 1987.

Tolstoi, Leo N.: Der lebende Leichnam. Drama in sechs Aufzügen. Aus dem Russ. übertr. und mit einem Nachw. von Fred M. Balte. 88 S. UB 5364. 1960.
Nicht mehr lieferbar seit 1974.

Tolstoi, Leo N.: Leinwandmesser. Geschichte eines Pferdes. [Erzählung.] Aus dem Russ. übertr. von Johannes von Guenther. 63 S. UB 8571. 1968.
Nicht mehr lieferbar seit 1992.

Tolstoi, Leo N.: Der Tod des Iwan Iljitsch. Erzählung. Aus dem Russ. übertr. von Johannes von Guenther. 92 S. UB 8980. 1965.
Erweiterte Ausgabe. Übers. von Johannes von Guenther. Nachw. von Konrad Fuhrmann. 96 S. 1992.

Tolstoi, Leo N.: Und das Licht scheinet in der Finsternis. Drama in vier Aufzügen. Einzige autorisierte Übers. von August Scholz. Nachw. von Johanna Scholz-Jahn. 101 S. UB 5434. 1959.
Durchgesehene Ausgabe. 104 S. 1990.

Tolstoi, Leo: Volkserzählungen und Legenden. Hrsg. und übers. von Guido Waldmann. 255 S. UB 2556/57/57a. 1951.
Inhalt: Die beiden Alten – Die beiden Brüder und das Gold – Braucht der Mensch viel Erde – Die drei Greise – Gott sieht die Wahrheit, auch wenn er lange Jahre schweigt – Iljas – Die Kerze – Der reuige Sünder – Der Taufsohn – Des Teufels Knecht – Versäumst du, den Funken zu löschen, wirst du der Flamme nicht Herr – Vom Roggenkorn, das so groß war wie ein Ei – Wie das Teufelchen des Bauern Brot gewann – Wo Liebe ist, da ist Gott – Wovon lebt der Mensch.
Auch GEB. 1951. (Nicht mehr lieferbar.)
Durchgesehene Ausgabe. 237 S. 1961.
Durchgesehene Ausgabe. 232 S. 1979.
Auch GEB. u. d. T. »Volkserzählungen« in der Reihe »Reclam Lese-Klassiker«. 233 S. 1987.
Titel ab 1987: Volkserzählungen. *(Sonst unverändert.)*

Tournier, Michel: Contes et petites proses. Hrsg. von Klaus Sturm 85 S. UB 9280. 1992. (Fremdsprachentexte.)
Inhalt: Amandine ou Les Deux Jardins – Barbedor – De Jérusalem à Nuremberg – Le Fantôme d'Arles – Les Fiancés de la plage – Pierrot ou Les Secrets de la nuit – Réponse.

Trakl, Georg: Werke – Entwürfe – Briefe. Hrsg. von Hans-Georg Kemper und Frank Rainer Max. Nachw. und Bibl. von Hans-Georg Kemper. 367 S. UB 8251 [4]. 1984.
Auch GEB. 1986.

Trapp, Wolfgang: Kleines Handbuch der Maße, Zahlen, Gewicht und der Zeitrechnung. 303 S. UB 8737. 1992. (Reclam Wissen.

Trinkpoesie. Gedichte aus aller Welt. Hrsg. von Mark Bannach und Martin Demmler. Mit Ill. von Hanns Lohrer. 330 S. UB 40002 1989. (Reclam Lesebuch.) *GEB*.

Tristan und Isolde im europäischen Mittelalter. Ausgewählt Texte in Übersetzung und Nacherzählung. Hrsg. von Daniell Buschinger und Wolfgang Spiewok. 367 S. UB 8702. 1991.

Inhalt: Anon.: Don Tristan de Leonis (altspan.) [Ausz.] – Anon.: S Tristrem (mittelengl.) [Ausz.] – Anon.: La Tavola Ritonda (altital.) [Ausz – Anon.: Tristan en prose (altfrz.) [Ausz.] – Anon.: Tristrant und Isald [Ausz.] – Berol: Tristan-Fragment [Ausz.] – Eilhart von Oberg: Tristra [Ausz.] – Gottfried von Straßburg: Tristan [Ausz.] – Robert (der Mönch Tristramsaga [Ausz.] – Thomas (d'Angleterre): Tristan-Fragment [Ausz.]

Auch GEB. 1991.

Trollope, Anthony: Septimus Harding, Vorsteher des Spitals z Barchester. [Roman.] Aus dem Engl. übers. und mit einer Nachw. von Joachim Schulte [sowie Anm.]. 320 S. UB 8249 [4] 1984.

Auch GEB. 1984. *(Nicht mehr lieferbar.)*

Tschaikowsky, Peter Iljitsch: Eugen Onegin. Lyrische Szenen i drei Aufzügen (7 Bildern). Text nach Alexander Puschkins gleich namiger Dichtung. Aus dem Russ. übertr. von August Bernhard Eingel. und textlich revidiert hrsg. von Wilhelm Zentner. 53 S UB 8497. 1961.

Durchgesehene Ausgabe. Hrsg. von Wilhelm Zentner. 60 S. 1990.

Tschechow, Anton: Der Bär. Der Heiratsantrag. Die Hochzeit. Dr Einakter. Übers. von Sigismund von Radecki. [Mit einer Nach bem.] 64 S. UB 4454. 1959.

Tschechow, Anton: Die Dame mit dem Hündchen. [Erzählung Russ./Dt. Übers. von Kay Borowsky. Zeittaf., Anm. und Nachw von Hans Walter Poll. 64 S. UB 5290. 1979.

Tschechow, Anton: Drei Schwestern. Drama in vier Akten. Dt. vo Sigismund v. Radecki. 79 S. UB 4264. 1960.

Durchgesehene Ausgabe. 80 S. 1985.

Tschechow, Anton: Erzählungen → Tschechow: Der Mensch i Futteral. Erzählungen

schechow, Anton: Iwanow. Drama in vier Akten. Übers. von Kay Borowsky. Nachw. von Johanna Renate Döring-Smirnov. 100 S. UB 7740. 1981.

Nicht mehr lieferbar seit 1992.

schechow, Anton: Der Kirschgarten. Komödie. Dt. von Johannes von Guenther. [Mit einem Nachw.] 88 S. UB 7690. 1957.

Nicht mehr lieferbar; ersetzt durch:

schechow, Anton: Der Kirschgarten. Eine Komödie in vier Akten. Übers. und Nachw. von Hans Walter Poll. 87 S. UB 7690. 1984.

schechow, Anton: Der Mensch im Futteral. Erzählungen. Übers. von Kay Borowsky. Nachw. von Ludolf Müller. 335 S. UB 9901 [4]. 1978.

Inhalt: Anna am Halse – Austern – Der Bischof – Die Dame mit dem Hündchen – Ein Fall aus der Praxis – Das Glück – Das Haus mit dem Mezzanin – Herzchen – In der Schlucht – Krankensaal Nr. 6 – Der Mensch im Futteral – Stachelbeeren – Der Student – Von der Liebe – Wanka – Wolodja.

Auch GEB. u. d. T. »Erzählungen« in der Reihe »Reclam Lese-Klassiker«. 337 S. 1986.

Titel ab 1987: Erzählungen. *(Sonst unverändert.)*

schechow, Anton: Die Möwe. Komödie in vier Akten. Übers. und Nachw. von Kay Borowsky. 78 S. UB 4319. 1975.

schechow, Anton: Onkel Wanja. Bilder aus dem Landleben in vier Akten. Aus dem Russ. übertr. von Johannes von Guenther. 64 S. UB 8738. 1966 [recte: 1967].

Nicht mehr lieferbar; ersetzt durch:

schechow, Anton: Onkel Wanja. Szenen aus dem Landleben in vier Akten. Übers. und Nachw. von Hans Walter Poll. 75 S. UB 8738. 1988.

schechow, Anton: Der Sack hat ein Loch. Humoresken. Übers. und Nachw. von Johannes von Guenther. 72 S. UB 7801. 1953.

Inhalt: Das Ausrufungszeichen – Beim Barbier – Das Chamäleon – Ende gut – Die Köchin heiratet – Der Orden – Der Sack hat ein Loch – Der Schuster und der Teufel – Die Simulanten – Der ungewöhnliche Mensch.

Auch als Sonderausgabe zum 125jährigen Bestehen des Verlags (Reclams Jubiläums-Bände). 1954. *(Nicht mehr lieferbar.)*

Nicht mehr lieferbar seit 1986.

Tschechow, Anton: Die Steppe. Beschreibung einer Reise. Dt. von Johannes von Guenther. [Mit einem Nachw.] 160 S. UB 7809/10. 1956.

Nicht mehr lieferbar seit 1989.

Tschechow, Anton: Der Tod des Beamten. Der Dicke und der Dünne. Der Mensch im Futteral. [Drei Erzählungen.] Russ./Dt. Hrsg. von Martin Schneider. Übers. von Kay Borowsky und Martin Schneider. 72 S. UB 5308. 1986.

Tucholsky, Kurt: Gruß nach vorn. Prosa und Gedichte. Ausw. von Richard Müller-Schmitt. Nachw. von Wolfgang Werth. 164 S. UB 8626 [2]. 1989.

Inhalt: Ein älterer, aber leicht besoffener Herr – Befürchtung – Die brennende Lampe – Einer aus Albi – Es gibt keinen Neuschnee – Fahrt in Glück – Der Floh – Die fünfte Jahreszeit – Ein Glas klingt – Gruß nach vorn – Heimat – Herr Wendriner beerdigt einen – Hitler und Goethe. Ein Schulaufsatz – Der Hund als Untergebener – Ich bin ein Mörder – Die Kunst, falsch zu reisen – Leere – Eine leere Zelle – Lottchen beichtet 1 Geliebten – Der Mensch – Das menschliche Paris – Mir fehlt ein Wort – Nachher [1] – Nachher [2] – Nebenan – Pallenberg – Pars –! – Der Prozeß – Ratschläge für einen schlechten Redner – Rheinsberg – Start – Stufen – Warum stehen – Was darf die Satire? – Wo kommen die Löcher im Käse her –? – Zeugung – Zur soziologischen Psychologie der Löcher; Schnipsel – Gedichte.

Tucholsky, Kurt: Man sollte mal ... Prosa und Gedichte. Ausw. und Nachw. von Wolfgang Werth. 95 S. UB 8917. 1964.

Inhalt: Abends nach sechs – Der alte Herr – Ein älterer, aber leicht besoffener Herr – Der andere – Die Aufpasser – Befürchtung – Der berühmteste Mann der Welt [Charlie Chaplin] – Biographie für viele – Durcheinander – Ein Ehepaar erzählt einen Witz – Das Elternhaus – Der Fall Knorke – Für Carl v. Ossietzky – Hitler und Goethe. Ein Schulaufsatz – Der Hund als Untergebener – Der Linksdenker – Man sollte mal ... – Mein Nachruf – Moment beim Lesen – Ein Satz – Start – Kurt Tucholsky haßt liebt – Die Tür – Vision – Was darf die Satire? – Zum Fünfzigsten [Alfred Polgar] – Zur soziologischen Psychologie der Löcher; Schnipsel – Gedichte.

Nicht mehr lieferbar; ersetzt durch: → Tucholsky: Gruß nach vorn

Tugendhat, Ernst: Probleme der Ethik. [Aufsätze und Vorträge. Mit einem Vorw. des Verf. und einem bio-bibliogr. Anh.] 181 S. UB 8250 [2]. 1984.

Inhalt: Antike und moderne Ethik – Bemerkungen zu einigen methodischen Aspekten von Rawls' »Eine Theorie der Gerechtigkeit« – Drei Vorlesungen über Probleme der Ethik – Retraktationen.

Tugendhat, Ernst / Wolf, Ursula: Logisch-semantische Propädeutik. 268 S. UB 8206 [3]. 1983.

Durchgesehene Ausgabe. 268 S. 1986.

Tulsīdās: Rāmcaritmānas. Der heilige See der Taten Rāmas. Ein indisches Gedicht vom Erdenwandel Gottes aus dem 16. Jahrhundert. Ausgew., aus dem Avadhī übertr., mit einer Einl. und Erkl. hrsg. von Peter Gaeffke. 120 S. UB 9757/57a. 1975. (UNESCO-Reihe repräsentativer Werke. Asiatische Reihe.)

Turgenjew, Iwan: Aufzeichnungen eines Jägers. Erzählungen. Aus dem Russ. übertr. von Johannes von Guenther. Mit einem Nachw. von Rolf-Dieter Kluge. 511 S. UB 2197–99/99a–c. 1973 [recte: 1974].

Inhalt: Chor und Kalinytsch – Das Ende Tschertopchanows – Es rattert! – Der Gutsvogt – Ein Hamlet aus dem Kreise Schtschigrow – Himbeerwasser – Jermolai und die Müllerin – Kassjan aus Schönrain – Der Kleinhofbesitzer Owsjannikow – Das Kontor – Der Kreisarzt – Lebedjan – Die lebende Reliquie – Lgow – Mein Nachbar Radilow – Der Murrkopf – Pjotr Petrowitsch Karatajew – Die Sänger – Das Stelldichein – Sterben – Tatjana Borissowna und ihr Neffe – Tschertopchanow und Nedopjuskin – Wald und Steppe (Epilog) – Die Wiese von Beschin – Zwei Gutsbesitzer.

Auch GEB. 1973. (Nicht mehr lieferbar.)

Turgenjew, Iwan: Erste Liebe. [Erzählung.] Russ. und dt. Übers. [und Anm.] von Kay Borowsky. Nachw. [und biogr. Notiz] von Ortrud Appel. 210 S. UB 1732 [3]. 1976.

Turgenjew, Iwan: Erzählungen. Hrsg. von Konrad Fuhrmann. 334 S. UB 2199 [4]. 1991.

Inhalt: Asja – Ein Hamlet aus dem Kreise Schtschigry – Ein König Lear aus dem Steppenland – Das Lied der triumphierenden Liebe – Mumu – Eine seltsame Geschichte – Der Traum.

Turgenjew, Iwan: Gedichte in Prosa. Russ./Dt. Übers. und Nachw. von Christine Reinke-Kunze. [Mit einer Zeittaf.] 160 S. UB 1701 [2]. 1983.

Turgenjew, Iwan: Ein König Lear aus dem Steppenland. Erzählung. Dt. von Johannes v. Guenther. [Mit einer biogr. Notiz.] 112 S. UB 801/801a. 1956.

Nicht mehr lieferbar seit 1975.

Turgenjew, Iwan: Ein Monat auf dem Lande. Komödie in fünf Akten. Übers. von Kurt Seeger. Nachw. von Hans Walter Poll. 152 S. UB 7685 [2]. 1981.

Turgenjew, Iwan: Väter und Söhne. Übers. von Frida Rubiner. Hrsg. von Peter Thiergen. 319 S. UB 718 [4]. 1989.

Twain, Mark: Die Abenteuer des Huckleberry Finn. [Roman.] Aus dem Amerikan. neu übers. von Ekkehard Schöller. Nachw. von Douglas W. Jefferson. 443 S. UB 3749 [5]. 1991.

Auch GEB. 1991.

Twain, Mark: Der berühmte Springfrosch der Provinz Calaveras. Sieben Humoresken. [Unter Verwendung der ersten Übersetzungen aus dem Amerikan. bearb. und hrsg. von Marie-Louise Bischof und Ruth Binde.] Mit einem Nachw. von Helmut M. Braem. 87 S. UB 8675. 1962.

Inhalt: Der berühmte Springfrosch der Provinz Calaveras – Das Interview – Meine Uhr – Die Million-Pfund-Note – Mr. Blokes Artikel – Eine Rigibesteigung – Wohltun trägt Zinsen.

Twain, Mark: Western Stories. Hrsg. von William Walker. 96 S. UB 9158. 1983. (Fremdsprachentexte.)

Inhalt: Buck Fanshaw's Funeral – The Californian's Tale – Journalism in Tennessee – The Notorious Jumping Frog of Calaveras County – The Story of the Old Ram – A Trial.

U

Über Bach. Von Musikern, Dichtern und Liebhabern. Eine Anthologie. Mit 12 Abb. Hrsg. von Eckart Kleßmann. 354 S. UB 8832. 1992.

Autoren: T. W. Adorno – C. P. E. Bach – J. Bobrowski – J. Brahms – C. Debussy – E. Devrient – J. N. Forkel – W. Furtwängler – J. Giono – A. Goes – J. W. Goethe – G. Gould – L. Gustafsson – E. Hanslick – N. Harnoncourt – M. Hauptmann – H. W. Henze – H. Hesse – P. Hindemith – E. T. A. Hoffmann – M. Kagel – H. v. Kleist – O. Loerke – A. Maillol – F. W. Marpurg – G. B. Martini – J. Mattheson – F. Mendelssohn Bartholdy – Y. Menuhin – F. Nietzsche – J. F. Reichardt – R. M. Rilke – F. Rochlitz – J. A. Scheibe – R. Schumann – A. Schweitzer – G. P. Telemann – R. Wagner – H. Wolf – C. F. Zelter.

Auch GEB. 1992.

Über Mozart. Von Musikern, Dichtern und Liebhabern. Eine Anthologie. Mit 8 Abb. Hrsg. von Dietrich Klose. 326 S. UB 8682 [4]. 1991.

Autoren: T. W. Adorno – E. Ansermet – I. Bachmann – D. Barrington – K. Barth – R. Beer-Hofmann – O. J. Bierbaum – K. Bloch – A. R. Bodenheimer – F. Busoni – P. Celan – H. Cohen – L. da Ponte – W. Egk – F. Fricsay – J. Giono – A. Goes – J. W. Goethe – G. Gould – C. Gounod – F. Grillparzer – M. Grimm – J. Haydn – H. W. Henze – H. Hesse – W. Hildesheimer – E. T. A. Hoffmann – H. v. Hofmannsthal – S. Kierkegaard – P. Klee – A. F. v. Knigge – O. Kokoschka – A. Kolb – F. Liszt – Ludwig I. von Bayern – E. Mörike – I. Nagel – F. Niemetschek – F. Nietzsche – V. Novello – H.-J. Orthell – A. Puschkin – J. F. Rochlitz – R. Rolland – A. Schönberg – A. Schopenhauer – P. Shaffer – G. B. Shaw – M. Slevogt – Stendhal – D. F. Strauß – R. Strauss – P. I. Tschaikowsky – G. W. Tschitscherin – R. Wagner – B. Walter – C. M. v. Weber – J. Weinheber – K. F. Zelter.

Auch GEB. 1991.

Uhde, Jürgen: Beethovens Klaviermusik. Bd. 1. Klavierstücke und Variationen. Mit vielen Notenbeisp. 568 S. UB 10138–45. 1968. *GEB.*
Gebunden nicht mehr lieferbar seit 1979.
Ab 1980 in kartonierter Ausgabe lieferbar.
2., durchgesehene Auflage. 568 S. UB 10139 [7]. 1980.

Uhde, Jürgen: Beethovens Klaviermusik. Bd. 2: Sonaten 1–15. Mit vielen Notenbeisp. 415 S. UB 10147–49. 1970. *GEB.*

Gebunden nicht mehr lieferbar seit 1979.

Ab 1980 in kartonierter Ausgabe lieferbar.

2., durchgesehene Auflage. 415 S. UB 10147 [5]. 1980.
3. Auflage. 415 S. 1985.
4. Auflage. 415 S. 1990.

Uhde, Jürgen: Beethovens Klaviermusik. Bd. 3: Sonaten 16–32 Mit vielen Notenbeisp. 632 S. UB 10150–53/53a–c. 1974. *GEB*

Ab 1980 in kartonierter Ausgabe lieferbar.

2., durchgesehene Auflage. 632 S. UB 10151 [8]. 1980.
3. Auflage. 632 S. 1986.
4. Auflage. 632 S. 1992.

Uhland, Ludwig: Ernst Herzog von Schwaben. Trauerspiel in fünf Aufzügen. [Mit einer biogr. Notiz.] 64 S. UB 3023. 1957.

Nicht mehr lieferbar seit 1989.

Uhland, Ludwig: Gedichte. Ausw. und Nachw. von Peter von Matt [Mit einer Zeittaf. und einer Bibl.] 80 S. UB 3021. 1974.

Unamuno, Miguel de: San Manuel Bueno, mártir / San Manuel Bueno, Märtyrer. [Erzählung.] Span./Dt. Übers. und hrsg. von Erna Brandenberger. 120 S. UB 8437 [2]. 1987.

Undinenzauber. Geschichten und Gedichte von Nixen, Nymphen und anderen Wasserfrauen. [Mit 32 Abb.] Hrsg. von Frank Rainer Max. Einl. von Eckart Kleßmann. 432 S. UB 8683 [6]. 1991.

Autoren: H. C. Andersen – A. v. Arnim – I. Bachmann – G. A. Bécquer W. Bergengrün – J. Bobrowski – J. v. Eichendorff – T. Fontane – F. de La Motte Fouqué – B. Frischmuth – J. Giraudoux – J. W. Goethe – H. Heine P. Huchel – G. Keller – E. Kleßmann – K. Krolow – K. Laßwitz – H. Medicus – E. Mörike – Paracelsus – Penthesileia – R. Röhner – P. Rühmkorf N. Sachs – K. Schwitters – L. Tieck – O. Wilde.

Auch GEB. 1991.

UNESCO-Sammlung repräsentativer Werke
→ Bengalische Erzählungen
→ Chinesische Dichter der Tang-Zeit
→ Dscheläladdīn Rūmī, Maulānā: Aus dem Diwan
→ Erzählungen des alten Japan aus dem Konjaku-monogatari
→ Gedichte aus dem Rig-Veda
→ Hafis, Muhammad Schams ad-Din: Gedichte aus dem Diwan
→ Harīrī: Die Verwandlungen des Abu Seid von Serug
→ Der Herr von Sin-ling

→ Hindi-Kurzgeschichten der Gegenwart
→ Der müde Mond und andere Marathi-Erzählungen
→ Nala und Damyantī
→ P'u Sung-ling: Liao-chai chih-i
→ Saadi: Aus dem Diwan
→ Saikaku-oridome
→ Sarashina-nikki
→ Shinkonkinwakashū
→ Tulsīdās: Rāmcaritmānas
→ Upanischaden

Ungarische Erzähler der Gegenwart. [Übers.,] hrsg. und eingel. von Friederika Schag. 296 S. UB 8943–46. 1965.

Inhalt: E. Ady: Die Schwester der Eva Eszterkúthy – M. Babits: Das Greisenalter Alexanders des Großen – I. Csurka: Wir kommen vom Rundfunk – S. Dallos: Das Roßgespenst – T. Déry: Philemon und Baucis – A. E. Gelléri: Nackt – F. Herczeg: Eine Säbel-Affäre – G. Illyés: Photo-Album – M. Kaffka: Frédéric Wagner – F. Karinthy: Melancholie – L. Kassák: Ein Augenblick der Verwirrung – J. Kodolány: Ein heißer Sommertag – D. Kosztolány: Römische Profile – G. Krúdy: Ein Landedelmann alten Schlags fährt nach Budapest – I. Mándy: Eisverkäufer – S. Márai: Die französische Jacht – M. Mészöly: Unter den Felsen – F. Móra: Die Wildenten – Z. Móricz: Schneid – L. Németh: Der Freund – G. Rónay: Liebe – I. Sarkadi: Die Haut des Satyrs – D. Szabó: Das verschollene Dorf – M. Szabó: Die Rolle – E. Szép: Der Duft der Jasminbüsche – A. Tamási: Eine ordentliche Auferstehung – G. Thurzó: Kehr siegreich zurück!

Auch GEB. 1965. (Nicht mehr lieferbar.)
Nicht mehr lieferbar seit 1978.

Upanischaden. Ausgewählte Stücke. Aus dem Sanskrit übertr. und erl. [mit einem Nachw.] von Paul Thieme. 101 S. UB 8723. 1966. (UNESCO-Sammlung repräsentativer Werke. Asiatische Reihe.)

Urzidil, Johannes: Neujahrsrummel. Erzählungen. Mit autobiogr. Nachw. 95 S. UB 8054. 1957.

Inhalt: Dienstmann Kubat – Die Fremden – Neujahrsrummel.
Nicht mehr lieferbar seit 1989.

V

Valentin, Karl: Buchbinder Wanninger. [Monologe, Dialoge, Szenen u.a.] Ausw. und Nachw. von Rudolf Goldschmit. 79 S. UB 9925. 1978.

Inhalt: Die Ahnfrau – Auf dem Marienplatz – Beim Arzt – Brief aus Bad Aibling – Buchbinder Wanninger – Der Fragebogen – Gespräch am Springbrunnen – Hausverkauf – Historisches – Hochwasser – Im Hutladen – In der Apotheke – Ja, so warn s', die alten Rittersleut – Karl Valentins Olympia Besuch – Kragenknopf und Uhrenzeiger – Neues vom Starnberger See – Der Regen – Die Schlacht bei Ringelberg – Schwierige Auskunft – Semmelknödel – Der Theaterbesuch – Unpolitische Käsrede – Zwangsvorstellungen

Nicht mehr lieferbar seit 1989.

Valentiner, Theodor: Kant und seine Lehre. Eine Einführung in die kritische Philosophie. 2. Auflage. 109 S. UB 6933/34. 1949.

2. Auflage des erstmals 1928 im Verlag Philipp Reclam jun. Leipzig erschienenen Titels.

Vom Autor durchgesehene Ausgabe. 103 S. 1960.

Nicht mehr lieferbar seit 1985.

Valerius Maximus: Facta et dicta memorabilia / Denkwürdige Taten und Worte. [Auswahl.] Lat./Dt. Übers. und hrsg. von Ursula Blank-Sangmeister. 351 S. UB 8695 [4]. 1991.

Varnhagen von Ense, Karl August: Schriften und Briefe. Mit 8 Abb. Hrsg. von Werner Fuld. 363 S. UB 2657 [5]. 1991.

Vattimo, Gianni: Das Ende der Moderne. Aus dem Ital. übers. und hrsg. von Rafael Capurro. 208 S. UB 8624 [3]. 1990.

Vega, Lope de: Die kluge Närrin. Lustspiel in drei Aufzügen. Aus dem Span. übertr. von Hans Schlegel. [Mit einem Nachw.] 79 S. UB 8603. 1961.

Nicht mehr lieferbar seit 1991.

Vega, Lope de: Der Ritter vom Mirakel. Komödie in drei Aufzügen. Aus dem Span. übertr. von Franz Wellner. [Mit einer Nachbem.] 104 S. UB 8496. 1961.

Nicht mehr lieferbar seit 1977.

Velleius Paterculus, C.: Historia Romana / Römische Geschichte. Lat./Dt. Übers. und hrsg. von Marion Giebel. 376 S. UB 8566 [5]. 1989.

Verdi, Giuseppe: Aida. Oper in vier Aufzügen. Text von Antonio Ghislanzoni. Für die deutsche Bühne bearb. von Julius Schanz. Vollständiges Buch. Hrsg. und eingel. von Georg Richard Kruse. 56 S. UB 7199. 1949.

Nicht mehr lieferbar; ersetzt durch:

Verdi, Giuseppe: Aida. Oper in vier Aufzügen. Dichtung von Antonio Ghislanzoni. Für die deutsche Bühne bearb. von Julius Schanz. Vollständiges Buch. Neu hrsg. und eingel. von Wilhelm Zentner. 45 S. UB 7199. 1954.

Durchgesehene Ausgabe. 46 S. 1969.

Verdi, Giuseppe: Don Carlos. Oper in einem Vorspiel und vier Aufzügen nach Schillers gleichnamigem Drama von J. Méry und C. du Locle. Ital. Text von A. Ghislanzoni. Nach dem frz. Original neu übers. von Julius Kapp und Kurt Soldan. Vollständiges Buch. Eingel. und hrsg. von Wilhelm Zentner. 63 S. UB 8696. 1962.

Nicht mehr lieferbar; ersetzt durch:

Verdi, Giuseppe: Don Carlos. Oper in fünf Akten nach Schillers gleichnamigem Drama von Josephe Méry und Camille du Locle in der letzten Fassung von 1866. Mit Varianten der ersten, vollständigen Probenfassung von 1866. Übers. von Götz Friedrich und Karl Dietrich Gräwe. Einl. von Dietmar Holland. 87 S. UB 8696. 1982.

Verdi, Giuseppe: Falstaff. Komödie in drei Akten. Text von Arrigo Boito. Übers. von Hans Swarowsky. [Mit einer Einf. von Arthur Scherle.] 78 S. UB 7823. 1982.

Verdi, Giuseppe: Macbeth. Melodramma in quattro atti / Macbeth. Melodrama in vier Akten. Textbuch ital./dt. Libretto von Francesco M. Piave. Übers. von Carlo Milan und Rudolf Sünkel. Nachw. von Rudolf Sünkel. 84 S. UB 8333. 1986.

Verdi, Giuseppe: Die Macht des Schicksals. Oper in vier Aufzügen. Neu revid. von Georg Göhler. Vollständiges Buch. Hrsg. und eingel. von Georg Richard Kruse. 77 S. UB 7297. 1950.

Nicht mehr lieferbar; ersetzt durch:

Verdi, Giuseppe: Die Macht des Schicksals. Oper in vier Aufzügen von Francesco Maria Piave und Antonio Ghislanzoni. Dt. Textgestaltung von Georg Göhler nach der Übers. von J. Chr. Grünbaum. Vollständiges Buch. Hrsg. und eingel. von Wilhelm Zentner. 63 S. UB 7297. 1954.

Durchgesehene Ausgabe. 64 S. 1968. [recte: 1969].

Verdi, Giuseppe: Ein Maskenball. Oper in drei Aufzügen. Vollständiges Buch. Dichtung nach Scribe von Francesco Maria Piave. [Mit einer Einf.] 64 S. UB 4236. 1949 [recte: 1950].

Nicht mehr lieferbar; ersetzt durch:

Verdi, Giuseppe: Ein Maskenball. Oper in drei Aufzügen. Dichtung nach Scribe von Antonio Somma. Dt. von J. Chr. Grünbaum. Vollständiges Buch. Eingel. und revidiert hrsg. von Wilhelm Zentner. 55 S. UB 4236. 1955.

Verdi, Giuseppe: Othello. Oper in vier Akten. Text von Arrigo Boito. Übers. von Walter Felsenstein [ab 1984: von Walter Felsenstein unter Mitarb. von Carl Stueber]. [Mit einer Einf. von Arthur Scherle.] 62 S. UB 7727. 1981.

Verdi, Giuseppe: Rigoletto (Rigoletto, buffone di corte). Oper in vier Aufzügen. Dichtung nach Victor Hugos »Le roi s'amuse« von Francesco Maria Piave. Vollständiges Buch. Neu hrsg. von Georg Richard Kruse. [Mit 4 Abb.] 71 S. UB 4256. 1949.

Nicht mehr lieferbar; ersetzt durch:

Verdi, Giuseppe: Rigoletto. Oper in vier Aufzügen. Vollständiges Buch. Dichtung nach Victor Hugos »Le roi s'amuse« von Francesco Maria Piave. Dt. Übers. von J. Chr. Grünbaum. Neu hrsg. von Wilhelm Zentner. 56 S. UB 4256. 1951.

Durchgesehene Ausgabe. Oper in drei Aufzügen. [...] 62 S. 1966.
Durchgesehene Ausgabe. Oper in drei Aufzügen. [...] 63 S. 1971.

Verdi, Giuseppe: Simone Boccanegra. Oper in einem Vorspiel und 3 Aufzügen. Text von Francesco Maria Piave. Neue Übertr. ins Dt. von Hans Swarowsky. Vollständiges Buch. Hrsg. und eingel. von Wilhelm Zentner. 47 S. UB 7862. 1954.

Durchgesehene Ausgabe. 47 S. 1974.

Verdi, Giuseppe: La Traviata. Oper in vier Aufzügen. Dichtung nach Dumas des Jüngeren Roman »Die Kameliendame« von Francesco Maria Piave. (Dt. von Natalie von Grünhof.) Vollständiges Buch. Hrsg. von Carl Fr. Wittmann. 80 S. UB 4357. 1949.

Nicht mehr lieferbar; ersetzt durch:

Verdi, Giuseppe: La Traviata. Oper in drei Aufzügen. Dichtung nach Dumas des Jüngeren Roman »Die Kameliendame« von Francesco Maria Piave. Dt. von Natalie von Grünhof. Vollständiges Buch. Neu hrsg. von Wilhelm Zentner. 64 S. UB 4357. 1951.

Durchgesehene Ausgabe. Eingel. und revidiert hrsg. von Wilhelm Zentner. 64 S. 1966.

Verdi, Giuseppe: Der Troubadour. Oper in vier Aufzügen. Vollständiges Buch. Durchgearb. und hrsg. von Georg Richard Kruse. 79 S. UB 4323. 1949.

Nicht mehr lieferbar; ersetzt durch:

Verdi, Giuseppe: Der Troubadour. Oper in vier Aufzügen. Dichtung von Salvatore Cammarano und L. E. Bardare. Vollständiges Buch. Nach der Übers. von Heinrich Proch revidiert hrsg. und eingel. von Wilhelm Zentner. 60 S. UB 4323. 1954.

Durchgesehene Ausgabe. 56 S. 1973.
Erweiterte Ausgabe. Übers. von Heinrich Proch, revid. von Wilhelm Zentner. Nachw. von Henning Mehnert. 63 S. 1988.

Verga, Giovanni: Sizilianische Novellen. Aus dem Ital. übers. und mit einem Nachw. von Dorothea Zeisel. 139 S. UB 2014. 1992.

Inhalt: Dörfliche Ehre (Cavalleria rusticana) – Gramignas Geliebte – Der Hirte Jeli – Krieg der Heiligen – Der Rotfuchs – Träumerei – Wackeltopf – Die Wölfin.

Die Verfassung des Deutschen Reichs vom 11. August 1919. Hrsg. von Hermann Mosler. 80 S. UB 6051. 1964.

Bibliographisch ergänzte Ausgabe. 80 S. 1988.

Vergil: Aeneis. 12 Gesänge. Unter Verwendung der Übertr. Ludwig Neuffers übers. und hrsg. von Wilhelm Plankl unter Mitw. von Karl Vretska. 336 S. UB 221–224. 1953 [recte: 1954].

Auch als Sonderausgabe zum 125jährigen Bestehen des Verlags (Reclams Jubiläums-Bände). 1953. (Nicht mehr lieferbar.)
Auch GEB. 1954. (Nicht mehr lieferbar.)
Durchgesehene Ausgabe. 415 S. 1959.
Durchgesehene Ausgabe. 421 S. 1989.

Vergilius Maro, P.: Dido und Aeneas. Das 4. Buch der »Aeneis«. Lat./Dt. Mit 16 Abb. Zusammen mit Abschnitten aus dem 1. Buch übers. und hrsg. von Edith und Gerhard Binder. 168 S. UB 224 [2]. 1991.

Vergil: Hirtengedichte (Eklogen). Übers. und erl. [mit einem Nachw.] von Harry C. Schnur. 77 S. UB 637. 1968.

Verlaine, Paul: Gedichte: Fêtes galantes [Galante Feste]. La Bonne Chanson [Das schlichte Lied]. Romances sans paroles [Lieder ohne Worte]. Frz./Dt. Mit 11 Abb. Übers. und hrsg. von Wilhelm Richard Berger. 215 S. UB 8479 [3]. 1988.

Verlaine, Paul: Meine Gefängnisse. [Autobiographische Skizzen.] Aus dem Frz. von Ernst Sander. 64 S. UB 6780. 1948.
Nicht mehr lieferbar seit 1973.

Verlaine, Paul → Baudelaire/Rimbaud/Verlaine/Mallarmé

Verne, Jules: L'Eternel Adam. [Erzählung.] Hrsg. von Hajo Weber. 93 S. UB 9186. 1985. (Fremdsprachentexte.)

Vesper, Guntram: Landeinwärts. Prosa und Gedichte. Hrsg. von Franz Josef Görtz. 92 S. UB 8037. 1984.
Inhalt: Eine blutige Geschichte – Das Dorf – Fugen – Gespräche am Krankenbett – Landbewohner – Liebesbrief vom Lande – Stadtrand – Ein Vormittag auf dem Lande; Gedichte.

Vian, Boris: Le Bâtisseurs d'empire ou Le Schmürz. [Drama.] Hrsg. von Marianne Meid. 93 S. UB 9239. 1988. (Fremdsprachentexte.)

Die vier Jahreszeiten. Gedichte. Hrsg. von Eckart Kleßmann. 291 S. UB 40009. 1991. (Reclam Lesebuch.) *GEB.*

Vier Kurzhörspiele. Ingeborg Drewitz: Der Mann im Eis. Reinhard Eichelbeck: Der Homoaudiovideograph. Katharina Werner: Bumm. Günter Bruno Fuchs: Adam Riese und der Große Krieg. Mit einem Nachw. hrsg. von Werner Klippert. [Mit einem biogr. Anh.] 63 S. UB 9834. 1976.

Viktorianische Lyrik. Engl./Dt. Mit 19 Abb. Hrsg. von Armin Geraths und Kurt Herget in Verb. mit Gordon Collier und Bernd Wächter. Mit einer Einl. von Armin Geraths. 592 S. UB 8078 [7]. 1985.
Autoren: M. Arnold – E. Barrett Browning – A. Beardsley – T. L. Beddoes – R. Bridges – R. Browning – R. Buchanan – L. Carroll – J. Clare – A. H. Clough – J. Davidson – A. Dobson – A. Douglas – E. C. Dowson – E. Elliott – E. Fitzgerald – W. S. Gilbert – T. Hardy – W. E. Henley – T. Hood – A. E. Housman – L. Hunt – L. Johnson – J. Keble – R. Kipling – W. S. Landor – E. Lear – C. Mackay – G. Manley-Hopkins – G. Meredith – A. Meynell – T. Moore – W. Morris – J. H. Newman – C. Norton –

A. O'Shaughnessy – C. Patmore – C. Rossetti – D. G. Rossetti – R. L. Stevenson – A. C. Swinburne – A. Tennyson – F. Thompson – J. Thomson – O. Wilde – W. Wordsworth – W. B. Yeats.

Auch GEB. 1985.

Villon, François: Das Kleine und das Große Testament. Frz./Dt. Hrsg., übers. und komm. von Frank-Rutger Hausmann. 336 S. UB 8518 [4]. 1988.

Auch GEB. 1988.

Vischer, Friedrich Theodor: Faust. Der Tragödie dritter Teil. Hrsg. von Fritz Martini. 256 S. UB 6208 [3]. 1978.

Volkelt, Peter → Reclams Kunstführer Frankreich III

Volkmann-Leander, Richard von: Träumereien an französischen Kaminen. Märchen. Mit einem Nachw. 142 S. UB 6091/92. 1950.

Inhalt: Der alte Koffer – Die Alte-Weiber-Mühle – Die drei Schwestern mit den gläsernen Herzen – Goldtöchterchen – Heino im Sumpf – Die himmlische Musik – Eine Kindergeschichte – Das Klapperstorch-Märchen – Das kleine bucklige Mädchen – Der kleine Mohr und die Goldprinzessin – Der kleine Vogel – Die künstliche Orgel – Pechvogel und Glückskind – Sepp auf der Freite – Die Traumbuche – Der verrostete Ritter – Vom unsichtbaren Königreiche – Von der Königin, die keine Pfeffernüsse backen, und dem König, der nicht das Brummeisen spielen konnte – Von Himmel und Hölle – Wie der Teufel ins Weihwasser fiel – Wie sich der Christoph und das Bärbel immer aneinander vorbeigewünscht haben – Der Wunschring.

Auch GEB. 1950. *(Nicht mehr lieferbar.)*

Durchgesehene Ausgabe. 144 S. 1955.

Durchgesehene und erweiterte Ausgabe. [Mit Anm.] 120 S. 1973.

Voltaire: Candid oder Die beste der Welten. [Roman.] Aus dem Frz. übers. [und mit einem Nachw.] von Ernst Sander. 152 S. UB 6549/50. 1957.

Auch GEB. 1957. *(Nicht mehr lieferbar.)*

Durchgesehene und erweiterte Ausgabe. Dt. Übertr. und Nachw. von Ernst Sander. [Mit Anm.] 120 S. 1971.

Voltaire: Candide ou l'Optimisme. [Roman.] Hrsg. von Thomas Baldischwieler. 184 S. UB 9221 [2]. 1987. (Fremdsprachentexte.)

Voltaire: L'Ingénu / Der Freimütige. [Erzählung.] Frz./Dt. Übers. und hrsg. von Peter Brockmeier. 256 S. UB 7909 [3]. 1982.

Von deutscher Art und Kunst → Herder/Goethe/Frisi/Möser

Die Vorsokratiker. Ausw. der Fragmente, Übers. und Erl. von Jaap Mansfeld. Bd. 1: **Milesier, Pythagoreer, Xenophanes, Heraklit, Parmenides.** Griech./Dt. 336 S. UB 7965 [4]. 1983.

Die Vorsokratiker. [...] Bd. 2: **Zenon, Empedokles, Anaxagoras, Leukipp, Demokrit.** Griech./Dt. 351 S. UB 7966 [4]. 1986.

Die Vorsokratiker. Griech./Dt. Ausw. der Fragmente, Übers. und Erl. von Jaap Mansfeld. 682 S. UB 10344. 1987. *GEB*.

Gebundene Ausgabe der zugrundeliegenden UB-Bände in 1 Bd.

Voss, Johann Heinrich: Idyllen und Gedichte. Hrsg. von Eva D. Becker. 103 S. UB 2332. 1967.

Bibliographisch ergänzte Ausgabe. 103 S. 1984.

Vrkljan, Irena → Meyer-Wehlack, Benno / Vrkljan, Irena

W

Wackenroder, Wilhelm Heinrich / Tieck, Ludwig: Herzensergießungen eines kunstliebenden Klosterbruders. Mit einem Nachw. von Richard Benz. 139 S. UB 7860/61. 1955.

Durchgesehene Ausgabe. 136 S. 1979.

Wackenroder, Wilhelm Heinrich / Tieck, Ludwig: Phantasien über die Kunst. Hrsg. von Wolfgang Nehring. 160 S. UB 9494/95. 1973.

Bibliographisch ergänzte Ausgabe. 160 S. 1983.

Wagner, Heinrich Leopold: Die Kindermörderin. Ein Trauerspiel. Im Anhang: Auszüge aus der Bearbeitung von K. G. Lessing (1777) und der Umarbeitung von H. L. Wagner sowie Dokumente zur Wirkungsgeschichte. Hrsg. von Jörg-Ulrich Fechner. 173 S. UB 5698/98a. 1969.

Bibliographisch ergänzte Ausgabe. 174 S. 1983.

Wagner, Richard: Der fliegende Holländer. Romantische Oper in drei Aufzügen. Vollständiges Buch. [Mit einer Einl.] 56 S. UB 5635. 1949 [recte: 1950].

Nicht mehr lieferbar; ersetzt durch:

Wagner, Richard: Der fliegende Holländer. Romantische Oper in drei Aufzügen. Vollständiges Buch. Hrsg. und eingel. von Wilhelm Zentner. 43 S. UB 5635. 1953.

Durchgesehene und erweiterte Ausgabe. [Mit einem Anhang: Heinrich Heine: Aus den Memoiren des Herren von Schnabelewopski. Aus Kap. VII.] 48 S. 1971.

Wagner, Richard: Götterdämmerung. Dritter Tag aus dem Bühnenfestspiel »Der Ring des Nibelungen«. Vollständiges Buch. Hrsg. und eingel. von Wilhelm Zentner. 80 S. UB 5644. 1951.

Durchgesehene Ausgabe. 80 S. 1956.
Durchgesehene Ausgabe. 80 S. 1971.

Wagner, Richard: Lohengrin. Romantische Oper in drei Aufzügen. Vollständiges Buch. [Mit einer Einl.] 70 S. UB 5637. 1949 [recte: 1950].

Nicht mehr lieferbar; ersetzt durch:

Wagner, Richard: Lohengrin. Romantische Oper in drei Aufzügen. Vollständiges Buch. Hrsg. und eingel. von Wilhelm Zentner. 61 S. UB 5637. 1952.

Durchgesehene Ausgabe. 63 S. 1970.

Wagner, Richard: Die Meistersinger von Nürnberg. [Oper in drei Aufzügen.] Vollständiges Buch. Eingel. von Wilhelm Zentner. 112 S. UB 5639. 1950.

Durchgesehene Ausgabe. Eingel. und revidiert hrsg. von Wilhelm Zentner. 110 S. 1956.

Durchgesehene Ausgabe. Eingel. und hrsg. von Wilhelm Zentner. 109 S. 1972.

Erweiterte Ausgabe. Hrsg. von Wilhelm Zentner. Nachw. von Ulrich Karthaus. 111 S. 1984.

Wagner, Richard: Oper und Drama. Hrsg. und komm. von Klaus Kropfinger. 548 S. UB 8207 [6]. 1984.

Wagner, Richard: Parsifal. Ein Bühnenweihfestspiel. Vollständiges Buch. Hrsg. und eingel. von Georg Richard Kruse. 79 S. UB 5640. 1950.

Nicht mehr lieferbar; ersetzt durch:

Wagner, Richard: Parsifal. Ein Bühnenweihfestspiel. Vollständiges Buch. Hrsg. und eingel. von Wilhelm Zentner. 60 S. UB 5640. 1952.

Durchgesehene Ausgabe. 61 S. 1972.

Wagner, Richard: Das Rheingold. Vorabend zu dem Bühnenfestspiel »Der Ring des Nibelungen«. Vollständiges Buch. Hrsg. und eingel. von Wilhelm Zentner. 75 S. UB 5641. 1951.

Durchgesehene Ausgabe. 80 S. 1968.

Wagner, Richard: Rienzi, der letzte der Tribunen. Große tragische Oper in fünf Aufzügen nach Bulwers gleichnamigem Roman. Vollständiges Buch. Hrsg. und eingel. von Georg Richard Kruse. Neu bearb. von Wilhelm Zentner. 64 S. UB 5645. 1951.

Nicht mehr lieferbar; ersetzt durch:

Wagner, Richard: Rienzi, der letzte der Tribunen. Große tragische Oper in fünf Aufzügen nach Bulwers gleichnamigem Roman. Vollständiges Buch. Hrsg. und eingel. von Wilhelm Zentner. 64 S. UB 5645. 1962.

Nicht mehr lieferbar; ersetzt durch:

Wagner, Richard: Rienzi, der Letzte der Tribunen. Große tragische Oper in fünf Akten. Vollständiges Textbuch. Nach der Originalpartitur hrsg. von Egon Voss. 80 S. UB 5645. 1983.

Wagner, Richard: Der Ring des Nibelungen. [Das Rheingold. Die Walküre. Siegfried. Hrsg. von Wilhelm Zentner.] 75/80/80 S. 1951. *GEB.*

Gebundene Ausgabe von UB 5641, 5642 und 5643 in 1 Bd. (Nicht mehr lieferbar.)

Wagner, Richard: Siegfried. Zweiter Tag aus dem Bühnenfestspiel »Der Ring des Nibelungen«. Vollständiges Buch. Hrsg. von Wilhelm Zentner. 95 S. UB 5643. 1951.

Durchgesehene Ausgabe. 95 S. 1957.
Durchgesehene Ausgabe. 96 S. 1970.

Wagner, Richard: Tannhäuser und der Sängerkrieg auf der Wartburg. Romantische Oper in drei Aufzügen. Vollständiges Buch. Hrsg. und eingel. von Georg Richard Kruse. 62 S. UB 5636. 1949.

Nicht mehr lieferbar; ersetzt durch:

Wagner, Richard: Tannhäuser und der Sängerkrieg auf Wartburg. Romantische Oper in drei Aufzügen. Vollständiges Buch. Neu hrsg. und eingel. von Wilhelm Zentner. 55 S. UB 5636. 1954.

Durchgesehene Ausgabe. 63 S. 1966.
Im Anhang überarbeitete Ausgabe. 64 S. 1978.

Wagner, Richard: Tristan und Isolde. [Romantische Oper in drei Aufzügen.] Vollständiges Buch. [Mit einer Einl.] 78 S. UB 5638. 1949 [recte: 1950].

Nicht mehr lieferbar; ersetzt durch:

Wagner, Richard: Tristan und Isolde. [Romantische Oper.] In drei Aufzügen. Vollständiges Buch. Hrsg. und eingel. von Wilhelm Zentner. 80 S. UB 5638. 1954.

Durchgesehene Ausgabe. 80 S. 1966.
Erweiterte Ausgabe. Tristan und Isolde. Handlung in drei Aufzügen. Hrsg. von Wilhelm Zentner. Nachw. von Ulrich Karthaus. 80 S. 1984.

Wagner, Richard: Die Walküre. Erster Tag aus dem Bühnenfestspiel »Der Ring des Nibelungen«. Vollständiges Buch. Hrsg. und eingel. von Wilhelm Zentner. 80 S. UB 5642. 1951.

Durchgesehene Ausgabe. 85 S. 1961.

Erweiterte Ausgabe. [Im Anhang: Vorwort zur Herausgabe der Dichtung des Bühnenfestspiels »Der Ring des Nibelungen«.] 95 S. 1965.
Durchgesehene Ausgabe. 88 S. 1970.

Wagner-Rieger, Renate → Reclams Kunstführer Österreich I

Waismann, Friedrich: Logik, Sprache, Philosophie. Mit einer Vorrede von Moritz Schlick hrsg. von Gordon P. Baker und Brian McGuinness unter Mitw. von Joachim Schulte. 662 S. UB 9827 [8]. 1976.

Auch GEB. 1976. *(Nicht mehr lieferbar.)*

Waismann, Friedrich: Wille und Motiv. Zwei Abhandlungen über Ethik und Handlungstheorie. Hrsg. von Joachim Schulte. 195 S. UB 8208 [3]. 1983.

Inhalt: Ethik und Wissenschaft – Wille und Motiv.

Walser, Martin: Versuch, ein Gefühl zu verstehen, und andere Versuche. [Aufsätze und Vorträge.] Mit einer Rede auf Martin Walser von Hermann Bausinger. 131 S. UB 7824 [2]. 1982.

Inhalt: Alleinstehender Dichter. Über Robert Walser – Deutsche Gedanken über französisches Glück – Händedruck mit Gespenstern – Heimatkunde – Hölderlin auf dem Dachboden – Mein Schiller – Selbstporträt als Kriminalroman – Über den Leser – soviel man in einem Festzelt darüber sagen soll – Unser Auschwitz – Versuch, ein Gefühl zu verstehen – Wer ist ein Schriftsteller?

Walser, Martin: Die Zimmerschlacht. Übungsstück für ein Ehepaar. Mit einer autobiogr. Skizze des Autors [und einer Zeittaf.] 68 S. UB 7677. 1981.

Im Anhang ergänzte Ausgabe. 69 S. 1987.

Walser, Robert: Kleine Wanderung. Geschichten. Mit einem Nachw. von Herbert Heckmann. 71 S. UB 8851. 1963.

Inhalt: An den Bruder – Aschinger – Beardsley – Der Blumenstrauß – Das Diner – Dorfgeschichte – Erinnerung – »Guten Tag, Riesin!« – Haarschneiden – Die Handharfe – Herkules – Kino – Kleine Wanderung – Die Landschaft – Der Nachen – Schaufenster – Der Schriftsteller – Sommerfrische – Eine Stadt – Das Stellengesuch – Eine Theatervorstellung – Der Träumer – Ein Vater an seinen Sohn – Vor der Verlobung – Ein Vorbildlicher – Der Waldbrand – Welt – Wladimir – Worte über die »Zauberflöte«

Das Waltharilied und die Waldere-Bruchstücke. [Umschlagtitel: Ekkehard von St. Gallen: Das Waltharilied.] Übertr., eingel. und erl. von Felix Genzmer. 54 S. UB 4174. 1953.

Durchgesehene Ausgabe. 64 S. 1962.
Nicht mehr lieferbar seit 1989.

Warbeck, Veit: Die schöne Magelona. In der Fassung des Buchs der Liebe (1587). Mit 15 Holzschn. Hrsg. von Hans-Gert Roloff. 96 S. UB 1575. 1969.

Nicht mehr lieferbar seit 1987.

Warnock, Geoffrey James: Englische Philosophie im 20. Jahrhundert. Aus dem Engl. übers. von Eberhard Bubser. [Mit einer biogr. Notiz.] 191 S. UB 9309–11. 1971.

Auch GEB. 1971. (Nicht mehr lieferbar.)
Nicht mehr lieferbar seit 1989.

Was ist Aufklärung? → Kant/Erhard/Hamann [u. a.]

Wassermann, Jakob: Das Gold von Caxamalca. Erzählung. 59 S. UB 6900. 1948.

Durchgesehene Ausgabe. 55 S. 1954.
Durchgesehene Ausgabe. 62 S. 1965.

Waugh, Evelyn: The Loved One. An Anglo-American Tragedy. [Roman.] Hrsg. von Andreas Mahler. 192 S. UB 9233 [2]. 1988. (Fremdsprachentexte.)

Weber, Albrecht: Weltgeschichte. Mit 30 Zeichn. und 54 Karten sowie 64 Bildtaf. 1383 S. UB 10037–54. 1966. *GEB.*

Nicht mehr lieferbar seit 1970.

Weber, Carl Maria von: Euryanthe. Oper in drei Akten. Textliche Neufassung (frei nach dem Libretto Helmina von Chézys) und musikalische Bearbeitung von Kurt Honolka. Abu Hassan. Komische Oper in einem Akt. Neue Textfassung und Einrichtung [mit einer Einl.] von Wilhelm Zentner. 62 S. UB 2677. 1961.

Nicht mehr lieferbar seit 1983.

Weber, Carl Maria von: Der Freischütz. Romantische Oper in drei Aufzügen. Dichtung von Friedrich Kind. Dritte, verbesserte Auflage. Vollständiges Buch. Mit einer Einl. von Carl Friedrich Wittmann hrsg. von Georg Richard Kruse. 64 S. UB 2530. 1949.

Neuausgabe des erstmals 1889 (hrsg. von Carl Friedrich Wittmann) und in »zweiter, verbesserter und mit einer neuen Einführung versehener« Auflage 1904 im Verlag Philipp Reclam jun. Leipzig erschienenen Titels.
Nicht mehr lieferbar; ersetzt durch:

Weber, Carl Maria von: Der Freischütz. Romantische Oper in drei Aufzügen. Dichtung von Friedrich Kind. Vollständiges Buch. Mit einer Einl. neu hrsg. von Wilhelm Zentner. 61 S. UB 2530. 1952.

Durchgesehene Ausgabe. 64 S. 1958.
Durchgesehene Ausgabe. 64 S. 1969.

Weber, Max: Politik als Beruf. Nachw. von Ralf Dahrendorf. 96 S. UB 8833. 1992.

Weber, Max: Schriften zur Wissenschaftslehre. Hrsg. und eingel. von Michael Sukale. 276 S. UB 8748. 1991.

Inhalt: Analyse des Begriffs der »Regel« – Objektive Möglichkeit und adäquate Verursachung in der historischen Kausalbetrachtung – Die »Objektivität« sozialwissenschaftlicher und sozialpolitischer Erkenntnis – Der Sinn der »Wertfreiheit« der soziologischen und ökonomischen Wissenschaften – Wissenschaft als Beruf.

Webster, Jean: Daddy-Long-Legs. [Roman.] Mit den Zeichn. des Verf. Hrsg. von Susanne Lenz. 207 S. UB 9205 [3]. 1986. (Fremdsprachentexte.)

Weckherlin, Georg Rodolf: Gedichte. Ausgew. und hrsg. von Christian Wagenknecht. 270 S. UB 9358–60/60a. 1972.

Wedekind, Frank: Frühlings Erwachen. Eine Kindertragödie. Mit einem Nachw. von Georg Hensel. 78 S. UB 7951. 1971.

Wedekind, Frank: Gedichte und Lieder. Hrsg. von Gerhard Hay. 85 S. UB 8578. 1989.

Wedekind, Frank: Der Kammersänger. [Drama.] Nachw. von Pamela Wedekind. 66 S. UB 8273. 1959.

Nicht mehr lieferbar seit 1976.

Wedekind, Frank: Lulu (Erdgeist, Die Büchse der Pandora). Hrsg. von Erhard Weidl. 207 S. UB 8567 [3]. 1989.

Wedekind, Frank: Der Marquis von Keith. Schauspiel in fünf Aufzügen. Mit einem Nachw. von Gerhard F. Hering. 93 S. UB 8901. 1964.

Weerth, Georg: Gedichte. Hrsg. von Winfried Hartkopf unter Mitarb. von Bernd Füllner und Ulrich Bossier. 183 S. UB 9807 [2]. 1976.

Weerth, Georg: Humoristische Skizzen aus dem deutschen Handelsleben. Hrsg. von Jürgen-Wolfgang Goette. 173 S. UB 7948/49. 1971.

Wehler, Joachim: Grundriß eines rationalen Weltbildes. 285 S. UB 8680 [4]. 1990. (Reclam Wissen.)

Wehrli, Max: Literatur im deutschen Mittelalter. Eine poetologische Einführung. 358 S. UB 8038 [4]. 1984.

Wehrli, Max → Geschichte der deutschen Literatur I

Weinland, D[avid] F[riedrich]: Aus grauer Vorzeit. Wesentlich gekürzte Ausgabe der Erzählung »Rulaman«, besorgt von Bernhard Lamey. 80 S. UB 7601. 1947.

Einer der acht mit Genehmigung des Office of Military Government bereits 1947 an württembergische Schulen ausgelieferten Titel.

Nicht lieferbar von 1950 bis 1957.
Neuausgabe. 86 S. 1957.
Durchgesehene Ausgabe. 72 S. 1987.

Weise, Christian: Masaniello. Trauerspiel. Hrsg. von Fritz Martini. 221 S. UB 9327–29. 1972.

Weise, Christian: Ein wunderliches Schau-Spiel vom Niederländischen Bauer. Hrsg. von Harald Burger. 127 S. UB 8317/18. 1969.

Die Weisheit der Heiligen. Ein Brevier. Hrsg. von Johanna Lanczkowski. 272 S. UB 40010. 1991. (Reclam Lesebuch.) *GEB*.

Weiss, Peter: Der Turm. [Hörspiel.] Mit einem Nachw. von Otto F. Best. 61 S. UB 9671. 1973 [recte: 1974].

Nicht mehr lieferbar seit 1992.

Weitling, Wilhelm: Garantien der Harmonie und Freiheit. Mit einem Nachw. hrsg. von Ahlrich Meyer. 382 S. UB 9739–43. 1974.

Weizsäcker, Carl Friedrich von: Ein Blick auf Platon. Ideenlehre, Logik und Physik. [Aufsätze. Mit einem Vorw. des Verf. und einem bio-bibliogr. Anh.] 144 S. UB 7731 [2]. 1981.

Inhalt: Die Aktualität der Tradition: Platons Logik – Parmenides und die Graugans – Parmenides und die Quantentheorie – Platonische Naturwissenschaft im Laufe der Geschichte – Über Sprachrelativismus.

Wellershoff, Dieter: Die Bittgänger. Die Schatten. Zwei Hörspiele. Mit einem autobiogr. Nachw. [und einer bio-bibliogr. Nachbem.]. 95 S. UB 8572. 1968.

Nicht mehr lieferbar seit 1989.

Wells, H[erbert] G[eorge]: The Time Machine. [Roman.] Hrsg. von Dieter Hamblock. 160 S. UB 9176 [2]. 1984. (Fremdsprachentexte.)

Welsch, Wolfgang: Ästhetisches Denken. [Mit 18 Abb. und einem bio-bibliogr. Anh.] 223 S. UB 8681 [3]. 1990.

2., um ein Register erweiterte Auflage. 224 S. 1991.

Werfel, Franz: Der Tod des Kleinbürgers. Erzählung. Nachw. von Willy Haas. 71 S. UB 8268. 1959.

Werner, Zacharias: Der vierundzwanzigste Februar. Eine Tragödie in einem Akt. Hrsg. von Johannes Krogoll. 96 S. UB 107. 1967.

Nicht mehr lieferbar seit 1992.

Werner-Jensen, Arnold → Reclams Kammermusikführer (1990)

Wernher der Gärtner: Helmbrecht. Mittelhochdt. und neuhochdt. Hrsg., übers. und erl. von Fritz Tschirch. 216 S. UB 9498–9500. 1974.

Durchgesehene und verbesserte Ausgabe. 216 S. 1978.

Wernher der Gärtner: Meier Helmbrecht. Versnovelle aus der Zeit des niedergehenden Rittertums. In neuem Reime dargeboten von Johannes Ninck. [Mit Anm.] 64 S. UB 1188. 1952.

Durchgesehene Ausgabe. 64 S. 1968.

West Side Story. A Musical. Based on a conception of Jerome Robbins. Book by Arthur Laurents. Music by Leonard Bernstein. Lyrics by Stephen Sondheim. Hrsg. von James Bean. 136 S. UB 9212 [2]. 1986. (Fremdsprachentexte.)

West, Nathanael: Miss Lonelyhearts. [Roman.] Hrsg. von Andreas Mahler. 152 S. UB 9275 [2]. 1991. (Fremdsprachentexte.)

Westerngeschichten aus zwei Jahrhunderten. [Aus dem Engl. übers. von Armin Arnold u. a.] Hrsg. von Armin Arnold. 428 S. UB 7741 [5]. 1981.

Inhalt: A. Bierce: Mr. Swiddlers Salto – M. Brand: Wein in der Wüste – W. V. Clark: Der Indianer-Brunnen – S. Crane: Die Braut kommt nach

Yellow Sky – Z. Grey: Tappans Burro – B. Harte: Die Verfemten von Poker Flat – E. Haycox: Postkutsche nach Lordsburg – O. Henry: Ein echter Kavalier – A. H. Lewis: Short Creek Dave – J. London: Die Goldschlucht – G. Parker: Ein Prärie-Vagabund – W. M. Raine: Die letzte Warnung – C. Richter: Hochzeit in der Büffelsiedlung – C. M. Russell: Hundefresser – J. Schaefer: Jacob – L. Short: Gerade hart genug – W. C. Tuttle: Sonnenuntergang – M. Twain: Der berühmte Springfrosch der Provinz Calaveras.

Weyrauch, Wolfgang: Das Ende von Frankfurt am Main. Erzählungen. Mit einem Nachw. von Karl Krolow. 72 S. UB 9496. 1973.

Inhalt: Anders – Beginn einer Rache – Diebsgeschichte – Das Ende von Frankfurt am Main – Geheim – Die Irren von L. – Kinderspiel – Mein Schiff, das heißt Taifun – Vorbereitungen zu einem Tyrannenmord.

Nicht mehr lieferbar seit 1989.

Weyrauch, Wolfgang: Das grüne Zelt. Die japanischen Fischer. Zwei Hörspiele. Mit einem autobiogr. Nachw. 69 S. UB 8256. 1963.

Wharton, Edith: Das Haus der Freude. [Roman.] Aus dem Engl. übers. [mit Anm., einer Bibl. und einem Nachw.] von Gerlinde Völker. 480 S. UB 8520 [6]. 1988.

Auch GEB. 1988.

Wharton, Edith: Souls Belated. Roman Fever. Two Stories. Hrsg. von Eva-Maria König. 93 S. UB 9259. 1990. (Fremdsprachentexte.)

White, Patrick: Down at the Dump / Drunten auf der Müllkippe. [Erzählung.] Engl. und dt. Übers. und mit einem Nachw. von Hilary Heltay. Hrsg. von Walter Pache. 103 S. UB 9808. 1975.

Whitehead, Alfred North: Die Funktion der Vernunft. Aus dem Engl. übers. und hrsg. von Eberhard Bubser. 79 S. UB 9758. 1974.

Whitman, Walt: Grashalme. In Auswahl übertr. von Johannes Schlaf. Nachw. von Johannes Urzidil. 239 S. UB 4891 [3]. 1968.

Wickert, Erwin: Der Klassenaufsatz. Alkestis. Zwei Hörspiele. Mit einem autobiogr. Nachw. 75 [ab 1976: 71] S. UB 8443. 1960.

Durchgesehene Ausgabe. 71 S. 1978.
Im Nachwort überarbeitete Ausgabe. 71 S. 1983.

Wickram, Georg: Das Rollwagenbüchlin. Text nach der Ausg. von Johannes Bolte. Nachw. von Elisabeth Endres. 203 S. UB 1346/46a/b. 1968.

Im Anhang ergänzte Ausgabe. 205 S. 1979.

Widukind von Corvey: Res gestae Saxonicae / Die Sachsengeschichte. Lat./Dt. Übers. und hrsg. von Ekkehart Rotter und Bernd Schneidmüller. 262 S. UB 7699 [4]. 1981.

Wiechert, Ernst: Eine Jugend in den Wäldern. Auswahl aus »Wälder und Menschen«. Mit einem Nachw. von Wolfgang Heybey. 67 S. UB 8214. 1958.

Nicht mehr lieferbar seit 1988.

Wieland, Christoph Martin: Geschichte der Abderiten. [Roman.] Mit einem Nachw. von Karl Hans Bühner. 400 S. UB 331–334. 1958.

Auch GEB. 1958. (Nicht mehr lieferbar.)

Wieland, Christoph Martin: Geschichte des Agathon. [Roman.] Erste Fassung. Unter Mitw. von Reinhard Döhl hrsg. von Fritz Martini. 687 S. UB 9933 [7]. 1979.

Wieland, Christoph Martin: Hann und Gulpenheh. Schach Lolo. [Zwei] Verserzählungen. Hrsg. von Walter Hinderer. 80 S. UB 7911. 1970.

Nicht mehr lieferbar seit 1989.

Wieland, Christoph Martin: Musarion oder Die Philosophie der Grazien. Ein Gedicht in drei Büchern. Mit Erl. und einem Nachw. hrsg. von Alfred Anger. 80 S. UB 95. 1964.

Durchgesehene und bibliographisch ergänzte Ausgabe. 80 S. 1979.

Wieland, Christoph Martin: Oberon. Ein romantisches Heldengedicht in zwölf Gesängen. Hrsg. von Sven-Aage Jørgensen. 358 S. UB 123 [4]. 1990.

Die Wiener Moderne. Literatur, Kunst und Musik zwischen 1890 und 1910. Mit 25 Abb. Hrsg. von Gotthart Wunberg unter Mitarb. von Johannes J. Braakenburg. 725 S. UB 7742 [9]. 1981.

Autoren: P. Altenberg – L. Andrian – K. Baedeker – H. Bahr – R. Beer Hofmann – A. Berg – E. Bienenfeld – H. Broch – M. E. Burckhard – F. Dörmann – F. M. Fels – S. Freud – A. Gold – P. Goldmann – E. Hanslick – M. Herzfeld – T. Herzl – L. Hevesi – C. Hoffmann – J. Hoffmann H. v. Hofmannsthal – R. Kassner – R. v. Kralik – K. Kraus – A. Lindner

R. Lothar – E. Mach – G. Mahler – H. Menkes – M. Messer – R. Musil – H. Natonek – F. Nietzsche – H. Oehler – J. Pap – E. Reich – F. Salten – J. Schalk – A. Schnitzler – A. Schönberg – H. Sittenberger – C. Sokal – R. Specht – L. Speidel – O. Stauf von der March – O. Stoessl – R. Strauss – H. Ubell – O. Wagner – O. Weininger – E. Wengraf – P. Wertheimer – P. Wilhelm – B. Zuckerkandl.

Auch GEB. 1981.

Wiese, Benno von: Schiller. Eine Einführung in Leben und Werk. 88 S. UB 7870. 1955.

Nicht mehr lieferbar seit 1992.

Wiessalla, Josef: Unter Tage. Erzählung. Mit einem Nachw. von Walter Schmähling [und einer Bibl.]. 71 S. UB 8645. 1961.

Nicht mehr lieferbar seit 1976.

Wilde, Oscar: Das Bildnis des Dorian Gray. [Roman.] Übers. und Anm. von Ingrid Rein. Nachw. von Ulrich Horstmann. 336 S. UB 5008. 1992.

Auch GEB. 1992.

Wilde, Oscar: Bunbury. Eine triviale Komödie für ernsthafte Leute. Aus dem Engl. übertr. von Franz Blei. Rev. und erg. von Kuno Epple. Nachw. von Ivan Nagel. 71 S. UB 8498. 1961.

Nicht mehr lieferbar; ersetzt durch:

Wilde, Oscar: Bunbury oder Es ist wichtig, Ernst zu sein. Eine triviale Komödie für ernsthafte Leute. Übers. und Nachw. von Rainer Kohlmayer. 92 S. UB 8498. 1981 [recte: 1982].

Revidierte Ausgabe. 92 S. 1988.

Wilde, Oscar: The Canterville Ghost. A Hylo-Idealistic Romance. [Erzählung.] Hrsg. von Karin Friedmann. 64 S. UB 9177. 1984. (Fremdsprachentexte.)

Wilde, Oscar: Eine Frau ohne Bedeutung. Komödie in vier Akten. Aus dem Engl. übertr. von Kuno Epple. [Mit einer biogr. Notiz.] 79 S. UB 8780. 1967.

Wilde, Oscar: Das Gespenst von Canterville. Eine hylo-idealistische Romanze. [Erzählung.] Aus dem Engl. von Ernst Sander. 53 S. UB 6817. 1950.

Durchgesehene Ausgabe. 51 S. 1955.
Durchgesehene Ausgabe. 48 S. 1970.

Wilde, Oscar: Der glückliche Prinz und andere Märchen. Aus dem Engl. übers. und mit einem Nachw. vers. von Ernst Sander. 80 S. UB 6865. 1952.

Inhalt: Die bedeutsame Rakete – Der eigensüchtige Riese – Der Glückliche Prinz – Das Haus des Gerichts – Der Künstler – Der Lehrer der Weisheit – Der Meister – Die Nachtigall und die Rose – Der Schüler – Der treue Freund – Der Wohltäter.

Durchgesehene Ausgabe. 71 S. 1980.

Wilde, Oscar: Ein idealer Gatte. Komödie in vier Akten. Aus dem Engl. übertr. von Kuno Epple. [Mit einer biogr. Notiz.] 87 S. UB 8641. 1963.

Nicht mehr lieferbar; ersetzt durch:

Wilde, Oscar: Ein idealer Gatte. Komödie in vier Akten. Übers. und Nachw. von Rainer Kohlmayer. 151 S. UB 8641 [2]. 1992.

Wilde, Oscar: The Importance of Being Earnest. A Trivial Comedy for Serious People. Hrsg. von Manfred Pfister. 141 S. UB 9267 [2]. 1990. (Fremdsprachentexte.)

Wilde, Oscar: Lady Windermeres Fächer. Komödie in vier Akten. Aus dem Engl. übertr. von Kuno Epple. 72 S. UB 8981. 1965.

Wilde, Oscar: Lady Windermere's Fan. A Play about a Good Woman. Hrsg. von John Poziemski. 101 S. UB 9187. 1985. (Fremdsprachentexte.)

Wilde, Oscar: Salome. Tragödie in einem Akt. Mit Ill. von Aubrey Beardsley. Aus dem Frz. übers. von Hedwig Lachmann. Nachw. von Ulrich Karthaus. 69 S. UB 4497. 1990.

Wilder, Thornton: The Bridge of San Luis Rey. [Erzählung.] Hrsg. von Gunda Pütz und mit einem Nachw. von Klaus Degering. 152 S. UB 9195 [2]. 1985. (Fremdsprachentexte.)

Wilder, Thornton: Our Town. A Play in Three Acts. Hrsg. von Eva-Maria König. 127 S. UB 9168 [2]. 1984. (Fremdsprachentexte.)

Willberg, Hans-Joachim → Arbeitstexte für den Unterricht: Deutsche Gegenwartslyrik

Williams, Bernard: Der Begriff der Moral. Eine Einführung in die Ethik. Aus dem Engl. übers. von Eberhard Bubser. [Mit einer biobibliogr. Notiz.] 112 S. UB 9882 [2]. 1978.

Durchgesehene Ausgabe. 112 S. 1986.

Williams, Bernard: Probleme des Selbst. Philosophische Aufsätze 1956–1972. Aus dem Engl. übers. von Joachim Schulte. [Mit einer bio-bibliogr. Notiz.] 439 S. UB 9891 [5]. 1978.

Inhalt: Egoismus und Altruismus – Der Gleichheitsgedanke – Imperativ-Schlüsse – Kann man sich dazu entscheiden, etwas zu glauben? – Kontinuität des Leibes und Identität der Person – Personenidentität und Individuation – Die Sache Makropulos: Reflexionen über die Langeweile der Unsterblichkeit – Das Selbst und die Zukunft – Sind Personen Körper? – Sittlichkeit und Gefühl – Strawsons »Individuals« – Vorstellungskraft und Selbst – Widerspruchsfreiheit in der Ethik – Widerspruchsfreiheit und Realismus – Wissen und Bedeutung in der Philosophie des Geistes.

Auch GEB. 1978. (Nicht mehr lieferbar.)

Williams, Tennessee: The Glass Menagerie. [Drama.] Hrsg. von Bernhard Reitz. 149 S. UB 9178 [2]. 1984. (Fremdsprachentexte.)

Williams, Tennessee: A Streetcar Named Desire. [Drama.] Hrsg. von Herbert Geisen. 199 S. UB 9240 [2]. 1988. (Fremdsprachentexte.)

Wilson, John → Arbeitstexte für den Unterricht: Begriffsanalyse

Wimpheling, Jakob: Stylpho. [Komödie.] Lat. und dt. Übers. und hrsg. von Harry C. Schnur. 61 S. UB 7952. 1971.

Nicht mehr lieferbar seit 1989.

Winckelmann, Johann Joachim: Gedanken über die Nachahmung der griechischen Werke in der Malerei und Bildhauerkunst. Sendschreiben [über die Gedanken (...)]. Erläuterung [der Gedanken (...) und Beantwortung (...)]. Hrsg. von Ludwig Uhlig. 157 S. UB 8338/39. 1969.

Winnig, August: Im Kreis verbunden. Erzählungen. Mit einem Nachw. von Martin Kießig. 79 S. UB 7390. 1961.

Inhalt: Aus meiner Jugend – Im Kreis verbunden – Der Schneider von Osterwyk – Zwischen Gott und Gold.

Nicht mehr lieferbar seit 1976.

Wirth, Jean → Reclams Kunstführer Frankreich II

Wirtschaft und Ethik. Hrsg. von Hans Lenk und Matthias Maring. 411 S. UB 8798. 1992.

Inhalt: H. Albert: Die Wertfreiheitsproblematik und der normative Hintergrund der Wissenschaften – N. E. Bowie: Unternehmensethikkodizes: können sie eine Lösung sein? – R. T. de George: Unternehmensethik aus amerikanischer Sicht – G. Enderle: Ökonomische und ethische Aspekte der Armutsproblematik – P. A. French: Die Korporation als moralische Person – E. Gerum: Unternehmensführung und Ethik – R. Hegselmann: Ist es rational, moralisch zu sein? – J. W. Hennessey, Jr. / B. Gert: Moralische Regeln und moralische Ideale: eine nützliche Unterscheidung in Unternehmens- und Berufspraxis – O. Höffe: Gerechtigkeit als Tausch? Ein ökonomisches Prinzip für die Ethik – A. Jäger: Unternehmensethik, Unternehmenspolitik und Verantwortung – J. Ladd: Bhopal: moralische Verantwortung, normale Katastrophen und Bürgertugend – H. Lenk / M. Maring: Verantwortung und Mitverantwortung bei korporativem und kollektivem Handeln – J. Meran: Wirtschaftsethik. Über den Stand der Wiederentdeckung einer philosophischen Disziplin – O. v. Nell-Breuning: Wirtschaftsethik – H.-M. Sass: Ethische Risiken im wirtschaftlichen Risiko – H. Steinmann / A. Löhr: Die Diskussion um eine Unternehmensethik in der Bundesrepublik Deutschland – W. Vossenkuhl: Ökonomische Rationalität und moralischer Nutzen – P. H. Werhane: Rechte und Verantwortungen von Korporationen; Dokumente.

Wissenschaft und Ethik. Hrsg. von Hans Lenk. 413 S. UB 8698 [5]. 1991.

Inhalt: K. Bayertz: Wissenschaft als moralisches Problem. Die ethische Besonderheit der Biowissenschaften – G. L. Eberlein: Wertbewußte Wissenschaft: Eine pragmatische Alternative zu wertfreier und parteiischer Wissenschaft – M. Eigen: »Wir müssen wissen, wir werden wissen« – A. Eser: Moderne Fortpflanzungsmedizin und Gentechnik: Rechtliche und sozialpolitische Aspekte der Humangenetik – R. Hegselmann: Wissenschaftsethik und moralische Bildung – O. Höffe: Plädoyer für eine judikativ-kritische Forschungsethik – H. Jonas: Wissenschaft und Forschungsfreiheit. Ist erlaubt, was machbar ist? – H. Keuth: Die Abhängigkeit der Wissenschaften von Wertungen und das Problem der Werturteilsfreiheit – J. Ladd: Computer, Informationen und moralische Verantwortung – H. Lenk: Zu einer praxisnahen Ethik der Verantwortung in den Wissenschaften – H. Lenk / M. Maring: Moralprobleme der Sozialwissenschaftler – E. R. MacCormac: Die Wissenschaft und die Gerichte – M. Maring: Institutionelle und korporative Verantwortung in der Wissenschaft – H. Markl: Freiheit der Wissenschaft, Verantwortung der Forscher – H. Mohr: Homo investigans und die Ethik der Wissenschaft – H. Schuler: Ethische Probleme der (sozial)psychologischen Forschung – H. F. Spinner: Die Wissenschaftsethik in der philosophischen Sackgasse: Ein Reformvorschlag mit geänderter Fragestellung – D. Wandschneider: Das Gutachtendilemma – über das Unethische partikularer Wahrheit – C. F. v. Weizsäcker: Moralische Verantwortung in der Wissenschaft; Dokumente.

Wittek, Erhard: Der ehrliche Zöllner. Erzählungen. Mit einem Nachw. von Lutz Mackensen. 77 S. UB 8050. 1957.

Inhalt: Der Alte Witt – Der ehrliche Zöllner – »In Zelle 109 nichts Neues« *Nicht mehr lieferbar seit 1968.*

Wittenwiler, Heinrich: Der Ring. Frühneuhochdt./Neuhochdt. Nach dem Text von Edmund Wießner ins Neuhochdt. übers. und hrsg. von Horst Brunner. 696 S. UB 8749. 1991.

Wölfflin, Heinrich: Aufsätze. Das Erklären von Kunstwerken. Mit vier Bildtaf. Mit einem Nachw. hrsg. von Joseph Gantner. 63 S. UB 8490. 1961.

Inhalt: Das Erklären von Kunstwerken – Rembrandt – Über das Zeichnen – Über kunsthistorische Verbildung.

Nicht mehr lieferbar seit 1977.

Wohmann, Gabriele: Treibjagd. Erzählungen. Mit einem Nachw. hrsg. von Heinz Schöffler. [Mit einer biogr. Notiz.] 88 S. UB 7912. 1970 [recte: 1971].

Inhalt: In einem Dorf wie unserm – Der Knurrhahn-Stil – Die Krankheit zum Tode – Lese-Reisen – Schöne Ferien – Ein schöner Tag – Treibjagd.

Bibliographisch ergänzte Ausgabe. 88 S. 1989.

Wohmann, Gabriele: Die Witwen oder Eine vollkommene Lösung. Fernsehspiel. [Mit einer biogr. Notiz.] 142 S. UB 9389/90. 1972.

Nicht mehr lieferbar seit 1986.

Wolf, Christa: Neue Lebensansichten eines Katers. Juninachmittag. [Zwei] Erzählungen. Nachw. von Hans-Jürgen Schmitt. 69 S. UB 7686. 1981.

Wolf, Friedrich: Der Arme Konrad. Schauspiel aus dem Deutschen Bauernkrieg 1514. Mit einem Nachw. von Reinhold Grimm. 77 S. UB 9809. 1975.

Nicht mehr lieferbar seit 1989.

Wolf, Friedrich: Professor Mamlock. Ein Schauspiel. Hrsg. von Hermann Haarmann. 96 S. UB 9964. 1980.

Wolf, Ursula → Tugendhat, Ernst / Wolf, Ursula

Wolfe, Thomas: Die Leute von Alt-Catawba. Erzählungen. Übers. von Hans Schiebelhuth. Nachw. von Albert Haueis. 87 S. UB 7849. 1954.

Inhalt: Dunkel im Walde, fremd wie die Zeit – Im Park – Die Leute von Alt-Catawba – Nur die Toten kennen Brooklyn – Zirkus im Tagesgrauen.

Auch als Sonderausgabe zum 125jährigen Bestehen des Verlags (Reclams Jubiläums-Bände). 1954. *(Nicht mehr lieferbar.)*

Nicht mehr lieferbar seit 1976.

Wolfram von Eschenbach: Parzival. Mittelhochdt. Text nach der Ausgabe von Karl Lachmann. Übers. und Nachw. von Wolfgang Spiewok. Bd. 1: Buch 1–8. Mittelhochdt./Neuhochdt. 736 S. UB 3681 [8]. 1981.

Wolfram von Eschenbach: Parzival. [...] Bd. 2: Buch 9–16. Mittelhochdt./Neuhochdt. Nachwort. 704 S. UB 3682 [8]. 1981.

Wolfram von Eschenbach: Parzival. Eine Auswahl. Auf Grund der Übertr. von Wilhelm Hertz hrsg. von Dr. W[alther] Hofstaetter. 79 S. UB 7451. 1950.

Im Anhang überarbeitete Ausgabe. 80 S. 1956.
Durchgesehene Ausgabe. 80 S. 1963.
Durchgesehene Ausgabe. 80 S. 1969.

Wolkenstein, Oswald von: Lieder. Mittelhochdt. und neuhochdt. Auswahl. Hrsg., übers. und erl. von Burghart Wachinger. 127 S. UB 2839/40. 1967.

Bibliographisch ergänzte Ausgabe. 128 S. 1980.
Bibliographisch ergänzte Ausgabe. 128 S. 1992.

Women's Fantastic Adventures. Stories by Ursula K. Le Guin, James Tiptree, Jr., Judith Moffett, Joanna Russ. Hrsg. von Brigitte Scheer-Schäzler. 188 S. UB 9285. 1992. (Fremdsprachentexte.)

Inhalt: U. K. Le Guin: Sur – J. Moffett: Surviving – J. Russ: When It Changed – J. Tiptree, Jr.: The Women Men Don't See.

Woolf, Virginia: Mrs Dalloway's Party. A Short Story Sequence. Hrsg. von Hans-Christian Oeser. 93 S. UB 9196. 1985. (Fremdsprachentexte.)

Inhalt: Ancestors – The Introduction – The Man Who Loved His Kind – Mrs Dalloway in Bond Street – The New Dress – A Summing Up – Together and Apart.

Wordsworth, William: Präludium oder Das Reifen eines Dichtergeistes. Ein autobiographisches Gedicht. [Mit 20 Abb.] Ins Dt. übertr., komm. und mit einer Einl. hrsg. von Hermann Fischer. 419 S. UB 9765–70. 1974.

Auch GEB. 1974. *(Nicht mehr lieferbar.)*

Wühr, Hans → Reclams Kunstführer Deutschland III

Vühr, Paul: Preislied. Hörspiel aus gesammelten Stimmen. Mit einer Rede des Autors: Die Entstehung des »Preislieds« [und einer biogr. Notiz]. 54 S. UB 9749. 1974.
Nicht mehr lieferbar seit 1989.

Würz, Anton → Reclams Operettenführer

Die Wundertüte. Alte und neue Gedichte für Kinder. Hrsg. von Heinz-Jürgen Kliewer. Mit 15 Ill. 317 S. UB 40003. 1989. (Reclam Lesebuch.) *GEB.*

Wundram, Manfred → Reclams Kunstführer Italien II; II,2

Wycherley, William: The Country-Wife / Die Unschuld vom Lande. Komödie. Engl. und dt. Übers. und mit einem Nachw. hrsg. von Holger M. Klein. 303 S. UB 9353–56. 1972.

X

Xenophon: Erinnerungen an Sokrates. Übers. und Anm. von Rudolf Preiswerk. Nachw. von Walter Burkert. 175 S. UB 1855/56. 1971.

Xenophon: Das Gastmahl. Griech./Dt. Übers. und hrsg. von Ekkehard Stärk. 127 S. UB 2056 [2]. 1986.

Xenophon: Des Kyros Anabasis. Der Zug der Zehntausend. Übers. Einl. und Anm. von Helmuth Vretska. [Mit einem Anh. und 1 Karte.] 309 S. UB 1184–86. 1958.

Auch GEB. 1958. (Nicht mehr lieferbar.)
Durchgesehene Ausgabe. 285 S. 1962.
Bibliographisch ergänzte Ausgabe. 285 S. 1983.

achariä, Just Friedrich Wilhelm: Der Renommiste. [Ein komisches Heldengedichte.] Das Schnupftuch. [Ein scherzhaftes Heldengedicht.] Mit einem Anhang zur Gattung des komischen Epos. Hrsg. von Anselm Maler. 184 S. UB 307/307a/b. 1974.
Nicht mehr lieferbar seit 1989.

auberei im Herbste. Deutsche Kunstmärchen von Wieland bis Hofmannsthal. Hrsg. von Hans-Heino Ewers. 678 S. UB 8440 [7]. 1987.

Inhalt: C. Brentano: Von dem traurigen Untergang zeitlicher Liebe – G. Büchner: Es war einmal ein arm Kind – J. v. Eichendorff: Das Marmorbild – J. v. Eichendorff: Die Zauberei im Herbste – F. de la Motte Fouqué: Eine Geschichte vom Galgenmännlein – J. W. Goethe: Das Märchen – W. Hauff: Das kalte Herz – F. Hebbel: Der Rubin – E. T. A. Hoffmann: Die Königsbraut – H. v. Hofmannsthal: Das Märchen der 672. Nacht – R. Huch: Lügenmärchen – K. Immermann: Mondscheinmärchen – G. Keller: Spiegel, das Kätzchen – J. Kerner: Goldener – E. Mörike: Der Schatz – J. C. A. Musäus: Richilde – Novalis: Atlantis-Märchen – Novalis: Hyazinth und Rosenblüte – A. v. Platen: Rosensohn – T. Storm: Die Regentrude – L. Tieck: Der blonde Eckbert – W. H. Wackenroder: Ein wunderbares morgenländisches Märchen von einem nackten Heiligen – F. Wedekind: Die Königin ohne Kopf – C. M. Wieland: Der Stein der Weisen – C. M. Wieland: Timander und Melissa.

Auch GEB. 1987.

er Zauberkasten. Alte und neue Geschichten für Kinder. Hrsg. von Heinz-Jürgen Kliewer und Ursula Kliewer. [Mit 18 Ill.] 309 S. UB 40014. 1992. (Reclam Lesebuch.) *GEB.*

:hnder, Otto
▸ Reclams Musicalführer
▸ Reclams Operettenführer (1982)

:itler, Rudolf
▸ Reclams Kunstführer Finnland
▸ Reclams Kunstführer Schweden

:ntner, Wilhelm → Reclams Opernführer

ola, Emile: Das Fest in Coqueville. Die Überschwemmung. Zwei Novellen. Autorisierte Übers. aus dem Frz. von Henriette Dévidé. Nachw. von Christian Ferber. 88 S. UB 4142. 1953.

Auch als Sonderausgabe zum 125jährigen Bestehen des Verlags (Reclam Jubiläums-Bände). 1953. *(Nicht mehr lieferbar.)*

Durchgesehene Ausgabe. 86 S. 1960.

Zola, Emile: Germinal. Roman. Unter Verwendung der Übers. vo[n] Armin Schwarz mit einem Nachw. hrsg. von Wolfgang Koepper[.] 622 S. UB 4928–34. 1974.

Auch GEB. 1974. *(Nicht mehr lieferbar.)*
Auch GEB. in der Reihe »Reclam Lese-Klassiker«. 622 S. 1986.

Zola, Emile: Thérèse Raquin. [Roman.] Übers. und Nachw. vo[n] Ernst Sander. 285 S. UB 9782–85. 1975.

Auch GEB. 1975. *(Nicht mehr lieferbar.)*

Im Anhang überarbeitete Ausgabe. 271 S. 1984.

Auch GEB. in der Reihe »Reclam Lese-Klassiker«. 271 S. 1988.

Zuckmayer, Carl: Austreibung. 1934–1939. [Aus: Als wär's ei[n] Stück von mir.] Nachw. von Jörg von Uthmann. 133 [S.] UB 7969 [2]. 1983.

Das Zürcher Spiel vom reichen Mann und vom armen Lazaru[s.] [Und:] Pamphilus Gengenbach: Die Totenfresser. [Reformation[s]spiel.] Hrsg. von Josef Schmidt. 64 S. UB 8304. 1969.

Nicht mehr lieferbar seit 1988.

zur Nedden, Otto C. A. → Reclams Schauspielführer

Zweig, Stefan: Angst. Novelle. Mit einem Nachw. von Alexand[er] Carola Grisson. 80 S. UB 6540. 1947.

Durchgesehene Ausgabe. 72 S. 1954.

Auch als Sonderausgabe zum 125jährigen Bestehen des Verlags (Reclam Jubiläums-Bände). 1955. *(Nicht mehr lieferbar.)*

Veränderte Ausgabe. Mit einem Nachw. von Richard Friedenthal. 74 [S.] 1957.
Durchgesehene Ausgabe. Mit einem Nachw. von Richard Friedenth[al.] 63 S. 1971.

Zweig, Stefan: Der verwandelte Komödiant. Ein Spiel aus de[m] deutschen Rokoko. [Mit einer Nachbem.] 48 S. UB 6374. 196[.]

Zwölf Geschichten für Kinder. [Ausw.: Ingelore Oomen.] 78 [S.] UB 9712. 1974

Inhalt: P. O. Enquist: Der Mann im Boot – P. Hacks: Der Bär auf de[m] Försterball – R. Haufs: Der Mann, der aus Grönland kam – Z. Herbert: D[ie] schreckliche Geschichte von Stefan Zirperich – H. Küpper: Sebastian o[der]

Verführung durch Vernunft – A. M. Matute: Der Lehrling – E. Økland: Die Schuhe des Staatsministers – R. Pinget: Herr Träumer – A. Raskin: Wie Papa den Professor gebissen hat – G. Román: Die Bewohner der Schwarzen Berge – K. Szakonyi: Zwei Füchse – Z. Żakiewicz: Die Jagd auf den Silberfuchs.

Nicht mehr lieferbar seit 1988.

Werkmonographien zur bildenden Kunst

Von 1956 bis 1971 erscheinen die »Werkmonographien zur bildenden Kunst in Reclams Universal-Bibliothek« – schmale, bebilderte Bändchen von in der Regel nicht mehr als 32 Textseiten, in denen jeweils ein bedeutendes Werk der bildenden Kunst interpretiert wird.[1] Mit ihnen setzt sich der Verlag, in Ergänzung zu seiner Textbibliothek, eine Art Kunstgeschichte in Einzeldarstellungen zum Ziel, die Möglichkeit eröffnet ihm die Übernahme und Fortführung der von Carl Georg Heise im Gebr. Mann Verlag Berlin begründeten Reihe »Kunstbriefe«. So finden sich auch unter den Reclam-Bänden noch bis 1965 einzelne Neubearbeitungen aus dieser Reihe (im folgenden mit * gekennzeichnet). Bis 1971 wächst die Reihe auf insgesamt 149 Bände, kartoniert mit lackiertem Bildumschlag und einem Umfang von (mit einer Ausnahme) 2 Bogen mit 16 bzw. (bei farbigen Abbildungen) 8 Bildtafeln. Sie tragen die »B-Nummern« UB B 9001 bis B 9149. Die Reihe wird zunächst herausgegeben von Carl Georg Heise, ab 1963 von Carl Georg Heise und Manfred Wundram, ab 1965 von Manfred Wundram. 1970/71 wird das Erscheinungsbild modernisiert; zum nunmehr meist farbigen Umschlag (seit 1970) kommen Farbabbildungen im Tafelteil, bei der Schrift löst die den vorgestellten Pop-Künstlern adäquatere Helvetica die bis dahin verwendete Garamond-Antiqua ab, im Layout wird Asymmetrie das Prinzip. Die 1971 erschienenen Bände sind allerdings die letzten der Reihe; seit Anfang 1976 ist sie nicht mehr lieferbar.

Albers, Josef: Murals in New York. Einf. von Jürgen Wißmann. 32 S. UB B 9144. 1971.

Das Alexandermosaik. Einf. von Bernard Andreae. 32 S. UB B 9119. 1967.

Altdorfer, Albrecht: Die Alexanderschlacht. Einf. von Ernst Buchner. 32 S. UB B 9001. 1956. *

Vgl. dazu Dietrich Bode: Werkmonographien zur bildenden Kunst in Reclams Universal-Bibliothek (1956–1975). Kunst im Taschenbuch. In: Reclam. 125 Jahre Universal-Bibliothek 1867–1992. Verlags- und kulturgeschichtliche Aufsätze. Hrsg. von Dietrich Bode. Stuttgart 1992. S. 380–398.

Bacon, Francis: Painting 1946. Einf. von Alexander Dückers. 32 S. UB B 9145. 1971.
Baldung Grien, Hans: Hexenbilder. Einf. von G[ustav] F[riedrich] Hartlaub. 32 S. UB B 9061. 1961.
Der Bamberger Reiter. Einf. von Hans Jantzen. 32 S. UB B 9095. 1964.
Barlach, Ernst: Der Figurenschmuck von St. Katharinen zu Lübeck. Einf. von Carl Georg Heise. 32 S. UB B 9002. 1956.
Becker-Modersohn, Paula: Mutter und Kind. Einf. von Carl Georg Heise. 32 S. UB B 9062. 1961.
Beckmann, Max: Die Argonauten. Ein Triptychon. Einf. von Erhard Göpel. 32 S. UB B 9013. 1957.
Bellini, Giovanni: Madonna mit Kind. Die Pala di San Giobbe. Einf. von Erich Hubala. 32 S. UB B 9133. 1969.
Die Berliner Andokides-Vase. Einf. von Elfriede R. Knauer. 32 S. UB B 9103. 1965.
Bernini, Gian Lorenzo: Apoll und Daphne. Einf. von Peter Anselm Riedl. 32 S. UB B 9049. 1960.
Meister Bertram: Die Schöpfungsgeschichte. Einf. von Hans Platte. 32 S. UB B 9003. 1956.
Bildnisse der Brücke-Künstler voneinander. Einf. von Hans Wentzel. 32 S. UB B 9063. 1961.
Böcklin, Arnold: Pan. Einf. von Georg Schmidt. 32 S. UB B 9085. 1963.
Botticelli, Sandro: Die Geburt der Venus. Einf. von Jan Lauts. 32 S. UB B 9025. 1958.
Braque, Georges: Stilleben mit Violine und Krug. Einf. von Hans Platte. 32 S. UB B 9086. 1963.
Die Bronzestatuette des Zeus von Dodona. Einf. von Wolfgang Schiering. 32 S. UB B 9134. 1969.
Bruegel, Pieter, d. Ä.: Die niederländischen Sprichwörter. Einf. von Franz Roh. 31 S. UB B 9050. 1960.
Bustelli, Franz Anton: Die italienische Komödie in Porzellan. Einf. von Günther v. Pechmann. 32 S. UB B 9037. 1959. *
Cellini, Benvenuto: Perseus und Medusa. Einf. von Wolfgang Braunfels. 32 S. UB B 9064. 1961.
Cézanne, Paul: Die Badenden. Einf. von Alfred Neumeyer. 32 S. UB B 9038. 1959.
Chagall, Marc: Der Engelssturz. Einf. von Franz Meyer. 32 S. UB B 9096. 1964.
Die Christus-Johannes-Gruppen des XIV. Jahrhunderts. Einf. von Hans Wentzel. 32 S. UB B 9051. 1960. *

Das Christusmosaik in der Laurentius-Kapelle der Galla Placidia in Ravenna. Einf. von Friedrich Gerke. 32 S. UB B 9104. 1965.

Corinth, Lovis: Bildnisse der Frau des Künstlers. Einf. von Carl Georg Heise. Erinnerungen an die Entstehung der Bilder von Charlotte Berend-Corinth. 32 S. UB B 9026. 1958.

Courbet, Gustave: Das Atelier. Einf. von Bert Schug. 32 S. UB B 9073. 1962.

Cranach, Lucas, d. Ä.: Die Ruhe auf der Flucht nach Ägypten. Einf. von Hans Möhle. 32 S. UB B 9111. 1966.

Cranach, Lucas, d. J.: Der Jungbrunnen. Einf. von G[ustav] F[riedrich] Hartlaub. 32 S. UB B 9027. 1958. *

David, Jacques-Louis: Der Tod Marats. Einf. von Klaus Lankheit. 32 S. UB B 9074. 1962.

Degas, Edgar: Die Familie Bellelli. Einf. von Harald Keller. 32 S. UB B 9075. 1962.

Delacroix, Eugène: Die Freiheit auf den Barrikaden. Einf. von Günter Busch. 32 S. UB B 9052. 1960.

Dietz, Ferdinand: Der Figurenschmuck des Parks in Veitshöchheim. Einf. von Hans Konrad Röthel. 32 S. UB B 9028. 1958. *

Donatello: Der heilige Georg. Einf. von Manfred Wundram. 32 S. UB B 9120. 1967.

Donatello: Das Reiterdenkmal des Gattamelata. Einf. von Martin Gosebruch. 32 S. UB B 9029. 1958.

Donner, Georg Raphael: Der Brunnen am Neuen Markt in Wien. Einf. von Bruno Grimschitz. 32 S. UB B 9039. 1959. *

Dürer, Albrecht: Die Apokalypse des Johannes. Einf. von Werner Körte (†). [Durchges. von Elisabeth Körte.] 32 S. UB B 9014. 1957. *

Dürer, Albrecht: Die vier Apostel. Einf. von Kurt Martin. 32 S. UB B 9087. 1963.

Der Engelspfeiler im Straßburger Münster. Einf. von Harald Keller. 32 S. UB B 9015. 1957. *

Ernst, Max: Der große Wald. Einf. von Helmut R. Leppien. 32 S. UB B 9121. 1967.

Eyck, Jan van: Die Madonna des Kanonikus Paele. Einf. von Günter Busch. 32 S. UB B 9040. 1959.

Feininger, Lyonel: Segelschiffe. Einf. von Johannes Langner. 32 S. UB B 9076. 1962.

Meister Francke: Der Englandfahrer-Altar. Einf. von Herbert Pée. 32 S. UB B 9122. 1967.

Friedrich, Caspar David: Die Jahreszeiten. Einf. von Erika Platte. 32 S. UB B 9065. 1961.

Füssli, Johann Heinrich: Ein Sommernachtstraum. Einf. von Gert Schiff. 32 S. UB B 9066. 1961.

Gainsborough, Thomas: Die Töchter des Künstlers. Einf. von Carl Georg Heise. 32 S. UB B 9030. 1958.

Gauguin, Paul: Ta Matete (Der Markt). Einf. von Hans Platte. 32 S. UB B 9041. 1959.

Das Gerokreuz im Kölner Dom. Einf. von Max Imdahl. 32 S. UB B 9097. 1964.

Ghiberti, Lorenzo: Paradiestür. Einf. von Manfred Wundram. 32 S. UB B 9088. 1963.

Giotto di Bondone: Die Geschichte von Joachim und Anna. Einf. von Theodor Hetzer. 32 S. UB B 9042. 1959. *

Goes, Hugo van der: Der Portinari-Altar. Einf. von Karl Arndt. 32 S. UB B 9105. 1965.

Gogh, Vincent van: Selbstbildnisse. Einf. von A[braham] M[aria] Hammacher. 32 S. UB B 9053. 1960.

Goya, Francisco de: Die Erschießungen vom 3. Mai 1808. Einf. von Richard Tüngel. 32 S. UB B 9054. 1960.

El Greco (Domenico Theotocopuli): Das Begräbnis des Grafen Orgaz. Einf. von Alfred Neumeyer. 32 S. UB B 9016. 1957.

Grünewald, Matthias (Mathis Gothardt-Neithardt): Die Erasmus-Mauritius-Tafel. Einf. von Ludwig Grote. 32 S. UB B 9017. 1957. *

Grünewald, Matthias: Der Isenheimer Altar. Einf. von Adolf M. Vogt. 32 S. UB B 9112. 1966.

Günther, Ignaz: Bildwerke in Weyarn. Einf. von Theodor Müller. 32 S. UB B 9098. 1964.

Hals, Frans: Das Festmahl der St. Georgs-Schützengilde 1616. Einf. von Seymour Slive. [Übers. von Carl Georg Heise.] 32 S. UB B 9077. 1962.

Hodler, Ferdinand: Die Nacht. Einf. von Hans Christoph von Tavel. 32 S. UB B 9135. 1969.

Holbein, Hans, d. J.: Christus im Grabe. Einf. von Heinrich Klotz. 31 S. UB B 9130. 1968.

Holbein, Hans, d. J.: Die Gesandten. Einf. von Carl Georg Heise. 32 S. UB B 9043. 1959. *

Houdon, Jean-Antoine: Voltaire. Einf. von Willibald Sauerländer. 32 S. UB B 9089. 1963.

Kandinsky, Wassily: Kleine Welten. Einf. von Peter Anselm Riedl. 32 S. UB B 9078. 1962.

Kirchner, Ernst Ludwig: Straßenbilder. Einf. von Ewald Rathke. 32 S. UB B 9136. 1969.

Klee, Paul: Fische. Einf. von Werner Schmalenbach. 32 S. UB B 9031. 1958.

Kokoschka, Oskar: Thermopylae (1954). Einf. von Carl Georg Heise. Beitr. von Oskar Kokoschka und Bruno Snell. 32 S. UB B 9068. 1961.

Kollwitz, Käthe: Der Weberaufstand. Einf. von F[riedrich] Ahlers-Hestermann. 32 S. UB B 9055. 1960.

Das Königsportal der Kathedrale von Chartres. Einf. von Wolfgang Schöne. 32 S. UB B 9067. 1961.

Kraft, Adam: Die Nürnberger Stadtwaage. Einf. von Erich Steingräber. 31 S. UB B 9113. 1966.

Laokoon. Einf. von Hellmut Sichtermann. 32 S. UB B 9101. 1964.

Lehmbruck, Wilhelm: Die Kniende. Einf. von Eduard Trier. 32 S. UB B 9032. 1958.

Leibl, Wilhelm: Die Dorfpolitiker. Einf. von Eberhard Hanfstaengl. 32 S. UB B 9033. 1958.

Leonardo da Vinci: Das Abendmahl. Einf. von Ludwig H. Heydenreich. 32 S. UB B 9034. 1958.

Leonardo da Vinci: Il Cavallo. Einf. von Theodor Müller. 32 S. UB B 9090. 1963. *

Lichtenstein, Roy: Ertrinkendes Mädchen. Einf. von Bernhard Kerber. 31 S. UB B 9138. 1970.

Lippi, Filippo: Anbetung des Kindes. Einf. von Alfred Neumeyer. 32 S. UB B 9099. 1964.

Lochner, Stefan: Madonna im Rosenhag. Einf. von Manfred Wundram. 32 S. UB B 9106. 1965.

Luca della Robbia: Die Sängerkanzel. Einf. von Margrit Lisner. 32 S. UB B 9059. 1960.

Macke, August: Das Russische Ballett. Einf. von Günter Busch. 40 S. UB B 9114. 1966.

Maillol, Aristide: La Méditerrannée. Einf. von Berthold Hackelsberger. 31 S. UB B 9056. 1960.

Manet, Edouard: Un Bar aux Folies-Bergère. Einf. von Günter Busch. 32 S. UB B 9004. 1956.

Mantegna, Andrea: Die Madonna della Vittoria. Einf. von Jan Lauts. 32 S. UB B 9057. 1960. *

Marc, Franz: Der Turm der blauen Pferde. Einf. von Klaus Lankheit. 32 S. UB B 9069. 1961.

Marcks, Gerhard: Albertus Magnus (1955). Einf. von Heinz Ladendorf. 32 S. UB B 9079. 1962.

Marées, Hans von: Die Fresken in Neapel. Einf. von Ludwig Grote. 32 S. UB B 9035. 1958. *
Marini, Marino: Il Miracolo (1953). Einf. von Heinz Fuchs. 32 S. UB B 9070. 1961.
Matisse, Henri: La Coiffure. Einf. von Gotthard Jedlicka. 32 S. UB B 9107. 1965.
Menzel, Adolph: Das Flötenkonzert Friedrich des Großen. Einf. von Paul Ortwin Rave. 32 S. UB B 9005. 1956. *
Michelangelo: Die Pietà im Dom zu Florenz. Einf. von Herbert v. Einem. 32 S. UB B 9006. 1956.
Moore, Henry: König und Königin. Einf. von Peter Anselm Riedl. 32 S. UB B 9018. 1957.
Morris, Robert: Felt piece. Einf. von Walter Kambartel. 32 S. UB B 9146. 1971.
Moser, Lucas: Der Magdalenenaltar in Tiefenbronn. Einf. von Wilhelm Boeck. 32 S. UB B 9124. 1971.
Munch, Edvard: Die vier Söhne des Dr. Max Linde. Einf. von Carl Georg Heise. 32 S. UB B 9007. 1956.
Die Naumburger Stifterfiguren. Einf. von Hans Jantzen. 32 S. UB B 9044. 1959.
Nay, Ernst Wilhelm: Akkord in Rot und Blau (1958). Einf. von Max Imdahl. 32 S. UB B 9080. 1962.
Newman, Barnett: Who's afraid of red, yellow and blue III. Einf. von Max Imdahl. 32 S. UB B 9147. 1971.
Nolde, Emil: Das Abendmahl. Einf. von Alfred Hentzen. 32 S. UB B 9100. 1964.
Notke, Bernt: St. Jürgen zu Stockholm. Einf. von Max Hasse. 32 S. UB B 9081. 1962.
Oldenburg, Claes: Schreibmaschine. Einf. von Bernhard Kerber. 32 S. UB B 9148. 1971.
Das Orpheus-Relief. Einf. von Walter Herwig Schuchhardt. 32 S. UB B 9102. 1964.
Der Ortenberger Altar in Darmstadt. Einf. von Gerhard Bott. 32 S. UB B 9115. 1966.
Pacher, Michael: Der Kirchenväter-Altar. Einf. von Peter Halm. 32 S. UB B 9019. 1957.
Pacher, Michael: Der St.-Wolfgang-Altar. Einf. von Franz Fuhrmann. 32 S. UB B 9125. 1967.
Das Perikopenbuch Kaiser Heinrichs II. (Clm. 4452 der Bayerischen Staatsbibliothek München.) Einf. von Albert Boeckler [(†), durchges. von Sigrid v. Borries]. 32 S. UB B 9058. 1960. *

Phidias und der Parthenonfries. Einf. von Ernst Langlotz. 32 S. UB B 9108. 1965.

Picasso, Pablo: Les Demoiselles d'Avignon. Einf. von Günter Bandmann. 32 S. UB B 9109. 1965.

Picasso, Pablo: Maler und Modell. Einf. von F[riedrich] Ahlers-Hestermann. 32 S. UB B 9008. 1956.

Pollock, Jackson: Number 32. 1950. Einf. von Walter Kambartel. 32 S. UB B 9139. 1970.

Polyklet: Doryphoros. Einf. von Thuri Lorenz. 32 S. UB B 9116. 1966.

Poussin, Nicolas: Das Reich der Flora. Einf. von Robert Oertel. 32 S. UB B 9045. 1959.

Raffael Santi: Die Verklärung Christi (»Die Transfiguration«). Einf. von Ordenberg Bock v. Wülfingen. 32 S. UB B 9009. 1956. *

Rauschenberg, Robert: Black Market. Einf. von Jürgen Wißmann. 32 S. UB B 9140. 1970.

Das Reiterstandbild des Kaisers Marc Aurel. Einf. von Elfriede R. Knauer. 32 S. UB B 9128. 1968.

Rembrandt van Rijn: Die Nachtwache (1642). Einf. von Kurt Bauch. 32 S. UB B 9020. 1957.

Rembrandt van Rijn: Der Segen Jakobs. Einf. von Herbert von Einem. 32 S. UB B 9110. 1965. *

Renoir, Auguste: Das Ehepaar Sisley. Einf. von Benno Reifenberg. 32 S. UB B 9046. 1959.

Rethel, Alfred: Auch ein Totentanz. Holzschnittfolge, 1849. Einf. von Theodor Heuss. 32 S. UB B 9021. 1957.

Rickey, George: Kinetische Objekte. Einf. von Peter Anselm Riedl. 32 S. UB B 9141. 1970.

Riemenschneider, Tilman: Die Beweinung in Maidbronn. Einf. von Max H. von Freeden. 32 S. UB B 9010. 1956. *

Robbia → Luca della Robbia

Rodin, Auguste: Die Bürger von Calais. Einf. von Hermann Bünemann. 32 S. UB B 9022. 1957. *

Rubens, Peter Paul: Die Geißblattlaube (Doppelbildnis des Künstlers mit Isabella Brant). Einf. von Wolfgang Schöne. 32 S. UB B 9011. 1956.

Rubens, Peter Paul: Der Münchener Kruzifixus. Einf. von Erich Hubala. 32 S. UB B 9127. 1967.

Ruisdael, Jacob van: Die Mühle von Wijk. Einf. von Max Imdahl. 32 S. UB B 9131. 1968.

Runge, Philipp Otto: Das Bildnis der Eltern. Einf. von Herbert von Einem. 32 S. UB B 9023. 1957. *

Schadow, Johann Gottfried: Die Gruppe der Prinzessinnen. Einf. von Werner Gramberg. 32 S. UB B 9071. 1961.
Schiele, Egon: Die Familie. Einf. von Werner Hofmann. 32 S. UB B 9132. 1968.
Schlemmer, Oskar: Die Wandbilder für den Brunnenraum im Museum Folkwang Essen. Einf. von Johann Eckart v. Borries. 32 S. UB B 9060. 1960.
Schlüter, Andreas: Das Denkmal des Großen Kurfürsten. Einf. von Heinz Ladendorf. 32 S. UB B 9072. 1961.
Schmidt-Rottluff, Karl: Bilder aus Nidden 1913. Einf. von Gerhard Wietek. 32 S. UB B 9091. 1963.
Das Sebaldusgrab in Nürnberg. Einf. von Klaus Pechstein. 32 S. UB B 9126. 1967.
Segal, George: Ruth in her Kitchen. Einf. von Gert Kreytenberg. 32 S. UB B 9142. 1970.
Slevogt, Max: Der Sänger d'Andrade als Don Giovanni. Einf. von Bruno Bushart. 32 S. UB B 9047. 1959.
Die St.-Georgs-Statuette in München. Einf. von Herbert Brunner. 32 S. UB B 9129. 1967.
Stella, Frank: Sanbornville II. Einf. von Max Imdahl. 32 S. UB B 9143. 1970.
Stoß, Veit: Der Bamberger Marien-Altar. Einf. von Harald Keller. 32 S. UB B 9048. 1959.
Syrlin, Jörg, d. Ä.: Das Ulmer Chorgestühl (1468–1474). Einf. von Herbert Pée. 32 S. UB B 9082. 1962.
Der Tausendblumenteppich in Bern. Einf. von Florens Deuchler. 32 S. UB B 9117. 1966.
Tiepolo, Giovanni Battista: Das Fresko im Treppenhaus der Würzburger Residenz. Einf. von Gerhard Bott. 32 S. UB B 9092. 1963.
Tischbein, J[ohann] H[einrich] W[ilhelm]: Goethe in der Campagna. Einf. von Christian Beutler. 32 S. UB B 9083. 1962.
Tiziano Vecellio: Danae. Einf. von Ordenberg Bock v. Wülfingen 32 S. UB B 9036. 1958.
Vasarely, Victor: Folklor-N2. Einf. von Peter Anselm Riedl. 32 S UB B 9149. 1971.
Velazquez, Diego: Die Übergabe von Breda. Einf. von Werner Hager. 32 S. UB B 9012. 1956.
Vermeer van Delft: Die Malkunst. Einf. von Werner Hager. 32 S UB B 9118. 1966.
Verrocchio und Leopardi: Das Reiterdenkmal des Colleoni. Einf von Christian Adolf Isermeyer. 32 S. UB B 9093. 1963.

Der Vierjahreszeiten-Altar in Würzburg. Einf. von Erika Simon. 32 S. UB B 9123. 1967.

Watteau, Antoine: Das Ladenschild des Kunsthändlers Gersaint. Einf. von Paul Ortwin Rave. 32 S. UB B 9024. 1957.

Weyden, Rogier van der: Der Columba-Altar. Einf. von Karl Arndt. 32 S. UB B 9084. 1962.

Witz, Konrad: Der Heilspiegelaltar. Einf. von Joseph Gantner. 32 S. UB B 9137. 1969.

Zadkine, Ossip: Mahnmal für Rotterdam. Einf. von Johannes Langner. 32 S. UB B 9094. 1963.

Autobiographische Nachworte

Eine Besonderheit der Universal-Bibliothek bilden Auswahlbände moderner Schriftsteller und Philosophen. Sie enthalten häufig ein eigens für den Reclam-Band verfaßtes Selbstporträt des Autors. Hier eine Zusammenstellung von Titeln mit solchen autobiographischen Einleitungen und Nachworten.

Hans Albert: Kritische Vernunft und menschliche Praxis. UB 9874. 1977.
Enthält: Autobiogr. Einl.

Wolfgang Altendorf: Das dunkle Wasser u. a. UB 8288. 1959.
Enthält: Autobiogr. Notiz.

Paul Alverdes: Die Pfeiferstube. UB 7706. 1951.
Enthält: Autobiogr. Nachw.

Hans Bender: Das wiegende Haus. UB 8494. 1961.
Enthält: Autobiogr. Nachw.

Werner Bergengruen: Die Feuerprobe. UB 7214. 1951.
Enthält: Bekenntnis zur Höhle (Autobiogr. Nachw.).

Horst Bienek: Die Zelle. UB 9930. 1979.
Enthält: Autobiogr. Nachw.

Heinrich Böll: Der Mann mit den Messern. UB 8287. 1959.
Enthält: Autobiogr. Nachw.

Rolf Bongs: Monolog eines Betroffenen. UB 8486. 1961.
Enthält: Autobiogr. Nachw.

Christine Brückner: Lewan, sieh zu! UB 9732. 1974.
Enthält: Not lehrt schreiben (Autobiogr. Nachw.).

Otto Brües: Das Gastmahl am Wapper. UB 7705. 1951.
Enthält: Selbstbildnis (Autobiogr. Nachw.).

Ernest Claes: Die Dorfmusik. UB 7421. 1953.
Enthält: Brief des Dichters an den Übersetzer (Autobiogr. Skizze).

Heimito von Doderer: Das letzte Abenteuer. UB 7806. 1953.
Enthält: Autobiogr. Nachw.

Kasimir Edschmid: Italien festlich. UB 8253. 1963.
Enthält: Einige Worte des Autors (Autobiogr. Nachw.).

Hans Franck: Die Pilgerfahrt nach Lübeck. UB 8257. 1963.
Enthält: Mein Leben (Autobiogr. Nachw.).

Gerd Gaiser: Revanche. UB 8270. 1959.
Enthält: Autobiogr. Nachw.

Otto Gmelin: Conradin reitet. UB 7213. 1951.
Enthält: Selbstbildnis und Selbstbekenntnis (Autobiogr. Nachw.).

Ludwig Harig: Logbuch eines Luftkutschers. UB 7691. 1981.
Enthält: Ordnung und spätes Glück (Autobiogr. Einl.).

Hugo Hartung: Ein Junitag. UB 7658. 1955.
Enthält: Autobiogr. Notiz.

Manfred Hausmann: Die Begegnung u. a. UB 7311. 1953.
Enthält: Zwei Selbstbildnisse (Autobiogr. Nachw.).

Werner Helwig: Nachtweg durch Lappland. UB 7882. 1955.
Enthält: Autobiogr. Notiz.

Wolfgang Hildesheimer: Begegnung im Balkanexpreß u. a. UB 8529. 1968.
Enthält: Autobiogr. Nachw.

Moritz Jahn: Frangula. UB 7211. 1953.
Enthält: Autobiogr. Nachw.

Ernst Jandl: Sprechblasen. UB 9940. 1979.
Enthält: Autobiographische Ansätze (Nachw.).

Marie Luise Kaschnitz: Caterina Cornaro u. a. UB 8731. 1966.
Enthält: Autobiogr. Nachw.

Kurt Kluge: Nocturno. UB 7445. 1949.
Enthält: Aus dem Leben des Dichters (Autobiogr. Nachw.).

Wolfgang Koeppen: New York. UB 8602. 1961.
Enthält: Autobiogr. Nachw.

Gertrud von Le Fort: Die Verfemte. UB 8524. 1967.
Enthält: Heidelberg (Autobiogr. Nachw.).

Wilhelm Lehmann: Gedichte. UB 8255. 1963.
Enthält: Biographische Nachricht (Nachw.).

Hans Leip: Die Klabauterflagge. UB 7900. 1956.
Enthält: Rückblick (Autobiogr. Nachw.).

Hermann Lenz: Durch den Krieg kommen. UB 7941. 1983.
Enthält: Autobiogr. Nachw.

Siegfried Lenz: Stimmungen der See. UB 8662. 1962.
Enthält: Autobiogr. Nachw.

Gert Loschütz: Hör mal, Klaus! UB 9842. 1977.
Enthält: Notizen zum Lebenslauf (Autobiogr. Nachw.).

Benno Meyer-Wehlack / Irena Vrkljan: Die Sonne des fremden Himmels u. a. UB 9920. 1978.
Enthält: Zu den Stücken und zum Leben (Autobiogr. Nachw.).

Josef Mühlberger: Eine Kindheit in Böhmen. UB 8296. 1960.
Enthält: Autobiogr. Nachw.

Eckart von Naso: Die Begegnung. UB 8225. 1958.
Enthält: Der Autor erzählt (Autobiogr. Nachw.).

Günther Patzig: Tatsachen, Normen, Sätze. UB 9986. 1980.
Enthält: Autobiogr. Einl.

Heinz Piontek: Windrichtungen. UB 8859. 1963.
Enthält: Autobiogr. Skizze.

Helmuth Plessner: Mit anderen Augen. UB 7886. 1982.
Enthält: Autobiogr. Einl.

Adolf Portmann: Um das Menschenbild. UB 8893. 1964.
Enthält: Autobiogr. Nachw.

Sigismund von Radecki: Rückblick auf meine Zukunft. UB 7561. 1953.
Enthält: Einiges über Radecki (Autobiogr. Nachw.).

Christa Reinig: Das Aquarium. UB 8305. 1969.
Enthält: Autobiogr. Nachw.

Luise Rinser: Jan Lobel aus Warschau. UB 8897. 1964.
Enthält: Autobiogr. Nachw.

Heinz Risse: Buchhalter Gottes. UB 8431. 1960.
Enthält: Autobiogr. Nachw.

Hans Rothe: Verwehte Spuren u. a. UB 8324. 1969.
Enthält: Autobiogr. Nachw.

Jan Rys: Grenzgänger. UB 8337. 1969.
Enthält: Autobiogr. Nachw.

Ruth Schaumann: Die Zwiebel. UB 7560. 1952.
Enthält: Über sich selbst ... (Autobiogr. Nachw.).

Friedrich Schnack: Liebesgärtchen für Clementine. UB 7816. 1954.
Enthält: Selbstbildnis (Autobiogr. Nachw.).

Wolfdietrich Schnurre: Ein Fall für Herrn Schmidt. UB 8677. 1962.
Enthält: Autobiogr. Nachw.

Wilhelm von Scholz: Die Liebe der Charlotte Donc. UB 7460. 1950.
Enthält: Umriß meines Lebens (Autobiogr. Nachw.).

Ina Seidel: Spuk in des Wassermanns Haus. UB 7312. 1950.
Enthält: Kurzer Lebensbericht (Autobiogr. Nachw.).

Hermann Stahl: Eine Heimkehr u. a. UB 8489. 1961.
Enthält: Autobiogr. Nachw.

Wolfgang Stegmüller: Rationale Rekonstruktion von Wissenschaft und ihrem Wandel. UB 9938. 1979.
Enthält: Autobiogr. Einl.

Frank Thieß: Der Tenor von Trapani. UB 7506. 1952.
Enthält: Leben besteht aus Umwegen (Autobiogr. Nachw.).

Felix Timmermans: Kleine Leute in Flandern. UB 7292. 1949.
Enthält: Selbstbildnis (Autobiogr. Skizze).

Johannes Urzidil: Neujahrsrummel. UB 8054. 1957.
Enthält: Lieber Leser! (Autobiogr. Nachw.)

Martin Walser: Die Zimmerschlacht. UB 7677. 1981.
Enthält: Von Wasserburgern (Autobiogr. Skizze).

Dieter Wellershoff: Die Bittgänger u. a. UB 8572. 1968.
Enthält: Autobiogr. Nachw.

Wolfgang Weyrauch: Das grüne Zelt u. a. UB 8256. 1963.
Enthält: Autobiogr. Nachw.

Erwin Wickert: Der Klassenaufsatz u. a. UB 8443. 1960.
Enthält: Autobiogr. Nachw.

Verzeichnisse

Chronologisches Verzeichnis

Von Mitte September 1947 bis Ende Mai 1948 werden vom »Reclam Verlag Stuttgart« (so die damalige Firmierung) im Auftrag des Württembergischen Kultministeriums acht Titel als Lizenz-Ausgaben der Universal-Bibliothek verlegt und an die Schulen Württembergs ausgeliefert. Sechs davon sind Wiederaufnahmen aus dem Leipziger Programm, zwei Titel (Kipling und Sealsfield) sind neu; im einzelnen handelt es sich um:

Gerstäcker: Die Flucht über die Kordilleren u. a. (UB 6320.)
Keller: Frau Regel Amrain und ihr Jüngster. (UB 6174.)
Kipling: Mowgli der Waldgott. (UB 7612.)
Schiller: Wilhelm Tell. (UB 12.)
Sealsfield: Ein seltsames Wiedersehen. (UB 7613.)
Stifter: Bergkristall. (UB 3912.)
Storm: Pole Poppenspäler. (UB 6013.)
Weinland: Aus grauer Vorzeit. (UB 7601.)

Am 15. August 1948 erscheint die erste reguläre Serie der UB in Stuttgart. Sie umfaßt neben den acht bereits vorgelegten neun weitere Titel. Eine zweite Serie erscheint im Oktober. Das Jahr 1949 bringt dann die Entscheidung für einen konsequenten Wiederaufbau von Reclams Universal-Bibliothek; im monatlichen Rhythmus erscheinen insgesamt 86 Titel, bis Ende 1953 sind es 360 Titel. Ab 1954 erscheinen dann zunächst fünf, später sechs Auslieferungsserien im Jahr, ab 1983 sind es sieben. Bis 1954 tragen die Bände auf der Impressumseite den Vermerk »Lizenz-Ausgabe von Reclams Universal-Bibliothek Nr. ...«.

Inhaltlich differenziert sich das Programm dabei zusehends, ganze Programmsegmente entstehen neu. So erscheinen zunächst vereinzelt (»Deutscher Minnesang«, 1954; »Petrarca: Sonette an Madonna Laura«, 1956; »Hebel: Alemannische Gedichte«, 1960; »Hartmann von Aue: Gregorius«, 1963; »Lieder des Archipoeta«, 1965) und ab 1967 regelmäßig zweisprachige Textausgaben, 1970 wird daraus eine eigene zweisprachige Reihe innerhalb der UB. Sie erhält bei der im gleichen Jahr vorgenommenen Umstellung auf farbige Umschläge die Farbe Orange, während die ›klassische‹ UB fortan im gelben Umschlag erscheint.

Schon im Herbst 1969 erscheinen die ersten Bände der Reihe »Erläuterungen und Dokumente« mit Kommentaren zu klassischen

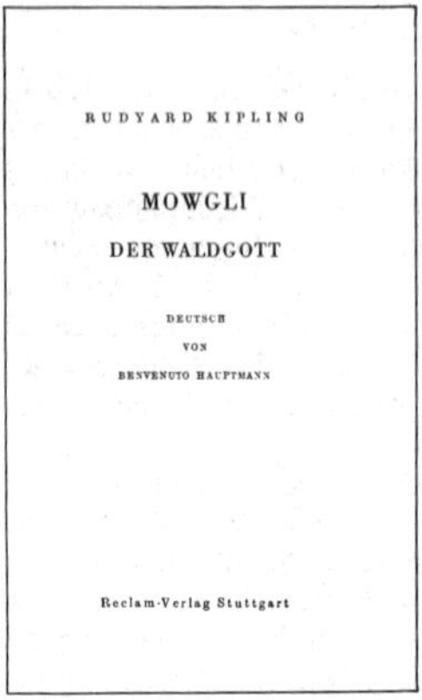

Einer der 8 Bände von 1947; in derselben Gestaltung erscheint im August 1948 die erste Serie der UB (abgebildet sind jeweils Vorder- und Rückseite).
Unten die Titelseite der ersten Ausgabe, November 1947.

wie auch modernen Texten für Schule und Universität. Sie werden von Beginnn an in grünen Umschlägen ausgeliefert.

1973 kommt mit den »Arbeitstexten für den Unterricht« die Farbe Blau hinzu. Darin werden Materialien vorwiegend für den Sprach- und Literatur-Unterricht, für Geschichte und Gesellschaftskunde angeboten; zunächst erscheinen die Arbeitstexte zweimal jährlich in separaten Serien, ab 1987 sind sie in die normalen Auslieferungsserien der UB integriert.

Als bislang letzte Reihe entstehen 1983 die »Fremdsprachentexte« – ungekürzte englisch- und französischsprachige Textausgaben mit einem fremdsprachig-deutschen Glossar am Fuß der Seite und einem Nachwort; sie erhalten die Farbe Rot und erscheinen ebenfalls zunächst in separaten Serien und ab 1986 innerhalb der UB-Auslieferungsserien.

Eine Reihe ganz eigenen Charakters innerhalb der UB bilden die von 1956 bis 1971 erschienenen »Werkmonographien zur bildenden Kunst«; sie sind hier gesondert zusammengestellt (s. S. 439 ff.).

Mehrfach hat Reclams Universal-Bibliothek, auch vor und nach der schon erwähnten, 1970 erfolgten Umstellung auf farbige Umschläge, ihr Gesicht geändert; diese Wandlungen in der Umschlaggestaltung werden durch die Abbildungen veranschaulicht, die dem nachfolgenden Verzeichnis an den entsprechenden Stellen beigegeben sind. Seit 1987 (»Berlin! Berlin!«) werden einzelne, ausgewählte Titel auch mit mehrfarbigen Sonderumschlägen versehen (s. Abb. S. 505), wie immer schon einzelne Bände besonders ausgestattet worden waren (s. Abb. S. 476).

Auf die Gestaltung der gebundenen Titel ist an dieser Stelle nur summarisch einzugehen. Es handelt sich in der Regel um Ganzleinenbände, ab Juni 1956 mit Schutzumschlag; eine Besonderheit bilden die in fünf Serien von September 1953 bis März 1955 zum 125jährigen Bestehen des Verlags erschienenen insgesamt 55 Jubiläumsbände (die Bezeichnung findet sich in den Bänden selber nicht, in Anzeigen u. ä. wird die Reihe jedoch als »Reclams Jubiläums-Bände« geführt), farbige, lackierte Pappbände mit Titelbild. Ähnlich ausgestattet, jedoch mit festerem Einband und stärkerem Umfang, ist die seit 1988 erscheinende Reihe »Reclam Lesebuch«.

Das Chronologische Verzeichnis listet alle in der Universal-Bibliothek erschienenen Titel so, wie sie in Auslieferungsserien erschienen sind, im Monat ihres Erscheinens auf. Der besseren Übersichtlichkeit halber sind dabei die gebundenen Titel (Handbücher, Führer usw.) gesondert von der eigentlichen UB aufgeführt, Titel, die lediglich in gebundener Teilauflage parallel zur kartonierten UB-Ausgabe erschienen sind (s. dazu S. 9), bleiben ausgeklammert, ebenso Titel, die keine UB-Nummer tragen und nicht in Serien ausgeliefert wurden (es handelt sich dabei um einzelne verlagshistorische Publikationen wie den Jubiläumsalmanach »100 Jahre Universal-Bibliothek«, den mehrfach neubearbeiteten »Verfasser-, Schlag- und Stichwortkatalog«, beide im alphabetischen Teil unter → Reclam, oder den Band »Begegnung mit 125 Jahren Reclam« von 1953), nicht verzeichnet sind schließlich die ab 1954 jeweils im Herbst und zumeist nicht in einer Serie erschienenen Jahrgänge von »Reclams Literatur-Kalender«.

Die Schreibweise der Verfassernamen ist normalisiert. Die als »Arbeitstexte für den Unterricht«, »Erläuterungen und Dokumente« und »Fremdsprachentexte« innerhalb normaler Auslieferungsserien (s. o.) erschienenen Bände tragen, um den Überblick zu erleichtern, die Zusätze »AT«, »ED«, »FT« und sind ans Ende der Serien gestellt.

August 1948

Bergengruen: Das Hornunger Heimweh. UB 7530.
Gerstäcker: Die Flucht über die Kordilleren u. a. UB 6320.
Hauptmann: Bahnwärter Thiel. UB 6617.
Hesse: In der alten Sonne. UB 7557.
Keller: Die drei gerechten Kammacher. UB 6173.
Keller: Frau Regel Amrain und ihr Jüngster. UB 6174.
Kipling: Mowgli der Waldgott. UB 7612.
Lessing: Nathan der Weise. UB 3/3a.
London: Die Goldschlucht. UB 7070.
London: Nächtliche Fahrten u. a. UB 7614.
Schiller: Wilhelm Tell. UB 12.
Sealsfield: Ein seltsames Wiedersehen. UB 7613.
Stevenson: Der Flaschenkobold. UB 6765.
Stifter: Bergkristall. UB 3912.
Storm: Pole Poppenspäler. UB 6013.
Weinland: Aus grauer Vorzeit [Ausw.]. UB 7601.
Zweig: Angst. UB 6540.

Oktober 1948

Delius: Kungfutse. UB 7065.
Diesel: Die Macht des Vertrauens. UB 7616.
Dostojewskij: Die Sanfte. UB 6570.
Goethe: Egmont. UB 75.
Goethe: Gedichte. UB 6782–84.
Goethe: Die Geschwister u. a. UB 108.
Goethe: Götz von Berlichingen. UB 71.
Goethe: Iphigenie auf Tauris. UB 83.
Goethe: Die Leiden des jungen Werthers. UB 67/67a.
Gunnarsson: Advent im Hochgebirge. UB 7328.
Heine: Deutschland. Ein Wintermärchen. UB 2253.
La Rochefoucauld: Maximen und Reflexionen. UB 678.
Verlaine: Meine Gefängnisse. UB 6780.
Wassermann: Das Gold von Caxamalca. UB 6900.

Dezember 1948

Gedanken sind Kräfte. *GEB*.

Januar 1949

Constant: Über die Gewalt. UB 7618–20.
Dörfler: Das Gesicht im Nebel. UB 7313.
Dostojewskij: Der Großinquisitor. UB 6256.
Goethe: Faust I. UB 1/1a.
Goethe: Faust II. UB 2/2a.
Goethe: Urfaust. UB 5273.
Kleist: Michael Kohlhaas. UB 218/219.
Riehl: Der stumme Ratsherr u. a. UB 6802.
Stevenson: Dr. Jekyll und Mr. Hyde. UB 6649/50.
Stifter: Brigitta. UB 3911.
Storm: Der Schimmelreiter. UB 6015/16.

Februar 1949

Benz: Goethe und Beethoven. UB 7512.
Defoe: Robinson Crusoe [Ausw.]. UB 7611.

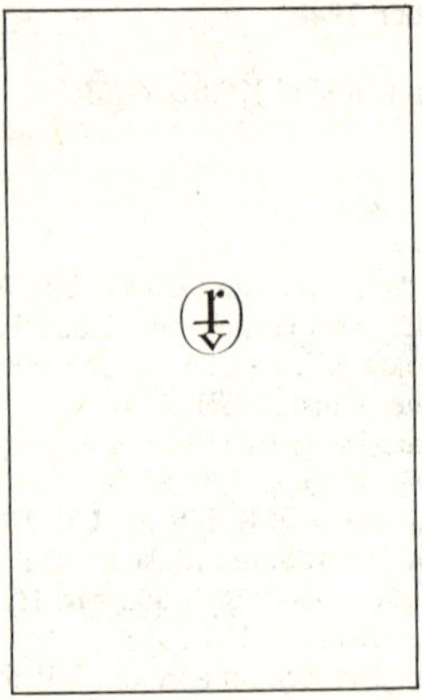

Oben: Impressumseite eines Bandes von 1947, rechts zum Vergleich das Impressum des Nachdrucks von 1949.
Unten: Der ab Oktober 1948 verwendete Umschlagentwurf mit neuem Rückensignet von Alfred Finsterer.

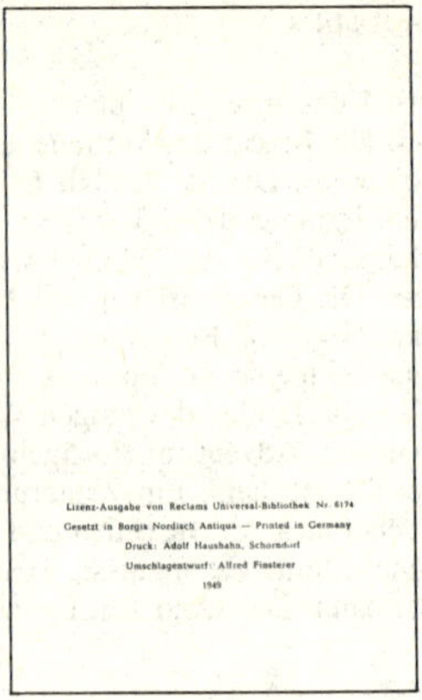

Eichendorff: Aus dem Leben eines Taugenichts. UB 2354.
Hauff: Das kalte Herz u. a. UB 6706.
Keller: Das Fähnlein der sieben Aufrechten. UB 6184.
Keller: Romeo und Julia auf dem Dorfe. UB 6172.
Storm: Immensee u. a. UB 6007.

März 1949

Brauchle: Hypnose und Autosuggestion. UB 7028.
Droste-Hülshoff: Die Judenbuche. UB 1858.
Erasmus von Rotterdam: Das Lob der Torheit. UB 1907/08.
Hofmannsthal: Wege und Begegnungen. UB 7171.
Kleist: Der zerbrochene Krug. UB 91.
London: Eine Beute der Wölfe. UB 7615.
Marc Aurel: Selbstbetrachtungen. UB 1241/42.

April 1949

Goethe: Torquato Tasso. UB 88.
Schiller: Wallenstein I. UB 41/41a.
Schiller: Wallenstein II. UB 42/42a.

Mai 1949

Brauchle: Gekocht oder roh. UB 6994.
Brauchle: Psychoanalyse und Individualpsychologie. UB 7085.
Chamisso: Peter Schlemihls wundersame Geschichte. UB 93.
Ebner-Eschenbach: Die Freiherren von Gemperlein. UB 7477.
Goethe: Clavigo. UB 96.
Goethe: Die Mitschuldigen. UB 100.
Jean Paul: Leben des vergnügten Schulmeisterlein Maria Wuz in Auenthal. UB 119.
Stifter: Feldblumen. UB 3987/88.
Storm: Ein Fest auf Hadersleyhuus. UB 6145.

Juni 1949

Busch: Die Kirmes u. a. UB 7330.
Goethe: Hermann und Dorothea. UB 55.
Puschkin: Der Postmeister u. a. UB 7469.
Schiller: Die Jungfrau von Orleans. UB 47.
Stifter: Der Hagestolz. UB 4194/95.

Juli 1949

Gubitz: Goethe in Briefen und Gesprächen. UB 7519–21.
Meyer: Das Amulett. UB 6943.
Mörike: Mozart auf der Reise nach Prag. UB 4741.
Storm: Aquis submersus. UB 6014.

August 1949

Brentano: Geschichte vom braven Kasperl und dem schönen Annerl. UB 411.
Goethe: Novelle. UB 7621.
Goethe: Reineke Fuchs. UB 61/61a.
Goethe: Stella. UB 104.
Keller: Kleider machen Leute. UB 7470.
Keller: Sieben Legenden. UB 6186/87.
Storm: Hans und Heinz Kirch. UB 6035.

September 1949

Beethoven: Fidelio. UB 2555.
Flotow: Martha. UB 5153.
Gluck: Orpheus und Eurydike. UB 4566.
Mozart: Die Entführung aus dem Serail. UB 2667.
Nicolai: Die lustigen Weiber von Windsor. UB 4982.
Verdi: Aida. UB 7199.
Verdi: Rigoletto. UB 4256.
Verdi: La Traviata. UB 4357.
Verdi: Der Troubadour. UB 4323.
Wagner: Tannhäuser. UB 5636.
Weber: Der Freischütz. UB 2530.

Oktober 1949

Brauchle: Naturgemäße Lebensweise. UB 7052.
Brauchle: Von der Macht des Unbewußten. UB 7617.
Claudius: Aus dem Wandsbecker Boten. UB 7550.
Kluge: Nocturno. UB 7445.
Meyer: Gustav Adolfs Page. UB 6945.
Musset: Der Sohn des Tizian. UB 6720.
Raabe: Else von der Tanne. UB 7575.
Schopenhauer: Aphorismen zur Lebensweisheit. UB 5002/03/03a.
Shakespeare: Macbeth. UB 17.
Spranger: Der Bildungswert der Heimatkunde. UB 7562.
Stifter: Der Hochwald. UB 3861/62.
Timmermans: Kleine Leute in Flandern. UB 7292.

November 1949

Björnson: Der Brautmarsch. UB 950.
Grillparzer: Der arme Spielmann. UB 4430.
Hölderlin: Hyperion. UB 559/560.
Lessing: Emilia Galotti. UB 45.
Platon: Das Gastmahl. UB 927/927a.
Riehl: Der Stadtpfeifer. UB 6803.
Sophokles: Antigone. UB 659.
Stephan: Der Dritte. UB 7622.
Sudermann: Miks Bumbullis, der Wilderer. UB 7476.
Valentiner: Kant und seine Lehre. UB 6933/34.

Januar 1950

Lortzing: Der Wildschutz. UB 2760.
Lortzing: Zar und Zimmermann. UB 2549.
Mozart: Così fan tutte. UB 5599.
Mozart: Don Giovanni. UB 2646.
Mozart: Die Hochzeit des Figaro. UB 2655.
Mozart: Die Zauberflöte. UB 2620.
Rossini: Der Barbier von Sevilla. UB 2937.
Verdi: Ein Maskenball. UB 4236.
Wagner: Der fliegende Holländer. UB 5635.
Wagner: Lohengrin. UB 5637.

Wagner: Die Meistersinger von Nürnberg. UB 5639.
Wagner: Parsifal. UB 5640.
Wagner: Tristan und Isolde. UB 5638.

Februar 1950

Bach: Matthäus-Passion u. a. UB 5918.
Branner: Die blauen Wellensittiche u. a. UB 7624.
Brentano: Das Märchen von Gockel, Hinkel und Gackeleia.
    UB 450.
Gotthelf: Die schwarze Spinne. UB 6489/90.
Hebbel: Agnes Bernauer. UB 4268.
Heiseler: Apollonia. UB 7625.
Hesse: Eine Bibliothek der Weltliteratur. UB 7003.
Mörike: Gedichte. UB 7661.
Müller-Blattau: Johann Sebastian Bach. UB 7294.
Schiller: Maria Stuart. UB 64.
Shakespeare: Hamlet. UB 31.
Wilde: Das Gespenst von Canterville. UB 6817.

März 1950

Droste-Hülshoff: Gedichte. UB 7662.
Galsworthy: Die Ersten und die Letzten. UB 7190.
Brüder Grimm: Ausgewählte Kinder- und Hausmärchen.
    UB 3179/80/80a.
Grimmelshausen: Der abenteuerliche Simplicissimus [Ausw.].
    UB 7452/52a.
Hebbel: Judith. UB 3161.
Lessing: Minna von Barnhelm. UB 10.
Meyer: Die Richterin. UB 6952.
Schiller: Die Räuber. UB 15/15a.
Shakespeare: Romeo und Julia. UB 5.

April 1950

Angelus Silesius: Aus dem Cherubinischen Wandersmann u. a
    UB 7623.
Grillparzer: Weh dem, der lügt! UB 4381.

Hamsun: Frauensieg. UB 6901.
Hoffmann: Das Majorat. UB 32.
Kleist: Das Käthchen von Heilbronn. UB 40.
Schiller: Die Verschwörung des Fiesco zu Genua. UB 51.
Shakespeare: Othello. UB 21.
Swift: Gullivers Reisen [Ausw.]. UB 7630.
Wolfram von Eschenbach: Parzival [Ausw.]. UB 7451.

Mai 1950

Büchner: Dantons Tod. UB 6060.
Hebel: Aus dem Schatzkästlein des Rheinischen Hausfreunds. UB 6705.
Kleist: Prinz Friedrich von Homburg. UB 178.
Th. Mann: Tristan. UB 6431.
Meyer: Der Schuß von der Kanzel. UB 6944.
Mörike: Das Stuttgarter Hutzelmännlein. UB 4755.
Schiller: Kabale und Liebe. UB 33.
Seidel: Spuk in des Wassermanns Haus. UB 7312.
Shakespeare: Julius Cäsar. UB 9.
Stifter: Granit. UB 7602.

Juni 1950

Andersen: Der Reisekamerad u. a. UB 6707.
Benz: Bachs Passion. UB 7310.
Dufresne/Mieses: Lehrbuch des Schachspiels. UB 1407–15/15a.
Homer: Odyssee. UB 280–283.
Huch: Der neue Heilige. UB 6481.
Reclams Opernführer. UB 6892–96/96a–c.
Shakespeare: König Lear. UB 13.

September 1950

Lortzing: Der Waffenschmied. UB 2569.
Meyer: Die Versuchung des Pescara. UB 6954/55.
Schiller: Don Carlos. UB 38/38a.
Scholz: Die Liebe der Charlotte Donc. UB 7460.
Shakespeare: Ein Sommernachtstraum. UB 73.

Verdi: Die Macht des Schicksals. UB 7297.
Volkmann-Leander: Träumereien an französischen Kaminen. UB 6091/92.

November 1950

Balzac: Oberst Chabert. UB 2107/08.
Dickens: Der Weihnachtsabend. UB 788/788a.
Euripides: Iphigenie in Aulis. UB 7099.
Hebbel: Gyges und sein Ring. UB 3199.
Hebbel: Maria Magdalena. UB 3173.
Nietzsche: Also sprach Zarathustra. UB 7111–13/13a.
Rolland: Peter und Lutz. UB 7667.
Thomas von Kempen: Das Buch von der Nachfolge Christi. UB 7663–65.

Januar 1951

Ibsen: Gespenster. UB 1828.
Leskow: Die Kampfnatur. UB 7271/72.
Luther: An den christlichen Adel deutscher Nation u. a. UB 1578/78a.
Meyer: Der Heilige. UB 6948/49.
Novalis: Die Christenheit oder Europa. UB 7629.
Platon: Phaidon. UB 918/919.
Poe: Im Wirbel des Malstroms u. a. UB 7626.
Sachs: Meistergesänge u. a. UB 7627.
Tacitus: Germania. UB 726.

Februar 1951

Grillparzer: König Ottokars Glück und Ende. UB 4382.
Haydn: Die Schöpfung u. a. UB 6415.
Hemingway: Das Ende von Etwas. UB 7628.
Hoffmann: Meister Martin, der Küfner, und seine Gesellen. UB 52.
Johannes von Tepl: Der Ackermann aus Böhmen. UB 7666.
Keller: Pankraz, der Schmoller. UB 6171.
Lagerlöf: Eine Gutsgeschichte. UB 4229/30.

Meyer: Die Hochzeit des Mönchs u. a. UB 6950/51.
Platon: Apologie und Kriton. UB 895.
Shakespeare: Der Kaufmann von Venedig. UB 35.

März 1951

Bergengruen: Die Feuerprobe. UB 7214.
Hebbel: Die Nibelungen. UB 3171/72.
Keller: Dietegen. UB 6177.
Kleist: Penthesilea. UB 1305.
Meyer: Angela Borgia. UB 6946/47.
Sallust: Die Verschwörung des Catilina. UB 889.
Shakespeare: Was ihr wollt. UB 53.
Storm: Die Regentrude u. a. UB 7668.

Mai 1951

Eichendorff: Das Marmorbild u. a. UB 2365.
Kleist: Prosastücke. UB 7670.
Löns: Ausgewählte Tiergeschichten. UB 7701.
Riehl: Die vierzehn Nothelfer. UB 500.
Shakespeare: Der Sturm. UB 46.
Tolstoi: Volkserzählungen und Legenden. UB 2556/57/57a.

Juni 1951

Caesar: Der Gallische Krieg. UB 1012–15.
Wagner: Götterdämmerung. UB 5644.
Wagner: Das Rheingold. UB 5641.
Wagner: Rienzi. UB 5645.
Wagner: Siegfried. UB 5643.
Wagner: Die Walküre. UB 5642.

August 1951

Aischylos: Die Perser. UB 1008.
Andres: Die Vermummten. UB 7703/04.
Brauchle: Lexikon der Naturheilkunde. UB 7140/40a.

Cicero: Vier Reden gegen Catilina. UB 1236.
Diener: Deutsche Volkskunde. UB 7227.
Meister Eckehart: Vom Wunder der Seele. UB 7319.
Grillparzer: Des Meeres und der Liebe Wellen. UB 4384.
Ibsen: Nora. UB 1257.
Kleist: Die Hermannsschlacht. UB 348.
Shakespeare: Viel Lärmen um Nichts. UB 98.

September 1951

Alverdes: Die Pfeiferstube. UB 7706.
Calderón: Der Richter von Zalamea. UB 1425.
Gmelin: Conradin reitet. UB 7213.
Hauff: Die Geschichte von dem kleinen Muck u. a. UB 7702.
Horaz: Gedichte und Lieder. UB 7708.
Keller: Spiegel, das Kätzchen u. a. UB 7709.
Lagerlöf: Abenteuer des kleinen Nils Holgersson mit den Wildgänsen [Ausw.]. UB 7669.
Reclams Operettenführer. UB 7354/55/55a/b.
Sophokles: König Ödipus. UB 630.

Oktober 1951

Aristophanes: Die Frösche. UB 1154/55.
Brües: Das Gastmahl am Wapper. UB 7705.
Grillparzer: Der Gastfreund u. a. UB 4379.
Hebbel: Herodes und Mariamne. UB 3188.
Meyer: Jürg Jenatsch. UB 6964–66/66a.
Schmidtbonn: Hinter den sieben Bergen. UB 6133.
Storm: Ein Doppelgänger. UB 6082.

November 1951

Cicero: Cato der Ältere. UB 803.
Homer: Ilias. UB 249–253.
Lieder zur Weihnacht. UB 7713.
Lortzing: Undine. UB 2626.
Nietzsche: Vom Nutzen und Nachteil der Historie für das Leben. UB 7134.
Ovid: Verwandlungen [Ausw.]. UB 7711.

Februar 1952

Cornelius: Der Barbier von Bagdad. UB 4643.
Fontane: Aus den Erinnerungsbüchern. UB 7712.
Gagern: Der Marterpfahl. UB 6533.
Hoffmann: Das Fräulein von Scuderi. UB 25.
Hübscher: Schopenhauer. UB 7716/17.
Puschkin: Die Hauptmannstochter. UB 1559/60.
Schiller: Die Braut von Messina. UB 60.
Suppé: Boccaccio. UB 6739.

März 1952

Dickens: Das Heimchen am Herde. UB 865.
Goethe: Schriften zur bildenden Kunst. UB 7710.
Handelsgesetzbuch. UB 2874/75.
Sallust: Der Jugurthinische Krieg. UB 948/949.
Schiller: Gedichte. UB 7714/15.
Shakespeare: Wie es euch gefällt. UB 469.
Storm: Viola tricolor u. a. UB 6021.

April 1952

Euripides: Medea. UB 849.
Gotthelf: Das Erdbeeri-Mareili. UB 7719.
Grillparzer: Medea. UB 4380.
Klages: Ursprünge der Seelenforschung. UB 7514.
Reclams Konzertführer. UB 7720–31.
Scheffel: Juniperus. UB 5935.
Shakespeare: Der Widerspenstigen Zähmung. UB 26.
Stehr: Der Schindelmacher. UB 6541.
Stevenson: Die tollen Männer. UB 7718.
Storm: Bötjer Basch. UB 6073.

Mai 1952

Blunck: Bruder und Schwester. UB 6831.
Daudet: Die wunderbaren Abenteuer des Herrn Tartarin aus Tarascon. UB 1707/07a.

Furtwängler: Brahms/Bruckner. UB 7515.
Molière: Der Geizige. UB 338.
Tieck: Der blonde Eckbert u. a. UB 7732.
Wilde: Der glückliche Prinz u. a. UB 6865.

Juni 1952

Böhme: Vom Geheimnis des Geistes. UB 7378.
Büchner: Woyzeck u. a. UB 7733.
Euripides: Iphigenie bei den Taurern. UB 737.
Gogol: Der Mantel u. a. UB 1716.
Goldoni: Der Diener zweier Herren. UB 463.
Gotthelf: Elsi, die seltsame Magd u. a. UB 7747.
Grabbe: Scherz, Satire, Ironie und tiefere Bedeutung. UB 397.
Grillparzer: Der Traum ein Leben. UB 4385.
Hebbel: Aufzeichnungen aus meinem Leben. UB 7748.
Heldenlieder der Edda. UB 7746.
Shakespeare: Maß für Maß. UB 196.

August 1952

Reclams Wörterbuch der englischen und deutschen Sprache I. UB 7734–39.
Reclams Wörterbuch der englischen und deutschen Sprache II. UB 7740–45.

September 1952

Eckstein: Der Besuch im Karzer. UB 2340.
Fock: Das schnellste Schiff der Flotte. UB 7369.
Gogol: Die Nase u. a. UB 1892.
Hedin: Wildes, heiliges Tibet. UB 7334.
Millöcker: Der Bettelstudent. UB 7750.
Offenbach: Hoffmanns Erzählungen. UB 7751.
Raimund: Der Verschwender. UB 49.
Schaumann: Die Zwiebel. UB 7560.
Schiller: Über naive und sentimentalische Dichtung. UB 7756/57.
Storm: Renate. UB 6036.

Oktober 1952

Christiansen: Kleine Prosaschule. UB 7753.
Händel: Der Messias u. a. UB 7778.
Humperdinck: Hänsel und Gretel. UB 7749.
Meyer: Huttens letzte Tage. UB 6942.
Moser: Musikgeschichte in hundert Lebensbildern. UB 7762–73.
Raimund: Der Alpenkönig und der Menschenfeind. UB 180.
Storm: Die Söhne des Senators. UB 6022.
Thieß: Der Tenor von Trapani. UB 7506.
Wernher der Gärtner: Meier Helmbrecht. UB 1188.

November 1952

Betriebsverfassungsgesetz. UB 7781.
Donizetti: Don Pasquale. UB 3848.
Hager: Bridge. UB 7758–61.
Nestroy: Der böse Geist Lumpacivagabundus. UB 3025.
Ponten: Der Gletscher u. a. UB 7779.
Raimund: Der Bauer als Millionär. UB 120.
Strauß: Eine Nacht in Venedig. UB 7752.

Januar 1953

Grabs: Albert Schweitzer. UB 7754.
Jacobsen: Mogens u. a. UB 7780.
Kant: Grundlegung zur Metaphysik der Sitten. UB 4507/07a.
Nietzsche: Die Geburt der Tragödie aus dem Geiste der Musik. UB 7131/32.
Pander: Beethovens IX. Sinfonie. UB 7755.
Renner: Grundlagen der Musik. UB 7774–76.

Februar 1953

Carossa: Aus den Lebensbüchern. UB 7782.
Guenther: Der Kreidekreis. UB 7777.
Kierkegaard: Die Leidenschaft des Religiösen. UB 7783/84.
Maupassant: Der Schmuck. UB 6795.
Mieses: Schach. UB 7204.

Plinius: Aus dem alten Rom. [Briefe.] UB 7787.
Schäfer: Das fremde Fräulein u. a. UB 7786.

März 1953

E. M. Forster: Der ewige Augenblick. UB 7789.
Fouqué: Undine. UB 491.
Grillparzer: Sappho. UB 4378.
Hausmann: Die Begegnung u. a. UB 7311.
Kleist: Amphitryon. UB 7416.
Leeser: Homöopathie. UB 7175.
Leskow: Der Gaukler Pamphalon. UB 7788.
Seneca: Vom glückseligen Leben u. a. UB 7790/91.

April 1953

Beowulf und das Finnsburg-Bruchstück. UB 430.
Claes: Die Dorfmusik. UB 7427.
Grundgesetz für die Bundesrepublik Deutschland. UB 7785.
Herrligkoffer: Der Mensch. UB 7795.
Kleist: Der Zweikampf u. a. UB 7792.
Lessing: Kritik und Dramaturgie. UB 7793.
Mauriac: Der Dämon der Erkenntnis. UB 7802.
Ortega y Gasset: Über das römische Imperium. UB 7803.
Radecki: Rückblick auf meine Zukunft. UB 7561.
Zola: Das Fest in Coqueville u. a. UB 4142.

Mai 1953

Faraday: Naturgeschichte einer Kerze. UB 6019/20.
Gorki: Mein Kamerad Konowalow. UB 4445.
Grillparzer: Ein Bruderzwist in Habsburg. UB 4393.
Herder: Von der Urpoesie der Völker. UB 7794.
Hoffmann: Der goldne Topf. UB 101/102.
E. Jünger: Capriccios. UB 7796.
Rosegger: Aus meiner Waldheimat. UB 7797.
Das Waltharilied und die Waldere-Bruchstücke. UB 4174.

Juni 1953

Conrad: Menschen am Strande. UB 7798.
Hebbel: Mutter und Kind. UB 7799.
Die Jungfrau vom geschmeidigen Bambus. UB 7800.
Raabe: Im Siegeskranze. UB 7576.
Reichsgesetz über die Angelegenheiten der freiwilligen Gerichtsbarkeit. UB 4033/33a.
Sachsenspiegel (Landrecht). UB 3355/56.
Stifter: Der Waldsteig. UB 3898.
Tschechow: Der Sack hat ein Loch. UB 7801.

September 1953

Jubiläums-Bände, 1. Serie
 Bergengruen: Die Feuerprobe.
 Carossa: Aus den Lebensbüchern.
 Claes: Die Dorfmusik.
 Forster: Der ewige Augenblick.
 Goethe: Faust.
 Goethe: Gedichte.
 Gorkij: Mein Kamerad Konowalow.
 Gotthelf: Elsi, die seltsame Magd u. a.
 Hesse: In der alten Sonne.
 Hölderlin: Hyperion.
 Hoffmann: Der goldne Topf.
 Jacobsen: Mogens u. a.
 Jünger: Capriccios.
 Die Jungfrau vom geschmeidigen Bambus.
 Leskow: Der Gaukler Pamphalon.
 Mauriac: Der Dämon der Erkenntnis.
 Ortega y Gasset: Über das römische Imperium.
 Plinius: Aus dem alten Rom.
 Poe: Im Wirbel des Malstroms u. a.
 Radecki: Rückblick auf meine Zukunft.
 Rolland: Peter und Lutz.
 Schaumann: Die Zwiebel.
 Timmermans: Kleine Leute in Flandern.
 Vergil: Aeneis.
 Zola: Das Fest in Coqueville u. a.

Oktober 1953

Doderer: Das letzte Abenteuer. UB 7806/07.
Hauptmann: Florian Geyer. UB 7841/42.
Hauptmann: Michael Kramer. UB 7843.
Herrmann: Das Gottes Kind. UB 7808.
Ibsen: Peer Gynt. UB 2309/10.
Lichtenberg: Aphorismen. UB 7812/13.
Màrai: Die französische Jacht u. a. UB 7814.
Offenbach: Orpheus in der Unterwelt. UB 6639.
Schmeljow: Liebe in der Krim. UB 7108/09.

November 1953

Reclams Schauspielführer. UB 7817–28. *GEB*.

Februar 1954

Arbeitsgerichtsgesetz. UB 7258.
Fleuron: Der Kater Mi Rööh u. a. UB 7044.
Gracián: Hand-Orakel und Kunst der Weltklugheit. UB 2771/72.
Kleist: Robert Guiskard. UB 6857.
Kolbenheyer: Karlsbader Novelle. UB 7811.
Vergil: Aeneis. UB 221–224.

März 1954

Auber: Fra Diavolo. UB 2689.
Bischoff: Rübezahls Grab. UB 7377.
Deutsche Barock-Lyrik. UB 7804/05.
Jahn: Frangula. UB 7211.
Millöcker: Gasparone. UB 7815.
Molière: Der eingebildete Kranke. UB 1177.
F. Schnack: Liebesgärtchen für Clementine. UB 7816.

März 1954

Jubiläums-Bände, 2. Serie
  Conrad: Menschen am Strande.
  Doderer: Das letzte Abenteuer.
  Dörfler: Das Gesicht im Nebel.
  Goethe: Die Leiden des jungen Werthers.
  Hemingway: Das Ende von Etwas.
  Keller: Romeo und Julia auf dem Dorfe.
  Lichtenberg: Aphorismen.
  Màrai: Die französische Jacht u. a.
  Schnack: Liebesgärtchen für Clementine.
  Tschechow: Der Sack hat ein Loch.

Mai 1954

  Flaubert: Ein schlichtes Herz. UB 6590.
  Fontane: Grete Minde. UB 7603.
  Gogol: Der Revisor. UB 837.
  Kant: Zum ewigen Frieden. UB 1501.
  Ludwig: Zwischen Himmel und Erde. UB 3494–96.
  Saint-Exupéry: Durst. UB 7847.
  Shakespeare: König Richard III. UB 62.
  Streuvels: Martje Maartens und der verruchte Totengräber. UB 7373.

Oktober 1954

  Buck: Genug für ein Leben. UB 7845.
  Deutscher Minnesang. Mittelhochdt./Neuhochdt. UB 7857/58.
  Lebendige Weisheit. UB 7851/52.
  McCullers: Die Mär von der glücklosen Schenke. UB 7848.
  Mörike: Selbstbildnis in Briefen. UB 7854.
  Panteleimonow: Der Flüchtige u. a. UB 7846.
  Raabe: Die Akten des Vogelsangs. UB 7580–82.
  Redslob: Goethes Leben. UB 7855.
  E. Roth: Fischkasten u. a. UB 7533.
  Wolfe: Die Leute von Alt-Catawba. UB 7849.

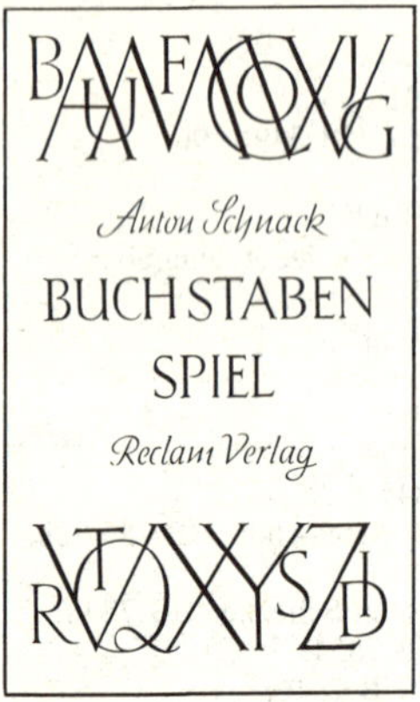

Oben: Der UB-Umschlag ab Mai 1955; Entwurf: Alfred Finsterer.
Unten: Links ein besonders gestalteter Umschlag von 1956, rechts einer der von 1953 bis 1955 erschienenen Jubiläums-Bände.

Oktober 1954

Jubiläums-Bände, 3. Serie
  Buck: Genug für ein Leben.
  Deutsche Barock-Lyrik.
  Deutscher Minnesang.
  Dickens: Der Weihnachtsabend.
  Gotthelf: Die schwarze Spinne.
  Keller: Sieben Legenden.
  Lagerlöf: Eine Gutsgeschichte.
  Lieder zur Weihnacht.
  McCullers: Die Mär von der glücklosen Schenke.
  Mörike: Selbstbildnis in Briefen.
  Panteleimonow: Der Flüchtige u. a.
  Roth: Der Fischkasten u. a.
  Streuvels: Martje Maartens und der verruchte Totengräber.
  Wolfe: Die Leute von Alt-Catawba.

November 1954

  Dante: Die Göttliche Komödie. UB 796–800/800a.
  F. Forster: Robinson soll nicht sterben! UB 7859.
  Gryphius: Absurda comica. UB 917.
  Keller: Hadlaub. UB 6181.
  Leibniz: Monadologie. UB 7853.
  Meckauer: Mein Vater Oswald. UB 7856.
  Melville: Billy Budd. UB 7707.
  Molière: Tartuffe. UB 74.
  Schmitt: Land und Meer. UB 7536.
  Verdi: Simone Boccanegra. UB 7862.

Februar 1955

  Bäume in Wald und Garten. UB 7866.
  Calderón: Das große Welttheater. UB 7850.
  Greene: Der Kellerraum. UB 7865.
  Huxley: Schauet die Lilien. UB 7864.
  F. G. Jünger: Der weiße Hase. UB 7867.
  Miegel: Das Bernsteinherz. UB 7345.
  Schaeffer: Der grüne Mantel. UB 7863.
  Strafgesetzbuch. UB 1588–90/90a.

März 1955

Becker: Astronomie unserer Zeit. UB 7868.
Binding: Unvergängliche Erinnerung. UB 7423.
Eyth: Die Brücke über die Ennobucht. UB 5601/02.
Kotzebue: Die deutschen Kleinstädter. UB 90.
I. Kurz: Cora. UB 7844.
Schneider: Taganrog. UB 7869.
Tauler: Vom gottförmigen Menschen. UB 7871.
Wackenroder/Tieck: Herzensergießungen eines kunstliebenden Klosterbruders. UB 7860/61.
Wiese: Schiller. UB 7870.

März 1955

Jubiläums-Bände, 4. Serie
Bäume in Wald und Garten.
Grabs: Albert Schweitzer.
Hofmannsthal: Wege und Begegnungen.
Huxley: Schauet die Lilien.
Jünger: Der weiße Hase.
Miegel: Das Bernsteinherz.
Schaeffer: Der grüne Mantel.
Zweig: Angst.

Mai 1955

Arnim: Der tolle Invalide auf dem Fort Ratonneau u. a. UB 197.
Bhagavadgita. UB 7874/75.
Bürgel: Vom täglichen Ärger. UB 7484.
Eichendorff: Die Freier. UB 7434.
Frank: Im letzten Wagen. UB 7004.
Gerathewohl: Sprechen – Vortragen – Reden. UB 7878.
Das Nibelungenlied. UB 642–645.
Sealsfield: Die Prärie am Jacinto. UB 7881.
Sophokles: Philoktet. UB 709.

September 1955

   Calderón: Das Leben ist ein Traum. UB 65.
   Christiansen/Carnap: Lehrbuch der Graphologie. UB 7876/77.
   Deutsche Lyrik der Gegenwart. UB 7884–86.
   Ebner-Eschenbach: Krambambuli u. a. UB 7887.
   Fallada: Hoppelpoppel, wo bist du? UB 7314.
   Hartung: Ein Junitag. UB 7658.
   Heine: Die Harzreise. UB 2221.
   Helwig: Nachtweg durch Lappland. UB 7882.
   Mozart in seinen Briefen. UB 7872/73.
   Priestley: Ein Inspektor kommt. UB 7883.
   Racine: Phädra. UB 54.
   Reclams Namenbuch. UB 7399.

Oktober 1955

Jubiläums-Bände, 5. Serie
   Andres: Die Vermummten.
   Bürgel: Vom täglichen Ärger.
   Deutsche Lyrik der Gegenwart.
   Fallada: Hoppelpoppel, wo bist du?
   Hartung: Ein Junitag.
   Heine: Die Harzreise.
   Helwig: Nachtweg durch Lappland.
   Mozart in seinen Briefen.
   Schneider: Taganrog.

November 1955

   Reclams Kammermusikführer. UB 8001–12. *GEB*.
   Reclams Wörterbuch der französischen und deutschen Sprache I.
      UB 7888–93.
   Reclams Wörterbuch der französischen und deutschen Sprache II.
      UB 7894–99.

März 1956

Britting: Der Eisläufer. UB 7829.
Cicero: Über den Staat. UB 7479/80.
B. Frank: Politische Novelle. UB 7830/31.
J. Grimm: Sprache, Wissenschaft, Leben. UB 7832.
Heliand und die Bruchstücke der Genesis. UB 3324/25.
Maurois: Der Seelenwäger. UB 7833.
Mozart: Bastien und Bastienne u. a. UB 4823.
Nestroy: Einen Jux will er sich machen. UB 3041.
Petrarca: Sonette an Madonna Laura. Ital./Dt. UB 886.
A. Schnack: Buchstabenspiel. UB 7834.
Tschechow: Die Steppe. UB 7809/10.

Mai 1956

Bürgerliches Gesetzbuch. UB 3571–75/75a–d.
Goethe: Die Wahlverwandtschaften. UB 7835–37.
Goldoni: Mirandolina. UB 3367.
Ibsen: Ein Volksfeind. UB 1702.
Kapp: Die Mutter vom Berge. UB 8014.
Kusenberg: Wo ist Onkel Bertram? UB 8013.
Leip: Die Klabauterflagge. UB 7900.
Pascal: Gedanken. UB 1621/22.
Pirandello: Der Rauch. UB 8019.
Reitzenstein: Deutsche Baukunst. UB 7838–40.
Schaper: Der große, offenbare Tag. UB 8018.
Shakespeare: König Heinrich IV. UB 81/82.
Turgenjew: Ein König Lear aus dem Steppenland. UB 801/801a.

September 1956

Werkmonographien zur bildenden Kunst, 1. Serie
  Altdorfer: Die Alexanderschlacht. UB B 9001.
  Barlach: Der Figurenschmuck von St. Katharinen zu Lübeck. UB B 9002.
  Meister Bertram: Die Schöpfungsgeschichte. UB B 9003.
  Manet: Un Bar aux Folies-Bergère. UB B 9004.
  Menzel: Das Flötenkonzert Friedrich des Großen. UB B 9005.
  Michelangelo: Die Pietà im Dom zu Florenz. UB B 9006.

Munch: Die vier Söhne des Dr. Max Linde. UB B 9007.
Picasso: Maler und Modell. UB B 9008.
Raffael: Die Verklärung Christi. UB B 9009.
Riemenschneider: Die Beweinung in Maidbronn. UB B 9010.
Rubens: Die Geißblattlaube. UB B 9011.
Velazquez: Die Übergabe von Breda. UB B 9012.

November 1956

Büchmann: Geflügelte Worte. UB 8020–27.
Christiansen: Eine Prosaschule. UB 8028–33.
Engelhardt: Die geistige Kultur der Antike. UB 8034–41.
Reclams Ballettführer. UB 8042–47. *GEB*.

März 1957

Corneille: Der Cid. UB 487.
Donizetti: Lucia von Lammermoor. UB 3795.
Gorki: Nachtasyl. UB 7671.
Herodot: Die Bücher der Geschichte I. UB 2200/01.
Kesten: Mit Geduld kann man sogar das Leben aushalten. UB 8015.
Lernet-Holenia: Der Baron Bagge. UB 8016.
Platon: Phaidros. UB 5789.
Pohl: Der Sturz der Göttin. UB 8017.
Shakespeare: Das Wintermärchen. UB 152.
Stifter: Abdias. UB 3913.

Juni 1957

Büchner: Lenz u. a. UB 7955.
Eichendorff: Gedichte. UB 7925/25a.
Johnen: Allgemeine Musiklehre. UB 7352/53.
T. E. Lawrence: Faisals Aufgebot. UB 8048.
Lenz: Die Soldaten. UB 5899.
Reden des Buddha. UB 6245.
Schiller: Der Parasit. UB 99.
Sostschenko: Was die Nachtigall sang. UB 8049.
Tolstoi: Herr und Knecht. UB 3373.

Wilhelm Raabe
DIE
AKTEN
DES
VOGELSANGS
Eine
Erzählung

Reclam

WILLIAM
SHAKESPEARE

DAS
WINTER
MÄRCHEN

SCHAUSPIEL
IN FÜNF AKTEN

RECLAM

Oben: Nur viermal (UB 3324, 7345, 7399, 7580) erschienen in Stuttgart Bände der UB mit dem Verlagssignet von 1936.
Unten: Die Umschlaggestaltung der UB ab März 1957 mit der von Alfred Finsterer entworfenen »Titula«-Schrift.

Voltaire: Candid. UB 6549/50.
Wittek: Der ehrliche Zöllner. UB 8050.

Juni 1957

Reclams Kunstführer Deutschland I. UB 8055–72. *GEB*.

November 1957

Gide: Die Pastoral-Symphonie. UB 8051.
Grillparzer: Die Ahnfrau. UB 4377.
Kasack: Der Webstuhl u. a. UB 8052.
Keller: Der Landvogt von Greifensee. UB 6182/83.
F. Michael: Der blaue Strohhut. UB 8053.
Molière: Der Menschenfeind. UB 394.
Schweitzer: Weg zur Humanität. UB 7880.
Strindberg: Ein Traumspiel. UB 6017.
Tschechow: Der Kirschgarten. UB 7690.
Uhland: Ernst Herzog von Schwaben. UB 3023.
Urzidil: Neujahrsrummel. UB 8054.

November 1957

Werkmonographien zur bildenden Kunst, 2. Serie
  Beckmann: Die Argonauten. UB B 9013.
  Dürer: Die Apokalypse des Johannes. UB B 9014.
  Der Engelspfeiler im Straßburger Münster. UB B 9015.
  El Greco: Das Begräbnis des Grafen Orgaz. UB B 9016.
  Grünewald: Die Erasmus-Mauritius-Tafel. UB B 9017.
  Moore: König und Königin. UB B 9018.
  Pacher: Der Kirchenväter-Altar. UB B 9019.
  Rembrandt: Die Nachtwache. UB B 9020.
  Rethel: Auch ein Totentanz. UB B 9021.
  Rodin: Die Bürger von Calais. UB B 9022.
  Runge: Das Bildnis der Eltern. UB B 9023.
  Watteau: Das Ladenschild des Kunsthändlers Gersaint.
    UB B 9024.

Dezember 1957

Reclams Kunstführer Deutschland II. UB 8073–90. *GEB*.
Reuter: Ut mine Stromtid. UB 4631–36/36a–i. *GEB*.
Jean Paul: Flegeljahre. UB 77–80/80a–i. *GEB*.

Februar 1958

Meiner: Reclam. UB 8300.

März 1958

Dreiser: Neger Jeff u. a. UB 8097.
Fehse: Blühender Lorbeer. UB 8098/99.
Hochwälder: Das heilige Experiment. UB 8100.
Hoffmann: Nußknacker und Mausekönig. UB 1400.
Jakobi: Zur Deutung von Bachs Matthäus-Passion. UB 8213.
Kudrun. UB 465–467.
Ostrowskij: Der Wald. UB 7673/74.
Shaw: Pygmalion. UB 8204.
Wiechert: Eine Jugend in den Wäldern. UB 8214.
Xenophon: Des Kyros Anabasis. UB 1184–86.

Mai 1958

Platon: Der Staat. UB 8205–12.

Juni 1958

Aischylos: Agamemnon. UB 1059.
Bidermann/Heiseler: Philemon, der fröhliche Martyrer. UB 8216.
Das Gilgamesch-Epos. UB 7235/35a.
Heinse: Aus Briefen, Werken, Tagebüchern. UB 8201–03.
Herodot: Die Bücher der Geschichte II. UB 2204.
Ibsen: Die Wildente. UB 2317.
Leskow: Die Geschichte von dem stählernen Floh und dem Linkshänder aus Tula u. a. UB 8215.
Lessing: Miß Sara Sampson. UB 16.

Penzoldt: Korporal Mombour. UB 8217.
Rousseau: Der Gesellschaftsvertrag. UB 1769/70.

Oktober 1958

Werkmonographien zur bildenden Kunst, 3. Serie
  Botticelli: Die Geburt der Venus. UB B 9025.
  Corinth: Bildnisse der Frau des Künstlers. UB B 9026.
  Cranach d. J.: Der Jungbrunnen. UB B 9027.
  Dietz: Der Figurenschmuck des Parks in Veitshöchheim.
    UB B 9028.
  Donatello: Das Reiterdenkmal des Gattamelata. UB B 9029.
  Gainsborough: Die Töchter des Künstlers. UB B 9030.
  Klee: Fische. UB B 9031.
  Lehmbruck: Die Kniende. UB B 9032.
  Leibl: Die Dorfpolitiker. UB B 9033.
  Leonardo da Vinci: Das Abendmahl. UB B 9034.
  Marées: Die Fresken in Neapel. UB B 9035.
  Tizian: Danae. UB B 9036.

November 1958

  Barlach: Der arme Vetter. UB 8218.
  Buzzati: Das alte Hotel. UB 8219.
  Calderón: Dame Kobold. UB 6107.
  Dauthendey: Exotische Novellen. UB 8220.
  Epiktet: Handbüchlein der Ethik. UB 2001.
  Faulkner: Meine Großmutter Millard und die Schlacht am Harry-
    kin-Bach u. a. UB 8221.
  Herodot: Die Bücher der Geschichte III. UB 2206/07.
  Kaiser: Die Bürger von Calais. UB 8223.
  Kamphoevener: Iskender. UB 8222.
  Naso: Die Begegnung. UB 8225.
  Wieland: Geschichte der Abderiten. UB 331–334.

November 1958

  Deutsche Briefe aus einem Jahrtausend. UB 8226–32. *GEB*.
  Glockner: Die europäische Philosophie von den Anfängen bis zur
    Gegenwart. UB 8233–46. *GEB*.

Schiller: Der Geisterseher. UB 8253–57. *GEB*.
Die schönsten Novellen der italienischen Renaissance.
UB 8247–52. *GEB*.

Januar 1959

Bizet: Carmen. UB 8258.
Busch: Eduards Traum. UB 8259.
Strauß: Die Fledermaus. UB 8260.

März 1959

Boëthius: Trost der Philosophie. UB 3154/55.
Deutsche Erzähler der Gegenwart. UB 8262–65/65a.
Döblin: Märchen vom Materialismus. UB 8261.
Hamsun: Vagabundentage. UB 8266.
Hartmann von Aue: Der arme Heinrich. UB 456.
Holberg: Der politische Kannengießer. UB 198.
Luserke: Das schnellere Schiff. UB 8267.
Nestroy: Der Zerrissene. UB 3626.
Shakespeare: Die Komödie der Irrungen. UB 273.
Werfel: Der Tod des Kleinbürgers. UB 8268.

März 1959

Euler: Algebra. UB 1802–06. *GEB*.

Juni 1959

Aischylos: Die Eumeniden. UB 1097.
Aischylos: Die Totenspende. UB 1063.
Anzengruber: Der Meineidbauer. UB 133.
Böll: Der Mann mit den Messern. UB 8287.
Ernst: Der geraubte Brief. UB 8269.
Gaiser: Revanche. UB 8270.
Gluck: Iphigenie auf Tauris. UB 8286.

Kinderlieder. UB 8271.
Raabe: Zum wilden Mann. UB 2000/00a.
Schiller: Turandot. UB 92.
H. W. Seidel: Elk. UB 8272.
Thoma: Der Heiratsvermittler. UB 8224.
Tolstoi: Und das Licht scheinet in der Finsternis. UB 5434.
Wedekind: Der Kammersänger. UB 8273.

Juni 1959

Heiler: Die Religionen der Menschheit in Vergangenheit und Gegenwart. UB 8274–85. *GEB*.

August 1959

Reclams Kunstführer Deutschland III. UB 8401–18. *GEB*.

September 1959

Werkmonographien zur bildenden Kunst, 4. Serie
  Bustelli: Die italienische Komödie in Porzellan. UB B 9037.
  Cézanne: Die Badenden. UB B 9038.
  Donner: Der Brunnen am Neuen Markt in Wien. UB B 9039.
  van Eyck: Die Madonna des Kanonikus Paele. UB B 9040.
  Gauguin: Ta Matete (Der Markt). UB B 9041.
  Giotto: Die Geschichte von Joachim und Anna. UB B 9042.
  Holbein d. J.: Die Gesandten. UB B 9043.
  Die Naumburger Stifterfiguren. UB B 9044.
  Poussin: Das Reich der Flora. UB B 9045.
  Renoir: Das Ehepaar Sisley. UB B 9046.
  Slevogt: Der Sänger d'Andrade als Don Giovanni. UB B 9047.
  Stoß: Der Bamberger Marien-Altar. UB B 9048.

Oktober 1959

Schnabel: Die Insel Felsenburg. UB 8419–28. *GEB*.

November 1959

Altendorf: Das dunkle Wasser u. a. UB 8288.
Coleman: Relativitätslehre für jedermann. UB 8289/90.
Friedrich/Scheithauer: Kommentar zu Goethes Faust.
  UB 7177–80/80a.
Livius: Römische Geschichte XXI–XXII. UB 2109/10.
Rilke: Gedichte. UB 8291.
I. Seidel: Jakobus Johannes Lennacker. UB 8292.
Sieburg: Paris. UB 8293.
Stifter: Der beschriebene Tännling. UB 7548.
Tschechow: Der Bär u. a. UB 4454.

April 1960

Grabbe: Napoleon. UB 258/259.
Hebel: Alemannische Gedichte. Alemann./Hochdt. UB 8294/95.
Kalidasa: Sakuntula. UB 2751/51a.
Mühlberger: Eine Kindheit in Böhmen. UB 8296.
Nestroy: Der Talisman. UB 3374.
Prus: Der Nichtsnutz und die Mädchen. UB 8297.
Scribe: Das Glas Wasser. UB 145.
Sophokles: Oidipus auf Kolonos. UB 641.
Tocqueville: In der nordamerikanischen Wildnis. UB 8298/99.
Tschechow: Drei Schwestern. UB 4264.

Mai 1960

Deutsche Fabeln des 18. Jahrhunderts. UB 8429/30.
Hölderlin: Empedokles. UB 7500/00a.
Ibsen: Die Stützen der Gesellschaft. UB 958.
Keller: Gedichte. UB 6197.
Molière: Die gelehrten Frauen. UB 113.
Die Peinliche Gerichtsordnung Kaiser Karls V. von 1532 (Carolina). UB 2990/90a.
Risse: Buchhalter Gottes. UB 8431.
Schlaf: Miele. UB 6100.
Scholochow: Erzählungen vom Don. UB 8432.
Tieck: Des Lebens Überfluß. UB 1925.

Oben: Der ab November 1959 verwendete UB-Umschlag mit neuem Signet; Entwurf: Alfred Finsterer.
Unten: Zwei der Werkmonographien zur bildenden Kunst von 1956 und 1970.

August 1960

   Bruckner: Elisabeth von England. UB 8433/34.
   Calderón: Der standhafte Prinz. UB 1182.
   Fontane: Tuch und Locke. UB 8435.
   George: Gedichte. UB 8444.
   Die Götterlieder der älteren Edda. UB 781.
   Heilpflanzen. UB 8436/37.
   Novalis: Die Lehrlinge zu Sais u. a. UB 3236/37.
   Reclams Fremdwörterbuch. UB 8438–40.
   Tolstoi: Der lebende Leichnam. UB 5364.
   Wickert: Der Klassenaufsatz u. a. UB 8443.

September 1960

Werkmonographien zur bildenden Kunst, 5. Serie
   Bernini: Apoll und Daphne. UB B 9049.
   Bruegel d. Ä.: Die niederländischen Sprichwörter. UB B 9050.
   Die Christus-Johannes-Gruppen des XIV. Jahrhunderts.
      UB B 9051.
   Delacroix: Die Freiheit auf den Barrikaden. UB B 9052.
   van Gogh: Selbstbildnisse. UB B 9053.
   Goya: Die Erschießungen vom 3. Mai 1808. UB B 9054.
   Kollwitz: Der Weberaufstand. UB B 9055.
   Maillol: La Méditerrannée. UB B 9056.
   Mantegna: Die Madonna della Vittoria. UB B 9057.
   Das Perikopenbuch Kaiser Heinrichs II. UB B 9058.
   Luca della Robbia: Die Sängerkanzel. UB B 9059.
   Schlemmer: Die Wandbilder für den Brunnenraum im Museum
      Folkwang Essen. UB B 9060.

Oktober 1960

   Der Koran. UB 4206–10/10a–c.

November 1960

   Goetz: Dr. med. Hiob Prätorius. UB 8445.
   Heidegger: Der Ursprung des Kunstwerks. UB 8446/47.

Klose: Reifeprüfung. UB 8442.
Livius: Römische Geschichte XXIII–XXV. UB 2111/12.
Paracelsus: Vom Licht der Natur und des Geistes. UB 8448/49.
Schopenhauer: Welt und Mensch. UB 8451–53.
Strindberg: Ostern. UB 8450.
Tolstoi: Kosaken. UB 4707/08/08a.

November 1960

Burckhardt: Die Kultur der Renaissance in Italien. UB 6837–44/44a.
Frauen der Goethezeit. UB 8454–65. *GEB*.

Dezember 1960

Reclams Kunstführer Deutschland IV. UB 8466–83. *GEB*.

Januar 1961

Raabe: Die schwarze Galeere. UB 8484.
Raabe: Das letzte Recht u. a. UB 8485.
Raabe: Wunnigel. UB 7577/78.

Februar 1961

Aristoteles: Poetik. UB 2337.
Bongs: Monolog eines Betroffenen. UB 8486.
Descartes: Abhandlung über die Methode des richtigen Vernunftgebrauchs. UB 3767,
Brüder Grimm: Deutsche Sagen. UB 6806/06a.
Lao-tse: Tao-Tê-King. UB 6798/98a.
Maugham: Jane. UB 8487,
Molière: Amphitryon. UB 8488.
Ostrowskij: Eine Dummheit macht auch der Gescheiteste. UB 8491.
Stahl: Eine Heimkehr u. a. UB 8489.
Terenz: Der Eunuch. UB 1868.
Wölfflin: Aufsätze. UB 8490.

Mai 1961

Bender: Das wiegende Haus. UB 8494.
Bürger: Gedichte. UB 227.
Claudel: Das Buch von Christoph Columbus. UB 8495.
Jean Paul: Dr. Katzenbergers Badereise. UB 18/19.
Machiavelli: Der Fürst. UB 1218/19.
Masereel: Die Sonne. UB 8492/92a.
Platon: Gorgias. UB 2046/47.
Tschaikowsky: Eugen Onegin. UB 8497.
Vega: Der Ritter vom Mirakel. UB 8496.
Wilde: Bunbury. UB 8498.
Winnig: Im Kreis verbunden. UB 7390.

Mai 1961

Hegel: Vorlesungen über die Philosophie der Geschichte.
UB 4881–85/85a/b.

Juli 1961

Andrić: Die Geliebte des Veli Pascha. UB 8499.
Bernanos: Eine Nacht. UB 8500.
Ditters von Dittersdorf: Doktor und Apotheker. UB 4090.
Euripides: Hippolytos. UB 8601.
Günther: Gedichte. UB 1295.
Koeppen: New York. UB 8602.
Livius: Römische Geschichte XXVI–XXX. UB 2113–15.
Marivaux: Das Spiel von Liebe und Zufall u. a. UB 8604.
Puschkin: Boris Godunow. UB 2212.
Seume: Mein Leben. UB 1060/60a.
Shakespeare: Ende gut, alles gut. UB 896.
Vega: Die kluge Närrin. UB 8603.

Juli 1961

Reclams Kunstführer Österreich II. UB 8623–40. *GEB*.

Oktober 1961

Werkmonographien zur bildenden Kunst, 6. Serie
  Baldung: Hexenbilder. UB B 9061.
  Becker-Modersohn: Mutter und Kind. UB B 9062.
  Bildnisse der Brücke-Künstler voneinander. UB B 9063.
  Cellini: Perseus und Medusa. UB B 9064.
  Friedrich: Die Jahreszeiten. UB B 9065.
  Füssli: Ein Sommernachtstraum. UB B 9066.
  Das Königsportal der Kathedrale von Chartres. UB B 9067.
  Kokoschka: Thermopylae. UB B 9068.
  Marc: Der Turm der blauen Pferde. UB B 9069.
  Marini: Il Miracolo. UB B 9070.
  Schadow: Die Gruppe der Prinzessinnen. UB B 9071.
  Schlüter: Das Denkmal des Großen Kurfürsten. UB B 9072.

November 1961

  Ludwig van Beethoven in Briefen und Lebensdokumenten.
    UB 8648–50.
  Grimmelshausen: Der abenteuerliche Simplicissimus Teutsch.
    UB 761–766/766a–f.
  Hübscher: Von Hegel zu Heidegger. UB 8651–54.
  Kant: Kritik der praktischen Vernunft. UB 1111–13.

November 1961

  Bahr: Das Konzert. UB 8646/47.
  Eça de Queiroz: Der Gehenkte u. a. UB 8493.
  Fontane: Schach von Wuthenow. UB 7688/89.
  Gogol: Der Wij. UB 1836.
  Hauptmann: Der arme Heinrich. UB 8642.
  Ibsen: Hedda Gabler. UB 2773.
  Marcel: Das ontologische Geheimnis. UB 8613/14.
  Shakespeare: König Richard II. UB 43.
  Weber: Euryanthe u. a. UB 2677.
  Wiessalla: Unter Tage. UB 8645.

Dezember 1961

Reclams Kunstführer Österreich I. UB 8605–22. *GEB*.

März 1962

Calderón: Der wundertätige Magier. UB 4112.
Hauptmann: Schluck und Jau. UB 8655.
Das Innsbrucker Osterspiel u. a. UB 8660/61.
Ionesco: Die Stühle u. a. UB 8656/57.
Li Tai-bo: Gedichte. UB 8658/59.
Meyerbeer: Die Afrikanerin. UB 6728.
Plautus: Miles gloriosus. UB 2520.
Straßenverkehrsrecht. UB 7387–88/88a/b.

Juli 1962

Berlichingen: Lebensbeschreibung. UB 1556.
Deutsche Volkslieder. UB 8665–68.
S. Lenz: Stimmungen der See. UB 8662.
Menander: Das Schiedsgericht. UB 8676.
Saar: Die Steinklopfer u. a. UB 8663.
Schnitzler: Der einsame Weg. UB 8664.
Staël: Über Deutschland. UB 1751–55.

Juli 1962

Brentano: Gedichte. UB 8669.
Chateaubriand: Atala u. a. UB 976/977.
Cimarosa: Die heimliche Ehe. UB 8670.
Goll: Ausgewählte Gedichte. UB 8671.
Hauff: Phantasien im Bremer Ratskeller. UB 44.
Hauptmann: Der Schuß im Park. UB 8672.
Ibsen: John Gabriel Borkman. UB 8673.
Jaspers: Über Bedingungen und Möglichkeiten eines neuen Humanismus. UB 8674.
Schnurre: Ein Fall für Herrn Schmidt. UB 8677.
Twain: Der berühmte Springfrosch der Provinz Calaveras. UB 8675.

September 1962

Reclams Kunstführer Italien V. UB 8678–95. *GEB*.

Oktober 1962

Werkmonographien zur bildenden Kunst, 7. Serie
Courbet: Das Atelier. UB B 9073.
David: Der Tod Marats. UB B 9074.
Degas: Die Familie Bellelli. UB B 9075.
Feininger: Segelschiffe. UB B 9076.
Hals: Das Festmahl der St. Georgs-Schützengilde 1616. UB B 9077.
Kandinsky: Kleine Welten. UB B 9078.
Marcks: Albertus Magnus. UB B 9079.
Nay: Akkord in Rot und Blau. UB B 9080.
Notke: St. Jürgen zu Stockholm. UB B 9081.
Syrlin d. Ä.: Das Ulmer Chorgestühl. UB B 9082.
Tischbein: Goethe in der Campagna. UB B 9083.
van der Weyden: Der Columba-Altar. UB B 9084.

November 1962

Französische Erzähler der Gegenwart. UB 8816–20.
Jugoslawische Erzähler der Gegenwart. UB 8821–23.
Reclams Kunstführer Italien III. UB 8801–15. *GEB*.
Reclams Romanführer I. UB 8828–45. *GEB*.
Setschkareff: Geschichte der russischen Literatur. UB 8697–99.

Dezember 1962

Fichte: Die Bestimmung des Menschen. UB 1201/02/02a.
Gluck: Iphigenie in Aulis. UB 5694.
Heuschele: Die Gabe des Lebens. UB 8700.
Meinke/Groll: Radar. UB 8824/25.
Molière: Die Schule der Frauen. UB 588.
Steinbeck: Gabilan, der rote Pony. UB 8826/27.
Verdi: Don Carlos. UB 8696.

April 1963

Aristophanes: Die Wolken. UB 6498/99.
Böll: Bilanz u. a. UB 8846.
Calderón: Über allem Zauber Liebe. UB 8847.
Corneille: Der Lügner. UB 1217.
Faust: Raketen, Satelliten, Weltraumflug. UB 8848/49.
Jean Paul: Des Feldpredigers Schmelzle Reise nach Fläz. UB 293.
F. Schlegel: Lucinde. UB 320/320a.
Shakespeare: Troilus und Cressida. UB 818.
Stifter: Wien u. a. UB 8850.
R. Walser: Kleine Wanderung. UB 8851.

Juni 1963

Brockes: Irdisches Vergnügen in Gott. UB 2015.
Edschmid: Italien festlich. UB 8253.
Gad: Rousseau. UB 8254.
Hebbel: Tagebücher. UB 8247–52.
Kant: Kritik der Urteilskraft. UB 1026–30/30a/b.
Lehmann: Gedichte. UB 8255.
Meyer: Gedichte. UB 6941.
Weyrauch: Das grüne Zelt u. a. UB 8256.

Juli 1963

Fontane: Stine. UB 7693/94.
Franck: Die Pilgerfahrt nach Lübeck. UB 8257.
Hartmann von Aue: Gregorius, der gute Sünder. Mittelhochdt./Neuhochdt. UB 1787/87a/b.
Hölderlin: Gedichte. UB 6266–68.
Holz/Schlaf: Papa Hamlet u. a. UB 8853/54.
Keyserling: Am Südhang. UB 8852.
Steputat: Reimlexikon. UB 2876–78/78a/b.
Wilde: Ein idealer Gatte. UB 8641.

Oktober 1963

Werkmonographien zur bildenden Kunst, 8. Serie
  Böcklin: Pan. UB B 9085.
  Braque: Stilleben mit Violine und Krug. UB B 9086.
  Dürer: Die vier Apostel. UB B 9087.
  Ghiberti: Paradiestür. UB B 9088.
  Houdon: Voltaire. UB B 9089.
  Leonardo da Vinci: Il Cavallo. UB B 9090.
  Schmidt-Rottluff: Bilder aus Nidden 1913. UB B 9091.
  Tiepolo: Das Fresko im Treppenhaus der Würzburger Residenz.
    UB B 9092.
  Verrocchio und Leopardi: Das Reiterdenkmal des Colleoni.
    UB B 9093.
  Zadkine: Mahnmal für Rotterdam. UB B 9094.

Oktober 1963

Darwin: Die Entstehung der Arten durch natürliche Zuchtwahl.
  UB 3071–80.
Reclams Orgelmusikführer. UB 8880–87. *GEB*.
Reclams Romanführer II. UB 8862–79. *GEB*.

November 1963

Goethe: Die natürliche Tochter. UB 114.
Gogol: Die Heirat. UB 7687.
Grabbe: Don Juan und Faust. UB 290/290a.
Lenz: Der Hofmeister. UB 1376.
Mérimée: Carmen. UB 1602.
Mommsen: Die Gracchen. UB 8856/57.
Nikolaus von Cues: Gespräch über das Seinkönnen. UB 8855.
O'Connor: Der Trunkenbold. UB 8858.
Piontek: Windrichtungen. UB 8859.
Rückert: [Ausgewählte] Gedichte. UB 3671.
Schiller: Demetrius. UB 8558/59.
Strindberg: Totentanz. UB 8860/61.

Dezember 1963

Rousseau: Emile. UB 901–909/909a–f.

Februar 1964

Benn: Weinhaus Wolf u. a. UB 8888.
Donizetti: Der Liebestrank. UB 4144.
Gottsched: Sterbender Cato. UB 2097/97a.
Hoffmann: Rat Krespel u. a. UB 5274.
Hofmann von Hofmannswaldau: Gedichte. UB 8889/90.
Platon: Der siebente Brief. UB 8892.
Portmann: Um das Menschenbild. UB 8893.
Schiller: Der Verbrecher aus verlorener Ehre u. a. UB 8891.
Shakespeare: Antonius und Cleopatra. UB 39.
Tacitus: Annalen I-VI. UB 2457–60.

April 1964

Arnim: Isabella von Ägypten. UB 8894/95.
Fleming: Gedichte. UB 2454.
Grabbe: Hannibal. UB 6449.
Grillparzer: Libussa. UB 4391.
Hrotsvitha von Gandersheim: Dulcitius u. a. UB 7524.
Ibsen: Rosmersholm. UB 2280.
Das Lied der Lieder. UB 8896.
Rinser: Jan Lobel aus Warschau. UB 8897.
A. W. Schlegel: Über Literatur, Kunst und Geist des Zeitalters UB 8898–8900.
Shakespeare: Timon von Athen. UB 308.
Die Verfassung des Deutschen Reichs vom 11. August 1919. UB 6051.
Wedekind: Der Marquis von Keith. UB 8901.

Juni 1964

Freiligrath: Gedichte. UB 4911/12.
Giraudoux: Undine. UB 8902.
Griechische Lyrik in deutschen Übertragungen. UB 1921–23.

Heym: Dichtungen. UB 8903.
Historia von D. Johann Fausten. UB 1515/16.
Italienische Erzähler der Gegenwart. UB 8904–08.
Marlowe: Die tragische Historie vom Doktor Faustus. UB 1128.
Morus: Utopia. UB 513/514.
Racine: Berenize. UB 8909.
Wieland: Musarion. UB 95.

August 1964

Brant: Das Narrenschiff. UB 899/900/900a–d.
Chinesische Dichter der Tang-Zeit. UB 8910.
Dschelāladdīn Rūmī: Aus dem Diwan. UB 8911.
Hesse: Im Presselschen Gartenhaus. UB 8912.
Nietzsche: Gedichte. UB 7117/17a.
Reuter: Schelmuffsky. UB 4343/43a/b.
Schelling: Über das Wesen der menschlichen Freiheit.
  UB 8913–15.
Shakespeare: Cymbelin. UB 225/225a.
Tieck: Der gestiefelte Kater. UB 8916.
Tucholsky: Man sollte mal ... UB 8917.

September 1964

Werkmonographien zur bildenden Kunst, 9. Serie
  Der Bamberger Reiter. UB B 9095.
  Chagall: Der Engelssturz. UB B 9096.
  Das Gerokreuz im Kölner Dom. UB B 9097.
  Günther: Bildwerke in Weyarn. UB B 9098.
  Lippi: Anbetung des Kindes. UB B 9099.
  Nolde: Das Abendmahl. UB B 9100.
  Laokoon. UB B 9101.
  Das Orpheus-Relief. UB B 9102.

November 1964

Amerikanische Erzähler. UB 8918–25.
Bonaventura: Nachtwachen. UB 8926/27.
Gedichte aus dem Rig-Veda. UB 8930.

Lessing: Laokoon. UB 271/271a/b.
Lyrik des Jugendstils. UB 8928.
Molière: Don Juan. UB 5402.
Plautus: Curculio. UB 8929.
Shinkonkinwakashū. UB 8931/32.
Thümmel: Wilhelmine. UB 1210.

Januar 1965

Aischylos: Der gefesselte Prometheus. UB 988.
Bräker: Lebensgeschichte und natürliche Ebenteuer des Armen Mannes im Tockenburg. UB 2601/02/02a.
Däubler: Gedichte. UB 8933.
Goldoni: Der Lügner. UB 8934.
Gryphius: Großmütiger Rechtsgelehrter oder Sterbender Aemilius Paulus Papinianus. UB 8935/36.
Huch: Frühling in der Schweiz. UB 7638.
Kaiser: Von morgens bis mitternachts. UB 8937.
H. Mann: Der Tyrann u. a. UB 7001.
Nala und Damayantī. UB 8938.
Novalis: Heinrich von Ofterdingen. UB 8939–41.

April 1965

Die Lieder des Archipoeta. Lat./Dt. UB 8942.
Der Herr von Sin-ling. UB 8947.
Ibsen: Wenn wir Toten erwachen. UB 8948.
Klassiker des Feuilletons. UB 8965–67.
Kleist: Die Marquise von O... u. a. UB 1957.
Lenau: Gedichte. UB 1449.
Loerke: Das Goldbergwerk. UB 8949.
Lohenstein: Cleopatra. UB 8950/51.
Ungarische Erzähler der Gegenwart. UB 8943–46.

Mai 1965

Anouilh: Jeanne oder Die Lerche. UB 8970.
Bidermann: Cenodoxus. UB 8958/59.
Erzählungen des alten Japan. UB 8960.

Haller: Die Alpen u. a. UB 8963/64.
Lessing: Die Erziehung des Menschengeschlechts u. a. UB 8968.
Lessing: Der junge Gelehrte. UB 37/37a.
Martin: Einleitung in die allgemeine Metaphysik. UB 8961/62.
Montesquieu: Vom Geist der Gesetze [Ausw.]. UB 8953–57.
O'Flaherty: Der Stromer. UB 8969.
Plutarch: Perikles / Fabius Maximus. UB 2323/23a.

September 1965

Catull: Gedichte. UB 6638/38a.
Fontane: Irrungen Wirrungen. UB 8971/72.
L. Frank: Karl und Anna. UB 8952.
Gellert: Die zärtlichen Schwestern. UB 8973/74.
Gozzi: Turandot. UB 8975.
Halbe: Der Strom. UB 8976.
Meistersang. UB 8977/78.
P'u Sung-ling: Liao-chai chih-i [Ausw.]. UB 8979.
Reuter: Kein Hüsung. UB 4661/62.
Tolstoi: Der Tod des Iwan Iljitsch. UB 8980.

Oktober 1965

Werkmonographien zur bildenden Kunst, 10. Serie
  Die Berliner Andokides-Vase. UB B 9103.
  Das Christusmosaik in der Laurentius-Kapelle der Galla Placidia
    in Ravenna. UB B 9104.
  van der Goes: Der Portinari-Altar. UB B 9105.
  Lochner: Madonna im Rosenhag. UB B 9106.
  Matisse: La Coiffure. UB B 9107.
  Phidias und der Parthenonfries. UB B 9108.
  Picasso: Les Demoiselles d'Avignon. UB B 9109.
  Rembrandt: Der Segen Jakobs. UB B 9110.

Oktober 1965

Reclams Chormusikführer. UB 10017–023. *GEB*.

November 1965

    Cervantes: Das Zigeunermädchen. UB 555.
    Forster: Ansichten vom Niederrhein. UB 4729/30.
    Groth: Quickborn. UB 7041.
    Heine: Gedichte. UB 8988/89.
    Hoffmann: Doge und Dogaresse. UB 464.
    Irische Erzähler der Gegenwart. UB 8982–86.
    Leisewitz: Julius von Tarent. UB 111/112.
    Plautus: Captivi. UB 7059.
    Wilde: Lady Windermeres Fächer. UB 8981.

November 1965

    Reclams Kunstführer Italien II. UB 10001–0161. *GEB*.

Januar 1966

    Grillparzer: Die Jüdin von Toledo. UB 4394.
    Hoffmann: Die Bergwerke zu Falun u. a. UB 8991.
    Leibniz: Fünf Schriften zur Logik und Metaphysik. UB 1898.
    Martial: Epigramme. UB 1611/12.
    Meyer: Das Leiden eines Knaben. UB 6953.
    Paustowskij: Oktobernacht. UB 7684.
    Robbe-Grillet: Die Jalousie. UB 8992/93.
    Sarashina-nikki. UB 8996.
    Schiller: Über die ästhetische Erziehung des Menschen in einer Reihe von Briefen. UB 8994/95.
    Stendhal: Die Äbtissin von Castro u. a. UB 5088/89.

Januar 1966

    Kant: Kritik der reinen Vernunft. UB 6461–70/70a/b.

März 1966

    Geschichte der deutschen Literatur II. UB 10024–036. *GEB*.

April 1966

Conrad: Taifun. UB 8701/02.
Grillparzer: Ein treuer Diener seines Herrn. UB 4383.
Harīrī: Die Verwandlungen des Abu Seid von Serug. UB 8708–10.
Das Junge Deutschland. UB 8703–07.
Molière: George Dandin. UB 550.
Rodenbach: Das tote Brügge. UB 5194.
Schachmeisterpartien 1960–1965. UB 8997–99.
Stifter: Der Kondor u. a. UB 8990.
Tibull: Gedichte. UB 1582.

Juli 1966

Aischylos: Die Schutzsuchenden. UB 1038.
Holz/Schlaf: Die Familie Selicke. UB 8987.
Ibsen: Baumeister Solness. UB 3026.
Jahnn: Medea. UB 8711.
Klopstock: Oden. UB 1391/92.
Reuter: Schlampampe. UB 8712–14.
E. Roth: Menschliches in Scherz und Ernst. UB 7486.
Tieck: Franz Sternbalds Wanderungen. UB 8715–21.
Tirso de Molina: Don Gil von den grünen Hosen. UB 8722.
Upanischaden. UB 8723.

August 1966

Reclams Romanführer III. UB 10055–072. *GEB*.

September 1966

Reclams etymologisches Wörterbuch der deutschen Sprache. UB 8746–55.
Weber: Weltgeschichte. UB 10037–054. *GEB*.

Oktober 1966

Afrikanische Lyrik aus zwei Kontinenten. UB 8724.
Block: Die Zwölf. UB 8725.
Gedichte des Expressionismus. UB 8726–28.
Gerstenberg: Ugolino. UB 141/141a.
Herder: Abhandlung über den Ursprung der Sprache. UB 8729/30.
Kaschnitz: Caterina Cornaro u. a. UB 8731.
Keller: Das Sinngedicht. UB 6193–96.
Thukydides: Der Peloponnesische Krieg. UB 1807–11.

Oktober 1966

Werkmonographien zur bildenden Kunst, 11. Serie
  Cranach d. Ä.: Die Ruhe auf der Flucht nach Ägypten.
    UB B 9111.
  Grünewald: Der Isenheimer Altar. UB B 9112.
  Kraft: Die Nürnberger Stadtwaage. UB B 9113.
  Macke: Das Russische Ballett. UB B 9114.
  Der Ortenberger Altar in Darmstadt. UB B 9115.
  Polyklet: Doryphoros. UB B 9116.
  Der Tausendblumenteppich in Bern. UB B 9117.
  Vermeer van Delft: Die Malkunst. UB B 9118.

Dezember 1966

Reclams Kunstführer Schweiz und Liechtenstein.
  UB 10073–083. *GEB*.

Januar 1967

Brentano: Die mehreren Wehmüller und ungarischen Nationalgesichter. UB 8732.
Eich: Festianus, Märtyrer. UB 8733.
Ein kurtzweilig Lesen von Dil Ulenspiegel. UB 1687/88/88a/b
Neidhart von Reuental: Lieder. Mittelhochdt./Neuhochdt.
  UB 6927/28.
Niederländische Erzähler der Gegenwart. UB 8734–37.
Schönherr: Erde. UB 8758.

Drei UB-Bände mit individueller Gestaltung: UB 8271 im Querformat (1959), UB 8726 (1966), UB 8559 mit farbigem Umschlag (1989).

Strindberg: Fräulein Julie. UB 2666.
Tschechow: Onkel Wanja. UB 8738.

März 1967

Andersch: Die Kirschen der Freiheit. UB 8756.
Beer: Printz Adimantus und der Königlichen Princeßin Ormizella Liebes-Geschicht. UB 8757.
Fischart: Das Glückhafft Schiff von Zürich. UB 1951.
Grillparzer: Das Kloster bei Sendomir. UB 8761.
Heine: Aus den Memoiren des Herren von Schnabelewopski. UB 2388.
Hume: Eine Untersuchung über den menschlichen Verstand. UB 5489/90/90a.
Molière: Der Bürger als Edelmann. UB 5485.
Murger: Boheme. UB 1534–38.
Sternheim: 1913. UB 8759.

April 1967

Hoerschelmann: Das Schiff Esperanza. UB 8762.
W. v. Humboldt: Ideen zu einem Versuch, die Grenzen der Wirksamkeit des Staats zu bestimmen. UB 1991/92/92a.
Mombert: Gedichte. UB 8760.
Müntzer: Die Fürstenpredigt. UB 8772/73.
Pirandello: Sechs Personen suchen einen Autor. UB 8765.
Reineke Fuchs. UB 8768–71.
J. E. Schlegel: Canut. UB 8766/67.
Tacitus: Annalen XI-XVI. UB 2642–45.

April 1967

Reclams Kunstführer Frankreich IV. UB 10100–111. *GEB*.

Juni 1967

Diderot: Rameaus Neffe. UB 1229/29a.
Edschmid: Die sechs Mündungen. UB 8774/75.

Heinrich Julius von Braunschweig: Von einem Weibe u. a.
  UB 8776/77.
Johannsen: Brigadevermittlung. UB 8778.
Lateinische Gedichte deutscher Humanisten. Lat./Dt.
  UB 8739–45.
Österreichische Bundesverfassungsgesetze. UB 8763/64.
Plautus: Poenulus. UB 8779.
Voss: Idyllen und Gedichte. UB 2332.
Werner: Der vierundzwanzigste Februar. UB 107.
Wilde: Eine Frau ohne Bedeutung. UB 8780.

September 1967

Börne: Monographie der deutschen Postschnecke. UB 11/11a.
Congreve: Liebe für Liebe. UB 8781.
Der deutsche Vormärz. UB 8794–98.
Fischart: Flöh Hatz, Weiber Tratz. UB 1656/56a.
Hirche: Die Heimkehr u. a. UB 8782.
Lesage: Der hinkende Teufel. UB 353/354/354a/b.
Lessing: Fabeln. UB 27/28.
Th. Mann: Zwei Festreden. UB 6931.
Rebhun: Ein Geistlich Spiel von der Gotfürchtigen und keuschen
  Frauen Susannen. UB 8787/88.
Wolkenstein: Lieder. Mittelhochdt./Neuhochdt. UB 2839/40.
Zweig: Der verwandelte Komödiant. UB 6374.

Oktober 1967

Werkmonographien zur bildenden Kunst, 12. Serie
  Das Alexandermosaik. UB B 9119.
  Donatello: Der heilige Georg. UB B 9120.
  Ernst: Der große Wald. UB B 9121.
  Meister Francke: Der Englandfahrer-Altar. UB B 9122.
  Der Vierjahreszeiten-Altar in Würzburg. UB B 9123.
  Pacher: Der St.-Wolfgang-Altar. UB B 9125.
  Das Sebaldusgrab in Nürnberg. UB B 9126.
  Rubens: Der Münchener Kruzifixus. UB B 9127.

November 1967

Augustinus: Bekenntnisse. UB 2791–94/94a/b.
Boileau: L'Art poétique. Frz./Dt. UB 8523.
García Lorca: Bernarda Albas Haus. UB 8525.
Ibsen: Briefe. UB 8783–86.
Ibsen: Die Frau vom Meer. UB 2560.
Le Fort: Die Verfemte. UB 8524.
Lukian: Gespräche der Götter und Meergötter, der Toten und der Hetären. UB 1133/33a/b.
Musil: Die Amsel. UB 8526.
Perthes: Der deutsche Buchhandel als Bedingung des Daseins einer deutschen Literatur. UB 9000.
Schlaf: Meister Oelze. UB 8527.
Stadler: Der Aufbruch u. a. UB 8528.

November 1967

Reclams Klaviermusikführer II. UB 10125–137. *GEB*.

Januar 1968

Deutsche Balladen. UB 8501–07.
Europäische Balladen. UB 8508–14.

Februar 1968

Einhard: Vita Karoli Magni. Lat./Dt. UB 1996.
Euripides: Die Bakchen. UB 940.
Der Göttinger Hain. UB 8789–93.
Gryphius: Cardenio und Celinde. UB 8532.
Gryphius: Gedichte. UB 8799/8800.
Herder u. a.: Von deutscher Art und Kunst. UB 7497/98.
Hildesheimer: Begegnung im Balkanexpreß u. a. UB 8529.
O'Neill: Eines langen Tages Reise in die Nacht. UB 8530/31.
Russische Erzähler von 1800 bis zur Gegenwart. UB 8515–22

April 1968

Brentano: Ponce de Leon. UB 8542/43.
Flaubert: Herodias. UB 6640.
Gellert: Leben der schwedischen Gräfin von G***. UB 8536/37.
Hamann: Sokratische Denkwürdigkeiten u. a. UB 926/926a.
Keller: Die mißbrauchten Liebesbriefe. UB 6176.
Kühner: Pastorale 67. UB 8541.
Petron: Satyricon. UB 8533–35.
Platen: Gedichte. UB 291/292.
Shakespeare: Coriolanus. UB 69.
Vergil: Hirtengedichte. UB 637.
Wickram: Das Rollwagenbuechlin. UB 1346/46a/b.

Juli 1968

Cicero: Rede über den Oberbefehl des Cn. Pompeius u. a. UB 8554.
Demosthenes: Rede über den Kranz. UB 914/914a.
Hagedorn: Gedichte. UB 1321–23.
Hartmann: Der philosophische Gedanke und seine Geschichte u. a. UB 8538–40.
Holz: Phantasus. UB 8549/50.
Immermann: Tulifäntchen. UB 8551/52.
Lessing: D. Faust. UB 6719.
Molière: Scapins Streiche. UB 8544.
Nestroy: Das Mädl aus der Vorstadt. UB 8553.
Die Pegnitz-Schäfer. UB 8545–48.

September 1968

Uhde: Beethovens Klaviermusik I. UB 10138–145. *GEB*.

Oktober 1968

Altenberg: Sonnenuntergang im Prater. UB 8560.
Einakter und kleine Dramen des Expressionismus. UB 8562–64.
Goldoni: Viel Lärm in Chiozza. UB 8568.
Herondas: Mimiamben. UB 8569.

Holtzwart: Emblematum Tyrocinia. UB 8555–57.
Ludus de Antichristo. Lat./Dt. UB 8561.
Maupassant: Fettklößchen. UB 6768.
Schulz: Vater geht unter die Feuerwehrmänner. UB 8570.
Spanische Erzähler der Gegenwart. UB 8573–76.
Streicher: Schillers Flucht. UB 4652–54.
Tolstoi: Leinwandmesser. UB 8571.
Wellershoff: Die Bittgänger u. a. UB 8572.

Oktober 1968

Werkmonographien zur bildenden Kunst, 13. Serie
  Das Reiterstandbild des Kaisers Marc Aurel. UB B 9128.
  Die St.-Georgs-Statuette in München. UB B 9129.
  Holbein d. J.: Christus im Grabe. UB B 9130.
  van Ruisdael: Die Mühle von Wijk. UB B 9131.
  Schiele: Die Familie. UB B 9132.

Oktober 1968

Reclams Romanführer IV. UB 10084–099. *GEB*.
Reclams Lexikon der Heiligen und der biblischen Gestalten.
  UB 10154–160. *GEB*.

November 1968

Fontane: Unterm Birnbaum. UB 8577/78.
Goethe: Satiren, Farcen und Hanswurstiaden. UB 8565–67.
L. A. V. Gottsched: Die Pietisterey im Fischbein-Rocke.
  UB 8579/80.
Hebbel: Genoveva. UB 5443/43a.
Jung-Stilling: Henrich Stillings Jugend. UB 662–666.
Keats: Gedichte. UB 8581.
J. M. R. Lenz: Gedichte. UB 8582.
S. Lenz: Das schönste Fest der Welt u. a. UB 8585.
Plautus: Epidikus. UB 8583.
Smetana: Die verkaufte Braut. UB 8584.
Whitman: Grashalme. UB 4891–93.

JOHN KEATS	
Gedichte	
RECLAM	RECLAM

Friedrich Schiller	
Vom Pathetischen und Erhabenen	
Reclam	Universal-Bibliothek

Oben: Mit diesem Umschlag (Entwurf: Alfred Finsterer) erschien nur eine einzige UB-Serie im November 1968.
Unten: Ab der Februar-Serie 1969 wird der in Zusammenarbeit mit Alfred Finsterer entstandene neue UB-Umschlag verwendet, zunächst elfenbeinfarben, ab Juni 1970 farbig.

November 1968

Reclams Klaviermusikführer I. UB 10112–124. *GEB*.

Februar 1969

Abraham a Sancta Clara: Wunderlicher Traum von einem großen Narrennest. UB 6399.
Ahlsen: Philemon und Baukis. UB 8591.
Aristophanes: Lysistrate. UB 6890.
Aristoteles: Nikomachische Ethik. UB 8586–90.
Keller: Ursula. UB 6185.
Konrad von Würzburg: Heinrich von Kempten u. a. Mittelhochdt./Neuhochdt. UB 2855/55a.
Meri: Das Manilaseil. UB 8592/93.
Opitz: Schaefferey von der Nimfen Hercinie. UB 8594.
Rostand: Cyrano von Bergerac. UB 8595/96.
J. Roth: Die Büste des Kaisers. UB 8597.
H. L. Wagner: Die Kindermörderin. UB 5698/98a.

April 1969

Feuerbach: Das Wesen des Christentums. UB 4571–77.
Fontane: Effi Briest. UB 6961–63/63a.
Heyse: L'Arrabbiata u. a. UB 8301.
Juvenal: Satiren. UB 8598–8600.
Pavese: Die Nacht von San Rocco. UB 8302/03.
Reinig: Das Aquarium. UB 8305.
Thüring von Ringoltingen: Melusine. UB 1484/85.
Das Zürcher Spiel vom reichen Mann und vom armen Lazarus u. a. UB 8304.

Juni 1969

Anzengruber: Der Gwissenswurm. UB 215.
Bürger: Wunderbare Reisen zu Wasser und Lande, Feldzüge und lustige Abenteuer des Freiherrn von Münchhausen. UB 121/121a.
Frisch: Rip van Winkle. UB 8306.

Glassbrenner: Der politisierende Eckensteher. UB 5226–28.
Hoffmann: Der Sandmann u. a. UB 230.
Montaigne: Die Essais [Ausw.]. UB 8308–12.
Der müde Mond und andere Marathi-Erzählungen. UB 8307.
Sailer: Die Schöpfung. UB 4231.
Schleiermacher: Über die Religion. UB 8313–15.
Sophokles: Elektra. UB 711.
Strindberg: Gespenstersonate u. a. UB 8316.
Weise: Ein wunderliches Schau-Spiel vom Niederländischen Bauer. UB 8317/18.

September 1969

Cicero: Fragmente über die Rechtlichkeit. UB 8319/20.
Dostojewskij: Weiße Nächte. UB 2126.
Gleim: Gedichte. UB 2138/39.
Hauff: Saids Schicksale u. a. UB 8321.
Hauptmann: Und Pippa tanzt! UB 8322.
A. v. Humboldt: Ansichten der Natur. UB 2948/49.
Marx/Engels: Manifest der Kommunistischen Partei u. a. UB 8323.
Milton: Das verlorene Paradies. UB 2191–93/93a/b.
Rothe: Verwehte Spuren u. a. UB 8324.
ED Goethe: Iphigenie auf Tauris. UB 8101.
ED Grillparzer: König Ottokars Glück und Ende. UB 8103.
ED Schiller: Wilhelm Tell. UB 8102.

Oktober 1969

Werkmonographien zur bildenden Kunst, 14. Serie
  Bellini: Madonna mit Kind. UB B 9133.
  Die Bronzestatuette des Zeus von Dodona. UB B 9134.
  Hodler: Die Nacht. UB B 9135.
  Kirchner: Straßenbilder. UB B 9136.
  Witz: Der Heilspiegelaltar. UB B 9137.

Oktober 1969

Reclams Hörspielführer. UB 10161–168. *GEB*.

November 1969

Brentano: Der Dilldapp u. a. UB 6805.
Dauthendey: Gedichte. UB 8325.
Deutsche Epigramme. UB 8340–43.
Fontane: Die Poggenpuhls. UB 8327/28.
Gounod: Margarete. UB 8329.
Kawabata: Die Tänzerin von Izu. UB 8365.
Lermontow: Ein Held unserer Zeit. UB 968–970.
Nestroy: Freiheit in Krähwinkel. UB 8330.
Rys: Grenzgänger. UB 8337.
Tacitus: Dialog über den Redner. UB 3728.
Warbeck: Die schöne Magelona. UB 1575.
Winckelmann: Gedanken über die Nachahmung der griechischen
   Werke in der Malerei und Bildhauerkunst u. a. UB 8338/39.
ED Büchner: Dantons Tod. UB 8104.

Februar 1970

Herzog Ernst. Mittelhochdt./Neuhochdt. UB 8352–57.
Hobbes: Leviathan. UB 8348–51.
Michael: Geschichte des deutschen Theaters. UB 8344–47.
Ryle: Der Begriff des Geistes. UB 8331–36.

März 1970

Aristoteles: Der Staat der Athener. UB 3010.
Bacon: Essays. UB 8358–60.
Bieler: Vater und Lehrer. UB 8361.
Cicero: Laelius. UB 868.
Flaubert: Die Legende von Sankt Julian dem Gastfreien. UB 6630.
Grillparzer: Gedichte. UB 4401/02.
Hauptmann: Fasching u. a. UB 8362.
Ingarden: Über die Verantwortung. UB 8363/64.
James: Schraubendrehungen. UB 8366/67.

Longos: Daphnis und Chloe. UB 6911/12.
Raabe: Des Reiches Krone. UB 8368.
Schiller: Vom Pathetischen und Erhabenen. UB 2731/31a.
ED Hebbel: Maria Magdalena. UB 8105.

April 1970

Reclams Kunstführer Frankreich I. UB 10169–176. *GEB*.

Juni 1970

Everyman. Mittelengl./Dt. UB 8326.
Keller: Das verlorne Lachen. UB 6178/79.
Moore: Principia Ethica. UB 8375–78.
Nestroy: Judith und Holofernes u. a. UB 3347.
Opitz: Gedichte. UB 361–363.
Prosa des Expressionismus. UB 8379–82.
Rimbaud: Une Saison en enfer. Frz./Dt. UB 7902/03.
Seneca: De clementia. Lat./Dt. UB 8385.
Theophrast: Charaktere. Griech./Dt. UB 619/619a.
Thomasius: Deutsche Schriften. UB 8369–71.
ED Kleist: Michael Kohlhaas. UB 8106.

September 1970

Beckett: Embers. Engl./Dt. UB 7904.
Dickinson: Gedichte. Engl./Dt. UB 7908–10.
Englische Sonette. Engl./Dt. UB 8372–74.
Griechische Satyrspiele. UB 8387.
Hegel: Grundlinien der Philosophie des Rechts. UB 8388–93.
Hoffmann: Meister Floh. UB 365–367.
Lautensack: Die Pfarrhauskomödie. UB 7905.
Opitz: Buch von der Deutschen Poeterey. UB 8397/98.
Stolberg: Über die Fülle des Herzens. UB 7901.
ED Goethe: Hermann und Dorothea. UB 8107/07a.

Oktober 1970

Werkmonographien zur bildenden Kunst, 15. Serie
  Lichtenstein: Ertrinkendes Mädchen. UB B 9138.
  Pollock: Number 32. 1950. UB B 9139.
  Rauschenberg: Black Market. UB B 9140.
  Rickey: Kinetische Objekte. UB B 9141.
  Segal: Ruth in her Kitchen. UB B 9142.
  Stella: Sanbornville II. UB B 9143.

November 1970

  Ayer: Sprache, Wahrheit und Logik. UB 7919–22.
  Bachmann: Der gute Gott von Manhattan. UB 7906.
  Cicero: Drei Reden vor Caesar. UB 7907.
  Dänische Erzähler der Gegenwart. UB 7935–37.
  Flaubert: Salammbô. UB 1650–54.
  Locke: Gedanken über Erziehung. UB 6147–50.
  Lohenstein: Sophonisbe. UB 8394–96.
  Schnitzler: Anatol u. a. UB 8399/8400.
  Stifter: Nachkommenschaften. UB 7924.
  Thoma: Moral. UB 7929.
  Wieland: Hann und Gulpenheh u. a. UB 7911.
  ED Lessing: Minna von Barnhelm. UB 8108.

November 1970

  Reclams Jazzführer. UB 10185–196. *GEB*.
  Uhde: Beethovens Klaviermusik II. UB 10146–149. *GEB*.

Januar 1971

  Aristoteles: Metaphysik. UB 7913–18.
  Klinger: Sturm und Drang. UB 248/248a.
  Das Lalebuch. UB 6642/43.
  D. H. Lawrence: Das Mädchen und der Zigeuner. UB 7938.
  Möser: Patriotische Phantasien. UB 683/684/684a.
  Reuchlin: Henno. Lat./Dt. UB 7923.
  Stieler: Die geharnschte Venus. UB 7932–34.

Storz: Der Vers in der neueren deutschen Dichtung. UB 7926–28.
Thomas: Unter dem Milchwald. UB 7930/31.
Wohmann: Treibjagd. UB 7912.
ED Grillparzer: Weh dem, der lügt! UB 8110.
ED Stifter: Brigitta. UB 8109.

März 1971

Aichinger: Dialoge – Erzählungen – Gedichte. UB 7939.
Descartes: Meditationen über die Erste Philosophie. UB 2887/88.
Jean Paul: Selberlebensbeschreibung u. a. UB 7940/41.
Lenau: Faust. UB 1524/25/25a.
Marx/Engels: Über Literatur. UB 7942/43.
Ovid: Metamorphosen. UB 356/357/357a–g.
Saadi: Aus dem Diwan. UB 7944.
E. Schnabel: Ein Tag wie morgen. UB 8383/84.
Stevenson: Will o' the Mill. Engl./Dt. UB 7947.
Weerth: Humoristische Skizzen aus dem deutschen Handelsleben. UB 7948/49.
ED Lessing: Emilia Galotti. UB 8111/11a.

März 1971

Reclams Kunstführer Italien VI. UB 10177–184. *GEB*.

Mai 1971

Caesar: Der Bürgerkrieg. UB 1090–92.
Grabbe: Herzog Theodor von Gothland. UB 201–203.
Internationale Dokumente zum Menschenrechtsschutz. UB 7956/57.
Ludwig: Shakespeare-Studien. UB 6618–20.
Solschenizyn: Matrjonas Hof. Russ./Dt. UB 7945/46.
Toller: Hinkemann. UB 7950.
Wedekind: Frühlings Erwachen. UB 7951.
Wimpheling: Stylpho. Lat./Dt. UB 7952.
Xenophon: Erinnerungen an Sokrates. UB 1855/56.
ED Stifter: Abdias. UB 8112.

Mai 1971

Reclams Kunstführer Italien IV. UB 10206–214. *GEB*.

Juli 1971

Werkmonographie zur bildenden Kunst
 Moser: Der Magdalenenaltar in Tiefenbronn. UB B 9124.

August 1971

 Gryphius: Leo Armenius. UB 7960/61.
 Hoffmann: Prinzessin Brambilla. UB 7953/54.
 Kerr: Theaterkritiken. UB 7962/63.
 E. Chr. v. Kleist: Sämtliche Werke. UB 211–214.
 Marsilius von Padua: Der Verteidiger des Friedens. UB 7964–66.
 Müller-Schlösser: Schneider Wibbel. UB 7967.
 Nerval: Aurelia u. a. UB 7958/59.
 Puschkin: Pique Dame. Russ./Dt. UB 1613/13a.
 Russell: Philosophische und politische Aufsätze. UB 7970–72.
 Schachmeisterpartien 1966–1970. UB 7973–75.
 Storm: Carsten Curator. UB 6054.
 ED Goethe: Die Leiden des jungen Werther. UB 8113/13a.

September 1971

 Der deutsche Michel. UB 9300–05.
 Hegel: Vorlesungen über die Ästhetik I/II. UB 7976–84.
 Hegel: Vorlesungen über die Ästhetik III. UB 7985–88.
 Heurgon: Die Etrusker. UB 7989–94.

Oktober 1971

Werkmonographien zur bildenden Kunst, 16. Serie
 Albers: Murals in New York. UB B 9144.
 Bacon: Painting 1946. UB B 9145.
 Morris: Felt piece. UB B 9146.
 Newman: Who's afraid of red, yellow and blue III. UB B 9147.

Oldenburg: Schreibmaschine. UB B 9148.
Vasarely: Folklor-N2. UB B 9149.

November 1971

Aristophanes: Die Vögel. UB 1379/80.
Bengalische Erzählungen. UB 9306.
Brundage u. a.: Die Olympischen Spiele. UB 9330.
Chamisso: Gedichte und Versgeschichten. UB 313/314.
Englische Barockgedichte. Engl./Dt. UB 9315–19/19a.
C. E. Goethe: Briefe. UB 2786–89.
Grimmelshausen: Lebensbeschreibung der Erzbetrügerin und Landstörzerin Courasche. UB 7998/99.
Pasternak: Sicheres Geleit. UB 7968/69.
Schiller: Kallias oder über die Schönheit u. a. UB 9307/08.
Strindberg: Der Vater. UB 2489.
Warnock: Englische Philosophie im 20. Jahrhundert. UB 9309–11.
ED Keller: Romeo und Julia auf dem Dorfe. UB 8114.

Dezember 1971

Brentano: Die Chronika des fahrenden Schülers. UB 9312/13.
Butor: Fluglinien. UB 9314.
Daudet: Briefe aus meiner Mühle. UB 3227–29.
Fontane: Unwiederbringlich. UB 9320–23.
Goldsmith: Der Pfarrer von Wakefield. UB 285–287.
Majakowskij: Gedichte. UB 9324.
Nestroy: Die schlimmen Buben in der Schule u. a. UB 4718.
Poe: The Black Cat u. a. Engl./Dt. UB 1703.
Sartre: Die ehrbare Dirne. UB 9325.
Thomas von Aquin: Über die Herrschaft der Fürsten. UB 9326.
ED Mann: Tristan. UB 8115.

März 1972

Altenglische Lyrik. Altengl./Dt. UB 7995–97.
Becker: Häuser. UB 9331.
Büchner: Woyzeck. Krit. Ausg. UB 9347.

Büchner-Preis-Reden 1951–1971. UB 9332–34.
Pocci: Kasperlkomödien. UB 5247.
Stirner: Der Einzige und sein Eigentum. UB 3057–62.
Terenz: Andria. Lat./Dt. UB 9345/46.
Weise: Masaniello. UB 9327–29.
ED Büchner: Woyzeck. UB 8117.
ED Shakespeare: Hamlet. UB 8116/16a/b.

Mai 1972

Cicero: Rede für Titus Annius Milo. Lat./Dt. UB 1170/71.
Fichte: Über den Begriff der Wissenschaftslehre oder der sogenannten Philosophie. UB 9348/49.
Goering: Seeschlacht. UB 9357.
Hoffmann: Lebens-Ansichten des Katers Murr. UB 153–158.
Horaz: Sermones. Lat./Dt. UB 431–433.
Klinger: Die Zwillinge. UB 438.
Lessing: Briefe, die neueste Literatur betreffend. UB 9339–44/44a.
Melville: Moby Dick. UB 9369–77.
Der münch mit dem genßlein. UB 9379–81.
Perec: Die Maschine. UB 9352.

Juli 1972

Diderot: Jacques der Fatalist und sein Herr. UB 9335–38.
Flaubert: Madame Bovary. UB 5666–70.
Heliodor: Die äthiopischen Abenteuer von Theagenes und Charikleia. UB 9384–88.
Jean Paul: Leben des Quintus Fixlein. UB 164–167.
Moritz: Anton Reiser. UB 4813–18.
Sterne: Leben und Meinungen von Tristram Shandy, Gentleman. UB 1441–46/46a/b.

September 1972

Goethe: Campagne in Frankreich u. a. UB 5808–10.
Gryphius: Carolus Stuardus. UB 9366/67.
Irving: Rip van Winkle. Engl./Dt. UB 9368.

Keller: Der Schmied seines Glückes. UB 6175.
Meckel: Verschiedene Tätigkeiten. UB 9378.
Raabe: Stopfkuchen. UB 9393–95.
Tacitus: Germania. Lat./Dt. UB 9391/92.
Weckherlin: Gedichte. UB 9358–60/60a.
Wohmann: Die Witwen. UB 9389/90.
Wycherley: The Country-Wife. Engl./Dt. UB 9353–56.
ED Lessing: Nathan der Weise. UB 8118/18a.

November 1972

Austin: Zur Theorie der Sprechakte. UB 9396–98.
Cicero: Vier Reden gegen Catilina. Lat./Dt. UB 9399/9400.
Deutsche Gedichte seit 1960. UB 9401–04.
Deutsches Rätselbuch. UB 9405–09.
Gorki: Die Kleinbürger. UB 8096/96a.
konkrete poesie. UB 9350.
Strawson: Einzelding und logisches Subjekt. UB 9410–14.

Dezember 1972

Bender: Die Wölfe kommen zurück. UB 9430.
Gottsched: Schriften zur Literatur. UB 9361–65.
Hafis: Gedichte aus dem Diwan. UB 9420.
Horaz: Ars Poetica. Lat./Dt. UB 9421.
Maeterlinck: Pelleas und Melisande. UB 9427.
Puschkin: Eugen Onegin. UB 427–429/429a.
Sallust: De coniuratione Catilinae. Lat./Dt. UB 9428/29.
Squarzina: Der Unfall. UB 9383.
ED Fontane: Effi Briest. UB 8119/19a.

März 1973

Bobrowski: Lipmanns Leib. UB 9447.
Fastnachtspiele des 15. und 16. Jahrhunderts. UB 9415–19/19a.
Giraudoux: Amphitryon 38. UB 9436/36a.
Hallmann: Mariamne. UB 9437–39.
Heine: Ideen. UB 2623.
Klopstock: Der Tod Adams. UB 9443.

Kuhlmann: Der Kühlpsalter [Ausw.]. UB 9422–26.
Laurentius von Schnüffis: Gedichte. UB 9382.
Shakespeare: King Lear. Engl./Dt. UB 9444–46.
Tacitus: Agricola. Lat./Dt. UB 836/836a.
ED Schiller: Don Carlos. UB 8120/20a/b.

März 1973

Reclams Kunstführer Italien II,2. UB 10007–016. *GEB*.

Juni 1973

Deutsche Großstadtlyrik vom Naturalismus bis zur Gegenwart. UB 9448–52/52a/b.
Forte: Die Wand u. a. UB 9453.
Geßner: Idyllen. UB 9431–35.
Hawthorne: Der scharlachrote Buchstabe. UB 9454–57.
Lassalle: Arbeiterprogramm. UB 6048.
Lukrez: De rerum natura. Lat./Dt. UB 4257–59/59a–e.
Tieck: Vittoria Accorombona. UB 9458–63.
ED Keller: Das Fähnlein der sieben Aufrechten. UB 8121.

September 1973

Dedecius: Deutsche und Polen in ihren literarischen Wechselbeziehungen. UB 9464/64a.
Einakter des Naturalismus. UB 9468–70.
Hopkins: Gedichte. Engl./Dt. UB 9440–42.
W. v. Humboldt: Schriften zur Sprache. UB 6922–24.
Marx: Kritik des Hegelschen Staatsrechts. UB 9465–67.
Plotin: Ausgewählte Schriften. UB 9479–81/81a.
Polnische Lyrik der Gegenwart. UB 9482/83.
Prosa des Naturalismus. UB 9471–74.
Sheridan: The School for Scandal. Engl./Dt. UB 449/449a/b.
Theorie des Naturalismus. UB 9475–78.

September 1973

Arbeitstexte für den Unterricht, 1. Serie
  Anleitung zur Abfassung literaturwissenschaftlicher Arbeiten.
    UB 9504.
  Deutsche Kurzgeschichten. 5.-6. Schuljahr. UB 9505.
  Deutsche Kurzgeschichten. 7.-8. Schuljahr. UB 9506.
  Deutsche Kurzgeschichten. 9.-10. Schuljahr. UB 9507.
  Deutsche Kurzgeschichten. 11.-13. Schuljahr. UB 9508.
  Herrschaft durch Sprache. UB 9501/01a.
  Politische Lyrik. UB 9502.
  Theorie des Dramas. UB 9503/03a.

Oktober 1973

  Reclams Liedführer. UB 10215–224. *GEB*.

November 1973

  Cicero: Gespräche in Tusculum. UB 5027–31.
  Coleridge: Gedichte. Engl./Dt. UB 9484–86.
  Fontane: Frau Jenny Treibel. UB 7635–37.
  Fontane: Mathilde Möhring. UB 9487/88.
  Gogol: Der Mantel. Russ./Dt. UB 9489/90.
  Moderne rumänische Gedichte. Rumän./Dt. UB 9491/92.
  Nietzsche: Richard Wagner in Bayreuth u. a. UB 7126/27.
  Saikaku-oridome. UB 9493.
  Wackenroder/Tieck: Phantasien über die Kunst. UB 9494/95.
  Weyrauch: Das Ende von Frankfurt am Main. UB 9496.
  ED Goethe: Götz von Berlichingen. UB 8122/22a.
  ED Kleist: Der zerbrochne Krug. UB 8123/23a.

Januar 1974

  Deutsche Reden I. UB 9672–78.
  Deutsche Reden II. UB 9679–85.
  Maupassant: Bel-Ami. UB 9686–90.
  Turgenjew: Aufzeichnungen eines Jägers. UB 2197–99/99a–c.

Januar 1974

Reclams Kunstführer Italien II,1. UB 10001–006. *GEB*.

Februar 1974

Borges: Die Bibliothek von Babel. UB 9497.
Hesse: Hermann Lauscher. UB 9665/66.
Lassalle: Franz von Sickingen. UB 4716/17.
Polybios: Historien. UB 6210/11.
Quintilian: Institutio oratoria X. Lat./Dt. UB 2956/57.
Weiss: Der Turm. UB 9671.
ED Lenz: Die Soldaten. UB 8124.

April 1974

Bieler: Der Hausaufsatz. UB 9713.
Die deutsche Literatur in Text und Darstellung 8. UB 9629–32.
Die deutsche Literatur in Text und Darstellung 9. UB 9633–36.
Die deutsche Literatur in Text und Darstellung 14. UB 9653–56.
Kant: Die Religion innerhalb der Grenzen der bloßen Vernunft. UB 1231/32/32a/b.
Kant: Schriften zur Geschichtsphilosophie. UB 9694–96.
Kant u. a.: Was ist Aufklärung? UB 9714.
Locke: Über die Regierung. UB 9691–93.

Mai 1974

Chaucer: Troilus and Criseyde [Ausw.]. Mittelengl./Dt. UB 9697–99.
Deutsche Arbeiterdichtung 1910–1933. UB 9700–04.
Die deutsche Literatur in Text und Darstellung 11. UB 9641–44.
Kunert: Der Hai. UB 9716.
Molière: Les Précieuses ridicules. Frz./Dt. UB 460.
Seneca: Oedipus. Lat./Dt. UB 9717/18.
Sir Gawain and the Green Knight. Mittelengl./Dt. UB 9667–70.
Texte aus der Arbeitswelt seit 1961. UB 9705/06.
Texte der proletarisch-revolutionären Literatur Deutschlands 1919–1933. UB 9707–11.

Juli 1974

> Bichsel: Stockwerke. UB 9719.
> Einakter und kleine Dramen des Jugendstils. UB 9720–22.
> Friedrich der Große: Das politische Testament von 1752.
>   UB 9723/24.
> Mill: Über die Freiheit. UB 3491–93.
> Shakespeare: The Sonnets. Engl./Dt. UB 9729–31.
> Uhland: Gedichte. UB 3021.
> Wernher der Gärtner: Helmbrecht. Mittelhochdt./Neuhochdt.
>   UB 9498–9500.
> Zwölf Geschichten für Kinder. UB 9712.
> ED Goethe: Egmont. UB 8126/26a.
> ED Hauptmann: Bahnwärter Thiel. UB 8125.

Juli 1974

> Uhde: Beethovens Klaviermusik III. UB 10150–153. *GEB*.
> Geschichte der deutschen Literatur III. UB 10233–242. *GEB*.

August 1974

Arbeitstexte für den Unterricht, 2. Serie
> Comics. UB 9513/13a.
> Fach- und Sondersprachen. UB 9510/10a.
> Familie und Gesellschaft. UB 9511.
> Fiktionale und nichtfiktionale Texte desselben Autors. UB 9515.
> Funktionen der Sprache. UB 9516/16a.
> Kriminalgeschichten. UB 9517.
> Literarisches Leben in der Bundesrepublik. UB 9509/09a.
> Theorie des Kriminalromans. UB 9512.

September 1974

> Brückner: Lewan, sieh zu! UB 9732.
> Die deutsche Literatur in Text und Darstellung 7. UB 9625–28.
> Goethe: Singspiele. UB 9725–28.
> Jonson: Volpone. Engl./Dt. UB 9733–36.
> Sachs: Die Wittenbergisch Nachtigall u. a. UB 9737/38/38a.

Sallust: Zwei politische Briefe an Caesar. Lat./Dt. UB 7436.
Weitling: Garantien der Harmonie und Freiheit. UB 9739–43.

Oktober 1974

Amerikanische Lyrik. Engl./Dt. UB 9759–64.
Wordsworth: Präludium. UB 9765–70.
Zola: Germinal. UB 4928–34.

November 1974

Aischylos: Sieben gegen Theben. UB 1025.
Benn: Gehirne. UB 9750.
Die deutsche Literatur in Text und Darstellung 15. UB 9657–60.
Dumas: Die Kameliendame. UB 245.
Poe: The Murders in the Rue Morgue. Engl./Dt. UB 2176.
Tieck: Merkwürdige Lebensgeschichte Sr. Majestät Abraham Tonelli. UB 9748.
Whitehead: Die Funktion der Vernunft. UB 9758.
Wühr: Preislied. UB 9749.
Zachariä: Der Renommiste u. a. UB 307/307a/b.
ED Hebbel: Agnes Bernauer. UB 8127/27a.

Februar 1975

Die deutsche Literatur in Text und Darstellung 10. UB 9637–40.
Gryphius: Catharina von Georgien. UB 9751/52.
Harte: Drei Short Stories. Engl./Dt. UB 9715.
Hindi-Kurzgeschichten der Gegenwart. UB 9771/72.
H. Kurz: Die beiden Tubus. UB 3947/48.
Phaedrus: Liber Fabularum. Lat./Dt. UB 1144–46.
Platon: Laches. Griech./Dt. UB 1785/86.
Schmidt: Krakatau. UB 9754.
Shakespeare: A Midsummer Night's Dream. Engl./Dt. UB 9755/56.
Zola: Thérèse Raquin. UB 9782–85.
ED Nestroy: Der Talisman. UB 8128.

April 1975

Augustus: Res gestae. Zweisprachig. UB 9773/73a.
Die deutsche Literatur in Text und Darstellung 16. UB 9661–64.
Handke: Der Rand der Wörter. UB 9774.
Hochwälder: Der öffentliche Ankläger. UB 9775.
Niebergall: Datterich u. a. UB 9776/76a/b.
Das Redentiner Osterspiel. Mittelniederdt./Neuhochdt.
    UB 9744/47.
Satiren der Aufklärung. UB 9777–81.
Tulsīdās: Ramcaritmanas [Ausw.]. UB 9757/57a.
ED Frisch: Biedermann und die Brandstifter. UB 8129/29a.

Juni 1975

Andreae: Christianopolis. UB 9786 [2].
Aufrufe und Reden deutscher Professoren im Ersten Weltkrieg.
    UB 9787 [3].
Bunin: Der Herr aus San Francisco. Russ./Dt. UB 9788 [2].
Die Charta der Vereinten Nationen u. a. UB 9801.
Heinrich von Morungen: Lieder. Mittelhochdt./Neuhochdt.
    UB 9797 [4].
Hoffmann: Die Elixiere des Teufels. UB 192 [4].
London: To Build a Fire u. a. Engl./Dt. UB 9802.
Shakespeare: The Merchant of Venice. Engl./Dt. UB 9800 [3].

Juli 1975

Arbeitstexte für den Unterricht, 3. Serie
    Argumente und Parolen. UB 9518 [2].
    Fabeln. UB 9519.
    Formen oppositioneller Literatur in Deutschland. UB 9520 [2].
    Literatursoziologie. UB 9514 [2].
    Parodie. UB 9521.
    Werbetexte. UB 9522.

September 1975

Die deutsche Literatur in Text und Darstellung 4. UB 9613 [4].
K. Mann: In meinem Elternhaus. UB 9794.
Mérimée: Mateo Falcone u. a. Frz./Dt. UB 9795.
Ollier: Der Neue Zyklus u. a. UB 9798.
Quine: Ontologische Relativität u. a. UB 9804 [3].
Sallust: Historiae. Lat./Dt. UB 9796.
Seghers: Fünf Erzählungen. UB 9805 [2].
Texte der Philosophie des Pragmatismus. UB 9799 [3].
F. Wolf: Der arme Konrad. UB 9809.
ED Dürrenmatt: Der Besuch der alten Dame. UB 8130.

September 1975

Geschichte der deutschen Literatur IV. UB 10252. *GEB*.

Oktober 1975

Austin: Sinn und Sinneserfahrung. UB 9803 [3].

November 1975

Das Annolied. Mittelhochdt./Neuhochdt. UB 1416 [3].
Französische Poetiken I. UB 9789 [4].
Gorki: Sommergäste. UB 9791 [2].
Herder: Stimmen der Völker in Liedern. UB 1371 [6].
Herwegh: Gedichte und Prosa. UB 5341 [2].
Schnitzler: Die Braut u. a. UB 9811.
Tieck: Liebesgeschichte der schönen Magelone und des Grafen Peter von Provence. UB 731.
Tschechow: Die Möwe. UB 4319.
White: Down at the Dump. Engl./Dt. UB 9808.
ED Kaiser: Von morgens bis mitternachts. UB 8131 [2].

Januar 1976

Arbeitstexte für den Unterricht, 4. Serie
   Frieden. UB 9523.
   Satirische Texte. UB 9525 [2].
   Ein Star wird gemacht. UB 9526.
   Theorie der Novelle. UB 9524.

Februar 1976

Bodin: Über den Staat [Ausw.]. UB 9812 [2].
Die deutsche Literatur in Text und Darstellung 1. UB 9601 [4].
Grimmelshausen: Der seltzame Springinsfeld. UB 9814 [3].
Heinse: Ardinghello und die glückseligen Inseln. UB 9792 [9].
Mill: Der Utilitarismus. UB 9821 [2].
Nepos: Atticus. Lat./Dt. UB 994.
Pufendorf: Die Verfassung des deutschen Reiches. UB 966 [3].
Shakespeare: King Richard II. Engl./Dt. UB 9806 [3].
Weerth: Gedichte. UB 9807 [2].
ED Storm: Der Schimmelreiter. UB 8133 [2].

Mai 1976

Bernhard: Der Wetterfleck. UB 9818.
Die deutsche Literatur in Text und Darstellung 2. UB 9605 [4].
Döblin: Die Geschichte vom Franz Biberkopf. UB 9810.
Heinrich der Glichezare: Reinhart Fuchs. Mittelhochdt./Neuhochdt. UB 9819 [3].
Herder: Journal meiner Reise im Jahr 1769. UB 9793 [4].
J. M. R. Lenz: Anmerkungen übers Theater u. a. UB 9815 [?]
Shakespeare: Julius Caesar. Engl./Dt. UB 9816 [3].
Theorie des Expressionismus. UB 9817 [3].
ED Fontane: Frau Jenny Treibel. UB 8132 [2].

Juni 1976

Arbeitstexte für den Unterricht, 5. Serie
   Chansons. UB 9527 [2].
   Deutsche Kurzgeschichten. 2.–3. Schuljahr. UB 9528.

Deutsche Kurzgeschichten. 4.–5. Schuljahr. UB 9529.
Tiergeschichten. UB 9530.

Juli 1976

Broch: Leutnant Jaretzki u. a. UB 9828.
Dante: Die Göttliche Komödie [Ausw.]. UB 9813.
Die deutsche Literatur in Text und Darstellung 3. UB 9609 [4].
Erasmus von Rotterdam: Colloquia familiaria. Lat./Dt. UB 9822.
Iffland: Die Jäger. UB 20 [2].
Iffland: Meine theatralische Laufbahn. UB 5853 [2].
Jandl: Laut und Luise. UB 9823 [2].
Kaschnitz: Der Tulpenmann. UB 9824.
Kretzer: Meister Timpe. UB 9829 [4].
Shakespeare: Othello. Engl./Dt. UB 9830 [3].

Juli 1976

Deutsche Anekdoten. UB 9825 [5].
Moderne englische Lyrik. Engl./Dt. UB 9826 [7].
Waismann: Logik, Sprache, Philosophie. UB 9827 [8].

September 1976

Cicero: De officiis. Lat./Dt. UB 1889 [5].
Die deutsche Literatur in Text und Darstellung 6. UB 9621 [4].
Heine: Die romantische Schule. UB 9831 [5].
Hesse: Das Nachtpfauenauge. UB 9832 [2].
Kant: Träume eines Geistersehers. UB 1320 [2].
Kasakow: Arktur, der Jagdhund. Russ./Dt. UB 9833.
Vier Kurzhörspiele. UB 9834.
ED Mörike: Mozart auf der Reise nach Prag. UB 8135 [2].
ED Schiller: Die Räuber. UB 8134 [3].

Oktober 1976

Reclams Kunstführer Istanbul. UB 10262. *GEB*.

November 1976

Cicero: De oratore. Lat./Dt. UB 6884 [8].
Cicero: Rede für Sextus Roscius aus Ameria. Lat./Dt.
  UB 1148 [2].
Die deutsche Literatur in Text und Darstellung 5. UB 9617 [4].
Empfindsamkeit. UB 9835 [3].
Gryphius: Horribilicribrifax Teutsch. UB 688 [2].
Reportagen. UB 9837 [2].
Die Saga von Gisli Sursson. UB 9836 [2].
Schweizer: Orchestermusik des 20. Jahrhunderts seit Schönberg.
  UB 9839 [5].
Shakespeare: Twelfth Night. Engl./Dt. UB 9838 [3].
Tirso de Molina: Don Juan – Der Verführer von Sevilla und der
  steinerne Gast. UB 3569.
Turgenjew: Erste Liebe. Russ./Dt. UB 1732 [3].

Januar 1977

Arbeitstexte für den Unterricht, 6. Serie
  Deutsche Sprache der Gegenwart.
    UB 9531 [2].
  Märchenanalysen. UB 9532 [2].
  Sprachspiele. UB 9533.
  Theorie des Romans. UB 9534 [2].

Februar 1977

Deutsche Arbeiterliteratur von den Anfängen bis 1914.
  UB 9840 [5]
Die deutsche Literatur in Text und Darstellung 13. UB 9649 [4].
Gomringer: konstellationen u. a. UB 9841 [2].
Hebbel: Gedichte. UB 3231.
Klippert: Elemente des Hörspiels. UB 9820 [2].
Loschütz: Hör mal, Klaus! UB 9842.
Spinoza: Die Ethik. Lat./Dt. UB 851 [9].
Strindberg: Gewitterluft. UB 9843.
ED Schiller: Wallenstein. UB 8136 [3].

Mai 1977

Die deutsche Literatur in Text und Darstellung 12. UB 9645 [4].
Gadamer: Die Aktualität des Schönen. UB 9844.
Heine: Atta Troll. UB 2261 [3].
Maler Müller: Idyllen. UB 1339 [5].
Raabe: Das Odfeld. UB 9845 [3].
Ruodlieb. Mittellat./Dt. UB 9846 [4].
Seneca: De brevitate vitae. Lat./Dt. UB 1847.
Terenz: Adelphoe. Lat./Dt. UB 9848 [2].
ED Grass: Katz und Maus. UB 8137 [2].

Juli 1977

Börne: Briefe aus Paris. UB 9850 [3].
Experimentelle amerikanische Prosa. Zweisprachig. UB 9849 [4].
Hauff: Das Bild des Kaisers. UB 131 [2].
Kunert: Ein anderer K. UB 9851.
Lasker-Schüler: Die Wupper. UB 9852 [2].
Mansfield: Sun and Moon. Engl./Dt. UB 9853.
Poetik des Barock. UB 9854 [4].
Rostand: Cyrano von Bergerac [Neuausg.]. UB 8595/96.
Schachmeisterpartien 1971–1975. UB 9847 [3].
Seneca: Epistulae morales ad Lucilium I. Lat./Dt. UB 2132.
Stevenson: Die Schatzinsel. UB 4856 [3].
ED Zuckmayer: Der Hauptmann von Köpenick. UB 8138 [2].

Juli 1977

Arbeitstexte für den Unterricht, 7. Serie
  Deutsche Sagen. UB 9535 [2].
  Die Frau in der Gesellschaft. UB 9536 [2].
  Reise- und Abenteuergeschichten. UB 9537.
  Theorie der Kurzgeschichte. UB 9538.

Juli 1977

Reclams Kunstführer Deutschland VII. UB 10265. *GEB*.

September 1977

Bang: Irene Holm u. a. UB 9855.
Berliner Straßenecken-Literatur 1848/49. UB 9856 [4].
Dada Berlin. UB 9857 [2].
Fühmann: Die Verteidigung der Reichenberger Turnhalle.
  UB 9858.
García Márquez: Un día después del sábado. Span./Dt. UB 9859.
Martin Heidegger. Fragen an sein Werk. UB 9873.
Minucius Felix: Octavius. Lat./Dt. UB 9860 [3].
Platon: Charmides. Griech./Dt. UB 9861 [2].
Rosow: Der Kulturleiter. Russ./Dt. UB 9862 [2].
Stifter: Die drei Schmiede ihres Schicksals. UB 9863.
ED Kleist: Das Käthchen von Heilbronn. UB 8139 [2].

November 1977

Albert: Kritische Vernunft und menschliche Praxis. UB 9874 [2].
Austen: Stolz und Vorurteil. UB 9871 [5].
Chamfort: Früchte der vollendeten Zivilisation. Frz./Dt.
  UB 9864 [2].
Deutsche Literatur im Exil 1933–1945. UB 9865 [6].
Freytag: Die Journalisten. UB 6003 [2].
Goethe: Schriften zur Naturwissenschaft. UB 9866 [4].
Kalendergeschichten. UB 9872 [5].
Matute: El salvamento. Span./Dt. UB 9868.
Mörike: Gedichte [Neuausg.]. UB 7661 [2].
Phantastische Geschichten aus Frankreich. UB 9869 [3].
Prévost: Geschichte des Chevalier des Grieux und der Manon
  Lescaut. UB 937 [3].
Rousseau: Vom Gesellschaftsvertrag [Neuausg.]. UB 1769 [3].
Shakespeare: Macbeth. Engl./Dt. UB 9870 [3].
ED Meyer: Das Amulett. UB 8140.

Januar 1978

Arbeitstexte für den Unterricht, 8. Serie
  Parabeln. UB 9539.
  Sportgeschichten. UB 9540.
  Vorurteile gegen Minderheiten. UB 9543 [2].
  Witz. UB 9542.

Februar 1978

Gorki: Das Ehepaar Orlow. UB 9877 [3].
Heine: Die Bäder von Lucca u. a. UB 3602 [2].
Hiesel: Die gar köstlichen Folgen einer mißglückten Belagerung. UB 9878.
Lorenzen: Theorie der technischen und politischen Vernunft. UB 9867 [2].
Morgenstern: Galgenlieder u. a. UB 9879 [2].
F. Schlegel: Kritische und theoretische Schriften. UB 9880 [3].
Shakespeare: King Richard III. Engl./Dt. UB 9881 [4].
Storm: Gedichte. UB 6080 [2].
Sueton: Nero. Lat./Dt. UB 6692 [2].
Williams: Der Begriff der Moral. UB 9882 [2].
ED Hauptmann: Der Biberpelz. UB 8141.

März 1978

Reclams Kunstführer Dänemark. UB 10273. *GEB*.

Mai 1978

Apuleius: Das Märchen von Amor und Psyche. Lat./Dt. UB 486 [2].
Französische Poetiken II. UB 9790 [5].
Grass: Die bösen Köche. UB 9883.
Gribojedow: Verstand schafft Leiden. UB 9884.
Henry: The Furnished Room. Engl./Dt. UB 9886.
Kafka: Die Verwandlung. UB 9900.
Kaiser: Nebeneinander. UB 9875.
Meyer: Sämtliche Gedichte. UB 9885 [3].
Muschg: Besuch in der Schweiz. UB 9876.
Nestroy: Zu ebener Erde und erster Stock. UB 3109 [2].
Poe: The Mystery of Marie Rogêt. Engl./Dt. UB 9887 [2].
Strindberg: Die Brandstätte. UB 9888.

Juni 1978

Deutsche Aphorismen. UB 9889 [5].
Deutsche Unsinnspoesie. UB 9890 [5].
Williams: Probleme des Selbst. UB 9891 [5].

Juli 1978

Andersch: Fahrerflucht u. a. UB 9892.
Habermas: Politik, Kunst, Religion. UB 9902 [2].
Kisch: Reportagen. UB 9893 [4].
Klinger: Prinz Seidenwurm. UB 9894.
Lübbe: Praxis der Philosophie. UB 9895 [2].
Platon: Euthyphron. Griech./Dt. UB 9897.
Plautus: Aulularia. Lat./Dt. UB 9898 [2].
Schubart: Gedichte u. a. UB 1821 [2].
Shakespeare: King Henry V. Engl./Dt. UB 9899 [3].
Tschechow: Der Mensch im Futteral. UB 9901 [4].
ED Hoffmann: Das Fräulein von Scuderi. UB 8142 [2].

August 1978

Arbeitstexte für den Unterricht, 9. Serie
 Erkenntnis und Sein I. UB 9547 [2].
 Erkenntnis und Sein II. UB 9548 [2].
 Presse und Pressewesen. UB 9545 [2].
 Texte zur Poetik des Films. UB 9541 [2].
 Theorie des Hörspiels. UB 9546 [2].

September 1978

Der Reiz der Wörter. UB 9999 [3].

Oktober 1978

Fontane: Der Stechlin. UB 9910 [5].
Frauenemanzipation im deutschen Vormärz. UB 9903 [3].
Horaz: Oden und Epoden. Lat./Dt. UB 9905 [4].

Luther: Vom ehelichen Leben u. a. UB 9896.
Meyer-Wehlack/Vrkljan: Die Sonne des fremden Himmels u. a.
  UB 9920.
Rothmann: Kleine Geschichte der deutschen Literatur.
  UB 9906 [3].
Schächter: Prolegomena zu einer kritischen Grammatik.
  UB 9922 [3].
Sternheim: Tabula rasa. UB 9907.
B. Strauß: Trilogie des Wiedersehens. UB 9908 [2].
ED Schiller: Maria Stuart. UB 8143 [3].

Dezember 1978

Geschichte der Philosophie in Text und Darstellung 1.
  UB 9911 [5].
Geschichte der Philosophie in Text und Darstellung 6.
  UB 9916 [5].
Kriminalgeschichten aus drei Jahrhunderten. UB 9919 [5].
Mozart: Idomeneo. Ital./Dt. UB 9921.
Svevo: Kurze sentimentale Reise. UB 9923 [2].
Valentin: Buchbinder Wanninger. UB 9925.
Vischer: Faust III. UB 6208 [3].
ED Fontane: Der Stechlin. UB 8144 [2].

Dezember 1978

Geschichte der deutschen Literatur V. UB 10275. *GEB*.

Februar 1979

Cicero: De re publica. Lat./Dt. UB 9909 [5].
Goldoni: Il servitore di due Padroni. Ital./Dt. UB 9927 [3].
Gutzkow: Wally, die Zweiflerin. UB 9904 [6].
Joyce: Grace. Engl./Dt. UB 9753.
Lessing: Philotas. UB 5755 [2].
Stramm: Dramen und Gedichte. UB 9929.
ED Droste-Hülshoff: Die Judenbuche. UB 8145.

Februar 1979

Arbeitstexte für den Unterricht, 10. Serie
  Deutsche Sprichwörter und Redensarten. UB 9550 [2].
  Literarische Wertung. UB 9544 [2].
  Schulgeschichten. UB 9551.
  Wir erzählen Geschichten. UB 9552.

März 1979

  Bienek: Die Zelle. UB 9930 [2].
  Homer: Odyssee [Neuausg.]. UB 280 [4].
  Leben und Wandel Lazaril von Tormes. UB 1389 [2].
  Ludwig: Der Erbförster. UB 3471.
  Mozart: La clemenza di Tito. Ital./Dt. UB 9926.
  Plautus: Amphitruo. Lat./Dt. UB 9931 [2].
  Stifter: Kalkstein. UB 9932.
  Szyrocki: Die deutsche Literatur des Barock. UB 9924 [5].
  Wieland: Geschichte des Agathon. UB 9933 [7].

Juni 1979

  Cicero: Pro A. Licinio Archia poeta oratio. Lat./Dt. UB 1268.
  Deutsche Sonette. UB 9934 [6].
  Hardy: Tess von den d'Urbervilles. UB 9935 [7].
  Marlowe: Tamburlaine the Great. Engl./Dt. UB 9936 [5].
  Molnar: Liliom. UB 9937 [2].
  Schnabel: Insel Felsenburg [Neuausg.]. UB 8419 [6].
  Stegmüller: Rationale Rekonstruktion von Wissenschaft und ihrem Wandel. UB 9938 [2].
  Toller: Masse Mensch. UB 9944.

Juli 1979

  Anzengruber: Das vierte Gebot. UB 418.
  Cicero: De imperio Cn. Pompei ad Quirites oratio. Lat./Dt. UB 9928.
  Defoe: Glück und Unglück der berühmten Moll Flanders. UB 9939 [5].

Hille: Neue Welten. UB 5101.
Jandl: Sprechblasen. UB 9940.
Mendelssohn: Morgenstunden oder Vorlesungen über das Dasein Gottes. UB 9941 [3].
Shakespeare: Romeo and Juliet. Engl./Dt. UB 9942 [3].
Texte zur Theorie des Films. UB 9943 [5].
Tschechow: Die Dame mit dem Hündchen. Russ./Dt. UB 5290.
ED Fontane: Irrungen, Wirrungen. UB 8146 [2].

August 1979

Arbeitstexte für den Unterricht, 11. Serie
  Geschichtliche Quellen. UB 9553 [2].
  Grimms Märchen – modern. UB 9554 [2].
  Phantastische Geschichten. UB 9555.
  Text und Leser. UB 9549 [2].

September 1979

Carpentier: El derecho de asilo. Span./Dt. UB 9946.
Englische Literaturtheorie des 19. Jahrhunderts. UB 9947 [6].
Geschichte der Philosophie in Text und Darstellung 5. UB 9915 [5].
Heisenberg: Quantentheorie und Philosophie. UB 9948 [2].
Maler Müller: Fausts Leben. UB 9949 [4].
Platen: Die verhängnißvolle Gabel u. a. UB 118 [4].
Strindberg: Nach Damaskus. UB 9950 [3].
Thoma: Die Lokalbahn. UB 9951.
ED Kleist: Prinz Friedrich von Homburg. UB 8147 [3].

Oktober 1979

Babel: So wurde es in Odessa gemacht. UB 9952.
Deutsche Schwänke. UB 9954 [5].
Domin: Abel steh auf. UB 9955.
Homer: Ilias [Neuausg.]. UB 249 [5].
Lenk: Pragmatische Vernunft. UB 9956 [2].
Riedel: Norm und Werturteil. UB 9958 [2].
Steiner: Eine Giraffe könnte es gewesen sein. UB 9959.

Thomas von Aquin: De ente et essentia. Lat./Dt. UB 9957 [2].
ED Nestroy: Der böse Geist Lumpazivagabundus. UB 8148 [2].

Februar 1980

Bodmer/Breitinger: Schriften zur Literatur. UB 9953 [5].
Britting: Die kleine Welt am Strom. UB 9965.
Caesar: De bello Gallico. Lat./Dt. UB 9960 [8].
Clausewitz: Vom Kriege [Ausw.]. UB 9961 [5].
Kleist: Die Familie Schroffenstein. UB 1768 [2].
Raabe: Horacker. UB 9971 [2].
Toller: Hoppla, wir leben! UB 9963 [2].
F. Wolf: Professor Mamlock. UB 9964.
ED Schiller: Kabale und Liebe. UB 8149 [2].

Februar 1980

Arbeitstexte für den Unterricht, 12. Serie
  Detektivgeschichten für Kinder. UB 9556.
  Kindergedichte. UB 9557.
  Lehrzeit. UB 9558 [2].

April 1980

Finley: Antike und moderne Demokratie. UB 9966 [2].
Flasch: Augustin. UB 9962 [5].
Gedichte der englischen Romantik. Engl./Dt. UB 9967 [5].
Holberg: Jeppe vom Berge. UB 9968.
Moderne deutsche Naturlyrik. UB 9969 [5].
Pepys: Tagebuch [Ausw.]. UB 9970 [6].
Plutarch: Alexander/Caesar. UB 2495 [3].
ED Heine: Deutschland. Ein Wintermärchen. UB 8150 [2].

Mai 1980

Arnim: Die Majoratsherren. UB 9972.
Baudelaire: Les Fleurs du Mal. Frz./Dt. UB 9973 [6].
Bubner: Zur Sache der Dialektik. UB 9974 [2].

Gedichte des Barock. UB 9975 [5].
Lyrik für Leser. UB 9976 [2].
Ökologie und Ethik. UB 9983 [3].
Seneca: Ad Helviam matrem de consolatione. Lat./Dt. UB 1848 [2].
Sudermann: Heimat. UB 9978.
ED Wedekind: Frühlings Erwachen. UB 8151 [2].

Mai 1980

Uhde: Beethovens Klaviermusik I. UB 10139 [7]. *Kart.*
Uhde: Beethovens Klaviermusik II. UB 10147 [5]. *Kart.*
Uhde: Beethovens Klaviermusik III. UB 10151 [8]. *Kart.*

Juli 1980

Reclams Kunstführer Deutschland VI. UB 10286. *GEB.*

August 1980

Anzengruber: Die Märchen des Steinklopferhanns. UB 504.
K. Büchner: Römertum. UB 7634 [2].
Cicero: Pro P. Sestio oratio. Lat./Dt. UB 6888 [3].
Giraudoux: Die Irre von Chaillot. UB 9979.
Gorki: Jegor Bulytschow und andere. UB 9980.
König Artus und seine Tafelrunde. UB 9945 [10].
Lessing: Der Freigeist. UB 9981 [2].
Mittelenglische Lyrik. Mittelengl./Dt. UB 9985 [3].
Quine: Wort und Gegenstand. UB 9987 [6].
Raabe: Pfisters Mühle. UB 9988 [3].

August 1980

Arbeitstexte für den Unterricht, 13. Serie
  Deutsche Essays des 20. Jahrhunderts. UB 9559 [2].
  Deutsche Volkslieder. UB 9560 [2].
  Indianergeschichten. UB 9561.

September 1980

Köln. Kunstführer. UB 10299.
Reclams Kunstführer Frankreich II. UB 10297. *GEB*.

Oktober 1980

Beer-Hofmann: Der Tod Georgs. UB 9989 [2].
Deutsche Flugschriften zur Reformation (1520–1525).
  UB 9995 [5].
Englische Gruselgeschichten aus dem 19. Jahrhundert.
  UB 9990 [5].
Epikur: Briefe, Sprüche, Werkfragmente. Griech./Dt.
  UB 9984 [2].
Erzählte Zeit. UB 9996 [6].
García Pavón: Kriminalgeschichten. Span./Dt. UB 7631.
Härtling: Der wiederholte Unfall. UB 9991.
Patzig: Tatsachen, Normen, Sätze. UB 9986 [2].
Plautus: Menaechmi. Lat./Dt. UB 7096 [2].
ED Fontane: Schach von Wuthenow. UB 8152 [2].
ED Mann: Mario und der Zauberer. UB 8153.

Oktober 1980

Brüder Grimm: Kinder- und Hausmärchen I. UB 3191 [5].
Brüder Grimm: Kinder- und Hausmärchen II. UB 3192 [6].
Brüder Grimm: Kinder- und Hausmärchen III. UB 3193 [7].

November 1980

Austen: Emma. UB 7633 [5].
Geschichte der Philosophie in Text und Darstellung 4.
  UB 9914 [5]
Hoffmann: Des Vetters Eckfenster. UB 231.
Holz: Sozialaristokraten. UB 9982 [2].
Leskow: Die Lady Macbeth aus dem Landkreis Mzensk.
  Russ./Dt. UB 7619 [2].
Mittelalterliche Lyrik Frankreichs I. Altprov./Dt. UB 7620 [4].
Raabe: Prinzessin Fisch. UB 9994 [3].
Saar: Doktor Trojan u. a. UB 7632.

November 1980

    Gottfried von Straßburg: Tristan. Mittelhochdt./Neuhochdt. I.
      UB 4471 [6].
    Gottfried von Straßburg: Tristan. Mittelhochdt./Neuhochdt. II.
      UB 4472 [6].
    Gottfried von Straßburg: Tristan. Mittelhochdt./Neuhochdt. III.
      UB 4473 [4].

November 1980

    Geschichte der deutschen Literatur I. UB 10294. *GEB*.

Januar 1981

Arbeitstexte für den Unterricht, 14. Serie
    Lügen, lauter Lügen ... UB 9562.
    Philosophie und Sprache. UB 9563 [2].
    Tourismus. UB 9564 [2].

Februar 1981

    Bodman: Das hohe Seil. UB 7664.
    Dorst: Große Schmährede an der Stadtmauer. UB 7672.
    Enzensberger: Dreiunddreißig Gedichte. UB 7674.
    Geschichte der Philosophie in Text und Darstellung 8.
      UB 9918 [6].
    Kinder- und Jugendliteratur der Aufklärung. UB 9992 [5].
    Menander: Samia. Griech./Dt. UB 9993 [2].
    Scott: Schottische Erzählungen. Engl./Dt. UB 7675 [2].
    Seneca: Apocolocyntosis. Lat./Dt. UB 7676.
    Tacitus: Dialogus de oratoribus. Lat./Dt. UB 7700 [2].
    M. Walser: Die Zimmerschlacht. UB 7677.

April 1981

    Campe: Robinson der Jüngere. UB 7665 [5].
    Canetti: Komödie der Eitelkeit. UB 7678 [2].

Garschin: Die rote Blume u. a. Russ./Dt. UB 4866 [2].
Kausalität. UB 9997 [5].
Lessing: Die Juden. UB 7679.
Mackie: Ethik. UB 7680 [4].
Platon: Theätet. Griech./Dt. UB 6338 [3].
Saar: Dissonanzen u. a. UB 7681.
Sophokles: Antigone. Griech./Dt. UB 7682 [2].
Turgenjew: Ein Monat auf dem Lande. UB 7685 [2].
Chr. Wolf: Neue Lebensansichten eines Katers u. a. UB 7686.

Juni 1981

Andrejew: Der große Schlemm u. a. Russ./Dt. UB 7689 [2].
Harig: Logbuch eines Luftkutschers. UB 7691.
Hume: Dialoge über natürliche Religion. UB 7692 [2].
Kerner: Ausgewählte Werke. UB 3857 [7].
Liliencron: Gedichte. UB 7694 [2].
Livius: Ab urbe condita I. Lat./Dt. UB 2031 [3].
Marlowe: Edward II. Engl./Dt. UB 7696 [3].
Molière: Le Malade imaginaire. Frz./Dt. UB 7697 [3].
Nestroy: Der Unbedeutende. UB 7698.
Schulz: Vernunft und Freiheit. UB 7704 [2].
Terenz: Heautontimorumenos. Lat./Dt. UB 7683 [2].

Juni 1981

Arbeitstexte für den Unterricht, 15. Serie
  Ethik. UB 9565 [2].
  Geschichte in Karikaturen. UB 9566 [3].
  Spieltexte. 2.–4. Schuljahr. UB 9567.

August 1981

Blumenberg: Wirklichkeiten, in denen wir leben. UB 7715 [2].
Eichrodt: Biedermaiers Liederlust. UB 7717 [2].
Kiwus: 39 Gedichte. UB 7722.
Langgässer: Saisonbeginn. UB 7723.
Literarische Collagen. UB 7695 [4].
Luther: Tischreden. UB 1222 [4].

Raabe: Altershausen. UB 7725 [2].
Verdi: Othello. UB 7727.
Widukind von Corvey: Res gestae Saxonicae. Lat./Dt.
  UB 7699 [4].
Wolfram von Eschenbach: Parzival. Mittelhochdt./Neuhochdt. I.
  UB 3681 [8].
Wolfram von Eschenbach: Parzival. Mittelhochdt./Neuhochdt. II.
  UB 3682 [8].

September 1981

Alarcón: Der Dreispitz. UB 2144 [2].
Ausgewählte Schachaufgaben. UB 7736 [3].
Austen: Kloster Northanger. UB 7728 [4].
Marquard: Abschied vom Prinzipiellen. UB 7724 [2].
Raabe: Die Chronik der Sperlingsgasse. UB 7726 [3].
Sartre: Praxis des Intellektuellen. UB 7730 [2].
Schmidt: Kritische Theorie – Humanismus – Aufklärung.
  UB 9977 [2].
Shakespeare: As You Like It. Engl./Dt. UB 7734 [3].
Steinvorth: Stationen der politischen Theorie. UB 7735 [5].
Tschechow: Iwanow. UB 7740.
Westerngeschichten aus zwei Jahrhunderten. UB 7741 [5].
ED Goethe: Torquato Tasso. UB 8154 [3].

Oktober 1981

Reclams Kunstführer Italien I,1. UB 10305. *GEB*.

November 1981

Euripides: Alkestis. Griech./Dt. UB 1337 [2].
Fortunatus. UB 7721 [5].
Die Frauenfrage in Deutschland 1865–1915. UB 7737 [5].
Geschichte der Philosophie in Text und Darstellung 7.
  UB 9917 [5].
Hebel: Schatzkästlein des rheinischen Hausfreundes. UB 142 [6].
Lessing: Hamburgische Dramaturgie. UB 7738 [8].
Parmenides: Über das Sein. Griech./Dt. UB 7739 [3].

Raabe: Höxter und Corvey. UB 7729 [3].
Weizsäcker: Ein Blick auf Platon. UB 7731 [2].
Die Wiener Moderne. UB 7742 [9].

Januar 1982

Arbeitstexte für den Unterricht, 16. Serie
Deutsche Literatur des Mittelalters. UB 9568 [2].
Kürzestgeschichten. UB 9569.
Metaphorischer Sprachgebrauch. UB 9570 [2].

Februar 1982

Aksakow: Familienchronik. UB 7743 [4].
Cicero: Briefwechsel mit M. Brutus. Lat./Dt. UB 7745 [2].
Die englische Literatur in Text und Darstellung 8. Engl./Dt. UB 7771 [6].
Erasmus von Rotterdam: Familiarium colloquiorum formulae. Lat./Dt. UB 7784.
Hegel: Differenz des Fichteschen und Schellingschen Systems der Philosophie. UB 7805 [2].
Marivaux: Verführbarkeit auf beiden Seiten. UB 7810.
Prosa des Jugendstils. UB 7820 [5].
Rose/Budjuhn: Die zwölf Geschworenen. UB 7821.
Tieck: Die beiden merkwürdigsten Tage aus Siegmunds Leben u. a. UB 7822.
Verdi: Falstaff. UB 7823.
M. Walser: Versuch, ein Gefühl zu verstehen u. a. UB 7824 [2].
ED Goethe: Die Wahlverwandtschaften. UB 8156 [3].

April 1982

Bacon: Neu-Atlantis. UB 6645.
Chaucer: The Canterbury Tales [Ausw.]. Engl./Dt. UB 7744 [7].
Debussy: Monsieur Croche. UB 7757 [4].
Doyle: A Scandal in Bohemia. Engl./Dt. UB 7763.
Emerson: Die Natur. UB 3702 [4].
Geschichte der Philosophie in Text und Darstellung 2. UB 9912 [6].

Goethe: Wilhelm Meisters Lehrjahre. UB 7826 [6].
Phantastische Erzählungen der Jahrhundertwende. UB 7819 [4].
Sealsfield: Das Kajütenbuch. UB 3401 [6].
Sudermann: Die Ehre. UB 7825 [2].

April 1982

Reclams Kunstführer Italien I,2. UB 10306. *GEB*.

Mai 1982

Deutsche Liebeslyrik. UB 7759 [5].
Deutsche Literatur 1981. UB 7760 [3].
Deutsche Parabeln. UB 7761 [4].
Ebeling: Freiheit, Gleichheit, Sterblichkeit. UB 7776 [2].
Die englische Literatur in Text und Darstellung 3. Engl./Dt.
 UB 7766 [5].
Fontane: Cécile. UB 7791 [3].
Gotthelf: Wie Uli der Knecht glücklich wird. UB 2333 [7].
Muschg: Übersee. UB 7813.
Paine: Common Sense. UB 7818 [2].
ED Hoffmann: Der goldne Topf. UB 8157 [2].

Juni 1982

Arbeitstexte für den Unterricht, 17. Serie
 Deutsche Balladen. UB 9571 [2].
 Jugend und Freizeit. UB 9572 [2].
 Liebesgeschichten. UB 9573.

Juli 1982

Bebel: Comoedia de optimo studio iuvenum. Lat./Dt.
 UB 7837 [2].
Dummett: Wahrheit. UB 7840 [3].
Euripides: Ion. Griech./Dt. UB 3579 [2].
Goethe: Wilhelm Meisters Wanderjahre. UB 7827 [6].
Lyrik des Naturalismus. UB 7807 [3].

Oates: The Tryst. Engl./Dt. UB 7877 [2].
Plessner: Mit anderen Augen. UB 7886 [3].
Puccini: La Bohème. UB 7898.
Puccini: Tosca. UB 7899.
Schelling: Texte zur Philosophie der Kunst. UB 5777 [3].
Seneca: Epistulae morales ad Lucilium II. Lat./Dt. UB 2133.
ED Chamisso: Peter Schlemihl. UB 8158.

September 1982

Augustinus: De beata vita. Lat./Dt. UB 7831 [2].
Austen: Verstand und Gefühl. UB 7836 [5].
Gedichte und Interpretationen 6. UB 7895 [5].
In Deutschland unterwegs. UB 7858 [5].
Karamsin: Die arme Lisa. Russ./Dt. UB 7861.
Kunsttheorie und Kunstgeschichte des 19. Jahrhunderts in Deutschland I. UB 7888 [5].
Lettau: Herr Strich schreitet zum Äußersten. UB 7873.
Polenlieder. UB 7910 [2].
Schumann: Schriften über Musik und Musiker. UB 2472 [3].
Shakespeare: The Tempest. Engl./Dt. UB 7903 [3].

November 1982

Aristoteles: Poetik. Griech./Dt. UB 7828 [2].
Arnim: Die Kronenwächter. UB 1504 [4].
Die englische Literatur in Text und Darstellung 5. Engl./Dt. UB 7768 [5].
Englische und amerikanische Balladen. Zweisprachig. UB 7842 [6].
Gedichte und Interpretationen 1. UB 7890 [5].
Henrich: Selbstverhältnisse. UB 7852 [2].
Nationalhymnen. UB 8441 [3].
Neukantianismus. UB 7875 [5].
Voltaire: L'Ingénu. Frz./Dt. UB 7909 [3].
ED Goethe: Novelle. UB 8159 [2].
ED Goethe: Wilhelm Meisters Lehrjahre. UB 8160 [4].

Januar 1983

Bellamy: Ein Rückblick aus dem Jahre 2000 auf 1887.
UB 2660 [4].
Cicero: Reden gegen Verres I. Lat./Dt. UB 4013 [2].
Doyle: The Red-Headed League. Engl./Dt. UB 7917.
Fontane: L'Adultera. UB 7921 [2].
Freytag: Die Technik des Dramas. UB 7922 [4].
Jean Paul: Siebenkäs. UB 274 [8].
Jens: In Sachen Lessing. UB 7931 [2].
H. Lenz: Durch den Krieg kommen. UB 7941.
Puccini: Madame Butterfly. UB 7949.
Saint-Simon: Erinnerungen. UB 7954 [5].
Zuckmayer: Austreibung. UB 7969 [2].
ED Kleist: Amphitryon. UB 8162 [2].

Januar 1983

Arbeitstexte für den Unterricht, 18. Serie
Arbeitslosigkeit. UB 9574 [2].
Glück. UB 9575 [2].
Spieltexte. 5.–7. Schuljahr. UB 9576.

März 1983

Deutsche Gedichte 1930–1960. UB 7914 [5].
Die englische Literatur in Text und Darstellung 7. Engl./Dt.
UB 7770 [5].
Erasmus von Rotterdam: Adagia. Lat./Dt. UB 7918 [3].
Gogol: Die Geschichte, wie sich Iwan Iwanowitsch mit Iwan
Nikiforowitsch zerstritt. UB 1767.
Hardy: The Three Strangers. Engl./Dt. UB 7928.
Kant: Anthropologie in pragmatischer Hinsicht. UB 7541 [4].
Lyrik des Mittelalters I. UB 7896 [8].
Lyrik des Mittelalters II. UB 7897 [6].
Saltykow-Schtschedrin: Die idealistische Karausche. Russ./Dt.
UB 7957 [2].
Schnitzler: Die letzten Masken u. a. UB 7959.
Stifter: Die Mappe meines Urgroßvaters. UB 7963 [3].
Storm: Auf dem Staatshof u. a. UB 6146.
ED Mann: Tonio Kröger. UB 8163.

April 1983

Reclams Kunstführer Frankreich III. UB 10319. *GEB*.

Mai 1983

Deutsche Literatur 1982. UB 7915 [3].
Die Deutschen und Luther. UB 7916 [3].
Eliot: Die Mühle am Floss. UB 2711 [8].
Gedichte und Interpretationen 5. UB 7894 [5].
Heine: Der Rabbi von Bacherach. UB 2350.
Jochmann: Politische Sprachkritik. UB 7933 [3].
La Roche: Geschichte des Fräuleins von Sternheim. UB 7934 [5].
Le Fort: Die Letzte am Schafott. UB 7937.
Mittelalterliche Lyrik Frankreichs II. Altfrz./Dt. UB 7943 [4].
A. Müller: Zwölf Reden über die Beredsamkeit und deren Verfall in Deutschland. UB 7946 [3].
Racine: Britannicus. Frz./Dt. UB 1293 [3].
Spaemann: Philosophische Essays. UB 7961 [2].
Turgenjew: Gedichte in Prosa. Russ./Dt. UB 1701 [2].
ED Gotthelf: Die schwarze Spinne. UB 8161.

Juni 1983

Arbeitstexte für den Unterricht, 19. Serie
  Behinderte. UB 9577 [2].
  Schelmen- und Gaunergeschichten. UB 9578.
  Das Wahrheitsgebot. UB 9579.

Juli 1983

Augustinus: De vera religione. Lat./Dt. UB 7971 [3].
Die englische Literatur in Text und Darstellung 4. Engl./Dt. UB 7767 [5].
Fetscher: Arbeit und Spiel. UB 7979 [2].
Flake: Der Handelsherr. UB 7980 [2].
Frischlin: Iulius Redivivus. UB 7981 [2].
Hoffmann: Kreisleriana. UB 5623 [2].
Kempowski: Fünf Kapitel für sich. UB 7983.
La Fayette: Die Prinzessin von Clèves. UB 7986 [3].

Leibniz: Unvorgreifliche Gedanken. UB 7987 [2].
Pirckheimer: Eckius dedolatus. Lat./Dt. UB 7993 [2].
Poe: Ligeia u. a. Engl./Dt. UB 2257 [2].
Die Vorsokratiker I. Griech./Dt. UB 7965 [4].
Waismann: Wille und Motiv. UB 8208 [3].

Juli 1983

Reclams Kunstführer Deutschland I,1. UB 10317. *GEB*.
Reclams Kunstführer Deutschland I,2. UB 10318. *GEB*.

August 1983

Fremdsprachentexte, 1. Serie
  Dickens: A Christmas Carol. UB 9150 [2].
  Lessing: To Room Nineteen. UB 9151.
  Mansfield: The Garden-Party. UB 9152.
  Maupassant: Contes. UB 9153.
  Prévert: Poèmes et Chansons. UB 9155.
  Romains: Knock ou Le Triomphe de la Médecine. UB 9154 [2].
  Science Fiction Stories I. UB 9156 [2].
  Stevenson: The Bottle Imp. UB 9157.
  Twain: Western Stories. UB 9158.

September 1983

Austen: Überredung. UB 7972 [4].
Berthold von Regensburg: Vier Predigten. Mittelhochdt./Neuhochdt. UB 7974 [3].
Cicero: Philippische Reden gegen M. Antonius. Lat./Dt. UB 2233 [3].
Deutsche Lyrik-Parodien aus drei Jahrhunderten. UB 7975 [4].
Die englische Literatur in Text und Darstellung 6. Engl./Dt. UB 7769 [5].
Erzählungen seit 1960. UB 7977 [4].
Gedichte und Interpretationen 4. UB 7893 [5].
»Komm, heilige Melancholie«. UB 7984 [7].
The Owl and the Nightingale. Mittelengl./Dt. UB 7992 [2].
Raimund: Die gefesselte Phantasie. UB 3136.
Salmon: Logik. UB 7996 [3].

November 1983

    Euripides: Medea. Griech./Dt. UB 7978 [2].
    Gedichte und Interpretationen 2. UB 7891 [5].
    Gryphius: Absurda Comica. Krit. Ausg. UB 7982.
    Russische Lyrik. Russ./Dt. UB 7994 [9].
    Savigny: Zum Begriff der Sprache. UB 7997 [4].
    Scarron: Die Komödianten. UB 7999 [5].
    Schachmeisterpartien 1976 UB 8202 [3].
    Steinbach: Immer geradeaus und geblasen u. a. UB 8203.
    Tugendhat/Wolf: Logisch-semantische Propädeutik.
        UB 8206 [3].
    ED Kafka: Die Verwandlung. UB 8155 [2].

Januar 1984

Arbeitstexte für den Unterricht, 20. Serie
    Begriffsanalyse. UB 9580 [2].
    Deutsche Kriegsliteratur zu zwei Weltkriegen. UB 9581 [2].
    Deutsche Sprachgeschichte. UB 9582 [2].

Februar 1984

    Bolzano: Philosophische Texte. UB 8209 [4].
    Clauren: Mimili. UB 2055 [2].
    Die englische Literatur in Text und Darstellung 9. Engl./Dt.
        UB 7772 [5].
    Geschichte der Philosophie in Text und Darstellung 3.
        UB 9913 [5].
    Novalis: Gedichte u. a. UB 7991 [4].
    Ockham: Texte zur Theorie der Erkenntnis und der Wissenschaft.
        Lat./Dt. UB 8239 [3].
    Piontek: Die Zeit einer Frau. UB 8240.
    Seneca: De tranquilitate animi. Lat./Dt. UD 1846 [2].
    Späth: Commedia [Ausw.]. UB 8245.
    Trollope: Septimus Harding, Vorsteher des Spitals zu Barchester.
        UB 8249 [4].

März 1984

Fremdsprachentexte, 2. Serie
  Balzac: Le Colonel Chabert. UB 9159 [2].
  Carroll: Alice's Adventures in Wonderland. UB 9160 [2].
  Conrad: Heart of Darkness. UB 9161 [2].
  France: Crainquebille u. a. UB 9162.
  Giraudoux: La Guerre de Troie n'aura pas lieu. UB 9163 [2].
  Ionesco: La Cantatrice chauve. UB 9164.
  Modern English Short Stories II. UB 9165 [2].
  Shaw: Mrs Warren's Profession. UB 9166 [2].
  Stevenson: The Strange Case of Dr. Jekyll and Mr. Hyde. UB 9167 [2].
  Wilder: Our Town. UB 9168 [2].

April 1984

  Deutsche Gedichte der sechziger Jahre. UB 8211 [4].
  Dilthey: Das Wesen der Philosophie. UB 8227 [3].
  Doyle: A Case of Identity. Engl./Dt. UB 8228.
  Gedichte und Interpretationen 3. UB 7892 [5].
  Jacobsen: Niels Lyhne. UB 2551 [3].
  Mayröcker: Das Anheben der Arme bei Feuersglut. UB 8236.
  Mill: Drei Essays über Religion. UB 8237 [3].
  Rasputin: Wassilij und Wassilissa u. a. Russ./Dt. UB 8241 [2].
  J. E. Schlegel: Vergleichung Shakespears und Andreas Gryphs u. a. UB 8242.
  Shakespeare: Hamlet. Engl./Dt. I. UB 8243 [4].
  Shakespeare: Hamlet. Engl./Dt. II. UB 8244 [8].
  Spionagegeschichten aus zwei Jahrhunderten. UB 8246 [5].

April 1984

  Kleist: Die Marquise von O... u. a. UB 8002.
  Kleist: Die Verlobung in St. Domingo u. a. UB 8003.
  Kleist: Der Zweikampf u. a. UB 8004.

Mai 1984

Reclams Kunstführer Italien III,2. UB 10327. *GEB*.

Juni 1984

Büchner: Lenz. Studienausg. UB 8210.
Deutsche Literatur 1983. UB 8212 [3].
Eichendorff: Ahnung und Gegenwart. UB 8229 [4].
Gedichte der Romantik. UB 8230 [5].
Kleist: Sämtliche Erzählungen. UB 8232 [3].
May: Der Geist des Llano estakado. UB 8235 [3].
Mühsam: Trotz allem Mensch sein. UB 8238 [2].
Trakl: Werke – Entwürfe – Briefe. UB 8251 [4].
Tugendhat: Probleme der Ethik. UB 8250 [2].
Wagner: Oper und Drama. UB 8207 [6].
ED Schiller: Die Jungfrau von Orleans. UB 8164 [2].

Juni 1984

Arbeitstexte für den Unterricht, 21. Serie
 Menschen im Dritten Reich. UB 9583.
 Religionskritik. UB 9584 [2].
 Spieltexte. 8.–10. Schuljahr. UB 9585.

Juli 1984

Bachmann: Undine geht u. a. UB 8008.
Deutsche Gedichte. UB 8012 [4].
Dostojewskij: Aufzeichnungen aus dem Kellerloch. UB 8021 [2].
Die englische Literatur in Text und Darstellung 2. Engl./Dt.
 UB 7765 [6].
Fénelon: Die Abenteuer des Telemach. UB 1327 [6].
Hume: Eine Untersuchung über die Prinzipien der Moral.
 UB 8231 [4].
Hutcheson: Erläuterungen zum moralischen Sinn. UB 8024 [2].
Logau: Sinngedichte. UB 706 [4].
Plautus: Miles gloriosus. Lat./Dt. UB 8031 [2].
Vesper: Landeinwärts. UB 8037.
ED Storm: Immensee. UB 8166.

Juli 1984

Brüder Grimm: Kinder- und Hausmärchen. 3 Bde. UB 3191–93. *GEB*.

September 1984

Fremdsprachentexte, 3. Serie
Camus: L'Etranger. UB 9169 [2].
Doyle: Silver Blaze u. a. UB 9170.
Mérimée: Carmen u. a. UB 9171 [2].
Miller: Death of a Salesman. UB 9172 [2].
Poe: The Gold-Bug u. a.. UB 9173 [2].
Saint-Exupéry: Courrier Sud. UB 9174 [2].
Sartre: Morts sans sépulture. UB 9175 [2].
Wells: The Time Machine. UB 9176 [2].
Wilde: The Canterville Ghost. UB 9177.
Williams: The Glass Menagerie. UB 9178 [2].

Oktober 1984

Adorno. Philosophie und Gesellschaft. UB 8005 [2].
Angelus Silesius: Cherubinischer Wandersmann. Krit. Ausg. UB 8006 [5].
Auerbach: Schwarzwälder Dorfgeschichten. UB 4656 [4].
Austen: Mansfield Park. UB 8007 [6].
Büchner-Preis-Reden 1972–1983. UB 8011 [3].
Novalis: Fragmente und Studien u. a. UB 8030 [2].
Shakespeare: The Taming of the Shrew. Engl./Dt. UB 8032 [3].
Tacitus: Historien. Lat./Dt. UB 2721 [8].
ED Keller: Kleider machen Leute. UB 8165.

Dezember 1984

Bodenheimer: Warum? UB 8010 [4].
Kinder- und Jugendliteratur der Romantik. UB 8026 [7].
Lavater: Physiognomische Fragmente. UB 350 [5].
Lessing: Wie die Alten den Tod gebildet. UB 8027.
Molière: L'Avare. Frz./Dt. UB 8040 [3].
Singer: Praktische Ethik. UB 8033 [4].

Theorie des literarischen Jugendstils. UB 8036 [3].
Wehrli: Literatur im deutschen Mittelalter. UB 8038 [4].
ED Eichendorff: Das Marmorbild. UB 8167.

Januar 1985

Arbeitstexte für den Unterricht, 22. Serie
  Methoden der Interpretation. UB 9586 [2].
  Rundfunk und Fernsehen in Deutschland. UB 9587 [2].
  Theater spielen. UB 9588 [2].

Februar 1985

  Deutsche Erzähler 1920–1960. UB 8044 [5].
  Ebner-Eschenbach: Das Gemeindekind. UB 8056 [3].
  Erzählungen des italienischen Realismus. Ital./Dt.
    UB 8022 [2].
  Friedrich von Hausen: Lieder. Mittelhochdt./Neuhochdt.
    UB 8023 [3].
  Glaube und Vernunft. UB 8059 [5].
  Brüder Grimm: Schriften und Reden. UB 5311 [3].
  Kanitscheider: Kosmologie. UB 8025 [6].
  Krolow: Gedichte und poetologische Texte. UB 8074.
  Mackie: Das Wunder des Theismus. UB 8075 [5].
  Tocqueville: Über die Demokratie in Amerika [Ausw.].
    UB 8077 [5].

März 1985

Fremdsprachentexte, 4. Serie
  Aymé: Le Passe-muraille u. a.. UB 9179.
  Greene: The Third Man. UB 9180 [2].
  Joyce: Dubliners. UB 9181.
  La Fontaine: Fables. UB 9182.
  Maugham: The Letter. UB 9183.
  Modern English Short Stories I. UB 9184 [2].
  Stoppard: Rosencrantz and Guildenstern are Dead.
    UB 9185 [2].
  Verne: L'Eternel Adam. UB 9186.
  Wilde: Lady Windermere's Fan. UB 9187.

April 1985

Becker: Elemente der Demokratie. UB 8009 [2].
Der Cid. UB 759 [3].
Dostojewskij: Arme Leute. UB 8047 [2].
Einstein: Bebuquin. UB 8057.
Friedrich II. und die deutsche Literatur. UB 2211 [4].
Hardy: Der Bürgermeister von Casterbridge. UB 8071 [5].
Kobell: Die Gschicht von Brandner-Kasper u. a. UB 5511.
Spanische Lyrik des 20. Jahrhunderts. Span./Dt. UB 8035 [6].
ED Lessing: Miß Sara Sampson. UB 8169.
ED Schiller: Die Verschwörung des Fiesco zu Genua.
  UB 8168 [3].

Mai 1985

Bänkelsang. UB 8041 [5].
Deutsche Literatur 1984. UB 8045 [3].
Grass: Gedichte. UB 8060.
Die griechische Literatur in Text und Darstellung 4. Griech./Dt.
  UB 8064 [5].
Hentig: Die Menschen stärken, die Sachen klären. UB 8072 [2].
Kunsttheorie und Kunstgeschichte des 19. Jahrhunderts in
  Deutschland II. UB 7889 [5].
Puschkin: Mozart und Salieri. Russ./Dt. UB 8094.
Reich-Ranicki: Nichts als Literatur. UB 8076 [2].
Spee: Trvtz-Nachtigal. UB 2596 [4].
ED Frisch: Andorra. UB 8170.

Juni 1985

Arbeitstexte für den Unterricht, 23. Serie
  Autobiographische Texte. UB 9589 [2].
  Deutsche Liebesgedichte. UB 9590.
  Utopie. UB 9591 [2].

Juni 1985

> Reclams Archäologieführer Österreich und Südtirol. UB 10333. *GEB*.
> Reclams Kunstführer Schweden. UB 10335. *GEB*.

Juli 1985

> Demosthenes: Politische Reden. Griech./Dt. UB 957 [4].
> Das Donaueschinger Passionsspiel. UB 8046 [5].
> 13 Science Fiction Stories. UB 8079 [5].
> Fabliaux. Altfrz./Dt. UB 8058 [4].
> Goethes Erzählwerk. Interpretationen. UB 8081 [5].
> Japanische Kriminalgeschichten. UB 8086 [2].
> Kunsttheorie und Kunstgeschichte des 19. Jahrhunderts in Deutschland III. UB 8043 [4].
> Nabokov: Stadtführer Berlin. UB 8090.
> Plinius: Der Briefwechsel mit Kaiser Trajan. Lat./Dt. UB 6988 [2].
> Die römische Literatur in Text und Darstellung 4. Lat./Dt. UB 8069 [6].
> Storm: Zur Chronik von Grieshuus. UB 6023 [2].

August 1985

Fremdsprachentexte, 5. Serie
> Daudet: L'Enfant espion. UB 9188.
> Gide: L'Ecole des femmes. UB 9189 [2].
> Melville: Bartleby. UB 9190.
> Osborne: The Entertainer. UB 9191 [2].
> Sillitoe: The Loneliness of the Long-distance Runner. UB 9192.
> Spark: The Prime of Miss Jean Brodie. UB 9193 [2].
> Stendhal: Vanina Vanini u. a. UB 9194.
> Wilder: The Bridge of San Luis Rey. UB 9195 [2].
> Woolf: Mrs Dalloway's Party. UB 9196.
> *Ab 1986 in die normalen Auslieferungsserien integriert.*

September 1985

Bellini: Norma. Ital./Dt. UB 4019.
Eliot: Middlemarch. UB 8080 [11].
Hartmann von Aue: Lieder. Mittelhochdt./Neuhochdt.
　UB 8082 [2].
Hoffmann: Klein Zaches genannt Zinnober. UB 306 [2].
Lateinische Lyrik des Mittelalters. Lat./Dt. UB 8088 [6].
Die politische Romantik in Deutschland. UB 8093 [5].
Rothmann: Deutschsprachige Schriftsteller seit 1945 in Einzeldarstellungen. UB 8252 [5].
Tolstoi: Herr und Knecht. Russ./Dt. UB 8276 [2].
Viktorianische Lyrik. Engl./Dt. UB 8078 [7].
ED Hoffmann: Klein Zaches genannt Zinnober. UB 8172 [2].
ED Storm: Hans und Heinz Kirch. UB 8171.

September 1985

Reclams Kunstführer Finnland. UB 10334. *GEB*.

November 1985

Gryphius: Verliebtes Gespenst u. a. UB 6486 [2].
Hoerschelmann: Die schweigsame Insel. UB 8083.
Husserl: Die phänomenologische Methode. UB 8084 [4].
Kinder- und Jugendliteratur vom Biedermeier bis zum Realismus.
　UB 8087 [5].
Lyrik des Exils. UB 8089 [6].
Rescher: Die Grenzen der Wissenschaft. UB 8095 [5].
Rosei: Franz und ich. UB 8099.
Seneca: Epistulae morales ad Lucilium III. Lat./Dt. UB 2134.
Sorge: Der Bettler. UB 8265 [3].
Theorie des bürgerlichen Realismus. UB 8277 [4].
ED Dürrenmatt: Romulus der Große. UB 8173.

Januar 1986

E. Brontë: Sturmhöhe. UB 8279 [5].
Simon Dach und der Königsberger Dichterkreis. UB 8281 [5].

Fontane: Meine Kinderjahre. UB 8290 [3].
Frischmuth: Unzeit. UB 8295.
Haller: Facta und Ficta. UB 8299 [2].
Husserl: Phänomenologie der Lebenswelt. UB 8085 [4].
Kraus: Heine und die Folgen. UB 8309 [5].
Leoncavallo: Pagliacci. Ital./Dt. UB 8311.
Die römische Literatur in Text und Darstellung 2. Lat./Dt.
  UB 8067 [6].
ED Kleist: Das Erdbeben in Chili. UB 8175 [2].
FT Daninos: Vacances à tous prix. UB 9199.
FT Pinter: Old Times. UB 9203.

Januar 1986

Arbeitstexte für den Unterricht, 24. Serie
  Ästhetik. UB 9592 [2].
  Antike Mythen in moderner Prosa. UB 9593.
  Theorie der Lyrik. UB 9594 [2].

März 1986

Bruno: Über die Ursache, das Prinzip und das Eine. UB 5113 [2].
Carr: Mozart und Constanze. UB 8280 [3].
Cicero: Reden gegen Verres II. Lat./Dt. UB 4014 [2].
Die englische Literatur in Text und Darstellung 1. Engl./Dt.
  UB 7764 [6].
Kortum: Die Jobsiade. UB 398 [2].
Krüger: Welt unter Glas. UB 8310.
Liebesgeschichten. UB 8312 [7].
Pindar. Oden. Griech./Dt. UB 8314 [4].
Das Theater des Herrn Diderot. UB 8283 [6].
ED Grillparzer: Der arme Spielmann. UB 8174 [2].
FT Flaubert: Un Cœur simple. UB 9200.
FT Webster: Daddy-Long-Legs. UB 9205 [3].

Mai 1986

Andersen: Märchen. UB 690 [5].
Artmann: »wer dichten kann ist dichtersmann«. UB 8264.

Eich: Fabula rasa. UB 8284.
Die griechische Literatur in Text und Darstellung 2. Griech./Dt. UB 8062 [5].
Heinrich von Veldeke: Eneasroman. Mittelhochdt./Neuhochdt. UB 8303 [10].
Rheinreise. UB 8320 [5].
Tschechow: Der Tod des Beamten u. a. Russ./Dt. UB 5308.
Verdi: Macbeth. Ital./Dt. UB 8333.
Xenophon: Das Gastmahl. Griech./Dt. UB 2056 [2].
ED Fontane: Grete Minde. UB 8176.
FT Chandler: Killer in the Rain. UB 9198 [2].
FT Leblanc: La Partie de baccara u. a. UB 9201.
FT Modern English Short Stories III. UB 9202 [2].

Juni 1986

Austin: Gesammelte philosophische Aufsätze. UB 8278 [5].
Deutsche Literatur 1985. UB 8282 [4].
Die englische Literatur in Text und Darstellung 10. Engl./Dt. UB 7773 [5].
Eugippius: Vita Sancti Severini. Lat./Dt. UB 8285 [2].
Gellert: Fabeln und Erzählungen. UB 161 [3].
Platon: Apologie des Sokrates. Griech./Dt. UB 8315 [2].
Reinmar: Lieder. Mittelhochdt./Neuhochdt. UB 8318 [5].
Tieck: William Lovell. UB 8328 [8].
ED Lenz: Der Hofmeister. UB 8177 [2].
FT Bond: Summer. UB 9197.
FT Sempé/Goscinny: Le Petit Nicolas. UB 9204.

Juni 1986

Arbeitstexte für den Unterricht, 25. Serie
  Entdeckungsberichte. UB 9595.
  Die Juden. UB 9596 [2].
  Legenden. UB 9597 [2].

August 1986

Collodi: Pinocchios Abenteuer. UB 8336 [3].
Descartes: Meditationes de Prima Philosophia. Lat./Dt. UB 2888 [3].
Das Eckenlied. Mittelhochdt./Neuhochdt. UB 8339 [5].
Fleming: Deutsche Gedichte. UB 2455 [2].
Friedrich der Große und die Philosophie. UB 3772 [2].
Goethe: Wilhelm Meisters theatralische Sendung. UB 8343 [5].
Hauff: Sämtliche Märchen. UB 301 [5].
Hochhuth: Die Berliner Antigone. UB 8346.
Horaz: Epistulae. Lat./Dt. UB 432 [2].
Kafka: In der Strafkolonie u. a. UB 8347.
Karamsin: Briefe eines russischen Reisenden. UB 8349 [3].
Lustspiele der Aufklärung in einem Akt. UB 8350 [3].
FT Fleming: Risiko. UB 9207.
FT Synge: The Playboy of the Western World. UB 9211 [2].

September 1986

Bernhard: An der Baumgrenze. UB 8334.
Flasch: Das philosophische Denken im Mittelalter. UB 8342 [8].
Klopstock: Der Messias. UB 721 [3].
Die schönsten Sagen des klassischen Altertums I. UB 6386 [3].
Die schönsten Sagen des klassischen Altertums II. UB 6387 [4].
Die schönsten Sagen des klassischen Altertums III. UB 6388 [4].
Seneca: Epistulae morales ad Lucilium VI. Lat./Dt. UB 2137.
Shelley: Frankenstein. UB 8357 [4].
Die Vorsokratiker II. Griech./Dt. UB 7966 [4].
FT Jarry: Ubu roi. UB 9208.
FT D. H. Lawrence: The Fox. UB 9209 [2].
FT Science Fiction Stories II. UB 9210 [2].

Oktober 1986

Reclams Kunstführer Spanien I. UB 10339. *GEB*.
Die schönsten Sagen des klassischen Altertums. UB 10340. *GEB*.

November 1986

Brandstetter: Landessäure. UB 8335.
Klinger: Fausts Leben, Taten und Höllenfahrt. UB 3524 [3].
Machiavelli: Il Principe. Ital./Dt. UB 1219 [3].
Marquard: Apologie des Zufälligen. UB 8351 [2].
Molière: Le Tartuffe. Frz./Dt. UB 8353 [4].
Moscherosch: Wunderliche und Wahrhafftige Gesichte Philanders von Sittewalt. UB 1871 [4].
Mozart: Don Giovanni. Ital./Dt. UB 7481 [2].
Parodien des Wiener Volkstheaters. UB 8354 [5].
Perrault: Sämtliche Märchen. UB 8355 [2].
Rickert: Kulturwissenschaft und Naturwissenschaft. UB 8356 [2].
FT Contemporary American Short Stories. UB 9206 [2].
FT West Side Story. UB 9212 [2].

Januar 1987

Arbeitstexte für den Unterricht, 26. Serie
  Geschichten vom Erwachsenwerden. UB 9598.
  Glück und Moral. UB 9600 [2].
  Schwarzer Humor. UB 9599 [2].
Ab 2. Halbjahr 1987 in die normalen Auslieferungsserien integriert.

Februar 1987

Andersen: Des Kaisers neue Kleider. UB 691.
Burckhardt: Die Kultur der Renaissance in Italien [Neuausg.]. UB 6837 [7].
Französische Chansons. Frz./Dt. UB 8364 [6].
Hoerschelmann: Die verschlossene Tür. UB 8367.
Ionesco: Die kahle Sängerin. UB 8370.
Johnson: Vorwort zum Werk Shakespeares. UB 8371 [2].
Kinder-Märchen. UB 8377 [4].
Die Krokodile. UB 8378 [6].
Nestroy: Höllenangst. UB 8382 [2].
Platon: Protagoras. Griech./Dt. UB 1708 [3].
Schachmeisterpartien 1981–1985. UB 8391 [3].
ED Tieck: Der blonde Eckbert u. a. UB 8178.
FT Shakespeare: Macbeth. UB 9220 [2].

Februar 1987

Die Vorsokratiker. UB 10344. *GEB*.

März 1987

B. v. Arnim: Ein Lesebuch. UB 2690 [4].
Die Berliner Moderne 1885–1914. UB 8359 [8].
Eliot: Adam Bede. UB 2431 [8].
Lessing: Sämtliche Gedichte. UB 28 [6].
Mörike: Maler Nolten. UB 4770 [5].
Recht und Moral. UB 8389 [4].
Reclams Namenbuch [Neuausg.]. UB 7399.
Rühmkorf: Selbstredend und selbstreimend. UB 8390 [2].
Seneca: Epistulae morales ad Lucilium IV. Lat./Dt. UB 2135.
FT Modern American Short Stories. UB 9216 [2].
FT Molière: Le Malade imaginaire. UB 9217 [2].
FT Shaffer: Amadeus. UB 9219 [2].

Mai 1987

Aischylos: Die Orestie. UB 508 [2].
Balzac: Eugénie Grandet. UB 2108 [3].
Gontscharow: Oblomovs Traum. Russ./Dt. UB 2244 [2].
Die griechische Literatur in Text und Darstellung 3. Griech./Dt. UB 8063 [5].
Interpretationen: Lessings Dramen. UB 8411 [3].
Kästner: Gedichte. UB 8373 [2].
H. Mann: Künstlernovellen. UB 8381 [2].
Platon: Parmenides. Griech./Dt. UB 8386 [3].
Schwitters: »Eile ist des Witzes Weile«. UB 8392 [2].
ED Büchner: Lenz. UB 8180 [2].
FT Beckett: Fin de partie. UB 9213.
FT Beckett: Waiting for Godot. UB 9214 [2].
FT Dahl: Three Tales of the Unexpected. UB 9215.

Juli 1987

Chrétien de Troyes: Erec et Enide. Altfrz./Dt. UB 8360 [6].
Deutsche Literatur 1986. UB 8403 [4].
Eichendorff: Dichter und ihre Gesellen. UB 2351 [4].
Interpretationen: Dramen des Sturm und Drang. UB 8410 [3].
Kunert: Gedichte. UB 8380.
Otfrid von Weißenburg: Evangelienbuch [Ausw.]. Althochdt./ Neuhochdt. UB 8384 [4].
Die römische Literatur in Text und Darstellung 3. Lat./Dt. UB 8068 [6].
Shakespeare: The Winter's Tale. Engl./Dt. UB 8393 [3].
AT Deutsche Naturgedichte. UB 15001.
AT Erfindungsberichte. UB 15002.
AT Toleranz. UB 15003 [2].
ED Frisch: Homo Faber. UB 8179 [3].
FT Priestley: An Inspector Calls. UB 9218 [2].

August 1987

Berlin! Berlin! UB 8400 [3].
Des Knaben Wunderhorn I. UB 1250 [7].
Des Knaben Wunderhorn II. UB 1251 [7].
Des Knaben Wunderhorn III. UB 1252 [7].
Kreuder: Phantom der Angst. UB 8428.
Livius: Ab urbe condita II. Lat./Dt. UB 2032 [3].
Plinius: Epistulae I. Lat./Dt. UB 6979.
Technik und Ethik. UB 8395 [4].
Zauberei im Herbste. UB 8440 [7].
FT Chesterton: Two Father Brown Stories. UB 9223.
FT London: Three Stories. UB 9225.
FT Voltaire: Candide. UB 9221 [2].

Oktober 1987

Apollinaire: Les Mamelles de Tirésias. Frz./Dt. UB 8396 [2].
Dostojewskij: Der Doppelgänger. UB 8423 [3].
Euripides: Die Troerinnen. Griech./Dt. UB 8424 [3].
Frege: Grundlagen der Arithmetik. UB 8425 [3].
Grün: Waldläufer und Brückensteher. UB 8426.

Kinderszenen. UB 8427 [7].
Mozart: Briefe. UB 8430 [6].
Swinburne: Die Existenz Gottes. UB 8434 [6].
Unamuno: San Manuel Bueno, mártir. Span./Dt. UB 8437 [2].
FT Behan: The Hostage. UB 9222 [2].
FT Gilman: The Yellow Wallpaper. UB 9224.

Oktober 1987

Reclams Kunstführer Frankreich V. UB 10347. *GEB*.

November 1987

Bécquer: La ajorca de oro. Span./Dt. UB 8398 [2].
Deutsche Gedichte des 18. Jahrhunderts. UB 8422 [5].
Karschin: Gedichte und Lebenszeugnisse. UB 8374 [3].
La Fontaine: Fabeln [Ausw.]. Frz./Dt. UB 1718 [5].
Schopenhauer: Die Welt als Wille und Vorstellung I. UB 2761 [8].
Schopenhauer: Die Welt als Wille und Vorstellung II. UB 2762 [8].
Swift: Gullivers Reisen. UB 651 [5].
FT Montesquieu: Lettres persanes [Ausw.]. UB 9226 [2].

Januar 1988

Birnbacher: Verantwortung für zukünftige Generationen.
    UB 8447 [4].
Cicero: Reden gegen Verres III. Lat./Dt. UB 4015 [2].
Ebner-Eschenbach: Aphorismen. UB 8455.
Goes: Unruhige Nacht. UB 8458.
Hegel: Phänomenologie des Geistes. UB 8460 [6].
Interpretationen: Erzählungen und Novellen des 19. Jahrhunderts I.
    UB 8413 [5].
Jacobus de Voragine: Legenda aurea [Ausw.]. Lat./Dt.
    UB 8464 [3].
Lattmann: Kennen Sie Brecht? UB 8465.
Nietzsche: Jenseits von Gut und Böse. UB 7114 [3].
Schelling: Einleitung zu seinem Entwurf eines Systems der Naturphilosophie. UB 8472.
AT Anekdoten. UB 15004.

AT Literatur und Erkenntnis. UB 15005 [2].
AT Literaturzensur in Deutschland. UB 15006 [2].
FT Gay: The Beggar's Opera. UB 9228 [2].
FT Waugh: The Loved One. UB 9233 [2].

März 1988

Boccaccio: Decameron [Ausw.]. Ital./Dt. UB 8449 [5].
Erhebe dich, meine Seele. UB 8456 [5].
Gedichte und Interpretationen: Deutsche Balladen. UB 8457 [6].
Italien-Dichtung I. UB 8462 [5].
Longinus: Vom Erhabenen. Griech./Dt. UB 8469 [2].
Nietzsche: Zur Genealogie der Moral. UB 7123 [3].
Rückert: Gedichte. UB 3672 [4].
Russische Erzählungen von der Jahrhundertwende bis zur Oktoberrevolution. UB 8474 [5].
Russische Erzählungen von der Oktoberrevolution bis zur Gegenwart. UB 8475 [5].
Seneca: Epistulae morales ad Lucilium V. Lat./Dt. UB 2136.
ED Novalis: Heinrich von Ofterdingen. UB 8181 [3].
FT Thurber: Stories and Fables for Our Time. UB 9232.

Mai 1988

Deutsche Literatur 1987. UB 8404 [4].
Die deutschen Sprichwörter. UB 8453 [7].
Interpretationen: Dramen des Naturalismus. UB 8412 [3].
J. M. R. Lenz: Erzählungen. UB 8468 [2].
H. Müller: Revolutionsstücke. UB 8470 [2].
Die Pegnitz-Schäfer [Neuausg.]. UB 8545 [4].
Platon: Ion. Griech./Dt. UB 8471.
Shakespeare: Titus Andronicus. Engl./Dt. UB 8476 [3].
Storm: Erzählungen. UB 6144 [8].
Tertullian: De spectaculis. Lat./Dt. UB 8477 [2].
Tieck: Der Hexensabbat. UB 8478 [4].
FT London Poems. UB 9229.
FT Milne: Winnie-the-Pooh. UB 9231 [2].

Juli 1988

Constant: Adolphe. UB 8452 [2].
Die griechische Literatur in Text und Darstellung 5. Griech./Dt. UB 8065 [5].
Hauff: Lichtenstein. UB 85 [5].
Hegel: Einleitung zur »Phänomenologie des Geistes«. Kommentar. UB 8461 [2].
Historia von D. Johann Fausten. Krit. Ausg. UB 1516 [5].
Lear: Sämtliche Limericks. Engl./Dt. UB 8467 [3].
Sueton: Augustus. Lat./Dt. UB 6693 [3].
Verlaine: Gedichte. Frz./Dt. UB 8479 [3].
AT Deutsche Kurzgeschichten II. 5.-6. Schuljahr. UB 15007.
AT Deutsche Kurzgeschichten II. 7.-8. Schuljahr. UB 15008.
AT Theorie und Praxis des Erzählens. UB 15009 [2].
FT Anouilh: Antigone. UB 9227 [2].
FT Mauriac: Thérèse Desqueyroux. UB 9230 [2].

August 1988

Calderón: El gran teatro del mundo. Span./Dt. UB 8482 [2].
Deutsche Prosa-Parodien aus zwei Jahrhunderten. UB 8483 [4].
Grawe: Jane Austen. UB 8506 [5].
Grünbaum: Die Grundlagen der Psychoanalyse. UB 8459 [7].
Italien-Dichtung II. UB 8463 [6].
Plinius: Epistulae II. Lat./Dt. UB 6980.
Rorty: Solidarität oder Objektivität? UB 8513 [2].
Russische Volksmärchen. UB 8514 [2].
Villon: Das Kleine und das Große Testament. Frz./Dt. UB 8518 [4].
Wharton: Das Haus der Freude. UB 8520 [6].
FT English Poems of the Twentieth Century. UB 9234.
FT English Proverbs. UB 9235 [2].

September 1988

Benn: Gedichte. UB 8480 [2].
Böhme: Von der Gnadenwahl. UB 8481 [4].
Busch: Ausgewählte Werke. UB 7483 [7].
Einakter und kleine Dramen der Zwanziger Jahre. UB 8503 [4].

Prosper Mérimée
Colomba

Reclam

Universal-Bibliothek

Die Titelheldin, Colomba della Rebbia, hatte nicht das Glück, das Interesse eines Bizet auf sich zu ziehen, und so steht sie im allgemeinen Bewußtsein zumeist im Schatten der Carmen. Zu Unrecht: das von ihr gelenkte Geschehen um Blutrache, Liebe und das Heldentum der korsischen Banditen ist von einer Dramatik und mit einer künstlerischen Raffinesse gestaltet, durch die die Erzählung als eines der Meisterwerke Mérimées gelten darf.

Wolfgang Hildesheimer
Der Ruf in der Wüste
Erzählungen

Reclam

Universal-Bibliothek

Vier Prosastücke Wolfgang Hildesheimers – *Hamlet*, das erste Kapitel eines aufgegebenen Romans, *Der Ruf in der Wüste*, eine Erzählung aus dem Umkreis des Romans »Masante«, und die beiden ›lieblosen Legenden‹ *Kanalabwärts* und *Die Dachwohnung*.

ISBN 3-15-008720-1   DM 03.00

Oben: Die Umschlaggestaltung der UB ab August 1988;
Entwurf: Hans Peter Willberg und Brigitte Willberg.
Unten: Der ab Oktober 1991 verwendete modifizierte Umschlag
mit Strichcode- und Preis-Eindruck auf der Rückseite.

Gerhardt: Pathos und Distanz. UB 8504 [3].
Höffe: Der Staat braucht selbst ein Volk von Teufeln.
   UB 8507 [2].
Laudes Italiae. Zweisprachig. UB 8510 [2].
Livius: Ab urbe condita III. Lat./Dt. UB 2033 [3].
Schutting: Findhunde. UB 8517.
FT Golding: Lord of the Flies. UB 9236 [4].
FT Sagan: Aimez-vous Brahms ... UB 9238 [2].
FT Williams: A Streetcar Named Desire. UB 9240 [2].

September 1988

Reclams Musikinstrumentenführer. UB 10349. *GEB*.
Reclams Weihnachtsbuch. UB 10352. *GEB*.

November 1988

Balzac: Vater Goriot. UB 2268 [4].
Deutsche Dichter 3. UB 8613 [5].
Gogol: Erzählungen. UB 8505 [4].
Mérimée: Colomba. UB 1244 [2].
Il Novellino. Ital./Dt. UB 8511 [4].
Römische Inschriften. Lat./Dt. UB 8512 [4].
Die römische Literatur in Text und Darstellung 5. Lat./Dt.
   UB 8070 [7].
FT Gordimer: Town and Country Lovers. UB 9237.
FT Vian: Les Bâtisseurs d'empire. UB 9239.

Januar 1989

Aristophanes: Der Frieden. UB 8521.
Dante: Monarchia. Lat./Dt. UB 8531 [5].
Deutsche Dichter 2. UB 8612 [6].
Dickens: Schwere Zeiten. UB 1308 [5].
Rosegger: Als ich noch der Waldbauernbub war. UB 8563 [4].
Sophokles: Die Trachinierinnen. UB 670.
Velleius Paterculus: Historia Romana. Lat./Dt. UB 8566 [5].
Wedekind: Lulu. UB 8567 [3].
AT Deutsche Gegenwartslyrik. UB 15010 [2].

AT Deutsche Kurzgeschichten II. 9.-10. Schuljahr. UB 15011.
AT Philosophische Anthropologie. UB 15012 [2].
FT Fitzgerald: The Great Gatsby. UB 9242 [3].
FT Lessing: Three African Stories. UB 9245.

März 1989

Deutsche Dichter 7. UB 8617 [7].
Die Französische Revolution. UB 8535 [5].
Die Französische Revolution in Deutschland. UB 8537 [6].
Goethe: Der Groß-Cophta. UB 8539 [2].
Keller: Züricher Novellen. UB 6180 [4].
Lepenies: Gefährliche Wahlverwandtschaften. UB 8550 [2].
Plinius: Epistulae III. Lat./Dt. UB 6981.
Schulte: Wittgenstein. UB 8564 [3].
FT Kipling: The Jungle Book. UB 9244 [3].
FT Thomas: Under Milk Wood. UB 9248 [2].

März 1989

Gespenstergeschichten. UB 8575. *GEB. (Reclam Lesebuch.)*
Goethe-Brevier. UB 8576. *GEB. (Reclam Lesebuch.)*
Morgenstern: Alle Galgenlieder. UB 10354. *GEB.*

Mai 1989

Augustinus: Bekenntnisse [Neuausg.]. 1989. UB 2792 [6].
Burger: Der Puck. UB 8580.
Casanova: Aus meinem Leben. UB 687 [6].
Deutsche Dichter 4. UB 8614 [6].
Kant: Prolegomena zu einer jeden künftigen Metaphysik.
 UB 2468 [3].
Kunze: Selbstgespräch für andere. UB 8543.
Meier: Signale und Windstöße. UB 8552.
Wedekind: Gedichte und Lieder. UB 8578.
FT Capote: Breakfast at Tiffany's. UB 9241 [2].
FT Shakespeare: A Midsummer Night's Dream. UB 9247 [2].

Mai 1989

Casanova: Aus meinem Leben. UB 687. *GEB. (Reclam Lesebuch.)*

Juni 1989

Deutsche Dichter 6. UB 8616 [6].
Deutsche Literatur 1988. UB 8405 [4].
Nichts ist versprochen. UB 8559 [3].
Puschkin: Erzählungen. UB 1612 [5].
AT Deutsche Kurzgeschichten II. 11.–13. Schuljahr. UB 15013.
AT Erzählungen aus der DDR. UB 15014 [2].
AT Science Fiction. UB 15015 [2].
FT Joyce: Penelope. UB 9243 [2].

August 1989

Aristoteles: Politik. UB 8522 [7].
Cicero: De finibus bonorum et malorum. Lat./Dt. UB 8593 [6].
Freuds Gegenwärtigkeit. UB 8590 [5].
Goethe: Erzählungen. UB 6559 [4].
Hoffmann: Das Orgelwerk Johann Sebastian Bachs. UB 8540 [4].
Ionesco: Die Unterrichtsstunde. UB 8608.
Melanchthon: Glaube und Bildung. Lat./Dt. UB 8609 [3].
Molière: Dom Juan. Frz./Dt. UB 8556 [3].
Schmidt: Windmühlen. UB 8600.
FT James: Daisy Miller. UB 9251 [2].

September 1989

Doyle: Die Abenteuer des Sherlock Holmes. UB 40001. *GEB. (Reclam Lesebuch.)*
Trinkpoesie. UB 40002. *GEB. (Reclam Lesebuch.)*
Die Wundertüte. UB 40003. *GEB. (Reclam Lesebuch.)*

Oktober 1989

Abaelard: Der Briefwechsel mit Heloisa. UB 3288 [5].
Fontane: Graf Petöfy. UB 8606 [3].
Hardy: Clyms Heimkehr. UB 8607 [7].
Medizin und Ethik. UB 8599 [5].
Poe: Erzählungen. UB 8619 [5].
Proust: Combray. UB 8620 [3].
B. Strauß: Über Liebe. UB 8621 [2].
Suerbaum: Das elisabethanische Zeitalter. UB 8622 [7].
Turgenjew: Väter und Söhne. UB 718 [4].
ED Goethe: Urfaust. UB 8183 [2].

Oktober 1989

Reclams Musicalführer. UB 10358. *GEB*.

November 1989

Deutsche Dichter 1. UB 8611 [6].
Deutsche Dichter 5. UB 8615 [8].
Goncourt: Renée Mauperin. UB 8625 [3].
Das Neue Testament I. UB 3741 [10].
Das Neue Testament II. UB 3742 [5].
Tucholsky: Gruß nach vorn. UB 8626 [2].
ED Johnson: Mutmassungen über Jakob. UB 8184 [2].
FT Contemporary Irish Short Stories. UB 9250 [2].
FT O'Neill: Long Day's Journey into Night. UB 9252 [3].
FT Steinbeck: Of Mice and Men. UB 9253 [2].

Februar 1990

Cicero: Reden gegen Verres IV. Lat./Dt. UB 4016 [3].
Dehmel: Gedichte. UB 8596 [2].
Deutsche Dichter 8. UB 8618 [7].
Mozart: Le nozze di Figaro. Ital./Dt. UB 7453 [2].
Die Münchner Moderne. UB 8557 [8].
Plinius: Epistulae IV. Lat./Dt. UB 6982.
Scheerbart: Katerpoesie u. a. UB 8638.

Spanische Lyrik von der Renaissance bis zum späten 19. Jahrhundert *Spanisch/Deutsch* Reclam	Fremdsprachentexte James Joyce Penelope The Last Chapter of »Ulysses« Reclam
Arbeitstexte für den Unterricht Wie interpretiert man ein Gedicht? Reclam	Erläuterungen und Dokumente Uwe Johnson Mutmassungen über Jakob Reclam

Die neben der allgemeinen Reihe (gelb; s. S. 568) weiteren vier Reihen der UB, wie sie sich 1992 präsentieren: zweisprachige Ausgaben (orange), Fremdsprachentexte (rot), Arbeitstexte für den Unterricht (blau), Erläuterungen und Dokumente (grün).

Sophokles: Aias. Griech./Dt. UB 677 [2].
AT Gedichte seit 1945. UB 15016.
AT Märchen. UB 15017 [2].
AT Wie interpretiert man ein Gedicht? UB 15018 [2].
FT Horror Stories of the Twentieth Century. UB 9255 [2].
FT Miller: The Crucible. UB 9257 [3].

März 1990

A. Brontë: Agnes Grey. UB 8627 [4].
Erzählungen der russischen Romantik. UB 8629 [5].
Gogol: Der Mantel u. a. UB 1744.
Heine: Buch der Lieder. UB 2231 [5].
Manilius: Astronomica. Lat./Dt. UB 8634 [7].
Mansfield: Erzählungen. UB 8635 [5].
Schmoldt: Kleines Lexikon der biblischen Eigennamen.
  UB 8632 [3].
Seneca: Epistulae morales ad Lucilium VII. Lat./Dt. UB 2139.
Vattimo: Das Ende der Moderne. UB 8624 [3].
Wilde: Salome. UB 4497.
ED Ibsen: Nora. UB 8185.
FT Stevenson: Treasure Island. UB 9258 [4].

März 1990

Heiteres Darüberstehen. UB 40004. *GEB*. *(Reclam Lesebuch.)*
Reclams Märchenbuch. UB 40005. *GEB*. *(Reclam Lesebuch.)*

April 1990

Die Heiligen. UB 8644. *GEB*.

Mai 1990

Brentano: Geschichte vom braven Kasperl und dem schönen Annerl [Neuausg.]. UB 411.
Eichendorff: Sämtliche Erzählungen. UB 2352 [7].
Frauenlieder des Mittelalters. Zweisprachig. UB 8630 [4].

Gaier: Goethes Faust-Dichtungen. Ein Kommentar. I.
UB 8587 [7].
Interpretationen: Erzählungen und Novellen des 19. Jahrhunderts II. UB 8414 [5].
Marti: Wen meinte der Mann? UB 8636 [2].
Nagel: Was bedeutet das alles? UB 8637.
Schimmel: Der Islam. UB 8639 [2].
Wieland: Oberon. UB 123 [4].
FT English Crime Stories. UB 9254 [2].
FT Wharton: Souls Belated u. a. UB 9259.

Juli 1990

Claudius: Ausgewählte Werke. UB 1691 [6].
Daten zur antiken Chronologie und Geschichte. UB 8628 [3].
Deutsche Literatur 1989. UB 8406 [4].
Hare: Platon. UB 8631 [2].
Herder: Auch eine Philosophie der Geschichte zur Bildung der Menschheit. UB 4460 [2].
Hoffmann: Nachtstücke. UB 154 [5].
Laag: Kleines Wörterbuch der frühchristlichen Kunst und Archäologie. UB 8633 [4].
Platon: Der Sophist. Griech./Dt. UB 6339 [3].
Spanische Lyrik von der Renaissance bis zum späten 19. Jahrhundert. Span./Dt. UB 8610 [6].
AT Deutsche Kriminalgeschichten der Gegenwart.
UB 15019 [2].
AT Mensch und Technik. UB 15020 [2].
FT Jerome: Three Men in a Boat. UB 9256 [4].

August 1990

Absichten und Einsichten. UB 8640 [4].
Hašek: Ein Silvester der Abstinenzler. UB 8653 [2].
Interpretationen: Georg Büchner. UB 8415 [3].
Leopardi: Canti e Frammenti. Ital./Dt. UB 8654 [4].
Musik-Erzählungen. UB 8661 [5].
Plinius: Epistulae V. Lat./Dt. UB 6983.
Seneca: De vita beata. Lat./Dt. UB 1849 [2].
Shakespeare: Measure for Measure. Engl./Dt. UB 4523 [4].

Wehler: Grundriß eines rationalen Weltbildes. UB 8680 [4].
FT Paris en poésie. UB 9246.

September 1990

C. Brontë: Jane Eyre. UB 8647 [9].
Ciafardone: Die Philosophie der deutschen Aufklärung.
 UB 8667 [6].
Gernhardt: Reim und Zeit. UB 8652.
Postmoderne und Dekonstruktion. UB 8668 [4].
Welsch: Ästhetisches Denken. UB 8681 [3].
ED Hauptmann: Die Ratten. UB 8187 [2].
FT Perrault: La Barbe bleue u. a. UB 9264.
FT Shaw: Pygmalion. UB 9266 [2].

September 1990

Fontane-Brevier. UB 40006. *GEB. (Reclam Lesebuch.)*
Geschichten aus Rußland. UB 40007. *GEB. (Reclam Lesebuch.)*
Das Nonsens-Buch. UB 40008. *GEB. (Reclam Lesebuch.)*

November 1990

Kant: Die Metaphysik der Sitten. UB 4508 [5].
Lyriktheorie. UB 8657 [6].
Mozart: Sämtliche Opernlibretti. UB 8659 [10].
ED Brentano: Geschichte vom braven Kasperl und dem schönen
 Annerl. UB 8186 [2].
FT Colette: Le Blé en herbe. UB 9260 [2].
FT Contemporary Canadian Short Stories. UB 9261 [2].
FT Highsmith: A Shot from Nowhere. UB 9262 [2].
FT Wilde: The Importance of Being Earnest. UB 9267 [2].

Januar 1991

Arnim: Erzählungen. UB 1505 [5].
Chrétien de Troyes: Le Roman de Perceval. Altfrz./Dt.
 UB 8649 [9].
Interpretationen: Fontanes Novellen und Romane. UB 8416 [4].

Livius: Ab urbe condita IV. Lat./Dt. UB 2034 [3].
Raabe: Holunderblüte. UB 8485.
Turgenjew: Erzählungen. UB 2199 [4].
Über Mozart. UB 8682 [4].
Valerius Maximus: Facta et dicta memorabilia [Ausw.]. Lat./Dt. UB 8695 [4].
AT Rhetorik. UB 15021 [2].
AT Verantwortung. UB 15022 [2].
FT Kiss Me, Kate. UB 9263 [2].
FT Rochefort: Les Petits Enfants du siècle. UB 9265 [2].
FT West: Miss Lonelyhearts. UB 9275 [2].

Januar 1991

Die vier Jahreszeiten. UB 40009. *GEB. (Reclam Lesebuch.)*
Die Weisheit der Heiligen. UB 40010. *GEB. (Reclam Lesebuch.)*

März 1991

Antike Zaubersprüche. Zweisprachig. UB 8686.
Deutsche Balladen [Neuausg.]. UB 8501 [7].
Doktor Johannes Faust. Puppenspiel. UB 6378 [2].
Dostojewskij: Erzählungen. UB 2486 [5].
Helwig: Raubfischer in Hellas. UB 8684 [3].
konkrete poesie [Neuausg.]. UB 9350 [2].
La Fontaine: Die Fabeln. UB 1719 [5].
Montesquieu: Persische Briefe. UB 2051 [5].
Thüring von Ringoltingen: Melusine [Neuausg.]. UB 1484 [3].
Undinenzauber. UB 8683 [6].
Vergil. Dido und Aeneas. Lat./Dt. UB 224 [2].
FT Bradbury: Fahrenheit 451. UB 9270 [3].
FT Cesbron: Le Pays où l'on ne meurt pas. UB 9271.

Mai 1991

Dilke: Mathematik, Maße und Gewichte in der Antike. UB 8687 [2].
Eich: Die Mädchen aus Viterbo. UB 8688.
Gedichte und Prosa des Impressionismus. UB 8691 [3].

Gerhardt: Geistliche Lieder. UB 1741 [2].
Goethe-Bibliographie. UB 8692 [5].
Heine: Der Doktor Faust. UB 3605 [2].
Knigge: Über den Umgang mit Menschen. UB 1138 [6].
Varnhagen von Ense: Schriften und Briefe. UB 2657 [5].
ED Mann: Der Tod in Venedig. UB 8188 [3].
FT O'Flaherty: A Tourist's Guide to Ireland. UB 9272 [2].
FT Swift: Gulliver's Travels I. UB 9274 [2].

Juli 1991

Balzac: Das Chagrinleder. UB 2440 [4].
Deutsche Literatur 1990. UB 8407 [4].
Frank: Selbstbewußtsein und Selbsterkenntnis. UB 8689 [6].
Franzbach: Cervantes. UB 8690.
Die griechische Literatur in Text und Darstellung 1. Griech./Dt. UB 8061 [8].
König: Der römische Festkalender der Republik. UB 8693 [2].
Nicolai: Das Leben und die Meinungen des Herrn Magister Sebaldus Nothanker. UB 8694 [8].
Wissenschaft und Ethik. UB 8698 [5].
FT American Crime Stories. UB 9268 [2].
FT Boileau/Narcejac: Le Fusil à flêches. UB 9269.
FT Proust: Violante ou la mondanité. UB 9273.

September 1991

Apicius: De re coquinaria. Lat./Dt. UB 8710 [4].
Conrad: Herz der Finsternis. UB 8714 [2].
Erzählungen des russischen Realismus. UB 8699 [5].
Gesta Romanorum [Ausw.]. Lat./Dt. UB 8717 [3].
Goethe: Unterhaltungen deutscher Ausgewanderten. UB 6558 [2].
Helwig: Im Dickicht des Pelion. UB 8705 [3].
Lyrische Porträts. UB 7988 [3].
Maupassant: Novellen. UB 4297 [4].
Sueton: Vespasian/Titus/Domitian. Lat./Dt. UB 6694 [2].
Twain: Die Abenteuer des Huckleberry Finn. UB 3749 [5].
FT Allen: Hannah and Her Sisters. UB 9277 [2].

September 1991

Liebe, Liebe, Liebe. UB 40011. *GEB. (Reclam Lesebuch.)*
Poetische Scherzartikel. UB 40012. *GEB. (Reclam Lesebuch.)*

Oktober 1991

Aristoteles: Über die Welt. UB 8713.
Hildesheimer: Der Ruf in der Wüste. UB 8720.
Nagel: Die Grenzen der Objektivität. UB 8721.
Rimbaud: Illuminations. Frz./Dt. UB 8728.
Ṣaḥīḥ al-Buḫārī. UB 4208.
Schachmeisterpartien 1986–1990. UB 8730.
Tristan und Isolde im europäischen Mittelalter. UB 8702.
Wittenwiler: Der Ring Frühneuhochdt./Neuhochdt. UB 8749.
AT Gedichte der Romantik. UB 15023.
AT Gedichte des Expressionismus. UB 15024.
FT New York Poems. UB 9279.

Dezember 1991

Goethe: Aus meinem Leben I. UB 8718.
Goethe: Aus meinem Leben II. UB 8719.
Seume: Mein Leben [Neuausg.]. UB 1060.
Seneca: Epistulae morales ad Lucilium VIII. Lat./Dt. UB 2140.
Stendhal: Armance. UB 5090.
Texte zur Theorie des Theaters. UB 8736.
Weber: Schriften zur Wissenschaftslehre. UB 8748.
ED Dürrenmatt: Die Physiker. UB 8189.
ED Hesse: Demian. UB 8190.
FT Afro-American Short Stories. UB 9276
FT Ernaux: Une Femme. UB 9278.

Januar 1992

Cicero: Epistulae ad Atticum. Lat./Dt. UB 8786.
Dada Zürich. UB 8650.
Germanische Göttersagen. UB 8750.
Interpretationen: Hauptwerke der Philosophie. 20. Jahrhundert.
UB 8744.

Moriz von Craûn. Mittelhochdt./Neuhochdt. UB 8796.
Mozart: Così fan tutte. Ital./Dt. UB 8685.
Neruda: Geschichten aus dem alten Prag. UB 8770.
Prager deutsche Erzählungen. UB 8771.
Wilde: Das Bildnis des Dorian Gray. UB 5008.
AT »Heimat«. UB 15025.
AT Wie interpretiert man ein Drama? UB 15026.
ED Kleist: Penthesilea. UB 8191.
FT Tournier: Contes et petites proses. UB 9280.

Februar 1992

Horaz: Sämtliche Gedichte. UB 8753. *GEB*.
Nietzsche-Brevier. UB 40013. *GEB*. *(Reclam Lesebuch.)*

März 1992

Barnes: Aristoteles. UB 8773.
Bodenheimer: Verstehen heißt antworten. UB 8777.
Epiktet: Handbüchlein der Moral. Griech./Dt. UB 8788.
Interpretationen: Hauptwerke der Philosophie. Antike. UB 8740.
Lange: Goethe. UB 8793.
J. M. R. Lenz: Werke. UB 8755.
Der Stricker: Erzählungen, Fabeln, Reden. Mittelhochdt./Neuhochdt. UB 8797.
Verga: Sizilianische Novellen. UB 2014.
Wirtschaft und Ethik. UB 8798.
FT English Love Poems. UB 9283.
FT Women's Fantastic Adventures. UB 9285.

April 1992

Henscheid: Verdi ist der Mozart Wagners. UB 10372. *GEB*.
Reclams Kunstführer Spanien II. UB 10373. *GEB*.
Der Zauberkasten. UB 40014. *GEB*. *(Reclam Lesebuch.)*

Mai 1992

Baudelaire: Die Blumen des Bösen. UB 5076.
Benjamin: Sprache und Geschichte. UB 8775.
Carmina Burana [Ausw.]. Lat./Dt. UB 8785.
Deutsche Literatur 1991. UB 8408.
Frank: Stil in der Philosophie. UB 8791.
»Ich bin nun, wie ich bin«. UB 8752.
Interpretationen: Goethes Dramen. UB 8417.
Rabelais: Gargantua. UB 8764.
Die römische Literatur in Text und Darstellung 1. Lat./Dt. UB 8066.
Thoma: Moral [Neuausg.]. UB 7929.
Trapp: Kleines Handbuch der Maße, Zahlen, Gewichte und der Zeitrechnung. UB 8737.
FT Burgess: A Clockwork Orange. UB 9281.
FT Druon: Tistou les pouces verts. UB 9282.

August 1992

Balzac: Die Frau von dreißig Jahren. UB 1963.
Handke: Noch einmal für Thukydides. UB 8804.
Hofmannsthal: Andreas. UB 8800.
Interpretationen: Romane des 19. Jahrhunderts. UB 8418.
Kierkegaard: Der Begriff Angst. UB 8792.
Loriot: Menschen, Tiere, Katastrophen. UB 8820.
Der Mensch – ein politisches Tier? UB 8825.
Ovid: Ars amatoria. Lat./Dt. UB 357.
Shakespeare: Antony and Cleopatra. Engl./Dt. UB 8830.
Tolstoi: Erzählungen. UB 2557.
FT Huxley: Brave New World. UB 9284.

August 1992

Jubiläums-Edition 125 Jahre Universal-Bibliothek
   Dichter-Porträts. UB 8835. *GEB*.
   Die ganze Welt. UB 8836. *GEB*.
   Goethe: Faust-Dichtungen. UB 8837. *GEB*.
   Jahr- und Tagebuch. UB 8838. *GEB*.

Reclams Zitaten-Lexikon. UB 8839. *GEB*.
Schöne Geschichten! UB 8840. *GEB*.
Stechäpfel. UB 8841. *GEB*.

September 1992

Althochdeutsche poetische Texte. Althochdt./Neuhochdt.
   UB 8709
Cantate Latine. Lat./Dt. UB 8802.
Heidegger: Was heißt Denken? UB 8805.
Kein Pardon für Klassiker. UB 8818.
Martens: Die Sache des Sokrates. UB 8823.
Russische Erzählungen der Gegenwart. UB 8829.
Stevenson: Erzählungen. UB 4857.
Über Bach. UB 8832.
Weber: Politik als Beruf. UB 8833.
AT Kleine Schule des philosophischen Fragens. UB 15028.
ED Hesse: Der Steppenwolf. UB 8193.
FT Du Maurier: The Birds. UB 9287.

September 1992

Die Präraffaeliten. UB 10381. *GEB*.

November 1992

Chinesische Lyrik der Gegenwart. Chin./Dt. UB 8803.
Dostojewskij: Der Spieler. UB 2128.
Holst: Das ABC der Musik. UB 8806.
Huysmans: Gegen den Strich. UB 8754.
Interpretationen: Schillers Dramen. UB 8807.
König: Der Römische Staat I. UB 8834.
Kristallisationen. UB 8827.
Tagelieder des deutschen Mittelalters. Mittelhochdt./Neuhochdt.
   UB 8831.
ED Sophokles: Antigone. UB 8195.
FT Baudelaire/Rimbaud/Verlaine/Mallarmé: Poésies. UB 9286.
FT English Expressions. UB 9288.

Nummernverzeichnis

Die Systematik der Nummernvergabe innerhalb der Universal-Bibliothek ist für den Außenstehenden nicht unmittelbar einsichtig. – Bei Erscheinen der ersten Titel 1867 wurde damit begonnen, die Bände fortlaufend zu numerieren, bis 1945 war die Nummer 7611 erreicht.[1] Grundprinzip bei der Nummernvergabe ist noch heute, daß ein Titel, für den innerhalb der UB einmal eine bestimmte Nummer vergeben wurde, immer diese Nummer behält. So wurden auch nach 1945 bei der Neuedition bereits zuvor in der UB erschienener Titel wieder die alten UB-Nummern vergeben; neu hinzukommende Titel wurden im Bereich der Nummern 7611–10000 plaziert, lediglich die Reihen »Arbeitstexte für den Unterricht« (ab Nr. 9501, später 15001, im nachfolgenden Verzeichnis als »AT« abgekürzt), »Erläuterungen und Dokumente« (ab Nr. 8101, »ED«) und »Fremdsprachentexte« (ab Nr. 9150) erhielten eigene, zusammenhängende Nummernbereiche.

1867 kostete eine Nummer der Universal-Bibliothek 2 Silbergroschen bei einem Durchschnittsumfang, für die Einfachnummer, von etwa 80 Seiten. Umfangreichere Bände mußten teurer verkauft werden, sie wurden deshalb als Doppel-, Dreifach- oder auch Vier-, Fünf- und Sechsfachnummern angeboten. Dabei spielten neben kalkulatorischen Gesichtspunkten auch die Absatzmöglichkeiten eine Rolle, man war flexibel: Goethes »Faust I« (UB 1) wurde ebenso als Einfachnummer angeboten wie der wesentlich umfangreichere zweite Teil (UB 2). Die erste Doppelnummer war Jean Pauls »Dr. Katzenbergers Badreise« (UB 18/19) mit 172 Seiten, die erste Dreifachnummer Shakespeares »König Heinrich VI.« (UB 56–58, 260 S.), die »Flegeljahre« von Jean Paul (UB 77–80, in 2 Teilen, 259 und 298 S.) wurden als Vierfachnummer angeboten. Wo in der Folgezeit Umfangs- oder Preiserhöhungen notwendig werden, die zur Verfügung stehenden Nummern aber nicht ausreichen, wird auf a- und b-Nummern usw. zurückgegriffen.

Das Prinzip der Mehrfachnummern, aus denen der Preis direkt abzuleiten ist, wird nach 1945 wieder aufgegriffen, erweist sich aber

---

1 Vgl. dazu Lothar Kretschmar: Die Ermittlung der Erscheinungsjahre bei Reclams Universal-Bibliothek 1867–1945. In: Reclam. 125 Jahre Universal-Bibliothek 1867–1992. Verlags- und kulturgeschichtliche Aufsätze. Hrsg. von Dietrich Bode. Stuttgart 1992. S. 478–492.

mit den wachsenden Umfängen der in der UB verlegten Titel (die Nummern 9601–9699 etwa werden 1974–76 von nur 25 Bänden belegt) zunehmend als problematisch, der Nummernverbrauch wird zu groß. Mitte 1975 wird deshalb das Multiplikatorsystem eingeführt: jeder Titel erhält nur noch e i n e Nummer, über Umfang (und Preis) orientiert der in eckige Klammern hinter die UB-Nummer gesetzte Multiplikator; fortan entfallen auf jede Nummer eine oder mehrere (Umfangs- und Preis-) Einheiten. Konzessionen an die Kalkulation und damit den Preis sind, bei sehr umfänglichen Titeln, durchaus möglich, so daß nicht automatisch von der Zahl der Einheiten auf die Seitenzahl rückgeschlossen werden darf.

Mit der Einführung des Multiplikators werden die ehemaligen Mehrfachnummern für neu in die UB aufgenommene Titel frei, so daß seither solche Nummern neu besetzt werden können; für den Bereich unterhalb Nr. 7611 geschieht dies stets unter Beachtung inhaltlicher Kongruenzen, darüber weitgehend mechanisch. Um das hier praktizierte Verfahren durchsichtiger zu machen, ist im nachstehenden Nummernverzeichnis jeweils das Erscheinungsjahr der Stuttgarter Erstauflage mit angegeben.

Das Multiplikatorsystem – im Grunde ein modifiziertes Mehrfachnummernsystem – besteht bis Ende 1991; nach fast 125 Jahren verabschiedet sich der Verlag vom Prinzip des je nach Umfang durch einfache Multiplikation des Grundpreises sich ergebenden Endpreises. Die Oktober-Serie trägt keinen Multiplikator mehr, der Preis wird aufgedruckt, im Folgejahr wird ein flexibles Preissystem eingeführt. Somit kann hier eine Übersicht über die Entwicklung des UB-Preises seit 1948 für eine nun abgeschlossene Epoche gegeben werden (angegeben ist jeweils der Preis für eine Nummer bzw. Einheit):

DM 0,60	ab 15. 8. 1948	DM 1,60	ab 1. 4. 1975
DM 0,70	ab 1. 3. 1951	DM 1,70	ab 1. 7. 1979
DM 0,60	ab 1. 9. 1953	DM 1,80	ab 1. 4. 1980
DM 0,65	ab 1. 7. 1959	DM 1,90	ab 1. 4. 1981
DM 0,70	ab 1. 7. 1961	DM 2,10	ab 1. 4. 1982
DM 0,80	ab 1. 7. 1962	DM 2,20	ab 1. 7. 1983
DM 0,90	ab 1. 7. 1965	DM 2,30	ab 1. 4. 1984
DM 1,00	ab 1. 4. 1970	DM 2,40	ab 1. 4. 1986
DM 1,10	ab 1. 4. 1971	DM 2,60	ab 1. 4. 1987
DM 1,20	ab 1. 3. 1972	DM 2,80	ab 1. 3. 1990
DM 1,30	ab 1. 4. 1973	DM 3,00	ab 1. 4. 1991
DM 1,50	ab 1. 3. 1974		

Nachstehend folgt eine Aufstellung sämtlicher nach dem Zweiten Weltkrieg in Stuttgart für Titel der Universal-Bibliothek bis 1992 vergebenen Nummern; diese erscheinen in der Form, wie sie der jeweils ersten Stuttgarter Auflage zu entnehmen ist (also 1/1a oder 331–334 neben 7933, die mit Multiplikator versehen war, oder 8417, die mit aufgedrucktem Preis ausgeliefert wurde). Verfassernamen sind normalisiert, fremdsprachige Titel liegen, wo nicht anders angegeben (fremdsprachig/deutsch, Fremdsprachentext), in deutscher Übersetzung vor.

1/1a Goethe: Faust I. 1949.
2/2a Goethe: Faust II. 1949.
3/3a Lessing: Nathan der Weise. 1948.
5 Shakespeare: Romeo und Julia. 1950.
9 Shakespeare: Julius Cäsar. 1950.
10 Lessing: Minna von Barnhelm. 1950.
11/11a Börne: Monographie der deutschen Postschnecke. 1967.
12 Schiller: Wilhelm Tell. 1948.
13 Shakespeare: König Lear. 1950.
15/15a Schiller: Die Räuber. 1950.
16 Lessing: Miß Sara Sampson. 1958.
17 Shakespeare: Macbeth. 1949.
18/19 Jean Paul: Dr. Katzenbergers Badereise. 1961.
20 Iffland: Die Jäger. 1976.
21 Shakespeare: Othello. 1950.
25 Hoffmann: Das Fräulein von Scuderi. 1952.
26 Shakespeare: Der Widerspenstigen Zähmung. 1952.
27/28 Lessing: Fabeln. 1967.
28 Lessing: Sämtliche Gedichte. 1987.
31 Shakespeare: Hamlet. 1950.
32 Hoffmann: Das Majorat. 1950.
33 Schiller: Kabale und Liebe. 1950.
35 Shakespeare: Der Kaufmann von Venedig. 1951.
37/37a Lessing: Der junge Gelehrte. 1965.
38/38a Schiller: Don Carlos. 1950.
39 Shakespeare: Antonius und Cleopatra. 1964.
40 Kleist: Das Käthchen von Heilbronn. 1950.
41/41a Schiller: Wallenstein I. 1949.
42/42a Schiller: Wallenstein II. 1949.
43 Shakespeare: König Richard II. 1961.
44 Hauff: Phantasien im Bremer Ratskeller. 1962.
45 Lessing: Emilia Galotti. 1949.
46 Shakespeare: Der Sturm. 1951.
47 Schiller: Die Jungfrau von Orleans. 1949.

585

- 49 Raimund: Der Verschwender. 1952.
- 51 Schiller: Die Verschwörung des Fiesco zu Genua. 1950.
- 52 Hoffmann: Meister Martin, der Küfner, und seine Gesellen. 1951.
- 53 Shakespeare: Was ihr wollt. 1951.
- 54 Racine: Phädra. 1955.
- 55 Goethe: Hermann und Dorothea. 1949.
- 60 Schiller: Die Braut von Messina. 1952.
- 61/61a Goethe: Reineke Fuchs. 1949.
- 62 Shakespeare: König Richard III. 1954.
- 64 Schiller: Maria Stuart. 1950.
- 65 Calderón: Das Leben ist ein Traum. 1955.
- 67/67a Goethe: Die Leiden des jungen Werthers. 1948.
- 69 Shakespeare: Coriolanus. 1968.
- 71 Goethe: Götz von Berlichingen. 1948.
- 73 Shakespeare: Ein Sommernachtstraum. 1950.
- 74 Molière: Tartuffe. 1954.
- 75 Goethe: Egmont. 1948.
- 77–80/80a–i Jean Paul: Flegeljahre. 1957. *GEB*.
- 81/82 Shakespeare: König Heinrich IV. 1956.
- 83 Goethe: Iphigenie auf Tauris. 1948.
- 85 Hauff: Lichtenstein. 1988.
- 88 Goethe: Torquato Tasso. 1949.
- 90 Kotzebue: Die deutschen Kleinstädter. 1955.
- 91 Kleist: Der zerbrochene Krug. 1949.
- 92 Schiller: Turandot. 1959.
- 93 Chamisso: Peter Schlemihls wundersame Geschichte. 1949.
- 95 Wieland: Musarion. 1964.
- 96 Goethe: Clavigo. 1949.
- 98 Shakespeare: Viel Lärmen um Nichts. 1951.
- 99 Schiller: Der Parasit. 1957.
- 100 Goethe: Die Mitschuldigen. 1949.
- 101/102 Hoffmann: Der goldne Topf. 1953.
- 104 Goethe: Stella. 1949.
- 107 Werner: Der vierundzwanzigste Februar. 1967.
- 108 Goethe: Die Geschwister u. a. 1948.
- 111/112 Leisewitz: Julius von Tarent. 1965.
- 113 Molière: Die gelehrten Frauen. 1960.
- 114 Goethe: Die natürliche Tochter. 1963.
- 118 Platen: Die verhängnißvolle Gabel u. a. 1979.
- 119 Jean Paul: Leben des vergnügten Schulmeisterlein Maria Wuz in Auenthal. 1949.
- 120 Raimund: Der Bauer als Millionär. 1952.
- 121/121a Bürger: Wunderbare Reisen zu Wasser und Lande, Feldzüge und lustige Abenteuer des Freiherrn von Münchhausen. 1969.
- 123 Wieland: Oberon. 1990.
- 131 Hauff: Das Bild des Kaisers. 1977.

133 Anzengruber: Der Meineidbauer. 1959.
141/141a Gerstenberg: Ugolino. 1966.
142 Hebel: Schatzkästlein des rheinischen Hausfreundes. 1981.
145 Scribe: Das Glas Wasser. 1960.
152 Shakespeare: Das Wintermärchen. 1957.
153–158 Hoffmann: Lebens-Ansichten des Katers Murr. 1972.
154 Hoffmann: Nachtstücke. 1990.
161 Gellert: Fabeln und Erzählungen. 1986.
164–167 Jean Paul: Leben des Quintus Fixlein. 1972.
178 Kleist: Prinz Friedrich von Homburg. 1950.
180 Raimund: Der Alpenkönig und der Menschenfeind. 1952.
192 Hoffmann: Die Elixiere des Teufels. 1975.
196 Shakespeare: Maß für Maß. 1952.
197 Arnim: Der tolle Invalide auf dem Fort Ratonneau u. a. 1955.
198 Holberg: Der politische Kannengießer. 1959.
201–203 Grabbe: Herzog Theodor von Gothland. 1971.
211–214 E. Chr. v. Kleist: Sämtliche Werke. 1971.
215 Anzengruber: Der Gwissenswurm. 1969.
218/219 Kleist: Michael Kohlhaas. 1949.
221–224 Vergil: Aeneis. 1954.
224 Vergil: Dido und Aeneas. Lat./Dt. 1991.
225/225a Shakespeare: Cymbelin. 1964.
227 Bürger: Gedichte. 1961.
230 Hoffmann: Der Sandmann u. a. 1969.
231 Hoffmann: Des Vetters Eckfenster. 1980.
245 Dumas: Die Kameliendame. 1974.
248/248a Klinger: Sturm und Drang. 1970.
249–253 Homer: Ilias. 1951.
258/259 Grabbe: Napoleon. 1960.
271/271a/b Lessing: Laokoon. 1964.
273 Shakespeare: Die Komödie der Irrungen. 1959.
274 Jean Paul: Siebenkäs. 1983.
280–283 Homer: Odyssee. 1950.
285–287 Goldsmith: Der Pfarrer von Wakefield. 1971.
290/290a Grabbe: Don Juan und Faust. 1963.
291/292 Platen: Gedichte. 1968.
293 Jean Paul: Des Feldpredigers Schmelzle Reise nach Fläz. 1963.
301 Hauff: Sämtliche Märchen. 1986.
306 Hoffmann: Klein Zaches genannt Zinnober. 1985.
307/307a/b Zachariä: Der Renommiste u. a. 1974.
308 Shakespeare: Timon von Athen. 1964.

587

313/314 Chamisso: Gedichte und Versgeschichten. 1971.

320/320a F. Schlegel: Lucinde. 1963.

331–334 Wieland: Geschichte der Abderiten. 1958.

338 Molière: Der Geizige. 1952.

348 Kleist: Die Hermannsschlacht. 1951.

350 Lavater: Physiognomische Fragmente. 1984.

353/354/354a/b Lesage: Der hinkende Teufel. 1967.

356/357/357a–g Ovid: Metamorphosen. 1971.

357 Ovid: Ars amatoria. Lat./Dt. 1992.

361–363 Opitz: Gedichte. 1970.

365–367 Hoffmann: Meister Floh. 1970.

394 Molière: Der Menschenfeind. 1957.

397 Grabbe: Scherz, Satire, Ironie und tiefere Bedeutung. 1952.

398 Kortum: Die Jobsiade. 1986.

411 Brentano: Geschichte vom braven Kasperl und dem schönen Annerl. 1949.

418 Anzengruber: Das vierte Gebot. 1979.

427–429/429a Puschkin: Eugen Onegin. 1972.

430 Beowulf und das Finnsburg-Bruchstück. 1953.

431–433 Horaz: Sermones. Lat./Dt. 1972.

432 Horaz: Epistulae. Lat./Dt. 1986.

438 Klinger: Die Zwillinge. 1972.

449/449a/b Sheridan: The School for Scandal. Engl./Dt. 1973.

450 Brentano: Das Märchen von Gockel, Hinkel und Gackeleia. 1950.

456 Hartmann von Aue: Der arme Heinrich. 1959.

460 Molière: Les Précieuses ridicules. Frz./Dt. 1974.

463 Goldoni: Der Diener zweier Herren. 1952.

464 Hoffmann: Doge und Dogaresse. 1965.

465–467 Kudrun. 1958.

469 Shakespeare: Wie es euch gefällt. 1952.

486 Apuleius: Das Märchen von Amor und Psyche. Lat./Dt. 1978.

487 Corneille: Der Cid. 1957.

491 Fouqué: Undine. 1953.

500 Riehl: Die vierzehn Nothelfer. 1951.

504 Anzengruber: Die Märchen des Steinklopferhanns. 1980.

508 Aischylos: Die Orestie. 1987.

513/514 Morus: Utopia. 1964.

550 Molière: George Dandin. 1966.

555 Cervantes: Das Zigeunermädchen. 1965.

559/560 Hölderlin: Hyperion. 1949.

588 Molière: Die Schule der Frauen. 1962.

619/619a Theophrast: Charaktere. Griech./Dt. 1970.

630 Sophokles: König Ödipus. 1951.
637 Vergil: Hirtengedichte. 1968.
641 Sophokles: Oidipus auf Kolonos. 1960.
642–645 Das Nibelungenlied. 1955.
651 Swift: Gullivers Reisen. 1987.
659 Sophokles: Antigone. 1949.
662–666 Jung-Stilling: Henrich Stillings Jugend. 1968.
670 Sophokles: Die Trachinierinnen. 1989.
677 Sophokles: Aias. Griech./Dt. 1990.
678 La Rochefoucauld: Maximen und Reflexionen. 1948.
683/684/684a Möser: Patriotische Phantasien. 1971.
687 Casanova: Aus meinem Leben. 1989.
688 Gryphius: Horribilicribrifax Teutsch. 1976.
690 Andersen: Märchen. 1986.
691 Andersen: Des Kaisers neue Kleider. 1987.
706 Logau: Sinngedichte. 1984.
709 Sophokles: Philoktet. 1955.
711 Sophokles: Elektra. 1969.
718 Turgenjew: Väter und Söhne. 1989.
721 Klopstock: Der Messias. 1986.
726 Tacitus: Germania. 1951.
731 Tieck: Liebesgeschichte der schönen Magelone und des Grafen Peter von Provence. 1975.
737 Euripides: Iphigenie bei den Taurern. 1952.
759 Der Cid. 1985.
761–766/766a–f Grimmelshausen: Der abenteuerliche Simplicissimus Teutsch. 1961.
781 Die Götterlieder der älteren Edda. 1960.
788/788a Dickens: Der Weihnachtsabend. 1950.
796–800/800a Dante: Die Göttliche Komödie. 1954.
801/801a Turgenjew: Ein König Lear aus dem Steppenland. 1956.
803 Cicero: Cato der Ältere. 1951.
818 Shakespeare: Troilus und Cressida. 1963.
836/836a Tacitus: Agricola. Lat./Dt. 1973.
837 Gogol: Der Revisor. 1954.
849 Euripides: Medea. 1952.
851 Spinoza: Die Ethik. Lat./Dt. 1977.
865 Dickens: Das Heimchen am Herde. 1952.
868 Cicero: Laelius. 1970.
886 Petrarca: Sonette an Madonna Laura. Ital./Dt. 1956.
889 Sallust: Die Verschwörung des Catilina. 1951.
895 Platon: Apologie und Kriton. 1951.
896 Shakespeare: Ende gut, alles gut. 1961.

899/900/900a–d Brant: Das Narrenschiff. 1964.
901–909/909a–f Rousseau: Emile. 1963.
914/914a Demosthenes: Rede über den Kranz. 1968.
917 Gryphius: Absurda comica. 1954.
918/919 Platon: Phaidon. 1951.
926/926a Hamann: Sokratische Denkwürdigkeiten u. a. 1968.
927/927a Platon: Das Gastmahl. 1949.
937 Prévost: Geschichte des Chevalier des Grieux und der Manon Lescaut. 1977.
940 Euripides: Die Bakchen. 1968.
948/949 Sallust: Der Jugurthinische Krieg. 1952.
950 Björnson: Der Brautmarsch. 1949.
957 Demosthenes: Politische Reden. Griech./Dt. 1985.
958 Ibsen: Die Stützen der Gesellschaft. 1960.
966 Pufendorf: Die Verfassung des deutschen Reiches. 1976.
968–970 Lermontow: Ein Held unserer Zeit. 1969.
976/977 Chateaubriand: Atala u. a. 1962.
988 Aischylos: Der gefesselte Prometheus. 1965.
994 Nepos: Atticus. Lat./Dt. 1976.
1008 Aischylos: Die Perser. 1951.
1012–15 Caesar: Der Gallische Krieg. 1951.

1025 Aischylos: Sieben gegen Theben. 1974.
1026–30/30a/b Kant: Kritik der Urteilskraft. 1963.
1038 Aischylos: Die Schutzsuchenden. 1966.
1059 Aischylos: Agamemnon. 1958.
1060/60a Seume: Mein Leben. 1961.
1063 Aischylos: Die Totenspende. 1959.
1090–92 Caesar: Der Bürgerkrieg. 1971.
1097 Aischylos: Die Eumeniden. 1959.
1111–13 Kant: Kritik der praktischen Vernunft. 1961.
1128 Marlowe: Die tragische Historie vom Doktor Faustus. 1964.
1133/33a/b Lukian: Gespräche der Götter und Meergötter, der Toten und der Hetären. 1967.
1138 Knigge: Über den Umgang mit Menschen. 1991.
1144–46 Phaedrus: Liber Fabularum. Lat./Dt. 1975.
1148 Cicero: Rede für Sextus Roscius aus Ameria. Lat./Dt. 1976.
1154/55 Aristophanes: Die Frösche. 1951.
1170/71 Cicero: Rede für Titus Annius Milo. Lat./Dt. 1972.
1177 Molière: Der eingebildete Kranke. 1954.

1182 Calderón: Der standhafte Prinz. 1960.
1184–86 Xenophon: Des Kyros Anabasis. 1958.
1188 Wernher der Gärtner: Meier Helmbrecht. 1952.
1201/02/02a Fichte: Die Bestimmung des Menschen. 1962.
1210 Thümmel: Wilhelmine. 1964.
1217 Corneille: Der Lügner. 1963.
1218/19 Machiavelli: Der Fürst. 1961.
1219 Machiavelli: Il Principe. Ital./Dt. 1986.
1222 Luther: Tischreden. 1981.
1229/29a Diderot: Rameaus Neffe. 1967.
1231/32/32a/b Kant: Die Religion innerhalb der Grenzen der bloßen Vernunft. 1974.
1236 Cicero: Vier Reden gegen Catilina. 1951.
1241/42 Marc Aurel: Selbstbetrachtungen. 1949.
1244 Mérimée: Colomba. 1988.
1250 Des Knaben Wunderhorn I. 1987.
1251 Des Knaben Wunderhorn II. 1987.
1252 Des Knaben Wunderhorn III. 1987.
1257 Ibsen: Nora. 1951.
1268 Cicero: Pro A. Licinio Archia poeta oratio. Lat./Dt. 1979.
1293 Racine: Britannicus. Frz./Dt. 1983.
1295 Günther: Gedichte. 1961.
1305 Kleist: Penthesilea. 1951.
1308 Dickens: Schwere Zeiten. 1989.
1320 Kant: Träume eines Geistersehers. 1976.
1321–23 Hagedorn: Gedichte. 1968.
1327 Fénelon: Die Abenteuer des Telemach. 1984.
1337 Euripides: Alkestis. Griech./Dt. 1981.
1339 Maler Müller: Idyllen. 1977.
1346/46a/b Wickram: Das Rollwagenbuechlin. 1968.
1371 Herder: Stimmen der Völker in Liedern. 1975.
1376 Lenz: Der Hofmeister. 1963.
1379/80 Aristophanes: Die Vögel. 1971.
1389 Leben und Wandel Lazaril von Tormes. 1979.
1391/92 Klopstock: Oden. 1966.
1400 Hoffmann: Nußknacker und Mausekönig. 1958.
1407–15/15a Dufresne/Mieses: Lehrbuch des Schachspiels. 1950.
1416 Das Annolied. Mittelhochdt./Neuhochdt. 1975.
1425 Calderón: Der Richter von Zalamea. 1951.
1441–46/46a/b Sterne: Leben

und Meinungen von Tristram Shandy, Gentleman. 1972.
1449 Lenau: Gedichte. 1965.
1484/85 Thüring von Ringoltingen: Melusine. 1969.
1501 Kant: Zum ewigen Frieden. 1954.
1504 Arnim: Die Kronenwächter. 1982.
1505 Arnim: Erzählungen. 1991.
1515/16 Historia von D. Johann Fausten. 1964.
1516 Historia von D. Johann Fausten. Krit. Ausg. 1988.
1524/25/25a Lenau: Faust. 1971.
1534–38 Murger: Boheme. 1967.
1556 Berlichingen: Lebensbeschreibung. 1962.
1559/60 Puschkin: Die Hauptmannstochter. 1952.
1575 Warbeck: Die schöne Magelona. 1969.
1578/78a Luther: An den christlichen Adel deutscher Nation u. a. 1951.
1582 Tibull: Gedichte. 1966.
1588–90/90a Strafgesetzbuch. 1955.
1602 Mérimée: Carmen. 1963.
1611/12 Martial: Epigramme. 1966.
1612 Puschkin: Erzählungen. 1989.
1613/13a Puschkin: Pique Dame. Russ./Dt. 1971.
1621/22 Pascal: Gedanken. 1956.

1650–54 Flaubert: Salammbô. 1970.
1656/56a Fischart: Flöh Hatz, Weiber Tratz. 1967.
1687/88/88a/b Ein kurtzweilig Lesen von Dil Ulenspiegel. 1967.
1691 Claudius: Ausgewählte Werke. 1990.
1701 Turgenjew: Gedichte in Prosa. Russ./Dt. 1983.
1702 Ibsen: Ein Volksfeind. 1956.
1703 Poe: The Black Cat u. a. Engl./Dt. 1971.
1707/07a Daudet: Die wunderbaren Abenteuer des Herrn Tartarin aus Tarascon. 1952.
1708 Platon: Protagoras. Griech./Dt. 1987.
1716 Gogol: Der Mantel u. a. 1952.
1718 La Fontaine: Fabeln [Ausw.]. Frz./Dt. 1987.
1719 La Fontaine: Die Fabeln. 1991.
1732 Turgenjew: Erste Liebe. Russ./Dt. 1976.
1741 Gerhardt: Geistliche Lieder. 1991.
1744 Gogol: Der Mantel u. a. 1990.
1751–55 Staël: Über Deutschland. 1962.
1767 Gogol: Die Geschichte, wie sich Iwan Iwanowitsch mit Iwan Nikiforowitsch zerstritt. 1983.
1768 Kleist: Die Familie Schroffenstein. 1980.
1769/70 Rousseau: Der Gesellschaftsvertrag. 1958.

1785/86 Platon: Laches. Griech./Dt. 1975.
1787/87a/b Hartmann von Aue: Gregorius, der gute Sünder. Mittelhochdt./Neuhochdt. 1963.
1802–06 Euler: Algebra. 1959. *GEB*.
1807–11 Thukydides: Der Peloponnesische Krieg. 1966.
1821 Schubart: Gedichte u. a. 1978.
1828 Ibsen: Gespenster. 1951.
1836 Gogol: Der Wij. 1961.
1846 Seneca: De tranquilitate animi. Lat./Dt. 1984.
1847 Seneca: De brevitate vitae. Lat./Dt. 1977.
1848 Seneca: Ad Helviam matrem de consolatione. Lat./Dt. 1980.
1849 Seneca: De vita beata. Lat./Dt. 1990.
1855/56 Xenophon: Erinnerungen an Sokrates. 1971.
1858 Droste-Hülshoff: Die Judenbuche. 1949.
1868 Terenz: Der Eunuch. 1961.
1871 Moscherosch: Wunderliche und Wahrhafftige Gesichte Philanders von Sittewalt. 1986.
1889 Cicero: De officiis. Lat./Dt. 1976.
1892 Gogol: Die Nase u. a. 1952.
1898 Leibniz: Fünf Schriften zur Logik und Metaphysik. 1966.
1907/08 Erasmus von Rotterdam: Das Lob der Torheit. 1949.
1921–23 Griechische Lyrik in deutschen Übertragungen. 1964.
1925 Tieck: Des Lebens Überfluß. 1960.
1951 Fischart: Das Glückhafft Schiff von Zürich. 1967.
1957 Kleist: Die Marquise von O... u. a. 1965.
1963 Balzac: Die Frau von dreißig Jahren. 1992.
1991/92/92a W. v. Humboldt: Ideen zu einem Versuch, die Grenzen der Wirksamkeit des Staats zu bestimmen. 1967.
1996 Einhard: Vita Karoli Magni. Lat./Dt. 1968.
2000/00a Raabe: Zum wilden Mann. 1959.
2001 Epiktet: Handbüchlein der Ethik. 1958.
2014 Verga: Sizilianische Novellen. 1992.
2015 Brockes: Irdisches Vergnügen in Gott. 1963.
2031 Livius: Ab urbe condita I. Lat./Dt. 1981.
2032 Livius: Ab urbe condita II. Lat./Dt. 1987.
2033 Livius: Ab urbe condita III. Lat./Dt. 1988.
2034 Livius: Ab urbe condita IV. Lat./Dt. 1991.
2046/47 Platon: Gorgias. 1961.
2051 Montesquieu: Persische Briefe. 1991.
2055 Clauren: Mimili. 1984.
2056 Xenophon: Das Gastmahl. Griech./Dt. 1986.

2097/97a Gottsched: Sterbender Cato. 1964.
2107/08 Balzac: Oberst Chabert. 1950.
2108 Balzac: Eugénie Grandet. 1987.
2109/10 Livius: Römische Geschichte XXI–XXII. 1959.
2111/12 Livius: Römische Geschichte XXIII–XXV. 1960.
2113–15 Livius: Römische Geschichte XXVI–XXX. 1961.
2126 Dostojewskij: Weiße Nächte. 1969.
2128 Dostojewskij: Der Spieler. 1992.
2132 Seneca: Epistulae morales ad Lucilium I. Lat./Dt. 1977.
2133 Seneca: Epistulae morales ad Lucilium II. Lat./Dt. 1982.
2134 Seneca: Epistulae morales ad Lucilium III. Lat./Dt. 1985.
2135 Seneca: Epistulae morales ad Lucilium IV. Lat./Dt. 1987.
2136 Seneca: Epistulae morales ad Lucilium V. Lat./Dt. 1988.
2137 Seneca: Epistulae morales ad Lucilium VI. Lat./Dt. 1986.
2138/39 Gleim: Gedichte. 1969.
2139 Seneca: Epistulae morales ad Lucilium VII. Lat./Dt. 1990.
2140 Seneca: Epistulae morales ad Lucilium VIII. Lat./Dt. 1991.
2144 Alarcón: Der Dreispitz. 1981.
2176 Poe: The Murders in the Rue Morgue. Engl./Dt. 1974.
2191–93/93a/b Milton: Das verlorene Paradies. 1969.
2197–99/99a–c Turgenjew: Aufzeichnungen eines Jägers. 1974.
2199 Turgenjew: Erzählungen. 1991.
2200/01 Herodot: Die Bücher der Geschichte I. 1957.
2204 Herodot: Die Bücher der Geschichte II. 1958.
2206/07 Herodot: Die Bücher der Geschichte III. 1958.
2211 Friedrich II. und die deutsche Literatur. 1985.
2212 Puschkin: Boris Godunow. 1961.
2221 Heine: Die Harzreise. 1955.
2231 Heine: Buch der Lieder. 1990.
2233 Cicero: Philippische Reden gegen M. Antonius. Lat./Dt. 1983.
2244 Gontscharow: Oblomovs Traum. Russ./Dt. 1987.
2253 Heine: Deutschland. Ein Wintermärchen. 1948.
2257 Poe: Ligeia u. a. Engl./Dt. 1983.
2261 Heine: Atta Troll. 1977.
2268 Balzac: Vater Goriot. 1988.

2280 Ibsen: Rosmersholm. 1964.
2309/10 Ibsen: Peer Gynt. 1953.
2317 Ibsen: Die Wildente. 1958.
2323/23a Plutarch: Perikles / Fabius Maximus. 1965.
2332 Voss: Idyllen und Gedichte. 1967.
2333 Gotthelf: Wie Uli der Knecht glücklich wird. 1982.
2337 Aristoteles: Poetik. 1961.
2340 Eckstein: Der Besuch im Karzer. 1952.
2350 Heine: Der Rabbi von Bacherach. 1983.
2351 Eichendorff: Dichter und ihre Gesellen. 1987.
2352 Eichendorff: Sämtliche Erzählungen. 1990.
2354 Eichendorff: Aus dem Leben eines Taugenichts. 1949.
2365 Eichendorff: Das Marmorbild u. a. 1951.
2388 Heine: Aus den Memoiren des Herren von Schnabelewopski. 1967.
2431 Eliot: Adam Bede. 1987.
2440 Balzac: Das Chagrinleder. 1991.
2454 Fleming: Gedichte. 1961.
2455 Fleming: Deutsche Gedichte. 1986.
2457–60 Tacitus: Annalen I–VI. 1964.
2458 Tacitus: Annalen XI–XVI. *Ab 1991; s. UB 2642.*
2468 Kant: Prolegomena zu einer jeden künftigen Metaphysik. 1989.
2472 Schumann: Schriften über Musik und Musiker. 1982.
2486 Dostojewskij: Erzählungen. 1991.
2489 Strindberg: Der Vater. 1971.
2495 Plutarch: Alexander/Caesar. 1980.
2520 Plautus: Miles gloriosus. 1962.
2530 Weber: Der Freischütz. 1949.
2549 Lortzing: Zar und Zimmermann. 1950.
2551 Jacobsen: Niels Lyhne. 1984.
2555 Beethoven: Fidelio. 1949.
2556/57/57a Tolstoi: Volkserzählungen und Legenden. 1951.
2557 Tolstoi: Erzählungen. 1992.
2560 Ibsen: Die Frau vom Meer. 1967.
2569 Lortzing: Der Waffenschmied. 1950.
2596 Spee: Trvtz-Nachtigal. 1985.
2601/02/02a Bräker: Lebensgeschichte und natürliche Ebenteuer des Armen Mannes im Tockenburg. 1965.
2620 Mozart: Die Zauberflöte. 1950.
2623 Heine: Ideen. 1973.
2626 Lortzing: Undine. 1951.

2642–45 Tacitus: Annalen XI–XVI. 1967. *Ab 1991; s. UB 2458*.
2646 Mozart: Don Giovanni. 1950.
2655 Mozart: Die Hochzeit des Figaro. 1950.
2657 Varnhagen von Ense: Schriften und Briefe. 1991.
2660 Bellamy: Ein Rückblick aus dem Jahre 2000 auf 1887. 1983.
2666 Strindberg: Fräulein Julie. 1967.
2667 Mozart: Die Entführung aus dem Serail. 1949.
2677 Weber: Euryanthe u. a. 1961.
2689 Auber: Fra Diavolo. 1954.
2690 B. v. Arnim: Ein Lesebuch. 1987.
2711 Eliot: Die Mühle am Floss. 1983.
2721 Tacitus: Historien. Lat./Dt. 1984.
2731/31a Schiller: Vom Pathetischen und Erhabenen. 1970.
2751/51a Kalidasa: Sakuntula. 1960.
2760 Lortzing: Der Wildschütz. 1950.
2761 Schopenhauer: Die Welt als Wille und Vorstellung I. 1987.
2762 Schopenhauer: Die Welt als Wille und Vorstellung II. 1987.
2771/72 Gracián: Hand-Orakel und Kunst der Weltklugheit. 1954.
2773 Ibsen: Hedda Gabler. 1961.
2786–89 C. E. Goethe: Briefe. 1971.
2791–94/94a/b Augustinus: Bekenntnisse. 1967.
2792 Augustinus: Bekenntnisse [Neuausg.]. 1989.
2839/40 Wolkenstein: Lieder. Mittelhochdt./Neuhochdt. 1967.
2855/55a Konrad von Würzburg: Heinrich von Kempten u. a. Mittelhochdt./Neuhochdt. 1969.
2874/75 Handelsgesetzbuch. 1952.
2876–78/78a/b Steputat: Reimlexikon. 1963.
2887/88 Descartes: Meditationen über die Erste Philosophie. 1971.
2888 Descartes: Meditationes de Prima Philosophia. Lat./Dt. 1986.
2937 Rossini: Der Barbier von Sevilla. 1950.
2948/49 A. v. Humboldt: Ansichten der Natur. 1969.
2956/57 Quintilian: Institutio oratoria X. Lat./Dt. 1974.
2990/90a Die Peinliche Gerichtsordnung Kaiser Karls V. von 1532 (Carolina). 1960.
3010 Aristoteles: Der Staat der Athener. 1970.

- 3021 Uhland: Gedichte. 1974.
- 3023 Uhland: Ernst Herzog von Schwaben. 1957.
- 3025 Nestroy: Der böse Geist Lumpacivagabundus. 1952.
- 3026 Ibsen: Baumeister Solness. 1966.
- 3041 Nestroy: Einen Jux will er sich machen. 1956.
- 3057–62 Stirner: Der Einzige und sein Eigentum. 1972.
- 3071–80 Darwin: Die Entstehung der Arten durch natürliche Zuchtwahl. 1963.
- 3109 Nestroy: Zu ebener Erde und erster Stock. 1978.
- 3136 Raimund: Die gefesselte Phantasie. 1983.
- 3154/55 Boëthius: Trost der Philosophie. 1959.
- 3161 Hebbel: Judith. 1950.
- 3171/72 Hebbel: Die Nibelungen. 1951.
- 3173 Hebbel: Maria Magdalena. 1950.
- 3179/80/80a Brüder Grimm: Ausgewählte Kinder- und Hausmärchen. 1950.
- 3188 Hebbel: Herodes und Mariamne. 1951.
- 3191 Brüder Grimm: Kinder- und Hausmärchen I. 1980.
- 3192 Brüder Grimm: Kinder- und Hausmärchen II. 1980.
- 3193 Brüder Grimm: Kinder- und Hausmärchen III. 1980.
- 3199 Hebbel: Gyges und sein Ring. 1950.
- 3227–29 Daudet: Briefe aus meiner Mühle. 1971.
- 3231 Hebbel: Gedichte. 1977.
- 3236/37 Novalis: Die Lehrlinge zu Sais u. a. 1960.
- 3288 Abaelard: Der Briefwechsel mit Heloisa. 1989.
- 3324/25 Heliand und die Bruchstücke der Genesis. 1956.
- 3347 Nestroy: Judith und Holofernes u. a. 1970.
- 3355/56 Sachsenspiegel (Landrecht). 1953.
- 3367 Goldoni: Mirandolina. 1956.
- 3373 Tolstoi: Herr und Knecht. 1957.
- 3374 Nestroy: Der Talisman. 1960.
- 3401 Sealsfield: Das Kajütenbuch. 1982.
- 3471 Ludwig: Der Erbförster. 1979.
- 3491–93 Mill: Über die Freiheit. 1974.
- 3494–96 Ludwig: Zwischen Himmel und Erde. 1954.
- 3524 Klinger: Fausts Leben, Taten und Höllenfahrt. 1986.
- 3569 Tirso de Molina: Don Juan – Der Verführer von Sevilla und der steinerne Gast. 1976.
- 3571–75/75a–d Bürgerliches Gesetzbuch. 1956.
- 3579 Euripides: Ion. Griech./Dt. 1982.

- 3602 Heine: Die Bäder von Lucca u. a. 1978.
- 3605 Heine: Der Doktor Faust. 1991.
- 3626 Nestroy: Der Zerrissene. 1959.
- 3671 Rückert: [Ausgewählte] Gedichte. 1963.
- 3672 Rückert: Gedichte. 1988.
- 3681 Wolfram von Eschenbach: Parzival. Mittelhochdt./Neuhochdt. I. 1981.
- 3682 Wolfram von Eschenbach: Parzival. Mittelhochdt./Neuhochdt. II. 1981.
- 3702 Emerson: Die Natur. 1982.
- 3728 Tacitus: Dialog über den Redner. 1969.
- 3741 Das Neue Testament I. 1989.
- 3742 Das Neue Testament II. 1989.
- 3749 Twain: Die Abenteuer des Huckleberry Finn. 1991.
- 3767 Descartes: Abhandlung über die Methode des richtigen Vernunftgebrauchs. 1961.
- 3772 Friedrich der Große und die Philosophie. 1986.
- 3795 Donizetti: Lucia von Lammermoor. 1957.
- 3848 Donizetti: Don Pasquale. 1952.
- 3857 Kerner: Ausgewählte Werke. 1981.
- 3861/62 Stifter: Der Hochwald. 1949.
- 3898 Stifter: Der Waldsteig. 1953.
- 3911 Stifter: Brigitta. 1949.
- 3912 Stifter: Bergkristall. 1948.
- 3913 Stifter: Abdias. 1957.
- 3947/48 H. Kurz: Die beiden Tubus. 1975.
- 3987/88 Stifter: Feldblumen. 1949.
- 4013 Cicero: Reden gegen Verres I. Lat./Dt. 1983.
- 4014 Cicero: Reden gegen Verres II. Lat./Dt. 1986.
- 4015 Cicero: Reden gegen Verres III. Lat./Dt. 1988.
- 4016 Cicero: Reden gegen Verres IV. Lat./Dt. 1990.
- 4019 Bellini: Norma. Ital./Dt. 1985.
- 4033/33a Reichsgesetz über die Angelegenheiten der freiwilligen Gerichtsbarkeit. 1953.
- 4090 Ditters von Dittersdorf: Doktor und Apotheker. 1961.
- 4112 Calderón: Der wundertätige Magier. 1962.
- 4142 Zola: Das Fest in Coqueville u. a. 1953.
- 4144 Donizetti: Der Liebestrank. 1964.
- 4174 Das Waltharilied und die Waldere-Bruchstücke. 1953.
- 4194/95 Stifter: Der Hagestolz. 1949.
- 4206–10/10a–c Der Koran. 1960.

4208 Ṣaḥīḥ al-Buḥārī. 1991.
4229/30 Lagerlöf: Eine Gutsgeschichte. 1951.
4231 Sailer: Die Schöpfung. 1969.
4236 Verdi: Ein Maskenball. 1950.
4256 Verdi: Rigoletto. 1949.
4257–59/59a–e Lukrez: De rerum natura. Lat./Dt. 1973.
4264 Tschechow: Drei Schwestern. 1960.
4268 Hebbel: Agnes Bernauer. 1950.
4297 Maupassant: Novellen. 1991.
4319 Tschechow: Die Möwe. 1975.
4323 Verdi: Der Troubadour. 1949.
4343/43a/b Reuter: Schelmuffsky. 1964.
4357 Verdi: La Traviata. 1949.
4377 Grillparzer: Die Ahnfrau. 1957.
4378 Grillparzer: Sappho. 1953.
4379 Grillparzer: Der Gastfreund u. a. 1951.
4380 Grillparzer: Medea. 1952.
4381 Grillparzer: Weh dem, der lügt! 1950.
4382 Grillparzer: König Ottokars Glück und Ende. 1951.
4383 Grillparzer: Ein treuer Diener seines Herrn. 1966.
4384 Grillparzer: Des Meeres und der Liebe Wellen. 1951.
4385 Grillparzer: Der Traum ein Leben. 1952.
4391 Grillparzer: Libussa. 1964.
4393 Grillparzer: Ein Bruderzwist in Habsburg. 1953.
4394 Grillparzer: Die Jüdin von Toledo. 1966.
4401/02 Grillparzer: Gedichte. 1970.
4430 Grillparzer: Der arme Spielmann. 1949.
4445 Gorki: Mein Kamerad Konowalow. 1953.
4454 Tschechow: Der Bär u. a. 1959.
4460 Herder: Auch eine Philosophie der Geschichte zur Bildung der Menschheit. 1990.
4471 Gottfried von Straßburg: Tristan. Mittelhochdt./ Neuhochdt. I. 1980.
4472 Gottfried von Straßburg: Tristan. Mittelhochdt./ Neuhochdt. II. 1980.
4473 Gottfried von Straßburg: Tristan. Mittelhochdt./ Neuhochdt. III. 1980.
4497 Wilde: Salome. 1990.
4507/07a Kant: Grundlegung zur Metaphysik der Sitten. 1953.
4508 Kant: Die Metaphysik der Sitten. 1990.
4523 Shakespeare: Measure for Measure. Engl./Dt. 1990.
4566 Gluck: Orpheus und Eurydike. 1949.

4571–77 Feuerbach: Das Wesen des Christentums. 1969.
4631–36/36a–i Reuter: Ut mine Stromtid. 1957. *GEB*.
4643 Cornelius: Der Barbier von Bagdad. 1952.
4652–54 Streicher: Schillers Flucht. 1968.
4656 Auerbach: Schwarzwälder Dorfgeschichten. 1984.
4661/62 Reuter: Kein Hüsung. 1965.
4707/08/08a Tolstoi: Kosaken. 1960.
4716/17 Lassalle: Franz von Sickingen. 1974.
4718 Nestroy: Die schlimmen Buben in der Schule u. a. 1971.
4729/30 Forster: Ansichten vom Niederrhein. 1965.
4741 Mörike: Mozart auf der Reise nach Prag. 1949.
4755 Mörike: Das Stuttgarter Hutzelmännlein. 1950.
4770 Mörike: Maler Nolten. 1987.
4813–18 Moritz: Anton Reiser. 1972.
4823 Mozart: Bastien und Bastienne u. a. 1956.
4856 Stevenson: Die Schatzinsel. 1977.
4857 Stevenson: Erzählungen. 1992.
4866 Garschin: Die rote Blume u. a. Russ./Dt. 1981.
4881–85/85a/b Hegel: Vorlesungen über die Philosophie der Geschichte. 1961.
4891–93 Whitman: Grashalme. 1968.
4911/12 Freiligrath: Gedichte. 1964.
4928–34 Zola: Germinal. 1974.
4982 Nicolai: Die lustigen Weiber von Windsor. 1949.
5002/03/03a Schopenhauer: Aphorismen zur Lebensweisheit. 1949.
5008 Wilde: Das Bildnis des Dorian Gray. 1992.
5027–31 Cicero: Gespräche in Tusculum. 1973.
5076 Baudelaire: Die Blumen des Bösen. 1992.
5088/89 Stendhal: Die Äbtissin von Castro u. a. 1966.
5090 Stendhal: Armance. 1991.
5101 Hille: Neue Welten. 1979.
5113 Bruno: Über die Ursache, das Prinzip und das Eine. 1986.
5153 Flotow: Martha. 1949.
5194 Rodenbach: Das tote Brügge. 1966.
5226–28 Glassbrenner: Der politisierende Eckensteher. 1969.
5247 Pocci: Kasperlkomödien. 1972.
5273 Goethe: Urfaust. 1949.
5274 Hoffmann: Rat Krespel u. a. 1964.

5290 Tschechow: Die Dame mit dem Hündchen. Russ./Dt. 1979.
5308 Tschechow: Der Tod des Beamten u. a. Russ./Dt. 1986.
5311 Brüder Grimm: Schriften und Reden. 1985.
5341 Herwegh: Gedichte und Prosa. 1975.
5364 Tolstoi: Der lebende Leichnam. 1960.
5402 Molière: Don Juan. 1964.
5434 Tolstoi: Und das Licht scheinet in der Finsternis. 1959.
5443/43a Hebbel: Genoveva. 1968.
5485 Molière: Der Bürger als Edelmann. 1967.
5489/90/90a Hume: Eine Untersuchung über den menschlichen Verstand. 1967.
5511 Kobell: Die Gschicht von Brandner-Kasper u. a. 1985.
5599 Mozart: Così fan tutte. 1950.
5601/02 Eyth: Die Brücke über die Ennobucht. 1955.
5623 Hoffmann: Kreisleriana. 1983.
5635 Wagner: Der fliegende Holländer. 1950.
5636 Wagner: Tannhäuser. 1949.
5637 Wagner: Lohengrin. 1950.
5638 Wagner: Tristan und Isolde. 1950.
5639 Wagner: Die Meistersinger von Nürnberg. 1950.
5640 Wagner: Parsifal. 1950.
5641 Wagner: Das Rheingold. 1951.
5642 Wagner: Die Walküre. 1951.
5643 Wagner: Siegfried. 1951.
5644 Wagner: Götterdämmerung. 1951.
5645 Wagner: Rienzi. 1951.
5666–70 Flaubert: Madame Bovary. 1972.
5694 Gluck: Iphigenie in Aulis. 1962.
5698/98a H. L. Wagner: Die Kindermörderin. 1969.
5755 Lessing: Philotas. 1979.
5777 Schelling: Texte zur Philosophie der Kunst. 1982.
5789 Platon: Phaidros. 1957.
5808–10 Goethe: Campagne in Frankreich u. a. 1972.
5853 Iffland: Meine theatralische Laufbahn. 1976.
5899 Lenz: Die Soldaten. 1957.
5918 Bach: Matthäus-Passion u. a. 1950.
5935 Scheffel: Juniperus. 1952.
6003 Freytag: Die Journalisten. 1977.
6007 Storm: Immensee u. a. 1949.
6013 Storm: Pole Poppenspäler. 1948.
6014 Storm: Aquis submersus. 1949.
6015/16 Storm: Der Schimmelreiter. 1949.

6017 Strindberg: Ein Traumspiel. 1957.
6019/20 Faraday: Naturgeschichte einer Kerze. 1953.
6021 Storm: Viola tricolor u. a. 1952.
6022 Storm: Die Söhne des Senators. 1952.
6023 Storm: Zur Chronik von Grieshuus. 1985.
6035 Storm: Hans und Heinz Kirch. 1949.
6036 Storm: Renate. 1952.
6048 Lassalle: Arbeiterprogramm. 1973.
6051 Die Verfassung des Deutschen Reichs vom 11. August 1919. 1964.
6054 Storm: Carsten Curator. 1971.
6060 Büchner: Dantons Tod. 1950.
6073 Storm: Bötjer Basch. 1952.
6080 Storm: Gedichte. 1978.
6082 Storm: Ein Doppelgänger. 1951.
6091/92 Volkmann-Leander: Träumereien an französischen Kaminen. 1950.
6100 Schlaf: Miele. 1960.
6107 Calderón: Dame Kobold. 1958.
6133 Schmidtbonn: Hinter den sieben Bergen. 1951.
6144 Storm: Erzählungen. 1988.
6145 Storm: Ein Fest auf Haderslevhuus. 1949.
6146 Storm: Auf dem Staatshof u. a. 1983.
6147–50 Locke: Gedanken über Erziehung. 1970.
6171 Keller: Pankraz, der Schmoller. 1951.
6172 Keller: Romeo und Julia auf dem Dorfe. 1949.
6173 Keller: Die drei gerechten Kammacher. 1948.
6174 Keller: Frau Regel Amrain und ihr Jüngster. 1948.
6175 Keller: Der Schmied seines Glückes. 1972.
6176 Keller: Die mißbrauchten Liebesbriefe. 1968.
6177 Keller: Dietegen. 1951.
6178/79 Keller: Das verlorne Lachen. 1970.
6180 Keller: Züricher Novellen. 1989.
6181 Keller: Hadlaub. 1954.
6182/83 Keller: Der Landvogt von Greifensee. 1957.
6184 Keller: Das Fähnlein der sieben Aufrechten. 1949.
6185 Keller: Ursula. 1969.
6186/87 Keller: Sieben Legenden. 1949.
6193–96 Keller: Das Sinngedicht. 1966.
6197 Keller: Gedichte. 1960.
6208 Vischer: Faust III. 1978.
6210/11 Polybios: Historien. 1974.
6245 Reden des Buddha. 1957.
6256 Dostojewskij: Der Großinquisitor. 1949.
6266–68 Hölderlin: Gedichte. 1963.
6320 Gerstäcker: Die Flucht über die Kordilleren u. a. 1948.

6338 Platon: Theätet. Griech./Dt. 1981.
6339 Platon: Der Sophist. Griech./Dt. 1990.
6374 Zweig: Der verwandelte Komödiant. 1967.
6378 Doktor Johannes Faust. Puppenspiel. 1991.
6386 Die schönsten Sagen des klassischen Altertums I. 1986.
6387 Die schönsten Sagen des klassischen Altertums II. 1986.
6388 Die schönsten Sagen des klassischen Altertums III. 1986.
6399 Abraham a Sancta Clara: Wunderlicher Traum von einem großen Narrennest. 1969.
6415 Haydn: Die Schöpfung u. a. 1951.
6431 Th. Mann: Tristan. 1950.
6449 Grabbe: Hannibal. 1964.
6461–70/70a/b Kant: Kritik der reinen Vernunft. 1966.
6481 Huch: Der neue Heilige. 1950.
6486 Gryphius: Verliebtes Gespenst u. a. 1985.
6489/90 Gotthelf: Die schwarze Spinne. 1950.
6498/99 Aristophanes: Die Wolken. 1963.
6533 Gagern: Der Marterpfahl. 1952.
6540 Zweig: Angst. 1948.
6541 Stehr: Der Schindelmacher. 1952.
6549/50 Voltaire: Candid. 1957.
6558 Goethe: Unterhaltungen deutscher Ausgewanderten. 1991.
6559 Goethe: Erzählungen. 1989.
6570 Dostojewskij: Die Sanfte. 1948.
6590 Flaubert: Ein schlichtes Herz. 1954.
6617 Hauptmann: Bahnwärter Thiel. 1948.
6618–20 Ludwig: Shakespeare-Studien. 1971.
6630 Flaubert: Die Legende von Sankt Julian dem Gastfreien. 1970.
6638/38a Catull: Gedichte. 1965.
6639 Offenbach: Orpheus in der Unterwelt. 1953.
6640 Flaubert: Herodias. 1968.
6642/43 Das Lalebuch. 1971.
6645 Bacon: Neu-Atlantis. 1982.
6649/50 Stevenson: Dr. Jekyll und Mr. Hyde. 1949.
6692 Sueton: Nero. Lat./Dt. 1978.
6693 Sueton: Augustus. Lat./Dt. 1988.
6694 Sueton: Vespasian/Titus/Domitian. Lat./Dt. 1991.
6705 Hebel: Aus dem Schatzkästlein des Rheinischen Hausfreunds. 1950.
6706 Hauff: Das kalte Herz u. a. 1949.
6707 Andersen: Der Reisekamerad u. a. 1950.

- 6719 Lessing: D. Faust. 1968.
- 6720 Musset: Der Sohn des Tizian. 1949.
- 6728 Meyerbeer: Die Afrikanerin. 1962.
- 6739 Suppé: Boccaccio. 1952.
- 6765 Stevenson: Der Flaschenkobold. 1948.
- 6768 Maupassant: Fettklößchen. 1968.
- 6780 Verlaine: Meine Gefängnisse. 1948.
- 6782–84 Goethe: Gedichte. 1948.
- 6795 Maupassant: Der Schmuck. 1953.
- 6798/98a Lao-tse: Tao-Tê-King. 1961.
- 6802 Riehl: Der stumme Ratsherr u. a. 1949.
- 6803 Riehl: Der Stadtpfeifer. 1949.
- 6805 Brentano: Der Dilldapp u. a. 1969.
- 6806/06a Brüder Grimm: Deutsche Sagen. 1961.
- 6817 Wilde: Das Gespenst von Canterville. 1950.
- 6831 Blunck: Bruder und Schwester. 1952.
- 6837–44/44a Burckhardt: Die Kultur der Renaissance in Italien. 1960.
- 6857 Kleist: Robert Guiskard. 1954.
- 6865 Wilde: Der glückliche Prinz u. a. 1952.
- 6884 Cicero: De oratore. Lat./Dt. 1976.
- 6888 Cicero: Pro P. Sestio oratio. Lat./Dt. 1980.
- 6890 Aristophanes: Lysistrate. 1969.
- 6892–96/96a–c Reclams Opernführer. 1950.
- 6900 Wassermann: Das Gold von Caxamalca. 1948.
- 6901 Hamsun: Frauensieg. 1950.
- 6911/12 Longos: Daphnis und Chloe. 1970.
- 6922–24 W. v. Humboldt: Schriften zur Sprache. 1973.
- 6927/28 Neidhart von Reuental: Lieder. Mittelhochdt./Neuhochdt. 1967.
- 6931 Th. Mann: Zwei Festreden. 1967.
- 6933/34 Valentiner: Kant und seine Lehre. 1949.
- 6941 Meyer: Gedichte. 1963.
- 6942 Meyer: Huttens letzte Tage. 1952.
- 6943 Meyer: Das Amulett. 1949.
- 6944 Meyer: Der Schuß von der Kanzel. 1950.
- 6945 Meyer: Gustav Adolfs Page. 1949.
- 6946/47 Meyer: Angela Borgia. 1951.
- 6948/49 Meyer: Der Heilige. 1951.
- 6950/51 Meyer: Die Hochzeit des Mönchs u. a. 1951.
- 6952 Meyer: Die Richterin. 1950.
- 6953 Meyer: Das Leiden eines Knaben. 1966.
- 6954/55 Meyer: Die Versuchung des Pescara. 1950.

6961–63/63a Fontane: Effi Briest. 1969.
6964–66/66a Meyer: Jürg Jenatsch. 1951.
6979 Plinius: Epistulae I. Lat./Dt. 1987.
6980 Plinius: Epistulae II. Lat./Dt. 1988.
6981 Plinius: Epistulae III. Lat./Dt. 1989.
6982 Plinius: Epistulae IV. Lat./Dt. 1990.
6983 Plinius: Epistulae V. Lat./Dt. 1990.
6988 Plinius: Der Briefwechsel mit Kaiser Trajan. Lat./Dt. 1985.
6994 Brauchle: Gekocht oder roh. 1949.
7001 H. Mann: Der Tyrann u. a. 1965.
7003 Hesse: Eine Bibliothek der Weltliteratur. 1950.
7004 Frank: Im letzten Wagen. 1955.
7028 Brauchle: Hypnose und Autosuggestion. 1949.
7041 Groth: Quickborn. 1965.
7044 Fleuron: Der Kater Mi Rööh u. a. 1954.
7052 Brauchle: Naturgemäße Lebensweise. 1949.
7059 Plautus: Captivi. 1965.
7065 Delius: Kungfutse. 1948.
7070 London: Die Goldschlucht. 1948.
7085 Brauchle: Psychoanalyse und Individualpsychologie. 1949.
7096 Plautus: Menaechmi. Lat./Dt. 1980.
7099 Euripides: Iphigenie in Aulis. 1950.
7108/09 Schmeljow: Liebe in der Krim. 1953.
7111–13/13a Nietzsche: Also sprach Zarathustra. 1950.
7114 Nietzsche: Jenseits von Gut und Böse. 1988.
7117/17a Nietzsche: Gedichte. 1964.
7123 Nietzsche: Zur Genealogie der Moral. 1988.
7126/27 Nietzsche: Richard Wagner in Bayreuth u. a. 1973.
7131/32 Nietzsche: Die Geburt der Tragödie aus dem Geiste der Musik. 1953.
7134 Nietzsche: Vom Nutzen und Nachteil der Historie für das Leben. 1951.
7140/40a Brauchle: Lexikon der Naturheilkunde. 1951.
7171 Hofmannsthal: Wege und Begegnungen. 1949.
7175 Leeser: Homöopathie. 1953.
7177–80/80a Friedrich/Scheithauer: Kommentar zu Goethes Faust. 1959.
7190 Galsworthy: Die Ersten und die Letzten. 1950.
7199 Verdi: Aida. 1949.
7204 Mieses: Schach. 1953.
7211 Jahn: Frangula. 1954.
7213 Gmelin: Conradin reitet. 1951.
7214 Bergengruen: Die Feuerprobe. 1951.
7227 Diener: Deutsche Volkskunde. 1951.

7235/35a Das Gilgamesch-Epos. 1958.
7258 Arbeitsgerichtsgesetz. 1954.
7271/72 Leskow: Die Kampfnatur. 1951.
7292 Timmermans: Kleine Leute in Flandern. 1949.
7294 Müller-Blattau: Johann Sebastian Bach. 1950.
7297 Verdi: Die Macht des Schicksals. 1950.
7310 Benz: Bachs Passion. 1950.
7311 Hausmann: Die Begegnung u. a. 1953.
7312 Seidel: Spuk in des Wassermanns Haus. 1950.
7313 Dörfler: Das Gesicht im Nebel. 1949.
7314 Fallada: Hoppelpoppel, wo bist du? 1955.
7319 Meister Eckehart: Vom Wunder der Seele. 1951.
7328 Gunnarsson: Advent im Hochgebirge. 1948.
7330 Busch: Die Kirmes u. a. 1949.
7334 Hedin: Wildes, heiliges Tibet. 1952.
7345 Miegel: Das Bernsteinherz. 1955.
7352/53 Johnen: Allgemeine Musiklehre. 1957.
7354/55/55a/b Reclams Operettenführer. 1951.
7369 Fock: Das schnellste Schiff der Flotte. 1952.
7373 Streuvels: Martje Maartens und der verruchte Totengräber. 1954.
7377 Bischoff: Rübezahls Grab. 1954.
7378 Böhme: Vom Geheimnis des Geistes. 1952.
7387–88/88a/b Straßenverkehrsrecht. 1962.
7390 Winnig: Im Kreis verbunden. 1961.
7399 Reclams Namenbuch. 1955.
7416 Kleist: Amphitryon. 1953.
7423 Binding: Unvergängliche Erinnerung. 1955.
7427 Claes: Die Dorfmusik. 1953.
7434 Eichendorff: Die Freier. 1955.
7436 Sallust: Zwei politische Briefe an Caesar. Lat./Dt. 1974.
7445 Kluge: Nocturno. 1949.
7451 Wolfram von Eschenbach: Parzival [Ausw.]. 1950.
7452/52a Grimmelshausen: Der abenteuerliche Simplicissimus [Ausw.]. 1950.
7453 Mozart: Le nozze di Figaro. Ital./Dt. 1990.
7460 Scholz: Die Liebe der Charlotte Donc. 1950.
7469 Puschkin: Der Postmeister u. a. 1949.
7470 Keller: Kleider machen Leute. 1949.
7476 Sudermann: Miks Bumbullis, der Wilderer. 1949.
7477 Ebner-Eschenbach: Die Freiherren von Gemperlein. 1949.

7479/80 Cicero: Über den Staat. 1956.
7481 Mozart: Don Giovanni. Ital./Dt. 1986.
7483 Busch: Ausgewählte Werke. 1988.
7484 Bürgel: Vom täglichen Ärger. 1955.
7486 E. Roth: Menschliches in Scherz und Ernst. 1966.
7497/98 Herder u. a.: Von deutscher Art und Kunst. 1968.
7500/00a Hölderlin: Empedokles. 1960.
7506 Thieß: Der Tenor von Trapani. 1952.
7512 Benz: Goethe und Beethoven. 1949.
7514 Klages: Ursprünge der Seelenforschung. 1952.
7515 Furtwängler: Brahms/Bruckner. 1952.
7519–21 Gubitz: Goethe in Briefen und Gesprächen. 1949.
7524 Hrotsvitha von Gandersheim: Dulcitius u. a. 1964.
7530 Bergengruen: Das Hornunger Heimweh. 1948.
7533 F. Roth: Fischkasten u. a. 1954.
7536 Schmitt: Land und Meer. 1954.
7541 Kant: Anthropologie in pragmatischer Hinsicht. 1983.
7548 Stifter: Der beschriebene Tännling. 1959.
7550 Claudius: Aus dem Wandsbecker Boten. 1949.
7557 Hesse: In der alten Sonne. 1948.
7560 Schaumann: Die Zwiebel. 1952.
7561 Radecki: Rückblick auf meine Zukunft. 1953.
7562 Spranger: Der Bildungswert der Heimatkunde. 1949.
7575 Raabe: Else von der Tanne. 1949.
7576 Raabe: Im Siegeskranze. 1953.
7577/78 Raabe: Wunnigel. 1961.
7580–82 Raabe: Die Akten des Vogelsangs. 1954.
7601 Weinland: Aus grauer Vorzeit [Ausw.]. 1948.
7602 Stifter: Granit. 1950.
7603 Fontane: Grete Minde. 1954.
7611 Defoe: Robinson Crusoe [Ausw.]. 1949.
7612 Kipling: Mowgli der Waldgott. 1948.
7613 Sealsfield: Ein seltsames Wiedersehen. 1948.
7614 London: Nächtliche Fahrten u. a. 1948.
7615 London: Eine Beute der Wölfe. 1949.
7616 Diesel: Die Macht des Vertrauens. 1948.
7617 Brauchle: Von der Macht des Unbewußten. 1949.
7618–20 Constant: Über die Gewalt. 1949.
7619 Leskow: Die Lady Macbeth aus dem Landkreis Mzensk. Russ./Dt. 1980.
7620 Mittelalterliche Lyrik

Frankreichs I. Altprov./ Dt. 1980.
7621 Goethe: Novelle. 1949.
7622 Stephan: Der Dritte. 1949.
7623 Angelus Silesius: Aus dem Cherubinischen Wandersmann u. a. 1950.
7624 Branner: Die blauen Wellensittiche u. a. 1950.
7625 Heiseler: Apollonia. 1950.
7626 Poe: Im Wirbel des Malstroms u. a. 1951.
7627 Sachs: Meistergesänge u. a. 1951.
7628 Hemingway: Das Ende von Etwas. 1951.
7629 Novalis: Die Christenheit oder Europa. 1951.
7630 Swift: Gullivers Reisen [Ausw.]. 1950.
7631 García Pavón: Kriminalgeschichten. Span./Dt. 1980.
7632 Saar: Doktor Trojan u. a. 1980.
7633 Austen: Emma. 1980.
7634 K. Büchner: Römertum. 1980.
7635–37 Fontane: Frau Jenny Treibel. 1973.
7638 Huch: Frühling in der Schweiz. 1965.
7639–60: Reclams Literatur-Kalender ab Jahrgang 1977 (ohne regelrechte UB-Nr., lediglich mit entsprechend abgeleiteter ISBN).

7658 Hartung: Ein Junitag. 1955.
7661 Mörike: Gedichte. 1950.
7662 Droste-Hülshoff: Gedichte. 1950.
7663–65 Thomas von Kempen: Das Buch von der Nachfolge Christi. 1950.
7664 Bodman: Das hohe Seil. 1981.
7665 Campe: Robinson der Jüngere. 1981.
7666 Johannes von Tepl: Der Ackermann aus Böhmen. 1951.
7667 Rolland: Peter und Lutz. 1950.
7668 Storm: Die Regentrude u. a. 1951.
7669 Lagerlöf: Abenteuer des kleinen Nils Holgersson mit den Wildgänsen. [Ausw.]. 1951.
7670 Kleist: Prosastücke. 1951.
7671 Gorki: Nachtasyl. 1957.
7672 Dorst: Große Schmährede an der Stadtmauer. 1981.
7673/74 Ostrowskij: Der Wald. 1958.
7674 Enzensberger: Dreiunddreißig Gedichte. 1981.
7675 Scott: Schottische Erzählungen. Engl./Dt. 1981.
7676 Seneca: Apocolocyntosis. Lat./Dt. 1981.
7677 M. Walser: Die Zimmerschlacht. 1981.
7678 Canetti: Komödie der Eitelkeit. 1981.
7679 Lessing: Die Juden. 1981.

7680 Mackie: Ethik. 1981.
7681 Saar: Dissonanzen u. a. 1981.
7682 Sophokles: Antigone. Griech./Dt. 1981.
7683 Terenz: Heautontimorumenos. Lat./Dt. 1981.
7684 Paustowskij: Oktobernacht. 1966.
7685 Turgenjew: Ein Monat auf dem Lande. 1981.
7686 Chr. Wolf: Neue Lebensansichten eines Katers u. a. 1981.
7687 Gogol: Die Heirat. 1963.
7688/89 Fontane: Schach von Wuthenow. 1961.
7689 Andrejew: Der große Schlemm u. a. Russ./Dt. 1981.
7690 Tschechow: Der Kirschgarten. 1957.
7691 Harig: Logbuch eines Luftkutschers. 1981.
7692 Hume: Dialoge über natürliche Religion. 1981.
7693/94 Fontane: Stine. 1963.
7694 Liliencron: Gedichte. 1981.
7695 Literarische Collagen. 1981.
7696 Marlowe: Edward II. Engl./Dt. 1981.
7697 Molière: Le Malade imaginaire. Frz./Dt. 1981.
7698 Nestroy: Der Unbedeutende. 1981.
7699 Widukind von Corvey: Res gestae Saxonicae. Lat./Dt. 1981.
7700 Tacitus: Dialogus de oratoribus. Lat./Dt. 1981.
7701 Löns: Ausgewählte Tiergeschichten. 1951.
7702 Hauff: Die Geschichte von dem kleinen Muck u. a. 1951.
7703/04 Andres: Die Vermummten. 1951.
7704 Schulz: Vernunft und Freiheit. 1951.
7705 Brües: Das Gastmahl am Wapper. 1951.
7706 Alverdes: Die Pfeiferstube. 1951.
7707 Melville: Billy Budd. 1954.
7708 Horaz: Gedichte und Lieder. 1951.
7709 Keller: Spiegel, das Kätzchen u. a. 1951.
7710 Goethe: Schriften zur bildenden Kunst. 1952.
7711 Ovid: Verwandlungen [Ausw.]. 1951.
7712 Fontane: Aus den Erinnerungsbüchern. 1952.
7713 Lieder zur Weihnacht. 1951.
7714/15 Schiller: Gedichte. 1952.
7715 Blumenberg: Wirklichkeiten, in denen wir leben. 1981.
7716/17 Hübscher: Schopenhauer. 1952.
7717 Eichrodt: Biedermaiers Liederlust. 1981.
7718 Stevenson: Die tollen Männer. 1952.
7719 Gotthelf: Das Erdbeeri-Mareili. 1952.
7720–31 Reclams Konzertführer. 1952.

7721 Fortunatus. 1981.
7722 Kiwus: 39 Gedichte. 1981.
7723 Langgässer: Saisonbeginn. 1981.
7724 Marquard: Abschied vom Prinzipiellen. 1981.
7725 Raabe: Altershausen. 1981.
7726 Raabe: Die Chronik der Sperlingsgasse. 1981.
7727 Verdi: Othello. 1981.
7728 Austen: Kloster Northanger. 1981.
7729 Raabe: Höxter und Corvey. 1981.
7730 Sartre: Praxis des Intellektuellen. 1981.
7731 Weizsäcker: Ein Blick auf Platon. 1981.
7732 Tieck: Der blonde Eckbert u. a. 1952.
7733 Büchner: Woyzeck u. a. 1952.
7734 Shakespeare: As You Like It. Engl./Dt. 1981.
7734–39 Reclams Wörterbuch der englischen und deutschen Sprache I. 1952.
7735 Steinvorth: Stationen der politischen Theorie. 1981.
7736 Ausgewählte Schachaufgaben. 1981.
7737 Die Frauenfrage in Deutschland 1865–1915. 1981.
7738 Lessing: Hamburgische Dramaturgie. 1981.
7739 Parmenides: Über das Sein. Griech./Dt. 1981.
7740 Tschechow: Iwanow. 1981.
7740–45 Reclams Wörterbuch der englischen und deutschen Sprache II. 1952.
7741 Westerngeschichten aus zwei Jahrhunderten. 1981.
7742 Die Wiener Moderne. 1981.
7743 Aksakow: Familienchronik. 1982.
7744 Chaucer: The Canterbury Tales [Ausw.]. Engl./Dt. 1982.
7745 Cicero: Briefwechsel mit M. Brutus. Lat./Dt. 1982.
7746 Heldenlieder der Edda. 1952.
7747 Gotthelf: Elsi, die seltsame Magd u. a. 1952.
7748 Hebbel: Aufzeichnungen aus meinem Leben. 1952.
7749 Humperdinck: Hänsel und Gretel. 1952.
7750 Millöcker: Der Bettelstudent. 1952.
7751 Offenbach: Hoffmanns Erzählungen. 1952.
7752 Strauß: Eine Nacht in Venedig. 1952.
7753 Christiansen: Kleine Prosaschule. 1952.
7754 Grabs: Albert Schweitzer. 1953.
7755 Pander: Beethovens IX. Sinfonie. 1953.
7756/57 Schiller: Über naive und sentimentalische Dichtung. 1952.
7757 Debussy: Monsieur Croche. 1982.

7758–61 Hager: Bridge. 1952.
7759 Deutsche Liebeslyrik. 1982.
7760 Deutsche Literatur 1981. 1982.
7761 Deutsche Parabeln. 1982.
7762–73 Moser: Musikgeschichte in hundert Lebensbildern. 1952.
7763 Doyle: A Scandal in Bohemia. Engl./Dt. 1982.
7764 Die englische Literatur in Text und Darstellung 1. Engl./Dt. 1986.
7765 Die englische Literatur in Text und Darstellung 2. Engl./Dt. 1984.
7766 Die englische Literatur in Text und Darstellung 3. Engl./Dt. 1982.
7767 Die englische Literatur in Text und Darstellung 4. Engl./Dt. 1983.
7768 Die englische Literatur in Text und Darstellung 5. Engl./Dt. 1982.
7769 Die englische Literatur in Text und Darstellung 6. Engl./Dt. 1983.
7770 Die englische Literatur in Text und Darstellung 7. Engl./Dt. 1983.
7771 Die englische Literatur in Text und Darstellung 8. Engl./Dt. 1982.
7772 Die englische Literatur in Text und Darstellung 9. Engl./Dt. 1984.
7773 Die englische Literatur in Text und Darstellung 10. Engl./Dt. 1986.
7774–76 Renner: Grundlagen der Musik. 1953.
7776 Ebeling: Freiheit, Gleichheit, Sterblichkeit. 1982.
7777 Guenther: Der Kreidekreis. 1953.
7778 Händel: Der Messias u. a. 1952.
7779 Ponten: Der Gletscher u. a. 1952.
7780 Jacobsen: Mogens u. a. 1953.
7781 Betriebsverfassungsgesetz. 1952.
7782 Carossa: Aus den Lebensbüchern. 1953.
7783/84 Kierkegaard: Die Leidenschaft des Religiösen. 1953.
7784 Erasmus von Rotterdam: Familiarium colloquiorum formulae. Lat./Dt. 1982.
7785 Grundgesetz für die Bundesrepublik Deutschland. 1953.
7786 Schäfer: Das fremde Fräulein u. a. 1953.
7787 Plinius: Aus dem alten Rom. [Briefe.] 1953.
7788 Leskow: Der Gaukler Pamphalon. 1953.
7789 E. M. Forster: Der ewige Augenblick. 1953.
7790/91 Seneca: Vom glückseligen Leben u. a. 1953.
7791 Fontane: Cécile. 1982.
7792 Kleist: Der Zweikampf u. a. 1953.

7793 Lessing: Kritik und Dramaturgie. 1953.
7794 Herder: Von der Urpoesie der Völker. 1953.
7795 Herrligkoffer: Der Mensch. 1953.
7796 E. Jünger: Capriccios. 1953.
7797 Rosegger: Aus meiner Waldheimat. 1953.
7798 Conrad: Menschen am Strande. 1953.
7799 Hebbel: Mutter und Kind. 1953.
7800 Die Jungfrau vom geschmeidigen Bambus. 1953.
7801 Tschechow: Der Sack hat ein Loch. 1953.
7802 Mauriac: Der Dämon der Erkenntnis. 1953.
7803 Ortega y Gasset: Über das römische Imperium. 1953.
7804/05 Deutsche Barock-Lyrik. 1954.
7805 Hegel: Differenz des Fichteschen und Schellingschen Systems der Philosophie. 1982.
7806/07 Doderer: Das letzte Abenteuer. 1953.
7807 Lyrik des Naturalismus. 1982.
7808 Herrmann: Das Gottes Kind. 1953.
7809/10 Tschechow: Die Steppe. 1956.
7810 Marivaux: Verführbarkeit auf beiden Seiten. 1982.
7811 Kolbenheyer: Karlsbader Novelle. 1954.

7812/13 Lichtenberg: Aphorismen. 1953.
7813 Muschg: Übersee. 1982.
7814 Màrai: Die französische Jacht u. a. 1953.
7815 Millöcker: Gasparone. 1954.
7816 F. Schnack: Liebesgärtchen für Clementine. 1954.
7817–28 Reclams Schauspielführer. 1953.
7818 Paine: Common Sense. 1982.
7819 Phantastische Erzählungen der Jahrhundertwende. 1982.
7820 Prosa des Jugendstils. 1982.
7821 Rose/Budjuhn: Die zwölf Geschworenen. 1982.
7822 Tieck: Die beiden merkwürdigsten Tage aus Siegmunds Leben u. a. 1982.
7823 Verdi: Falstaff. 1982.
7824 M. Walser: Versuch, ein Gefühl zu verstehen u. a. 1982.
7825 Sudermann: Die Ehre. 1982.
7826 Goethe: Wilhelm Meisters Lehrjahre. 1982.
7827 Goethe: Wilhelm Meisters Wanderjahre. 1982.
7828 Aristoteles: Poetik. Griech./Dt. 1982.
7829 Britting: Der Eisläufer. 1956.
7830/31 B. Frank: Politische Novelle. 1956.
7831 Augustinus: De beata vita. Lat./Dt. 1982.

7832 J. Grimm: Sprache, Wissenschaft, Leben. 1956.
7833 Maurois: Der Seelenwäger. 1956.
7834 A. Schnack: Buchstabenspiel. 1956.
7835–37 Goethe: Die Wahlverwandtschaften. 1956.
7836 Austen: Verstand und Gefühl. 1982.
7837 Bebel: Comoedia de optimo studio iuvenum. Lat./Dt. 1982.
7838–40 Reitzenstein: Deutsche Baukunst. 1956.
7840 Dummett: Wahrheit. 1982.
7841/42 Hauptmann: Florian Geyer. 1953.
7842 Englische und amerikanische Balladen. Zweisprachig. 1982.
7843 Hauptmann: Michael Kramer. 1953.
7844 I. Kurz: Cora. 1955.
7845 Buck: Genug für ein Leben. 1954.
7846 Panteleimonow: Der Flüchtige u. a. 1954.
7847 Saint-Exupéry: Durst. 1954.
7848 McCullers: Die Mär von der glücklosen Schenke. 1954.
7849 Wolfe: Die Leute von Alt-Catawba. 1954.
7850 Calderón: Das große Welttheater. 1955.
7851/52 Lebendige Weisheit. 1954.
7852 Henrich: Selbstverhältnisse. 1982.
7853 Leibniz: Monadologie. 1954.
7854 Mörike: Selbstbildnis in Briefen. 1954.
7855 Redslob: Goethes Leben. 1954.
7856 Meckauer: Mein Vater Oswald. 1954.
7857/58 Deutscher Minnesang. Mittelhochdt./Neuhochdt. 1954.
7858 In Deutschland unterwegs. 1982.
7859 F. Forster: Robinson soll nicht sterben! 1954.
7860/61 Wackenroder/Tieck: Herzensergießungen eines kunstliebenden Klosterbruders. 1955.
7861 Karamsin: Die arme Lisa. Russ./Dt. 1982.
7862 Verdi: Simone Boccanegra. 1954.
7863 Schaeffer: Der grüne Mantel. 1955.
7864 Huxley: Schauet die Lilien. 1955.
7865 Greene: Der Kellerraum. 1955.
7866 Bäume in Wald und Garten. 1955.
7867 F. G. Jünger: Der weiße Hase. 1955.
7868 Becker: Astronomie unserer Zeit. 1955.
7869 Schneider: Tagainog. 1955.
7870 Wiese: Schiller. 1955.
7871 Tauler: Vom gottförmigen Menschen. 1955.
7872/73 Mozart in seinen Briefen. 1955.

- 7873 Lettau: Herr Strich schreitet zum Äußersten. 1982.
- 7874/75 Bhagavadgita. 1955.
- 7875 Neukantianismus. 1982.
- 7876/77 Christiansen/Carnap: Lehrbuch der Graphologie. 1955.
- 7877 Oates: The Tryst. Engl./Dt. 1982.
- 7878 Gerathewohl: Sprechen – Vortragen – Reden. 1955.
- 7880 Schweitzer: Weg zur Humanität. 1957.
- 7881 Sealsfield: Die Prärie am Jacinto. 1955.
- 7882 Helwig: Nachtweg durch Lappland. 1955.
- 7883 Priestley: Ein Inspektor kommt. 1955.
- 7884–86 Deutsche Lyrik der Gegenwart. 1955.
- 7886 Plessner: Mit anderen Augen. 1982.
- 7887 Ebner-Eschenbach: Krambambuli u. a. 1955.
- 7888–93 Reclams Wörterbuch der französischen und deutschen Sprache I. 1955.
- 7888 Kunsttheorie und Kunstgeschichte des 19. Jahrhunderts in Deutschland I. 1982.
- 7889 Kunsttheorie und Kunstgeschichte des 19. Jahrhunderts in Deutschland II. 1985.
- 7890 Gedichte und Interpretationen 1. 1982.
- 7891 Gedichte und Interpretationen 2. 1983.
- 7892 Gedichte und Interpretationen 3. 1984.
- 7893 Gedichte und Interpretationen 4. 1983.
- 7894–99 Reclams Wörterbuch der französischen und deutschen Sprache II. 1955.
- 7894 Gedichte und Interpretationen 5. 1983.
- 7895 Gedichte und Interpretationen 6. 1982.
- 7896 Lyrik des Mittelalters I. 1983.
- 7897 Lyrik des Mittelalters II. 1983.
- 7898 Puccini: La Bohème. 1982.
- 7899 Puccini: Tosca. 1982.
- 7900 Leip: Die Klabauterflagge. 1956.
- 7901 Stolberg: Über die Fülle des Herzens. 1970.
- 7902/03 Rimbaud: Une Saison en enfer. Frz./Dt. 1970.
- 7903 Shakespeare: The Tempest. Engl./Dt. 1982.
- 7904 Beckett: Embers. Engl./Dt. 1970.
- 7905 Lautensack: Die Pfarrhauskomödie. 1970.
- 7906 Bachmann: Der gute Gott von Manhattan. 1970.
- 7907 Cicero: Drei Reden vor Caesar. 1970.
- 7908–10 Dickinson: Gedichte. Engl./Dt. 1970.
- 7909 Voltaire: L'Ingénu. Frz./Dt. 1982.
- 7910 Polenlieder. 1982.

7911 Wieland: Hann und Gulpenheh u. a. 1970.
7912 Wohmann: Treibjagd. 1971.
7913–18 Aristoteles: Metaphysik. 1971.
7914 Deutsche Gedichte 1930–1960. 1983.
7915 Deutsche Literatur 1982. 1983.
7916 Die Deutschen und Luther. 1983.
7917 Doyle: The Red-Headed League. Engl./Dt. 1983.
7918 Erasmus von Rotterdam: Adagia. Lat./Dt. 1983.
7919–22 Ayer: Sprache, Wahrheit und Logik. 1970.
7921 Fontane: L'Adultera. 1983.
7922 Freytag: Die Technik des Dramas. 1983.
7923 Reuchlin: Henno. Lat./Dt. 1971.
7924 Stifter: Nachkommenschaften. 1970
7925/25a Eichendorff: Gedichte. 1957.
7926–28 Storz: Der Vers in der neueren deutschen Dichtung. 1971
7928 Hardy: The Three Strangers. Engl./Dt. 1983.
7929 Thoma: Moral. 1970.
7930/31 Thomas: Unter dem Milchwald. 1971.
7931 Jens: In Sachen Lessing. 1983.
7932–34 Stieler: Die geharnschte Venus. 1971.
7933 Jochmann: Politische Sprachkritik. 1983.
7934 La Roche: Geschichte des Fräuleins von Sternheim. 1983.
7935–37 Dänische Erzähler der Gegenwart. 1970.
7937 Le Fort: Die Letzte am Schafott. 1983.
7938 D. H. Lawrence: Das Mädchen und der Zigeuner. 1971.
7939 Aichinger: Dialoge – Erzählungen – Gedichte. 1971.
7940/41 Jean Paul: Selberlebensbeschreibung u. a. 1971.
7941 H. Lenz: Durch den Krieg kommen. 1983.
7942/43 Marx/Engels: Über Literatur. 1971.
7943 Mittelalterliche Lyrik Frankreichs II. Altfrz./Dt. 1983.
7944 Saadi: Aus dem Diwan. 1971.
7945/46 Solschenizyn: Matrjonas Hof. Russ./Dt. 1971.
7946 A. Müller: Zwölf Reden über die Beredsamkeit und deren Verfall in Deutschland. 1983.
7947 Stevenson: Will o' the Mill. Engl./Dt. 1983.
7948/49 Weerth: Humoristische Skizzen aus dem deutschen Handelsleben. 1971.
7949 Puccini: Madame Butterfly. 1983.
7950 Toller: Hinkemann. 1971.

7951 Wedekind: Frühlings Erwachen. 1971.
7952 Wimpheling: Stylpho. Lat./Dt. 1971.
7953/54 Hoffmann: Prinzessin Brambilla. 1971.
7954 Saint-Simon: Erinnerungen. 1983.
7955 Büchner: Lenz u. a. 1957.
7956/57 Internationale Dokumente zum Menschenrechtsschutz. 1971.
7957 Saltykow-Schtschedrin: Die idealistische Karausche. Russ./Dt. 1983.
7958/59 Nerval: Aurelia u. a. 1971.
7959 Schnitzler: Die letzten Masken u. a. 1983.
7960/61 Gryphius: Leo Armenius. 1971.
7961 Spaemann: Philosophische Essays. 1983.
7962/63 Kerr: Theaterkritiken. 1971.
7963 Stifter: Die Mappe meines Urgroßvaters. 1983.
7964–66 Marsilius von Padua: Der Verteidiger des Friedens. 1971.
7965 Die Vorsokratiker I. Griech./Dt. 1983.
7966 Die Vorsokratiker II. Griech./Dt. 1986.
7967 Müller-Schlösser: Schneider Wibbel. 1971.
7968/69 Pasternak: Sicheres Geleit. 1971.
7969 Zuckmayer: Austreibung. 1983.
7970–72 Russell: Philosophische und politische Aufsätze. 1971.
7971 Augustinus: De vera religione. Lat./Dt. 1983.
7972 Austen: Überredung. 1983.
7973–75 Schachmeisterpartien 1966–1970. 1971.
7974 Berthold von Regensburg: Vier Predigten. Mittelhochdt./Neuhochdt. 1983.
7975 Deutsche Lyrik-Parodien aus drei Jahrhunderten. 1983.
7976–84 Hegel: Vorlesungen über die Ästhetik I/II. 1971.
7977 Erzählungen seit 1960. 1983.
7978 Euripides: Medea. Griech./Dt. 1983.
7979 Fetscher: Arbeit und Spiel. 1983.
7980 Flake: Der Handelsherr. 1983.
7981 Frischlin: Iulius Redivivus. 1983.
7982 Gryphius: Absurda Comica. Krit. Ausg. 1983.
7983 Kempowski: Fünf Kapitel für sich. 1983.
7984 »Komm, heilige Melancholie«. 1983.
7985–88 Hegel: Vorlesungen über die Ästhetik III. 1971.
7986 La Fayette: Die Prinzessin von Clèves. 1983.
7987 Leibniz: Unvorgreifliche Gedanken. 1983.

7988 Lyrische Porträts. 1991.
7989–94 Heurgon: Die Etrusker. 1971.
7991 Novalis: Gedichte u. a. 1984.
7992 The Owl and the Nightingale. Mittelengl./Dt. 1983.
7993 Pirckheimer: Eckius dedolatus. Lat./Dt. 1983.
7994 Russische Lyrik. Russ./Dt. 1983.
7995–97 Altenglische Lyrik. Altengl./Dt. 1972.
7996 Salmon: Logik. 1983.
7997 Savigny: Zum Begriff der Sprache. 1983.
7998/99 Grimmelshausen: Lebensbeschreibung der Erzbetrügerin und Landstörzerin Courasche. 1971.
7999 Scarron: Die Komödianten. 1983.
8001–12 Reclams Kammermusikführer. 1955. *GEB.*
8002 Kleist: Die Marquise von O... u. a. 1984.
8003 Kleist: Die Verlobung in St. Domingo u. a. 1984.
8004 Kleist: Der Zweikampf u. a. 1984.
8005 Adorno: Philosophie und Gesellschaft. 1984.
8006 Angelus Silesius: Cherubinischer Wandersmann. Krit. Ausg. 1984.
8007 Austen: Mansfield Park. 1984.
8008 Bachmann: Undine geht u. a. 1984.

8009 Becker: Elemente der Demokratie. 1985.
8010 Bodenheimer: Warum? 1984.
8011 Büchner-Preis-Reden 1972–1983. 1984.
8012 Deutsche Gedichte. 1984.
8013 Kusenberg: Wo ist Onkel Bertram? 1956.
8014 Kapp: Die Mutter vom Berge. 1956.
8015 Kesten: Mit Geduld kann man sogar das Leben aushalten. 1957.
8016 Lernet-Holenia: Der Baron Bagge. 1957.
8017 Pohl: Der Sturz der Göttin. 1957.
8018 Schaper: Der große, offenbare Tag. 1956.
8019 Pirandello: Der Rauch. 1956.
8020–27 Büchmann: Geflügelte Worte. 1956.
8021 Dostojewskij: Aufzeichnungen aus dem Kellerloch. 1984.
8022 Erzählungen des italienischen Realismus. Ital./Dt. 1985.
8023 Friedrich von Hausen: Lieder. Mittelhochdt./Neuhochdt. 1985.
8024 Hutcheson: Erläuterungen zum moralischen Sinn. 1984.
8025 Kanitscheider: Kosmologie. 1985.
8026 Kinder- und Jugendliteratur der Romantik. 1984.

8027 Lessing: Wie die Alten den Tod gebildet. 1984.
8028–33 Christiansen: Eine Prosaschule. 1956.
8030 Novalis: Fragmente und Studien u. a. 1984.
8031 Plautus: Miles gloriosus. Lat./Dt. 1984.
8032 Shakespeare: The Taming of the Shrew. Engl./Dt. 1984.
8033 Singer: Praktische Ethik. 1984.
8034–41 Engelhardt: Die geistige Kultur der Antike. 1956.
8035 Spanische Lyrik des 20. Jahrhunderts. Span./Dt. 1985.
8036 Theorie des literarischen Jugendstils. 1984.
8037 Vesper: Landeinwärts. 1984.
8038 Wehrli: Literatur im deutschen Mittelalter. 1984.
8040 Molière: L'Avare. Frz./Dt. 1984.
8041 Bänkelsang. 1985.
8042–47 Reclams Ballettführer. 1956. *GEB*.
8043 Kunsttheorie und Kunstgeschichte des 19. Jahrhunderts in Deutschland III. 1985.
8044 Deutsche Erzähler 1920–1960. 1985.
8045 Deutsche Literatur 1984. 1985.
8046 Das Donaueschinger Passionsspiel. 1985.
8047 Dostojewskij: Arme Leute. 1985.
8048 T. E. Lawrence: Faisals Aufgebot. 1957.
8049 Sostschenko: Was die Nachtigall sang. 1957.
8050 Wittek: Der ehrliche Zöllner. 1957.
8051 Gide: Die Pastoral-Symphonie. 1957.
8052 Kasack: Der Webstuhl u. a. 1957.
8053 F. Michael: Der blaue Strohhut. 1957.
8054 Urzidil: Neujahrsrummel. 1957.
8055–72 Reclams Kunstführer Deutschland I. 1957. *GEB*.
8056 Ebner-Eschenbach: Das Gemeindekind. 1985.
8057 Einstein: Bebuquin. 1985.
8058 Fabliaux. Altfrz./Dt. 1985.
8059 Glaube und Vernunft. 1985.
8060 Grass: Gedichte. 1985.
8061 Die griechische Literatur in Text und Darstellung 1. Griech./Dt. 1991.
8062 Die griechische Literatur in Text und Darstellung 2. Griech./Dt. 1986.
8063 Die griechische Literatur in Text und Darstellung 3. Griech./Dt. 1987.
8064 Die griechische Literatur in Text und Darstellung 4. Griech./Dt. 1985.
8065 Die griechische Literatur in Text und Darstellung 5. Griech./Dt. 1988.
8066 Die römische Literatur in

Text und Darstellung 1. Lat./Dt. 1992.
8067 Die römische Literatur in Text und Darstellung 2. Lat./Dt. 1986.
8068 Die römische Literatur in Text und Darstellung 3. Lat./Dt. 1987.
8069 Die römische Literatur in Text und Darstellung 4. Lat./Dt. 1985.
8070 Die römische Literatur in Text und Darstellung 5. Lat./Dt. 1988.
8071 Hardy: Der Bürgermeister von Casterbridge. 1985.
8072 Hentig: Die Menschen stärken, die Sachen klären. 1985.
8073–90 Reclams Kunstführer Deutschland II. 1957. *GEB*.
8074 Krolow: Gedichte und poetologische Texte. 1985.
8075 Mackie: Das Wunder des Theismus. 1985.
8076 Reich-Ranicki: Nichts als Literatur. 1985.
8077 Tocqueville: Über die Demokratie in Amerika [Ausw.]. 1985.
8078 Viktorianische Lyrik. Engl./Dt. 1985.
8079 13 Science Fiction Stories. 1985.
8080 Eliot: Middlemarch. 1985.
8081 Goethes Erzählwerk. Interpretationen. 1985.
8082 Hartmann von Aue: Lieder. Mittelhochdt./Neuhochdt. 1985.
8083 Hoerschelmann: Die schweigsame Insel. 1985.
8084 Husserl: Die phänomenologische Methode. 1985.
8085 Husserl: Phänomenologie der Lebenswelt. 1986.
8086 Japanische Kriminalgeschichten. 1985.
8087 Kinder- und Jugendliteratur vom Biedermeier bis zum Realismus. 1985.
8088 Lateinische Lyrik des Mittelalters. Lat./Dt. 1985.
8089 Lyrik des Exils. 1985.
8090 Nabokov: Stadtführer Berlin. 1985.
8091–96 Gedanken sind Kräfte. 1948/58. *GEB*.
8093 Die politische Romantik in Deutschland. 1985.
8094 Puschkin: Mozart und Salieri. Russ./Dt. 1985.
8095 Rescher: Die Grenzen der Wissenschaft. 1985.
8096/96a Gorki: Die Kleinbürger. 1972.
8097 Dreiser: Neger Jeff u. a. 1958.
8098/99 Fehse: Blühender Lorbeer. 1958.
8099 Rosei: Franz und ich. 1985.
8100 Hochwälder: Das heilige Experiment. 1958.

8101–8200: Erläuterungen und Dokumente (ED)

8101 ED Goethe: Iphigenie auf Tauris. 1969.

8102 ED Schiller: Wilhelm Tell. 1969.
8103 ED Grillparzer: König Ottokars Glück und Ende. 1969.
8104 ED Büchner: Dantons Tod. 1969.
8105 ED Hebbel: Maria Magdalena. 1970.
8106 ED Kleist: Michael Kohlhaas. 1970.
8107/07a ED Goethe: Hermann und Dorothea. 1970.
8108 ED Lessing: Minna von Barnhelm. 1970.
8109 ED Stifter: Brigitta. 1971.
8110 ED Grillparzer: Weh dem, der lügt! 1971.
8111/11a ED Lessing: Emilia Galotti. 1971.
8112 ED Stifter: Abdias. 1971.
8113/13a ED Goethe: Die Leiden des jungen Werther. 1971.
8114 ED Keller: Romeo und Julia auf dem Dorfe. 1971.
8115 ED Mann: Tristan. 1971.
8116/16a/b ED Shakespeare: Hamlet. 1972.
8117 ED Büchner: Woyzeck. 1972.
8118/18a ED Lessing: Nathan der Weise. 1972.
8119/19a ED Fontane: Effi Briest. 1972.
8120/20a/b ED Schiller: Don Carlos. 1973.
8121 ED Keller: Das Fähnlein der sieben Aufrechten. 1973.
8122/22a ED Goethe: Götz von Berlichingen. 1973.
8123/23a ED Kleist: Der zerbrochne Krug. 1973.
8124 ED Lenz: Die Soldaten. 1974.
8125 ED Hauptmann: Bahnwärter Thiel. 1974.
8126/26a ED Goethe: Egmont. 1974.
8127/27a ED Hebbel: Agnes Bernauer. 1974.
8128 ED Nestroy: Der Talisman. 1975.
8129/29a ED Frisch: Biedermann und die Brandstifter. 1975.
8130 ED Dürrenmatt: Der Besuch der alten Dame. 1975.
8131 ED Kaiser: Von morgens bis mitternachts. 1975.
8132 ED Fontane: Frau Jenny Treibel. 1976.
8133 ED Storm: Der Schimmelreiter. 1976.
8134 ED Schiller: Die Räuber. 1976.
8135 ED Mörike: Mozart auf der Reise nach Prag. 1976.
8136 ED Schiller: Wallenstein. 1977.
8137 ED Grass: Katz und Maus. 1977.
8138 ED Zuckmayer: Der Hauptmann von Köpenick. 1977.
8139 ED Kleist: Das Käthchen von Heilbronn. 1977.

8140 ED Meyer: Das Amulett. 1977.
8141 ED Hauptmann: Der Biberpelz. 1978.
8142 ED Hoffmann: Das Fräulein von Scuderi. 1978.
8143 ED Schiller: Maria Stuart. 1978.
8144 ED Fontane: Der Stechlin. 1978.
8145 ED Droste-Hülshoff: Die Judenbuche. 1979.
8146 ED Fontane: Irrungen, Wirrungen. 1979.
8147 ED Kleist: Prinz Friedrich von Homburg. 1979.
8148 ED Nestroy: Der böse Geist Lumpazivagabundus. 1979.
8149 ED Schiller: Kabale und Liebe. 1980.
8150 ED Heine: Deutschland. Ein Wintermärchen. 1980.
8151 ED Wedekind: Frühlings Erwachen. 1980.
8152 ED Fontane: Schach von Wuthenow. 1980.
8153 ED Mann: Mario und der Zauberer. 1980.
8154 ED Goethe: Torquato Tasso. 1981.
8155 ED Kafka: Die Verwandlung. 1983.
8156 ED Goethe: Die Wahlverwandtschaften. 1982.
8157 ED Hoffmann: Der goldne Topf. 1982.
8158 ED Chamisso: Peter Schlemihl. 1982.
8159 ED Goethe: Novelle. 1982.
8160 ED Goethe: Wilhelm Meisters Lehrjahre. 1982.
8161 ED Gotthelf: Die schwarze Spinne. 1983.
8162 ED Kleist: Amphitryon. 1983.
8163 ED Mann: Tonio Kröger. 1983.
8164 ED Schiller: Die Jungfrau von Orleans. 1984.
8165 ED Keller: Kleider machen Leute. 1984.
8166 ED Storm: Immensee. 1984.
8167 ED Eichendorff: Das Marmorbild. 1984.
8168 ED Schiller: Die Verschwörung des Fiesco zu Genua. 1985.
8169 ED Lessing: Miß Sara Sampson. 1985.
8170 ED Frisch: Andorra. 1985.
8171 ED Storm: Hans und Heinz Kirch. 1985.
8172 ED Hoffmann: Klein Zaches genannt Zinnober. 1985.
8173 ED Dürrenmatt: Romulus der Große. 1985.
8174 ED Grillparzer: Der arme Spielmann. 1986.
8175 ED Kleist: Das Erdbeben in Chili. 1986.
8176 ED Fontane: Grete Minde. 1986.
8177 ED Lenz: Der Hofmeister. 1986.
8178 ED Tieck: Der blonde Eckbert u. a. 1987.
8179 ED Frisch: Homo Faber. 1987.

8180 ED Büchner: Lenz. 1987.
8181 ED Novalis: Heinrich von Ofterdingen. 1988.
8183 ED Goethe: Urfaust. 1989.
8184 ED Johnson: Mutmassungen über Jakob. 1989.
8185 ED Ibsen: Nora. 1990.
8186 ED Brentano: Geschichte vom braven Kasperl und dem schönen Annerl. 1990.
8187 ED Hauptmann: Die Ratten. 1990.
8188 ED Mann: Der Tod in Venedig. 1991.
8189 ED Dürrenmatt: Die Physiker. 1991.
8190 ED Hesse: Demian. 1991.
8191 ED Kleist: Penthesilea. 1992.
8193 ED Hesse: Der Steppenwolf. 1992.
8195 ED Sophokles: Antigone. 1992.
8201–03 Heinse: Aus Briefen, Werken, Tagebüchern. 1958.
8202 Schachmeisterpartien 1976–1980. 1983.
8203 Steinbach: Immer geradeaus und geblasen u. a. 1983.
8204 Shaw: Pygmalion. 1958.
8205–12 Platon: Der Staat. 1958.
8206 Tugendhat/Wolf: Logisch-semantische Propädeutik. 1983.

8207 Wagner: Oper und Drama. 1984.
8208 Waismann: Wille und Motiv. 1983.
8209 Bolzano: Philosophische Texte. 1984.
8210 Büchner: Lenz. Studienausg. 1984.
8211 Deutsche Gedichte der sechziger Jahre. 1984.
8212 Deutsche Literatur 1983. 1984.
8213 Jakobi: Zur Deutung von Bachs Matthäus-Passion. 1958.
8214 Wiechert: Eine Jugend in den Wäldern. 1958.
8215 Leskow: Die Geschichte von dem stählernen Floh und dem Linkshänder aus Tula u. a. 1958.
8216 Bidermann/Heiseler: Philemon, der fröhliche Martyrer. 1958.
8217 Penzoldt: Korporal Mombour. 1958.
8218 Barlach: Der arme Vetter. 1958.
8219 Buzzati: Das alte Hotel. 1958.
8220 Dauthendey: Exotische Novellen. 1958.
8221 Faulkner: Meine Großmutter Millard und die Schlacht am Harrykin-Bach u. a. 1958.
8222 Kamphoevener: Iskender. 1958.
8223 Kaiser: Die Bürger von Calais. 1958.
8224 Thoma: Der Heiratsvermittler. 1959.

8225 Naso: Die Begegnung. 1958.
8226–32 Deutsche Briefe aus einem Jahrtausend. 1958. *GEB*.
8227 Dilthey: Das Wesen der Philosophie. 1984.
8228 Doyle: A Case of Identity. Engl./Dt. 1984.
8229 Eichendorff: Ahnung und Gegenwart. 1984.
8230 Gedichte der Romantik. 1984.
8231 Hume: Eine Untersuchung über die Prinzipien der Moral. 1984.
8232 Kleist: Sämtliche Erzählungen. 1984.
8233–46 Glockner: Die europäische Philosophie von den Anfängen bis zur Gegenwart. 1958. *GEB*.
8235 May: Der Geist des Llano estakado. 1984.
8236 Mayröcker: Das Anheben der Arme bei Feuersglut. 1984.
8237 Mill: Drei Essays über Religion. 1984.
8238 Mühsam: Trotz allem Mensch sein. 1984.
8239 Ockham: Texte zur Theorie der Erkenntnis und der Wissenschaft. Lat./Dt. 1984.
8240 Piontek: Die Zeit einer Frau. 1984.
8241 Rasputin: Wassilij und Wassilissa u. a. Russ./Dt. 1984.
8242 J. E. Schlegel: Vergleichung Shakespears und Andreas Gryphs u. a. 1984.
8243 Shakespeare: Hamlet. Engl./Dt. I. 1984.
8244 Shakespeare: Hamlet. Engl./Dt. II. 1984.
8245 Späth: Commedia [Ausw.]. 1984.
8246 Spionagegeschichten aus zwei Jahrhunderten. 1984.
8247–52 Hebbel: Tagebücher. 1963.
8247–52 Die schönsten Novellen der italienischen Renaissance. 1958. *GEB*.
8249 Trollope: Septimus Harding, Vorsteher des Spitals zu Barchester. 1984.
8250 Tugendhat: Probleme der Ethik. 1984.
8251 Trakl: Werke – Entwürfe – Briefe. 1984.
8252 Rothmann: Deutschsprachige Schriftsteller seit 1945 in Einzeldarstellungen. 1985.
8253 Edschmid: Italien festlich. 1963.
8253–57 Schiller: Der Geisterseher. 1958. *GEB*.
8254 Gad. Rousseau. 1963.
8255 Lehmann: Gedichte. 1963.
8256 Weyrauch: Das grüne Zelt u. a. 1963.
8257 Franck: Die Pilgerfahrt nach Lübeck. 1963.
8258 Bizet: Carmen. 1959.
8259 Busch: Eduards Traum. 1959.

8260 Strauß: Die Fledermaus. 1959.
8261 Döblin: Märchen vom Materialismus. 1959.
8262–65/65a Deutsche Erzähler der Gegenwart. 1959.
8264 Artmann: »wer dichten kann ist dichtersmann«. 1986.
8265 Sorge: Der Bettler. 1985.
8266 Hamsun: Vagabundentage. 1959.
8267 Luserke: Das schnellere Schiff. 1959.
8268 Werfel: Der Tod des Kleinbürgers. 1959.
8269 Ernst: Der geraubte Brief. 1959.
8270 Gaiser: Revanche. 1959.
8271 Kinderlieder. 1959.
8272 H. W. Seidel: Elk. 1959.
8273 Wedekind: Der Kammersänger. 1959.
8274–85 Heiler: Die Religionen der Menschheit in Vergangenheit und Gegenwart. 1959. *GEB.*
8276 Tolstoi: Herr und Knecht. Russ./Dt. 1985.
8277 Theorie des bürgerlichen Realismus. 1985.
8278 Austin: Gesammelte philosophische Aufsätze. 1986.
8279 E. Brontë: Sturmhöhe. 1986.
8280 Carr: Mozart und Constanze. 1986.
8281 Simon Dach und der Königsberger Dichterkreis. 1986.
8282 Deutsche Literatur 1985. 1986.
8283 Das Theater des Herrn Diderot. 1986.
8284 Eich: Fabula rasa. 1986.
8285 Eugippius: Vita Sancti Severini. Lat./Dt. 1986.
8286 Gluck: Iphigenie auf Tauris. 1959.
8287 Böll: Der Mann mit den Messern. 1959.
8288 Altendorf: Das dunkle Wasser u. a. 1959.
8289/90 Coleman: Relativitätslehre für jedermann. 1959.
8290 Fontane: Meine Kinderjahre. 1986.
8291 Rilke: Gedichte. 1959.
8292 I. Seidel: Jakobus Johannes Lennacker. 1959.
8293 Sieburg: Paris. 1959.
8294/95 Hebel: Alemannische Gedichte. Alemann./Hochdt. 1960.
8295 Frischmuth: Unzeit. 1986.
8296 Mühlberger: Eine Kindheit in Böhmen. 1960.
8297 Prus: Der Nichtsnutz und die Mädchen. 1960.
8298/99 Tocqueville: In der nordamerikanischen Wildnis. 1960.
8299 Haller: Facta und Ficta. 1986.
8300 Meiner: Reclam. 1958.
8301 Heyse: L'Arrabbiata u. a. 1969.
8302/03 Pavese: Die Nacht von San Rocco. 1969.
8303 Heinrich von Veldeke: Eneasroman. Mittelhochdt./Neuhochdt. 1986.

8304 Das Zürcher Spiel vom reichen Mann und vom armen Lazarus u. a. 1969.
8305 Reinig: Das Aquarium. 1969.
8306 Frisch: Rip van Winkle. 1969.
8307 Der müde Mond und andere Marathi-Erzählungen. 1969.
8308–12 Montaigne: Die Essais [Ausw.]. 1969.
8309 Kraus: Heine und die Folgen. 1986.
8310 Krüger: Welt unter Glas. 1986.
8311 Leoncavallo: Pagliacci. Ital./Dt. 1986.
8312 Liebesgeschichten. 1986.
8313–15 Schleiermacher: Über die Religion. 1969.
8314 Pindar: Oden. Griech./Dt. 1986.
8315 Platon: Apologie des Sokrates. Griech./Dt. 1986.
8316 Strindberg: Gespenstersonate u. a. 1969.
8317/18 Weise: Ein wunderliches Schau-Spiel vom Niederländischen Bauer. 1969.
8318 Reinmar: Lieder. Mittelhochdt./Neuhochdt. 1986.
8319/20 Cicero: Fragmente über die Rechtlichkeit. 1969.
8320 Rheinreise. 1986.
8321 Hauff: Saids Schicksale u. a. 1969.
8322 Hauptmann: Und Pippa tanzt! 1969.
8323 Marx/Engels: Manifest der Kommunistischen Partei u. a. 1969.
8324 Rothe: Verwehte Spuren u. a. 1969.
8325 Dauthendey: Gedichte. 1969.
8326 Everyman. Mittelengl./Dt. 1970.
8327/28 Fontane: Die Poggenpuhls. 1969.
8328 Tieck: William Lovell. 1986.
8329 Gounod: Margarete. 1969.
8330 Nestroy: Freiheit in Krähwinkel. 1969.
8331–36 Ryle: Der Begriff des Geistes. 1970.
8333 Verdi: Macbeth. Ital./Dt. 1986.
8334 Bernhard: An der Baumgrenze. 1986.
8335 Brandstetter: Landessäure. 1986.
8336 Collodi: Pinocchios Abenteuer. 1986.
8337 Rys: Grenzgänger. 1969.
8338/39 Winckelmann: Gedanken über die Nachahmung der griechischen Werke in der Malerei und Bildhauerkunst u. a. 1969.
8339 Das Eckenlied. Mittelhochdt./Neuhochdt. 1986.
8340–43 Deutsche Epigramme. 1969.
8342 Flasch: Das philosophi-

- sche Denken im Mittelalter. 1986.
- 8343 Goethe: Wilhelm Meisters theatralische Sendung. 1986.
- 8344–47 Michael: Geschichte des deutschen Theaters. 1970.
- 8346 Hochhuth: Die Berliner Antigone. 1986.
- 8347 Kafka: In der Strafkolonie u. a. 1986.
- 8348–51 Hobbes: Leviathan. 1970.
- 8349 Karamsin: Briefe eines russischen Reisenden. 1986.
- 8350 Lustspiele der Aufklärung in einem Akt. 1986.
- 8351 Marquard: Apologie des Zufälligen. 1986.
- 8352–57 Herzog Ernst. Mittelhochdt./Neuhochdt. 1970.
- 8353 Molière: Le Tartuffe. Frz./Dt. 1986.
- 8354 Parodien des Wiener Volkstheaters. 1986.
- 8355 Perrault: Sämtliche Märchen. 1986.
- 8356 Rickert: Kulturwissenschaft und Naturwissenschaft. 1986.
- 8357 Shelley: Frankenstein. 1986.
- 8358–60 Bacon: Essays. 1970.
- 8359 Die Berliner Moderne 1885–1914. 1987.
- 8360 Chrétien de Troyes: Erec et Enide. Altfrz./Dt. 1987.
- 8361 Bieler: Vater und Lehrer. 1970.
- 8362 Hauptmann: Fasching u. a. 1970.
- 8363/64 Ingarden: Über die Verantwortung. 1970.
- 8364 Französische Chansons. Frz./Dt. 1987.
- 8365 Kawabata: Die Tänzerin von Izu. 1969.
- 8366/67 James: Schraubendrehungen. 1970.
- 8367 Hoerschelmann: Die verschlossene Tür. 1987.
- 8368 Raabe: Des Reiches Krone. 1970.
- 8369–71 Thomasius: Deutsche Schriften. 1970.
- 8370 Ionesco: Die kahle Sängerin. 1987.
- 8371 Johnson: Vorwort zum Werk Shakespeares. 1987.
- 8372–74 Englische Sonette. Engl./Dt. 1970.
- 8373 Kästner: Gedichte. 1987.
- 8374 Karschin: Gedichte und Lebenszeugnisse. 1987.
- 8375–78 Moore: Principia Ethica. 1970.
- 8377 Kinder-Märchen. 1987.
- 8378 Die Krokodile. 1987.
- 8379–82 Prosa des Expressionismus. 1970.
- 8380 Kunert: Gedichte. 1987.
- 8381 H. Mann: Künstlernovellen. 1987.
- 8382 Nestroy: Höllenangst. 1987.
- 8383/84 E. Schnabel: Ein Tag wie morgen. 1971.
- 8384 Otfrid von Weißenburg:

Evangelienbuch [Ausw.]. Althochdt./ Neuhochdt. 1987.
8385 Seneca: De clementia. Lat./Dt. 1970.
8386 Platon: Parmenides. Griech./Dt. 1987.
8387 Griechische Satyrspiele. 1970.
8388–93 Hegel: Grundlinien der Philosophie des Rechts. 1970.
8389 Recht und Moral. 1987.
8390 Rühmkorf: Selbstredend und selbstreimend. 1987.
8391 Schachmeisterpartien 1981–1985. 1987.
8392 Schwitters: »Eile ist des Witzes Weile«. 1987.
8393 Shakespeare: The Winter's Tale. Engl./Dt. 1987.
8394–96 Lohenstein: Sophonisbe. 1970.
8395 Technik und Ethik. 1987.
8396 Apollinaire: Les Mamelles de Tirésias. Frz./Dt. 1987.
8397/98 Opitz: Buch von der Deutschen Poeterey. 1970.
8398 Bécquer: La ajorca de oro. Span./Dt. 1987.
8399/8400 Schnitzler: Anatol u. a. 1970.
8400 Berlin! Berlin! 1987.
8401–18 Reclams Kunstführer Deutschland III. 1959. *GEB*.
8403 Deutsche Literatur 1986. 1987.
8404 Deutsche Literatur 1987. 1988.
8405 Deutsche Literatur 1988. 1989.
8406 Deutsche Literatur 1989. 1990.
8407 Deutsche Literatur 1990. 1991.
8408 Deutsche Literatur 1991. 1992.
8410 Interpretationen: Dramen des Sturm und Drang. 1987.
8411 Interpretationen: Lessings Dramen. 1987.
8412 Interpretationen: Dramen des Naturalismus. 1988.
8413 Interpretationen: Erzählungen und Novellen des 19. Jahrhunderts I. 1988.
8414 Interpretationen: Erzählungen und Novellen des 19. Jahrhunderts II. 1990.
8415 Interpretationen: Georg Büchner. 1990.
8416 Interpretationen: Fontanes Novellen und Romane. 1991.
8417 Interpretationen: Goethes Dramen. 1992.
8418 Interpretationen: Romane des 19. Jahrhunderts 1992.
8419–28 Schnabel: Die Insel Felsenburg. 1959. *GEB*.
8422 Deutsche Gedichte des 18. Jahrhunderts. 1987.
8423 Dostojewskij: Der Doppelgänger. 1987.
8424 Euripides: Die Troerinnen. Griech./Dt. 1987.

8425 Frege: Grundlagen der Arithmetik. 1987.
8426 Grün: Waldläufer und Brückensteher. 1987.
8427 Kinderszenen. 1987.
8428 Kreuder: Phantom der Angst. 1987.
8429/30 Deutsche Fabeln des 18. Jahrhunderts. 1960.
8430 Mozart: Briefe. 1987.
8431 Risse: Buchhalter Gottes. 1960.
8432 Scholochow: Erzählungen vom Don. 1960.
8433/34 Bruckner: Elisabeth von England. 1960.
8434 Swinburne: Die Existenz Gottes. 1987.
8435 Fontane: Tuch und Locke. 1960.
8436/37 Heilpflanzen. 1960.
8437 Unamuno: San Manuel Bueno, mártir. Span./Dt. 1987.
8438–40 Reclams Fremdwörterbuch. 1960.
8440 Zauberei im Herbste. 1987.
8441 Nationalhymnen. 1960.
8442 Klose: Reifeprüfung. 1960.
8443 Wickert: Der Klassenaufsatz u. a. 1960.
8444 George: Gedichte. 1960.
8445 Goetz: Dr. med. Hiob Prätorius. 1960.
8446/47 Heidegger: Der Ursprung des Kunstwerks. 1960.
8447 Birnbacher: Verantwortung für zukünftige Generationen. 1988.
8448/49 Paracelsus: Vom Licht der Natur und des Geistes. 1960.
8449 Boccaccio: Decameron [Ausw.]. Ital./Dt. 1988.
8450 Strindberg: Ostern. 1960.
8451–53 Schopenhauer: Welt und Mensch. 1960.
8452 Constant: Adolphe. 1988.
8453 Die deutschen Sprichwörter. 1988.
8454–65 Frauen der Goethezeit. 1960. *GEB*.
8455 Ebner-Eschenbach: Aphorismen. 1988.
8456 Erhebe dich, meine Seele. 1988.
8457 Gedichte und Interpretationen: Deutsche Balladen. 1988.
8458 Goes: Unruhige Nacht. 1988.
8459 Grünbaum: Die Grundlagen der Psychoanalyse. 1988.
8460 Hegel: Phänomenologie des Geistes. 1988.
8461 Hegel: Einleitung zur »Phänomenologie des Geistes«. Kommentar. 1988.
8462 Italien-Dichtung I. 1988.
8463 Italien-Dichtung II. 1988.
8464 Jacobus de Voragine: Legenda aurea [Ausw.]. Lat./Dt. 1988.
8465 Lattmann: Kennen Sie Brecht? 1988.
8466–83 Reclams Kunstführer

Deutschland IV. 1960. *GEB*.
8467 Lear: Sämtliche Limericks. Engl./Dt. 1988.
8468 J. M. R. Lenz: Erzählungen. 1988.
8469 Longinus: Vom Erhabenen. Griech./Dt. 1988.
8470 H. Müller: Revolutionsstücke. 1988.
8471 Platon: Ion. Griech./Dt. 1988.
8472 Schelling: Einleitung zu seinem Entwurf eines Systems der Naturphilosophie. 1988.
8474 Russische Erzählungen von der Jahrhundertwende bis zur Oktoberrevolution. 1988.
8475 Russische Erzählungen von der Oktoberrevolution bis zur Gegenwart. 1988.
8476 Shakespeare: Titus Andronicus. Engl./Dt. 1988.
8477 Tertullian: De spectaculis. Lat./Dt. 1988.
8478 Tieck: Der Hexensabbat. 1988.
8479 Verlaine: Gedichte. Frz./Dt. 1988.
8480 Benn: Gedichte. 1988.
8481 Böhme: Von der Gnadenwahl. 1988.
8482 Calderón: El gran teatro del mundo. Span./Dt. 1988.
8483 Deutsche Prosa-Parodien aus zwei Jahrhunderten. 1988.
8484 Raabe: Die schwarze Galeere. 1961.
8485 Raabe: Das letzte Recht u. a. 1961.
8486 Bongs: Monolog eines Betroffenen. 1961.
8487 Maugham: Jane. 1961.
8488 Molière: Amphitryon. 1961.
8489 Stahl: Eine Heimkehr u. a. 1961.
8490 Wölfflin: Aufsätze. 1961.
8491 Ostrowskij: Eine Dummheit macht auch der Gescheiteste. 1961.
8492/92a Masereel: Die Sonne. 1961.
8493 Eça de Queiroz: Der Gehenkte u. a. 1961.
8494 Bender: Das wiegende Haus. 1961.
8495 Claudel: Das Buch von Christoph Columbus. 1961.
8496 Vega: Der Ritter vom Mirakel. 1961.
8497 Tschaikowsky: Eugen Onegin. 1961.
8498 Wilde: Bunbury. 1961.
8499 Andrić: Die Geliebte des Veli Pascha. 1961.
8500 Bernanos: Eine Nacht. 1961.
8501–07 Deutsche Balladen. 1968.
8503 Einakter und kleine Dramen der Zwanziger Jahre. 1988.
8504 Gerhardt: Pathos und Distanz. 1988.
8505 Gogol: Erzählungen. 1988.

8506 Grawe: Jane Austen. 1988.
8507 Höffe: Der Staat braucht selbst ein Volk von Teufeln. 1988.
8508–14 Europäische Balladen. 1967.
8510 Laudes Italiae. Zweisprachig. 1988.
8511 Il Novellino. Ital./Dt. 1988.
8512 Römische Inschriften. Lat./Dt. 1988.
8513 Rorty: Solidarität oder Objektivität? 1988.
8514 Russische Volksmärchen. 1988.
8515–22 Russische Erzähler von 1800 bis zur Gegenwart. 1968.
8517 Schutting: Findhunde. 1988.
8518 Villon: Das Kleine und das Große Testament. Frz./Dt. 1988.
8520 Wharton: Das Haus der Freude. 1988.
8521 Aristophanes: Der Frieden. 1989.
8522 Aristoteles: Politik. 1989.
8523 Boileau: L'Art poétique. Frz./Dt. 1967.
8524 Le Fort: Die Verfemte. 1967.
8525 García Lorca: Bernarda Albas Haus. 1967.
8526 Musil: Die Amsel. 1967.
8527 Schlaf: Meister Oelze. 1967.
8528 Stadler: Der Aufbruch u. a. 1967.
8529 Hildesheimer: Begegnung im Balkanexpreß u. a. 1968.
8530/31 O'Neill: Eines langen Tages Reise in die Nacht. 1968.
8531 Dante: Monarchia. Lat./Dt. 1989.
8532 Gryphius: Cardenio und Celinde. 1968.
8533–35 Petron: Satyricon. 1968.
8535 Die Französische Revolution. 1989.
8536/37 Gellert: Leben der schwedischen Gräfin von G***. 1968.
8537 Die Französische Revolution in Deutschland. 1989.
8538–40 Hartmann: Der philosophische Gedanke und seine Geschichte u. a. 1968.
8539 Goethe: Der Groß-Cophta. 1989.
8540 Hoffmann: Das Orgelwerk Johann Sebastian Bachs. 1989.
8541 Kühner: Pastorale 67. 1968.
8542/43 Brentano: Ponce de Leon. 1968.
8543 Kunze: Selbstgespräch für andere. 1989.
8544 Molière: Scapins Streiche. 1968.
8545–48 Die Pegnitz-Schäfer. 1968.
8549/50 Holz: Phantasus. 1968.
8550 Lepenies: Gefährliche

Wahlverwandtschaften. 1989.
8551/52 Immermann: Tulifäntchen. 1968.
8552 Meier: Signale und Windstöße. 1989.
8553 Nestroy: Das Mädl aus der Vorstadt. 1968.
8554 Cicero: Rede über den Oberbefehl des Cn. Pompeius u. a. 1968.
8555–57 Holtzwart: Emblematum Tyrocinia. 1968.
8556 Molière: Dom Juan. Frz./Dt. 1989.
8557 Die Münchner Moderne. 1990.
8558/59 Schiller: Demetrius. 1963.
8559 Nichts ist versprochen. 1989.
8560 Altenberg: Sonnenuntergang im Prater. 1968.
8561 Ludus de Antichristo. Lat./Dt. 1968.
8562–64 Einakter und kleine Dramen des Expressionismus. 1968.
8563 Rosegger: Als ich noch der Waldbauernbub war. 1989.
8564 Schulte: Wittgenstein. 1989.
8565–67 Goethe: Satiren, Farcen und Hanswurstiaden. 1968.
8566 Velleius Paterculus: Historia Romana. Lat./Dt. 1989.
8567 Wedekind: Lulu. 1989.
8568 Goldoni: Viel Lärm in Chiozza. 1968.
8569 Herondas: Mimiamben. 1968.
8570 Schulz: Vater geht unter die Feuerwehrmänner. 1968.
8571 Tolstoi: Leinwandmesser. 1968.
8572 Wellershoff: Die Bittgänger u. a. 1968.
8573–76 Spanische Erzähler der Gegenwart. 1968.
8575 Gespenstergeschichten. 1989. *GEB. (Reclam Lesebuch.)*
8576 Goethe-Brevier. 1989. *GEB. (Reclam Lesebuch.)*
8577/78 Fontane: Unterm Birnbaum. 1968.
8578 Wedekind: Gedichte und Lieder. 1989.
8579/80 L. A. V. Gottsched: Die Pietisterey im Fischbein-Rocke. 1968.
8580 Burger: Der Puck. 1989.
8581 Keats: Gedichte. 1968.
8582 J. M. R. Lenz: Gedichte. 1968.
8583 Plautus: Epidikus. 1968.
8584 Smetana: Die verkaufte Braut. 1968.
8585 S. Lenz: Das schönste Fest der Welt u. a. 1968.
8586–90 Aristoteles: Nikomachische Ethik. 1969.
8587 Gaier: Goethes Faust-Dichtungen. Ein Kommentar. I. 1990.
8590 Freuds Gegenwärtigkeit. 1989.
8591 Ahlsen: Philemon und Baukis. 1969.

631

8592/93 Meri: Das Manilaseil. 1969.
8593 Cicero: De finibus bonorum et malorum. Lat./Dt. 1989.
8594 Opitz: Schaefferey von der Nimfen Hercinie. 1969.
8595/96 Rostand: Cyrano von Bergerac. 1969.
8596 Dehmel: Gedichte. 1990.
8597 J. Roth: Die Büste des Kaisers. 1969.
8598–8600 Juvenal: Satiren. 1969.
8599 Medizin und Ethik. 1989.
8600 Schmidt: Windmühlen. 1989.
8601 Euripides: Hippolytos. 1961.
8602 Koeppen: New York. 1961.
8603 Vega: Die kluge Närrin. 1961.
8604 Marivaux: Das Spiel von Liebe und Zufall u. a. 1961.
8605–22 Reclams Kunstführer Österreich I. 1961. *GEB*.
8606 Fontane: Graf Petöfy. 1989.
8607 Hardy: Clyms Heimkehr. 1989.
8608 Ionesco: Die Unterrichtsstunde. 1989.
8609 Melanchthon: Glaube und Bildung. Lat./Dt. 1989.
8610 Spanische Lyrik von der Renaissance bis zum späten 19. Jahrhundert. Span./Dt. 1990.
8611 Deutsche Dichter 1. 1989.
8612 Deutsche Dichter 2. 1989.
8613 Deutsche Dichter 3. 1988.
8614 Deutsche Dichter 4. 1989.
8615 Deutsche Dichter 5. 1989.
8616 Deutsche Dichter 6. 1989.
8617 Deutsche Dichter 7. 1989.
8618 Deutsche Dichter 8. 1990.
8619 Poe: Erzählungen. 1989.
8620 Proust: Combray. 1989.
8621 B. Strauß: Über Liebe. 1989.
8622 Suerbaum: Das elisabethanische Zeitalter. 1989.
8623–40 Reclams Kunstführer Österreich II. 1961. *GEB*.
8624 Vattimo: Das Ende der Moderne. 1990.
8625 Goncourt: Renée Mauperin. 1989.
8626 Tucholsky: Gruß nach vorn. 1989.
8627 A. Brontë: Agnes Grey. 1990.
8628 Daten zur antiken Chronologie und Geschichte. 1990.
8629 Erzählungen der russischen Romantik. 1990.
8630 Frauenlieder des Mittelalters. Zweisprachig. 1990.

8631 Hare: Platon. 1990.
8632 Schmoldt: Kleines Lexikon der biblischen Eigennamen. 1990.
8633 Laag: Kleines Wörterbuch der frühchristlichen Kunst und Archäologie. 1990.
8634 Manilius: Astronomica. Lat./Dt. 1990.
8635 Mansfield: Erzählungen. 1990.
8636 Marti: Wen meinte der Mann? 1990.
8637 Nagel: Was bedeutet das alles? 1990.
8638 Scheerbart: Katerpoesie u. a. 1990.
8639 Schimmel: Der Islam. 1990.
8640 Absichten und Einsichten. 1990.
8641 Wilde: Ein idealer Gatte. 1963.
8642 Hauptmann: Der arme Heinrich. 1961.
8643/44 Marcel: Das ontologische Geheimnis. 1961.
8644 Die Heiligen. 1990.
GEB.
8645 Wiessalla: Unter Tage. 1961.
8646/47 Dahr: Das Konzert 1961.
8647 C. Brontë: Jane Eyre. 1990.
8648–50 Ludwig van Beethoven in Briefen und Lebensdokumenten. 1961.
8649 Chrétien de Troyes: Le Roman de Perceval. Altfrz./Dt. 1991.
8650 Dada Zürich. 1992.
8651–54 Hübscher: Von Hegel zu Heidegger. 1961.
8652 Gernhardt: Reim und Zeit. 1990.
8653 Hašek: Ein Silvester der Abstinenzler. 1990.
8654 Leopardi: Canti e Frammenti. Ital./Dt. 1990.
8655 Hauptmann: Schluck und Jau. 1962.
8656/57 Ionesco: Die Stühle u. a. 1962.
8657 Lyriktheorie. 1990.
8658/59 Li Tai-bo: Gedichte. 1962.
8659 Mozart: Sämtliche Opernlibretti. 1990.
8660/61 Das Innsbrucker Osterspiel u. a. 1962.
8661 Musik-Erzählungen. 1990.
8662 S. Lenz: Stimmungen der See. 1962.
8663 Saar: Die Steinklopfer u. a. 1962.
8664 Schnitzler: Der einsame Weg. 1962.
8665–68 Deutsche Volkslieder. 1962.
8667 Ciafardone: Die Philosophie der deutschen Aufklärung. 1990.
8668 Postmoderne und Dekonstruktion. 1990.
8669 Brentano: Gedichte. 1962.
8670 Cimarosa: Die heimliche Ehe. 1962.
8671 Goll: Ausgewählte Gedichte. 1962.

633

8672 Hauptmann: Der Schuß im Park. 1962.
8673 Ibsen: John Gabriel Borkman. 1962.
8674 Jaspers: Über Bedingungen und Möglichkeiten eines neuen Humanismus. 1962.
8675 Twain: Der berühmte Springfrosch der Provinz Calaveras. 1962.
8676 Menander: Das Schiedsgericht. 1962.
8677 Schnurre: Ein Fall für Herrn Schmidt. 1962.
8678–95 Reclams Kunstführer Italien V. 1962. *GEB*.
8680 Wehler: Grundriß eines rationalen Weltbildes. 1990.
8681 Welsch: Ästhetisches Denken. 1990.
8682 Über Mozart. 1991.
8683 Undinenzauber. 1991.
8684 Helwig: Raubfischer in Hellas. 1991.
8685 Mozart: Così fan tutte. Ital./Dt. 1992.
8686 Antike Zaubersprüche. Zweisprachig. 1991.
8687 Dilke: Mathematik, Maße und Gewichte in der Antike. 1991.
8688 Eich: Die Mädchen aus Viterbo. 1991.
8689 Frank: Selbstbewußtsein und Selbsterkenntnis. 1991.
8690 Franzbach: Cervantes. 1991.
8691 Gedichte und Prosa des Impressionismus. 1991.
8692 Goethe-Bibliographie. 1991.
8693 König: Der römische Festkalender der Republik. 1991.
8694 Nicolai: Das Leben und die Meinungen des Herrn Magister Sebaldus Nothanker. 1991.
8695 Valerius Maximus: Facta et dicta memorabilia [Ausw.]. Lat./Dt. 1991.
8696 Verdi: Don Carlos. 1962.
8697–99 Setschkareff: Geschichte der russischen Literatur. 1962.
8698 Wissenschaft und Ethik. 1991.
8699 Erzählungen des russischen Realismus. 1991.
8700 Heuschele: Die Gabe des Lebens. 1962.
8701/02 Conrad: Taifun. 1966.
8702 Tristan und Isolde im europäischen Mittelalter. 1991.
8703–07 Das Junge Deutschland. 1966.
8705 Helwig: Im Dickicht des Pelion. 1991.
8708–10 Harīrī: Die Verwandlungen des Abu Seid von Serug. 1966.
8709 Althochdeutsche poetische Texte. Althochdt./Neuhochdt. 1992.
8710 Apicius: De re coquinaria. Lat./Dt. 1991.
8711 Jahnn: Medea. 1966.
8712–14 Reuter: Schlampampe. 1966.

8713 Aristoteles: Über die Welt. 1991.
8714 Conrad: Herz der Finsternis. 1991.
8715–21 Tieck: Franz Sternbalds Wanderungen. 1966.
8717 Gesta Romanorum [Ausw.]. Lat./Dt. 1991.
8718 Goethe: Aus meinem Leben I. 1991.
8719 Goethe: Aus meinem Leben II. 1991.
8720 Hildesheimer: Der Ruf in der Wüste. 1991.
8721 Nagel: Die Grenzen der Objektivität. 1991.
8722 Tirso de Molina: Don Gil von den grünen Hosen. 1966.
8723 Upanischaden. 1966.
8724 Afrikanische Lyrik aus zwei Kontinenten. 1966.
8725 Block: Die Zwölf. 1966.
8726–28 Gedichte des Expressionismus. 1966.
8728 Rimbaud: Illuminations. Frz./Dt. 1991.
8729/30 Herder: Abhandlung über den Ursprung der Sprache. 1966.
8730 Schachmeisterpartien 1986–1990. 1991.
8731 Kaschnitz: Caterina Cornaro u. a. 1966.
8732 Brentano: Die mehreren Wehmüller und ungarischen Nationalgesichter. 1967.
8733 Eich: Festianus, Märtyrer. 1967.
8734–37 Niederländische Erzähler der Gegenwart. 1967.
8736 Texte zur Theorie des Theaters. 1991.
8737 Trapp: Kleines Handbuch der Maße, Zahlen, Gewichte und der Zeitrechnung. 1992.
8738 Tschechow: Onkel Wanja. 1967.
8739–45 Lateinische Gedichte deutscher Humanisten. Lat./Dt. 1967.
8740 Interpretationen: Hauptwerke der Philosophie. Antike. 1992.
8744 Interpretationen: Hauptwerke der Philosophie. 20. Jahrhundert. 1992.
8746–55 Reclams etymologisches Wörterbuch der deutschen Sprache. 1966.
8748 Weber: Schriften zur Wissenschaftslehre. 1991.
8749 Wittenwiler: Der Ring. Frühneuhochdt./Neuhochdt. 1991.
8750 Germanische Göttersagen. 1992.
8752 »Ich bin nun, wie ich bin«. 1992.
8753 Horaz: Sämtliche Gedichte. 1992. *GEB*.
8754 Huysmans: Gegen den Strich. 1992.
8755 J. M. R. Lenz: Werke. 1992.
8756 Andersch: Die Kirschen der Freiheit. 1967.
8757 Beer: Printz Adimantus

und der Königlichen Princeßin Ormizella Liebes-Geschicht. 1967.
8758 Schönherr: Erde. 1967.
8759 Sternheim: 1913. 1967.
8760 Mombert: Gedichte. 1967.
8761 Grillparzer: Das Kloster bei Sendomir. 1967.
8762 Hoerschelmann: Das Schiff Esperanza. 1967.
8763/64 Österreichische Bundesverfassungsgesetze. 1967.
8764 Rabelais: Gargantua. 1992.
8765 Pirandello: Sechs Personen suchen einen Autor. 1967.
8766/67 J. E. Schlegel: Canut. 1967.
8768–71 Reineke Fuchs. 1967.
8770 Neruda: Geschichten aus dem alten Prag. 1992.
8771 Prager deutsche Erzählungen. 1992.
8772/73 Müntzer: Die Fürstenpredigt. 1967.
8773 Barnes: Aristoteles. 1992.
8774/75 Edschmid: Die sechs Mündungen. 1967.
8775 Benjamin: Sprache und Geschichte. 1992.
8776/77 Heinrich Julius von Braunschweig: Von einem Weibe u. a. 1967.
8777 Bodenheimer: Verstehen heißt antworten. 1992.
8778 Johannsen: Brigadevermittlung. 1967.
8779 Plautus: Poenulus. 1967.
8780 Wilde: Eine Frau ohne Bedeutung. 1967.
8781 Congreve: Liebe für Liebe. 1967.
8782 Hirche: Die Heimkehr u. a. 1967.
8783–86 Ibsen: Briefe. 1967.
8785 Carmina Burana [Ausw.]. Lat./Dt. 1992.
8786 Cicero: Epistulae ad Atticum. Lat./Dt. 1992.
8787/88 Rebhun: Ein Geistlich Spiel von der Gotfürchtigen und keuschen Frauen Susannen. 1967.
8788 Epiktet: Handbüchlein der Moral. Griech./Dt. 1992.
8789–93 Der Göttinger Hain. 1968.
8791 Frank: Stil in der Philosophie. 1992.
8792 Kierkegaard: Der Begriff Angst. 1992.
8793 Lange: Goethe. 1992.
8794–98 Der deutsche Vormärz. 1967.
8796 Moriz von Craûn. Mittelhochdt./Neuhochdt. 1992.
8797 Der Stricker: Erzählungen, Fabeln, Reden. Mittelhochdt./Neuhochdt. 1992.
8798 Wirtschaft und Ethik. 1992.
8799/8800 Gryphius: Gedichte. 1968.
8800 Hofmannsthal: Andreas. 1992.
8801–15 Reclams Kunstführer Italien III. 1962. *GEB*.

8802 Cantate Latine. Lat./Dt. 1992.
8803 Chinesische Lyrik der Gegenwart. Chin./Dt. 1992.
8804 Handke: Noch einmal für Thukydides. 1992.
8805 Heidegger: Was heißt Denken? 1992.
8806 Holst: Das ABC der Musik. 1992.
8807 Interpretationen: Schillers Dramen. 1992.
8816–20 Französische Erzähler der Gegenwart. 1962.
8818 Kein Pardon für Klassiker. 1992.
8820 Loriot: Menschen, Tiere, Katastrophen. 1992.
8821–23 Jugoslawische Erzähler der Gegenwart. 1962.
8823 Martens: Die Sache des Sokrates. 1992.
8824/25 Meinke/Groll: Radar. 1962.
8825 Der Mensch – ein politisches Tier? 1992.
8826/27 Steinbeck: Gabilan, der rote Pony. 1962.
8827 Kristallisationen. 1992.
8828–45 Reclams Romanführer I. 1962. *GEB*.
8829 Russische Erzählungen der Gegenwart. 1992.
8830 Shakespeare: Antony and Cleopatra. Engl./Dt. 1992.
8831 Tagelieder des deutschen Mittelalters. Mittelhochdt./Neuhochdt. 1992.
8832 Über Bach. 1992.

8833 Weber: Politik als Beruf. 1992.
8834 König: Der Römische Staat I. 1992.
8835 Dichter-Porträts. 1992. *GEB*.
8836 Die ganze Welt. 1992. *GEB*.
8837 Goethe: Faust-Dichtungen. 1992. *GEB*.
8838 Jahr- und Tagebuch. 1992. *GEB*.
8839 Reclams Zitaten-Lexikon. 1992. *GEB*.
8840 Schöne Geschichten! 1992. *GEB*.
8841 Stechäpfel. 1992. *GEB*.
8846 Böll: Bilanz u. a. 1963.
8847 Calderón: Über allem Zauber Liebe. 1963.
8848/49 Faust: Raketen, Satelliten, Weltraumflug. 1963.
8850 Stifter: Wien u. a. 1963.
8851 R. Walser: Kleine Wanderung. 1963.
8852 Keyserling: Am Südhang. 1963.
8853/54 Holz/Schlaf: Papa Hamlet u. a. 1963.
8855 Nikolaus von Cues: Gespräch über das Seinkönnen. 1963.
8856/57 Mommsen: Die Gracchen. 1963.
8858 O'Connor: Der Trunkenbold. 1963.
8859 Piontek: Windrichtungen. 1963.
8860/61 Strindberg: Totentanz. 1963.
8862–79 Reclams Romanführer II. 1963. *GEB*.

8880–87 Reclams Orgelmusikführer. 1963. *GEB*.
8888 Benn: Weinhaus Wolf u. a. 1964.
8889/90 Hofmann von Hofmannswaldau: Gedichte. 1964.
8891 Schiller: Der Verbrecher aus verlorener Ehre u. a. 1964.
8892 Platon: Der siebente Brief. 1964.
8893 Portmann: Um das Menschenbild. 1964.
8894/95 Arnim: Isabella von Ägypten. 1964.
8896 Das Lied der Lieder. 1964.
8897 Rinser: Jan Lobel aus Warschau. 1964.
8898–8900 A. W. Schlegel: Über Literatur, Kunst und Geist des Zeitalters. 1964.
8901 Wedekind: Der Marquis von Keith. 1964.
8902 Giraudoux: Undine. 1964.
8903 Heym: Dichtungen. 1964.
8904–08 Italienische Erzähler der Gegenwart. 1964.
8909 Racine: Berenize. 1964.
8910 Chinesische Dichter der Tang-Zeit. 1964.
8911 Dschelāladdīn Rūmī: Aus dem Diwan. 1964.
8912 Hesse: Im Presselschen Gartenhaus. 1964.
8913–15 Schelling: Über das Wesen der menschlichen Freiheit. 1964.

8916 Tieck: Der gestiefelte Kater. 1964.
8917 Tucholsky: Man sollte mal . . . 1964.
8918–25 Amerikanische Erzähler. 1964.
8926/27 Bonaventura: Nachtwachen. 1964.
8928 Lyrik des Jugendstils. 1964.
8929 Plautus: Curculio. 1964.
8930 Gedichte aus dem Rig-Veda. 1964.
8931/32 Shinkonkinwakashū. 1964.
8933 Däubler: Gedichte. 1965.
8934 Goldoni: Der Lügner. 1965.
8935/36 Gryphius: Großmütiger Rechtsgelehrter oder Sterbender Aemilius Paulus Papinianus. 1965.
8937 Kaiser: Von morgens bis mitternachts. 1965.
8938 Nala und Damayantī. 1965.
8939–41 Novalis: Heinrich von Ofterdingen. 1965.
8942 Die Lieder des Archipoeta. Lat./Dt. 1965.
8943–46 Ungarische Erzähler der Gegenwart. 1965.
8947 Der Herr von Sin-ling. 1965.
8948 Ibsen: Wenn wir Toten erwachen. 1965.
8949 Loerke: Das Goldbergwerk. 1965.
8950/51 Lohenstein: Cleopatra. 1965.
8952 L. Frank: Karl und Anna. 1965.

8953–57 Montesquieu: Vom Geist der Gesetze [Ausw.]. 1965.
8958/59 Bidermann: Cenodoxus. 1965.
8960 Erzählungen des alten Japan. 1965.
8961/62 Martin: Einleitung in die allgemeine Metaphysik. 1965.
8963/64 Haller: Die Alpen u. a. 1965.
8965–67 Klassiker des Feuilletons. 1965.
8968 Lessing: Die Erziehung des Menschengeschlechts u. a. 1965.
8969 O'Flaherty: Der Stromer. 1965.
8970 Anouilh: Jeanne oder Die Lerche. 1965.
8971/72 Fontane: Irrungen Wirrungen. 1965.
8973/74 Gellert: Die zärtlichen Schwestern. 1965.
8975 Gozzi: Turandot. 1965.
8976 Halbe: Der Strom. 1965.
8977/78 Meistersang. 1965.
8979 P'u Sung-ling: Liao-chai chih-i [Ausw.]. 1965.
8980 Tolstoi: Der Tod des Iwan Iljitsch. 1965.
8981 Wilde: Lady Windermeres Fächer. 1965.
8982–86 Irische Erzähler der Gegenwart. 1965.
8987 Holz/Schlaf: Die Familie Selicke. 1966.
8988/89 Heine: Gedichte. 1965.
8990 Stifter: Der Kondor u. a. 1966.
8991 Hoffmann: Die Bergwerke zu Falun u. a. 1966.
8992/93 Robbe-Grillet: Die Jalousie. 1966.
8994/95 Schiller: Über die ästhetische Erziehung des Menschen in einer Reihe von Briefen. 1966.
8996 Sarashina-nikki. 1966.
8997–99 Schachmeisterpartien 1960–1965. 1966.
9000 Perthes: Der deutsche Buchhandel als Bedingung des Daseins einer deutschen Literatur. 1967.

9001–9149: Werkmonographien zur bildenden Kunst (B-Nummern)

B 9001 Altdorfer: Die Alexanderschlacht. 1956.
B 9002 Barlach: Der Figurenschmuck von St. Katharinen zu Lübeck. 1956.
B 9003 Meister Bertram: Die Schöpfungsgeschichte. 1956.
B 9004 Manet: Un Bar aux Folies-Bergère. 1956.
B 9005 Menzel: Das Flötenkonzert Friedrich des Großen. 1956.
B 9006 Michelangelo: Die Pietà im Dom zu Florenz. 1956.
B 9007 Munch: Die vier Söhne des Dr. Max Linde. 1956.
B 9008 Picasso: Maler und Modell. 1956.

B 9009 Raffael: Die Verklärung Christi. 1956.
B 9010 Riemenschneider: Die Beweinung in Maidbronn. 1956.
B 9011 Rubens: Die Geißblattlaube. 1956.
B 9012 Velazquez: Die Übergabe von Breda. 1956.
B 9013 Beckmann: Die Argonauten. 1957.
B 9014 Dürer: Die Apokalypse des Johannes. 1957.
B 9015 Der Engelspfeiler im Straßburger Münster. 1957.
B 9016 El Greco: Das Begräbnis des Grafen Orgaz. 1957.
B 9017 Grünewald: Die Erasmus-Mauritius-Tafel. 1957.
B 9018 Moore: König und Königin. 1957.
B 9019 Pacher: Der Kirchenväter-Altar. 1957.
B 9020 Rembrandt: Die Nachtwache. 1957.
B 9021 Rethel: Auch ein Totentanz. 1957.
B 9022 Rodin: Die Bürger von Calais. 1957.
B 9023 Runge: Das Bildnis der Eltern. 1957.
B 9024 Watteau: Das Ladenschild des Kunsthändlers Gersaint. 1957.
B 9025 Botticelli: Die Geburt der Venus. 1958.
B 9026 Corinth: Bildnisse der Frau des Künstlers. 1958.
B 9027 Cranach d. J.: Der Jungbrunnen. 1958.
B 9028 Dietz: Der Figurenschmuck des Parks in Veitshöchheim. 1958.
B 9029 Donatello: Das Reiterdenkmal des Gattamelata. 1958.
B 9030 Gainsborough: Die Töchter des Künstlers. 1958.
B 9031 Klee: Fische. 1958.
B 9032 Lehmbruck: Die Kniende. 1958.
B 9033 Leibl: Die Dorfpolitiker. 1958.
B 9034 Leonardo da Vinci: Das Abendmahl. 1958.
B 9035 Marées: Die Fresken in Neapel. 1958.
B 9036 Tizian: Danae. 1958.
B 9037 Bustelli: Die italienische Komödie in Porzellan. 1959.
B 9038 Cézanne: Die Badenden. 1959.
B 9039 Donner: Der Brunnen am Neuen Markt in Wien. 1959.
B 9040 van Eyck: Die Madonna des Kanonikus Paele. 1959.
B 9041 Gauguin: Ta Matete (Der Markt). 1959.
B 9042 Giotto: Die Geschichte von Joachim und Anna. 1959.
B 9043 Holbein d. J.: Die Gesandten. 1959.
B 9044 Die Naumburger Stifterfiguren. 1959.
B 9045 Poussin: Das Reich der Flora. 1959.

B 9046 Renoir: Das Ehepaar Sisley. 1959.
B 9047 Slevogt: Der Sänger d'Andrade als Don Giovanni. 1959.
B 9048 Stoß: Der Bamberger Marien-Altar. 1959.
B 9049 Bernini: Apoll und Daphne. 1960.
B 9050 Bruegel d. Ä.: Die niederländischen Sprichwörter. 1960.
B 9051 Die Christus-Johannes-Gruppen des XIV. Jahrhunderts. 1960.
B 9052 Delacroix: Die Freiheit auf den Barrikaden. 1960.
B 9053 van Gogh: Selbstbildnisse. 1960.
B 9054 Goya: Die Erschießungen vom 3. Mai 1808. 1960.
B 9055 Kollwitz: Der Weberaufstand. 1960.
B 9056 Maillol: La Méditerrannée. 1960.
B 9057 Mantegna: Die Madonna della Vittoria. 1960.
B 9058 Das Perikopenbuch Kaiser Heinrichs II. 1960.
B 9059 Luca della Robbia: Die Sängerkanzel. 1960.
B 9060 Schlemmer: Die Wandbilder für den Brunnenraum im Museum Folkwang Essen. 1960.
B 9061 Baldung: Hexenbilder. 1961.
B 9062 Becker-Modersohn: Mutter und Kind. 1961.
B 9063 Bildnisse der Brücke-Künstler voneinander. 1961.
B 9064 Cellini: Perseus und Medusa. 1961.
B 9065 Friedrich: Die Jahreszeiten. 1961.
B 9066 Füssli: Ein Sommernachtstraum. 1961.
B 9067 Das Königsportal der Kathedrale von Chartres. 1961.
B 9068 Kokoschka: Thermopylae. 1961.
B 9069 Marc: Der Turm der blauen Pferde. 1961.
B 9070 Marini: Il Miracolo. 1961.
B 9071 Schadow: Die Gruppe der Prinzessinnen. 1961.
B 9072 Schlüter: Das Denkmal des Großen Kurfürsten. 1961.
B 9073 Courbet: Das Atelier. 1962.
B 9074 David: Der Tod Marats. 1962.
B 9075 Degas: Die Familie Bellelli. 1962.
B 9076 Feininger: Segelschiffe. 1962.
B 9077 Hals. Das Festmahl der St. Georgs-Schützengilde 1616. 1962.
B 9078 Kandinsky: Kleine Welten. 1962.
B 9079 Marcks: Albertus Magnus. 1962.

B 9080 Nay: Akkord in Rot und Blau. 1962.
B 9081 Notke: St. Jürgen zu Stockholm. 1962.
B 9082 Syrlin d. Ä.: Das Ulmer Chorgestühl. 1962.
B 9083 Tischbein: Goethe in der Campagna. 1962.
B 9084 van der Weyden: Der Columba-Altar. 1962.
B 9085 Böcklin: Pan. 1963.
B 9086 Braque: Stilleben mit Violine und Krug. 1963.
B 9087 Dürer: Die vier Apostel. 1963.
B 9088 Ghiberti: Paradiestür. 1963.
B 9089 Houdon: Voltaire. 1963.
B 9090 Leonardo da Vinci: Il Cavallo. 1963.
B 9091 Schmidt-Rottluff: Bilder aus Nidden 1913. 1963.
B 9092 Tiepolo: Das Fresko im Treppenhaus der Würzburger Residenz. 1963.
B 9093 Verrocchio und Leopardi: Das Reiterdenkmal des Colleoni. 1963.
B 9094 Zadkine: Mahnmal für Rotterdam. 1963.
B 9095 Der Bamberger Reiter. 1964.
B 9096 Chagall: Der Engelssturz. 1964.
B 9097 Das Gerokreuz im Kölner Dom. 1964.
B 9098 Günther: Bildwerke in Weyarn. 1964.
B 9099 Lippi: Anbetung des Kindes. 1964.
B 9100 Nolde: Das Abendmahl. 1964.
B 9101 Laokoon. 1964.
B 9102 Das Orpheus-Relief. 1964.
B 9103 Die Berliner Andokides-Vase. 1965.
B 9104 Das Christusmosaik in der Laurentius-Kapelle der Galla Placidia in Ravenna. 1965.
B 9105 van der Goes: Der Portinari-Altar. 1965.
B 9106 Lochner: Madonna im Rosenhag. 1965.
B 9107 Matisse: La Coiffure. 1965.
B 9108 Phidias und der Parthenonfries. 1965.
B 9109 Picasso: Les Demoiselles d'Avignon. 1965.
B 9110 Rembrandt: Der Segen Jakobs. 1965.
B 9111 Cranach d. Ä.: Die Ruhe auf der Flucht nach Ägypten. 1965.
B 9112 Grünewald: Der Isenheimer Altar. 1966.
B 9113 Kraft: Die Nürnberger Stadtwaage. 1966.
B 9114 Macke: Das Russische Ballett. 1966.
B 9115 Der Ortenberger Altar in Darmstadt. 1966.
B 9116 Polyklet: Doryphoros. 1966.
B 9117 Der Tausendblumenteppich in Bern. 1966.

B 9118 Vermeer van Delft: Die Malkunst. 1966.
B 9119 Das Alexandermosaik. 1967.
B 9120 Donatello: Der heilige Georg. 1967.
B 9121 Ernst: Der große Wald. 1967.
B 9122 Meister Francke: Der Englandfahrer-Altar. 1967.
B 9123 Der Vierjahreszeiten-Altar in Würzburg. 1967.
B 9124 Moser: Der Magdalenenaltar in Tiefenbronn. 1971.
B 9125 Pacher: Der St.-Wolfgang-Altar. 1967.
B 9126 Das Sebaldusgrab in Nürnberg. 1967.
B 9127 Rubens: Der Münchener Kruzifixus. 1967.
B 9128 Das Reiterstandbild des Kaisers Marc Aurel. 1968.
B 9129 Die St.-Georgs-Statuette in München. 1968.
B 9130 Holbein d. J.: Christus im Grabe. 1968.
B 9131 van Ruisdael: Die Mühle von Wijk. 1968.
B 9132 Schiele: Die Familie. 1968.
B 9133 Bellini: Madonna mit Kind. 1969.
B 9134 Die Bronzestatuette des Zeus von Dodona. 1969.
B 9135 Hodler: Die Nacht. 1969.
B 9136 Kirchner: Straßenbilder. 1969.
B 9137 Witz: Der Heilspiegelaltar. 1969.
B 9138 Lichtenstein: Ertrinkendes Mädchen. 1970.
B 9139 Pollock: Number 32. 1950. 1970.
B 9140 Rauschenberg: Black Market. 1970.
B 9141 Rickey: Kinetische Objekte. 1970.
B 9142 Segal: Ruth in her Kitchen. 1970.
B 9143 Stella: Sanbornville II. 1970.
B 9144 Albers: Murals in New York. 1971.
B 9145 Bacon: Painting 1946. 1971.
B 9146 Morris: Felt piece. 1971.
B 9147 Newman: Who's afraid of red, yellow and blue III. 1971.
B 9148 Oldenburg: Schreibmaschine. 1971.
B 9149 Vasarely: Folklor-N2. 1971.

9150–9299: Fremdsprachentexte

9150 Dickens: A Christmas Carol. 1983.
9151 Lessing: To Room Nineteen. 1983.
9152 Mansfield: The Garden-Party. 1983.
9153 Maupassant: Contes. 1983.
9154 Romains: Knock ou Le Triomphe de la Médecine. 1983.

643

9155 Prévert: Poèmes et Chansons. 1983.
9156 Science Fiction Stories I. 1983.
9157 Stevenson: The Bottle Imp. 1983.
9158 Twain: Western Stories. 1983.
9159 Balzac: Le Colonel Chabert. 1984.
9160 Carroll: Alice's Adventures in Wonderland. 1984.
9161 Conrad: Heart of Darkness. 1984.
9162 France: Crainquebille u. a. 1984.
9163 Giraudoux: La Guerre de Troie n'aura pas lieu. 1984.
9164 Ionesco: La Cantatrice chauve. 1984.
9165 Modern English Short Stories II. 1984.
9166 Shaw: Mrs Warren's Profession. 1984.
9167 Stevenson: The Strange Case of Dr. Jekyll and Mr. Hyde. 1984.
9168 Wilder: Our Town. 1984.
9169 Camus: L'Etranger. 1984.
9170 Doyle: Silver Blaze u. a. 1984.
9171 Mérimée: Carmen u. a. 1984.
9172 Miller: Death of a Salesman. 1984.
9173 Poe: The Gold-Bug u. a. 1984.
9174 Saint-Exupéry: Courrier Sud. 1984.
9175 Sartre: Morts sans sépulture. 1984.
9176 Wells: The Time Machine. 1984.
9177 Wilde: The Canterville Ghost. 1984.
9178 Williams: The Glass Menagerie. 1984.
9179 Aymé: Le Passe-muraille u. a. 1985.
9180 Greene: The Third Man. 1985.
9181 Joyce: Dubliners. 1985.
9182 La Fontaine: Fables. 1985.
9183 Maugham: The Letter. 1985.
9184 Modern English Short Stories I. 1985.
9185 Stoppard: Rosencrantz and Guildenstern are Dead. 1985.
9186 Verne: L'Eternel Adam. 1985.
9187 Wilde: Lady Windermere's Fan. 1985.
9188 Daudet: L'Enfant espion. 1985.
9189 Gide: L'Ecole des femmes. 1985.
9190 Melville: Bartleby. 1985.
9191 Osborne: The Entertainer. 1985.
9192 Sillitoe: The Loneliness of the Long-distance Runner. 1985.
9193 Spark: The Prime of Miss Jean Brodie. 1985.
9194 Stendhal: Vanina Vanini u. a. 1985.
9195 Wilder: The Bridge of San Luis Rey. 1985.

9196 Woolf: Mrs Dalloway's Party. 1985.
9197 Bond: Summer. 1986.
9198 Chandler: Killer in the Rain. 1986.
9199 Daninos: Vacances à tous prix. 1986.
9200 Flaubert: Un Cœur simple. 1986.
9201 Leblanc: La Partie de baccara u. a. 1986.
9202 Modern English Short Stories III. 1986.
9203 Pinter: Old Times. 1986.
9204 Sempé/Goscinny: Le Petit Nicolas. 1986.
9205 Webster: Daddy-Long-Legs. 1986.
9206 Contemporary American Short Stories. 1986.
9207 Fleming: Risico. 1986.
9208 Jarry: Ubu roi. 1986.
9209 D. H. Lawrence: The Fox. 1986.
9210 Science Fiction Stories II. 1986.
9211 Synge: The Playboy of the Western World. 1986.
9212 West Side Story. 1986.
9213 Beckett: Fin de partie. 1987.
9214 Beckett: Waiting for Godot. 1987.
9215 Dahl: Three Tales of the Unexpected. 1987.
9216 Modern American Short Stories. 1987.
9217 Molière: Le Malade imaginaire. 1987.
9218 Priestley: An Inspector Calls. 1987.
9219 Shaffer: Amadeus. 1987.
9220 Shakespeare: Macbeth. 1987.
9221 Voltaire: Candide. 1987.
9222 Behan: The Hostage. 1987.
9223 Chesterton: Two Father Brown Stories. 1987.
9224 Gilman: The Yellow Wallpaper. 1987.
9225 London: Three Stories. 1987.
9226 Montesquieu: Lettres persanes [Ausw.]. 1987.
9227 Anouilh: Antigone. 1988.
9228 Gay: The Beggar's Opera. 1988.
9229 London Poems. 1988.
9230 Mauriac: Thérèse Desqueyroux. 1988.
9231 Milne: Winnie-the-Pooh. 1988.
9232 Thurber: Stories and Fables for Our Time. 1988.
9233 Waugh: The Loved One. 1988.
9234 English Poems of the Twentieth Century. 1988.
9235 English Proverbs. 1988.
9236 Golding: Lord of the Flies. 1988.
9237 Gordimer: Town and Country Lovers. 1988.
9238 Sagan: Aimez-vous Brahms ... 1988.
9239 Vian: Les Bâtisseurs d'empire. 1988.
9240 Williams: A Streetcar Named Desire. 1988.

- 9241 Capote: Breakfast at Tiffany's. 1989.
- 9242 Fitzgerald: The Great Gatsby. 1989.
- 9243 Joyce: Penelope. 1989.
- 9244 Kipling: The Jungle Book. 1989.
- 9245 Lessing: Three African Stories. 1989.
- 9246 Paris en poésie. 1990.
- 9247 Shakespeare: A Midsummer Night's Dream. 1989.
- 9248 Thomas: Under Milk Wood. 1989.
- 9250 Contemporary Irish Short Stories. 1989.
- 9251 James: Daisy Miller. 1989.
- 9252 O'Neill: Long Day's Journey into Night. 1989.
- 9253 Steinbeck: Of Mice and Men. 1989.
- 9254 English Crime Stories. 1990.
- 9255 Horror Stories of the Twentieth Century. 1990.
- 9256 Jerome: Three Men in a Boat. 1990.
- 9257 Miller: The Crucible. 1990.
- 9258 Stevenson: Treasure Island. 1990.
- 9259 Wharton: Souls Belated u. a. 1990.
- 9260 Colette: Le Blé en herbe. 1990.
- 9261 Contemporary Canadian Short Stories. 1990.
- 9262 Highsmith: A Shot from Nowhere. 1990.
- 9263 Kiss Me, Kate. 1991.
- 9264 Perrault: La Barbe bleue u. a. 1990.
- 9265 Rochefort: Les Petits Enfants du siècle. 1991.
- 9266 Shaw: Pygmalion. 1990.
- 9267 Wilde: The Importance of Being Earnest. 1990.
- 9268 American Crime Stories. 1991.
- 9269 Boileau/Narcejac: Le Fusil à flêches. 1991.
- 9270 Bradbury: Fahrenheit 451. 1991.
- 9271 Cesbron: Le Pays où l'on ne meurt pas. 1991.
- 9272 O'Flaherty: A Tourist's Guide to Ireland. 1991.
- 9273 Proust: Violante ou la mondanité. 1991.
- 9274 Swift: Gulliver's Travels I. 1991.
- 9275 West: Miss Lonelyhearts. 1991.
- 9276 Afro-American Short Stories. 1991.
- 9277 Allen: Hannah and Her Sisters. 1991.
- 9278 Ernaux: Une Femme. 1991.
- 9279 New York Poems. 1991.
- 9280 Tournier: Contes et petites proses. 1992.
- 9281 Burgess: A Clockwork Orange. 1992.
- 9282 Druon: Tistou les pouces verts. 1992.
- 9283 English Love Poems. 1992.
- 9284 Huxley: Brave New World. 1992.
- 9285 Women's Fantastic Adventures. 1992.

9286 Baudelaire/Rimbaud/Verlaine/Mallarmé: Poésies. 1992.
9287 Du Maurier: Birds. 1992.
9288 English Expressions. 1992.
9300–05 Der deutsche Michel. 1971.
9306 Bengalische Erzählungen. 1971.
9307/08 Schiller: Kallias oder über die Schönheit u. a. 1971.
9309–11 Warnock: Englische Philosophie im 20. Jahrhundert. 1971.
9312/13 Brentano: Die Chronika des fahrenden Schülers. 1971.
9314 Butor: Fluglinien. 1971.
9315–19/19a Englische Barockgedichte. Engl./Dt. 1971.
9320–23 Fontane: Unwiederbringlich. 1971.
9324 Majakowskij: Gedichte. 1971.
9325 Sartre: Die ehrbare Dirne. 1971.
9326 Thomas von Aquin: Über die Herrschaft der Fürsten. 1971.
9327–29 Weise: Masaniello. 1972.
9330 Brundage u. a.: Die Olympischen Spiele. 1971.
9331 Becker: Häuser. 1972.
9332–34 Büchner-Preis-Reden 1951–1971. 1972.
9335–38 Diderot: Jacques der Fatalist und sein Herr. 1972.
9339–44/44a Lessing: Briefe, die neueste Literatur betreffend. 1972.
9345/46 Terenz: Andria. Lat./Dt. 1972.
9347 Büchner: Woyzeck. Krit. Ausg. 1972.
9348/49 Fichte: Über den Begriff der Wissenschaftslehre oder der sogenannten Philosophie. 1972.
9350 konkrete poesie. 1972.
9352 Perec: Die Maschine. 1972.
9353–56 Wycherley: The Country-Wife. Engl./Dt. 1972.
9357 Goering: Seeschlacht. 1972.
9358–60/60a Weckherlin: Gedichte. 1972.
9361–65 Gottsched: Schriften zur Literatur. 1972.
9366/67 Gryphius: Carolus Stuardus. 1972.
9368 Irving: Rip van Winkle. Engl./Dt. 1972.
9369–77 Melville: Moby Dick. 1972.
9378 Meckel: Verschiedene Tätigkeiten. 1972.
9379–81 Der münch mit dem genßlein. 1972.
9382 Laurentius von Schnüffis: Gedichte. 1973.
9383 Squarzina: Der Unfall. 1972.
9384–88 Heliodor: Die äthiopischen Abenteuer von

Theagenes und Charikleia. 1972.
9389/90 Wohmann: Die Witwen. 1972.
9391/92 Tacitus: Germania. Lat./Dt. 1972.
9393–95 Raabe: Stopfkuchen. 1972.
9396–98 Austin: Zur Theorie der Sprechakte. 1972.
9399/9400 Cicero: Vier Reden gegen Catilina. Lat./Dt. 1972.
9401–04 Deutsche Gedichte seit 1960. 1972.
9405–09 Deutsches Rätselbuch. 1972.
9410–14 Strawson: Einzelding und logisches Subjekt. 1972.
9415–19/19a Fastnachtspiele des 15. und 16. Jahrhunderts. 1973.
9420 Hafis: Gedichte aus dem Diwan. 1972.
9421 Horaz: Ars Poetica. Lat./Dt. 1972.
9422–26 Kuhlmann: Der Kühlpsalter [Ausw.]. 1973.
9427 Maeterlinck: Pelleas und Melisande. 1972.
9428/29 Sallust: De coniuratione Catilinae. Lat./Dt. 1972.
9430 Bender: Die Wölfe kommen zurück. 1972.
9431–35 Geßner: Idyllen. 1973.
9436/36a Giraudoux: Amphitryon 38. 1973.
9437–39 Hallmann: Mariamne. 1973.
9440–42 Hopkins: Gedichte. Engl./Dt. 1973.
9443 Klopstock: Der Tod Adams. 1973.
9444–46 Shakespeare: King Lear. Engl./Dt. 1973.
9447 Bobrowski: Lipmanns Leib. 1973.
9448–52/52a/b Deutsche Großstadtlyrik vom Naturalismus bis zur Gegenwart. 1973.
9453 Forte: Die Wand u. a. 1973.
9454–57 Hawthorne: Der scharlachrote Buchstabe. 1973.
9458–63 Tieck: Vittoria Accorombona. 1973.
9464/64a Dedecius: Deutsche und Polen in ihren literarischen Wechselbeziehungen. 1973.
9465–67 Marx: Kritik des Hegelschen Staatsrechts. 1973.
9468–70 Einakter des Naturalismus. 1973.
9471–74 Prosa des Naturalismus. 1973.
9475–78 Theorie des Naturalismus. 1973.
9479–81/81a Plotin: Ausgewählte Schriften. 1973.
9482/83 Polnische Lyrik der Gegenwart. 1973.
9484–86 Coleridge: Gedichte. Engl./Dt. 1973.
9487/88 Fontane: Mathilde Möhring. 1973.

9489/90 Gogol: Der Mantel. Russ./Dt. 1973.
9491/92 Moderne rumänische Gedichte. Rumän./Dt. 1973.
9493 Saikaku-oridome. 1973.
9494/95 Wackenroder/Tieck: Phantasien über die Kunst. 1973.
9496 Weyrauch: Das Ende von Frankfurt am Main. 1973.
9497 Borges: Die Bibliothek von Babel. 1974.
9498–9500 Wernher der Gärtner: Helmbrecht. Mittelhochdt./Neuhochdt. 1974.

9501–9600: Arbeitstexte für den Unterricht (AT; Fortsetzung: 15001 ff.)

9501/01a AT Herrschaft durch Sprache. 1973.
9502 AT Politische Lyrik. 1973.
9503/03a AT Theorie des Dramas. 1973.
9504 AT Anleitung zur Abfassung literaturwissenschaftlicher Arbeiten. 1973.
9505 AT Deutsche Kurzgeschichten. 5.–6. Schuljahr. 1973.
9506 AT Deutsche Kurzgeschichten. 7.–8. Schuljahr. 1973.
9507 AT Deutsche Kurzgeschichten. 9.–10. Schuljahr. 1973.
9508 AT Deutsche Kurzgeschichten. 11.–13. Schuljahr. 1973.
9509/09a AT Literarisches Leben in der Bundesrepublik. 1974.
9510/10a AT Fach- und Sondersprachen. 1974.
9511 AT Familie und Gesellschaft. 1974.
9512 AT Theorie des Kriminalromans. 1974.
9513/13a AT Comics. 1974.
9514 AT Literatursoziologie. 1975.
9515 AT Fiktionale und nichtfiktionale Texte desselben Autors. 1974.
9516/16a AT Funktionen der Sprache. 1974.
9517 AT Kriminalgeschichten. 1974.
9518 AT Argumente und Parolen. 1975.
9519 AT Fabeln. 1975.
9520 AT Formen oppositioneller Literatur in Deutschland. 1975.
9521 AT Parodie. 1975.
9522 AT Werbetexte. 1975.
9523 AT Frieden. 1976.
9524 AT Theorie der Novelle. 1976.
9525 AT Satirische Texte. 1976.
9526 AT Ein Star wird gemacht. 1976.
9527 AT Chansons. 1976.
9528 AT Deutsche Kurzgeschichten. 2.–3. Schuljahr. 1976.
9529 AT Deutsche Kurzgeschichten. 4.–5. Schuljahr. 1976.
9530 AT Tiergeschichten. 1976.

9531 AT Deutsche Sprache der Gegenwart. 1977.
9532 AT Märchenanalysen. 1977.
9533 AT Sprachspiele. 1977.
9534 AT Theorie des Romans. 1977.
9535 AT Deutsche Sagen. 1977.
9536 AT Die Frau in der Gesellschaft. 1977.
9537 AT Reise- und Abenteuergeschichten. 1977.
9538 AT Theorie der Kurzgeschichte. 1977.
9539 AT Parabeln. 1978.
9540 AT Sportgeschichten. 1978.
9541 AT Texte zur Poetik des Films. 1978.
9542 AT Witz. 1978.
9543 AT Vorurteile gegen Minderheiten. 1978.
9544 AT Literarische Wertung. 1979.
9545 AT Presse und Pressewesen. 1978.
9546 AT Theorie des Hörspiels. 1978.
9547 AT Erkenntnis und Sein I. 1978.
9548 AT Erkenntnis und Sein II. 1978.
9549 AT Text und Leser. 1979.
9550 AT Deutsche Sprichwörter und Redensarten. 1979.
9551 AT Schulgeschichten. 1979.
9552 AT Wir erzählen Geschichten. 1979.
9553 AT Geschichtliche Quellen. 1979.
9554 AT Grimms Märchen – modern. 1979.
9555 AT Phantastische Geschichten. 1979.
9556 AT Detektivgeschichten für Kinder. 1980.
9557 AT Kindergedichte. 1980.
9558 AT Lehrzeit. 1980.
9559 AT Deutsche Essays des 20. Jahrhunderts. 1980.
9560 AT Deutsche Volkslieder. 1980.
9561 AT Indianergeschichten. 1980.
9562 AT Lügen, lauter Lügen ... 1981.
9563 AT Philosophie und Sprache. 1981.
9564 AT Tourismus. 1981.
9565 AT Ethik. 1981.
9566 AT Geschichte in Karikaturen. 1981.
9567 AT Spieltexte. 2.–4. Schuljahr. 1981.
9568 AT Deutsche Literatur des Mittelalters. 1982.
9569 AT Kürzestgeschichten. 1982.
9570 AT Metaphorischer Sprachgebrauch. 1982.
9571 AT Deutsche Balladen. 1982.
9572 AT Jugend und Freizeit. 1982.
9573 AT Liebesgeschichten. 1982.
9574 AT Arbeitslosigkeit. 1983.
9575 AT Glück. 1983.

9576 AT Spieltexte. 5.–7. Schuljahr. 1983.
9577 AT Behinderte. 1983.
9578 AT Schelmen- und Gaunergeschichten. 1983.
9579 AT Das Wahrheitsgebot. 1983.
9580 AT Begriffsanalyse. 1984.
9581 AT Deutsche Kriegsliteratur zu zwei Weltkriegen. 1984.
9582 AT Deutsche Sprachgeschichte. 1984.
9583 AT Menschen im Dritten Reich. 1984.
9584 AT Religionskritik. 1984.
9585 AT Spieltexte. 8.–10. Schuljahr. 1984.
9586 AT Methoden der Interpretation. 1985.
9587 AT Rundfunk und Fernsehen in Deutschland. 1985.
9588 AT Theater spielen. 1985.
9589 AT Autobiographische Texte. 1985.
9590 AT Deutsche Liebesgedichte. 1985.
9591 AT Utopie. 1985.
9592 AT Ästhetik. 1986.
9593 AT Antike Mythen in moderner Prosa. 1986.
9594 AT Theorie der Lyrik. 1986.
9595 AT Entdeckungsberichte. 1986.
9596 AT Die Juden. 1986.
9597 AT Legenden. 1986.
9598 AT Geschichten vom Erwachsenwerden. 1987.
9599 AT Schwarzer Humor. 1987.
9600 AT Glück und Moral. 1987.
9601 Die deutsche Literatur in Text und Darstellung 1. 1976.
9605 Die deutsche Literatur in Text und Darstellung 2. 1976.
9609 Die deutsche Literatur in Text und Darstellung 3. 1976.
9613 Die deutsche Literatur in Text und Darstellung 4. 1975.
9617 Die deutsche Literatur in Text und Darstellung 5. 1976.
9621 Die deutsche Literatur in Text und Darstellung 6. 1976.
9625–28 Die deutsche Literatur in Text und Darstellung 7. 1974.
9629–32 Die deutsche Literatur in Text und Darstellung 8. 1974.
9633–36 Die deutsche Literatur in Text und Darstellung 9. 1974.
9637–40 Die deutsche Literatur in Text und Darstellung 10. 1975.
9641–44 Die deutsche Literatur in Text und Darstellung 11. 1974.
9645 Die deutsche Literatur in Text und Darstellung 12. 1977.

9649 Die deutsche Literatur in Text und Darstellung 13. 1977.
9653–56 Die deutsche Literatur in Text und Darstellung 14. 1974.
9657–60 Die deutsche Literatur in Text und Darstellung 15. 1974.
9661–64 Die deutsche Literatur in Text und Darstellung 16. 1975.
9665/66 Hesse: Hermann Lauscher. 1974.
9667–70 Sir Gawain and the Green Knight. Mittelengl./Dt. 1974.
9671 Weiss: Der Turm. 1974.
9672–78 Deutsche Reden I. 1974.
9679–85 Deutsche Reden II. 1974.
9686–90 Maupassant: Bel-Ami. 1974.
9691–93 Locke: Über die Regierung. 1974.
9694–96 Kant: Schriften zur Geschichtsphilosophie. 1974.
9697–99 Chaucer: Troilus and Criseyde [Ausw.]. Mittelengl./Dt. 1974.
9700–04 Deutsche Arbeiterdichtung 1910–1933. 1974.
9705/06 Texte aus der Arbeitswelt seit 1961. 1974.
9707–11 Texte der proletarisch-revolutionären Literatur Deutschlands 1919–1933. 1974.

9712 Zwölf Geschichten für Kinder. 1974.
9713 Bieler: Der Hausaufsatz. 1974.
9714 Kant u. a.: Was ist Aufklärung? 1974.
9715 Harte: Drei Short Stories. Engl./Dt. 1975.
9716 Kunert: Der Hai. 1974.
9717/18 Seneca: Oedipus. Lat./Dt. 1974.
9719 Bichsel: Stockwerke. 1974.
9720–22 Einakter und kleine Dramen des Jugendstils. 1974.
9723/24 Friedrich der Große: Das politische Testament von 1752. 1974.
9725–28 Goethe: Singspiele. 1974.
9729–31 Shakespeare: The Sonnets. Engl./Dt. 1974.
9732 Brückner: Lewan, sieh zu! 1974.
9733–36 Jonson: Volpone. Engl./Dt. 1974.
9737/38/38a Sachs: Die Wittenbergisch Nachtigall u. a. 1974.
9739–43 Weitling: Garantien der Harmonie und Freiheit. 1974.
9744/47 Das Redentiner Osterspiel. Mittelniederdt./Neuhochdt. 1975.
9748 Tieck: Merkwürdige Lebensgeschichte Sr. Majestät Abraham Tonelli. 1974.
9749 Wühr: Preislied. 1974.
9750 Benn: Gehirne. 1974.

9751/52 Gryphius: Catharina von Georgien. 1975.
9753 Joyce: Grace. Engl./Dt. 1979.
9754 Schmidt: Krakatau. 1975.
9755/56 Shakespeare: A Midsummer Night's Dream. Engl./Dt. 1975.
9757/57a Tulsīdās: Ramcaritmanas [Ausw.]. 1975.
9758 Whitehead: Die Funktion der Vernunft. 1974.
9759–64 Amerikanische Lyrik. Engl./Dt. 1974.
9765–70 Wordsworth: Präludium. 1974.
9771/72 Hindi-Kurzgeschichten der Gegenwart. 1975.
9773/73a Augustus: Res gestae. Zweisprachig. 1975.
9774 Handke: Der Rand der Wörter. 1975.
9775 Hochwälder: Der öffentliche Ankläger. 1975.
9776/76a/b Niebergall: Datterich u. a. 1975.
9777–81 Satiren der Aufklärung. 1975.
9782–85 Zola: Thérèse Raquin. 1975.
9786 Andreae: Christianopolis 1975.
9787 Aufrufe und Reden deutscher Professoren im Ersten Weltkrieg. 1975.
9788 Bunin: Der Herr aus San Francisco. Russ./Dt. 1975.
9789 Französische Poetiken I. 1975.
9790 Französische Poetiken II. 1978.
9791 Gorki: Sommergäste. 1975.
9792 Heinse: Ardinghello und die glückseligen Inseln. 1976.
9793 Herder: Journal meiner Reise im Jahr 1769. 1976.
9794 K. Mann: In meinem Elternhaus. 1975.
9795 Mérimée: Mateo Falcone u. a. Frz./Dt. 1975.
9796 Sallust: Historiae. Lat./Dt. 1975.
9797 Heinrich von Morungen: Lieder. Mittelhochdt./Neuhochdt. 1975.
9798 Ollier: Der Neue Zyklus u. a. 1975.
9799 Texte der Philosophie des Pragmatismus. 1975.
9800 Shakespeare: The Merchant of Venice. Engl./Dt. 1975.
9801 Die Charta der Vereinten Nationen u. a. 1975.
9802 London: To Build a Fire u. a. Engl./Dt. 1975.
9803 Austin: Sinn und Sinneserfahrung. 1975.
9804 Quine: Ontologische Relativität u. a. 1975.
9805 Seghers: Fünf Erzählungen. 1975.
9806 Shakespeare: King Richard II. Engl./Dt. 1976.
9807 Weerth: Gedichte. 1976.
9808 White: Down at the Dump. Engl./Dt. 1975.

9809 F. Wolf: Der arme Konrad. 1975.
9810 Döblin: Die Geschichte vom Franz Biberkopf. 1976.
9811 Schnitzler: Die Braut u. a. 1975.
9812 Bodin: Über den Staat [Ausw.]. 1976.
9813 Dante: Die Göttliche Komödie [Ausw.]. 1976.
9814 Grimmelshausen: Der seltzame Springinsfeld. 1976.
9815 J. M. R. Lenz: Anmerkungen übers Theater u. a. 1976.
9816 Shakespeare: Julius Caesar. Engl./Dt. 1976.
9817 Theorie des Expressionismus. 1976.
9818 Bernhard: Der Wetterfleck. 1976.
9819 Heinrich der Glichezare: Reinhart Fuchs. Mittelhochdt./Neuhochdt. 1976.
9820 Klippert: Elemente des Hörspiels. 1977.
9821 Mill: Der Utilitarismus. 1976.
9822 Erasmus von Rotterdam: Colloquia familiaria. Lat./Dt. 1976.
9823 Jandl: Laut und Luise. 1976.
9824 Kaschnitz: Der Tulpenmann. 1976.
9825 Deutsche Anekdoten. 1976.
9826 Moderne englische Lyrik. Engl./Dt. 1976.
9827 Waismann: Logik, Sprache, Philosophie. 1976.
9828 Broch: Leutnant Jaretzki u. a. 1976.
9829 Kretzer: Meister Timpe. 1976.
9830 Shakespeare: Othello. Engl./Dt. 1976.
9831 Heine: Die romantische Schule. 1976.
9832 Hesse: Das Nachtpfauenauge. 1976.
9833 Kasakow: Arktur, der Jagdhund. Russ./Dt. 1976.
9834 Vier Kurzhörspiele. 1976.
9835 Empfindsamkeit. 1976.
9836 Die Saga von Gisli Sursson. 1976.
9837 Reportagen. 1976.
9838 Shakespeare: Twelfth Night. Engl./Dt. 1976.
9839 Schweizer: Orchestermusik des 20. Jahrhunderts seit Schönberg. 1976.
9840 Deutsche Arbeiterliteratur von den Anfängen bis 1914. 1977.
9841 Gomringer: konstellationen u. a. 1977.
9842 Loschütz: Hör mal, Klaus! 1977.
9843 Strindberg: Gewitterluft. 1977.
9844 Gadamer: Die Aktualität des Schönen. 1977.
9845 Raabe: Das Odfeld. 1977.
9846 Ruodlieb. Mittellat./Dt. 1977.
9847 Schachmeisterpartien 1971–1975. 1977.

9848 Terenz: Adelphoe. Lat./Dt. 1977.
9849 Experimentelle amerikanische Prosa. Zweisprachig. 1977.
9850 Börne: Briefe aus Paris. 1977.
9851 Kunert: Ein anderer K. 1977.
9852 Lasker-Schüler: Die Wupper. 1977.
9853 Mansfield: Sun and Moon. Engl./Dt. 1977.
9854 Poetik des Barock. 1977.
9855 Bang: Irene Holm u. a. 1977.
9856 Berliner Straßenecken-Literatur 1848/49. 1977.
9857 Dada Berlin. 1977.
9858 Fühmann: Die Verteidigung der Reichenberger Turnhalle. 1977.
9859 García Márquez: Un día después del sábado. Span./Dt. 1977.
9860 Minucius Felix: Octavius. Lat./Dt. 1977.
9861 Platon: Charmides. Griech./Dt. 1977.
9862 Rosow: Der Kulturleiter. Russ./Dt. 1977.
9863 Stifter: Die drei Schmiede ihres Schicksals. 1977.
9864 Chamfort: Früchte der vollendeten Zivilisation. Frz./Dt. 1977.
9865 Deutsche Literatur im Exil 1933–1945. 1977.
9866 Goethe: Schriften zur Naturwissenschaft. 1977.
9867 Lorenzen: Theorie der technischen und politischen Vernunft. 1978.
9868 Matute: El salvamento. Span./Dt. 1977.
9869 Phantastische Geschichten aus Frankreich. 1977.
9870 Shakespeare: Macbeth. Engl./Dt. 1977.
9871 Austen: Stolz und Vorurteil. 1977.
9872 Kalendergeschichten. 1977.
9873 Martin Heidegger. Fragen an sein Werk. 1977.
9874 Albert: Kritische Vernunft und menschliche Praxis. 1977.
9875 Kaiser: Nebeneinander. 1978.
9876 Muschg: Besuch in der Schweiz. 1978.
9877 Gorki: Das Ehepaar Orlow. 1978.
9878 Hiesel: Die gar köstlichen Folgen einer mißglückten Belagerung. 1978.
9879 Morgenstern: Galgenlieder u. a. 1978.
9880 F. Schlegel: Kritische und theoretische Schriften. 1978.
9881 Shakespeare: King Richard III. Engl./Dt. 1978.
9882 Williams: Der Begriff der Moral. 1978.
9883 Grass: Die bösen Köche. 1978.
9884 Gribojedow: Verstand schafft Leiden. 1978.

9885 Meyer: Sämtliche Gedichte. 1978.
9886 Henry: The Furnished Room. Engl./Dt. 1978.
9887 Poe: The Mystery of Marie Rogêt. Engl./Dt. 1978.
9888 Strindberg: Die Brandstätte. 1978.
9889 Deutsche Aphorismen. 1978.
9890 Deutsche Unsinnspoesie. 1978.
9891 Williams: Probleme des Selbst. 1978.
9892 Andersch: Fahrerflucht u. a. 1978.
9893 Kisch: Reportagen. 1978.
9894 Klinger: Prinz Seidenwurm. 1978.
9895 Lübbe: Praxis der Philosophie. 1978.
9896 Luther: Vom ehelichen Leben u. a. 1978.
9897 Platon: Euthyphron. Griech./Dt. 1978.
9898 Plautus: Aulularia. Lat./Dt. 1978.
9899 Shakespeare: King Henry V. Engl./Dt. 1978.
9900 Kafka: Die Verwandlung. 1978.
9901 Tschechow: Der Mensch im Futteral. 1978.
9902 Habermas: Politik, Kunst, Religion. 1978.
9903 Frauenemanzipation im deutschen Vormärz. 1978.
9904 Gutzkow: Wally, die Zweiflerin. 1979.
9905 Horaz: Oden und Epoden. Lat./Dt. 1978.
9906 Rothmann: Kleine Geschichte der deutschen Literatur. 1978.
9907 Sternheim: Tabula rasa. 1978.
9908 B. Strauß: Trilogie des Wiedersehens. 1978.
9909 Cicero: De re publica. Lat./Dt. 1979.
9910 Fontane: Der Stechlin. 1978.
9911 Geschichte der Philosophie in Text und Darstellung 1. 1978.
9912 Geschichte der Philosophie in Text und Darstellung 2. 1982.
9913 Geschichte der Philosophie in Text und Darstellung 3. 1984.
9914 Geschichte der Philosophie in Text und Darstellung 4. 1980.
9915 Geschichte der Philosophie in Text und Darstellung 5. 1979.
9916 Geschichte der Philosophie in Text und Darstellung 6. 1978.
9917 Geschichte der Philosophie in Text und Darstellung 7. 1981.
9918 Geschichte der Philosophie in Text und Darstellung 8. 1981.
9919 Kriminalgeschichten aus drei Jahrhunderten. 1978.
9920 Meyer-Wehlack/Vrkljan: Die Sonne des fremden Himmels u. a. 1978.

9921 Mozart: Idomeneo. Ital./Dt. 1978.
9922 Schächter: Prolegomena zu einer kritischen Grammatik. 1978.
9923 Svevo: Kurze sentimentale Reise. 1978.
9924 Szyrocki: Die deutsche Literatur des Barock. 1979.
9925 Valentin: Buchbinder Wanninger. 1978.
9926 Mozart: La clemenza di Tito. Ital./Dt. 1979.
9927 Goldoni: Il servitore di due Padroni. Ital./Dt. 1979.
9928 Cicero: De imperio Cn. Pompei ad Quirites oratio. Lat./Dt. 1979.
9929 Stramm: Dramen und Gedichte. 1979.
9930 Bienek: Die Zelle. 1979.
9931 Plautus: Amphitruo. Lat./Dt. 1979.
9932 Stifter: Kalkstein. 1979.
9933 Wieland: Geschichte des Agathon. 1979.
9934 Deutsche Sonette. 1979.
9935 Hardy: Tess von den d'Urbervilles. 1979.
9936 Marlowe: Tamburlaine the Great. Engl./Dt. 1979.
9937 Molnar: Liliom. 1979.
9938 Stegmüller: Rationale Rekonstruktion von Wissenschaft und ihrem Wandel. 1979.
9939 Defoe: Glück und Unglück der berühmten Moll Flanders. 1979.
9940 Jandl: Sprechblasen. 1979.
9941 Mendelssohn: Morgenstunden oder Vorlesungen über das Dasein Gottes. 1979.
9942 Shakespeare: Romeo and Juliet. Engl./Dt. 1979.
9943 Texte zur Theorie des Films. 1979.
9944 Toller: Masse Mensch. 1979.
9945 König Artus und seine Tafelrunde. 1980.
9946 Carpentier: El derecho de asilo. Span./Dt. 1979.
9947 Englische Literaturtheorie des 19. Jahrhunderts. 1979.
9948 Heisenberg: Quantentheorie und Philosophie. 1979.
9949 Maler Müller: Fausts Leben. 1979.
9950 Strindberg: Nach Damaskus. 1979.
9951 Thoma: Die Lokalbahn. 1979.
9952 Babel: So wurde es in Odessa gemacht. 1979.
9953 Bodmer/Breitinger: Schriften zur Literatur. 1980.
9954 Deutsche Schwänke. 1979.
9955 Domin: Abel steh auf. 1979.
9956 Lenk: Pragmatische Vernunft. 1979.
9957 Thomas von Aquin: De ente et essentia. Lat./Dt. 1979.

9958 Riedel: Norm und Werturteil. 1979.
9959 Steiner: Eine Giraffe könnte es gewesen sein. 1979.
9960 Caesar: De bello Gallico. Lat./Dt. 1980.
9961 Clausewitz: Vom Kriege [Ausw.]. 1980.
9962 Flasch: Augustin. 1980.
9963 Toller: Hoppla, wir leben! 1980.
9964 F. Wolf: Professor Mamlock. 1980.
9965 Britting: Die kleine Welt am Strom. 1980.
9966 Finley: Antike und moderne Demokratie. 1980.
9967 Gedichte der englischen Romantik. Engl./Dt. 1980.
9968 Holberg: Jeppe vom Berge. 1980.
9969 Moderne deutsche Naturlyrik. 1980.
9970 Pepys: Tagebuch [Ausw.]. 1980.
9971 Raabe: Horacker. 1980.
9972 Arnim: Die Majoratsherren. 1980.
9973 Baudelaire: Les Fleurs du Mal. Frz./Dt. 1980.
9974 Bubner: Zur Sache der Dialektik. 1980.
9975 Gedichte des Barock. 1980.
9976 Lyrik für Leser. 1980.
9977 Schmidt: Kritische Theorie – Humanismus – Aufklärung. 1981.
9978 Sudermann: Heimat. 1980.
9979 Giraudoux: Die Irre von Chaillot. 1980.
9980 Gorki: Jegor Bulytschow und andere. 1980.
9981 Lessing: Der Freigeist. 1980.
9982 Holz: Sozialaristokraten. 1980.
9983 Ökologie und Ethik. 1980.
9984 Epikur: Briefe, Sprüche, Werkfragmente. Griech./Dt. 1980.
9985 Mittelenglische Lyrik. Mittelengl./Dt. 1980.
9986 Patzig: Tatsachen, Normen, Sätze. 1980.
9987 Quine: Wort und Gegenstand. 1980.
9988 Raabe: Pfisters Mühle. 1980.
9989 Beer-Hofmann: Der Tod Georgs. 1980.
9990 Englische Gruselgeschichten aus dem 19. Jahrhundert. 1980.
9991 Härtling: Der wiederholte Unfall. 1980.
9992 Kinder- und Jugendliteratur der Aufklärung. 1981.
9993 Menander: Samia. Griech./Dt. 1981.
9994 Raabe: Prinzessin Fisch. 1980.
9995 Deutsche Flugschriften zur Reformation (1520–1525). 1980.
9996 Erzählte Zeit. 1980.
9997 Kausalität. 1981.
9999 Der Reiz der Wörter. 1978.

10001–016 Reclams Kunstführer Italien II. 1965. *GEB*.
10001–006 Reclams Kunstführer Italien II,1. 1974. *GEB*.
10007–016 Reclams Kunstführer Italien II,2. 1973. *GEB*.
10017–023 Reclams Chormusikführer. 1965. *GEB*.
10024–036 Geschichte der deutschen Literatur II. 1966. *GEB*.
10037–054 Weber: Weltgeschichte. 1966. *GEB*.
10055–072 Reclams Romanführer III. 1966. *GEB*.
10073–083 Reclams Kunstführer Schweiz und Liechtenstein. 1966. *GEB*.
10084–099 Reclams Romanführer IV. 1968. *GEB*.
10100–111 Reclams Kunstführer Frankreich IV. 1967. *GEB*.
10112–124 Reclams Klaviermusikführer I. 1968. *GEB*.
10125–137 Reclams Klaviermusikführer II. 1967. *GEB*.
10138–145 Uhde: Beethovens Klaviermusik I. 1968.
10139 Uhde: Beethovens Klaviermusik I. 1980. *Kart*.
10146–149 Uhde: Beethovens Klaviermusik II. 1970. *GEB*.
10147 Uhde: Beethovens Klaviermusik II. 1980. *Kart*.
10150–153 Uhde: Beethovens Klaviermusik III. 1974. *GEB*.
10151 Uhde: Beethovens Klaviermusik III. 1980. *Kart*.
10154–160 Reclams Lexikon der Heiligen und der biblischen Gestalten. 1968. *GEB*.
10161–168 Reclams Hörspielführer. 1969. *GEB*.
10169–176 Reclams Kunstführer Frankreich I. 1970. *GEB*.
10177–184 Reclams Kunstführer Italien VI. 1971. *GEB*.
10185–196 Reclams Jazzführer. 1970. *GEB*.
10206–214 Reclams Kunstführer Italien IV. 1971. *GEB*.
10215–224 Reclams Liedführer. 1973. *GEB*.
10233–242 Geschichte der deutschen Literatur III. 1974. *GEB*.
10252 Geschichte der deutschen Literatur IV. 1975. *GEB*.
10262 Reclams Kunstführer Istanbul. 1976. *GEB*.
10265 Reclams Kunstführer Deutschland VII. 1977. *GEB*.
10273 Reclams Kunstführer Dänemark. 1978. *GEB*.
10275 Geschichte der deut-

schen Literatur V. 1978. *GEB*.
10286 Reclams Kunstführer Deutschland VI. 1980. *GEB*.
10294 Geschichte der deutschen Literatur I. 1980. *GEB*.
10297 Reclams Kunstführer Frankreich II. 1980. *GEB*.
10299 Köln. Kunstführer. 1980.
10305 Reclams Kunstführer Italien I,1. 1981. *GEB*.
10306 Reclams Kunstführer Italien I,2. 1982. *GEB*.
10317 Reclams Kunstführer Deutschland I,1. 1983. *GEB*.
10318 Reclams Kunstführer Deutschland I,2. 1983. *GEB*.
10319 Reclams Kunstführer Frankreich III. 1983. *GEB*.
10327 Reclams Kunstführer Italien III,2. 1984. *GEB*.
10333 Reclams Archäologieführer Österreich und Südtirol. 1985. *GEB*.
10334 Reclams Kunstführer Finnland. 1985. *GEB*.
10335 Reclams Kunstführer Schweden. 1985. *GEB*.
10339 Reclams Kunstführer Spanien I. 1986. *GEB*.
10340 Die schönsten Sagen des klassischen Altertums. 1986. *GEB*.
10344 Die Vorsokratiker. 1987. *GEB*.
10347 Reclams Kunstführer Frankreich V. 1987. *GEB*.
10349 Reclams Musikinstrumentenführer. 1988. *GEB*.
10352 Reclams Weihnachtsbuch. 1988. *GEB*.
10354 Morgenstern: Alle Galgenlieder. 1989. *GEB*.
10358 Reclams Musicalführer. 1989. *GEB*.
10372 Henscheid: Verdi ist der Mozart Wagners. 1992. *GEB*.
10373 Reclams Kunstführer Spanien II. 1992. *GEB*.
10381 Die Präraffaeliten. 1992.
15001 ff.: Arbeitstexte für den Unterricht (AT; Fortsetzung)
15001 AT Deutsche Naturgedichte. 1987.
15002 AT Erfindungsberichte. 1987.
15003 AT Toleranz. 1987.
15004 AT Anekdoten. 1988.
15005 AT Literatur und Erkenntnis. 1988.
15006 AT Literaturzensur in Deutschland. 1988.
15007 AT Deutsche Kurzgeschichten II. 5.–6. Schuljahr. 1988.
15008 AT Deutsche Kurzgeschichten II. 7.–8. Schuljahr. 1988.
15009 AT Theorie und Praxis des Erzählens. 1988.
15010 AT Deutsche Gegenwartslyrik. 1989.

15011 AT Deutsche Kurzgeschichten II. 9.–10. Schuljahr. 1989.
15012 AT Philosophische Anthropologie. 1989.
15013 AT Deutsche Kurzgeschichten II. 11.–13. Schuljahr. 1989.
15014 AT Erzählungen aus der DDR. 1989.
15015 AT Science Fiction. 1989.
15016 AT Gedichte seit 1945. 1990.
15017 AT Märchen. 1990.
15018 AT Wie interpretiert man ein Gedicht? 1990.
15019 AT Deutsche Kriminalgeschichten der Gegenwart. 1990.
15020 AT Mensch und Technik. 1990.
15021 AT Rhetorik. 1991.
15022 AT Verantwortung. 1991.
15023 AT Gedichte der Romantik. 1991.
15024 AT Gedichte des Expressionismus. 1991.
15025 AT »Heimat«. 1992.
15026 AT Wie interpretiert man ein Drama? 1992.
15028 AT Kleine Schule des philosophischen Fragens. 1992.

40001 ff.: Reclam Lesebuch
40001 Doyle: Die Abenteuer des Sherlock Holmes. 1989. *GEB.*
40002 Trinkpoesie. 1989. *GEB.*
40003 Die Wundertüte. 1989. *GEB.*
40004 Heiteres Darüberstehen. 1990. *GEB.*
40005 Reclams Märchenbuch. 1990. *GEB.*
40006 Fontane-Brevier. 1990. *GEB.*
40007 Geschichten aus Rußland. 1990. *GEB.*
40008 Das Nonsens-Buch. 1990. *GEB.*
40009 Die vier Jahreszeiten. 1991. *GEB.*
40010 Die Weisheit der Heiligen. 1991. *GEB.*
40011 Liebe, Liebe, Liebe. 1991. *GEB.*
40012 Poetische Scherzartikel. 1991. *GEB.*
40013 Nietzsche-Brevier. 1992. *GEB.*
40014 Der Zauberkasten. 1992. *GEB.*